마이바티스 프로그래밍
원리와 활용

마이바티스 프로그래밍
원리와 활용

심익찬 지음

i!i
에이콘

추천의 글

그동안 저자가 글을 쓰는 과정을 지켜보면서 이 책이 꼭 나오길 기대했다. 마이바티스의 동작 원리를 이해하기 쉽게 풀어내고 독자가 마이바티스를 잘 사용하는 데 필요한 내용을 담기 위해 노력한 것을 알기 때문이다. 드디어 책이 출간되어 기쁘다. 마이바티스는 SQL과 매핑할 자바 객체를 설정만 해주면 되기 때문에 흔히 쉽다고 생각한다. 하지만 이는 마이바티스의 기본 사용법에 불과하다.

마이바티스는 다양한 매핑 방법과 확장 방법을 제공하고 있으며, 이 확장 방법을 안다면 데이터베이스 연동을 좀 더 효과적으로 구현할 수 있다. 이 책은 기본과 확장 두 가지 영역을 모두 다루고 있다. 또한 마이바티스의 구현 원리를 설명하고 XML 설정, 자바 설정, CRUD 처리를 위한 API를 설명한다. 이를 통해 마이바티스의 기초를 제대로 쌓을 수 있다.

기초를 쌓은 뒤에는 타입 핸들러, 오브젝트 팩토리, 플러그인 등의 고급 활용 방법을 배울 수 있다. 이런 고급 활용 방법을 적재적소에 사용하면 큰 도움이 될 것이다. 나 역시 저자의 원고를 리뷰하는 과정에서 이들 고급 활용 방법을 배워 프로젝트에 도입한 적이 있는데, 이를 알지 못했다면 원하는 결과를 빠르게 얻지 못했을 것이다.

이 책의 또 다른 장점은 친절하다는 것이다. 저자는 산전수전을 다 겪은 개발자인 동시에 IT 교육기관에서 강의를 하는 전문가다. 실무 프로젝트 경험과 강의 경험이 책에 함께 녹아 있기에 입문자도 마이바티스를 배우고 익히는 데 크게 도움이 될 것이다.

– 신림 프로그래머, 최범균

잃어버린 고리를 찾아 주는 책

개발과 관련해 학습하다 보면 기초적인 이론에서 프레임워크를 활용해야 하는 순간이 오곤 합니다. 최근에는 학습할 내용이 많아져 이 시간이 점점 짧아졌습니다.

프레임워크를 처음 사용해 볼 때는 그동안 어렵게 해오던 작업을 편하게 해주기 때문에 편리하다는 느낌을 주지만, 시간이 지나고 지식을 쌓아갈수록 프레임워크의 내부 구조나 원리를 이해하지 못한 채 사용하는 자신에게 실망하는 경우도 많아집니다. 경력 있는 개발자들이 항상 강조하는 '프레임워크를 사용하는 것과 이해하는 것을 혼동하지 마라'라는 충고는 항상 자신이 사용하는 프레임워크에 대해서 공부하려고 노력하라는 의미일 것입니다.

이처럼 이 책은 바로 자신이 잃어버린 고리를 찾고자 하는 사람들을 위한 책입니다. 마이바티스는 아이바티스 시절부터 계산하면 나온 지 오래된 프레임워크 중에 하나고, 너무나도 당연하게 사용돼 왔지만, 막상 그 원리를 이해하려고 하는 사람은 드뭅니다. 하지만 원리를 이해하는 것은 반드시 필요하며, 이 책은 그들에게 꼭 필요한 책입니다. 저자는 활용서 위주의 마이바티스를 이론부터 차근차근 설명해 주고 독자들이 한 걸음씩 계단을 올라가도록 돕습니다. 물론 이러한 흐름이 최근의 짧은 설명 위주의 도서에 익숙한 독자들에게는 다소 진부하게 느껴질 수도 있겠지만, 저자는 독자들에게 꾸준히 이론에서 프레임워크로 나아가는 다리를 만들어 주고 있습니다.

기존의 프레임워크 책들과 달리 이 책의 호흡은 꽤 깁니다. 책의 전반부에서는 하나의 주제를 풀어내기 위해서 짧은 주입식 설명이 아닌 길지만 생각해 볼 수 있는 설명을 제공하기 때문에 독자에 따라 호불호가 갈릴 수도 있지만 긴 호흡을 느리게 유지합니다. 책의 후반부에서는 꼼꼼하게 마이바티스의 다양한 기능들에 대해서 설명해 주고 있습니다.

이 책은 제목 그대로 마이바티스를 다루고 있습니다. 단, 활용하는 것이 중점이 아닌 이해하는 것을 목표로 하고 있습니다. 만일 독자 분들이 마이바티스라는 프레임워크 자체를 이해해 보고 싶다면 독자 분들의 책상 위에서 이 책이 떠나는 일은 없을 것입니다.

– 구멍가게 코딩단, 강요천

지은이 소개

심익찬(plusperson@gmail.com)

웹 애플리케이션 프레임워크와 연계 시스템, IT 교육에 많은 관심을 가진 개발자다. 충남대학교와 호남대학교에서 학사와 석사를 마쳤다. 다년간 금융 프로젝트와 R&D 연구소 프로젝트를 수행했다. 현재 프리랜서로 공공기관, 금융기관, 솔루션 개발 등 다양한 프로젝트를 수행하면서 커뮤니티, 대학교, 교육기관, 기업을 대상으로 오픈소스 프레임워크 강의를 진행하고 있다.

마이바티스 페이스북 그룹
https://www.facebook.com/groups/mybatis

지은이의 말

마이바티스는 애플리케이션 개발에 널리 사용되는 SQL 매퍼 프레임워크다. 그럼에도 불구하고 실제 대부분의 개발자는 기본적인 사용법만을 익히고 실무 개발에 들어간다. 마이바티스를 도입하는 가장 큰 이유 중 하나가 낮은 학습 곡선임을 잘 알고 있다. 또한 급변하는 개발 환경에서 다양한 애플리케이션 프레임워크를 사용해야 하는 바쁜 개발자의 현실도 충분히 이해한다.

하지만 기본 원리에 소홀한 탓에 애플리케이션을 구현하는 과정에서 많은 고초를 겪는 것을 보면 너무 안타깝다. 예를 들어 다양한 애플리케이션 프레임워크를 연동하다 보면 어느 애플리케이션 프레임워크에서 발생한 에러인지 명확히 알 수 없는 상황에 놓이게 된다. 심지어 시간이 지나도 어느 것 하나 제대로 아는 게 없다는 자괴감마저 들 수 있다. 물론 많은 시간과 노력을 투자하면, 미흡했던 지식의 한 부분은 채워지고 알 수 없을 것 같던 경계는 선명해진다.

이 책을 통해 마이바티스가 최고의 프레임워크임을 내세우려는 것은 절대 아니다. 수많은 애플리케이션 프레임워크 가운데 마이바티스의 정체를 확고히 하는 데 기여하고 싶은 생각을 담았다. 그리고 도대체 SQL 매퍼 프레임워크가 무엇이며 어디까지가 마이바티스의 역할인지 명확히 선을 긋고, 그 기점을 바탕으로 좀 더 다양한 애플리케이션 프레임워크를 학습하거나 연동시키고 싶은 독자를 향한 바람을 담은 책이다.

마이바티스는 내 삶에 많은 것을 가져다 주었습니다. 마이바티스와 에이콘출판사와의 만남을 주선해주시고, 힘든 시기를 버틸 수 있도록 큰 가르침을 주신 현철주 사장님께 가장 먼저 감사 인사를 드립니다. 이 책을 출판할 수 있도록 오랜 시간 동안 배려와 격려를 해주신 권성준 사장님께도 감사드립니다. 집필과 편집 작업에 도움을 주신 모든 에이콘출판사 관계자 여러분들과 심숙현 님께 고마운 마음을 전합니다. 올바른 길을 걸을 수 있도록 삶을 이끌어 주신 이두표 사장님, 허윤근 교수님, 송치화 선생님, 전우영 선생님 그리고 늘 곁에서 함께 해주신 최범균 님, 강요천 님, 이동국 님, 유현석 님, 김영해 님께 이 자리를 빌려 감사한 마음을 전합니다. 끝으로 낳아 주시고 길러 주신 아버지와 어머니께 고개 숙여 감사드립니다. 오랜 집필 기간 동안 묵묵히 어려움을 함께 해준 아내와 윤정, 예준에게 진심 어린 감사와 사랑을 전합니다.

차례

4부 부록 687

들어가며

독자의 배경 지식을 짐작하기는 매우 어렵다. 마이바티스를 처음 접하는 개발자도 있고, 마이바티스 이전 버전인 아이바티스를 사용해 본 개발자도 있을 것이다. 이 책은 독자가 자바에 대한 기본적인 지식과 JDBC 프로그래밍 경험을 갖추었고, 마이바티스를 처음 사용한다는 전제로 쓰였다. 독자에게 충분한 시간이 허락된다면 모든 장을 차근차근 학습할 것을 권하고 싶지만 현실적으로 어려울 것이다. 따라서 독자의 학습 의도에 따라 몇 가지 빠른 접근 방법을 제안한다. 마이바티스에 국한된 기능을 빠르게 습득하기를 원하는 독자라면 1부 2장, 3장을 실습한 다음 2부 4장, 5장, 6장을 살펴보기 바란다. 그리고 마이바티스와 스프링을 연동한 웹 애플리케이션 개발을 원하는 독자라면 1부 2장, 3장을 실습한 다음 7장과 8장을 학습하기 바란다.

이 책의 구성

이 책은 크게 네 부분으로 나뉜다.

1부는 쉽고 체계적인 설명을 통해 초보 개발자라도 마이바티스 프로그래밍을 작성할 수 있도록 구성했다. 마이바티스의 아키텍처를 깊이 이해하고 있지 못하더라도 예제를 실습하다 보면 자연스럽게 마이바티스의 개발 패턴을 자연스럽게 익힐 수 있다.

1장, 마이바티스 소개 SQL 매퍼 프레임워크에 대한 개념과 단계적인 구현 과정을 통해 마이바티스를 소개한다.

2장, 마이바티스 프로그래밍 시작 간단한 마이바티스 프로그래밍을 구현하고, 발생 가능한 에러와 해결 방안을 살펴본다.

3장, 데이터 관리를 위한 마이바티스 프로그래밍 마이바티스 프로그래밍을 사용해서 데이터를 등록, 조회, 수정, 삭제하는 과정을 실습한다.

2부는 마이바티스 아키텍처를 자세하게 다룬다. 1부를 통해 마이바티스의 기본적인 사용법을 익혔더라도, 이를 충분히 이해하고 활용하려면 마이바티스 내부 아키텍처를 살펴봐야 한다. 마이바티스가 내부적으로 어떻게 동작하는지 자세히 알아볼 수 있다.

4장, 마이바티스 설정 마이바티스 환경 설정에 필요한 구성 요소 및 속성을 살펴보고, 실무에 적용 가능한 예제를 실습한다.

5장, 마이바티스 매핑 구문 정의 마이바티스 매핑 구문 정의에 필요한 구성 요소와 속성을 살펴보고, 다양한 매핑 구문을 정의한다.

6장, 마이바티스 객체 마이바티스 객체 관계 및 다양한 API 사용법을 살펴본다.

3부는 마이바티스를 활용하는 기술에 대해 다룬다. 최적화된 웹 애플리케이션 계층을 구성을 안내하고, 마이바티스와 스프링 프레임워크를 연동하는 다양한 방법을 소개한다.

7장, 마이바티스와 웹 애플리케이션 웹 서비스 제공에 필요한 웹 애플리케이션 계층 구성을 설명한다.

8장, 마이바티스와 스프링 연동 웹 애플리케이션 마이바티스와 스프링을 연동한 웹 애플리케이션 구현 과정을 단계적으로 실습한다.

끝으로 4부는 부록으로, 이 책에서 제공하는 예제를 실습하는 데 필요한 개발 환경을 스스로 구축하는 방법, 유용한 마이바티스 편집기 설치 및 사용법, 아파치 Log4j2를 이용한 마이바티스 로깅 설정 및 구현, 다양한 마이바티스 서드파티 캐시 연동 설정 및 구현 방법을 제공한다.

부록 A, 마이바티스 프로그래밍 개발 환경 구축 자바 애플리케이션 개발 환경과 웹 애플리케이션 개발 환경을 나누어서 설명한다.

부록 B, 마이바티스 편집기 마이바티스 편집기 설치 및 사용법을 설명한다.

부록 C, 마이바티스 로깅 아파치 Log4j2 설치 및 사용법을 설명한다.

부록 D, 마이바티스 서드파티 캐시 다양한 마이바티스 서드파티 캐시 설치 및 설정을 설명한다.

예제 코드 다운로드

이 책에서 사용된 예제 코드는 저자가 직접 작성한 것이다. 마이바티스 페이스북 그룹과 에이콘출판사 홈페이지를 통해 다운로드할 수 있다.

- 마이바티스 페이스북 그룹(https://www.facebook.com/groups/mybatis)
- 에이콘출판사(http://www.acornpub.co.kr/book/mybatis-programming)

독자 의견과 정오표

이 책의 한국어판에 관한 질문은 이 책의 옮긴이나 에이콘출판사 편집 팀(editor@acornpub.co.kr)으로 문의해주기 바란다. 정오표는 에이콘출판사의 도서 정보 페이지 http://www.acornpub.co.kr/book/mybatis-programming에서 찾아볼 수 있다.

Part 1

기본

1장

마이바티스 소개

1장에서는 SQL 매퍼 프레임워크 가운데 널리 알려진 마이바티스(MyBatis)를 단순히 소개하는 형태가 아닌 근간이 되는 SQL 매퍼 프레임워크의 개념부터 설명한다. 또한 단계적인 구현을 통해 마이바티스를 좀 더 쉽게 이해할 수 있도록 안내한다. 1장은 다음과 같이 구성된다.

1.1절에서는 SQL 매퍼 프레임워크에 대한 개념을 살펴보고, 1.2절에서는 JDBC 프로그래밍으로부터 SQL 매퍼 프레임워크를 도출하는 과정을 단계적으로 구현한다. 마지막으로 1.3절과 1.4절에서는 마이바티스 출현 배경 및 마이바티스 관련 프로젝트를 살펴본다. 1.1절만 읽어도 SQL 매퍼 프레임워크에 대한 궁금증을 어느 정도 해결할 수 있기 때문에, 1.2절에서 설명하는 SQL 매퍼 프레임워크의 구현을 반드시 진행할 필요는 없다. 1.2절은 SQL 매퍼 프레임워크의 구현을 경험하고 싶은 독자를 위한 절이다. 1.2절을 실습하기 위해서는 부록 A에 포함된 내용 중 자바 애플리케이션 개발 환경을 준비해야 한다. 여러분은 SQL 매퍼 프레임워크에 대한 개념과 단계적인 구현 과정을 통해서 마이바티스를 좀 더 쉽게 이해할 수 있다.

1.1 SQL 매퍼 프레임워크의 개념

시스템에서 사용하는 정보 중 상당 부분은 데이터베이스를 통해서 관리된다. 데이터베이스에 저장된 데이터를 조회하거나 변경하는 프로그래밍을 데이터베이스 프로그래밍이라고 부른다. 데이터베이스 프로그래밍 실행 흐름을 도식화하면, 그림 1.1과 같다.

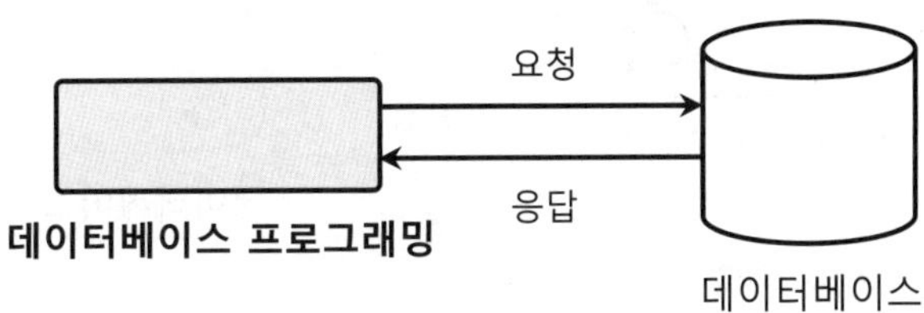

그림 1.1 데이터베이스 프로그래밍

데이터베이스 프로그래밍을 작성할 때 네트워크에 대한 배경 지식 없이 작성하기란 쉽지 않다. 데이터베이스 제작사는 누구나 손쉽게 데이터베이스 프로그래밍을 작성할 수 있도록 JDBC(Java DataBase Connectivity) 라이브러리를 제공한다. 그림 1.2와 같이 JDBC 라이브러리는 JDBC 인터페이스, JDBC 드라이버 매니저, JDBC 드라이버로 구성된다.

그림 1.2 JDBC 라이브러리 구성

JDBC 라이브러리를 구성하는 요소 중 JDBC 인터페이스를 사용하면, 쉽게 데이터베이스 프로그래밍을 작성할 수 있다. 이를 JDBC 프로그래밍이라고 한다. JDBC 프로그래밍을 도식화하면, 그림 1.3과 같다.

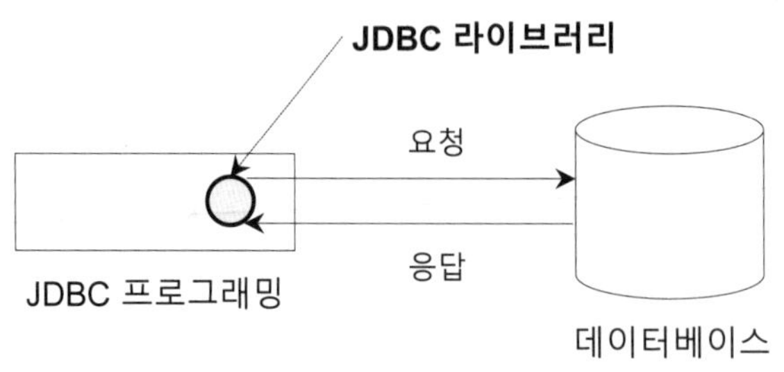

그림 1.3 JDBC 프로그래밍

JDBC 프로그래밍을 작성할 때 정해진 JDBC 인터페이스 호출 순서를 따라 작성해야 한다. JDBC 인터페이스 호출 순서는 다음과 같다.

1. **JDBC 드라이버 로드**
2. **데이터베이스 연결**
3. **쿼리문 처리 객체 생성**
4. **쿼리문 실행 및 결과 반환**
5. **결과 처리**
6. **자원 및 데이터베이스 연결 해제**

위에 나열한 JDBC 인터페이스 호출 순서는 다소 복잡해 보여도 JDBC 라이브러리를 사용하지 않고 데이터베이스 프로그래밍을 직접 작성하는 것에 비해 훨씬 간단하다. JDBC 인터페이스 호출 순서에 맞추어 JDBC 프로그래밍을 작성하면 다음과 같다.

```
/* JDBC 드라이버 로드 */
Class.forName("oracle.jdbc.driver.OracleDriver");
```

```
/* 데이터베이스 연결 */
Connection connection = DriverManager.getConnection(
    "jdbc:oracle:thin:@localhost:1521:XE", "mybatis", "mybatis$");

/* 쿼리문 처리 객체 생성 */
PreparedStatement preparedStatement = connection.prepareStatement(
    "SELECT SHOP_NO, SHOP_NAME, SHOP_LOCATION, SHOP_STATUS " +
    "FROM SHOP WHERE SHOP_NO = ? AND SHOP_STATUS = ?");

/* 파라미터 바인딩 */
preparedStatement.setInt(1, (Integer) parameters.get(0));
preparedStatement.setString(2, String.valueOf(parameters.get(1)));

/* 쿼리문 실행 및 결과 반환 */
ResultSet resultSet = preparedStatement.executeQuery();

/* 결과 처리 */
if (resultSet.next()) {
    resultSet.getInt("SHOP_NO");
    resultSet.getString("SHOP_NAME");
    resultSet.getString("SHOP_LOCATION");
    resultSet.getString("SHOP_STATUS");
}

/* 자원 및 데이터베이스 연결 해제 */
if (resultSet != null) {
    resultSet.close();
}
if (preparedStatement != null) {
    preparedStatement.close();
}
if (connection != null) {
    connection.close();
}
```

위와 같이 JDBC 인터페이스를 사용하면, 데이터베이스 프로그래밍을 쉽게 작성할 수 있다. 다수의 JDBC 프로그래밍을 작성하는 경우에는, 그림 1.4와 같이 JDBC 인터페이스를 사용하는 소스 코드가 여러 곳에 존재할 수 있다.

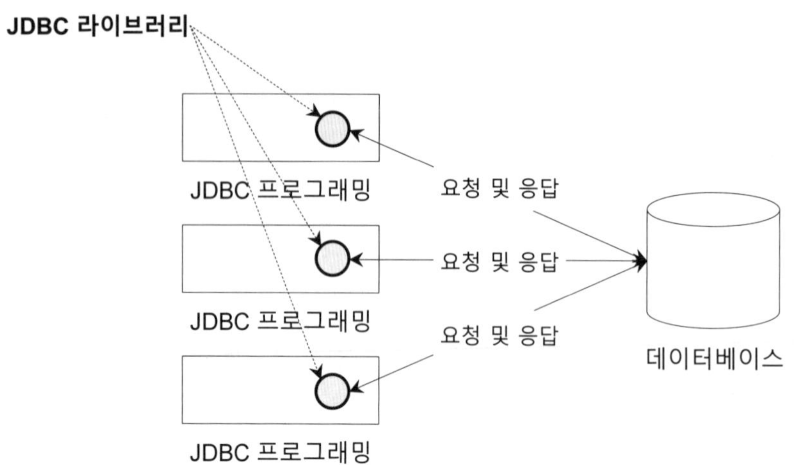

그림 1.4 JDBC 인터페이스를 사용한 소스 코드 중복

그림 1.5와 같이 한 번 작성한 데이터베이스 설정이나 쿼리문을 변경하려면, JDBC 인터페이스를 사용한 소스 코드를 일일이 찾아 수정한 다음, 재컴파일해야 하기 때문에 번거롭다. 이 과정에서 예기치 못한 실수나 에러가 발생할 수도 있다.

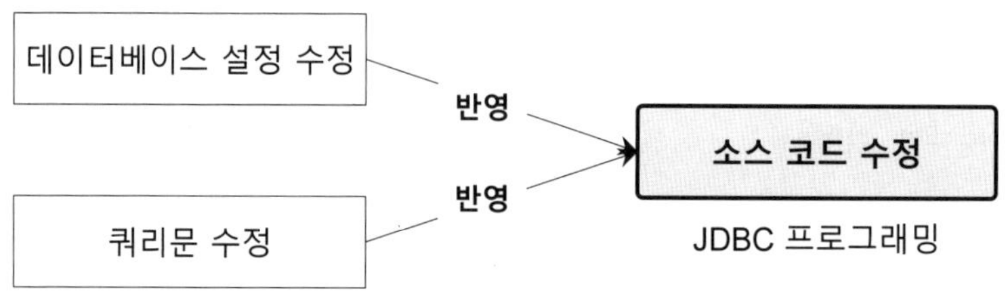

그림 1.5 JDBC 프로그래밍 수정이 필요한 상황

그림 1.6과 같이 JDBC 인터페이스를 호출하는 소스 코드를 하나의 공통 클래스에 정의한 다음, 이를 다수의 자바 애플리케이션에서 사용하면, JDBC 인터페이스를 반복적으로 사용할 때 생기는 문제점을 어느 정도는 해결할 수 있다.

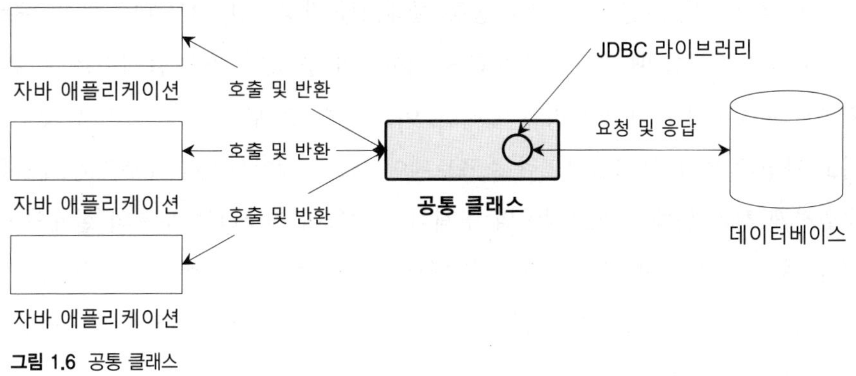

그림 1.6 공통 클래스

데이터베이스 설정이나 쿼리문을 변경할 때 자바 애플리케이션과 데이터베이스 사이에 위치한 공통 클래스만 수정해주면, 자바 애플리케이션에 미치는 영향을 최소화할 수 있다. 공통 클래스에서 처리할 내용을 정리하면 다음과 같다.

- **외부 파일에 데이터베이스 설정 및 쿼리문을 정의해서 사용한다.**
- **JDBC 드라이버 로딩, 데이터베이스 연결 및 해제를 처리한다.**
- **전달한 인자를 쿼리문에 바인딩하거나 반환 결과를 처리한다.**

위에 서술한 내용을 메소드 단위로 작성할 수 있도록 기능을 세부적으로 정리하면 다음과 같다.

1. **데이터베이스 설정 프로퍼티 파일 정의 및 로딩**
2. **쿼리문 정의 프로퍼티 파일 정의 및 로딩**
3. **JDBC 드라이버 로딩**
4. **데이터베이스 연결**
5. **쿼리문에 인자 바인딩**
6. **쿼리문 실행 및 결과 반환**
7. **리절트 객체에 결과 바인딩**
8. **자원 및 데이터베이스 연결 해제**

이와 같이 정형화된 틀을 갖춘 공통 클래스를 작성하면, 서로 다른 자바 애플리케이션을 작성할 때 필수적인 부분을 재사용할 수 있다. 공통 클래스를 프레임워크로 지칭하기에 다소 무리가 있지만, 어느 정도 프레임워크의 요건을 갖추었다고 가정해 보자. 프레임워크란 소프트웨어 애플리케이션이나 솔루션의 개발을 수월하게 하기 위해 소프트웨어의 구체적 기능들에 해당하는 부분의 설계와 구현을 재사용 가능하도록 협업화된 형태로 제공하는 소프트웨어 환경을 말한다 (두산백과 출처). 그림 1.7처럼 공통 클래스라는 명칭 대신 프레임워크라는 명칭을 사용한다.

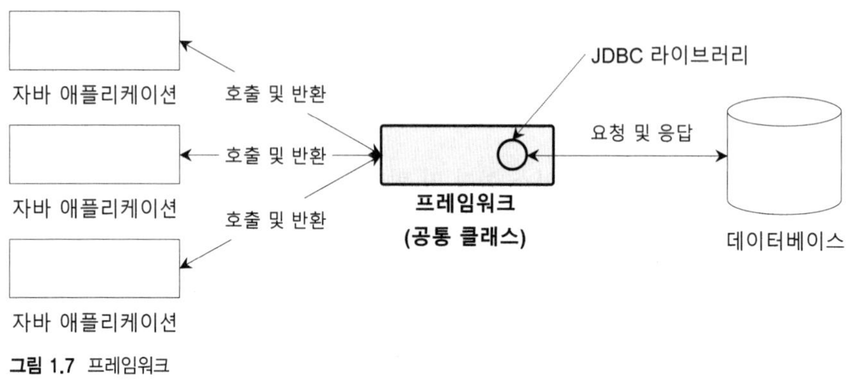

그림 1.7 프레임워크

프레임워크를 자바 애플리케이션에 적용하면, JDBC 인터페이스를 사용한 소스 코드 중 중복된 소스 코드를 상당 부분 줄일 수 있다. 물론 모든 제약 사항이 사라지는 것은 아니다. 예를 들면 프레임워크에 정의한 메소드를 사용하더라도 JDBC 인터페이스 호출 순서를 따라야 한다. 프레임워크를 사용할 때마다 메소드 호출 순서를 기억하기란 쉽지 않다. 다음과 같이 인터페이스를 작성한 다음 이를 구현한 클래스에 JDBC 인터페이스 호출 순서에 맞춰 소스 코드를 작성하면, JDBC 인터페이스 호출 순서를 따라야 하는 번거로움을 해결할 수 있다.

```
/* 인터페이스 */
public interface Mapper {
    public Object selectOne(쿼리문 아이디, 파라미터 객체, 리절트 객체 타입);
}
```

```
/* 구현 클래스 */
public class SqlMapper implements Mapper {
    public Object selectOne(쿼리문 아이디, 파라미터 객체, 리절트 객체 타입) {
        // JDBC 인터페이스 호출 순서에 맞게 작성한 소스 코드
    }
}

/* 자바 애플리케이션 */
Mapper mapper = new SqlMapper();
mapper.selectOne("select", parameters, "org.mybatis.domain.Shop");
```

인터페이스를 추가한 다음 이를 구현한 프레임워크를 도식화하면 그림 1.8과 같다.

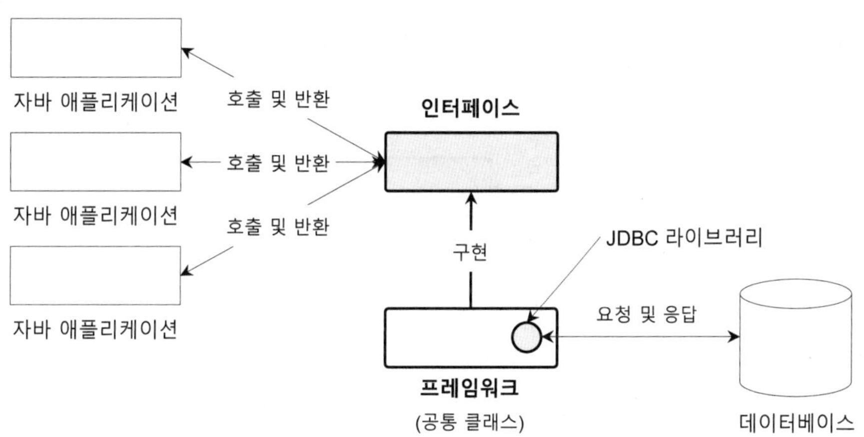

그림 1.8 인터페이스를 추가한 프레임워크

지금까지 설명한 인터페이스, 프레임워크, JDBC 인터페이스는 데이터베이스와 정보를 주고받는 데 사용한다. 이 세 가지를 묶어 퍼시스턴스 계층Persistence Layer이라고 부른다. 퍼시스턴스 계층은 시스템에서 처리한 결과를 저장하거나 조회한다. 퍼시스턴스 계층에 포함된 인터페이스와 프레임워크를 퍼시스턴스 인터페이스와 퍼시스턴스 프레임워크라고 지칭한다. 퍼시스턴스 계층 구성을 도식화하면, 그림 1.9와 같다.

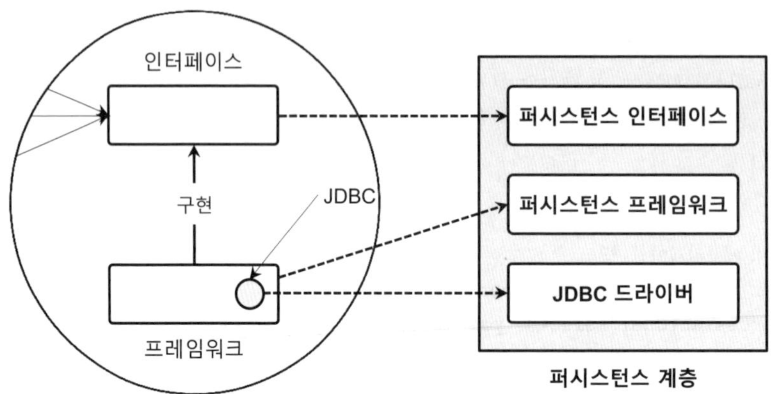

그림 1.9 퍼시스턴스 계층 구성

그림 1.10과 같이 퍼시스턴스 계층은 자바 애플리케이션의 객체 모델과 데이터베이스의 데이터 모델을 자연스럽게 연결할 수 있어야 한다.

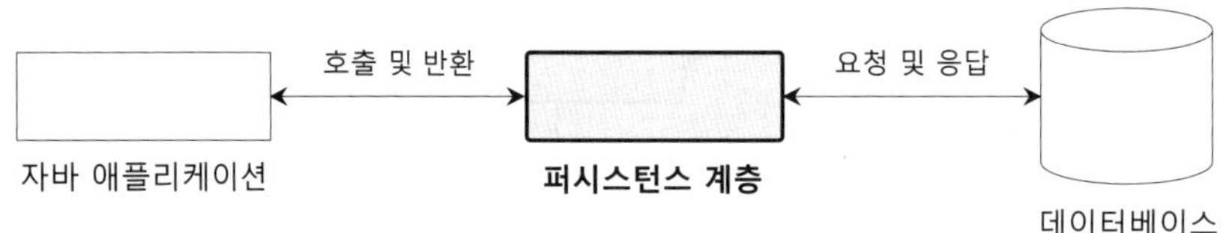

그림 1.10 퍼시스턴스 계층 역할

그림 1.11과 같이 퍼시스턴스 계층을 통해서 객체 모델과 데이터 모델을 매핑하는 데는 실질적인 어려움이 존재한다. 예를 들면 클래스의 프로퍼티명과 테이블의 컬럼명이 불일치하거나 개수가 다른 경우 어떻게 매핑할지 방안이 필요하다.

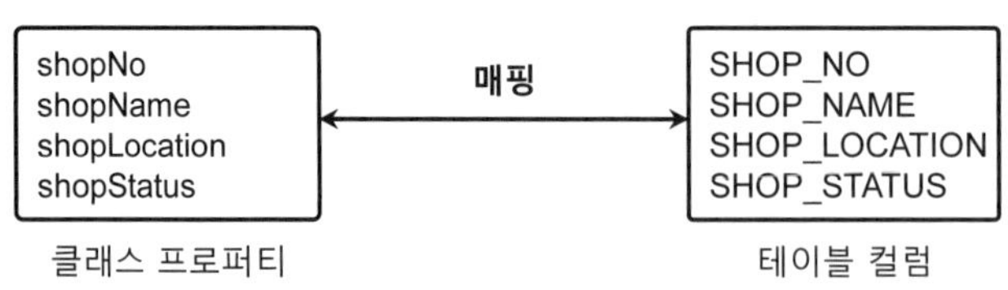

그림 1.11 객체 모델과 데이터 모델 매핑

마틴 파울러의 저서인 『엔터프라이즈 애플리케이션 아키텍처 패턴』(위키북스, 2015)에서는 독립적인 두 객체 간에 통신을 처리하는 매퍼Mapper를 정의하고 있다. 그림 1.12와 같이 퍼시스턴스 계층에 매퍼를 적용할 경우 불일치하는 객체 모델과 데이터 모델을 서로 자연스럽게 매핑할 수 있다.

그림 1.12 매퍼 역할

일반적으로 매퍼에서 사용하는 객체 매핑 방식은 크게 두 가지 방식으로 나눌 수 있다. 하나는 객체 관계를 적용한 OR 매핑Object Relational Mapping 방식이고, 다른 하나는 쿼리문을 사용한 SQL 매핑SQL Mapping 방식이다. 예를 들어 SQL 매핑 방식을 사용해서 클래스의 프로퍼티와 테이블의 컬럼을 매핑하면, 그림 1.13과 같다.

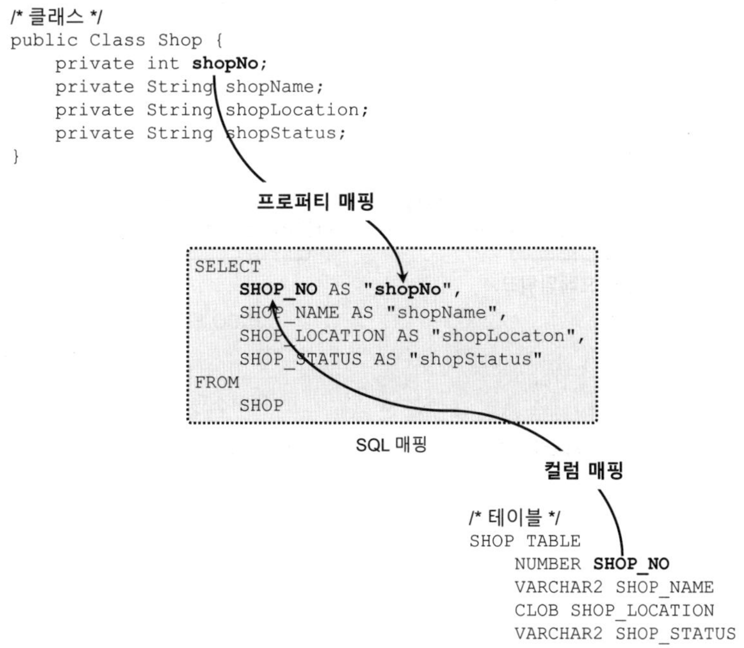

그림 1.13 SQL 매퍼를 사용해서 클래스의 프로퍼티와 테이블의 컬럼 매핑

이와 같이 SQL 매핑 방식을 적용한 매퍼를 SQL 매퍼라고 부른다. SQL 매퍼를 도식화하면, 그림 1.14와 같다.

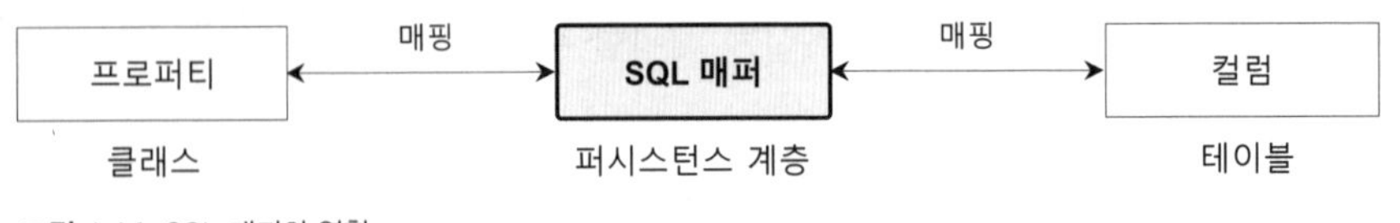

그림 1.14 SQL 매퍼의 역할

> **알/아/두/기**
>
> SQL 매핑 방식을 적용한 제품 중 하나가 마이바티스(MyBatis)고 OR 매핑 방식을 적용한 제품 중 하나가 하이버네이트(Hibernate)다.

SQL 매퍼를 사용해서 만든 프레임워크가 SQL 매퍼 프레임워크다. 그림 1.15와 같이 퍼시스턴스 계층을 구성하는 퍼시스턴스 프레임워크에 SQL 매퍼 프레임워크를 적용할 수 있다.

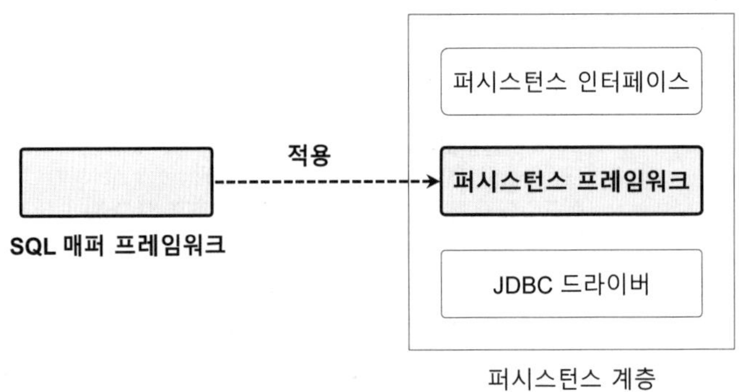

그림 1.15 퍼시스턴스 프레임워크에 적용한 SQL 매퍼 프레임워크

지금까지는 JDBC 프로그래밍을 통해서 효율적인 퍼시스턴스 프레임워크 개념을 도출해보았다. 퍼시스턴스 프레임워크 가운데 SQL 매퍼를 적용한 SQL 매퍼 프레임워크를 사용하면, 중복된 JDBC 인터페이스 소스 코드를 상당 부분 줄일 수 있다. 1.2절에서는 JDBC 프로그래밍을 작성한 다음, 이를 기반으로 SQL 매퍼 프레임워크를 단계적으로 구현해 보자. 구현 과정을 통해서 SQL 매퍼 프레임워크 중 하나인 마이바티스를 좀 더 쉽게 이해할 수 있다. SQL 매퍼 프레임워크 구현 과정이 부담스러운 독자는 1.2절을 건너뛰더라도 마이바티스를 학습하는 데는 별 지장 없다.

1.2 SQL 매퍼 프레임워크의 구현

SQL 매퍼 프레임워크를 구현하기 위해서는 몇 가지 사전 준비가 필요하다. 먼저 자바 프로젝트를 chapter01 명칭으로 생성한 표 1.1과 같이 디렉토리를 생성한다. JDBC 라이브러리를 /chapter01/lib 디렉토리로 복사한 다음 빌드 경로에 등록한다. 자바 프로젝트 생성에 어려움이 있을 경우 '부록 A. 마이바티스 프로그래밍 개발 환경 구축'을 참고한다. 이 장의 모든 예제는 /chapter01 디렉토리에 있다.

표 1.1 chapter01 자바 프로젝트의 디렉토리 구성

디렉토리 경로 및 파일명	설명
/src/org/mybatis/domain	도메인 클래스가 위치한 디렉토리
/src/resources/jdbc	데이터베이스 설정 프로퍼티 파일, 쿼리문 프로퍼티 파일이 위치한 디렉토리
/src/step0 ~ step7	단계별 작성한 클래스가 위치한 디렉토리
/lib	JDBC 라이브러리가 위치한 디렉토리

디렉토리 생성 및 파일 작성을 완료하면, 그림 1.16과 같이 완성된 자바 프로젝트를 볼 수 있다.

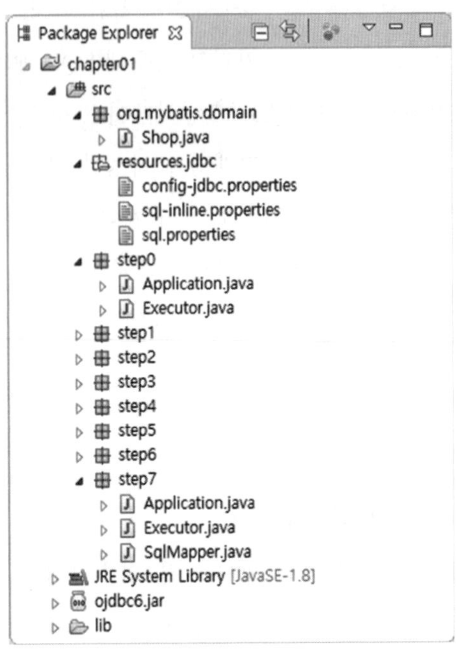

그림 1.16 chapter01 자바 프로젝트

SQL 매퍼 프레임워크 구현과 관련해서 `Application` 클래스, `Executor` 클래스, `Shop` 클래스, `SqlMapper` 클래스를 작성한다. `Application` 클래스는 JDBC 인터페이스를 사용해서 데이터를 조회한다. `Executor` 클래스는 `Application` 객체를 생성한 다음 `view()` 메소드를 호출한다. 이때 `Shop` 클래스를 리절트 객체로 사용한다. `SqlMapper` 클래스는 `Application` 클래스의 부모 클래스로 개선이 필요한 소스 코드를 추출해서 메소드로 작성한다.

- **Executor 클래스**
- **Application 클래스**
- **Shop 클래스**
- **SqlMapper 클래스**

위에 나열한 클래스를 작성할 때 호출 순서의 역순으로 작성한다. 먼저 `Shop` 클래스를 작성한 다음 `Application` 클래스와 `Executor` 클래스를 순차적으로 작성한다. SqlMapper 클래스는 기능 구현에 따라 단계적으로 작성한다. 다음 경로에서 Shop 클래스를 생성한다.

/chapter01/src/org/mybatis/domain/**Shop.java**

Shop 클래스를 생성한 다음 SHOP 테이블에 정의한 컬럼을 기준으로 프로퍼티를 선언한다. 이때 프로퍼티명은 컬럼명을 낙타 표기 형식에 맞추어 변환한 문자열을 사용한다. 예를 들어 SHOP_NO 컬럼명을 프로퍼티명으로 변환하면 shopNo 문자열이 된다.

```
public class Shop {
    shopNo;
    shopName;
    shopLocation;
    shopStatus;
}
```

알/아/두/기

낙타 표기 형식에 맞추어 컬럼명을 프로퍼티명으로 변환하는 과정은 다음과 같다.

1. 구분자를 기준으로 문자열을 분리한다. 예) SHOP_NO → SHOP, NO
2. 분리한 모든 문자열을 소문자로 변경한다. 예) SHOP, NO → shop, no
3. 첫 번째 문자열을 제외하고 첫 글자를 대문자로 변경한다. 예) shop, no → shop, No
4. 변경한 모든 문자열을 결합한다. 예) shop, No → shopNo

프로퍼티를 선언한 다음 컬럼 타입에 적합한 자바 타입을 프로퍼티 타입으로 선언한다. 예를 들어 컬럼 타입이 숫자 타입인 경우 int 타입 또는 Integer 타입을 프로퍼티 타입으로 선언하고, 문자 타입인 경우 String 타입을 프로퍼티 타입으로 선언한다.

```
public class Shop {
    int shopNo;
    String shopName;
```

```
    String shopLocation;
    String shopStatus;
}
```

다음과 같이 선언한 프로퍼티 값을 직접 변경하지 못하도록 접근 제한자를 지정한 다음 셋터^Setter 메소드와 겟터^Getter 메소드를 작성한다.

```
public class Shop {
    /* 접근 제한자 */
    private int shopNo;
    private String shopName;
    private String shopLocation;
    private String shopStatus;

    /* 셋터 메소드 */
    public void setShopNo(int shopNo) {
        this.shopNo = shopNo;
    }

    /* 겟터 메소드 */
    public int getShopNo() {
        return this.shopNo;
    }

    ...중략...
}
```

위와 같이 프로퍼티 선언, 셋터 메소드, 겟터 메소드를 작성한 다음 두 개의 생성자를 작성한다. 하나는 기본 생성자이고, 다른 하나는 모든 프로퍼티를 인자로 지정한 생성자다.

```
public class Shop {
    private int shopNo;
    private String shopName;
    private String shopLocation;
    private String shopStatus;

    /* 기본 생성자 */
```

```
    public Shop() {
    }

    /* 생성자 */
    public Shop(int shopNo, String shopName, String shopLocation,
            String shopStatus) {
        this.shopNo = shopNo;
        this.shopName = shopName;
        this.shopLocation = shopLocation;
        this.shopStatus = shopStatus;
    }

    ...중략...
}
```

알/아/두/기

생성자는 클래스명과 이름이 동일하고, 반환 타입이 생략된 메소드를 말한다. 특히 생성자 가운데 인자가 없는 생성자를 기본 생성자(Default Constructor)라고 한다.

다음과 같이 Serializable 인터페이스를 지정한다.

```
import java.io.Serializable;

public class Shop implements Serializable {
    ...중략...
}
```

Shop 클래스 작성을 완료하면, 예제 1.1과 같다.

예제 1.1 Shop 클래스

```
/* /chapter01/src/org/mybatis/domain/Shop.java */

package org.mybatis.domain;

import java.io.Serializable;
```

```
public class Shop implements Serializable {
    private int shopNo;
    private String shopName;
    private String shopLocation;
    private String shopStatus;

    /* 기본 생성자 */
    public Shop() {
    }

    /* 생성자 */
    public Shop(int shopNo, String shopName, String shopLocation,
        String shopStatus) {
        this.shopNo = shopNo;
        this.shopName = shopName;
        this.shopLocation = shopLocation;
        this.shopStatus = shopStatus;
    }

    /* 셋터 메소드 */
    public void setShopNo(int shopNo) {
        this.shopNo = shopNo;
    }

    public void setShopName(String shopName) {
        this.shopName = shopName;
    }

    public void setShopLocation(String shopLocation) {
        this.shopLocation = shopLocation;
    }

    public void setShopStatus(String shopStatus) {
        this.shopStatus = shopStatus;
    }

    /* 겟터 메소드 */
    public int getShopNo() {
        return shopNo;
    }
```

```
    public String getShopName() {
        return shopName;
    }

    public String getShopLocation() {
        return shopLocation;
    }

    public String getShopStatus() {
        return shopStatus;
    }
}
```

Shop 클래스를 작성한 다음 Application 클래스를 작성해 보자. JDBC 인터페이스 호출 순서를 따라 작성한 Application 클래스는 데이터베이스로부터 조건에 맞는 데이터를 한 건 조회한다. Application 클래스는 단계적인 리팩토링 작업을 통해서 점진적으로 작성한다. Application 클래스를 작성할 때 Shop 클래스를 리절트 객체로 사용한다.

/chapter01/src/**step0/Application.java**

Application 클래스를 작성한 다음 view() 메소드를 정의한다. view() 메소드에 Class 클래스의 forName() 메소드를 사용해서 JDBC 드라이버를 로딩하는 소스 코드를 작성한다. forName() 메소드를 호출할 때 패키지 경로를 포함한 JDBC 드라이버 클래스를 인자로 전달한다. 빌드 경로에서 JDBC 드라이버 클래스를 찾지 못하면 ClassNotFoundException 예외가 발생한다. 이런 경우에 try~catch 문을 사용해서 예외를 처리한다. 예를 들어 오라클 데이터베이스의 JDBC 드라이버 클래스를 forName() 메소드의 인자로 지정하면 다음과 같다.

```
public class Application {
    public void view(List<Object> parameters) throws SQLException {
        try {
            // JDBC 드라이버 로딩
            Class.forName("oracle.jdbc.driver.OracleDriver");
```

```
        } catch (ClassNotFoundException e) {
            throw new RuntimeException(e);
        }
    }
}
```

JDBC 드라이버를 로딩한 다음 DriverManager 클래스의 getConnection() 메소드를 호출하면, Connection 객체를 반환받을 수 있다. 다음과 같이 getConnection() 메소드를 호출할 때 데이터베이스 연결 URL, 계정, 비밀번호를 인자로 지정한다.

```
public class Application {
    public void view(List<Object> parameters) throws SQLException {
        Connection connection = null;

        try {
            // JDBC 드라이버 로딩
            Class.forName("oracle.jdbc.driver.OracleDriver");

            // 데이터베이스 연결
            connection = DriverManager.getConnection(
                "jdbc:oracle:thin:@localhost:1521:XE", "mybatis",
                    "mybatis$");
        } catch (SQLException e) {
            throw e;
        }
    }
}
```

위와 같이 반환된 Connection 객체의 preparedStatement() 메소드를 호출하면, PreparedStatement 객체를 반환받을 수 있다. PreparedStatement에서 제공하는 다양한 셋터 메소드를 사용해서 매개 변수를 지정한 쿼리문에 파라미터를 바인딩할 수 있다. 예를 들면 매개 변수의 컬럼 타입이 숫자 타입인 경우 setInt() 메소드를 사용하고, 문자 타입인 경우 setString() 메소드를 사용한다. 셋터 메소드의 인자로 매개 변수 순번과 파라미터를 전달한다.

```
public class Application {
    public void view(List<Object> parameters) throws SQLException {
        Connection connection = null;
        PreparedStatement preparedStatement = null;

        try {
            ...중략...

            // 쿼리문 처리 객체 생성
            preparedStatement = connection.prepareStatement(
                "SELECT SHOP_NO, SHOP_NAME, SHOP_LOCATION, SHOP_STATUS " +
                "FROM SHOP WHERE SHOP_NO = ? AND SHOP_STATUS = ?");

            // 파라미터 바인딩
            preparedStatement.setInt(1,(Integer) parameters.get(0));
            preparedStatement.setString(2,
                String.valueOf(parameters.get(1)));
        } catch (SQLException e) {
            throw e;
        }
    }
}
```

다음과 같이 PreparedStatement 객체의 executeQuery() 메소드를 호출하면, 조회 쿼리문을 실행한 다음 결과를 담은 ResultSet 객체를 반환받을 수 있다.

```
public class Application {
    public void view(List<Object> parameters) throws SQLException {
        Connection connection = null;
        PreparedStatement preparedStatement = null;
        ResultSet resultSet = null;

        try {
            ...중략...

            // 쿼리문 실행 및 결과 반환
            resultSet = preparedStatement.executeQuery();
        } catch (SQLException e) {
            throw e;
        }
```

```
    }
}
```

조회 결과는 ResultSet 객체에 행과 열 형태로 담겨 반환된다. 다음과 같이 ResultSet 객체의 next() 메소드를 호출하면, 각 행에 순차적으로 접근할 수 있다. 행에 존재하는 각 열의 값은 다양한 겟터 메소드를 사용해서 가져올 수 있다. 예를 들면 열의 값이 숫자 타입인 경우 getInt() 메소드를 사용하고, 문자 타입인 경우 getString() 메소드를 사용한다. 겟터 메소드의 인자로 컬럼명을 지정한다.

```
public class Application {
    public Shop view(List<Object> parameters) throws SQLException {
        Connection connection = null;
        PreparedStatement preparedStatement = null;
        ResultSet resultSet = null;
        Shop shop = null;

        try {
            ...중략...

            // 결과 처리
            if (resultSet.next()) {
                shop = new Shop();

                shop.setShopNo(resultSet.getInt("SHOP_NO"));
                shop.setShopName(resultSet.getString("SHOP_NAME"));
                shop.setShopLocation(resultSet.getString("SHOP_LOCATION"));
                shop.setShopStatus(resultSet.getString("SHOP_STATUS"));
            }
        } catch (SQLException e) {
            throw e;
        }

        return shop;
    }
}
```

다음과 같이 try~catch 문에 finally 문을 추가한 다음 사용한 자원 및 데이터베이스 연결을 해제한다. 객체 생성 순서의 역순으로 자원 및 데이터베이스 연결 객체의 close() 메소드를 호출한다.

```
public class Application {
    public Shop view(List<Object> parameters) throws SQLException {
        ...중략...

        try {
            ...중략...
        } catch (SQLException e) {
            throw e;
        } finally {
            // 자원 및 데이터베이스 연결 해제
            if (resultSet != null) {
                try {
                    resultSet.close();
                } catch (SQLException e) {
                }
            }
            if (preparedStatement != null) {
                try {
                    preparedStatement.close();
                } catch (SQLException e) {
                }
            }
            if (connection != null) {
                try {
                    connection.close();
                } catch (SQLException e) {
                }
            }
        }
    }
}
```

Application 클래스 작성을 완료하면, 예제 1.2와 같다.

예제 1.2 Application 클래스

```
/* /chapter01/src/step0/Application.java */

package step0;

import java.sql.Connection;
import java.sql.DriverManager;
import java.sql.PreparedStatement;
import java.sql.ResultSet;
import java.sql.SQLException;
import java.util.List;
import org.mybatis.domain.Shop;

public class Application {
    public Shop view(List<Object> parameters) throws SQLException {
        Connection connection = null;
        PreparedStatement preparedStatement = null;
        ResultSet resultSet = null;
        Shop shop = null;

        try {
            // JDBC 드라이버 로딩
            Class.forName("oracle.jdbc.driver.OracleDriver");
        } catch (ClassNotFoundException e) {
            throw new RuntimeException(e);
        }

        try {
            // 데이터베이스 연결
            connection = DriverManager.getConnection(
                "jdbc:oracle:thin:@localhost:1521:XE",
                    "mybatis", "mybatis$");

            // 쿼리문 처리 객체 생성
            preparedStatement = connection.prepareStatement(
                "SELECT SHOP_NO, SHOP_NAME, SHOP_LOCATION, SHOP_STATUS " +
                "FROM SHOP " +
                "WHERE SHOP_NO = ? AND SHOP_STATUS = ?");

            // 파라미터 바인딩
            preparedStatement.setInt(1, (Integer) parameters.get(0));
```

```
        preparedStatement.setString(2,
            String.valueOf(parameters.get(1)));

        // 쿼리문 실행 및 결과 반환
        resultSet = preparedStatement.executeQuery();

        // 결과 처리
        if (resultSet.next()) {
            shop = new Shop();

            shop.setShopNo(resultSet.getInt("SHOP_NO"));
            shop.setShopName(resultSet.getString("SHOP_NAME"));
            shop.setShopLocation(resultSet.getString("SHOP_LOCATION"));
            shop.setShopStatus(resultSet.getString("SHOP_STATUS"));
        }
    } catch (SQLException e) {
        throw e;
    } finally {
        // 자원 및 데이터베이스 연결 해제
        if (resultSet != null) {
            try {
                resultSet.close();
            } catch (SQLException e) {
            }
        }

        if (preparedStatement != null) {
            try {
                preparedStatement.close();
            } catch (SQLException e) {
            }
        }

        if (connection != null) {
            try {
                connection.close();
            } catch (SQLException e) {
            }
        }
    }
```

```
        return shop;
    }
}
```

Application 클래스를 작성한 다음 Executor 클래스를 작성해 보자. Executor 클래스는 main() 메소드 실행을 통해서 Application 객체를 생성한 다음 view() 메소드를 호출한다. Executor 클래스와 Application 클래스의 관계를 나타내면, 그림 1.17과 같다.

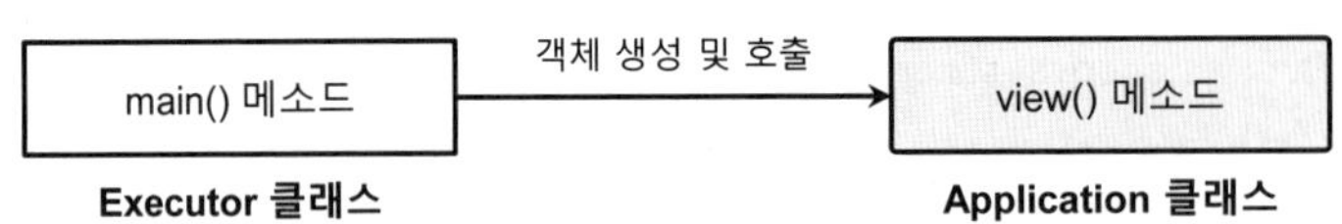

그림 1.17 Executor 클래스와 Application 클래스의 관계

다음 경로에서 Executor 클래스를 생성한다.

/chapter01/src/**step0/Executor.java**

Executor 클래스를 생성한 다음 main() 메소드를 작성한다. main() 메소드에 Application 객체의 view() 메소드를 호출할 때 필요한 파라미터 객체를 준비한다.

```
public class Executor {
    public static void main(String[] args) {
        // 파라미터 객체 생성 및 파라미터 등록
        List<Object> parameters = new ArrayList<Object>();
        parameters.add(1);
        parameters.add("Y");
    }
}
```

다음과 같이 Application 객체를 생성한 다음 view() 메소드를 호출한다. 준비한 파라미터 객체를 인자로 전달한다.

```
public class Executor {
    public static void main(String[] args) {
        ...중략...

        // 조회 쿼리문 실행 및 결과 반환
        Application application = new Application();
        Shop shop = application.view(parameters);
    }
}
```

Application 객체의 view() 메소드를 호출할 때 에러가 발생할 수 있다. 이런 경우에 try~catch 문을 사용해서 예외를 처리한다.

```
public class Executor {
    public static void main(String[] args) {
        try {
            ...중략...
        } catch (Exception e) {
            e.printStackTrace();
        }
    }
}
```

Executor 클래스 작성을 완료하면, 예제 1.3과 같다.

예제 1.3 Executor 클래스

```
/* /chapter01/src/step0/Executor.java */

package step0;

import java.util.ArrayList;
import java.util.List;
import org.mybatis.domain.Shop;

public class Executor {
    public static void main(String[] args) {
        try {
            // 파라미터 객체 생성 및 파라미터 등록
```

```
            List<Object> parameters = new ArrayList<Object>();
            parameters.add(1);
            parameters.add("Y");

            // 조회 쿼리문 실행 및 결과 반환
            Application application = new Application();
            Shop shop = application.view(parameters);
        } catch (Exception e) {
            e.printStackTrace();
        }
    }
}
```

/chapter01/src/step0 디렉토리에 작성한 Application 클래스는 JDBC 인터페이스 호출 순서에 맞추어 작성한 전형적인 JDBC 프로그래밍이다. Application 클래스는 Executor 클래스의 main() 메소드 호출을 통해서 실행된다. JDBC 프로그래밍 단점을 고스란히 가진 Application 클래스를 개선하는 데 필요한 SqlMapper 클래스를 작성해 보자. SqlMapper 클래스를 완성하면, Application 클래스는 좀 더 간결하고 유연한 구조를 가질 수 있다. Application 클래스와 SqlMapper 클래스의 관계를 도식화하면, 그림 1.18과 같다.

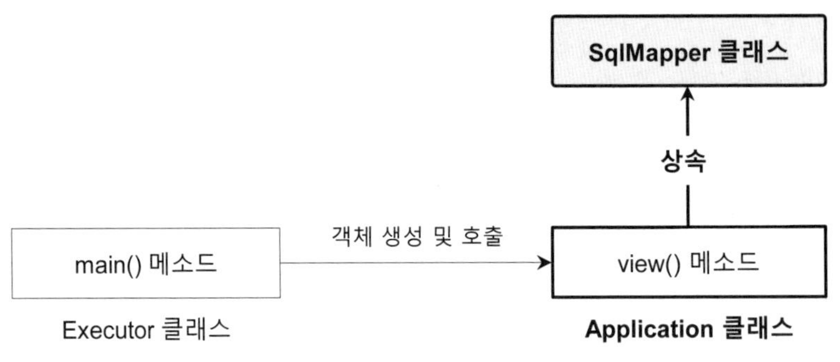

그림 1.18 Application 클래스와 SqlMapper 클래스 관계

단계적으로 SQL Mapper 클래스에 구현할 기능을 정리하면 다음과 같다.

1. **중복된 기능 추출**
2. **외부 파일 정의**
3. **인자와 결과를 자동 처리**
4. **단순한 실행 메소드 정의**

위에 정의한 순서에 맞추어 메소드를 정의한 다음 기능을 구현해 보자. 새로운 기능을 구현할 때마다 앞서 작성한 소스 코드와 구분할 수 있도록 디렉토리를 새로 생성한다. 이전 단계에서 작성한 파일을 복사해서 붙여넣은 다음 소스 코드를 변경하거나 추가한다. 그럼 /chapter01/src/step0 디렉토리에 작성한 파일을 가지고 SQL 매퍼 프레임워크를 단계적으로 구현해 보자.

1.2.1 중복된 기능 추출

JDBC 프로그래밍에 사용한 소스 코드 중 반복된 소스 코드를 줄일 수 있다면, 변경 사항이 발생했을 때 좀 더 신속하게 대처할 수 있다. 앞서 `Application` 클래스에 작성한 소스 코드 중 중복될 가능성이 높은 소스 코드를 정리하면 다음과 같다.

- **JDBC 드라이버 로딩**
- **데이터베이스 연결**
- **데이터베이스 해제**

다음 경로에 디렉토리를 생성한 다음 /chapter01/src/step0 디렉토리에 존재하는 파일을 그대로 복사한다. 이때 복사한 파일은 `Application` 클래스, `Executor` 클래스다. 복사한 파일을 열어 패키지 경로를 step0에서 step1로 변경한다.

/chapter01/src/**step1**

다음 경로에서 `SqlMapper` 클래스를 생성한다.

/chapter01/src/**step1/SqlMapper.java**

생성한 SqlMapper 클래스에 기본 생성자를 작성한다. 기본 생성자에 JDBC 드라이버 클래스를 로딩하는 소스 코드를 작성한다. 빌드 경로에서 JDBC 드라이버를 찾지 못하면 ClassNotFoundException 예외가 발생한다. 이런 경우에 try~catch 문을 사용해서 예외를 처리한다.

```
public class SqlMapper {
    /* 기본 생성자 */
    public SqlMapper() {
        try {
            // JDBC 드라이버 로딩
            Class.forName("oracle.jdbc.driver.OracleDriver");
        } catch (ClassNotFoundException e) {
            throw new RuntimeException(e);
        }
    }
}
```

SqlMapper 클래스에 connect() 메소드를 추가로 작성한 다음 Connection 객체를 반환하는 소스 코드를 작성한다. getConnection() 메소드를 호출할 때 데이터베이스 연결 URL, 계정, 비밀번호를 인자로 전달한다.

```
public class SqlMapper {
    private Connection connection;
    ...중략...

    /* 데이터베이스 연결 */
    protected Connection connect() throws SQLException {
        try {
            if (connection == null) {
                connection = DriverManager.getConnection(
                    "jdbc:oracle:thin:@localhost:1521:XE",
                    "mybatis", "mybatis$");
            }

            return connection;
```

```
        } catch (SQLException e) {
            throw e;
        }
    }
}
```

SqlMapper 클래스에 release() 메소드를 추가로 작성한 다음 자원 및 데이터베이스 연결을 해제할 수 있도록 소스 코드를 작성한다. 객체 생성 순서의 역순으로 자원 및 데이터베이스 연결 객체의 close() 메소드를 호출한다.

```
public class SqlMapper {
    private Connection connection;
    private PreparedStatement preparedStatement;
    private ResultSet resultSet;
    ...중략...

    /* 자원 및 데이터베이스 연결 해제 */
    protected void release() {
        if (resultSet != null) {
            try {
                resultSet.close();
            } catch (SQLException e) {
            }
        }

        if (preparedStatement != null) {
            try {
                preparedStatement.close();
            } catch (SQLException e) {
            }
        }

        if (connection != null) {
            try {
                connection.close();
            } catch (SQLException e) {
            }
        }
    }
}
```

SqlMapper 클래스 작성을 완료하면, 예제 1.4와 같다.

예제 1.4 SqlMapper 클래스(기본 생성자, connect() 메소드, release() 메소드 작성)

```
/* /chapter01/src/step1/SqlMapper.java */

package step1;

import java.sql.Connection;
import java.sql.DriverManager;
import java.sql.PreparedStatement;
import java.sql.ResultSet;
import java.sql.SQLException;

public class SqlMapper {
    private Connection connection;
    private PreparedStatement preparedStatement;
    private ResultSet resultSet;

    /* 기본 생성자 */
    public SqlMapper() {
        try {
            // JDBC 드라이버 로딩
            Class.forName("oracle.jdbc.driver.OracleDriver");
        } catch (ClassNotFoundException e) {
            throw new RuntimeException(e);
        }
    }

    /* 데이터베이스 연결 */
    protected Connection connect() throws SQLException {
        try {
            if (connection == null) {
                connection = DriverManager.getConnection(
                    "jdbc:oracle:thin:@localhost:1521:XE",
                    "mybatis", "mybatis$");
            }

            return connection;
        } catch (SQLException e) {
            throw e;
        }
```

```
    }

    /* 자원 및 데이터베이스 연결 해제 */
    protected void release() {
        if (resultSet != null) {
            try {
                resultSet.close();
            } catch (SQLException e) {
            }
        }

        if (preparedStatement != null) {
            try {
                preparedStatement.close();
            } catch (SQLException e) {
            }
        }

        if (connection != null) {
            try {
                connection.close();
            } catch (SQLException e) {
            }
        }
    }
}
```

위와 같이 작성한 SqlMapper 클래스를 사용해서 Application 클래스를 수정해 보자. 다음과 같이 SqlMapper 클래스를 상속받는다.

```
public class Application extends SqlMapper {
    ...중략...
}
```

먼저 JDBC 드라이버 로딩과 Connection 객체를 반환하는 소스 코드를 SqlMapper 클래스에 정의한 connect() 메소드 호출로 대체한다.

```
// 쿼리문 처리 객체 생성
preparedStatement = connect().prepareStatement(
    "SELECT SHOP_NO, SHOP_NAME, SHOP_LOCATION, SHOP_STATUS " +
    "FROM SHOP " +
    "WHERE SHOP_NO = ? AND SHOP_STATUS = ?");
```

다음과 같이 자원 및 데이터베이스 연결을 해제하는 소스 코드를 SqlMapper 클래스에 정의한 release() 메소드 호출로 대체한다.

```
...중략...

} finally {
    // 자원 및 데이터베이스 연결 해제
    release();
}
```

Application 클래스 수정을 완료하면, 예제 1.5와 같다.

예제 1.5 Application 클래스 수정(connect() 메소드, release() 메소드 호출)

```
/* /chapter01/src/step1/Application.java */

package step1;

import java.sql.PreparedStatement;
import java.sql.ResultSet;
import java.util.List;
import java.sql.SQLException;
import org.mybatis.domain.Shop;

public class Application extends SqlMapper {
    public Shop view(List<Object> parameters) throws SQLException {
        PreparedStatement preparedStatement = null;
        ResultSet resultSet = null;
        Shop shop = null;

        try {
            // 쿼리문 처리 객체 생성
            preparedStatement = connect().prepareStatement(
```

```
                "SELECT SHOP_NO, SHOP_NAME, SHOP_LOCATION, SHOP_STATUS " +
                "FROM SHOP " +
                "WHERE SHOP_NO = ? AND SHOP_STATUS = ?");

            // 파라미터 바인딩
            preparedStatement.setInt(1, (Integer) parameters.get(0));
            preparedStatement.setString(2,
                String.valueOf(parameters.get(1)));

            // 쿼리문 실행 및 결과 반환
            resultSet = preparedStatement.executeQuery();

            // 결과 처리
            if (resultSet.next()) {
                shop = new Shop();

                shop.setShopNo(resultSet.getInt("SHOP_NO"));
                shop.setShopName(resultSet.getString("SHOP_NAME"));
                shop.setShopLocation(resultSet.getString("SHOP_LOCATION"));
                shop.setShopStatus(resultSet.getString("SHOP_STATUS"));
            }
        } catch (SQLException e) {
            throw e;
        } finally {
            // 자원 및 데이터베이스 연결 해제
            release();
        }

        return shop;
    }
}
```

지금까지 SqlMapper 클래스를 생성한 다음 중복된 기능을 추출해 메소드를 작성해 보았다. 작성한 메소드는 JDBC 드라이버 로딩, 자원 및 데이터베이스 연결 해제를 처리한다. 그리고 SqlMapper 클래스를 상속받아 Application 클래스를 간결하게 변경해 보았다.

1.2.2 외부 파일 정의

JDBC 프로그래밍에 사용한 소스 코드 중 변경될 가능성이 높은 소스 코드를 외부 파일에 정의한 다음 이를 실행 시점에 읽어오면, 수정 사항이 발생했을 때 클래스를 다시 컴파일할 필요가 없어 편리하다. 앞서 `Application` 클래스에 작성한 소스 코드 중 외부 파일에 정의할 소스 코드를 정리하면 다음과 같다.

- **데이터베이스 설정**
- **쿼리문 정의**

먼저 외부 프로퍼티 파일에 데이터베이스 설정을 정의한 다음 실행 시점에 읽어오는 메소드를 작성해 보자. 다음 경로에 디렉토리를 생성한 다음 /chapter01/src/step1 디렉토리에 존재하는 파일을 그대로 복사한다. 이때 복사한 파일은 `Application` 클래스, `Executor` 클래스, `SqlMapper` 클래스다. 복사한 파일을 열어 패키지 경로를 step1에서 step2로 변경한다.

/chapter01/src/**step2**

다음 경로에서 데이터베이스 설정 프로퍼티 파일을 생성한다.

/chapter01/src/resources/jdbc/**config-jdbc.properties**

생성한 데이터베이스 설정 프로퍼티 파일에 `SqlMapper` 클래스로부터 추출한 데이터베이스 설정 값을 작성한다. 다음과 같이 프로퍼티명을 작성할 때 직관적으로 판단할 수 있는 문자열을 사용한다. 예를 들면 JDBC 드라이버 클래스의 프로퍼티명은 `driver` 문자열을 사용해서 지정한다.

```
driver=oracle.jdbc.driver.OracleDriver
url=jdbc:oracle:thin:@localhost:1521:XE
username=mybatis
password=mybatis$
```

데이터베이스 설정 프로퍼티 파일 작성을 완료하면, 예제 1.6과 같다.

예제 1.6 프로퍼티 파일(데이터베이스 설정)

```
# /chapter01/src/resources/jdbc/config-jdbc.properties

driver=oracle.jdbc.driver.OracleDriver
url=jdbc:oracle:thin:@localhost:1521:XE
username=mybatis
password=mybatis$
```

데이터베이스 설정 프로퍼티 파일을 작성한 다음 SqlMapper 클래스에 configurationAsProperties() 메소드를 추가로 작성한다. 해당 메소드에 ClassLoader 클래스의 getResourceAsStream() 메소드를 사용해서 데이터베이스 설정 프로퍼티 파일을 읽어오는 소스 코드를 작성한다.

```
public class SqlMapper {
    /* 데이터베이스 설정 프로퍼티 파일 경로 */
    private String configurationResource =
        "resources/jdbc/config-jdbc.properties";

    ...중략...

    /* 데이터베이스 설정 프로퍼티 파일 로딩 */
    private void configurationAsProperties() {
        ClassLoader contextClassLoader =
            Thread.currentThread().getContextClassLoader();

        InputStream inputStream = contextClassLoader
            .getResourceAsStream(configurationResource);
    }
}
```

데이터베이스 설정 프로퍼티 파일을 읽어들인 InputStream 객체를 Properties 객체의 load() 메소드에 인자로 전달할 경우 데이터베이스 설정이 담긴 프로퍼티 객체를 반환받을 수 있다. 이때 InputStream 객체가 널null이면

IOException 예외가 발생한다. 이런 경우에 try~catch 문을 사용해서 예외를 처리한다. try~catch 문에 finally 문을 추가한 다음 InputStream 객체의 close() 메소드를 호출해서 사용한 자원을 해제한다.

```
public class SqlMapper {
    /* 데이터베이스 설정 프로퍼티 파일 경로 */
    private String configurationResource =
        "resources/jdbc/config-jdbc.properties";

    private Properties configuration = new Properties();

    ...중략...

    /* 데이터베이스 설정 프로퍼티 파일 로딩 */
    private void configurationAsProperties() throws IOException {
        ClassLoader contextClassLoader =
            Thread.currentThread().getContextClassLoader();

        InputStream inputStream = contextClassLoader
            .getResourceAsStream(configurationResource);

        try {
            configuration.load(inputStream);
        } catch(IOException e) {
            throw e;
        } finally {
            inputStream.close();
        }
    }
}
```

위와 같이 configurationAsProperties() 메소드를 작성한 다음 SqlMapper 객체를 생성할 때 데이터베이스 설정 값이 담긴 프로퍼티 파일을 읽어올 수 있도록 다음과 같이 기본 생성자에서 configurationAsProperties() 메소드를 호출한다.

```
public class SqlMapper {
    ...중략...

    /* 기본 생성자 */
    public SqlMapper() {
        try {
            // 데이터베이스 설정 프로퍼티 파일 로딩 메소드 호출
            configurationAsProperties();

            // JDBC 드라이버 로딩
            Class.forName("oracle.jdbc.driver.OracleDriver");
        } catch (Exception e) {
            throw new RuntimeException(e);
        }
    }

    ...중략...
}
```

SqlMapper 클래스 수정을 완료하면, 예제 1.7과 같다.

예제 1.7 SqlMapper 클래스 수정(configurationAsProperties() 메소드 작성)

```
/* /chapter01/src/step2/SqlMapper.java */

package step2;

...중략...

public class SqlMapper {
    ...중략...

    /* 데이터베이스 설정 프로퍼티 파일 경로 */
    private String configurationResource =
        "resources/jdbc/config-jdbc.properties";

    private Properties configuration = new Properties();

    /* 기본 생성자 */
    public SqlMapper() {
        try {
```

```
            // 데이터베이스 설정 프로퍼티 파일 로딩 메소드 호출
            configurationAsProperties();

            // JDBC 드라이버 로딩
            Class.forName("oracle.jdbc.driver.OracleDriver");
        } catch (Exception e) {
            throw new RuntimeException(e);
        }
    }

    ...중략...

    /* 데이터베이스 설정 프로퍼티 파일 로딩 */
    private void configurationAsProperties() throws IOException {
        ClassLoader contextClassLoader =
            Thread.currentThread().getContextClassLoader();

        InputStream inputStream = contextClassLoader
            .getResourceAsStream(configurationResource);

        try {
            configuration.load(inputStream);
        } catch (IOException e) {
            throw e;
        } finally {
            inputStream.close();
        }
    }
}
```

SqlMapper 클래스에 configurationAsProperties() 메소드를 추가한 다음 Properties 객체의 getProperty() 메소드를 사용해서 데이터베이스 설정 값을 지정한 소스 코드를 대체해 보자. 앞서 데이터베이스 설정 프로퍼티 파일에 작성한 프로퍼티명을 인자로 지정한다.

```
public class SqlMapper {
    ...중략...
```

```
        // JDBC 드라이버 로딩
        Class.forName(configuration.getProperty("driver"));

        // 데이터베이스 연결
        connection = DriverManager.getConnection(
            configuration.getProperty("url"),
            configuration.getProperty("username"),
            configuration.getProperty("password"));

        ...중략...
    }
```

SqlMapper 클래스 수정을 완료하면, 예제 1.8과 같다.

예제 1.8 SqlMapper 클래스 수정(getProperty() 메소드 호출)

```
/* /chapter01/src/step2/SqlMapper.java */

package step2;

...중략...

public class SqlMapper {
    ...중략...

    /* 데이터베이스 설정 프로퍼티 파일 경로 */
    private String configurationResource =
        "resources/jdbc/config-jdbc.properties";

    private Properties configuration = new Properties();

    /* 기본 생성자 */
    public SqlMapper() {
        try {
            // 데이터베이스 설정 프로퍼티 파일 로딩 메소드 호출
            configurationAsProperties();

            // JDBC 드라이버 클래스
            Class.forName(configuration.getProperty("driver"));
        } catch (Exception e) {
            throw new RuntimeException(e);
```

```
        }
    }

    /* 데이터베이스 연결 */
    protected Connection connect() throws SQLException {
        try {
            if (connection == null) {
                connection = DriverManager.getConnection(
                    configuration.getProperty("url"),
                    configuration.getProperty("username"),
                    configuration.getProperty("password"));
            }

            return connection;
        } catch (SQLException e) {
            throw e;
        }
    }

    ...중략...
}
```

지금까지 외부 프로퍼티 파일에 작성한 데이터베이스 설정을 읽어오는 메소드를 작성해 보았다. 이와 동일한 방식으로 외부 프로퍼티 파일에 쿼리문을 정의한 다음 읽어오는 메소드를 작성해 보자. 다음 경로에 디렉토리를 생성한 다음 /chapter01/src/step2 디렉토리에 존재하는 파일을 그대로 복사한다. 이때 복사한 파일은 `Application` 클래스, `Executor` 클래스, `SqlMapper` 클래스다. 복사한 파일을 열어 패키지 경로를 step2에서 step3로 변경한다.

/chapter01/src/**step3**

다음 경로에서 쿼리문 프로퍼티 파일을 생성한다.

/chapter01/src/resources/jdbc/**sql.properties**

생성한 쿼리문 프로퍼티 파일에 쿼리문을 작성해 보자. 다음과 같이 쿼리문 아이디를 식별자로 사용한다. 쿼리문 아이디는 쿼리문을 잘 표현할 수 있는 문자열을 사용한다. 예를 들어 데이터 한 건을 조회하는 쿼리문은 select 문자열로 지정한다.

```
select=SELECT SHOP_NO, SHOP_NAME, SHOP_LOCATION, SHOP_STATUS FROM SHOP
WHERE SHOP_NO = ? AND SHOP_STATUS = ?
```

쿼리문 프로퍼티 파일 작성을 완료하면, 예제 1.9와 같다.

예제 1.9 프로퍼티 파일(쿼리문 정의)

```
# /chapter01/src/resources/jdbc/sql.properties

select=SELECT SHOP_NO, SHOP_NAME, SHOP_LOCATION, SHOP_STATUS FROM SHOP
WHERE SHOP_NO = ? AND SHOP_STATUS = ?
```

쿼리문 프로퍼티 파일을 작성한 다음 SqlMapper 클래스에 sqlAsProperties() 메소드를 추가로 작성한다. 해당 메소드에 앞서 예제 1.7의 configurationAsProperties() 메소드에 작성한 소스 코드와 동일한 소스 코드를 옮겨 작성한다. 이때 프로퍼티 파일 경로를 쿼리문 프로퍼티 파일 경로에 맞게 변경한다.

```
public class SqlMapper {
    /* 쿼리문 프로퍼티 파일 경로 */
    private String sqlResource = "resources/jdbc/sql.properties";

    ...중략...

    /* 쿼리문 프로퍼티 파일 로딩 */
    private void sqlAsProperties(){
        ClassLoader contextClassLoader =
            Thread.currentThread().getContextClassLoader();
```

```
        InputStream inputStream =
            contextClassLoader.getResourceAsStream(sqlResource);
    }
}
```

쿼리문 프로퍼티 파일을 읽어들인 InputStream 객체를 Properties 객체의 load() 메소드에 인자로 전달하면, 쿼리문이 담긴 프로퍼티 객체를 반환받을 수 있다. 이때 InputStream 객체가 널이면 IOException 예외가 발생한다. 이런 경우에 try~catch 문을 사용해서 예외를 처리한다. try~catch 문에 finally 문을 추가한 다음 InputStream 객체의 close() 메소드를 호출해서 사용한 자원을 해제한다.

```
public class SqlMapper {
    /* 쿼리문 프로퍼티 파일 경로 */
    private String sqlResource = "resources/jdbc/sql.properties";

    private Properties sql = new Properties();

    ...중략...

    /* 쿼리문 프로퍼티 파일 로딩 */
    private void sqlAsProperties() throws IOException {
        ClassLoader contextClassLoader =
            Thread.currentThread().getContextClassLoader();

        InputStream inputStream = contextClassLoader
            .getResourceAsStream(sqlResource);

        try {
            sql.load(inputStream);
        } catch(IOException e) {
            throw e;
        } finally {
            inputStream.close();
        }
    }
}
```

이와 같이 sqlAsProperties() 메소드를 작성한 다음 SqlMapper 객체를 생성할 때 쿼리문이 담긴 프로퍼티 파일을 읽어올 수 있도록 다음과 같이 기본 생성자에서 sqlAsProperties() 메소드를 호출한다.

```
public class SqlMapper {
    ...중략...

    /* 기본 생성자 */
    public SqlMapper() {
        try {
            // 데이터베이스 설정 프로퍼티 파일 로딩 메소드 호출
            configurationAsProperties();

            // 쿼리문 프로퍼티 파일 로딩 메소드 호출
            sqlAsProperties();

            // JDBC 드라이버 로딩
            Class.forName(configuration.getProperty("driver"));
        } catch (Exception e) {
            throw new RuntimeException(e);
        }
    }

    ...중략...
}
```

Properties 객체의 getProperty() 메소드를 사용해서 쿼리문을 가져올 수 있지만, 쿼리문을 직접 가져오지 말고 별도의 메소드를 통해서 가져온다. SqlMapper 클래스에 sqlById() 메소드를 추가로 작성한 다음 쿼리문 아이디에 매핑되는 쿼리문을 쿼리문 프로퍼티 객체로부터 반환하는 소스 코드를 작성한다. 앞서 쿼리문 프로퍼티 파일에 작성한 쿼리문 아이디를 인자로 지정한다.

```
public class SqlMapper {
    ...중략...

    /* 쿼리문 반환 */
    protected String sqlById(String sqlId) {
```

```
        return sql.getProperty(sqlId);
    }

    ...중략...
}
```

SqlMapper 클래스 수정을 완료하면, 예제 1.10과 같다.

예제 1.10 SqlMapper 클래스 수정(sqlById() 메소드 작성)

```
/* /chapter01/src/step3/SqlMapper.java */

package step3;

...중략...

public class SqlMapper {
    ...중략...

    /* 쿼리문 프로퍼티 파일 경로 */
    private String sqlResource = "resources/jdbc/sql.properties";
    private Properties sql = new Properties();

    /* 기본 생성자 */
    public SqlMapper() {
        try {
            // 데이터베이스 설정 프로퍼티 파일 로딩 메소드 호출
            configurationAsProperties();

            // 쿼리문 프로퍼티 파일 로딩 메소드 호출
            sqlAsProperties();

            // JDBC 드라이버 로딩
            Class.forName(configuration.getProperty("driver"));
        } catch (Exception e) {
            throw new RuntimeException(e);
        }
    }

    ...중략...

    /* 쿼리문 프로퍼티 파일 로딩 */
```

```
    private void sqlAsProperties() throws IOException {
        ClassLoader contextClassLoader =
            Thread.currentThread().getContextClassLoader();

        InputStream inputStream =
            contextClassLoader.getResourceAsStream(sqlResource);

        try {
            sql.load(inputStream);
        } catch (IOException e) {
            throw e;
        } finally {
            inputStream.close();
        }
    }

    /* 쿼리문 반환 */
    protected String sqlById(String sqlId) {
        return sql.getProperty(sqlId);
    }
}
```

SqlMapper 클래스에 configurationAsProperties() 메소드, sqlAsProperties() 메소드, sqlById() 메소드를 추가한 다음 Application 클래스를 수정해 보자. 쿼리문을 지정한 소스 코드를 sqlById() 메소드 호출로 대체하고 쿼리문 아이디를 인자로 지정한다.

```
String sql = sqlById("select");
preparedStatement = connect().prepareStatement(sql);
```

Application 클래스 수정을 완료하면, 예제 1.11과 같다.

예제 1.11 Application 클래스 수정(sqlById() 메소드 호출)

```
/* /chapter01/src/step3/Application.java */

package step3;
```

```
...중략...

public class Application extends SqlMapper {
    public Shop view(List<Object> parameters) throws Exception {
        PreparedStatement preparedStatement = null;
        ResultSet resultSet = null;
        Shop shop = null;

        try {
            // 쿼리문 반환
            String sql = sqlById("select");

            // 쿼리문 처리 객체 생성
            preparedStatement = connect().prepareStatement(sql);

            // 쿼리문 바인딩
            preparedStatement.setInt(1, (Integer) parameters.get(0));
            preparedStatement.setString(2,
                String.valueOf(parameters.get(1)));

            // 쿼리문 실행 및 결과 반환
            resultSet = preparedStatement.executeQuery();

            // 결과 처리
            if (resultSet.next()) {
                shop = new Shop();

                shop.setShopNo(resultSet.getInt("SHOP_NO"));
                shop.setShopName(resultSet.getString("SHOP_NAME"));
                shop.setShopLocation(resultSet.getString("SHOP_LOCATION"));
                shop.setShopStatus(resultSet.getString("SHOP_STATUS"));
            }
        } catch (Exception e) {
            throw e;
        } finally {
            // 자원 및 데이터베이스 연결 해제
            release();
        }

        return shop;
    }
}
```

지금까지 외부 프로퍼티 파일에 데이터베이스 설정과 쿼리문을 정의한 다음 이를 실행 시점에 읽어오는 메소드를 작성해 보았고, SqlMapper 클래스에 정의한 메소드를 사용해서 Application 클래스의 소스 코드를 변경해 보았다.

1.2.3 인자와 결과 자동 처리

쿼리문에 파라미터를 바인딩하는 소스 코드는 지정한 매개 변수의 개수가 많을수록 길어지고, 리절트 객체에 리절트를 바인딩하는 소스 코드는 반환된 컬럼 개수가 많아질수록 길어진다. 파라미터와 리절트를 바인딩하는 소스 코드는 단순한 형태를 띠고 있지만, JDBC 프로그래밍에서 상당 부분을 차지한다. 파라미터와 리절트를 동적으로 바인딩할 수 있다면, 소스 코드는 좀 더 간결해질 수 있다.

- **파라미터 바인딩**
- **리절트 바인딩**

먼저 매개 변수를 지정한 쿼리문에 파라미터를 동적으로 바인딩하는 메소드를 작성해 보자. 일반적으로 파라미터 객체는 쿼리문에 지정한 매개 변수가 하나인 경우 기본 타입을 사용하고, 여러 개인 경우 List 타입이나 Map 타입처럼 Collection 계열의 타입을 사용한다. 물론 자바빈즈 타입도 종종 사용한다. 작성하려는 메소드는 파라미터 객체의 타입 범위를 좁혀 List 타입과 Map 타입을 사용한다. 우선 파라미터 객체로 List 타입을 사용하는 메소드를 작성한 다음 Map 타입을 사용하는 메소드를 작성해 보자. 다음 경로에 디렉토리를 생성한 다음 /chapter01/src/step3 디렉토리에 존재하는 파일을 그대로 복사한다. 이때 복사한 파일은 Application 클래스, Executor 클래스, SqlMapper 클래스다. 파일을 복사한 다음 각 파일을 열어 패키지 경로를 step3에서 step4로 변경한다.

/chapter01/src/**step4**

다음과 같이 List 타입의 객체에 파라미터를 등록한 다음 쿼리문에 인자로 전달하면, 등록한 파라미터 순서에 맞추어 매개 변수에 바인딩할 수 있다.

```
/* 파라미터 객체 생성 및 파리미터 등록 */
List<Object> parameters = new ArrayList<Object>();
parameters.add(1);
parameters.add("Y");

/* 매개 변수를 지정한 쿼리문 */
SELECT SHOP_NO, SHOP_NAME, SHOP_LOCATION, SHOP_STATUS
FROM SHOP
WHERE SHOP_NO = ? AND SHOP_STATUS = ?
```

위의 내용을 바탕으로 SqlMapper 클래스에 parameterBindingByList() 메소드를 추가로 작성한다. 해당 메소드에 List 타입의 파라미터 객체를 인자로 전달받아 쿼리문에 파라미터를 동적으로 바인딩하는 소스 코드를 작성한다. 이때 쿼리문을 반환하는 sqlById() 메소드를 내부적으로 호출한다. 반환된 쿼리문은 물음표를 기준으로 배열에 나누어 담는다.

```
public class SqlMapper {
    ...중략...

    /* List 타입 객체에 담긴 파라미터를 쿼리문의 매개 변수에 바인딩 */
    protected String parameterBindingByList(String sqlId,
            List<Object> parameters) {
        // 쿼리문 반환
        String query = sqlById(sqlId);

        String[] querySplit = query.split("[?]");
    }
}
```

다음과 같이 쿼리문에 지정한 매개 변수의 개수에 따라 분기하는 소스 코드를 작성한다.

```
public class SqlMapper {
    ...중략...

    /* List 타입 객체에 담긴 파라미터를 쿼리문의 매개 변수에 바인딩 */
    protected String parameterBindingByList(String sqlId,
```

```
        List<Object> parameters) {
    // 쿼리문 반환
    String query = sqlById (sqlId);

    String[] querySplit = query.split("[?]");

    // 쿼리문에 지정한 매개 변수가 여러 개인 경우
    if (querySplit.length > 1) {

    // 쿼리문에 지정한 매개 변수가 하나인 경우
    } else if (querySplit.length == 1) {

    }
  }
}
```

매개 변수의 개수에 따라 분기한 소스 코드에 파라미터를 순서대로 바인딩한다. 이때 파라미터 값이 문자 타입인지 체크하고, 만일 문자 타입인 경우 파라미터 값 앞뒤로 홑따옴표를 붙인다.

```
public class SqlMapper {
    ...중략...

    /* List 타입 객체에 담긴 파라미터를 쿼리문의 매개 변수에 바인딩 */
    protected String parameterBindingByList(String sqlId,
            List<Object> parameters) {
        ...중략...

        StringBuilder replaceSql = new StringBuilder("");
        for (int i = 0; i < parameters.size(); i++) {
            String value = (parameters.get(i) == null) ? "" : parameters
                .get(i).toString();

            // 파라미터 값이 숫자 타입 경우 true를 반환하고,
            // 문자 타입 경우 false를 반환한다.
            boolean isNumber = Pattern.matches("[0-9]+", value);
            if (isNumber) {
                replaceSql.append(value);
            } else {
```

```
                replaceSql.append("'").append(value).append("'");
            }
        }

        ...중략...
    }
}
```

SqlMapper 클래스 수정을 완료하면, 예제 1.12와 같다.

예제 1.12 SqlMapper 클래스 수정(parameterBindingByList() 메소드 작성)

```
/* /chapter01/src/step4/SqlMapper.java */

package step4;

...중략...

public class SqlMapper {
    ...중략...

    /* List 타입 객체에 담긴 파라미터를 쿼리문의 매개 변수에 바인딩 */
    protected String parameterBindingByList(String sqlId,
            List<Object> parameters) throws Exception {
        try {
            // 쿼리문 반환
            String query = sqlById(sqlId);

            String[] querySplit = query.split("[?]");

            String value = "";
            StringBuilder replaceSql = new StringBuilder("");

            // 쿼리문에 지정한 매개 변수가 여러 개인 경우
            if (querySplit.length > 1) {
                for (int i = 0; i < parameters.size(); i++) {
                    replaceSql.append(querySplit[i]);

                    value = (parameters.get(i) == null) ? "" : parameters
                        .get(i).toString();
```

```
                // 파라미터 값이 숫자 타입 경우 true를 반환하고,
                // 문자 타입 경우 false를 반환한다.
                boolean isNumber = Pattern.matches("[0-9]+", value);
                if (isNumber) {
                    replaceSql.append(value);
                } else {
                    replaceSql.append("'").append(value).append("'");
                }

                if (!querySplit[0].contains("SELECT")
                        && i == (parameters.size() - 1)) {
                    replaceSql.append(")");
                }
            }
        // 쿼리문에 지정한 매개 변수가 하나인 경우
        } else if (querySplit.length == 1) {
            replaceSql.append(querySplit[0]);

            value = (parameters.get(0) == null) ? "" :
                parameters.get(0).toString();

            // 파라미터 값이 숫자 타입 경우 true를 반환하고,
            // 문자 타입 경우 false를 반환한다.
            boolean isNumber = Pattern.matches("[0-9]+", value);
            if (querySplit[0].contains("WHERE")) {
                if (isNumber) {
                    replaceSql.append(value);
                } else {
                    replaceSql.append("'").append(value).append("'");
                }
            }
        }

        return replaceSql.toString();
    } catch (Exception e) {
        throw e;
    }
  }
}
```

SqlMapper 클래스에 parameterBindingByList() 메소드를 추가한 다음 Application 클래스를 수정해 보자. 다음과 같이 쿼리문을 반환하는 소스 코드와 매개 변수에 파라미터를 바인딩하는 소스 코드를 parameterBindigByList() 메소드 호출로 대체한다. 쿼리문 아이디와 List 타입의 파라미터 객체를 인자로 지정한다.

```
String sql = parameterBindingByList("select", parameters);
```

위와 같이 대체한 parameterBindingByList() 메소드를 호출하면, 다음과 같이 파라미터가 바인딩된 쿼리문을 반환한다.

```
SELECT SHOP_NO, SHOP_NAME, SHOP_LOCATION, SHOP_STATUS
FROM SHOP
WHERE SHOP_NO = 1 AND SHOP_STATUS = 'Y'
```

Application 클래스 수정을 완료하면, 예제 1.13과 같다.

예제 1.13 Application 클래스 수정(parameterBindingByList() 메소드 호출)

```
/* /chapter01/src/step4/Application.java */

package step4;

...중략...

public class Application extends SqlMapper {
    public Shop view(List<Object> parameters) throws Exception {
        PreparedStatement preparedStatement = null;
        ResultSet resultSet = null;
        Shop shop = null;

        try {
            // List 타입 객체에 담긴 파라미터를 쿼리문의 매개 변수에 바인딩
            String sql = parameterBindingByList("select", parameters);

            // 쿼리문 처리 객체 생성
            preparedStatement = connect().prepareStatement(sql);
```

```
            // 쿼리문 실행 및 결과 반환
            resultSet = preparedStatement.executeQuery();

            // 결과 처리
            if (resultSet.next()) {
                shop = new Shop();

                shop.setShopNo(resultSet.getInt("SHOP_NO"));
                shop.setShopName(resultSet.getString("SHOP_NAME"));
                shop.setShopLocation(resultSet.getString("SHOP_LOCATION"));
                shop.setShopStatus(resultSet.getString("SHOP_STATUS"));
            }
        } catch (Exception e) {
            throw e;
        } finally {
            // 자원 및 데이터베이스 연결 해제
            release();
        }

        return shop;
    }
}
```

지금까지 List 타입의 객체에 담긴 파라미터를 동적으로 매개 변수에 바인딩하는 메소드를 작성한 다음 Application 클래스에 적용해 보았다. 파라미터 객체로 List 타입을 사용하더라도 문제가 되지 않지만, 쿼리문에 지정한 매개 변수의 순서에 맞게 List 타입의 객체에 파라미터를 등록해야 한다. List 타입의 객체에 등록한 파라미터 순서가 맞지 않으면 파라미터 바인딩이 잘못된 쿼리문이 생성된다. 파라미터 객체 타입으로 List 타입 대신 Map 타입을 사용하면, 쿼리문에 매개 변수를 정확히 바인딩할 수 있다. 파라미터 객체 타입으로 Map 타입을 사용하는 메소드를 작성해 보자. 다음 경로에 디렉토리를 생성한 다음 /chapter01/src/step4 디렉토리에 존재하는 파일을 그대로 복사한다. 이때 복사한 파일은 Application 클래스, Executor 클래스, SqlMapper 클래스다. 파일을 복사한 다음 각 파일을 열어 패키지 경로를 step4에서 step5로 변경한다.

/chapter01/src/**step5**

Map 타입은 파라미터를 등록한 순서보다 프로퍼티명이 중요하다. Map 타입의 객체에 파라미터를 등록한 다음 쿼리문에 전달하면, Map 타입의 객체에 등록한 키명과 일치하는 매개 변수에 파라미터를 바인딩할 수 있다. Map 타입을 사용하기 위해서는 앞서 작성한 쿼리문 프로퍼티 파일 대신 대신 새로운 쿼리문 프로퍼티 파일이 필요하다. 다음 경로에 프로퍼티 파일을 추가로 생성한다.

/chapter01/src/resources/jdbc/**sql-inline.properties**

Map 타입의 객체에 등록한 키명과 일치하는 매개 변수에 파라미터를 바인딩하기 위해서는 쿼리문에 매개 변수를 표기한 물음표 대신 새로운 표기 형식이 필요하다. 다음 표기 형식을 새로 생성한 쿼리문 프로퍼티 파일에 사용한다.

#{프로퍼티명}

앞서 작성한 쿼리문 프로퍼티 파일의 내용을 복사해서 새로 생성한 쿼리문 프로퍼티 파일에 붙여 넣은 다음 물음표 대신 새로운 표기 형식을 지정한다.

```
select=SELECT SHOP_NO, SHOP_NAME, SHOP_LOCATION, SHOP_STATUS FROM SHOP
WHERE SHOP_NO = #{shopNo} AND SHOP_STATUS = #{shopStatus}
```

쿼리문 프로퍼티 파일 작성을 완료하면, 예제 1.14와 같다.

예제 1.14 프로퍼티 파일(인라인 파라미터 표기를 지정한 쿼리문 정의)

```
# /chapter01/src/resources/jdbc/sql-inline.properties

select=SELECT SHOP_NO, SHOP_NAME, SHOP_LOCATION, SHOP_STATUS FROM SHOP
WHERE SHOP_NO = #{shopNo} AND SHOP_STATUS = #{shopStatus}
```

다음과 같이 SqlMapper 클래스에 지정한 쿼리문 프로퍼티 파일의 경로를 새로 작성한 쿼리문 프로퍼티 파일 경로에 맞게 변경한다.

```
private String sqlResource = "resources/jdbc/sql-inline.properties";
```

Map 타입의 객체에 파라미터를 등록한 다음 쿼리문에 인자로 전달하면, 다음과 같이 Map 타입의 객체에 등록한 키명과 일치하는 인라인 파라미터 표기에 키 값을 바인딩할 수 있다.

```
/* 파라미터 객체 생성 및 파라미터 등록 */
Map<String, Object> parameters = new HashMap<String, Object>();
parameters.put("shopNo", 1);
parameters.put("shopStatus", "Y");

/* 인라인 파라미터를 지정한 쿼리문 */
SELECT SHOP_NO, SHOP_NAME, SHOP_LOCATION, SHOP_STATUS
FROM SHOP
WHERE SHOP_NO = #{shopNo} AND SHOP_STATUS = #{shopStatus}
```

위와 같은 점에 착안해서 SqlMapper 클래스에 parameterBindingByMap() 메소드를 추가로 작성한다. 해당 메소드에 Map 타입의 파라미터 객체를 인자로 전달하면, 인라인 파라미터 표기를 지정한 쿼리문에 파라미터를 동적으로 바인딩하는 소스 코드를 작성한다. 다음과 같이 쿼리문을 반환하는 sqlById() 메소드를 호출한다.

```
public class SqlMapper {
    ...중략...

    /* Map 타입 객체에 담긴 파라미터를 쿼리문의 매개 변수에 바인딩 */
    protected String parameterBindingByMap(String sqlId,
            Map<String, Object> parameters) {
        // 쿼리문 반환
        String query = sqlById(sqlId);
    }
}
```

다음과 같이 인자로 전달한 파라미터 객체에 파라미터가 하나라도 존재하면, 파라미터 객체에 등록한 키명과 일치하는 인라인 파라미터 표기를 찾아 파라미터 값을 바인딩하는 소스 코드를 작성한다.

```
public class SqlMapper {
    ...중략...

    /* Map 타입 객체에 담긴 파라미터를 쿼리문의 매개 변수에 바인딩 */
    protected String parameterBindingByMap(String sqlId,
            Map<String, Object> parameters) {
        String query = sqlById(sqlId);

        // 파라미터가 존재하는 경우
        if (parameters.size() > 0) {
            String key = "";
            String value = "";
            Iterator<String> iteratorKey = parameters.keySet().iterator();
            while (iteratorKey.hasNext()) {
                key = iteratorKey.next();
                value = (parameters.get(key) == null) ? "" :
                    parameters.get(key).toString();
                query = query.replaceAll("#\\{" + key + "\\}", value);
            }
        }
    }
}
```

키명과 일치하는 인라인 파라미터 표기에 파라미터 값을 바인딩할 때 파라미터 값이 문자 타입인지 체크한다. 만일 문자 타입인 경우 파라미터 값 앞뒤로 홑따옴표를 붙인다.

```
public class SqlMapper {
    ...중략...

    /* Map 타입 객체에 담긴 파라미터를 쿼리문의 매개 변수에 바인딩 */
    protected String parameterBindingByMap(String sqlId,
            Map<String, Object> parameters) {
        ...중략...

        // 파라미터 값이 숫자 타입 경우 true를 반환하고, 문자 타입 경우 false를 반환한다.
        boolean isNumber = Pattern.matches("[0-9]+", value);
        if (isNumber) {
            query = query.replaceAll("#\\{" + key + "\\}", value);
```

```
        } else {
            query = query.replaceAll(
                "#\\{" + key + "\\}", "'" + value + "'");
        }

        ...중략...
    }
}
```

SqlMapper 클래스 수정을 완료하면, 예제 1.15와 같다.

예제 1.15 SqlMapper 클래스 수정(parameterBindingByMap() 메소드 작성)

```
/* /chapter01/src/step5/SqlMapper.java */

package step5;

...중략...

public class SqlMapper {
    /* 쿼리문 프로퍼티 파일 경로 */
    private String sqlResource = "resources/jdbc/sql-inline.properties";

    ...중략...

    /* Map 타입 객체에 담긴 파라미터를 쿼리문의 매개 변수에 바인딩 */
    protected String parameterBindingByMap(String sqlId,
            Map<String, Object> parameters) throws Exception {
        try {
            // 쿼리문 반환
            String query = sqlById(sqlId);

            // 파라미터가 존재하는 경우
            if (parameters.size() > 0) {
                String key = "";
                String value = "";

                Iterator<String> iteratorKey =
                    parameters.keySet().iterator();
                while (iteratorKey.hasNext()) {
                    key = iteratorKey.next();
```

```
                value = (parameters.get(key) == null) ? "" : parameters
                    .get(key).toString();

                // 파라미터 값이 숫자 타입 경우 true를 반환하고,
                //문자 타입 경우 false를 반환한다.
                boolean isNumber = Pattern.matches("[0-9]+", value);
                if (isNumber) {
                    query = query.replaceAll(
                        "#\\{" + key + "\\}", value);
                } else {
                    query = query.replaceAll(
                        "#\\{" + key + "\\}", "'"+ value + "'");
                }
            }
        }

        return query;
    } catch (Exception e) {
        throw e;
    }
  }
}
```

SqlMapper 클래스에 parameterBindingByMap() 메소드를 추가한 다음 Application 클래스를 수정해 보자. 다음과 같이 parameterBindingByList() 메소드 호출을 parameterBindingByMap() 메소드 호출로 대체한다. 쿼리문 아이디와 Map 타입의 파라미터 객체를 인자로 지정한다.

```
String sql = parameterBindingByMap("select", parameters);
```

위와 같이 대체한 parameterBindingByMap() 메소드를 호출하면, 다음과 같이 파라미터가 바인딩된 쿼리문을 반환한다.

```
SELECT SHOP_NO, SHOP_NAME, SHOP_LOCATION, SHOP_STATUS
FROM SHOP
WHERE SHOP_NO = 1 AND SHOP_STATUS = 'Y'
```

Application 클래스 수정을 완료하면, 예제 1.16과 같다.

예제 1.16 Application 클래스 수정(parameterBindingByMap() 메소드 호출)

```
/* /chapter01/src/step5/Application.java */

package step5;

import java.sql.PreparedStatement;
import java.sql.ResultSet;
import java.sql.SQLException;
import java.util.Map;
import org.mybatis.domain.Shop;

public class Application extends SqlMapper {
    public Shop view(Map<String, Object> parameters) throws Exception {
        PreparedStatement preparedStatement = null;
        ResultSet resultSet = null;
        Shop shop = null;

        try {
            // Map 타입 객체에 담긴 파라미터를 쿼리문의 매개 변수에 바인딩
            String sql = parameterBindingByMap("select", parameters);

            // 쿼리문 처리 객체 생성
            preparedStatement = connect().prepareStatement(sql);

            // 쿼리문 실행 및 결과 반환
            resultSet = preparedStatement.executeQuery();

            // 결과 처리
            if (resultSet.next()) {
                shop = new Shop();

                shop.setShopNo(resultSet.getInt("SHOP_NO"));
                shop.setShopName(resultSet.getString("SHOP_NAME"));
                shop.setShopLocation(resultSet.getString("SHOP_LOCATION"));
                shop.setShopStatus(resultSet.getString("SHOP_STATUS"));
            }
        } catch (Exception e) {
            throw e;
```

```
        } finally {
            // 자원 및 데이터베이스 연결 해제
            release();
        }

        return shop;
    }
}
```

위와 같이 Application 클래스를 수정한 다음 Executor 클래스를 수정해 보자. 다음과 같이 Application 객체를 호출할 때 사용한 파라미터 객체를 Map 타입의 객체로 변경한다.

```
// 파라미터 객체 생성 및 파라미터 등록
Map<String, Object> parameters = new HashMap<String, Object>();
parameters.put("shopNo", 1);
parameters.put("shopStatus", "Y");
```

Executor 클래스 수정을 완료하면, 예제 1.17과 같다.

예제 1.17 Executor 클래스 수정(파라미터 객체 타입을 Map 타입으로 변경)

```
/* /chapter01/src/step5/Executor.java */

package step5;

import java.util.HashMap;
import java.util.Map;
import org.mybatis.domain.Shop;

public class Executor {
    public static void main(String[] args) {
        try {
            // 파라미터 객체 생성 및 파라미터 등록
            Map<String, Object> parameters = new HashMap<String, Object>();
            parameters.put("shopNo", 1);
            parameters.put("shopStatus", "Y");
```

```
            // 조회 쿼리문 실행 및 결과 반환
            Application application = new Application();
            Shop shop = application.view(parameters);
        } catch (Exception e) {
            e.printStackTrace();
        }
    }
}
```

이번에는 리절트 객체에 쿼리문의 실행 결과를 동적으로 바인딩하는 메소드를 작성해 보자. 반환된 결과는 단일 레코드일 수도 있고 다중 레코드일 수도 있지만, 이 책에서는 단일 레코드라는 가정하에 작성한다. 다음 경로에 디렉토리를 생성한 다음 /chapter01/src/step5 디렉토리에 존재하는 파일을 그대로 복사한다. 이때 복사한 파일은 `Application` 클래스, `Executor` 클래스, `SqlMapper` 클래스다. 파일을 복사한 다음 각 파일을 열어 패키지 경로를 step5에서 step6로 변경한다.

/chapter01/src/**step6**

리절트 객체에 쿼리문의 실행 결과를 동적으로 바인딩할 때 자바의 리플렉션Reflection을 사용한다. 리플렉션은 객체를 통해서 클래스의 정보를 추출할 수 있다. 리플렉션을 모른다고 당황하지 말고, 예제를 따라 소스 코드를 작성한다. 다음과 같이 `SqlMapper` 클래스에 `ResultSet` 객체와 리절트 타입을 인자로 선언한 `resultByType()` 메소드를 추가로 작성한다. 쿼리문의 실행 결과를 리절트 객체에 바인딩하기 위해서는 우선 리절트 객체를 생성해야 한다. 리절트 객체를 동적으로 생성하려면, 리절트 타입을 구성하는 프로퍼티 타입, 프로퍼티명, 프로퍼티 값에 대한 정보가 필요하다. 해당 정보는 인자로 전달한 `ResultSet` 객체로부터 추출할 수 있다. 이때 프로퍼티명은 컬럼명을 낙타 표기 형식으로 변환한 문자열을 사용한다.

```
public class SqlMapper {
    ...중략...

    /* 쿼리문 실행 결과를 리절트 타입의 객체에 바인딩 */
    protected static <T> T resultByType(ResultSet resultSet, String type)
            throws Exception {
        try {
            List<Object> fieldNames = new ArrayList<Object>();
            List<Object> fieldTypes = new ArrayList<Object>();
            List<Object> filedValues = new ArrayList<Object>();

            if (resultSet.next()) {
                for (int i = 1;
                        i <= resultSet.getMetaData().getColumnCount(); i++) {
                    // 컬럼명 추출
                    String column =
                        resultSet.getMetaData().getColumnName(i);

                    String[] columnSplit = column.split("[_]");

                    // 컬럼명을 추출한 다음 프로퍼티명으로 변환
                    StringBuilder camelColumn = new StringBuilder();
                    for (int j = 0; j < columnSplit.length; j++) {
                        if (j == 0) {
                            camelColumn.append(
                                columnSplit[j].toLowerCase());
                        } else {
                            camelColumn.append(
                                columnSplit[j].toUpperCase().charAt(0));
                            camelColumn.append(columnSplit[j].substring(
                                1, columnSplit[j].length()).toLowerCase());
                        }
                    }

                    // 컬럼 값을 추출한 다음 프로퍼티 값으로 등록
                    fieldNames.add(camelColumn);

                    // 추출한 컬럼명을 프로퍼티 타입으로 변환
                    filedValues.add(resultSet.getString(column));

                    // 컬럼 타입을 추출한 다음 프로퍼티 타입으로 변환
```

```
                    switch (resultSet.getMetaData().getColumnType(i)) {
                    case 2:
                        fieldTypes.add(int.class);
                        break;
                    case 12:
                        fieldTypes.add(String.class);
                        break;
                    default:
                        fieldTypes.add(String.class);
                        break;
                    }
                }
            }

            return null;
        } catch (Exception e) {
            throw e;
        }
    }
}
```

Constructor 객체의 newInstance() 메소드를 사용하면, 추출한 리절트 타입의 프로퍼티 타입, 프로퍼티명, 프로퍼티 값을 가지고 리절트 객체를 생성할 수 있다. 이때 컬럼명을 낙타 표기 형식으로 변환한 문자열과 프로퍼티명이 일치하면, 해당 컬럼 값을 일치하는 프로퍼티에 대입한다.

```
public class SqlMapper {
    ...중략...

    /* 쿼리문 실행 결과를 리절트 타입의 객체에 바인딩 */
    protected static <T> T resultByType(ResultSet resultSet, String type)
            throws Exception {
        try {
            ...중략...

            Class objectType = Class.forName(type);
            Class[] filedType = new Class[fieldNames.size()];
            for (int i = 0; i < fieldNames.size(); i++) {
```

```
                filedType[i] = (Class) fieldTypes.get(i);
            }

            Constructor constructor = objectType.getConstructor(filedType);
            Object listConstructor[] = new Object[fieldNames.size()];
            for (int i = 0; i < fieldNames.size(); i++) {
                if (filedType[i] == int.class) {
                    listConstructor[i] = Integer.parseInt(
                        (String) filedValues.get(i));
                } else {
                    listConstructor[i] = (String) filedValues.get(i);
                }
            }

            // 리절트 객체 생성 및 반환
            return (T) constructor.newInstance(listConstructor);
        } catch (Exception e) {
            throw e;
        }
    }
}
```

SqlMapper 클래스 수정을 완료하면, 예제 1.18과 같다.

예제 1.18 SqlMapper 클래스 수정(resultByType() 메소드 작성)

```
/* /chapter01/src/step6/SqlMapper.java */

package step6;

...중략...

public class SqlMapper {
    ...중략...

    /* 쿼리문 실행 결과를 리절트 타입의 객체에 바인딩 */
    protected static <T> T resultByType(ResultSet resultSet, String type)
            throws Exception {
        try {
            List<Object> fieldNames = new ArrayList<Object>();
            List<Object> fieldTypes = new ArrayList<Object>();
```

```
List<Object> filedValues = new ArrayList<Object>();

if (resultSet.next()) {
    for (int i = 1;
            i <= resultSet.getMetaData().getColumnCount(); i++) {
        // 컬럼명 추출
        String column =
            resultSet.getMetaData().getColumnName(i);

        String[] columnSplit = column.split("[_]");

        // 추출한 컬럼명을 프로퍼티명으로 변환
        StringBuilder camelColumn = new StringBuilder();
        for (int j = 0; j < columnSplit.length; j++) {
            if (j == 0) {
                camelColumn.append(
                    columnSplit[j].toLowerCase());
            } else {
                camelColumn.append(
                    columnSplit[j].toUpperCase().charAt(0));
                camelColumn.append(columnSplit[j].substring(
                    1, columnSplit[j].length()).toLowerCase());
            }
        }

        // 컬럼 값을 추출한 다음 프로퍼티 값으로 등록
        fieldNames.add(camelColumn);

        // 컬럼 타입을 추출한 다음 프로퍼티 타입으로 변환
        filedValues.add(resultSet.getString(column));

        // 컬럼 타입을 추출한 다음 프로퍼티 타입으로 변환
        switch (resultSet.getMetaData().getColumnType(i)) {
        case 2:
            fieldTypes.add(int.class);
            break;
        case 12:
            fieldTypes.add(String.class);
            break;
        default:
            fieldTypes.add(String.class);
            break;
```

```
                }
            }
        }

        Class objectType = Class.forName(type);
        Class[] filedType = new Class[fieldNames.size()];
        for (int i = 0; i < fieldNames.size(); i++) {
            filedType[i] = (Class) fieldTypes.get(i);
        }

        Constructor constructor = objectType.getConstructor(filedType);
        Object listConstructor[] = new Object[fieldNames.size()];
        for (int i = 0; i < fieldNames.size(); i++) {
            if (filedType[i] == int.class) {
                listConstructor[i] = Integer.parseInt(
                    (String) filedValues.get(i));
            } else {
                listConstructor[i] = (String) filedValues.get(i);
            }
        }

        // 리절트 객체 생성 및 반환
        return (T) constructor.newInstance(listConstructor);
    } catch (Exception e) {
        throw e;
    }
  }
}
```

SqlMapper 클래스에 resultByType() 메소드를 추가한 다음 Application 클래스를 수정해 보자. 다음과 같이 반환된 결과를 리절트 객체에 바인딩하는 소스코드를 resultByType() 메소드 호출로 대체한다. ResultSet 객체와 리절트 타입을 인자로 지정한다.

```
Shop shop = resultByType(resultSet, "org.mybatis.domain.Shop");
```

Application 클래스 수정을 완료하면, 예제 1.19와 같다.

예제 1.19 Application 클래스 수정(resultByType() 메소드 호출)

```
/* /chapter01/src/step6/Application.java */

package step6;

import java.sql.PreparedStatement;
import java.sql.ResultSet;
import java.sql.SQLException;
import java.util.Map;
import org.mybatis.domain.Shop;

public class Application extends SqlMapper {
    public Shop view(Map<String, Object> parameters) throws Exception {
        PreparedStatement preparedStatement = null;
        ResultSet resultSet = null;
        Shop shop = new Shop();

        try {
            // Map 타입 객체에 담긴 파라미터를 쿼리문의 매개 변수에 바인딩
            String sql = parameterBindingByMap("select", parameters);

            // 쿼리문 처리 객체 생성
            preparedStatement = connect().prepareStatement(sql);

            // 쿼리문 실행 및 결과 반환
            resultSet = preparedStatement.executeQuery();

            // 결과 처리
            shop = resultByType(resultSet, "org.mybatis.domain.Shop");
        } catch (Exception e) {
            throw e;
        } finally {
            // 자원 및 데이터베이스 연결 해제
            release();
        }

        return shop;
    }
}
```

지금까지 매개 변수를 지정한 쿼리문에 파라미터를 동적으로 바인딩하는 메소드와 리절트 객체에 쿼리문의 실행 결과를 동적으로 바인딩하는 메소드를 작성해 보았다. 그리고 SqlMapper 클래스에 정의한 메소드를 사용해서 Application 클래스의 소스 코드를 변경해 보았다.

1.2.4 단순한 실행 메소드 정의

작성한 Application 클래스를 살펴보면, JDBC 인터페이스 호출 순서에 맞추어 작성한 view() 메소드를 볼 수 있다. view() 메소드와 같이 기능에 따라 쿼리문을 실행하는 메소드를 추가로 작성할 경우 불필요한 소스 코드가 중복될 수 있다. 실질적으로 쿼리문 아이디, 파라미터 객체, 리절트 타입만 변동되는 것을 확인할 수 있다.

```
public class Application extends SqlMapper {
    public Shop view(Map<String, Object> parameters) throws Exception {
        ...중략...

        String sql = parameterBindingByMap("select", parameters);
        preparedStatement = connect().prepareStatement(sql);
        resultSet = preparedStatement.executeQuery();
        shop = resultByType(resultSet, "org.mybatis.domain.Shop");

        ...중략...
    }
}
```

다음과 같이 쿼리문 아이디, 파라미터 객체, 리절트 타입을 인자로 전달하면, JDBC 호출 순서에 맞추어 쿼리문 실행 결과를 반환하는 메소드를 작성해 보자.

```
view("select", parameters, "org.mybatis.domain.Shop");
```

다음 경로에 디렉토리를 생성한 다음 /chapter01/src/step6 디렉토리에 존재하는 파일을 그대로 복사한다. 이때 복사한 파일은 Application 클래스,

Executor 클래스, SqlMapper 클래스다. 파일을 복사한 다음 각 파일을 열어 패키지 경로를 step6에서 step7로 변경한다.

/chapter01/src/**step7**

SqlMapper 클래스에 selectOne() 메소드를 추가로 작성한다. 해당 메소드에 쿼리문 아이디, 파라미터 객체, 리절트 타입을 인자로 전달받아 쿼리문을 실행한 다음 결과를 반환하는 소스 코드를 작성한다. 앞서 Application 클래스에 작성한 소스 코드를 복사해서 붙여 넣은 다음 인자로 전달한 소스 코드만 변경하면, 메소드를 쉽게 작성할 수 있다.

```
public class SqlMapper {
    ...중략...

    /* 데이터 한 건 조회 */
    public <T> T selectOne(String sqlId, Map<String, Object> parameters,
            String type) throws Exception {
        // Map 타입 객체에 담긴 파라미터를 쿼리문의 매개 변수에 바인딩
        String sql = parameterBindingByMap(sqlId, parameters);

        // 쿼리문 처리 객체 생성
        preparedStatement = connect().prepareStatement(sql);

        // 쿼리문 실행 및 결과 반환
        resultSet = preparedStatement.executeQuery();

        // 결과 처리
        return resultByType(resultSet, type);
    }
}
```

SqlMapper 클래스 수정을 완료하면, 예제 1.20과 같다.

예제 1.20 SqlMapper 클래스 수정(selectOne() 메소드 작성)

```
/* /chapter01/src/step7/SqlMapper.java */
```

```
package step7;

...중략...

public class SqlMapper {
    ...중략...

    /* 데이터 한 건 조회 */
    public <T> T selectOne(String sqlId, Map<String, Object> parameters,
            String type) throws Exception {
        try {
            // Map 타입 객체에 담긴 파라미터를 쿼리문의 매개 변수에 바인딩
            String sql = parameterBindingByMap(sqlId, parameters);

            // 쿼리문 처리 객체 생성
            preparedStatement = connect().prepareStatement(sql);

            // 쿼리문 실행 및 결과 반환
            resultSet = preparedStatement.executeQuery();

            // 결과 처리
            return resultByType(resultSet, type);
        } catch (Exception e) {
            throw e;
        } finally {
            // 자원 및 데이터베이스 연결 해제
            release();
        }
    }
}
```

위와 같이 SqlMapper 클래스에 selectOne() 메소드를 추가한 다음 Application 클래스를 수정해 보자. JDBC 인터페이스 호출 순서에 맞추어 작성한 소스 코드를 selectOne() 메소드 호출로 대체한다. 쿼리문 아이디, 파라미터 객체, 리절트 타입을 인자로 지정한다. Application 클래스를 수정하면, 예제 1.21과 같다.

예제 1.21 Application 클래스 수정(selectOne() 메소드 호출)

```
/* /chapter01/src/step7/Application.java */

package step7;

import java.util.Map;
import org.mybatis.domain.Shop;

public class Application extends SqlMapper {
    public Shop view(Map<String, Object> parameters) throws Exception {
        return selectOne("select", parameters, "org.mybatis.domain.Shop");
    }
}
```

이상으로 SQL 매퍼 프레임워크 구현 과정을 모두 완료했다. SqlMapper 클래스를 상속받은 Application 클래스는 몇 줄 안 되는 코드를 사용해서 JDBC 프로그래밍을 실행할 수 있다. 맨 처음 작성한 Application 클래스와 비교해서 놀라울 정도로 소스 코드가 줄어든 것을 확인할 수 있다. 또한 데이터베이스 설정이나 쿼리문 변경이 쉬워졌다. 단계적인 구현 과정을 통해서 SQL 매퍼 프레임워크를 이해하는 데 많은 도움이 되었을 것이다. 1.3절에서는 SQL 매퍼 프레임워크 중 하나인 마이바티스에 대해서 알아보자.

1.3 마이바티스 소개

마이바티스는 세계에서 가장 널리 사용하는 SQL 매퍼 프레임워크다. 마이바티스는 아이바티스 팀이 개발한 아이바티스[iBATIS]가 시초라고 할 수 있다. 아이바티스는 2002년 마이크로소프트 사에서 발표한 백서(Implementing Sun's Java Pet Store using Microsoft .Net.)를 반박할 목적으로 만든 JPetStore 애플리케이션을 계기로 만들어졌다. 백서는 썬마이크로시스템즈 사에서 만든 J2EE Pet Store 애플리케이션과 마이크로소프트 사에서 만든 .NET Pet Shop 애플리케이션을 서로 비교한 결과를 담고 있다. 마이크로소프트 사는 백서의 내용을 통해 J2EE보다 .NET이 처리 속도는 10배 그리고 생산성은 4배 더 높다는 주장을 역설했다. 이와 같은 주장은 논박의 여지가 컸다. 비교 대상으로 삼았던 J2EE Pet Store 애플리케이션은 J2EE와 시스템 설계를 좀 더 쉽게 이해할 수 있도록 만든 예제 애플리케이션이다. 반면에 .NET Pet Shop 애플리케이션은 .NET이 J2EE보다 생산성이 높다는 주장을 뒤받침하기 위해 만든 애플리케이션이다. 이처럼 만들어진 목적이 서로 다른 애플리케이션을 비교한다는 것 자체가 의도된 벤치마킹이었다.

아이바티스 팀의 리더인 클린턴 비긴Clinton Begin은 마이크로소프트 사의 주장을 반박하기 위한 백서(Implementing the Microsoft(r) .NET Pet Shop using Java)를 그 해 7월 발표한다. 그리고 J2EE Pet Store 애플리케이션을 기반으로 새로운 아키텍처를 적용한 JPetStore 애플리케이션을 내놓는다. 앞서 마이크로소프트 사가 비교한 것처럼 JPetStore 애플리케이션과 .NET Pet Shop 애플리케이션을 비교한 내용을 백서에 담았다. 백서를 통해서 .NET을 사용하는 것보다 J2EE을 사용하면, 상대적으로 적은 비용으로 생산성 높은 소프트웨어를 개발 및 운영할 수 있다는 것을 설명했다. J2EE Pet Store 애플리케이션이 복잡한 JDBC 코드나 저장 프로시저를 사용한 반면에 JPetStore 애플리케이션은 SQL 매퍼 프레임워크를 적용한 효율성 높은 퍼시스턴스 계층을 사용했다. SQL 매퍼 프레임워크는 외부 파일에 쿼리문을 정의했기 때문에 개발 및 유지 보수성을 높일 수 있었다.

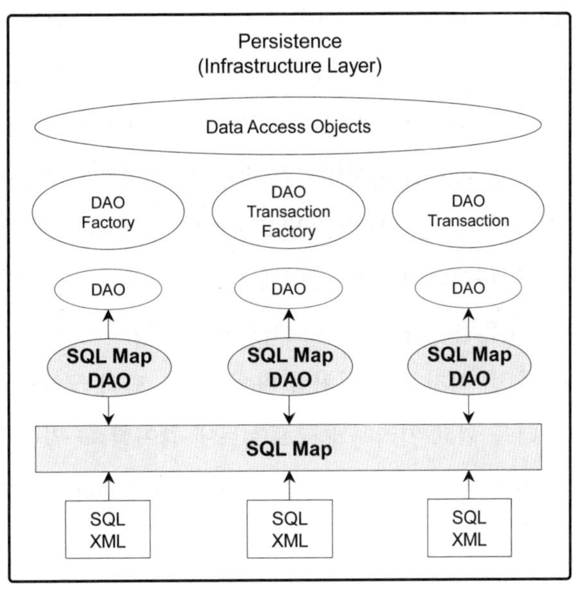

그림 1.19 JPetStore 애플리케이션 아키텍처에 적용한 퍼시스턴스 계층

클린턴 비긴은 JPetStore 애플리케이션의 일부인 iBATIS DAO 컴포넌트와 SQL Map 컴포넌트를 하나로 묶어 아이바티스 1.0 버전을 발표한다. 이때 사용한 아이바티스명은 아이바티스 팀명을 사용한 것이다. 아이바티스는 오픈 소스 커뮤니티 사이에서 대단한 호응을 불러 일으켰다. 이후 아이바티스는 지속 가능한 개발 환경 및 커뮤니티에 대한 적극적인 지원을 목적으로 2004년 아파치 소프트웨어 재단Apache Software Foundation에 합류한다. 아이바티스 명칭과 소스 코드를 기부한 후 아파치 아이바티스Apache iBATIS 명칭을 새롭게 부여받는다. 이후 6년간 아파치 소프트웨어 재단에서 아파치 아이바티스 프로젝트를 진행하는 동안 오픈 소스 진영은 급격한 기술 변화가 일어난다. 특히 개발 방법론, 형상 관리, 소셜 네트워크, 라이선스 정책, 데이터베이스 기술 등에 있어서 많은 변화가 이루어졌다. 아이바티스 팀은 급변하는 물결 속에 아파치 아이바티스 프로젝트를 어떤 방향으로 이끌지 심각한 고민을 하게 되었다. 이때 논의한 사항은 위키[1]를 통해 확인할 수 있다.

1 http://www.apachebookstore.com/confluence/oss/display/IBATIS/iBATIS+3.0+Whiteboard

2010년 아이바티스 팀은 고심 끝에 좀 더 나은 환경을 위해 구글 코드Google Code로 프로젝트를 옮기는 중대한 결정을 내린다. 구글 코드로 프로젝트를 옮긴 다음 제일 먼저 아파치 아이바티스명을 변경한다. 아파치 소프트웨어 재단에 소스 코드와 함께 기부한 아파치 아이바티스 명칭 대신 새로운 명칭이 필요했기 때문이다. 그래서 아이바티스 3.0 버전을 발표하면서 마이바티스MyBatis 명칭을 새롭게 사용하게 되었다. 마이바티스 팀은 이에 만족하지 않고 2013년 11월 편리한 협업 환경을 통해 더 많은 사람들이 프로젝트에 참여할 수 있도록 프로젝트를 깃허브GitHub로 다시 한 번 이전한다. 이처럼 마이바티스 팀의 끊임없는 고민과 노력 덕분에 사용자는 더욱 쉽고 편리하게 프로젝트에 참여할 수 있는 환경을 제공받게 되었다. 마이바티스 공식 홈페이지 주소는 http://mybatis.org다.

알/아/두/기

마이바티스(MyBatis)는 My 단어와 Batis 단어가 결합한 단어다. Batis는 작고 영리한 안경딱새류(Wattle-Eyes)를 의미한다.

1.4 마이바티스 프로젝트

마이바티스 팀은 크게 세 가지 프로젝트를 진행한다. 진행 중인 프로젝트는 핵심 프로젝트, 연동 프로젝트, 지원 도구 프로젝트로 나눌 수 있다. 첫 번째 마이바티스 핵심 프로젝트는 다양한 언어 기반에서 마이바티스를 사용할 수 있도록 지원하는 프로젝트다. 표 1.2와 같이 마이바티스는 자바, 닷넷, 스칼라에서 사용할 수 있다.

표 1.2 마이바티스 핵심 프로젝트

프로젝트명	설명
마이바티스 자바	자바에서 사용 가능한 마이바티스 개발 프로젝트
마이바티스 닷넷	닷넷에서 사용 가능한 마이바티스 개발 프로젝트
마이바티스 스칼라	스칼라에서 사용 가능한 마이바티스 개발 프로젝트

알/아/두/기

스칼라(Scala)는 객체 지향 프로그래밍 언어와 함수형 프로그래밍 언어의 특징을 결합한 프로그래밍 언어다. 마틴 오더스키(Martin Ordersky)에 의해 만들어진 스칼라는 동일한 기능을 적은 코드로 작성할 수 있다. 또한 자바 가상 머신 기반에서 잘 동작하기 때문에 자바 소스 코드를 그대로 사용할 수 있다. 스칼라 공식 홈페이지(http://www.scala-lang.org)를 통해 더 자세한 내용을 알 수 있다.

두 번째 마이바티스 연동 프로젝트는 널리 사용하는 라이브러리나 서드파티 제품을 마이바티스와 쉽게 연동할 수 있도록 지원하는 프로젝트다. 표 1.3과 같이 마이바티스는 매우 다양한 연동 프로젝트를 진행하고 있다. 독자의 관심이 높은 스프링 연동은 '8장. 마이바티스와 스프링 연동 웹 애플리케이션'에서 다루고 있다. 그리고 마이바티스 캐시는 '부록 D. 마이바티스 서드파티 캐시'를 참고한다.

표 1.3 마이바티스 연동 프로젝트

프로젝트명	설명
Spring	마이바티스와 Spring 연동을 위한 개발 프로젝트
Spring Boot Starter	마이바티스와 Spring Boot 연동을 위한 개발 프로젝트
Guice	마이바티스와 Google Guice 연동을 위한 개발 프로젝트
CDI	마이바티스와 CDI 연동을 위한 개발 프로젝트
Velocity	마이바티스와 Velocity 연동을 위한 개발 프로젝트
Freemarker	마이바티스와 Freemaker 연동을 위한 개발 프로젝트
OSCache	마이바티스와 OSCache 캐시 연동을 위한 개발 프로젝트
EhCache	마이바티스와 EhCache 캐시 연동을 위한 개발 프로젝트
Hazelcast	마이바티스와 Hazelcast 캐시 연동을 위한 개발 프로젝트
Cacheonix	마이바티스와 Cacheonix 캐시 연동을 위한 개발 프로젝트
Memcached	마이바티스와 Memcached 캐시 연동을 위한 개발 프로젝트
Redis	마이바티스와 Redis 캐시 연동을 위한 개발 프로젝트
Ignite	마이바티스와 Apache Ignite 캐시 연동을 위한 개발 프로젝트

세 번째 마이바티스 지원 도구 프로젝트는 마이바티스 프로그래밍 작성 시 편리한 개발 도구를 지원하는 프로젝트다. 이클립스 플러그인 기반의 마이바티스 편집기나 코드 생성 도구를 예를 들 수 있다. 마이바티스 편집기에 대한 자세한 내용은 '부록 B. 마이바티스 개발 도구'를 참고한다.

표 1.4 마이바티스 지원 도구 프로젝트

프로젝트명	설명
Generator	마이바티스와 아이바티스 코드를 자동 생성하는 도구 개발 프로젝트
Migrations	데이터베이스 스키마 수정에 따른 변경 관리 도구 개발 프로젝트
ibatis2mybatis	아이바티스 매퍼 XML 파일을 마이바티스 매퍼 XML 파일로 전환하는 도구 개발 프로젝트
MyBatis Editor	이클립스 플러그인 기반 마이바티스 편집기 개발 프로젝트
MyBatipse	이클립스 플러그인 기반 마이바티스 편집기 개발 프로젝트

1.5 정리

1장에서는 SQL 매퍼 프레임워크에 대한 개념과 단계적인 구현 과정을 통해 마이바티스를 좀 더 쉽게 이해할 수 있었다. 또한 마이바티스의 출현 배경 및 관련 프로젝트를 또한 살펴보았다. 2장에서는 자바 애플리케이션 기반에서 정해진 순서를 따라 마이바티스 프로그래밍을 작성해 보려 한다.

2장

마이바티스 프로그래밍 시작

1장에서는 마이바티스를 좀 더 쉽게 이해할 수 있도록 SQL 매퍼 프레임워크에 대한 개념을 살펴보고 직접 구현해 보았다. 2장에서는 간단한 마이바티스 프로그래밍을 실습해 보자. 또한 마이바티스 프로그래밍을 작성할 때 자주 발생하는 에러와 해결 방안을 살펴보자.

2.1 마이바티스 프로그래밍의 개요

마이바티스를 사용해서 작성한 프로그래밍을 마이바티스 프로그래밍이라고 한다. 테이블에 등록된 데이터 목록을 조회하는 간단한 마이바티스 프로그래밍을 작성해 보자. 그림 2.1과 같이 마이바티스 프로그래밍은 자바 애플리케이션과 데이터베이스 사이에 위치한다.

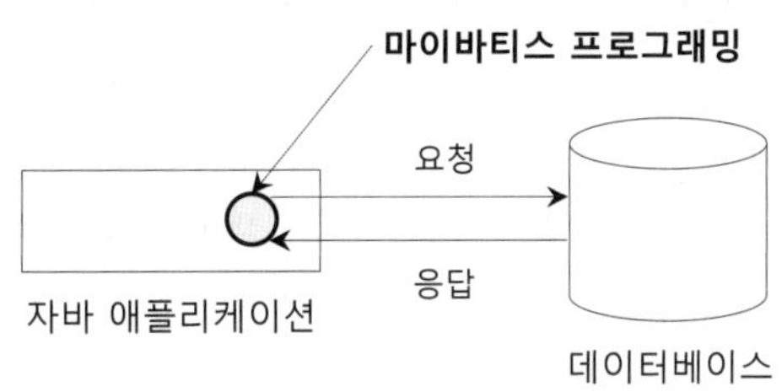

그림 2.1 마이바티스 프로그래밍

이번 장에서는 마이바티스 프로그래밍 작성 순서를 쉽고 빠르게 파악할 수 있도록 한다. 또한 마이바티스 프로그래밍 작성 도중에 발생할 수 있는 에러를 살펴보고, 단계적인 접근을 통해 이를 해결해 보고자 한다.

2.2 간단한 마이바티스 프로그래밍

작성하려는 자바 애플리케이션은 마이바티스 객체를 사용해서 매핑 구문을 실행한다. 이때 마이바티스 프로그래밍은 두 개의 XML 파일을 순차적으로 읽어들인다. 하나는 마이바티스 설정 XML 파일이고, 다른 하나는 마이바티스 매퍼 XML 파일이다. 자바 애플리케이션 구성을 도식화하면, 그림 2.2와 같다.

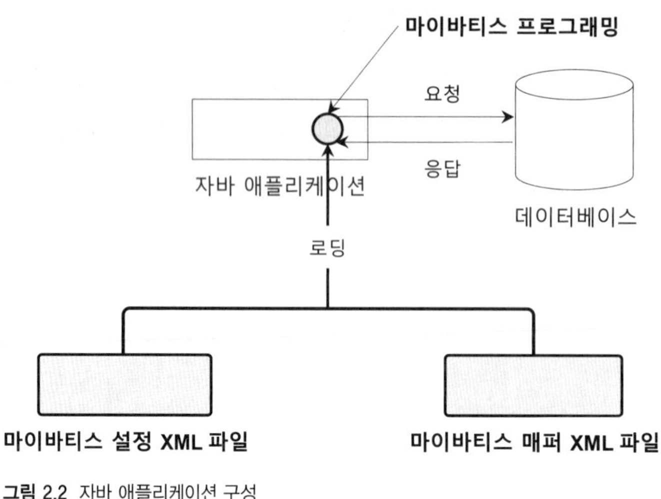

그림 2.2 자바 애플리케이션 구성

이처럼 자바 애플리케이션을 작성하기 위해서는 몇 가지 사전 준비가 필요하다. 먼저 자바 프로젝트를 chapter02 명칭으로 생성한 표 2.1과 같이 디렉토리를 생성한다. 개발에 필요한 라이브러리를 /chapter02/lib 디렉토리에 복사한 다음 빌드 경로에 등록한다. 자바 프로젝트 생성에 어려움이 있을 경우 '부록 A. 마이바티스 프로그래밍 개발 환경 구축'을 참고한다. 이 장의 모든 예제는 /chapter02 디렉토리에 있다.

표 2.1 chapter02 자바 프로젝트의 디렉토리 구성

디렉토리 경로 및 파일명	설명
/src	실행 클래스, 아파치 Log4j2 설정 XML 파일이 위치한 디렉토리
/src/resources/mybatis	마이바티스 설정 XML 파일, 마이바티스 매퍼 XML 파일이 위치한 디렉토리
/lib	마이바티스 프로그래밍 관련 라이브러리가 위치한 디렉토리

디렉토리 생성 및 파일 작성을 완료하면, 그림 2.3과 같이 완성된 자바 프로젝트를 볼 수 있다.

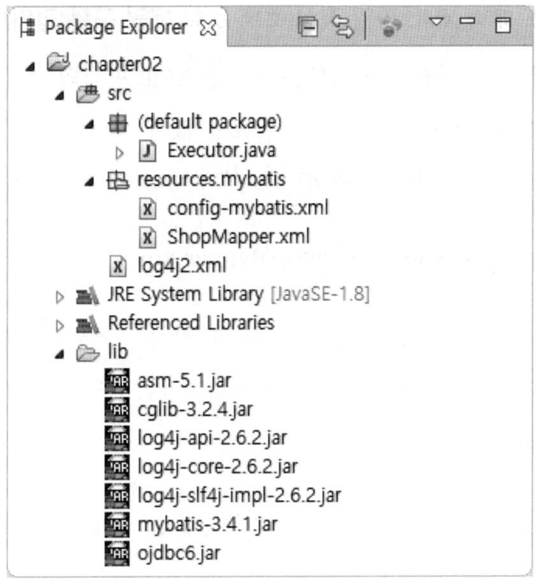

그림 2.3 chapter02 자바 프로젝트

자바 애플리케이션을 구성하는 파일은 세 개다. 마이바티스 설정 XML 파일과 마이바티스 매퍼 XML 파일, 그리고 실행 클래스다. 파일을 작성할 때 호출 순서의 역순으로 작성하는 것이 좀 더 효율적이다. 쿼리문을 정의한 마이바티스 매퍼 XML 파일을 작성한 다음 마이바티스 설정 XML 파일을 작성한다. 그런 다음 마이바티스 매퍼 XML 파일과 마이바티스 설정 XML 파일을 읽어들여 마이바티스 객체를 생성하는 실행 클래스를 작성한다. 자바 애플리케이션 작성 순서를 나열하면, 다음과 같다.

1. **마이바티스 매퍼 XML 파일 작성**
2. **마이바티스 설정 XML 파일 작성**
3. **실행 클래스 작성**(Executor 클래스)
4. **실행 및 로깅 설정**

위와 같이 자바 애플리케이션 작성 순서에 맞추어 마이바티스 프로그래밍을 작성해 보자.

2.2.1 마이바티스 매퍼 XML 파일 작성(목록 조회 매핑 구문 정의)

마이바티스 매퍼 XML 파일은 쿼리문을 정의한 XML 형식의 파일이다. 사용자 가운데 XML 형식을 알지 못해도 걱정할 필요는 없다. 단지 설명하는 대로 파일을 작성하면 된다. 다음 경로에서 마이바티스 매퍼 XML 파일을 생성한다.

/chapter02/src/resources/mybatis/**ShopMapper.xml**

마이바티스 매퍼 XML 파일명을 지정할 때 작성 규칙이 존재하면, 해당 규칙에 맞추어 작성한다. 만약 작성 규칙이 존재하지 않으면, 다음 형식에 맞추어 마이바티스 매퍼 XML 파일명을 작성한다.

```
마이바티스 매퍼 XML 파일명 = 테이블명(자바 식별자 명명 규칙) + 'Mapper'
```

예를 들어 테이블명이 SHOP인 경우 SHOP 테이블명을 자바 식별자 명명 규칙에 맞게 변환한 `Shop` 문자열과 접미사인 `Mapper` 문자열을 합쳐서 `ShopMapper` 문자열을 파일명으로 사용한다.

```
ShopMapper = Shop + 'Mapper'
```

위와 같이 마이바티스 매퍼 XML 파일을 생성한 다음 목록 조회 쿼리문을 준비한다.

```
SQL> SELECT SHOP_NO, SHOP_NAME, SHOP_LOCATION, SHOP_STATUS
     FROM SHOP;
```

마이바티스 매퍼 XML 파일에 목록 조회 쿼리문을 옮기기 전에 에러 없이 정상적으로 실행되는지 확인할 필요가 있다. 그림 2.4와 같이 SQL Plus에서 목록 조회 쿼리문을 실행하면, 데이터가 조회되는 것을 확인할 수 있다.

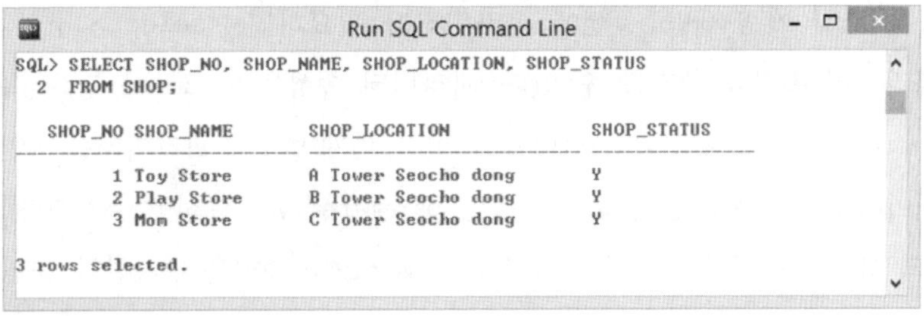

```
Run SQL Command Line
SQL> SELECT SHOP_NO, SHOP_NAME, SHOP_LOCATION, SHOP_STATUS
  2  FROM SHOP;

   SHOP_NO SHOP_NAME          SHOP_LOCATION              SHOP_STATUS
---------- ------------------ -------------------------- ---------------
         1 Toy Store          A Tower Seocho dong        Y
         2 Play Store         B Tower Seocho dong        Y
         3 Mom Store          C Tower Seocho dong        Y

3 rows selected.
```

그림 2.4 목록 조회 쿼리문 실행 화면

위와 같이 검증을 완료한 목록 조회 쿼리문을 마이바티스 매퍼 XML 파일에 옮긴 다음 조회 구성 요소를 사용해서 감싸준다. 다음과 같이 조회 구성 요소는 <select> 구성 요소를 사용해서 지정한다. 독자의 혼란을 줄이기 위해 SQL Plus에서 실행한 쿼리문과 달리 마이바티스 매퍼 XML 파일에 정의한 쿼리문을 매핑 구문(자세한 내용은 5장 참조)으로 지칭한다.

```
<select>
    SELECT SHOP_NO, SHOP_NAME, SHOP_LOCATION, SHOP_STATUS
    FROM SHOP
</select>
```

마이바티스 매퍼 XML 파일에 <select> 구성 요소는 여러 번 지정할 수 있다. 다수의 <select> 구성 요소는 매핑 구문 아이디를 사용해서 구분한다. 매핑 구문 아이디는 <select> 구성 요소에 id 속성을 추가한 다음 속성 값에 목록 조회 매핑 구문의 기능을 잘 나타낼 수 있는 문자열을 지정한다. 이때 마이바티스 매퍼 XML 파일 내에서 매핑 구문 아이디가 중복되지 않도록 주의해야 한다. 예를 들어 <select> 구성 요소에 id 속성을 추가한 다음 속성 값에 list 문자열을 지정하면, 다음과 같다.

```
<select id="list">
    SELECT SHOP_NO, SHOP_NAME, SHOP_LOCATION, SHOP_STATUS
    FROM SHOP
</select>
```

목록 조회 매핑 구문 실행에 파라미터가 필요하면, <select> 구성 요소에 파라미터 속성을 추가할 수 있다. 파라미터 속성은 parameterType 속성과 parameterMap 속성 중 하나를 선택할 수 있다. 매개 변수에 파라미터를 바인딩할 때 데이터 타입을 변경할 필요가 없다면, parameterType 속성을 추가한다. 반면 데이터 타입을 변경할 필요가 있다면, parameterMap 속성을 추가한다. 파라미터 속성을 쉽게 추가할 수 있도록 선택 과정을 도식화하면, 그림 2.5와 같다.

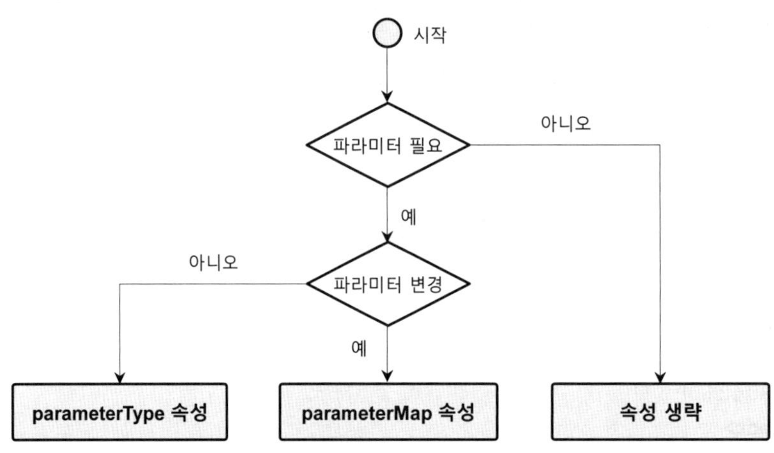

그림 2.5 파라미터 속성을 선택하는 과정

목록 조회 매핑 구문을 실행했을 때 조회 결과를 반환받을 필요가 있다면, <select> 구성 요소에 리절트 속성을 추가할 수 있다. 리절트 속성은 resultType 속성과 resultMap 속성 중 하나를 선택할 수 있다. 리절트 객체에 리절트를 바인딩할 때 데이터 타입이나 프로퍼티명을 변경할 필요가 없다면, resultType 속성을 추가한다. 반면에 데이터 타입이나 프로퍼티명을 변경할 필요가 있다면, resultMap 속성을 추가한다. 리절트 속성을 쉽게 추가할 수 있도록 선택 과정을 도식화하면, 그림 2.6과 같다.

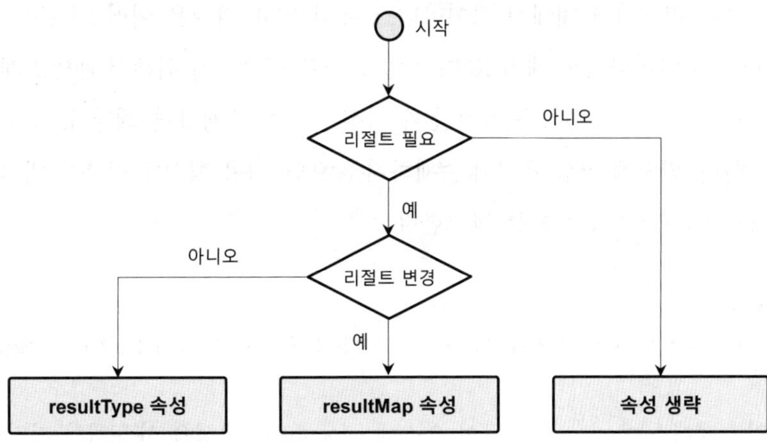

그림 2.6 리절트 속성을 선택하는 과정

앞서 정의한 목록 조회 매핑 구문은 지정한 매개 변수가 없기 때문에 파라미터 속성을 생략한다. 그리고 반환된 결과는 있기 때문에 리절트 속성을 추가한다. 이때 반환된 결과의 데이터 타입이나 프로퍼티명을 변경할 필요가 없기 때문에 resultType 속성을 추가한 다음 속성 값에 리절트 타입을 지정한다. 예를 들어 <select> 구성 요소에 resultType 속성을 추가한 다음 속성 값에 java.util.Map 타입을 지정하면, 다음과 같다.

```
<select id="list" resultType="java.util.Map">
    SELECT SHOP_NO, SHOP_NAME, SHOP_LOCATION, SHOP_STATUS
    FROM SHOP
</select>
```

마이바티스 매퍼 XML 파일의 최상위 구성 요소인 <mapper> 구성 요소를 사용해서 <select> 구성 요소를 감싸준다.

```
<mapper>
    <select id="list" resultType="java.util.Map">
        SELECT SHOP_NO, SHOP_NAME, SHOP_LOCATION, SHOP_STATUS
        FROM SHOP
    </select>
</mapper>
```

자바 애플리케이션 내에서 마이바티스 매퍼 XML 파일은 여러 개 존재할 수 있다. 다수의 마이바티스 매퍼 XML 파일을 서로 구분하기 위해서 네임스페이스를 사용한다. 네임스페이스를 지정할 때 작성 규칙이 존재하면, 해당 규칙에 맞추어 작성한다. 만약에 작성 규칙이 존재하지 않으면, 다음 형식에 맞추어 네임스페이스(자세한 내용은 5장 참조)를 작성한다.

```
네임스페이스 =
  마이바티스 매퍼 인터페이스 패키지 경로 + '.' + 테이블명(자바 식별자 명명 규칙) + 'Mapper'
```

네임스페이스는 <mapper> 구성 요소에 namespace 속성을 사용해서 지정한다. 예를 들어 <mapper> 구성 요소에 namespace 속성을 추가한 다음 속성 값에 org.mybatis.persistence.ShopMapper 문자열을 지정하면, 다음과 같다.

```
<mapper namespace="org.mybatis.persistence.ShopMapper">
    <select id="list" resultType="java.util.Map">
        SELECT SHOP_NO, SHOP_NAME, SHOP_LOCATION, SHOP_STATUS
        FROM SHOP
    </select>
</mapper>
```

지금까지 마이바티스 매퍼 XML 파일에 사용한 구성 요소나 속성은 어떻게 찾을 수 있을까? 마이바티스 매퍼 XML 파일 상단에 선언한 DTD[Document Type Definition] 파일을 통해서 찾을 수 있다. DTD 파일에 정의되어 있지 않은 구성 요소나 속성을 사용하거나 작성 순서가 틀리면 에러가 발생한다. 다음과 같이 <mapper> 구성 요소 상단에 마이바티스 매퍼 XML 파일의 DTD 파일을 선언한다.

```
<!DOCTYPE mapper PUBLIC "-//mybatis.org//DTD Mapper 3.0//EN"
"http://mybatis.org/dtd/mybatis-3-mapper.dtd">

<mapper namespace="org.mybatis.persistence.ShopMapper">
    ...중략...
</mapper>
```

이와 같이 마이바티스 매퍼 XML 파일에 DTD 파일을 선언한 다음 문서 버전과 문자 인코딩을 선언한다.

```
<?xml version="1.0" encoding="UTF-8"?>

<!DOCTYPE mapper PUBLIC "-//mybatis.org//DTD Mapper 3.0//EN"
"http://mybatis.org/dtd/mybatis-3-mapper.dtd">

...중략...
```

마이바티스 매퍼 XML 파일 작성을 완료하면, 예제 2.1과 같다.

예제 2.1 마이바티스 매퍼 XML 파일

```
/* /chapter02/src/resources/mybatis/ShopMapper.xml */

<?xml version="1.0" encoding="UTF-8"?>

<!DOCTYPE mapper PUBLIC "-//mybatis.org//DTD Mapper 3.0//EN"
"http://mybatis.org/dtd/mybatis-3-mapper.dtd">

<mapper namespace="org.mybatis.persistence.ShopMapper">
    <!-- 목록 조회 매핑 구문 -->
    <select id="list" resultType="java.util.Map">
        SELECT SHOP_NO, SHOP_NAME, SHOP_LOCATION, SHOP_STATUS
        FROM SHOP
    </select>
</mapper>
```

2.2.2 마이바티스 설정 XML 파일 작성

마이바티스 설정 XML 파일은 마이바티스 실행에 필요한 설정을 정의한 XML 형식의 파일이다. 마이바티스 설정 XML 파일에 다양한 설정(자세한 내용은 4장 참조)을 지정할 수 있지만, 다음 예제에서는 환경과 매퍼 설정만 다룬다. 다음 경로에서 마이바티스 설정 XML 파일을 생성한다.

/chapter02/src/resources/mybatis/**config-mybatis.xml**

마이바티스 설정 XML 파일을 생성한 다음 필수 구성 요소인 환경 구성 요소를 지정해 보자. 환경 구성 요소는 데이터 소스 구성 요소와 트랜잭션 관리자 구성 요소로 구성된다. 데이터 소스 구성 요소를 사용하면, 데이터베이스 연결에 필요한 설정을 지정할 수 있다. 다음과 같이 데이터 소스 구성 요소는 <dataSource> 구성 요소를 사용해서 지정한다.

```
<dataSource />
```

<dataSourece> 구성 요소를 지정한 다음 데이터 소스 팩토리 타입을 지정한다. 데이터 소스 팩토리 타입에 따라 사용 가능한 데이터 소스가 달라진다. 데이터 소스 팩토리 타입은 <dataSource> 구성 요소에 type 속성을 사용해서 지정한다. type 속성 값에 지정 가능한 데이터 소스 팩토리 타입은 UNPOOLED 타입, POOLED 타입, JNDI 타입이 존재한다. 예를 들어 UNPOOLED 타입을 데이터 소스 팩토리 타입으로 지정하면, 다음과 같다.

```
<dataSource type="UNPOOLED" />
```

위와 같이 데이터 소스 팩토리 타입을 추가한 다음 데이터베이스 연결에 필요한 설정을 지정해 보자. 데이터베이스 연결 설정은 프로퍼티 구성 요소를 사용한다. 다음과 같이 프로퍼티 구성 요소는 <property> 구성 요소를 사용해서 지정한다.

```
<dataSource type="UNPOOLED">
    <property />
</dataSource>
```

<property> 구성 요소에 name 속성과 value 속성을 추가한 다음 속성 값에 전달하려는 속성명과 속성 값을 지정한다. 지정 가능한 속성명과 속성 값은 데이터 소스 팩토리 타입(자세한 내용은 4장 참조)에 따라 다르다. 예제는 UNPOOLED 타

입을 기준으로 지정한다. 예를 들어 driver 속성명으로 oracle.jdbc.driver.OracleDriver 속성 값을 지정하면, 다음과 같다.

```
<dataSource type="UNPOOLED">
    <property name="driver" value="oracle.jdbc.driver.OracleDriver" />
</dataSource>
```

<property> 구성 요소는 <dataSource> 구성 요소 사이에 여러 번 지정할 수 있다.

```
<dataSource type="UNPOOLED">
    <property name="driver" value="oracle.jdbc.driver.OracleDriver" />
    <property name="url" value="jdbc:oracle:thin:@localhost:1521:XE" />
    <property name="username" value="mybatis" />
    <property name="password" value="mybatis$" />
</dataSource>
```

위와 같이 데이터 소스 구성 요소를 추가한 다음 트랜잭션 관리자 구성 요소를 지정해 보자. 트랜잭션 관리자 구성 요소를 사용하면, 트랜잭션 처리에 필요한 설정을 지정할 수 있다. 다음과 같이 트랜잭션 관리자 구성 요소는 <transactionManager> 구성 요소를 사용해서 지정한다. <transactionManager> 구성 요소는 <dataSoruce> 구성 요소 이전에 지정하도록 주의해야 한다. 만일 정해진 위치를 따르지 않으면 에러가 발생한다.

```
<transactionManager />
<dataSource>
    ...중략...
</dataSource>
```

<transactionManager> 구성 요소를 지정한 다음 트랜잭션 관리자 팩토리 타입을 지정한다. 트랜잭션 관리자 팩토리 타입에 따라 사용 가능한 트랜잭션 관리자가 달라진다. 트랜잭션 관리자는 트랜잭션 관리 주체를 말한다. 트랜잭션 관리자 팩토리 타입은 <transactionManager> 구성 요소에 type 속성을 사용해서 지

정한다. type 속성 값에 지정 가능한 트랜잭션 관리자 팩토리 타입은 JDBC 타입과 MANAGED 타입이 존재한다. 예를 들어 JDBC 타입을 트랜잭션 관리자 타입으로 지정하면, 다음과 같다.

```
<transactionManager type="JDBC" />
```

데이터 소스 구성 요소와 트랜잭션 관리자 구성 요소는 서로 밀접한 관련을 가진다. 환경 구성 요소를 사용해서 두 개의 구성 요소를 하나로 묶어 관리한다. 다음과 같이 환경 구성 요소는 <environment> 구성 요소를 사용해서 지정한다.

```
<environment>
    <transactionManager type="JDBC" />
    <dataSource type="UNPOOLED">
        <property name="driver" value="oracle.jdbc.driver.OracleDriver" />
        <property name="url" value="jdbc:oracle:thin:@localhost:1521:XE" />
        <property name="username" value="mybatis" />
        <property name="password" value="mybatis$" />
    </dataSource>
</environment>
```

<environment> 구성 요소는 여러 번 지정할 수 있다. 다수의 <environment> 구성 요소는 환경 아이디를 사용해서 구분한다. 환경 아이디는 <environment> 구성 요소에 id 속성을 추가한 다음 속성 값에 업무 환경을 잘 나타낼 수 있는 문자열을 지정한다. 이때 마이바티스 설정 XML 파일 내에서 환경 아이디가 중복되지 않도록 주의해야 한다. 예를 들어 <environment> 구성 요소에 id 속성을 추가한 다음 속성 값에 default 문자열을 지정하면, 다음과 같다.

```
<environment id="default">
    <transactionManager type="JDBC" />
    <dataSource type="UNPOOLED">
        <property name="driver" value="oracle.jdbc.driver.OracleDriver" />
        <property name="url" value="jdbc:oracle:thin:@localhost:1521:XE" />
        <property name="username" value="mybatis" />
        <property name="password" value="mybatis$" />
```

```
    </dataSource>
</environment>
```

다수의 <environment> 구성 요소는 환경 스택 구성 요소를 사용해서 감싸준다. 다음처럼 환경 스택 구성 요소는 <environments> 구성 요소를 사용해서 지정한다.

```
<environments>
    <environment id="default">
        ...중략...
    </environment>
</environments>
```

위와 같이 <environments> 구성 요소를 지정한 다음 기본 환경을 지정한다. 다음과 같이 기본 환경은 <environments> 구성 요소에 default 속성을 추가한 다음 속성 값에 환경 아이디 중 하나를 지정한다. 예를 들어 <environments> 구성 요소에 default 속성을 추가한 다음 속성 값에 default 환경 아이디를 지정하면, 다음과 같다.

```
<environments default="default">
    <environment id="default">
        <transactionManager type="JDBC" />
        <dataSource type="UNPOOLED">
            <property name="driver" value="oracle.jdbc.driver.OracleDriver" />
            <property name="url"
                value="jdbc:oracle:thin:@localhost:1521:XE" />
            <property name="username" value="mybatis" />
            <property name="password" value="mybatis$" />
        </dataSource>
    </environment>
</environments>
```

앞서 작성한 마이바티스 매퍼 XML 파일을 지정할 때 매퍼 구성 요소를 사용한다. 다음과 같이 매퍼 구성 요소는 <mapper> 구성 요소를 사용해서 지정한다.

<mapper> 구성 요소는 <environments> 구성 요소 이전에 지정하도록 주의해야 한다. 만일 정해진 위치를 따르지 않으면 에러가 발생한다.

```
<environments>
    ...중략...
</environments>
<mapper />
```

<mapper> 구성 요소에 resource 속성을 추가한 다음 속성 값에 마이바티스 매퍼 XML 파일이 위치한 경로와 파일명을 지정한다.

```
<mapper resource="resources/mybatis/ShopMapper.xml" />
```

<mapper> 구성 요소는 여러 번 지정할 수 있다. 다수의 <mapper> 구성 요소는 매퍼 스택 구성 요소를 사용해서 하나로 묶어 관리한다. 다음과 같이 매퍼 스택 구성 요소는 <mappers> 구성 요소를 사용해서 지정한다.

```
<mappers>
    <mapper resource="resources/mybatis/ShopMapper.xml" />
</mappers>
```

마이바티스 설정 XML 파일의 최상위 구성 요소인 <configuration> 구성 요소를 사용해서 지금까지 작성한 모든 구성 요소를 감싸준다.

```
<configuration>
    <environments default="default">
        <environment id="default">
            <transactionManager type="JDBC" />
            <dataSource type="UNPOOLED">
                <property name="driver"
                    value="oracle.jdbc.driver.OracleDriver" />
                <property name="url"
                    value="jdbc:oracle:thin:@localhost:1521:XE" />
                <property name="username" value="mybatis" />
                <property name="password" value="mybatis$" />
```

```
            </dataSource>
        </environment>
    </environments>

    <mappers>
        <mapper resource="resources/mybatis/ShopMapper.xml" />
    </mappers>
</configuration>
```

지금까지 마이바티스 설정 XML 파일에 사용한 구성 요소나 속성은 어떻게 찾을 수 있을까? 마이바티스 설정 XML 파일 상단에 선언한 DTD 파일을 통해서 찾을 수 있다. DTD 파일에 정의되어 있지 않은 구성 요소나 속성을 사용하거나 작성 순서가 틀리면 에러가 발생한다. 다음과 같이 <configuration> 구성 요소 상단에 마이바티스 설정 XML 파일의 DTD 파일을 선언한다.

```
<!DOCTYPE configuration PUBLIC "-//mybatis.org//DTD Config 3.0//EN"
"http://mybatis.org/dtd/mybatis-3-config.dtd">

<configuration>
    ...중략...
</configuration>
```

위와 같이 마이바티스 설정 XML 파일에 DTD 파일을 선언한 다음 문서 버전과 문자 인코딩을 선언한다.

```
<?xml version="1.0" encoding="UTF-8"?>

<!DOCTYPE configuration PUBLIC "-//mybatis.org//DTD Config 3.0//EN"
"http://mybatis.org/dtd/mybatis-3-config.dtd">

...중략...
```

마이바티스 설정 XML 파일 작성을 완료하면, 예제 2.2와 같다.

예제 2.2 마이바티스 설정 XML 파일

```
/* /chapter02/src/resources/mybatis/config-mybatis.xml */

<?xml version="1.0" encoding="UTF-8"?>

<!DOCTYPE configuration PUBLIC "-//mybatis.org//DTD Config 3.0//EN"
"http://mybatis.org/dtd/mybatis-3-config.dtd">

<configuration>
    <!-- 환경 스택 -->
    <environments default="default">
        <!-- 환경 -->
        <environment id="default">
            <!-- 트랜잭션 관리자 -->
            <transactionManager type="JDBC" />
            <!-- 데이터 소스 -->
            <dataSource type="UNPOOLED">
                <property name="driver"
                    value="oracle.jdbc.driver.OracleDriver" />
                <property name="url"
                    value="jdbc:oracle:thin:@localhost:1521:XE" />
                <property name="username" value="mybatis" />
                <property name="password" value="mybatis$" />
            </dataSource>
        </environment>
    </environments>

    <!-- 매퍼 스택 -->
    <mappers >
        <!-- 매퍼 -->
        <mapper resource="resources/mybatis/ShopMapper.xml" />
    </mappers>
</configuration>
```

2.2.3 실행 클래스 작성(목록 조회 API 호출)

실행 클래스는 main() 메소드 실행을 통해서 마이바티스 객체를 생성한 다음 목록 조회 매핑 구문을 실행한다. 이때 마이바티스 설정 XML 파일과 마이바티스 매퍼 XML 파일을 순차적으로 읽어들여 마이바티스 객체를 생성한다. 다음 경로에서 실행 클래스를 생성한다.

/chapter02/src/**Executor.java**

실행 클래스를 생성한 다음 static 블록을 작성한다. static 블록은 객체를 생성할 때 한 번만 호출되기 때문에 클래스 변수 초기화에 사용한다.

```
public class Executor {
    static {
    }
}
```

static 블록에 마이바티스 설정 XML 파일을 읽어들여 SqlSessionFactory 객체를 생성하는 소스 코드를 작성한다. Resources 객체의 getResourceAsReader() 메소드를 호출할 때 에러가 발생할 수 있기 때문에 try~catch 문을 사용해서 예외를 처리한다. SqlSessionFactoryBuilder 객체의 build() 메소드에 마이바티스 설정 XML 파일을 읽어들인 Reader 객체를 인자로 전달하면, 생성된 SqlSessioFactory 객체를 반환받을 수 있다.

```
public class Executor {
    private static SqlSessionFactory sqlSessionFactory;

    static {
        try {
            // 마이바티스 설정 XML 파일 경로
            String resource = "resources/mybatis/config-mybatis.xml";
            Reader reader = Resources.getResourceAsReader(resource);
            sqlSessionFactory =
                new SqlSessionFactoryBuilder().build(reader);
        } catch (IOException e) {
            e.printStackTrace();
        }
    }
}
```

다음과 같이 main() 메소드를 작성한 다음 SqlSessionFactory 객체의 openSession() 메소드를 호출하면, SqlSession 객체를 반환받을 수 있다.

```
public class Executor {
    private static SqlSessionFactory sqlSessionFactory;

    ...중략...

    public static void main(String[] args) {
        // 세션 및 트랜잭션 시작
        SqlSession sqlSession = sqlSessionFactory.openSession();
    }
}
```

SqlSession 객체에서 제공하는 메소드 중 다수의 레코드를 조회할 때 사용하는 메소드는 다음과 같다.

- **selectList(조회 매핑 구문 아이디)**
- selectList(조회 매핑 구문 아이디, 파라미터 객체)

파라미터를 전달할 필요가 없기 때문에 위에 나열한 메소드 중 첫 번째 메소드를 사용한다. 다음과 같이 selectList() 메소드에 조회 매핑 구문 아이디를 인자로 전달하면, List 타입의 객체에 담긴 조회 결과를 반환받을 수 있다.

```
public class Executor {
    private static SqlSessionFactory sqlSessionFactory;

    ...중략...

    public static void main(String[] args) {
        // 세션 및 트랜잭션 시작
        SqlSession sqlSession = sqlSessionFactory.openSession();

        try {
            // 조회 매핑 구문 실행
            sqlSession.selectList(
                "org.mybatis.persistence.ShopMapper.list");
```

```
        } catch (Exception e) {
            e.printStackTrace();
        }
    }
}
```

try~catch 문에 finally 문을 추가한 다음 SqlSession 객체의 close() 메소드를 호출하면, 세션이 종료되면서 사용한 자원이 해제된다.

```
public class Executor {
    private static SqlSessionFactory sqlSessionFactory;

    ...중략...

    public static void main(String[] args) {
        // 세션 및 트랜잭션 시작
        SqlSession sqlSession = sqlSessionFactory.openSession();

        try {
            // 조회 매핑 구문 실행
            sqlSession.selectList(
                "org.mybatis.persistence.ShopMapper.list");
        } catch (Exception e) {
            e.printStackTrace();
        } finally {
            // 세션 및 트랜잭션 종료
            sqlSession.close();
        }
    }
}
```

실행 클래스 작성을 완료하면, 예제 2.3과 같다.

예제 2.3 실행 클래스

```
/* /chapter02/src/Executor.java */

import java.io.IOException;
import java.io.Reader;
```

```java
import org.apache.ibatis.io.Resources;
import org.apache.ibatis.session.SqlSession;
import org.apache.ibatis.session.SqlSessionFactory;
import org.apache.ibatis.session.SqlSessionFactoryBuilder;

public class Executor {
    private static SqlSessionFactory sqlSessionFactory;

    static {
        try {
            // 마이바티스 설정 XML 파일 경로
            String resource = "resources/mybatis/config-mybatis.xml";
            Reader reader = Resources.getResourceAsReader(resource);
            sqlSessionFactory =
                new SqlSessionFactoryBuilder().build(reader);
        } catch (IOException e) {
            e.printStackTrace();
        }
    }

    public static void main(String[] args) {
        // 세션 및 트랜잭션 시작
        SqlSession sqlSession = sqlSessionFactory.openSession();

        try {
            // 조회 매핑 구문 실행
            sqlSession.selectList(
                "org.mybatis.persistence.ShopMapper.list");
        } catch (Exception e) {
            e.printStackTrace();
        } finally {
            // 세션 및 트랜잭션 종료
            sqlSession.close();
        }
    }
}
```

2.2.4 실행 및 로깅 설정

지금까지 작성한 자바 애플리케이션을 실행하려면, 그림 2.7과 같이 이클립스 상단 메뉴에서 Run ➤ Run As ➤ Java Application 메뉴를 선택한다.

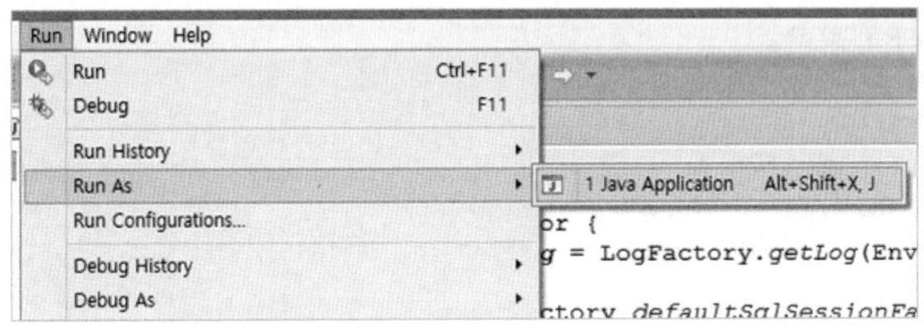

그림 2.7 자바 애플리케이션 실행

자바 애플리케이션을 실행하면, 다음과 같이 이해하기 어려운 로그가 출력된다. 빌드 경로에 아파치 Log4j2 라이브러리(자세한 내용은 부록 C 참조)는 등록되어 있지만, 아파치 Log4j2 설정 XML 파일을 작성하지 않아 출력된 로그다. 좀 더 유용한 로그가 출력될 수 있도록 아파치 Log4j2 설정 XML 파일을 추가로 작성해 보자.

```
ERROR Status Logger No log4j2 configuration file found.
Using default configuration: logging only errors to the console.
```

다음 경로에서 아파치 Log4j2 설정 XML 파일을 생성한다.

/chapter02/src/**log4j2.xml**

아파치 Log4j2 설정 XML 파일을 생성한 다음 2.4와 같이 파일을 작성한다.

예제 2.4 아파치 Log4j2 설정 XML 파일

```
/* /chapter02/src/log4j2.xml */

<?xml version="1.0" encoding="UTF-8"?>

<Configuration>
```

```
    <!-- 어펜더 스택 -->
    <Appenders>
        <!-- 콘솔 어펜더 -->
        <Console name="console" target="SYSTEM_OUT">
            <PatternLayout pattern="%5p [%t] - %m%n" />
        </Console>
    </Appenders>
    <!-- 로거 스택 -->
    <Loggers>
        <!-- 루트 로거 -->
        <Root level="debug">
            <AppenderRef ref="console" />
        </Root>
    </Loggers>
</Configuration>
```

아파치 Log4j2 설정 XML 파일을 작성한 다음 자바 애플리케이션을 다시 실행한다. 다음과 같이 출력된 조회 매핑 구문 실행 로그를 확인할 수 있다.

```
DEBUG [main] - ==> Preparing: SELECT SHOP_NO, SHOP_NAME, SHOP_LOCATION,
             SHOP_STATUS FROM SHOP
DEBUG [main] - ==> Parameters:
DEBUG [main] - <== Total: 3
```

위와 같이 출력된 로그를 자세히 살펴보면, 조회 결과는 출력되지 않는 것을 볼 수 있다. 조회 결과는 로그 단계가 TRACE 단계 이상일 때만 출력된다. 따라서 루트 로거의 로그 단계를 TRACE 단계로 변경하면, 조회 결과를 확인할 수 있다. 반면에 필요 없는 로그까지 모두 출력된다. 이때 <Logger> 구성 요소를 사용하면, 루트 로거의 로그 단계를 변경하지 않고 특정 파일이나 패키지만 로그 단계를 다시 지정할 수 있다. 예를 들어 마이바티스 매퍼 XML 파일만 로그 단계를 TRACE 단계로 재지정하면, 다음과 같다.

```
<Logger name="org.mybatis.persistence.ShopMapper" level="debug"
        additivity="false">
    <AppenderRef ref="console" />
</Logger>
```

아파치 Log4j2 설정 XML 파일을 수정하면, 예제 2.5와 같다.

예제 2.5 아파치 Log4j2 설정 XML 파일 수정(<Logger> 구성 요소 지정)

```
/* /chapter02/src/log4j2.xml */

<?xml version="1.0" encoding="UTF-8"?>

<Configuration>
    <!-- 어펜더 스택 -->
    <Appenders>
        <!-- 콘솔 어펜더 -->
        <Console name="console" target="SYSTEM_OUT">
            <PatternLayout pattern="%5p [%t] - %m%n" />
        </Console>
    </Appenders>
    <!-- 로거 스택 -->
    <Loggers>
        <!-- 로거 -->
        <Logger name="org.mybatis.persistence.ShopMapper" level="trace"
                additivity="false">
            <AppenderRef ref="console" />
        </Logger>
        <!-- 루트 로거 -->
        <Root level="debug">
            <AppenderRef ref="console" />
        </Root>
    </Loggers>
</Configuration>
```

위와 같이 마이바티스 매퍼 XML 파일의 로그 단계를 TRACE 단계로 재지정한 다음 자바 애플리케이션을 다시 실행하면, 다음과 같이 출력된 조회 매핑 구문의 조회 결과를 확인할 수 있다.

```
DEBUG [main] - ==> Preparing: SELECT SHOP_NO, SHOP_NAME, SHOP_LOCATION,
             SHOP_STATUS FROM SHOP
DEBUG [main] - ==> Parameters:
TRACE [main] - <== Columns: SHOP_NO, SHOP_NAME, SHOP_LOCATION, SHOP_STATUS
```

```
TRACE [main] - <== Row: 1, Toy Store, <<CLOB>>, Y
TRACE [main] - <== Row: 2, Play Store, <<CLOB>>, Y
TRACE [main] - <== Row: 3, Mom Store, <<CLOB>>, Y
DEBUG [main] - <== Total: 3
```

마이바티스 프로그래밍을 처음으로 작성해 보았다. 이해되지 않는 부분은 없는지 다시 한 번 살펴보고 만일 자바 애플리케이션 실행에 문제가 있다면, 2.3절을 참고한다.

2.3 에러 발생 시 해결 방안

마이바티스 프로그래밍을 작성하다 보면 다양한 에러가 발생할 수 있다. 마이바티스 프로그래밍에 익숙하지 않은 사용자라면, 출력된 에러 로그만 살펴보고 문제를 해결하기란 쉽지 않다. 그림 2.8과 같이 자주 발생하는 에러를 파일별로 나누어 살펴보면, 마이바티스 프로그래밍에 익숙하지 않은 사용자도 문제를 쉽게 해결할 수 있다.

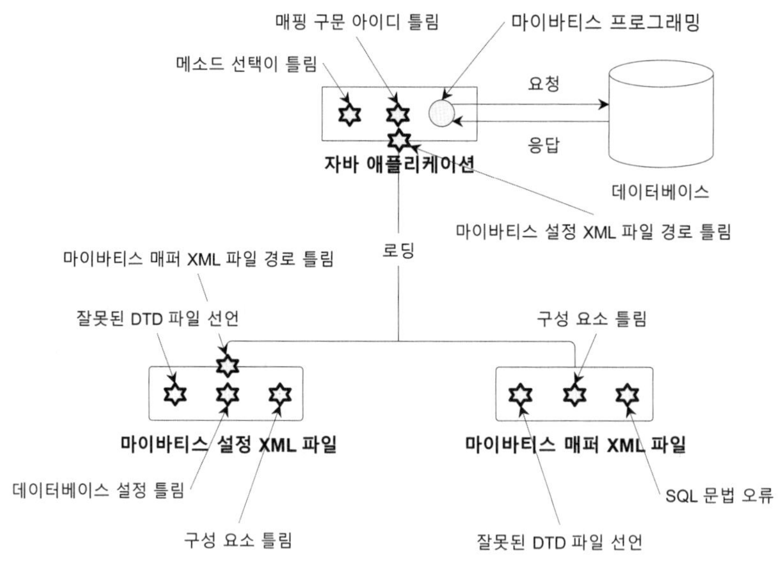

그림 2.8 마이바티스 프로그래밍에서 자주 발생하는 에러

마이바티스 프로그래밍을 작성할 때 자주 발생하는 에러를 파일별로 정리하면, 표 2.2와 같다.

표 2.2 파일별 자주 발생하는 에러

파일명	에러 원인
마이바티스 매퍼 XML 파일	잘못된 DTD 파일을 선언한 경우 정의되어 있지 않은 구성 요소를 사용한 경우 SQL 문법 오류가 있는 매핑 구문을 정의한 경우
마이바티스 설정 XML 파일	잘못된 DTD 파일을 선언한 경우 정의되어 있지 않은 구성 요소를 사용한 경우 데이터베이스 설정이 틀린 경우 마이바티스 매퍼 XML 파일의 경로가 틀린 경우
실행 클래스	마이바티스 설정 XML 파일의 경로가 틀린 경우 틀린 매핑 구문 아이디를 지정한 경우 메소드 선택이 잘못된 경우

자주 발생하는 에러를 파일별로 살펴보고 해결 방안을 찾아보자.

2.3.1 마이바티스 매퍼 XML 파일 작성을 잘못한 경우

마이바티스 매퍼 XML 파일 작성을 잘못한 경우 다음과 같이 에러가 발생할 수 있다.

- **잘못된 DTD 파일을 선언한 경우**
- **정의되어 있지 않은 구성 요소를 사용한 경우**
- **SQL 문법 오류가 있는 매핑 구문을 정의한 경우**

마이바티스 매퍼 XML 파일에 잘못된 DTD 파일을 선언한 경우 다음과 같이 에러 로그가 출력된다.

```
Document root element "mapper", must match DOCTYPE root "configuration".
Attribute "namespace" must be declared for element type "mapper".
```

최상위 구성 요소와 DTD 파일명을 확인한 다음 올바르게 수정하면, 에러를 해결할 수 있다.

```
<!DOCTYPE mapper PUBLIC "-//mybatis.org//DTD Mapper 3.0//EN"
"http://mybatis.org/dtd/mybatis-3-mapper.dtd">

<mapper>
    ...중략...
</mapper>
```

마이바티스 매퍼 XML 파일에 정의되어 있지 않은 구성 요소를 사용하면, 에러가 발생한다. 예를 들어 마이바티스 매퍼 XML 파일에 사용할 수 없는 <dataSource> 구성 요소를 지정하면, 다음과 같이 에러 로그가 출력된다. 마이바티스 매퍼 XML 파일에 선언한 DTD 파일을 확인한 다음 사용 가능한 구성 요소를 지정하면, 에러를 해결할 수 있다.

```
Element type "dataSource" must be declared.
```

마이바티스 매퍼 XML 파일에 SQL 문법 오류가 존재하는 매핑 구문을 정의하면, 다음과 같이 에러 로그가 출력된다.

```
### Cause: java.sql.SQLSyntaxErrorException: ORA-00936: 누락된 표현식
### Cause: java.sql.SQLSyntaxErrorException: ORA-00923: FROM 키워드가 필요한 위
치에 없습니다.
```

마이바티스 매퍼 XML 파일에 매핑 구문을 정의하기 전에 정상적으로 실행되는지 검증하면, 에러를 해결할 수 있다.

2.3.2 마이바티스 설정 XML 파일 작성을 잘못한 경우

다음과 같이 마이바티스 설정 XML 파일 작성을 잘못한 경우 에러가 발생할 수 있다.

- **잘못된 DTD 파일을 선언한 경우**
- **정의되어 있지 않은 구성 요소를 사용한 경우**
- **데이터베이스 설정이 틀린 경우**
- **마이바티스 매퍼 XML 파일의 경로가 틀린 경우**

마이바티스 설정 XML 파일에 잘못된 DTD 파일을 선언한 경우 다음과 같이 에러 로그가 출력된다.

```
Document root element "configuration", must match DOCTYPE root "mapper".
Element type "configuration" must be declared.
```

최상위 구성 요소와 DTD 파일명을 확인한 다음 올바르게 수정하면, 에러를 해결할 수 있다.

```
<!DOCTYPE configuration PUBLIC "-//mybatis.org//DTD Config 3.0//EN"
"http://mybatis.org/dtd/mybatis-3-config.dtd">

<configuration>
    ...중략...
</configuration>
```

마이바티스 설정 XML 파일에 정의되어 있지 않은 구성 요소를 사용하면, 에러가 발생한다. 예를 들어 마이바티스 설정 XML 파일에 사용할 수 없는 `<resultMap>` 구성 요소를 지정하면, 다음과 같이 에러 로그가 출력된다. 마이바티스 설정 XML 파일에 선언한 DTD 파일을 확인한 다음 사용 가능한 구성 요소를 지정하면, 에러를 해결할 수 있다.

```
Element type "resultMap" must be declared.
```

마이바티스 설정 XML 파일에 정의한 데이터베이스 설정이 틀린 경우 다음과 에러 로그가 출력된다.

```
Cannot find class: oracle.jdbc.driver.oracleDriver
TNS:listener does not currently know of SID given in connect descriptor
invalid username/password; logon denied
```

<dataSource> 구성 요소를 확인한 다음 잘못된 데이터베이스 설정을 올바르게 수정하면, 에러를 해결할 수 있다.

```
<dataSource type="UNPOOLED">
    <property name="driver" value="oracle.jdbc.driver.OracleDriver" />
    <property name="url" value="jdbc:oracle:thin:@localhost:1521:XE" />
    <property name="username" value="mybatis" />
    <property name="password" value="mybatis$" />
</dataSource>
```

마이바티스 설정 XML 파일에 지정한 마이바티스 매퍼 XML 파일의 경로가 틀린 경우 다음과 같이 에러 로그가 출력된다.

```
Could not find resource resources/ShopMapper.xml
```

<mapper> 구성 요소에 지정한 마이바티스 매퍼 XML 파일의 경로를 확인한 다음 잘못된 경로를 올바르게 수정하면, 에러를 해결할 수 있다.

```
<mapper resource="resources/mybatis/ShopMapper.xml" />
```

2.3.3 실행 클래스 작성을 잘못한 경우

실행 클래스 작성을 잘못한 경우 다음과 같이 에러가 발생할 수 있다.

- 마이바티스 설정 XML 파일의 경로가 틀린 경우
- 틀린 매핑 구문 아이디를 지정한 경우
- 메소드 선택이 잘못된 경우

실행 클래스에 지정한 마이바티스 설정 XML 파일의 경로가 틀린 경우 다음과 같이 에러 로그가 출력된다.

```
Could not find resource resources/config-mybatis.xml
```

실행 클래스에 지정한 마이바티스 매퍼 XML 파일의 경로를 확인한 다음 잘못된 경로를 올바르게 수정하면, 에러를 해결할 수 있다.

```
String resource = "resources/mybatis/config-mybatis.xml";
```

마이바티스 매퍼 XML 파일에 정의되어 있지 않은 매핑 구문 아이디를 호출하면, 다음과 같이 에러 로그가 출력된다.

```
Mapped Statements collection does not contain value for
org.mybatis.persistence.ShopMapper.select
```

마이바티스 매퍼 XML 파일에 정의한 네임스페이스와 매핑 구문 아이디를 확인한 다음 실행 클래스에 올바른 매핑 구문 아이디를 지정해주면, 에러를 해결할 수 있다.

```
/* 실행 클래스 */
sqlSession.selectList("org.mybatis.persistence.ShopMapper.list");

/* 마이바티스 매퍼 XML 파일 */
<mapper namespace="org.mybatis.persistence.ShopMapper">
    <select id="list" resultType="java.util.HashMap">
        SELECT SHOP_NO, SHOP_NAME, SHOP_LOCATION, SHOP_STATUS
        FROM SHOP
    </select>
</mapper>
```

마이바티스 객체에서 제공하는 메소드를 잘못 선택한 경우 에러가 발생한다.

예를 들어 다수의 데이터를 조회 결과로 반환받을 때 selectOne() 메소드[1]를 사용하면, 다음과 같이 에러 로그가 출력된다.

```
org.apache.ibatis.exceptions.TooManyResultsException: Expected one result
(or null) to be returned by selectOne(), but found: 3
```

여러 개의 데이터를 조회 결과로 반환받을 때 다음과 같이 selectList() 메소드를 선택하면, 에러를 해결할 수 있다.

```
sqlSession.selectList("org.mybatis.persistence.ShopMapper.list");
```

2.4 정리

2장에서는 자바 애플리케이션 개발 환경에서 마이바티스 프로그래밍을 처음으로 실습해 보았다. 마이바티스 프로그래밍 구성 요소와 속성 그리고 작성 순서를 명확히 살펴보았다. 그리고 마이바티스 프로그래밍을 작성할 때 발생 가능한 에러를 단계적인 접근을 통해서 해결할 수 있었다. 3장에서는 마이바티스 프로그래밍을 사용해서 데이터를 등록, 조회, 수정, 삭제할 수 있도록 실습해 보자.

1 selectOne() 메소드는 조회 결과가 단일 레코드인 경우 사용한다.

3장

데이터 관리를 위한 마이바티스 프로그래밍

2장에서는 정해진 순서를 따라서 간단한 마이바티스 프로그래밍을 작성해 보았다. 또한 마이바티스 프로그래밍에 필요한 파일과 각 파일을 작성할 때 사용한 구성 요소와 속성도 살펴보았다. 3장에서는 데이터를 등록, 조회, 수정, 삭제하는 마이바티스 프로그래밍을 실습해 보자. 특히 데이터 처리에 따라 달라지는 마이바티스 매핑 구문 정의 구성 요소와 마이바티스 객체 사용법을 위주로 살펴보자. 반복된 실습을 통해서 마이바티스 프로그래밍에 대한 자신감을 갖게 될 것이다.

3.1 데이터 관리의 개요

테이블에 데이터를 등록, 조회, 수정, 삭제하는 마이바티스 프로그래밍을 작성해 보자. 데이터 처리에 따라 마이바티스 프로그래밍은 조금씩 달라진다. 마이바티스 매퍼 XML 파일에 매핑 구문을 지정하는 구성 요소와 속성 그리고 매핑 구문을 호출할 때 사용하는 마이바티스 객체의 메소드가 달라진다. 이러한 차이점을 중점적으로 살펴보자. 먼저 마이바티스 프로그래밍을 사용해서 가게 테이블에 데이터를 등록하는 소스 코드를 작성한다. 그리고 마이바티스 매퍼 XML 파일에 등록한 데이터를 조회하는 매핑 구문을 추가한 다음 실행 클래스를 수정한다. 이와 동일한 방식으로 데이터 수정 및 삭제 기능을 작성한다. 자바 애플리케이션을 작성할 때 데이터 처리 순서를 정리하면 다음과 같다.

1. **데이터 등록**
2. **데이터 조회**
3. **데이터 수정**
4. **데이터 삭제**

위와 같이 자바 애플리케이션을 작성하기 위해서는 몇 가지 사전 준비가 필요하다. 먼저 자바 프로젝트를 chapter03 명칭으로 생성한 다음 표 3.1와 같이 디렉토리를 생성한다. 개발에 필요한 라이브러리를 /chapter03/lib 디렉토리에 복사한 다음 빌드 경로에 등록한다. 자바 프로젝트 생성에 어려움이 있을 경우 부록 A. 마이바티스 프로그래밍 개발 환경 구축을 참고한다. 이 장의 모든 예제는 /chapter03 디렉토리에 있다.

표 3.1 chapter03 자바 프로젝트의 디렉토리 구성

디렉토리 경로 및 파일명	설명
/src	실행 클래스, 아파치 Log4j2 설정 XML 파일이 위치한 디렉토리
/src/org/mybatis/domain	도메인 클래스가 위치한 디렉토리
/src/resources/mybatis	마이바티스 설정 XML 파일, 마이바티스 매퍼 XML 파일이 위치한 디렉토리
/lib	마이바티스 프로그래밍 관련 라이브러리가 위치한 디렉토리

디렉토리 생성 및 파일 작성을 완료하면, 그림 3.1과 같이 완성된 자바 프로젝트를 볼 수 있다.

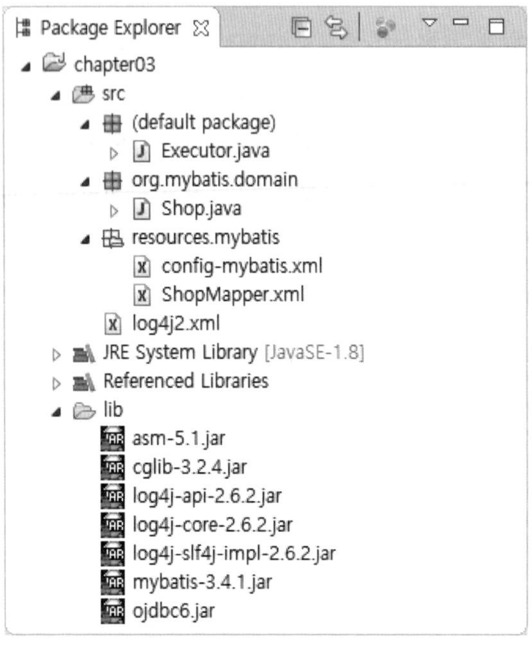

그림 3.1 chapter03 자바 프로젝트

이번 장을 통해서 데이터를 관리할 수 있는 마이바티스 프로그래밍 작성 능력을 갖출 수 있다. 특히 데이터 처리에 따라 마이바티스 매퍼 XML 파일 작성 및 마이바티스 객체 사용법을 중점적으로 익힐 수 있다.

3.2 데이터 등록

테이블에 데이터를 등록하는 마이바티스 프로그래밍을 작성해 보자. 등록에 필요한 데이터를 준비하면 다음과 같다.

- **가게 번호:** 4
- **가게명:** Dad Store

- 가게 주소: D Tower Secho dong
- 가게 상태: Y

테이블에 데이터를 등록할 때 다음 순서에 맞추어 자바 애플리케이션을 작성한다.

1. 도메인 클래스 작성
2. 마이바티스 매퍼 XML 파일 작성
3. 마이바티스 설정 XML 파일 작성
4. 실행 클래스 작성 (Executor 클래스)
5. 로깅 설정

3.2.1 도메인 클래스 작성

도메인 클래스는 마이바티스 매퍼 XML 파일에 정의한 매핑 구문을 호출할 때 파라미터 객체로 사용하거나 조회 결과를 반환받을 때 리절트 객체로 사용한다. 다음 경로에서 도메인 클래스를 생성한다.

/chapter03/src/org/mybatis/domain/**Shop.java**

도메인 클래스명을 지정할 때 작성 규칙이 존재하면, 해당 규칙에 맞추어 작성한다. 만약에 작성 규칙이 존재하지 않으면, 다음 형식에 맞추어 도메인 클래스명을 작성한다.

```
도메인 클래스명 = 테이블명(자바 식별자 명명 규칙)
```

예를 들어 테이블명이 SHOP인 경우 SHOP 테이블명을 자바 식별자 명명 규칙으로 변환한 Shop 문자열을 도메인 클래스명으로 사용한다.

```
public class Shop {
    ...중략...
}
```

이와 같이 도메인 클래스를 생성한 다음 테이블에 정의한 컬럼을 기준으로 프로퍼티를 선언한다. 이때 프로퍼티명은 컬럼명을 낙타 표기 형식에 맞추어 변환한 문자열을 사용한다.

```
public class Shop {
    shopNo;
    shopName;
    shopLocation;
    shopStatus;
}
```

프로퍼티명을 선언한 다음 테이블의 컬럼 타입에 매핑되는 자바 타입을 프로퍼티 타입으로 선언한다. 예를 들어 컬럼 타입이 숫자 타입인 경우 `int` 타입 또는 `Integer` 타입을 프로퍼티 타입으로 선언하고, 문자 타입인 경우 `String` 타입을 프로퍼티 타입으로 선언한다.

```
public class Shop {
    int shopNo;
    String shopName;
    String shopLocation;
    String shopStatus;
}
```

다음과 같이 도메인 클래스에 선언한 프로퍼티 값을 직접 변경하지 못하도록 접근 제한자를 지정한 다음 셋터 메소드와 겟터 메소드를 작성한다. 셋터 메소드는 프로퍼티 값을 지정할 때 사용하고, 겟터 메소드는 프로퍼티 값을 반환할 때 사용한다.

```
public class Shop {
    /* 접근 제한자 */
    private int shopNo;
    private String shopName;
    private String shopLocation;
    private String shopStatus;
```

```
    /* 셋터 메소드 */
    public void setShopNo(int shopNo) {
        this.shopNo = shopNo;
    }

    /* 겟터 메소드 */
    public int getShopNo() {
        return this.shopNo;
    }

    ...중략...
}
```

알/아/두/기

이클립스에서 제공하는 코드 자동 생성 기능을 사용하면, 셋터 메소드와 겟터 메소드를 일일이 작성하는 번거로움을 줄일 수 있다. 이클립스 상단 메뉴바에서 **Source ➤ Generate Getters and Setters...** 메뉴를 선택하면, Generate Getters and Setters 대화상자가 나타난다. 셋터 메소드와 겟터 메소드 생성이 필요한 프로퍼티 항목을 선택한 다음 **Next** 버튼을 누르면, 소스 코드가 자동 생성된다.

위와 같이 프로퍼티와 메소드를 추가한 다음 두 개의 생성자를 작성한다. 하나는 기본 생성자고, 다른 하나는 모든 프로퍼티를 인자로 지정한 생성자다.

```
public class Shop {
    private int shopNo;
    private String shopName;
    private String shopLocation;
    private String shopStatus;

    /* 기본 생성자 */
    public Shop() {
    }

    /* 생성자 */
    public Shop(int shopNo, String shopName, String shopLocation,
            String shopStatus) {
        this.shopNo = shopNo;
```

```
        this.shopName = shopName;
        this.shopLocation = shopLocation;
        this.shopStatus = shopStatus;
    }

    ...중략...
}
```

알/아/두/기

이클립스에서 제공하는 코드 자동 생성 기능을 사용하면, 인자가 다양한 생성자를 자동 생성할 수 있다. 이클립스 상단 메뉴바에서 **Source > Generate Constructor using Fields...** 메뉴를 선택하면, Generate Constructor using Fields 대화상자가 나타난다. 인자로 필요한 프로퍼티 항목을 선택한 다음 **Next** 버튼을 누르면, 소스 코드가 자동 생성된다.

다음과 같이 Serializable 인터페이스를 지정한다. 캐시를 사용할 때 Serializable 인터페이스를 구현하지 않으면 에러가 발생한다.

```
import java.io.Serializable;

public class Shop implements Serializable {
    ...중략...
}
```

도메인 클래스 작성을 완료하면, 예제 3.1과 같다.

예제 3.1 도메인 클래스

```
/* /chapter03/src/org/mybatis/domain/Shop.java */

package org.mybatis.domain;

import java.io.Serializable;

public class Shop implements Serializable {
    private int shopNo;
    private String shopName;
```

```
private String shopLocation;
private String shopStatus;

/* 기본 생성자 */
public Shop() {
}

/* 생성자 */
public Shop(int shopNo, String shopName, String shopLocation,
        String shopStatus) {
    this.shopNo = shopNo;
    this.shopName = shopName;
    this.shopLocation = shopLocation;
    this.shopStatus = shopStatus;
}

/* 셋터 메소드 */
public void setShopNo(int shopNo) {
    this.shopNo = shopNo;
}

public void setShopName(String shopName) {
    this.shopName = shopName;
}

public void setShopLocation(String shopLocation) {
    this.shopLocation = shopLocation;
}

public void setShopStatus(String shopStatus) {
    this.shopStatus = shopStatus;
}

/* 겟터 메소드 */
public int getShopNo() {
    return shopNo;
}

public String getShopName() {
    return shopName;
}
```

```
    public String getShopLocation() {
        return shopLocation;
    }

    public String getShopStatus() {
        return shopStatus;
    }
}
```

3.2.2 마이바티스 매퍼 XML 파일 작성(등록 매핑 구문 정의)

마이바티스 매퍼 XML 파일은 매핑 구문(자세한 내용은 5장 참조)을 정의한 XML 형식의 파일이다. 다음 경로에서 마이바티스 매퍼 XML 파일을 생성한다.

/chapter03/src/resources/mybatis/**ShopMapper.xml**

마이바티스 매퍼 XML 파일을 생성한 다음 등록 쿼리문을 준비한다.

```
SQL> INSERT INTO SHOP (SHOP_NO, SHOP_NAME, SHOP_LOCATION, SHOP_STATUS)
     VALUES (4, 'Dad Store', 'D Tower Secho dong', 'Y');
```

마이바티스 매퍼 XML 파일에 등록 쿼리문을 옮기기 전에 에러 없이 정상적으로 실행되는지 확인할 필요가 있다. 그림 3.2와 같이 SQL Plus에서 등록 쿼리문을 실행하면, 데이터가 등록되는 것을 확인할 수 있다.

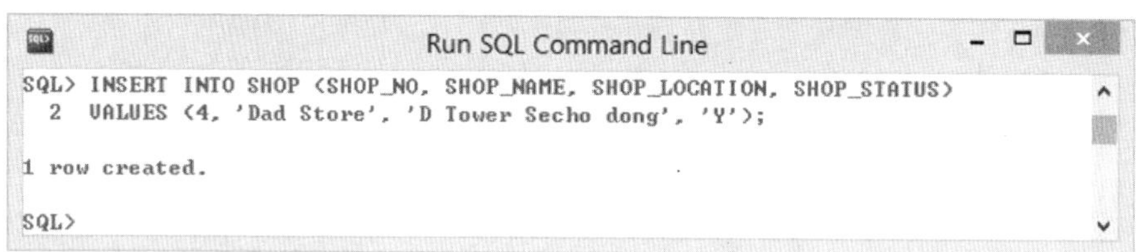

그림 3.2 등록 쿼리문 실행 화면

위와 같이 등록 쿼리문을 실행했다면, 다음과 같이 롤백 명령어를 실행해서 테이블의 데이터를 이전 상태로 되돌려 놓는다.

```
SQL> ROLLBACK;
```

마이바티스 매퍼 XML 파일에 등록 쿼리문을 옮긴 다음 등록 구성 요소를 사용해서 감싸준다. 다음과 같이 등록 구성 요소는 <insert> 구성 요소를 사용해서 지정한다.

```
<insert>
    INSERT INTO SHOP (SHOP_NO, SHOP_NAME, SHOP_LOCATION, SHOP_STATUS)
    VALUES (4, 'Dad Store', 'D Tower Secho dong', 'Y')
</insert>
```

<insert> 구성 요소는 마이바티스 매퍼 XML 파일에 여러 번 지정할 수 있다. 다수의 <insert> 구성 요소는 매핑 구문 아이디를 사용해서 구분한다. 매핑 구문 아이디는 <insert> 구성 요소에 id 속성을 추가한 다음 속성 값에 등록 매핑 구문의 기능을 잘 나타낼 수 있는 문자열을 지정한다. 이때 마이바티스 매퍼 XML 파일 내에서 매핑 구문 아이디가 중복되지 않도록 주의해야 한다. 예를 들어 <insert> 구성 요소에 id 속성을 추가한 다음 속성 값에 insert 문자열을 지정하면 다음과 같다.

```
<insert id="insert">
    INSERT INTO SHOP (SHOP_NO, SHOP_NAME, SHOP_LOCATION, SHOP_STATUS)
    VALUES (4, 'Dad Store', 'D Tower Secho dong', 'Y')
</insert>
```

등록 매핑 구문 실행에 파라미터가 필요하면, <insert> 구성 요소에 파라미터 속성을 추가할 수 있다. 앞서 정의한 등록 매핑 구문은 지정한 매개 변수가 있기 때문에 파라미터 속성을 추가한다. 파라미터의 데이터 타입을 변경할 필요가 없기 때문에 parameterType 속성을 추가한 다음 속성 값에 파라미터 타입을 지정한다. 예를 들어 <insert> 구성 요소에 parameterType 속성을 추가한 다음 속성 값에 org.mybatis.domain.Shop 타입을 지정하면 다음과 같다.

```
<insert id="insert" parameterType="org.mybatis.domain.Shop">
    INSERT INTO SHOP (SHOP_NO, SHOP_NAME, SHOP_LOCATION, SHOP_STATUS)
    VALUES (4, 'Dad Store', 'D Tower Secho dong', 'Y')
</insert>
```

<insert> 구성 요소에 parameterType 속성을 추가한 다음 파라미터가 바인딩되는 매개 변수를 인라인 파라미터 표기 형식으로 변경한다. 인라인 파라미터 표기명은 앞서 작성한 Shop 클래스의 프로퍼티명과 동일하게 지정한다.

```
<insert id="insert" parameterType="org.mybatis.domain.Shop">
    INSERT INTO SHOP (SHOP_NO, SHOP_NAME, SHOP_LOCATION, SHOP_STATUS)
    VALUES (#{shopNo}, #{shopName}, #{shopLocation}, #{shopStatus})
</insert>
```

등록 매핑 구문은 반환된 결과가 없기 때문에 리절트 속성을 생략한다. 다음과 같이 마이바티스 매퍼 XML 파일의 최상위 구성 요소인 <mapper> 구성 요소를 사용해서 <insert> 구성 요소를 감싸준다.

```
<mapper>
    <insert id="insert" parameterType="org.mybatis.domain.Shop">
        INSERT INTO SHOP (SHOP_NO, SHOP_NAME, SHOP_LOCATION, SHOP_STATUS)
        VALUES (#{shopNo}, #{shopName}, #{shopLocation}, #{shopStatus})
    </insert>
</mapper>
```

자바 애플리케이션 내에서 마이바티스 매퍼 XML 파일은 여러 개 존재할 수 있다. 다수의 마이바티스 매퍼 XML 파일을 서로 구분하기 위해서 네임스페이스(자세한 내용은 5장 참조)를 사용한다. 네임스페이스는 <mapper> 구성 요소에 namespace 속성을 사용해서 지정한다. 예를 들어 <mapper> 구성 요소에 namespace 속성을 추가한 다음 속성 값에 org.mybatis.persistence.ShopMapper 문자열을 지정하면 다음과 같다.

```
<mapper namespace="org.mybatis.persistence.ShopMapper">
```

```
    <insert id="insert" parameterType="org.mybatis.domain.Shop">
        INSERT INTO SHOP (SHOP_NO, SHOP_NAME, SHOP_LOCATION, SHOP_STATUS)
        VALUES (#{shopNo}, #{shopName}, #{shopLocation}, #{shopStatus})
    </insert>
</mapper>
```

다음과 같이 <mapper> 구성 요소 상단에 마이바티스 매퍼 XML 파일의 DTD 파일을 선언한다.

```
<!DOCTYPE mapper PUBLIC "-//mybatis.org//DTD Mapper 3.0//EN"
"http://mybatis.org/dtd/mybatis-3-mapper.dtd">

<mapper namespace="org.mybatis.persistence.ShopMapper">
    ...중략...
</mapper>
```

위와 같이 마이바티스 매퍼 XML 파일에 DTD 파일을 선언한 다음 문서 버전과 문자 인코딩을 선언한다.

```
<?xml version="1.0" encoding="UTF-8"?>

<!DOCTYPE mapper PUBLIC "-//mybatis.org//DTD Mapper 3.0//EN"
"http://mybatis.org/dtd/mybatis-3-mapper.dtd">

...중략...
```

마이바티스 매퍼 XML 파일 작성을 완료하면, 예제 3.2와 같다.

예제 3.2 마이바티스 매퍼 XML 파일(등록 매핑 구문 정의)

```
/* /chapter03/src/resources/mybatis/ShopMapper.xml */

<?xml version="1.0" encoding="UTF-8"?>

<!DOCTYPE mapper PUBLIC "-//mybatis.org//DTD Mapper 3.0//EN"
"http://mybatis.org/dtd/mybatis-3-mapper.dtd">
```

```
<mapper namespace="org.mybatis.persistence.ShopMapper">
    <!-- 등록 매핑 구문 -->
    <insert id="insert" parameterType="org.mybatis.domain.Shop">
        INSERT INTO SHOP (SHOP_NO, SHOP_NAME, SHOP_LOCATION, SHOP_STATUS)
        VALUES (#{shopNo}, #{shopName}, #{shopLocation}, #{shopStatus})
    </insert>
</mapper>
```

3.2.3 마이바티스 설정 XML 파일 작성

마이바티스 설정 XML 파일은 마이바티스 실행에 필요한 설정을 정의한 XML 형식의 파일이다. 마이바티스 설정 XML 파일에 다양한 설정(자세한 내용은 4장 참조)을 지정할 수 있지만, 아래 예제는 타입 에일리어스, 환경, 매퍼 설정만 다룬다. 다음 경로에서 마이바티스 설정 XML 파일을 생성한다.

/chapter03/src/resources/mybatis/**config-mybatis.xml**

마이바티스 설정 XML 파일을 생성한 다음 타입 에일리어스 구성 요소를 지정해 보자. 타입 에일리어스 구성 요소를 사용하면, 다음과 같이 패키지 경로를 포함한 긴 자바 타입 대신 지정한 짧은 약어를 사용할 수 있어 소스 코드가 훨씬 간결해질 수 있다.

`java.lang.String` → **`string`**

다음과 같이 타입 에일리어스 구성 요소는 `<typeAlias>` 구성 요소를 사용해서 지정한다.

`<typeAlias />`

`<typeAlias>` 구성 요소에 `alias` 속성과 `type` 속성을 추가한 다음 약어와 패키지 경로를 포함한 자바 타입을 지정한다. 예를 들어 `shop` 문자열을 `org.mybatis.domain.Shop` 클래스의 약어로 추가하면 다음과 같다.

```
<typeAlias alias="shop" type="org.mybatis.domain.Shop" />
```

<typeAlias> 구성 요소는 여러 번 지정할 수 있다. 다수의 <typeAliases> 구성 요소는 타입 에일리어스 스택 구성 요소를 사용해서 하나로 묶어 관리한다. 다음과 같이 타입 에일리어스 스택 구성 요소는 <typeAliases> 구성 요소를 사용해서 지정한다.

```
<typeAliases>
    <typeAlias alias="shop" type="org.mybatis.domain.Shop" />
</typeAliases>
```

위와 같이 <typeAliases> 구성 요소를 지정하면, 다음과 같이 패키지 경로를 포함한 자바 타입 대신 약어를 사용할 수 있다.

```
<insert id="insert" parameterType="shop">
    INSERT INTO SHOP (SHOP_NO, SHOP_NAME, SHOP_LOCATION, SHOP_STATUS)
    VALUES (#{shopNo}, #{shopName}, #{shopLocation}, #{shopStatus})
</insert>
```

위와 같이 타입 에일리어스 구성 요소를 지정한 다음 환경 구성 요소를 지정해 보자. 환경 구성 요소는 데이터 소스 구성 요소와 트랜잭션 관리자 구성 요소로 구성된다. 데이터 소스 구성 요소를 사용하면, 데이터베이스 연결에 필요한 설정을 지정할 수 있다. 다음과 같이 데이터 소스 구성 요소는 <dataSource> 구성 요소를 사용해서 지정한다. <dataSource> 구성 요소는 <typeAliases> 구성 요소 이후에 지정하도록 주의해야 한다. 정해진 위치를 따르지 않으면 에러가 발생한다.

```
<typeAliases>
    ...중략...
</typeAliases>
<dataSource />
```

<dataSource> 구성 요소를 지정한 다음 데이터 소스 팩토리 타입을 지정한다.

데이터 소스 팩토리 타입은 <dataSource> 구성 요소에 type 속성을 사용해서 지정한다. type 속성 값에 지정 가능한 데이터 소스 팩토리 타입은 UNPOOLED 타입, POOLED 타입, JNDI 타입이 존재한다. 예를 들어 UNPOOLED 타입을 데이터 소스 팩토리 타입으로 지정하면 다음과 같다.

```
<dataSource type="UNPOOLED" />
```

위와 같이 데이터 소스 팩토리 타입을 지정한 다음 프로퍼티 구성 요소를 사용해서 데이터베이스 연결에 필요한 설정을 지정해 보자. 데이터베이스 연결 설정은 프로퍼티 구성 요소를 사용한다. 다음과 같이 프로퍼티 구성 요소는 <property> 구성 요소를 사용해서 지정한다.

```
<dataSource type="UNPOOLED">
    <property />
</dataSource>
```

<property> 구성 요소에 name 속성과 value 속성을 추가한 다음 속성 값에 전달하려는 속성명과 속성 값을 지정한다. 예를 들어 driver 속성명으로 oracle.jdbc.driver.OracleDriver 속성 값을 지정하면 다음과 같다.

```
<dataSource type="UNPOOLED">
    <property name="driver" value="oracle.jdbc.driver.OracleDriver" />
</dataSource>
```

<property> 구성 요소는 <dataSource> 구성 요소 사이에 여러 번 지정할 수 있다.

```
<dataSource type="UNPOOLED">
    <property name="driver" value="oracle.jdbc.driver.OracleDriver" />
    <property name="url" value="jdbc:oracle:thin:@localhost:1521:XE" />
    <property name="username" value="mybatis" />
    <property name="password" value="mybatis$" />
</dataSource>
```

이와 같이 데이터 소스 구성 요소를 지정한 다음 트랜잭션 관리자 구성 요소를 지정해 보자. 트랜잭션 관리자 구성 요소를 사용하면, 트랜잭션 처리에 필요한 설정을 지정할 수 있다. 다음과 같이 트랜잭션 관리자 구성 요소는 <transactionManager> 구성 요소를 사용해서 지정한다. <transactionManager> 구성 요소는 <dataSource> 구성 요소 이전에 지정하도록 주의해야 한다. 만일 정해진 위치를 따르지 않으면 에러가 발생한다.

```
<transactionManager />
<dataSource>
    ...중략...
</dataSource>
```

<transactionManager> 구성 요소를 지정한 다음 트랜잭션 관리자 팩토리 타입을 지정한다. 트랜잭션 관리자 팩토리 타입은 <transactionManager> 구성 요소에 type 속성을 사용해서 지정한다. type 속성 값에 지정 가능한 트랜잭션 관리자 팩토리 타입은 JDBC 타입과 MANAGED 타입이 존재한다. 예를 들어 JDBC 타입을 트랜잭션 관리자 팩토리 타입으로 지정하면 다음과 같다.

```
<transactionManager type="JDBC" />
```

데이터 소스 구성 요소와 트랜잭션 관리자 구성 요소는 환경 구성 요소를 사용해서 하나로 묶어 관리한다. 다음과 같이 환경 구성 요소는 <environment> 구성 요소를 사용해서 지정한다.

```
<environment>
    <transactionManager type="JDBC" />
    <dataSource type="UNPOOLED">
        <property name="driver" value="oracle.jdbc.driver.OracleDriver" />
        <property name="url" value="jdbc:oracle:thin:@localhost:1521:XE" />
        <property name="username" value="mybatis" />
        <property name="password" value="mybatis$" />
    </dataSource>
</environment>
```

<environment> 구성 요소는 여러 번 지정할 수 있다. 다수의 <environment> 구성 요소는 환경 아이디를 사용해서 구분한다. 환경 아이디는 <environment> 구성 요소에 id 속성을 추가한 다음 속성 값에 업무 환경을 잘 나타낼 수 있는 문자열을 지정한다. 이때 마이바티스 설정 XML 파일 내에서 환경 아이디가 중복되지 않도록 주의해야 한다. 예를 들어 <environment> 구성 요소에 id 속성을 추가한 다음 속성 값에 default 문자열을 지정하면 다음과 같다.

```
<environment id="default">
    <transactionManager type="JDBC" />
    <dataSource type="UNPOOLED">
        <property name="driver" value="oracle.jdbc.driver.OracleDriver" />
        <property name="url" value="jdbc:oracle:thin:@localhost:1521:XE" />
        <property name="username" value="mybatis" />
        <property name="password" value="mybatis$" />
    </dataSource>
</environment>
```

<environment> 구성 요소는 환경 스택 구성 요소를 사용해서 하나로 묶어 관리한다. 다음과 같이 환경 스택 구성 요소는 <environments> 구성 요소를 사용해서 지정한다.

```
<environments>
    <environment id="default">
        <transactionManager type="JDBC" />
        <dataSource type="UNPOOLED">
            <property name="driver"
                value="oracle.jdbc.driver.OracleDriver" />
            <property name="url"
                value="jdbc:oracle:thin:@localhost:1521:XE" />
           <property name="username" value="mybatis" />
           <property name="password" value="mybatis$" />
        </dataSource>
    </environment>
</environments>
```

이와 같이 <environments> 구성 요소를 지정한 다음 기본 환경을 지정한다. 기본 환경은 <environments> 구성 요소에 default 속성을 추가한 다음 속성 값에 환경 아이디 중 하나를 지정한다. 예를 들어 <environments> 구성 요소에 default 속성을 추가한 다음 속성 값에 default 환경 아이디를 지정하면 다음과 같다.

```
<environments default="default">
    <environment id="default">
        <transactionManager type="JDBC" />
        <dataSource type="UNPOOLED">
            <property name="driver"
                value="oracle.jdbc.driver.OracleDriver" />
            <property name="url"
                value="jdbc:oracle:thin:@localhost:1521:XE" />
            <property name="username" value="mybatis" />
            <property name="password" value="mybatis$" />
        </dataSource>
    </environment>
</environments>
```

앞서 작성한 마이바티스 매퍼 XML 파일을 지정할 때 매퍼 구성 요소를 사용한다. 다음과 같이 매퍼 구성 요소는 <mapper> 구성 요소를 사용해서 지정한다. <mapper> 구성 요소는 <environments> 구성 요소 이전에 지정하도록 주의해야 한다. 만일 정해진 위치를 따르지 않으면 에러가 발생한다.

```
<environments>
    ...중략...
</environments>
<mapper />
```

<mapper> 구성 요소에 resource 속성을 추가한 다음 속성 값에 마이바티스 매퍼 XML 파일이 위치한 경로와 파일명을 지정한다.

```
<mapper resource="resources/mybatis/ShopMapper.xml" />
```

<mapper> 구성 요소는 여러 번 지정할 수 있다. 다수의 <mapper> 구성 요소는 매퍼 스택 구성 요소를 사용해서 하나로 묶어 관리한다. 다음과 같이 매퍼 스택 구성 요소는 <mappers> 구성 요소를 사용해서 지정한다.

```
<mappers>
    <mapper resource="resources/mybatis/ShopMapper.xml" />
</mappers>
```

마이바티스 설정 XML 파일의 최상위 구성 요소인 <configuration /> 구성 요소를 사용해서 지금까지 작성한 모든 구성 요소를 감싸준다.

```
<configuration>
    <typeAliases>
        <typeAlias alias="shop" type="org.mybatis.domain.Shop" />
    </typeAliases>

    <environments default="default">
        <environment id="default">
            <transactionManager type="JDBC" />
            <dataSource type="UNPOOLED">
                <property name="driver"
                    value="oracle.jdbc.driver.OracleDriver" />
                <property name="url"
                    value="jdbc:oracle:thin:@localhost:1521:XE" />
                <property name="username" value="mybatis" />
                <property name="password" value="mybatis$" />
            </dataSource>
        </environment>
    </environments>

    <mappers>
        <mapper resource="resources/mybatis/ShopMapper.xml" />
    </mappers>
</configuration>
```

다음과 같이 <configuration> 구성 요소 상단에 마이바티스 설정 XML 파일의 DTD 파일을 선언한다.

```
<!DOCTYPE configuration PUBLIC "-//mybatis.org//DTD Config 3.0//EN"
"http://mybatis.org/dtd/mybatis-3-config.dtd">

<configuration>
    ...중략...
</configuration>
```

위와 같이 마이바티스 설정 XML 파일에 DTD 파일을 선언한 다음 문서 버전과 문자 인코딩을 선언한다.

```
<?xml version="1.0" encoding="UTF-8"?>

<!DOCTYPE configuration PUBLIC "-//mybatis.org//DTD Config 3.0//EN"
"http://mybatis.org/dtd/mybatis-3-config.dtd">

...중략...
```

마이바티스 설정 XML 파일 작성을 완료하면, 예제 3.3과 같다.

예제 3.3 마이바티스 설정 XML 파일

```
/* /chapter03/src/resources/mybatis/config-mybatis.xml */

<?xml version="1.0" encoding="UTF-8"?>

<!DOCTYPE configuration PUBLIC "-//mybatis.org//DTD Config 3.0//EN"
"http://mybatis.org/dtd/mybatis-3-config.dtd">

<configuration>
    <!-- 타입 에일리어스 스택 -->
    <typeAliases>
        <!-- 타입 에일리어스 -->
        <typeAlias alias="shop" type="org.mybatis.domain.Shop" />
    </typeAliases>

    <!-- 환경 스택 -->
    <environments default="default">
        <!-- 환경 -->
        <environment id="default">
```

```
            <!-- 트랜잭션 관리자 -->
            <transactionManager type="JDBC" />
            <!-- 데이터 소스 -->
            <dataSource type="UNPOOLED">
                <property name="driver"
                    value="oracle.jdbc.driver.OracleDriver" />
                <property name="url"
                    value="jdbc:oracle:thin:@localhost:1521:XE" />
                <property name="username" value="mybatis" />
                <property name="password" value="mybatis$" />
            </dataSource>
        </environment>
    </environments>

    <!-- 매퍼 스택 -->
    <mappers >
        <!-- 매퍼 -->
        <mapper resource="resources/mybatis/ShopMapper.xml" />
    </mappers>
</configuration>
```

3.2.4 실행 클래스 작성(등록 API 호출)

실행 클래스는 main() 메소드 실행을 통해서 마이바티스 객체를 생성한 다음 등록 매핑 구문을 실행한다. 다음 경로에서 실행 클래스를 생성한다.

/chapter03/src/**Executor.java**

실행 클래스를 생성한 다음 static 블록을 작성한다. static 블록은 객체를 생성할 때 한 번만 호출되기 때문에 클래스 변수 초기화에 사용한다.

```
public class Executor {
    static {
    }
}
```

static 블록에 마이바티스 설정 XML 파일을 읽어들여 SqlSessionFactory 객체를 생성하는 소스 코드를 작성한다. Resources 객체의 getResourceAsReader() 메소드를 호출할 때 에러가 발생할 수 있기 때문에 try~catch 문을 사용해서 예외를 처리한다. SqlSessionFactoryBuilder 객체의 build() 메소드에 마이바티스 설정 XML 파일을 읽어들인 Reader 객체를 인자로 전달하면, 생성된 SqlSessioFactory 객체를 반환받을 수 있다.

```
public class Executor {
    private static SqlSessionFactory sqlSessionFactory;

    static {
        try {
            // 마이바티스 설정 XML 파일 경로
            String resource = "resources/mybatis/config-mybatis.xml";
            Reader reader = Resources.getResourceAsReader(resource);
            sqlSessionFactory =
                new SqlSessionFactoryBuilder().build(reader);
        } catch (IOException e) {
            e.printStackTrace();
        }
    }
}
```

다음과 같이 main() 메소드를 작성한 다음 SqlSessionFactory 객체의 openSession() 메소드를 호출하면, SqlSession 객체를 반환받을 수 있다.

```
public class Executor {
    private static SqlSessionFactory sqlSessionFactory;

    ...중략...

    public static void main(String[] args) {
        // 세션 및 트랜잭션 시작
        SqlSession sqlSession = sqlSessionFactory.openSession();
    }
}
```

SqlSession 객체에서 제공하는 메소드 중 데이터를 등록할 때 사용하는 메소드는 다음과 같다.

- insert(등록 매핑 구문 아이디)
- **insert(등록 매핑 구문 아이디, 파라미터 객체)**

파라미터를 전달할 필요가 있기 때문에 위에 나열한 등록 메소드(자세한 내용은 6장 참조) 중 두 번째 메소드를 사용한다. 다음과 같이 insert() 메소드에 등록 매핑 구문 아이디와 파라미터 객체를 인자로 전달하면, 데이터가 등록된다.

```
public class Executor {
    private static SqlSessionFactory sqlSessionFactory;

    ...중략...

    public static void main(String[] args) {
        // 세션 및 트랜잭션 시작
        SqlSession sqlSession = sqlSessionFactory.openSession();

        try {
            // 파라미터 객체 생성 및 파라미터 등록
            Shop shop = new Shop();
            shop.setShopNo(4);
            shop.setShopName("Dad Store");
            shop.setShopLocation("D Tower Secho dong");
            shop.setShopStatus("Y");

            // 등록 매핑 구문 실행
            sqlSession.insert(
                "org.mybatis.persistence.ShopMapper.insert", shop);
        } catch (Exception e) {
            e.printStackTrace();
        }
    }
}
```

마이바티스 프로그래밍에서 트랜잭션은 SqlSession 객체의 openSession() 메소드가 호출되는 시점에 시작되고, commit() 메소드가 호출되는 시점에 커밋된다. openSession() 메소드와 commit() 메소드 사이에서 실행되는 매핑 구문은 동일 트랜잭션으로 묶이게 된다. 만일 에러가 발생해서 롤백 처리가 필요한 경우 rollback() 메소드를 호출한다. 다음과 같이 try~catch 문에 finally 문을 추가한 다음 SqlSession 객체의 close() 메소드를 호출하면, 세션이 종료되면서 사용한 자원이 해제된다.

```
public class Executor {
    private static SqlSessionFactory sqlSessionFactory;

    ...중략...

    public static void main(String[] args) {
        // 세션 및 트랜잭션 시작
        SqlSession sqlSession = sqlSessionFactory.openSession();

        try {
            ...중략...

            // 트랜잭션 커밋
            sqlSession.commit();
        } catch (Exception e) {
            e.printStackTrace();

            // 트랜잭션 롤백
            sqlSession.rollback();
        } finally {
            // 세션 및 트랜잭션 종료
            sqlSession.close();
        }
    }
}
```

실행 클래스 작성을 완료하면, 예제 3.4와 같다.

예제 3.4 실행 클래스(등록 매핑 구문 실행)

```
/* /chapter03/src/Executor.java */

import java.io.IOException;
import java.io.Reader;
import org.apache.ibatis.io.Resources;
import org.apache.ibatis.session.SqlSession;
import org.apache.ibatis.session.SqlSessionFactory;
import org.apache.ibatis.session.SqlSessionFactoryBuilder;
import org.mybatis.domain.Shop;

public class Executor {
    private static SqlSessionFactory sqlSessionFactory;

    static {
        try {
            // 마이바티스 설정 XML 파일 경로
            String resource = "resources/mybatis/config-mybatis.xml";
            Reader reader = Resources.getResourceAsReader(resource);
            sqlSessionFactory =
                new SqlSessionFactoryBuilder().build(reader);
        } catch (IOException e) {
            e.printStackTrace();
        }
    }

    public static void main(String[] args) {
        // 세션 및 트랜잭션 시작
        SqlSession sqlSession = sqlSessionFactory.openSession();

        try {
            // 파라미터 객체 생성 및 파라미터 등록
            Shop shop = new Shop();
            shop.setShopNo(4);
            shop.setShopName("Dad Store");
            shop.setShopLocation("D Tower Secho dong");
            shop.setShopStatus("Y");

            // 등록 매핑 구문 실행
            sqlSession.insert(
```

```
                "org.mybatis.persistence.ShopMapper.insert", shop);

            // 트랜잭션 커밋
            sqlSession.commit();
        } catch (Exception e) {
            e.printStackTrace();

            // 트랜잭션 롤백
            sqlSession.rollback();
        } finally {
            // 세션 및 트랜잭션 종료
            sqlSession.close();
        }
    }
}
```

3.2.5 로깅 설정

아파치 Log4j2 설정 XML 파일(자세한 내용은 부록 C 참조)을 작성해 보자. 다음 경로에서 아파치 Log4j2 설정 XML 파일을 생성한다.

/chapter03/src/**log4j2.xml**

아파치 Log4j2 설정 XML 파일을 생성한 다음 예제 3.5와 같이 파일을 작성한다.

예제 3.5 아파치 Log4j2 설정 XML 파일

```
/* /chapter03/src/log4j2.xml */

<?xml version="1.0" encoding="UTF-8"?>

<Configuration>
    <!-- 어펜더 스택 -->
    <Appenders>
        <!-- 콘솔 어펜더 -->
        <Console name="console" target="SYSTEM_OUT">
            <PatternLayout pattern="%5p [%t] - %m%n" />
```

```
        </Console>
    </Appenders>
    <!-- 로거 스택 -->
    <Loggers>
        <!-- 로거 -->
        <Logger name="org.mybatis.persistence.ShopMapper" level="trace"
                additivity="false">
            <AppenderRef ref="console" />
        </Logger>
        <!-- 루트 로거 -->
        <Root level="debug">
            <AppenderRef ref="console" />
        </Root>
    </Loggers>
</Configuration>
```

3.2.6 등록 실행

지금까지 작성한 자바 애플리케이션을 실행하려면, 그림 3.3과 같이 이클립스 상단 메뉴에서 Run ➤ Run As ➤ Java Application 메뉴를 선택한다.

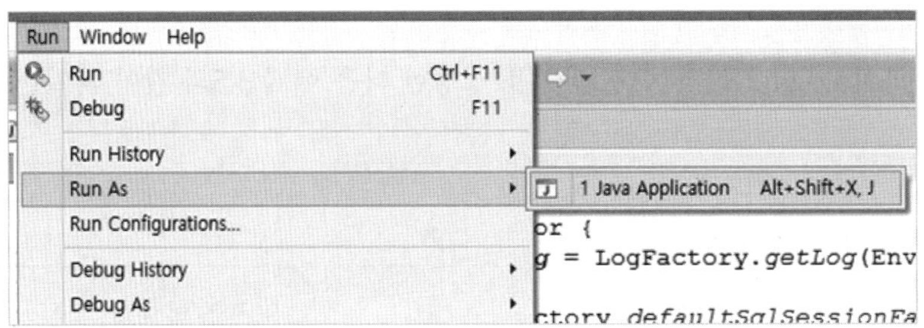

그림 3.3 자바 애플리케이션 실행

자바 애플리케이션을 실행하면, 다음과 같이 출력된 등록 매핑 구문 실행 로그를 확인할 수 있다.

```
DEBUG [main] - ==> Preparing: INSERT INTO SHOP (SHOP_NO, SHOP_NAME,
            SHOP_LOCATION, SHOP_STATUS) VALUES (?, ?, ?, ?)
```

```
DEBUG [main] - ==> Parameters: 4(Integer), Dad Store(String),
            D Tower Secho dong(String), Y(String)
DEBUG [main] - <== Updates: 1
```

다음과 같이 조회 쿼리문을 실행하면, 데이터 등록이 정상적으로 이루어졌는지 확인할 수 있다.

```
SQL> SELECT SHOP_NO, SHOP_NAME, SHOP_LOCATION, SHOP_STATUS
     FROM SHOP
     WHERE SHOP_NO = 4;
```

SQL Plus에서 조회 쿼리문을 실행하면, 그림 3.4와 같이 등록된 데이터를 확인할 수 있다.

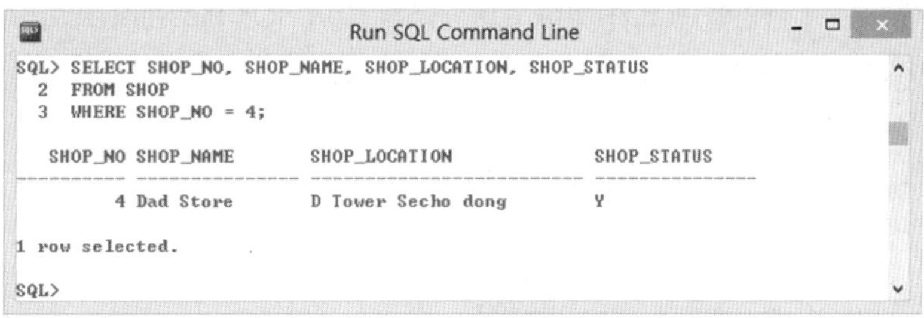

그림 3.4 조회 쿼리문 실행 화면

3.3 데이터 조회

테이블에 등록한 데이터를 조회하는 마이바티스 프로그래밍을 작성해 보자. 앞서 작성한 마이바티스 프로그래밍에 소스 코드를 추가하거나 변경한다. 조회에 필요한 데이터를 준비하면 다음과 같다.

- **가게 번호:** 4

테이블에 존재하는 데이터를 조회할 때 다음 순서에 맞추어 자바 애플리케이션을 작성한다.

1. **마이바티스 매퍼 XML 파일 수정**(예제 3.2 활용)
2. **실행 클래스 수정**(예제 3.4 활용)
3. **마이바티스 설정 XML 파일 수정**(예제 3.3 활용)

3.3.1 마이바티스 매퍼 XML 파일 수정(조회 매핑 구문 정의)

마이바티스 매퍼 XML 파일에 추가될 조회 쿼리문을 준비한다.

```
SQL> SELECT SHOP_NO, SHOP_NAME, SHOP_LOCATION, SHOP_STATUS
     FROM SHOP
     WHERE SHOP_NO = 4;
```

마이바티스 매퍼 XML 파일에 조회 쿼리문을 옮기기 전에 에러 없이 정상적으로 실행되는지 확인할 필요가 있다. 그림 3.5와 같이 SQL Plus에서 조회 쿼리문을 실행하면, 데이터가 조회되는 것을 확인할 수 있다.

그림 3.5 조회 쿼리문 실행 화면

마이바티스 매퍼 XML 파일에 조회 쿼리문을 옮긴 다음 조회 구성 요소를 사용해서 감싸준다. 다음과 같이 조회 구성 요소는 <select> 구성 요소를 사용해서 지정한다.

```
<select>
    SELECT SHOP_NO, SHOP_NAME, SHOP_LOCATION, SHOP_STATUS
    FROM SHOP
    WHERE SHOP_NO = 4
</select>
```

<select> 구성 요소는 마이바티스 매퍼 XML 파일에 여러 번 지정할 수 있다. 다수의 <select> 구성 요소는 매핑 구문 아이디를 사용해서 구분한다. 매핑 구문 아이디는 <select> 구성 요소에 id 속성을 추가한 다음 속성 값에 조회 매핑 구문의 기능을 잘 나타낼 수 있는 문자열을 지정한다. 이때 마이바티스 매퍼 XML 파일 내에서 매핑 구문 아이디가 중복되지 않도록 주의해야 한다. 예를 들어 <select> 구성 요소에 id 속성을 추가한 다음 속성 값에 select 문자열을 지정하면 다음과 같다.

```
<select id="select">
    SELECT SHOP_NO, SHOP_NAME, SHOP_LOCATION, SHOP_STATUS
    FROM SHOP
    WHERE SHOP_NO = 4
</select>
```

조회 매핑 구문 실행에 파라미터가 필요하면, <select> 구성 요소에 파라미터 속성을 추가할 수 있다. 앞서 정의한 조회 매핑 구문은 지정한 매개 변수가 있기 때문에 파라미터 속성을 추가한다. 파라미터의 데이터 타입을 변경할 필요가 없기 때문에 parameterType 속성을 추가한 다음 속성 값에 파라미터 타입을 지정한다. 예를 들어 <select> 구성 요소에 parameterType 속성을 추가한 다음 속성 값에 org.mybatis.domain.Shop 타입의 타입 에일리어스를 지정하면 다음과 같다.

```
<select id="select" parameterType="shop">
    SELECT SHOP_NO, SHOP_NAME, SHOP_LOCATION, SHOP_STATUS
    FROM SHOP
    WHERE SHOP_NO = 4
</select>
```

<select> 구성 요소에 parameterType 속성을 추가한 다음 파라미터가 바인딩되는 매개 변수를 인라인 파라미터 표기 형식으로 변경한다. 인라인 파라미터 표기명은 앞서 작성한 Shop 클래스의 프로퍼티명과 동일하게 지정한다.

```
<select id="select" parameterType="shop">
    SELECT SHOP_NO, SHOP_NAME, SHOP_LOCATION, SHOP_STATUS
    FROM SHOP
    WHERE SHOP_NO = #{shopNo}
</select>
```

조회 매핑 구문은 반환된 결과가 있기 때문에 리절트 속성을 지정한다. 리절트의 데이터 타입이나 프로퍼티명을 변경할 필요가 없기 때문에 resultType 속성을 추가한 다음 속성 값에 리절트 타입을 지정한다. 예를 들어 <select> 구성요소에 resultType 속성을 지정한 다음 속성 값에 org.mybatis.domain.Shop 타입의 타입 에일리어스를 지정하면 다음과 같다.

```
<select id="select" parameterType="shop" resultType="shop">
    SELECT SHOP_NO, SHOP_NAME, SHOP_LOCATION, SHOP_STATUS
    FROM SHOP
    WHERE SHOP_NO = #{shopNo}
</select>
```

마이바티스 매퍼 XML 파일 수정을 완료하면, 예제 3.6과 같다.

예제 3.6 마이바티스 매퍼 XML 파일 수정(조회 매핑 구문 정의)

```
/* /chapter03/src/resources/mybatis/ShopMapper.xml */

<?xml version="1.0" encoding="UTF-8"?>

<!DOCTYPE mapper PUBLIC "-//mybatis.org//DTD Mapper 3.0//EN"
"http://mybatis.org/dtd/mybatis-3-mapper.dtd">

<mapper namespace="org.mybatis.persistence.ShopMapper">
    <!-- 조회 매핑 구문 -->
    <select id="select" parameterType="shop" resultType="shop">
        SELECT SHOP_NO, SHOP_NAME, SHOP_LOCATION, SHOP_STATUS
        FROM SHOP
        WHERE SHOP_NO = #{shopNo}
    </select>

    <!-- 등록 매핑 구문 -->
```

```
    <insert id="insert" parameterType="shop">
        INSERT INTO SHOP (SHOP_NO, SHOP_NAME, SHOP_LOCATION, SHOP_STATUS)
        VALUES (#{shopNo}, #{shopName}, #{shopLocation}, #{shopStatus})
    </insert>
</mapper>
```

3.3.2 실행 클래스 수정(조회 API 호출)

SqlSession 객체에서 제공하는 메소드 중 데이터를 조회할 때 사용하는 메소드는 다음과 같다.

- **selectOne**(조회 매핑 구문 아이디)
- **selectOne**(조회 매핑 구문 아이디, 파라미터 객체)
- **selectMap**(조회 매핑 구문 아이디, 프로퍼티 키)
- **selectMap**(조회 매핑 구문 아이디, 파라미터 객체, 프로퍼티 키)

파라미터를 전달해야 하기 때문에 위에 나열한 조회 메소드(자세한 내용은 6장 참조)중 두 번째 메소드를 사용한다. 다음과 같이 selectOne() 메소드에 조회 매핑 구문 아이디와 파라미터 객체를 인자로 전달하면, 데이터가 조회된다.

```
public class Executor {
    private static SqlSessionFactory sqlSessionFactory;

    ...중략...

    public static void main(String[] args) {
        ...중략...

        // 파라미터 객체 생성 및 파라미터 등록
        Shop shop = new Shop();
        shop.setShopNo(4);

        // 조회 매핑 구문 실행
        shop = sqlSession.selectOne(
```

```
            "org.mybatis.persistence.ShopMapper.select", shop);

        ...중략...
    }
}
```

실행 클래스 수정을 완료하면, 예제 3.7과 같다.

예제 3.7 실행 클래스 수정(조회 매핑 구문 실행)

```
/* /chapter03/src/Executor.java */

import java.io.IOException;
import java.io.Reader;
import org.apache.ibatis.io.Resources;
import org.apache.ibatis.session.SqlSession;
import org.apache.ibatis.session.SqlSessionFactory;
import org.apache.ibatis.session.SqlSessionFactoryBuilder;
import org.mybatis.domain.Shop;

public class Executor {
    private static SqlSessionFactory sqlSessionFactory;

    static {
        try {
            // 마이바티스 설정 XML 파일 경로
            String resource = "resources/mybatis/config-mybatis.xml";
            Reader reader = Resources.getResourceAsReader(resource);
            sqlSessionFactory =
                new SqlSessionFactoryBuilder().build(reader);
        } catch (IOException e) {
            e.printStackTrace();
        }
    }

    public static void main(String[] args) {
        // 세션 및 트랜잭션 시작
        SqlSession sqlSession = sqlSessionFactory.openSession();

        try {
            // 파라미터 객체 생성 및 파라미터 등록
```

```
            Shop shop = new Shop();
            shop.setShopNo(4);

            // 조회 매핑 구문 실행
            shop = sqlSession.selectOne(
                "org.mybatis.persistence.ShopMapper.select", shop);

            // 트랜잭션 커밋
            sqlSession.commit();
        } catch (Exception e) {
            e.printStackTrace();

            // 트랜잭션 롤백
            sqlSession.rollback();
        } finally {
            // 세션 및 트랜잭션 종료
            sqlSession.close();
        }
    }
}
```

3.3.3 조회 실행

수정한 자바 애플리케이션을 실행하면, 다음과 같이 출력된 조회 매핑 구문 실행 로그를 확인할 수 있다.

```
DEBUG [main] - ==> Preparing: SELECT SHOP_NO, SHOP_NAME, SHOP_LOCATION,
             SHOP_STATUS FROM SHOP WHERE SHOP_NO = ?
DEBUG [main] - ==> Parameters: 4(Integer)
TRACE [main] - <== Columns: SHOP_NO, SHOP_NAME, SHOP_LOCATION, SHOP_STATUS
TRACE [main] - <== Row: 4, Dad Store, <<CLOB>>, Y
DEBUG [main] - <== Total: 1
```

리절트 객체에 바인딩된 조회 결과를 직접 확인할 수 있도록 실행 클래스를 다음과 같이 변경한다.

```
import org.apache.ibatis.logging.Log;
import org.apache.ibatis.logging.LogFactory;
```

```
...중략...

public class Executor {
    private static final Log log = LogFactory.getLog(Executor.class);

    ...중략...

    // 조회 매핑 구문 실행
    shop = sqlSession.selectOne(
        "org.mybatis.persistence.ShopMapper.select", shop);

    log.debug(shop.getShopName());

    ...중략...
}
```

위와 같이 실행 클래스를 수정한 다음 자바 애플리케이션을 다시 실행하면, 다음과 같이 java.lang.NullPointerException 예외가 발생한다.

```
DEBUG [main] - ==> Preparing: SELECT SHOP_NO, SHOP_NAME, SHOP_LOCATION,
             SHOP_STATUS FROM SHOP WHERE SHOP_NO = ?
DEBUG [main] - ==> Parameters: 4(Integer)
TRACE [main] - <== Columns: SHOP_NO, SHOP_NAME, SHOP_LOCATION, SHOP_STATUS
TRACE [main] - <== Row: 4, Dad Store, <<CLOB>>, Y
DEBUG [main] - <== Total: 1
             java.lang.NullPointerException
```

조회 매핑 구문은 정상적으로 실행되는데 리절트 객체는 왜 생성되지 않는 걸까? 마이바티스는 조회된 컬럼명과 동일한 프로퍼티명을 찾아서 프로퍼티 값에 컬럼 값을 바인딩한다. 일반적으로 테이블의 컬럼명은 언더바 표기 형식을 따라 작성하고, 클래스의 프로퍼티명은 낙타 표기 형식을 따라 작성한다. 이처럼 표기 형식이 서로 다르기 때문에 컬럼명과 프로퍼티명이 불일치하는 문제가 발생한다. 만일 조회한 컬럼명과 일치하는 프로퍼티명을 하나도 찾지 못하면, resultType 속성 값에 지정한 리절트 객체는 생성되지 않는다. 이와 같은 이유로 리절트 객체가 널로 출력된다.

SHOP_NO (언더바 표기 형식을 따른 컬럼명)
    ≠ (불일치)
shopNo (낙타 표기 형식을 따른 프로퍼티명)

마이바티스 프로그래밍에서 테이블의 컬럼명과 클래스의 프로퍼티명을 매핑할 때 세 가지 방법 중 하나를 사용할 수 있다. 첫 번째 방법은 조회 매핑 구문에 프로퍼티명과 동일한 컬럼 에일리어스를 지정하는 방법이다. 가장 손쉬운 방법이기는 하지만 클래스의 프로퍼티명이 변경될 경우 컬럼 에일리어스를 일일이 변경해야 한다.

```
SELECT SHOP_NO AS "shopNo",
    SHOP_NAME AS "shopName",
    SHOP_LOCATION AS "shopLocation",
    SHOP_STATUS AS "shopStatus"
FROM SHOP
WHERE SHOP_NO = #{shopNo}
```

두 번째 방법은 마이바티스 매퍼 XML 파일에 리절트 맵을 정의하는 방법이다. 리절트 맵 구성 요소를 사용하면, 조회한 컬럼명과 바인딩되는 프로퍼티명을 매핑할 수 있다. 다음과 같이 리절트 맵 구성 요소는 <resultMap> 구성 요소를 사용해서 지정한다. 일반적으로 <resultMap> 구성 요소는 마이바티스 매퍼 XML 파일의 최상위 구성 요소인 <mapper> 구성 요소 다음에 지정한다.

<resultMap />

리절트 맵 구성 요소에 컬럼을 매핑할 때 리절트 구성 요소를 사용한다. 다음과 같이 리절트 구성 요소는 <result /> 구성 요소를 사용해서 지정한다.

```
<resultMap>
    <result />
</resultMap>
```

<result> 구성 요소는 매핑 구문에 정의한 조회 컬럼과 일대일로 매핑된다. <result> 구성 요소에 컬럼을 지정하려면, column 속성을 사용해서 지정한다. 다음과 같이 <result> 구성 요소에 column 속성을 추가한 다음 속성 값에 컬럼명을 지정한다.

```
<resultMap>
    <result column="SHOP_NO" />
</resultMap>
```

<result> 구성 요소는 <resultMap> 구성 요소 사이에 여러 번 지정할 수 있다.

```
<resultMap>
    <result column="SHOP_NO" />
    <result column="SHOP_NAME" />
    <result column="SHOP_LOCATION" />
    <result column="SHOP_STATUS" />
</resultMap>
```

위와 같이 정의한 리절트 맵은 반환된 리절트셋을 지정한 리절트 객체로 전달한다. 따라서 리절트 맵에 리절트 타입을 지정해야 한다. <resultMap> 구성 요소에 리절트 타입을 지정하려면, 다음과 같이 type 속성을 추가한 다음 속성 값에 리절트 타입을 지정한다.

```
<resultMap type="shop">
    <result column="SHOP_NO" />
    <result column="SHOP_NAME" />
    <result column="SHOP_LOCATION" />
    <result column="SHOP_STATUS" />
</resultMap>
```

조회된 컬럼은 column 속성 값에 지정한 컬럼명과 일치하는 <result> 구성 요소에 바인딩된다. 그리고 리절트는 지정한 프로퍼티명과 동일한 리절트 객체의 프로퍼티에 바인딩 된다. <result> 구성 요소에 프로퍼티를 지정하려면, 다음과 같이 property 속성을 추가한 다음 속성 값에 프로퍼티명을 지정한다.

```
/* 마이바티스 매퍼 XML 파일 */
<resultMap type="shop">
    <result column="SHOP_NO" property="shopNo" />
    <result column="SHOP_NAME" property="shopName" />
    <result column="SHOP_LOCATION" property="shopLocation" />
    <result column="SHOP_STATUS" property="shopStatus" />
</resultMap>

/* 도메인 클래스 */
public class Shop implements Serializable {
    private int shopNo;
    private String shopName;
    private String shopLocation;
    private String shopStatus;

    ...중략...
}
```

조회된 컬럼 중 테이블의 기본 키에 해당하는 컬럼이 존재할 수 있다. 다음과 같이 기본 키에 해당하는 컬럼이 바인딩되는 리절트는 <result> 구성 요소 대신 <id> 구성 요소를 사용해서 지정한다. <id> 구성 요소는 <result> 구성 요소 이전에 지정하도록 주의해야 한다. 만일 정해진 위치를 따르지 않으면 에러가 발생한다. <id> 구성 요소에 지정 가능한 속성은 <result> 구성 요소와 동일하다.

```
<resultMap type="shop">
    <id column="SHOP_NO" property="shopNo" />
    <result column="SHOP_NAME" property="shopName" />
    <result column="SHOP_LOCATION" property="shopLocation" />
    <result column="SHOP_STATUS" property="shopStatus" />
</resultMap>
```

<resultMap> 구성 요소는 여러 번 지정할 수 있다. 다수의 <resultMap> 구성 요소를 서로 구분하기 위해서 리절트 맵 아이디를 사용한다. 리절트 맵 아이디는 <resultMap> 구성 요소에 id 속성을 사용해서 지정한다. 예를 들어 <resultMap> 구성 요소에 id 속성을 추가한 다음 속성 값에 shopResultMap 문자열을 지정하면 다음과 같다.

```
<resultMap id="shopResultMap" type="shop">
    <id column="SHOP_NO" property="shopNo" />
    <result column="SHOP_NAME" property="shopName" />
    <result column="SHOP_LOCATION" property="shopLocation" />
    <result column="SHOP_STATUS" property="shopStatus" />
</resultMap>
```

<select> 구성 요소에 지정한 resultType 속성 대신 resultMap 속성을 사용하면, 위와 같이 정의한 리절트 맵을 사용할 수 있다. 예를 들어 <select> 구성 요소의 resultMap 속성 값에 리절트 맵 아이디를 지정하면 다음과 같다.

```
<select id="select" parameterType="shop" resultMap="shopResultMap">
    SELECT SHOP_NO, SHOP_NAME, SHOP_LOCATION, SHOP_STATUS
    FROM SHOP
    WHERE SHOP_NO = #{shopNo}
</select>
```

세 번째 방법은 마이바티스 설정 XML 파일에 셋팅 구성 요소를 지정해서 마이바티스 기본 설정을 변경하는 방법이다. 마이바티스는 언더바 표기 형식을 따른 컬럼명을 낙타 표기 형식을 따른 프로퍼티명에 자동 매핑할지 여부를 초기 셋팅으로 가지고 있다. 초기 셋팅 값은 비활성 상태인 false다. 셋팅 값을 false에서 true로 변경하면, 컬럼명과 프로퍼티명을 자동 매핑할 수 있다. 다음과 같이 셋팅 구성 요소는 <setting> 구성 요소를 사용해서 지정한다. <setting> 구성 요소는 <typeAliases> 구성 요소 이전에 지정하도록 주의해야 한다. 만일 정해진 위치를 따르지 않으면 에러가 발생한다.

```
<setting />
<typeAliases>
    ...중략...
</typeAliases>
```

<setting> 구성 요소에 name 속성과 value 속성을 추가한 다음 속성 값에 초기 셋팅을 변경하려는 속성명과 속성 값을 지정한다. 예를 들어 <setting> 구성 요소

에 name 속성과 value 속성을 추가한 다음 속성 값에 mapUnderscoreToCamelCase 와 true를 지정하면 다음과 같다.

```
<setting name="mapUnderscoreToCamelCase" value="true" />
```

<setting> 구성 요소는 여러 번 지정할 수 있다. 다수의 <setting> 구성 요소는 셋팅 스택 구성 요소를 사용해서 하나로 묶어 관리한다. 다음과 같이 셋팅 스택 구성 요소는 <settings> 구성 요소를 사용해서 지정한다.

```
<settings>
    <setting name="mapUnderscoreToCamelCase" value="true" />
</settings>
```

지금까지 테이블의 컬럼명과 클래스의 프로퍼티명을 매핑하는 세 가지 방법을 알아보았다. 매핑 구문에 직접 컬럼 에일리어스를 지정하는 첫 번째 방법은 거의 사용하지 않는다. 리절트 맵을 정의하는 두 번째 방법은 다양한 기능을 처리할 수 있어 매우 유용하지만, 비교적 설정이 번거롭다. 다음 예제에서는 마이바티스 초기 설정을 변경하는 세 번째 방법을 사용한다. 마이바티스 설정 XML 파일을 수정하면, 예제 3.8과 같다.

예제 3.8 마이바티스 설정 XML 파일 수정(셋팅 구성 요소 지정)

```
/* /chapter03/src/resources/mybatis/config-mybatis.xml */

<?xml version="1.0" encoding="UTF-8"?>

<!DOCTYPE configuration PUBLIC "-//mybatis.org//DTD Config 3.0//EN"
"http://mybatis.org/dtd/mybatis-3-config.dtd">

<configuration>
    <!-- 셋팅 스택 -->
    <settings>
        <!-- 셋팅 -->
        <setting name="mapUnderscoreToCamelCase" value="true" />
```

```
    </settings>

    <!-- 타입 에일리어스 스택 -->
    <typeAliases>
        <!-- 타입 에일리어스 -->
        <typeAlias alias="shop" type="org.mybatis.domain.Shop" />
    </typeAliases>

    <!-- 환경 스택 -->
    <environments default="default">
        <!-- 환경 -->
        <environment id="default">
            <!-- 트랜잭션 관리자 -->
            <transactionManager type="JDBC" />
            <!-- 데이터 소스 -->
            <dataSource type="UNPOOLED">
                <property name="driver"
                    value="oracle.jdbc.driver.OracleDriver" />
                <property name="url"
                    value="jdbc:oracle:thin:@localhost:1521:XE" />
                <property name="username" value="mybatis" />
                <property name="password" value="mybatis$" />
            </dataSource>
        </environment>
    </environments>

    <!-- 매퍼 스택 -->
    <mappers >
        <!-- 매퍼 -->
        <mapper resource="resources/mybatis/ShopMapper.xml" />
    </mappers>
</configuration>
```

위와 같이 마이바티스 설정 XML 파일을 수정한 다음 자바 애플리케이션을 다시 실행하면, 다음과 같이 리절트 객체가 출력되는 것을 확인할 수 있다.

```
DEBUG [main] - ==> Preparing: SELECT SHOP_NO, SHOP_NAME, SHOP_LOCATION,
             SHOP_STATUS FROM SHOP WHERE SHOP_NO = ?
DEBUG [main] - ==> Parameters: 4(Integer)
```

```
TRACE [main] - <== Columns: SHOP_NO, SHOP_NAME, SHOP_LOCATION, SHOP_STATUS
TRACE [main] - <== Row: 4, Dad Store, <<CLOB>>, Y
DEBUG [main] - <== Total: 1
DEBUG [main] - Dad Store
```

3.4 데이터 수정

테이블에 존재하는 데이터를 수정하는 마이바티스 프로그래밍을 작성해 보자. 앞서 작성한 마이바티스 프로그래밍에 소스 코드를 추가하거나 변경한다. 수정에 필요한 데이터를 준비하면 다음과 같다.

- **가게 번호:** 4
- **가게 상태:** Y → N(변경)

테이블에 존재하는 데이터를 수정할 때 다음 순서에 맞추어 자바 애플리케이션을 작성한다.

1. **마이바티스 매퍼 XML 파일 수정**(예제 3.6 활용)
2. **실행 클래스 수정**(예제 3.7 활용)

3.4.1 마이바티스 매퍼 XML 파일 수정(수정 매핑 구문 정의)

마이바티스 매퍼 XML 파일에 추가될 수정 쿼리문을 준비한다.

```
SQL> UPDATE SHOP
     SET SHOP_STATUS = 'N'
     WHERE SHOP_NO = 4;
```

마이바티스 매퍼 XML 파일에 수정 쿼리문을 옮기기 전에 에러 없이 정상적으로 실행되는지 확인할 필요가 있다. 그림 3.6과 같이 SQL Plus에서 수정 쿼리문을 실행하면, 데이터가 수정되는 것을 확인할 수 있다.

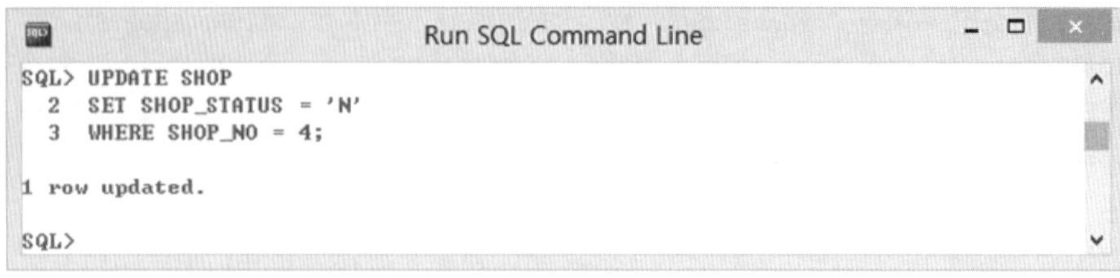

그림 3.6 수정 쿼리문 실행 화면

위와 같이 수정 쿼리문을 실행했다면, 다음과 같이 롤백 명령어를 실행해서 테이블의 데이터를 이전 상태로 되돌려 놓는다.

```
SQL> ROLLBACK;
```

마이바티스 매퍼 XML 파일에 수정 쿼리문을 옮긴 다음 수정 구성 요소를 사용해서 감싸준다. 다음과 같이 수정 구성 요소는 <update> 구성 요소를 사용해서 지정한다.

```
<update>
    UPDATE SHOP
    SET SHOP_STATUS = 'N'
    WHERE SHOP_NO = 4
</update>
```

마이바티스 매퍼 XML 파일에 <update> 구성 요소는 여러 번 지정할 수 있다. 다수의 <update> 구성 요소는 매핑 구문 아이디를 사용해서 구분한다. 매핑 구문 아이디는 <update> 구성 요소에 id 속성을 추가한 다음 속성 값에 수정 매핑 구문의 기능을 잘 나타낼 수 있는 문자열을 지정한다. 이때 마이바티스 매퍼 XML 파일 내에서 매핑 구문 아이디가 중복되지 않도록 주의해야 한다. 예를 들어 <update> 구성 요소에 id 속성을 추가한 다음 속성 값에 update 문자열을 지정하면 다음과 같다.

```
<update id="update">
    UPDATE SHOP
    SET SHOP_STATUS = 'N'
    WHERE SHOP_NO = 4
</update>
```

수정 매핑 구문 실행에 파라미터가 필요하면, <update> 구성 요소에 파라미터 속성을 추가할 수 있다. 앞서 정의한 수정 매핑 구문은 매개 변수가 있기 때문에 파라미터 속성을 추가한다. 파라미터의 데이터 타입을 변경할 필요가 없기 때문에 parameterType 속성을 추가한 다음 속성 값에 파라미터 타입을 지정한다. 예를 들어 <update> 구성 요소에 parameterType 속성을 추가한 다음 속성 값에 org.mybatis.domain.Shop 타입의 타입 에일리어스를 지정하면 다음과 같다.

```
<update id="update" parameterType="shop">
    UPDATE SHOP
    SET SHOP_STATUS = 'N'
    WHERE SHOP_NO = 4
</update>
```

<update> 구성 요소에 parameterType 속성을 추가한 다음 파라미터가 바인딩되는 매개 변수를 인라인 파라미터 표기 형식으로 변경한다. 인라인 파라미터 표기명은 앞서 작성한 Shop 클래스의 프로퍼티명과 동일하게 지정한다.

```
<update id="update" parameterType="shop">
    UPDATE SHOP
    SET SHOP_STATUS = #{shopStatus}
    WHERE SHOP_NO = #{shopNo}
</update>
```

수정 매핑 구문은 반환된 결과가 없기 때문에 리절트 속성을 생략한다. 마이바티스 매퍼 XML 파일 수정을 완료하면, 예제 3.9와 같다.

예제 3.9 마이바티스 매퍼 XML 파일 수정(수정 매핑 구문 정의)

```
/* /chapter03/src/resources/mybatis/ShopMapper.xml */

<?xml version="1.0" encoding="UTF-8"?>

<!DOCTYPE mapper PUBLIC "-//mybatis.org//DTD Mapper 3.0//EN"
"http://mybatis.org/dtd/mybatis-3-mapper.dtd">

<mapper namespace="org.mybatis.persistence.ShopMapper">
    <!-- 등록 매핑 구문 -->
    <insert id="insert" parameterType="shop">
        INSERT INTO SHOP (SHOP_NO, SHOP_NAME, SHOP_LOCATION, SHOP_STATUS)
        VALUES (#{shopNo}, #{shopName}, #{shopLocation}, #{shopStatus})
    </insert>

    <!-- 조회 매핑 구문 -->
    <select id="select" parameterType="shop" resultType="shop">
        SELECT SHOP_NO, SHOP_NAME, SHOP_LOCATION, SHOP_STATUS
        FROM SHOP
        WHERE SHOP_NO = #{shopNo}
    </select>

    <!-- 수정 매핑 구문 -->
    <update id="update" parameterType="shop">
        UPDATE SHOP
        SET SHOP_STATUS = #{shopStatus}
        WHERE SHOP_NO = #{shopNo}
    </update>
</mapper>
```

3.4.2 실행 클래스 수정(수정 API 호출)

SqlSession 객체에서 제공하는 메소드 중 데이터를 등록할 때 사용하는 메소드는 다음과 같다.

- **update**(수정 매핑 구문 아이디)
- **update**(수정 매핑 구문 아이디, 파라미터 객체)

파라미터를 전달할 필요가 있기 때문에 위에 나열한 수정 메소드(자세한 내용은 6장 참조) 중 두 번째 메소드를 사용한다. 다음과 같이 update() 메소드에 수정 매핑 구문 아이디와 파라미터 객체를 인자로 전달하면, 데이터가 수정된다.

```
public class Executor {
    private static SqlSessionFactory sqlSessionFactory;

    ...중략...

    public static void main(String[] args) {
        ...중략...

        // 수정 매핑 구문 실행
        sqlSession.update(
            "org.mybatis.persistence.ShopMapper.update", shop);

        ...중략...
    }
}
```

실행 클래스 수정을 완료하면, 예제 3.10과 같다.

예제 3.10 실행 클래스 수정(수정 매핑 구문 실행)

```
/* /chapter03/src/Executor.java */

import java.io.IOException;
import java.io.Reader;
import org.apache.ibatis.io.Resources;
import org.apache.ibatis.session.SqlSession;
import org.apache.ibatis.session.SqlSessionFactory;
import org.apache.ibatis.session.SqlSessionFactoryBuilder;
import org.mybatis.domain.Shop;

public class Executor {
    private static SqlSessionFactory sqlSessionFactory;

    static {
        try {
```

```
            // 마이바티스 설정 XML 파일 경로
            String resource = "resources/mybatis/config-mybatis.xml";
            Reader reader = Resources.getResourceAsReader(resource);
            sqlSessionFactory =
                new SqlSessionFactoryBuilder().build(reader);
        } catch (IOException e) {
            e.printStackTrace();
        }
    }

    public static void main(String[] args) {
        // 세션 및 트랜잭션 시작
        SqlSession sqlSession = sqlSessionFactory.openSession();

        try {
            // 파라미터 객체 생성 및 파라미터 등록
            Shop shop = new Shop();
            shop.setShopNo(4);
            shop.setShopStatus("N");

            // 수정 매핑 구문 실행
            sqlSession.update(
                "org.mybatis.persistence.ShopMapper.update", shop);

            // 트랜잭션 커밋
            sqlSession.commit();
        } catch (Exception e) {
            e.printStackTrace();

            // 트랜잭션 롤백
            sqlSession.rollback();
        } finally {
            // 세션 및 트랜잭션 종료
            sqlSession.close();
        }
    }
}
```

3.4.3 수정 실행

수정한 자바 애플리케이션을 실행하면, 다음과 같이 출력된 수정 매핑 구문 실행 로그를 확인할 수 있다.

```
DEBUG [main] - ==> Preparing: UPDATE SHOP SET SHOP_STATUS = ?
            WHERE SHOP_NO = ?
DEBUG [main] - ==> Parameters: N(String), 4(Integer)
DEBUG [main] - <== Updates: 1
```

다음과 같이 조회 쿼리문을 실행하면, 데이터 수정이 정상적으로 이루어졌는지 확인할 수 있다.

```
SQL> SELECT SHOP_NO, SHOP_NAME, SHOP_LOCATION, SHOP_STATUS
     FROM SHOP
     WHERE SHOP_NO = 4;
```

SQL Plus에서 조회 쿼리문을 실행하면, 그림 3.7과 같이 수정된 데이터를 확인할 수 있다.

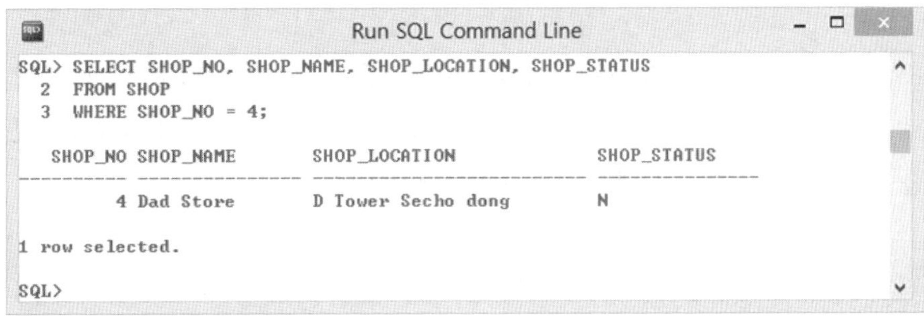

그림 3.7 조회 쿼리문 실행 화면

3.5 데이터 삭제

테이블에 존재하는 데이터를 삭제하는 마이바티스 프로그래밍을 작성해 보자. 앞서 작성한 마이바티스 프로그래밍에 소스 코드를 추가하거나 변경한다. 삭제에 필요한 데이터를 준비하면 다음과 같다.

- **가게 번호:** 4

테이블에 존재하는 데이터를 삭제할 때 다음 순서에 맞추어 자바 애플리케이션을 작성한다.

1. **마이바티스 매퍼 XML 파일 수정**(예제 3.9 활용)
2. **실행 클래스 수정**(예제 3.10 활용)

3.5.1 마이바티스 매퍼 XML 파일 수정(삭제 매핑 구문 정의)

마이바티스 매퍼 XML 파일에 추가될 삭제 쿼리문을 준비한다.

```
SQL> DELETE SHOP
     WHERE SHOP_NO = 4;
```

마이바티스 매퍼 XML 파일에 삭제 쿼리문을 옮기기 전에 에러 없이 정상적으로 실행되는지 확인할 필요가 있다. 그림 3.8과 같이 SQL Plus에서 삭제 쿼리문을 실행하면, 데이터가 삭제되는 것을 확인할 수 있다.

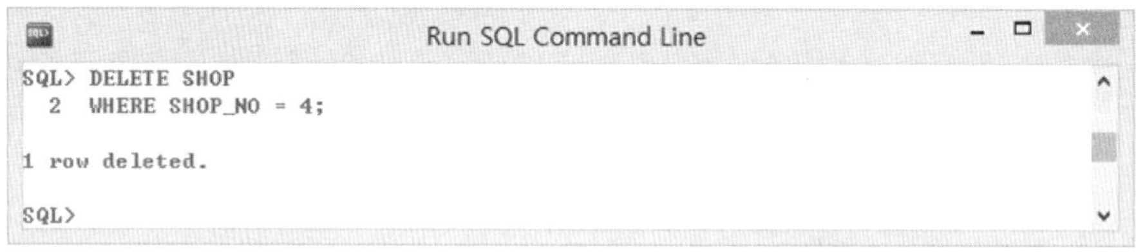

그림 3.8 삭제 쿼리문 실행 화면

위와 같이 삭제 쿼리문을 실행했다면, 다음과 같이 롤백 명령어를 실행해서 테이블의 데이터를 이전 상태로 되돌려 놓는다.

```
SQL> ROLLBACK;
```

마이바티스 매퍼 XML 파일에 삭제 쿼리문을 옮긴 다음 삭제 구성 요소를 사용해서 감싸준다. 다음과 같이 삭제 구성 요소는 <delete> 구성 요소를 사용해서 지정한다.

```
<delete>
    DELETE SHOP
    WHERE SHOP_NO = 4
</delete>
```

<delete> 구성 요소는 마이바티스 매퍼 XML 파일에 여러 번 지정할 수 있다. 다수의 <delete> 구성 요소는 매핑 구문 아이디를 사용해서 구분한다. 매핑 구문 아이디는 <delete> 구성 요소에 id 속성을 추가한 다음 속성 값에 삭제 매핑 구문의 기능을 잘 나타낼 수 있는 문자열을 지정한다. 이때 마이바티스 매퍼 XML 파일 내에서 매핑 구문 아이디가 중복되지 않도록 주의해야 한다. 예를 들어 <delete> 구성 요소에 id 속성을 추가한 다음 속성 값에 delete 문자열을 지정하면 다음과 같다.

```
<delete id="delete">
    DELETE SHOP
    WHERE SHOP_NO = 4
</delete>
```

삭제 매핑 구문 실행에 파라미터가 필요하면, <delete> 구성 요소에 파라미터 속성을 추가할 수 있다. 앞서 정의한 삭제 매핑 구문은 매개 변수가 있기 때문에 파라미터 속성을 추가한다. 파라미터의 데이터 타입을 변경할 필요가 없기 때문에 parameterType 속성을 추가한 다음 속성 값에 파라미터 타입을 지정한다. 예를 들어 <delete> 구성 요소에 parameterType 속성을 추가한 다음 속성 값에 org.mybatis.domain.Shop 타입의 타입 에일리어스를 지정하면 다음과 같다.

```
<delete id="delete" parameterType="shop">
    DELETE SHOP
    WHERE SHOP_NO = 4
</delete>
```

<delete> 구성 요소에 parameterType 속성을 추가한 다음 파라미터가 바인딩되는 매개 변수를 인라인 파라미터 표기 형식으로 변경한다. 인라인 파라미터 표기명은 앞서 작성한 Shop 클래스의 프로퍼티명과 동일하게 지정한다.

```
<delete id="delete" parameterType="shop">
    DELETE SHOP
    WHERE SHOP_NO = #{shopNo}
</delete>
```

삭제 매핑 구문은 반환된 결과가 없기 때문에 리절트 속성을 생략한다. 마이바티스 매퍼 XML 파일 수정을 완료하면, 예제 3.11과 같다.

예제 3.11 마이바티스 매퍼 XML 파일 수정(삭제 매핑 구문 정의)

```
/* /chapter03/src/resources/mybatis/ShopMapper.xml */

<?xml version="1.0" encoding="UTF-8"?>

<!DOCTYPE mapper PUBLIC "-//mybatis.org//DTD Mapper 3.0//EN"
"http://mybatis.org/dtd/mybatis-3-mapper.dtd">

<mapper namespace="org.mybatis.persistence.ShopMapper">
    <!-- 등록 매핑 구문 -->
    <insert id="insert" parameterType="shop">
        INSERT INTO SHOP (SHOP_NO, SHOP_NAME, SHOP_LOCATION, SHOP_STATUS)
        VALUES (#{shopNo}, #{shopName}, #{shopLocation}, #{shopStatus})
    </insert>

    <!-- 조회 매핑 구문 -->
    <select id="select" parameterType="shop" resultType="shop">
        SELECT SHOP_NO, SHOP_NAME, SHOP_LOCATION, SHOP_STATUS
        FROM SHOP
        WHERE SHOP_NO = #{shopNo}
```

```
    </select>

    <!-- 수정 매핑 구문 -->
    <update id="update" parameterType="shop">
        UPDATE SHOP
        SET SHOP_STATUS = #{shopStatus}
        WHERE SHOP_NO = #{shopNo}
    </update>

    <!-- 삭제 매핑 구문 -->
    <delete id="delete" parameterType="shop">
        DELETE SHOP
        WHERE SHOP_NO = #{shopNo}
    </delete>
</mapper>
```

3.5.2 실행 클래스 수정(삭제 API 호출)

SqlSession 객체에서 제공하는 메소드 중 데이터를 삭제할 때 사용하는 메소드는 다음과 같다.

- delete(삭제 매핑 구문 아이디)
- **delete(삭제 매핑 구문 아이디, 파라미터 객체)**

파라미터를 전달할 필요가 있기 때문에 위에 나열한 삭제 메소드(자세한 내용은 6장 참조) 중 두 번째 메소드를 사용한다. 다음과 같이 delete() 메소드에 삭제 매핑 구문 아이디와 파라미터 객체를 인자로 전달하면, 데이터가 삭제된다.

```
public class Executor {
    private static SqlSessionFactory sqlSessionFactory;

    ...중략...

    public static void main(String[] args) {
        ...중략...
```

```
        // 삭제 매핑 구문 실행
        sqlSession.delete(
            "org.mybatis.persistence.ShopMapper.delete", shop);

        ...중략...
    }
}
```

실행 클래스 수정을 완료하면, 예제 3.12와 같다.

예제 3.12 실행 클래스 수정(삭제 매핑 구문 실행)

```
/* /chapter03/src/Executor.java */

import java.io.IOException;
import java.io.Reader;
import org.apache.ibatis.io.Resources;
import org.apache.ibatis.session.SqlSession;
import org.apache.ibatis.session.SqlSessionFactory;
import org.apache.ibatis.session.SqlSessionFactoryBuilder;
import org.mybatis.domain.Shop;

public class Executor {
    private static SqlSessionFactory sqlSessionFactory;

    static {
        try {
            // 마이바티스 설정 XML 파일 경로
            String resource = "resources/mybatis/config-mybatis.xml";
            Reader reader = Resources.getResourceAsReader(resource);
            sqlSessionFactory =
                new SqlSessionFactoryBuilder().build(reader);
        } catch (IOException e) {
            e.printStackTrace();
        }
    }

    public static void main(String[] args) {
        // 세션 및 트랜잭션 시작
```

```
        SqlSession sqlSession = sqlSessionFactory.openSession();

        try {
            // 파라미터 객체 생성 및 파라미터 등록
            Shop shop = new Shop();
            shop.setShopNo(4);

            // 삭제 매핑 구문 실행
            sqlSession.delete(
                "org.mybatis.persistence.ShopMapper.delete", shop);

            // 트랜잭션 커밋
            sqlSession.commit();
        } catch (Exception e) {
            e.printStackTrace();

            // 트랜잭션 롤백
            sqlSession.rollback();
        } finally {
            // 트랜잭션 종료
            sqlSession.close();
        }
    }
}
```

3.5.3 삭제 실행

수정한 자바 애플리케이션을 실행하면, 다음과 같이 출력된 삭제 매핑 구문 실행 로그를 확인할 수 있다.

```
DEBUG [main] - ==> Preparing: DELETE SHOP WHERE SHOP_NO = ?
DEBUG [main] - ==> Parameters: 4(Integer)
DEBUG [main] - <== Updates: 1
```

다음과 같이 조회 쿼리문을 실행하면, 데이터 삭제가 정상적으로 이루어졌는지 확인할 수 있다.

```
SQL> SELECT SHOP_NO, SHOP_NAME, SHOP_LOCATION, SHOP_STATUS
     FROM SHOP
     WHERE SHOP_NO = 4;
```

SQL Plus에서 조회 쿼리문을 실행하면, 그림 3.9와 같이 데이터가 삭제된 것을 확인할 수 있다.

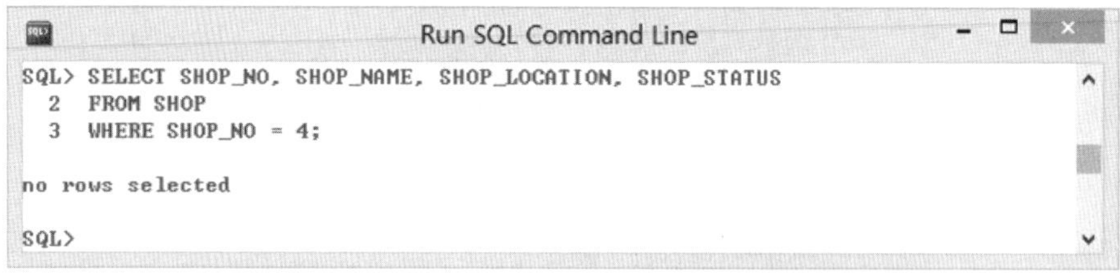

그림 3.9 조회 쿼리문 실행 화면

3.6 정리

3장에서는 자바 애플리케이션 개발 환경에서 데이터를 등록, 조회, 수정, 삭제하는 마이바티스 프로그래밍을 실습해 보았다. 데이터 처리에 따라 달라지는 마이바티스 매핑 구문 정의 구성 요소와 마이바티스 객체 사용법을 살펴보았다.

Part 2

심화

4장

마이바티스 설정

마이바티스 프로그래밍을 좀 더 자유자재로 다루기 위해서는 마이바티스 설정을 이해할 필요가 있다. 이번 장에서는 마이바티스 설정에서 사용하는 다양한 구성 요소를 세 그룹으로 묶어 살펴본 다음, 예제를 통해서 각 구성 요소를 실습해 보자. 4.1절에서는 마이바티스 설정에 대한 전반적인 개요를 살펴보고 4.2절에서는 사용자 설정이 반드시 필요한 구성 요소를 설명한다. 4.3절은 기본 설정이 제공되는 구성 요소를 안내한다. 4.4절은 알아두면 매우 유용한 구성 요소를 설명한다. 마지막 4.4절은 마이바티스 프로그래밍을 더 확장하고 싶어하는 사용자를 위한 절이다. 이번 장을 통해 마이바티스 프로그래밍을 작성할 때 필요한 마이바티스 설정 구성 요소와 속성을 자유롭게 지정할 수 있다.

4.1 마이바티스 설정의 개요

마이바티스는 데이터베이스 연결 설정 및 매핑 구문을 정의한 마이바티스 매퍼 XML 파일 또는 매퍼 인터페이스를 설정으로 지정할 수 있다. 그림 4.1과 같이 JDBC 드라이버 작동 방식에 대한 설정도 지정할 수 있다. JDBC 드라이버 작동 방식을 모두 제어할 수 없지만 JDBC 드라이버에서 제공하는 JDBC 인터페이스 범위 내에서 사용할 수 있다.

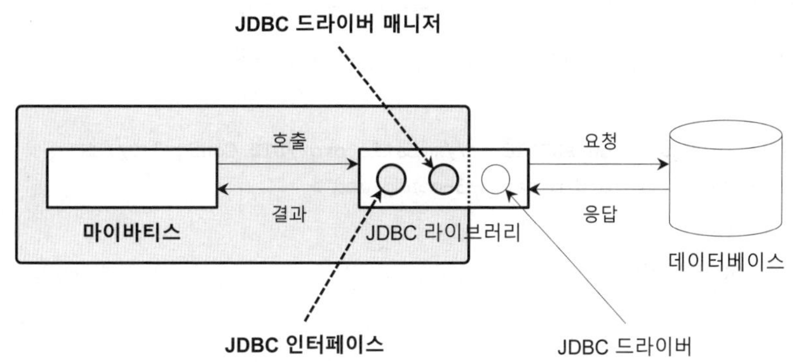

그림 4.1 마이바티스 설정이 가능한 영역

마이바티스 설정은 XML 파일이나 설정 객체를 사용해서 정의할 수 있다. 첫 번째 XML 파일 방식은 XML 구성 요소를 사용해서 설정을 지정하기 때문에 사용법이 간단하면서 명확하다. 두 번째 설정 객체 방식은 환경 객체를 생성한 다음 설정 객체에 인자로 전달하는 방식이다. 설정 객체 방식은 마이바티스 설정을 소스 코드에서 자유롭게 다룰 수 있는 반면에 XML 파일 방식에 비해 널리 사용하지 않는다. 그밖에 XML 파일에 정의한 마이바티스 설정을 읽어들인 다음 설정 객체를 사용해서 갱신하는 혼합 방식이 있다. 이 장에서는 마이바티스 설정 XML 파일에 정의하는 방식을 기준으로 설명한다. 마이바티스 설정 XML 파일에서 사용하는 XML 구성 요소를 정확히 이해하면, 설정 객체를 사용하는 방식(자세한 내용은 6장 참조)도 쉽게 파악할 수 있다.

- **XML 파일**
- **설정 객체**

■ **XML 파일 + 설정 객체**

마이바티스 설정 XML 파일은 XML 구성 요소를 사용해서 마이바티스 설정을 정의한 파일이다. 마이바티스 설정 XML 파일을 작성하기 위해서는 마이바티스 설정 XML 파일 상단에 DTD 파일을 선언해야 한다. DTD 파일은 XML 파일을 작성할 때 사용 가능한 구성 요소와 속성을 정의한 파일이다. 다음과 같이 DTD 파일 선언부는 문서 타입, 최상위 구성 요소, 문서 공개 여부, 공개 식별자, 시스템 식별자로 구성되며, 공란을 사용해서 구분할 수 있다. DTD 파일을 통해서 XML 파일이 올바르게 작성되었는지 검증할 수 있다.

```
<!DOCTYPE configuration PUBLIC "-//mybatis.org//DTD Config 3.0//EN"
"http://mybatis.org/dtd/mybatis-3-config.dtd">
```

DTD 파일 선언부에 정의한 최상위 구성 요소는 파일 내에 존재하는 모든 XML 구성 요소의 가장 상위에 있는 구성 요소를 말한다. 마이바티스 설정 XML 파일 상단에 선언한 <configuration> 구성 요소와 일치한다.

```
<!DOCTYPE configuration PUBLIC "-//mybatis.org//DTD Config 3.0//EN"
"http://mybatis.org/dtd/mybatis-3-config.dtd">

<configuration>
    ...중략...
</configuration>
```

첫 번째 쌍따옴표로 묶인 공개 식별자는 // 기호를 사용해서 네 개의 문자열로 구분할 수 있다. 첫 번째 문자열은 공인 여부를 의미한다. 공인된 단체인 경우 + 기호를 사용하고, 비공인된 단체인 경우 - 기호를 사용한다. 두 번째 문자열은 문서 작성 및 관리 기관을 지칭한다. 세 번째와 네 번째 문자열은 문서 타입 정의명과 버전 그리고 작성 언어를 의미한다.

```
<!DOCTYPE configuration PUBLIC "-//mybatis.org//DTD Config 3.0//EN"
"http://mybatis.org/dtd/mybatis-3-config.dtd">
```

두 번째 쌍따옴표로 묶인 시스템 식별자는 URL 주소 형식을 따른다. 웹 브라우저에 시스템 식별자를 입력한 다음 실행하면, DTD 파일을 직접 다운로드할 수 있다.

```
<!DOCTYPE configuration PUBLIC "-//mybatis.org//DTD Config 3.0//EN"
"http://mybatis.org/dtd/mybatis-3-config.dtd">
```

시스템 식별자를 사용해서 다운로드한 DTD 파일을 살펴보면, 다음과 같이 마이바티스 설정 XML 파일에서 사용 가능한 구성 요소와 속성을 한눈에 볼 수 있다.

```
<!ELEMENT configuration (properties?, settings?, typeAliases?,
typeHandlers?, objectFactory?, objectWrapperFactory?, plugins?,
environments?, databaseIdProvider?, mappers?)>

<!ELEMENT databaseIdProvider (property*)>
<!ATTLIST databaseIdProvider
type CDATA #REQUIRED
>

<!ELEMENT properties (property*)>
<!ATTLIST properties
resource CDATA #IMPLIED
url CDATA #IMPLIED
>
...중략...
```

마이바티스 설정 XML 파일에 문서 버전과 문자 인코딩을 선언하면 다음과 같다.

```
<?xml version="1.0" encoding="UTF-8"?>

<!DOCTYPE configuration PUBLIC "-//mybatis.org//DTD Config 3.0//EN"
"http://mybatis.org/dtd/mybatis-3-config.dtd">

...중략...
```

마이바티스 설정 XML 파일을 작성할 때 DTD 파일에 정의된 구성 요소를 올바르게 사용해야 한다. DTD 파일에 정의되어 있지 않은 구성 요소나 속성을 사용하거나 작성 순서가 틀리면 에러가 발생한다. 마이바티스 설정 XML 파일에 지정 가능한 구성 요소를 정리하면, 표 4.1과 같다.

표 4.1 마이바티스 설정 XML 파일에 지정 가능한 구성 요소

구성 요소	설명
<properties>	프로퍼티를 지정할 때 사용한다.
<settings>	마이바티스 작동 방식을 지정할 때 사용한다.
<typeAliases>	자바 타입에 대한 약어를 지정할 때 사용한다.
<typeHandlers>	자바 타입과 JDBC 타입을 서로 매핑할 때 사용한다.
<objectFactory>	객체 생성 및 초기화가 필요할 때 사용한다.
<plugins>	특정 시점에 대한 접근이 필요할 때 사용한다.
<environments>	트랜잭션 관리자와 데이터 소스를 지정할 때 사용한다.
<databaseIdProvider>	데이터베이스 제품에 따라 서로 다른 매핑 구문을 호출할 때 사용한다.
<mappers>	마이바티스 매퍼 XML 파일이나 매퍼 인터페이스를 지정할 때 사용한다.

알/아/두/기

마이바티스 라이브러리에 포함된 소스 코드 중 마이바티스 설정 DTD 파일은 다음 경로에 존재한다.

org/apache/ibatis/builder/xml/**mybatis-3-config.dtd**

마이바티스는 마이바티스 설정 DTD 파일을 찾을 때 XMLMapperEntityResolver 클래스를 사용한다.

org/apache/ibatis/builder/xml/**XMLMapperEntityResolver.java**

다음과 같이 XMLMapperEntityResolver 클래스의 resolveEntity() 메소드를 살펴보면, 시스템 식별자와 공개 식별자를 사용해서 마이바티스 설정 DTD 파일을 읽어오는 것을 볼 수 있다.

```
public InputSource resolveEntity(String publicId, String systemId)
        throws SAXException {
    try {
```

```
        if (systemId != null) {
            String lowerCaseSystemId =
                systemId.toLowerCase(Locale.ENGLISH);
            if (lowerCaseSystemId.contains(MYBATIS_CONFIG_SYSTEM)
                    || lowerCaseSystemId.contains(
                        IBATIS_CONFIG_SYSTEM)) {
                return getInputSource(MYBATIS_CONFIG_DTD,
                    publicId, systemId);
            } else if (lowerCaseSystemId.contains(
                MYBATIS_MAPPER_SYSTEM)
                    || lowerCaseSystemId.contains(
                        IBATIS_MAPPER_SYSTEM)) {
                return getInputSource(MYBATIS_MAPPER_DTD,
                    publicId, systemId);
            }
        }

        return null;
    } catch (Exception e) {
        throw new SAXException(e.toString());
    }
}
```

마이바티스 설정 XML 파일에 지정하는 구성 요소는 몇 가지 분류로 나눌 수 있다. 이 책에서는 표 4.1에 나열한 순서를 따르지 않고, 다음 분류에 따라 정해진 구성 요소를 순서대로 설명한다. 사용자 설정이 반드시 필요한 구성 요소와 기본 설정이 제공되는 구성 요소만 학습하더라도 마이바티스 프로그래밍을 다루는 데 충분하다. 프로퍼티 구성 요소는 마이바티스 프로그래밍에서 자주 사용하는 구성 요소이지만 반드시 필요한 구성 요소가 아니기 때문에 알아두면 유용한 구성 요소로 분류한다.

- **사용자 설정이 반드시 필요한 구성 요소**
- **기본 설정이 제공되는 구성 요소**
- **알아두면 유용한 구성 요소**

4.2 사용자 설정이 반드시 필요한 구성 요소

마이바티스 프로그래밍을 실행하려면, 사용자는 데이터 소스, 트랜잭션 관리자, 환경, 매퍼 설정을 반드시 지정해야 한다.

- **데이터 소스 구성 요소 <dataSource>**
- **트랜잭션 관리자 구성 요소 <transactionManager>**
- **환경 구성 요소 <environment>**
- **매퍼 구성 요소 <mapper>**

4.2.1 데이터 소스 구성 요소 〈dataSource〉

마이바티스는 데이터 소스에 데이터베이스 연결에 필요한 설정을 정의한다. 다음과 같이 데이터 소스 구성 요소는 `<dataSource>` 구성 요소를 사용해서 지정한다.

```
<dataSource />
```

마이바티스는 쓰임에 따라 서로 다른 데이터 소스를 지정할 수 있다. 데이터 소스는 어떤 데이터 소스 팩토리를 선택하느냐에 따라 달라진다. 마이바티스에서 제공하는 데이터 소스 팩토리는 표 4.2와 같다.

표 4.2 마이바티스에서 제공하는 데이터 소스 팩토리

타입 에일리어스	데이터 소스 팩토리 클래스	설명
UNPOOLED	UnpooledDataSourceFactory	데이터 소스 풀이 적용되지 않은 데이터 소스 객체를 생성할 때 사용한다. 요청마다 연결하고 종료하기 때문에 다른 데이터 소스에 비해 상대적으로 응답 속도가 느리다. 성능을 크게 신경 쓰지 않는 간단한 애플리케이션을 작성할 때 사용한다.
POOLED	PooledDataSourceFactory	데이터 소스 풀이 적용된 데이터 소스 객체를 생성할 때 사용한다. 요청마다 연결하고 종료할 필요가 없기 때문에 다른 데이터 소스에 비해 상대적으로 응답 속도가 빠르다.
JNDI	JndiDataSourceFactory	컨테이너에 설정된 JNDI 콘텍스트를 참조한다.

데이터 소스 팩토리는 <dataSource> 구성 요소에 type 속성을 사용해서 지정한다. <dataSource> 구성 요소에 type 속성을 추가한 다음 속성 값에 데이터 소스 팩토리 클래스의 타입 에일리어스를 지정한다. 예를 들어 UNPOOLED 타입을 데이터 소스 팩토리 타입으로 지정하면 다음과 같다.

```
<dataSource type="UNPOOLED" />
```

위와 같이 지정한 데이터 소스 팩토리에 필요한 설정이 있다면 프로퍼티 구성 요소를 사용해서 전달할 수 있다. 다음과 같이 프로퍼티 구성 요소는 <property> 구성 요소를 사용해서 지정한다.

```
<dataSource type="UNPOOLED">
    <property />
</dataSource>
```

<property> 구성 요소에 name 속성과 value 속성을 추가한 다음 속성 값에 전달하려는 속성명과 속성 값을 지정한다. 예를 들어 <property> 구성 요소에 driver 속성명으로 oracle.jdbc.driver.OracleDriver 속성 값을 지정하면 다음과 같다.

```
<dataSource type="UNPOOLED">
    <property name="driver" value="oracle.jdbc.driver.OracleDriver" />
</dataSource>
```

다음과 같이 <property> 구성 요소는 <dataSource> 구성 요소 사이에 여러 번 지정할 수 있다

```
<dataSource type="UNPOOLED">
    <property name="driver" value="oracle.jdbc.driver.OracleDriver" />
    <property name="url" value="jdbc:oracle:thin:@localhost:1521:XE" />
    <property name="username" value="mybatis" />
    <property name="password" value="mybatis$" />
</dataSource>
```

이와 같이 <property> 구성 요소에 지정 가능한 속성명과 속성 값은 데이터 소스 팩토리 타입마다 다르다. 그럼 <property> 구성 요소에 사용할 수 있는 속성명과 속성 값은 어떻게 찾을 수 있을까? 마이바티스 라이브러리에 포함된 소스 코드 중 다음 경로에 존재하는 Configuration 클래스를 살펴보면 찾을 수 있다.

org/apache/ibatis/session/**Configuration.java**

Configuration 클래스는 기본 생성자를 사용해서 데이터 소스 팩토리 클래스를 타입 에일리어스로 등록한다. 다음과 같이 UNPOOLED 문자열로 타입 에일리어스에 등록된 UnpooledDataSourceFactory 클래스를 확인할 수 있다.

```
/* Configuration 클래스 */
public class Configuration {
    ...중략...

    public Configuration() {
        typeAliasRegistry.registerAlias(
            "JNDI", JndiDataSourceFactory.class);
        typeAliasRegistry.registerAlias(
            "POOLED", PooledDataSourceFactory.class);
        typeAliasRegistry.registerAlias(
            "UNPOOLED", UnpooledDataSourceFactory.class);

        ...중략...
    }
}
```

UnpooledDataSourceFactory 클래스는 마이바티스 라이브러리에 포함된 소스 코드 중 다음 경로에서 찾을 수 있다.

org/apache/ibatis/datasource/unpooled/**UnpooledDataSourceFactory.java**

UnpooledDataSourceFactory 클래스의 기본 생성자를 살펴보면, UnpooledDataSource 객체를 생성한 다음 DataSource 인터페이스 타입의 변수에 대입한 것을 볼 수 있다.

```
/* UnpooledDataSourceFactory 클래스 */
public class UnpooledDataSourceFactory implements DataSourceFactory {
    protected DataSource dataSource;

    public UnpooledDataSourceFactory() {
        this.dataSource = new UnpooledDataSource();
    }

    ...중략...
}
```

다음과 같이 DataSource 인터페이스 타입의 변수에 대입된 UnpooledDataSource 클래스를 살펴보면, 선언된 프로퍼티명이 <dataSource> 구성 요소에 작성한 <property> 구성 요소의 name 속성 값과 일치하는 것을 확인할 수 있다.

```
/* UnpooledDataSource 클래스 */
public class UnpooledDataSource implements DataSource {
    private String driver;
    private String url;
    private String username;
    private String password;

    ...중략...
}
/* 마이바티스 설정 XML 파일 */
<configuration>
    ...중략...

    <dataSource type="UNPOOLED">
        <property name="driver" value="oracle.jdbc.driver.OracleDriver" />
        <property name="url" value="jdbc:oracle:thin:@localhost:1521:XE" />
        <property name="username" value="mybatis" />
        <property name="password" value="mybatis$" />
    </dataSource>

    ...중략...
<configuration>
```

이처럼 Configuration 클래스에 타입 에일리어스로 등록된 데이터 소스 팩토리 클래스를 찾아보면, 데이터 소스 타입에 따라 지정 가능한 속성명과 속성 값을 확인할 수 있다. 데이터 소스 타입에 따라 지정 가능한 속성을 정리하면, 표 4.3과 같다.

표 4.3 데이터 소스 타입에 따라 지정 가능한 속성

데이터 소스 타입	속성명	설명
UNPOOLED	driver	JDBC 드라이버 클래스를 지정할 때 사용한다. 예 <property name="driver" value="oracle.jdbc.driver.OracleDriver" />
	url	데이터베이스 연결 URL 주소를 지정할 때 사용한다. 예 <property name="url" value="jdbc:oracle:thin:@localhost:1521: XE" />
	username	데이터베이스 연결 계정을 지정할 때 사용한다. 예 <property name="username" value="mybatis" />
	password	데이터베이스 연결 비밀번호를 지정할 때 사용한다. 예 <property name="password" value="mybatis$" />
	autoCommit	자동 커밋 여부를 지정할 때 사용한다. 기본 값은 false다. 예 <property name="autoCommit" value="true" />
	defaultTransactionIsolationLevel	트랜잭션 격리 레벨을 지정할 때 사용한다. Connection.TRANSACTION_NONE 속성 값은 선언되어 있지만 사용할 수 없다. 참고 ※ 0: Connection.TRANSACTION_NONE ※ 1: Connection.TRANSACTION_READ_UNCOMMITTED ※ 2: Connection.TRANSACTION_READ_COMMITTED ※ 4: Connection.TRANSACTION_REPEATABLE_READ ※ 8: Connection.TRANSACTION_SERIALIZABLE 예 <property name="defaultTransactionIsolationLevel" value="1" />
	driver.	JDBC 드라이버 설정 프로퍼티를 지정할 때 사용한다. 예 <property name="driver.encoding" value="UTF8" />

(이어짐)

데이터 소스 타입	속성명	설명
POOLED	poolMaximumActiveConnections	최대 연결 개수를 지정할 때 사용한다. 기본 값은 10개다. 예 <property name="poolMaximumActiveConnections" value="10" />
	poolMaximumIdleConnections	유효한 연결 개수를 지정할 때 사용한다. 기본 값은 5개다. 예 <property name="poolMaximumIdleConnections" value="5" />
	poolMaximumCheckoutTime	유효한 연결 시간을 지정할 때 사용한다. 단위로 밀리세컨드(ms)를 사용하고, 기본 값은 20,000ms다. 예 <property name="poolMaximumCheckoutTime" value="20000" />
	poolTimeToWait	재연결 대기 시간을 지정할 때 사용한다. 단위로 밀리세컨드(ms)를 사용하고, 기본 값은 20,000ms다. 예 <property name="poolTimeToWait" value="20000" />
	poolPingQuery	연결 상태를 체크하기 위한 핑(Ping) 쿼리를 지정할 때 사용한다. 기본 값은 'NO PING QUERY SET'이다. 예 <property name="poolPingQuery" value="SELECT 1 FROM DUAL" />
	poolPingEnabled	핑 쿼리 사용 여부를 지정할 때 사용한다. poolPingQuery 속성과 함께 사용한다. 기본 값은 false다. 예 <property name="poolPingEnabled" value="true" />
	poolPingConnectionsNotUsedFor	핑 쿼리를 실행 간격을 지정할 때 사용한다. 일반적으로 데이터베이스 체크 아웃 시간과 동일하게 지정한다. poolPingEnabled 속성과 함께 사용한다. 기본 값은 0(ms)이다. 예 <property name="poolPingConnectionsNotUsedFor" value="20000" />

(이어짐)

데이터 소스 타입	속성명	설명
JNDI	initial_context	InitialContext 객체로부터 환경 콘텍스트 객체를 찾을 때 사용한다. 생략하면 data_source 속성 값을 사용한다. **참고** Context context = new InitialContext(); Context envContext = (Context) context.lookup("java:comp/env"); **예** 〈property name="initial_context" value="java:comp/env" /〉
	data_source	환경 콘텍스트 객체로부터 데이터 소스를 찾을 수 있는 콘텍스트 경로를 지정할 때 사용한다. **참고** DataSource dataSource = (DataSource) envContext.lookup("jdbc/mybatis"); **예** 〈property name="data_source" value="jdbc/mybatis" /〉
	env.	환경 프로퍼티를 지정할 때 사용한다. **예** 〈property name="env.encoding" value="UTF8" /〉

4.2.2 트랜잭션 관리자 구성 요소 〈transactionManager〉

트랜잭션은 서로 분리할 수 없는 일련의 작업을 하나의 논리적인 단위로 묶는다. 그림 4.2와 같이 트랜잭션은 모든 작업이 완료되면 최종 상태를 저장하고, 하나라도 작업이 실패하면 최초 상태를 유지한다. 예를 들어 잔액이 1,000원인 통장에 500원을 입금한다고 가정해 보자. 입금이 정상적으로 이루어지면 조회된 잔액 1,000원과 입금된 금액 500원을 합쳐서 1,500원을 통장 잔액으로 저장한다. 만약에 입금 도중에 문제가 발생하면 통장 잔액은 최초 상태인 1,000원을 유지한다.

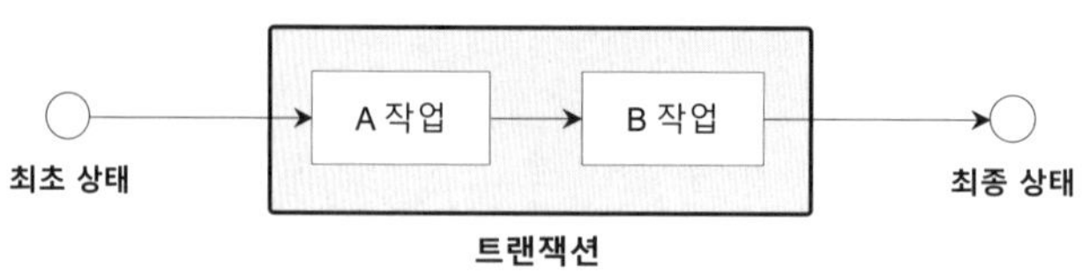

그림 4.2 트랜잭션

마이바티스는 트랜잭션을 관리하는 주체를 지정할 때 트랜잭션 관리자 구성 요소를 사용한다. 다음과 같이 트랜잭션 관리자 구성 요소는 <transactionManager> 구성 요소를 사용해서 지정한다. <transactionManager> 구성 요소는 <dataSource> 구성 요소 이전에 지정하도록 주의해야 한다. 만일 정해진 위치를 따르지 않으면 에러가 발생한다.

```
<transactionManager />
<dataSource>
    ...중략...
</dataSource>
```

마이바티스는 트랜잭션을 직접 관리할 것인지 아니면 위임할 것인지에 따라 트랜잭션 관리자를 선택할 수 있다. 트랜잭션 관리자는 어떤 트랜잭션 관리자 팩토리를 선택하느냐에 따라 결정된다. 마이바티스 라이브러리에 포함된 소스 코드 중 다음 경로에 존재하는 Configuration 클래스를 살펴보면, 마이바티스에서 제공하는 트랜잭션 관리자 팩토리를 찾을 수 있다.

org/apache/ibatis/session/**Configuration.java**

Configuration 클래스는 기본 생성자를 사용해서 트랜잭션 관리자 팩토리 클래스를 타입 에일리어스로 등록한다. 다음과 같이 JDBC 문자열로 타입 에일리어스에 등록된 JdbcTransactionFactory 클래스를 확인할 수 있다.

```
/* Configuration 클래스 */
public class Configuration {
    ...중략...

    public Configuration() {
        typeAliasRegistry.registerAlias(
            "JDBC", JdbcTransactionFactory.class);
        typeAliasRegistry.registerAlias(
            "MANAGED", ManagedTransactionFactory.class);

        ...중략...
```

```
    }
}
```

마이바티스에서 제공하는 트랜잭션 관리자 팩토리는 표 4.4와 같다

표 4.4 마이바티스에서 제공하는 트랜잭션 관리자 팩토리

타입 에일리어스	트랜잭션 관리자 팩토리 클래스	설명
JDBC	JdbcTransactionFactory	직접 커밋과 롤백을 처리하는 트랜잭션 관리자 객체를 지정할 때 사용한다.
MANAGED	ManagedTransactionFactory	컨테이너에 커밋과 롤백 처리를 위임하는 트랜잭션 관리자 객체를 지정할 때 사용한다.

트랜잭션 관리자 팩토리는 `<transactionManager>` 구성 요소에 `type` 속성을 사용해서 지정한다. `<transactionManager>` 구성 요소에 `type` 속성을 추가한 다음 속성 값에 트랜잭션 관리자 팩토리 클래스의 타입 에일리어스를 지정한다. 예를 들어 `JDBC` 타입을 트랜잭션 관리자 팩토리 타입으로 지정하면 다음과 같다.

```
<transactionManager type="JDBC" />
```

4.2.3 환경 구성 요소 <environment>

앞서 살펴본 데이터 소스 구성 요소와 트랜잭션 관리자 구성 요소는 서로 밀접한 관련을 맺고 있다. 마이바티스는 이 둘을 하나로 묶어 관리하는데 이를 환경이라고 한다. 환경을 도식화하면, 그림 4.3과 같다.

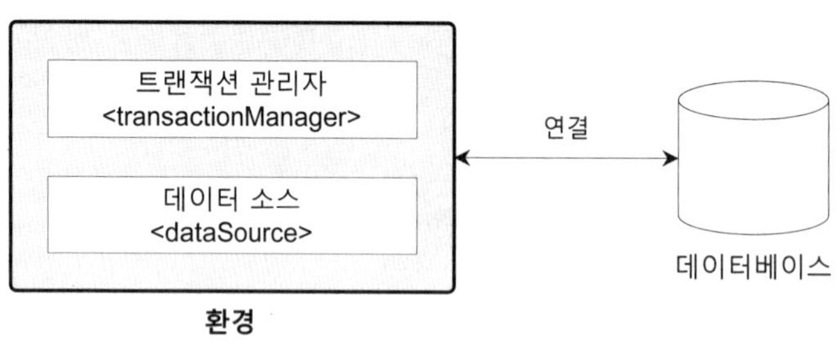

그림 4.3 마이바티스 환경

다음과 같이 환경 구성 요소는 <environment> 구성 요소를 사용해서 지정한다.

```
<environment>
    <transactionManager type="JDBC" />
    <dataSource type="UNPOOLED">
        <property name="driver" value="oracle.jdbc.driver.OracleDriver" />
        <property name="url" value="jdbc:oracle:thin:@localhost:1521:XE" />
        <property name="username" value="mybatis" />
        <property name="password" value="mybatis$" />
    </dataSource>
</environment>
```

<environment> 구성 요소는 여러 번 지정할 수 있다. 다수의 <environment> 구성 요소는 환경 아이디를 사용해서 서로 구분한다. 다음과 같이 환경 아이디는 <environment> 구성 요소에 id 속성을 추가한 다음 속성 값에 업무 환경을 잘 나타낼 수 있는 문자열을 지정한다. 이때 마이바티스 설정 XML 파일 내에서 환경 아이디가 중복되지 않도록 주의해야 한다. 예를 들어 <environment> 구성 요소에 id 속성을 추가한 다음 속성 값에 default 문자열을 지정하면 다음과 같다.

```
<environment id="default">
    <transactionManager type="JDBC" />
    <dataSource type="UNPOOLED">
        <property name="driver" value="oracle.jdbc.driver.OracleDriver" />
        <property name="url" value="jdbc:oracle:thin:@localhost:1521:XE" />
        <property name="username" value="mybatis" />
        <property name="password" value="mybatis$" />
    </dataSource>
</environment>
```

다수의 <environment> 구성 요소는 환경 스택 구성 요소를 사용해서 하나로 묶어 관리한다. 다음과 같이 환경 스택 구성 요소는 <environments> 구성 요소를 사용해서 지정한다.

```
<environments>
    <environment id="default">
        <transactionManager />
        <dataSource />
    </environment>
    <environment id="etc">
        <transactionManager />
        <dataSource />
    </environment>

    ...중략...
</environments>
```

위와 같이 다수의 환경을 정의하면 어떤 환경을 사용해야 할지 알 수 없기 때문에 에러가 발생한다. 환경 스택 구성 요소에 기본 환경을 지정하면 문제를 해결할 수 있다. 다음과 같이 기본 환경은 `<environments>` 구성 요소에 `default` 속성을 추가한 다음 속성 값에 환경 아이디 중 하나를 지정한다.

```
<environments default="default">
    <environment id="default">
        <transactionManager />
        <dataSource />
    </environment>
    <environment id="etc">
        <transactionManager />
        <dataSource />
    </environment>

    ...중략...
</environments>
```

다중 환경을 도식화하면, 그림 4.4와 같다.

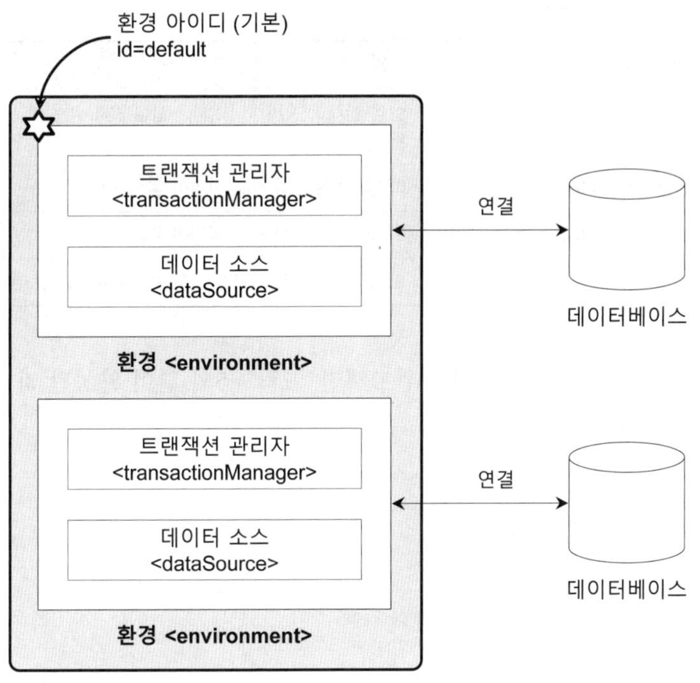

그림 4.4 마이바티스 다중 환경

마이바티스 다중 환경을 실습할 수 있도록 다음 순서에 맞추어 자바 애플리케이션을 작성해 보자.

1. **마이바티스 매퍼 XML 파일 작성**
2. **마이바티스 설정 XML 파일 작성**
3. **아파치 Log4j2 설정 XML 파일 작성**
4. **실행 클래스 작성(`EnvironmentsExecutor` 클래스)**

위와 같이 자바 애플리케이션을 작성하기 위해서는 우선 자바 프로젝트를 chapter04 명칭으로 생성한 표 4.5와 같이 디렉토리를 생성한다. 개발에 필요한 라이브러리를 /chapter04/lib 디렉토리에 복사한 다음 빌드 경로에 등록한다. 자바 프로젝트 생성에 어려움이 있을 경우 '부록 A. 마이바티스 프로그래밍 개발 환경 구축'을 참고한다. 이 장의 모든 예제는 /chapter04 디렉토리에 있다.

표 4.5 chapter04 자바 프로젝트의 디렉토리 구성

디렉토리 경로 및 파일명	설명
/src	실행 클래스, 아파치 Log4j2 설정 XML 파일이 위치한 디렉토리
/src/resources/mybatis	마이바티스 매퍼 XML 파일이 위치한 디렉토리
/src/resources/mybatis/environments	마이바티스 설정 XML 파일이 위치한 디렉토리
/lib	마이바티스 프로그래밍 관련 라이브러리가 위치한 디렉토리

디렉토리 생성 및 파일 작성을 완료하면, 그림 4.5와 같이 완성된 자바 프로젝트를 볼 수 있다.

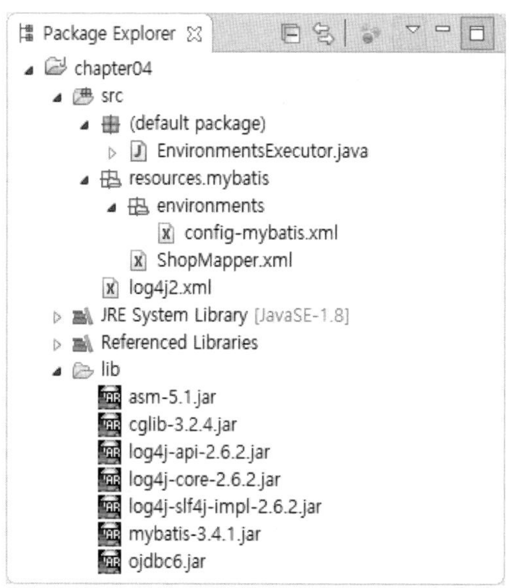

그림 4.5 chapter04 자바 프로젝트(환경 실습)

다음 경로에서 마이바티스 매퍼 XML 파일을 생성한다.

/chapter04/src/resources/mybatis/**ShopMapper.xml**

마이바티스 매퍼 XML 파일을 생성한 다음 검증이 완료된 조회 쿼리문을 준비한다.

```
SQL> SELECT SHOP_NO, SHOP_NAME, SHOP_LOCATION, SHOP_STATUS
     FROM SHOP
     WHERE SHOP_NO = 1;
```

마이바티스 매퍼 XML 파일에 조회 쿼리문을 옮긴 다음 조회 구성 요소를 사용해서 감싸준다. 다음과 같이 조회 구성 요소는 <select> 구성 요소를 사용해서 지정한다.

```
<select>
    SELECT SHOP_NO, SHOP_NAME, SHOP_LOCATION, SHOP_STATUS
    FROM SHOP
    WHERE SHOP_NO = 1
</select>
```

<select> 구성 요소를 지정한 다음 매핑 구문 아이디를 지정한다. 다음과 같이 <select> 구성 요소에 id 속성을 추가한 다음 속성 값에 select 문자열을 지정한다.

```
<select id="select">
    SELECT SHOP_NO, SHOP_NAME, SHOP_LOCATION, SHOP_STATUS
    FROM SHOP
    WHERE SHOP_NO = 1
</select>
```

위와 같이 정의한 조회 매핑 구문을 실행하려면 파라미터가 필요하다. 다음과 같이 <select> 구성 요소에 parameterType 속성을 추가한 다음 속성 값에 java.util.HashMap 타입을 지정한다.

```
<select id="select" parameterType="java.util.HashMap">
    SELECT SHOP_NO, SHOP_NAME, SHOP_LOCATION, SHOP_STATUS
    FROM SHOP
    WHERE SHOP_NO = 1
</select>
```

조회 매핑 구문에 포함된 매개 변수를 인라인 파라미터 표기 형식으로 변경한다.

```
<select id="select" parameterType="java.util.HashMap">
    SELECT SHOP_NO, SHOP_NAME, SHOP_LOCATION, SHOP_STATUS
    FROM SHOP
    WHERE SHOP_NO = #{shopNo}
</select>
```

위와 같이 정의한 조회 매핑 구문을 실행하면 조회 결과를 반환받을 수 있다. <select> 구성 요소에 resultType 속성을 추가한 다음 속성 값에 java.util.HashMap 타입을 지정한다.

```
<select id="select" parameterType="java.util.HashMap"
        resultType="java.util.HashMap">
    SELECT SHOP_NO, SHOP_NAME, SHOP_LOCATION, SHOP_STATUS
    FROM SHOP
    WHERE SHOP_NO = #{shopNo}
</select>
```

다음과 같이 마이바티스 매퍼 XML 파일의 최상위 구성 요소인 <mapper> 구성 요소를 사용해서 <select> 구성 요소를 감싸준다.

```
<mapper>
    <select id="select" parameterType="java.util.HashMap"
            resultType="java.util.HashMap">
        SELECT SHOP_NO, SHOP_NAME, SHOP_LOCATION, SHOP_STATUS
        FROM SHOP
        WHERE SHOP_NO = #{shopNo}
    </select>
</mapper>
```

<mapper> 구성 요소에 네임스페이스를 지정한다. 다음과 같이 <mapper> 구성 요소에 namespace 속성을 추가한 다음 속성 값에 org.mybatis.persistence.ShopMapper 문자열을 지정한다.

```
<mapper namespace="org.mybatis.persistence.ShopMapper">
    <select id="select" parameterType="java.util.HashMap"
            resultType="java.util.HashMap">
        SELECT SHOP_NO, SHOP_NAME, SHOP_LOCATION, SHOP_STATUS
        FROM SHOP
        WHERE SHOP_NO = #{shopNo}
    </select>
</mapper>
```

다음과 같이 <mapper> 구성 요소 상단에 마이바티스 매퍼 XML 파일의 DTD 파일을 선언한다.

```
<!DOCTYPE mapper PUBLIC "-//mybatis.org//DTD Mapper 3.0//EN"
"http://mybatis.org/dtd/mybatis-3-mapper.dtd">

<mapper namespace="org.mybatis.persistence.ShopMapper">
    ...중략...
</mapper>
```

위와 같이 DTD 파일을 선언한 다음 문서 버전과 문자 인코딩을 선언한다.

```
<?xml version="1.0" encoding="UTF-8"?>

<!DOCTYPE mapper PUBLIC "-//mybatis.org//DTD Mapper 3.0//EN"
"http://mybatis.org/dtd/mybatis-3-mapper.dtd">

...중략...
```

마이바티스 매퍼 XML 파일 작성을 완료하면, 예제 4.1과 같다.

예제 4.1 마이바티스 매퍼 XML 파일(환경 실습)

```
/* /chapter04/src/resources/mybatis/ShopMapper.xml */

<?xml version="1.0" encoding="UTF-8"?>

<!DOCTYPE mapper PUBLIC "-//mybatis.org//DTD Mapper 3.0//EN"
"http://mybatis.org/dtd/mybatis-3-mapper.dtd">
```

```
<mapper namespace="org.mybatis.persistence.ShopMapper">
    <!-- 조회 매핑 구문 -->
    <select id="select" parameterType="java.util.HashMap"
            resultType="java.util.HashMap">
        SELECT SHOP_NO, SHOP_NAME, SHOP_LOCATION, SHOP_STATUS
        FROM SHOP
        WHERE SHOP_NO = #{shopNo}
    </select>
</mapper>
```

다음 경로에서 마이바티스 설정 XML 파일을 생성한다.

/chapter04/src/resources/mybatis/**environments/config-mybatis.xml**

마이바티스 설정 XML 파일을 생성한 다음 데이터 소스 구성 요소를 지정한다. 다음과 같이 데이터 소스 구성 요소는 <dataSource> 구성 요소를 사용해서 지정한다.

<dataSource />

<dataSource> 구성 요소를 지정한 다음 데이터 소스 팩토리 타입을 지정한다. 다음과 같이 <dataSource> 구성 요소에 type 속성을 추가한 다음 속성 값에 UNPOLLED 문자열을 지정한다.

```
<dataSource type="UNPOLLED" />
```

데이터 소스 팩토리 타입을 지정한 다음 프로퍼티 구성 요소를 사용해서 필요한 설정을 전달한다. 프로퍼티 구성 요소는 <property> 구성 요소를 사용해서 지정한다. 다음과 같이 <property> 구성 요소에 name 속성과 value 속성을 추가한 다음 속성 값에 전달하려는 속성명과 속성 값을 지정한다.

```
<dataSource type="UNPOLLED">
    <property name="driver" value="oracle.jdbc.driver.OracleDriver" />
    <property name="url" value="jdbc:oracle:thin:@localhost:1521:XE" />
    <property name="username" value="mybatis" />
    <property name="password" value="mybatis$" />
</dataSource>
```

위와 같이 데이터 소스 구성 요소를 정의한 다음 트랜잭션 관리자 구성 요소를 지정해 보자. 다음과 같이 트랜잭션 관리자 구성 요소는 <transactionManager> 구성 요소를 사용해서 지정한다. <transactionManager> 구성 요소는 <dataSource> 구성 요소 이전에 지정하도록 주의해야 한다. 만일 정해진 위치를 따르지 않으면 에러가 발생한다.

```
<transactionManager />
<dataSource>
    ...중략...
</dataSource>
```

<transactionManager> 구성 요소를 지정한 다음 트랜잭션 관리자 타입을 지정한다. 다음과 같이 <transactionManager> 구성 요소에 type 속성을 추가한 다음 속성 값에 JDBC 문자열을 지정한다.

```
<transactionManager type="JDBC" />
```

환경 구성 요소를 사용해서 <transactionManager> 구성 요소와 <dataSource> 구성 요소를 감싸준다. 다음과 같이 환경 구성 요소는 <environment> 구성 요소를 사용해서 지정한다.

```
<environment>
    <transactionManager type="JDBC" />
    <dataSource type="UNPOOLED">
        ...중략...
    </dataSource>
</environment>
```

<environment> 구성 요소를 지정한 다음 환경 아이디를 지정한다. 다음과 같이 <environment> 구성 요소에 id 속성을 추가한 다음 속성 값에 default 문자열을 지정한다.

```
<environment id="default">
    <transactionManager type="JDBC" />
    <dataSource type="UNPOOLED">
        ...중략...
    </dataSource>
</environment>
```

위와 같이 작성한 <environment> 구성 요소를 복사한 다음 바로 밑에 붙여 넣으면 다중 환경을 구성할 수 있다. 다음과 같이 환경을 구분하기 위해서 서로 다른 환경 아이디를 지정한다.

```
<environment id="default">
    <transactionManager type="JDBC" />
    <dataSource type="UNPOOLED">
        ...중략...
    </dataSource>
</environment>
<environment id="etc">
    <transactionManager type="JDBC" />
    <dataSource type="UNPOOLED">
        ...중략...
    </dataSource>
</environment>
```

환경 스택 구성 요소를 사용해서 다수의 <environment> 구성 요소를 감싸준다. 다음과 같이 환경 스택 구성 요소는 <environments> 구성 요소를 사용해서 지정한다.

```
<environments>
    <environment id="default">
        <transactionManager type="JDBC" />
```

```
        <dataSource type="UNPOOLED">
            ...중략...
        </dataSource>
    </environment>
    <environment id="etc">
        <transactionManager type="JDBC" />
        <dataSource type="UNPOOLED">
            ...중략...
        </dataSource>
    </environment>
</environments>
```

<environments> 구성 요소를 지정한 다음 기본 환경 아이디를 지정한다. 다음과 같이 기본 환경 아이디는 <environments> 구성 요소에 default 속성을 추가한 다음 속성 값에 환경 아이디 중 하나인 default 문자열을 지정한다.

```
<environments default="default">
    <environment id="default">
        <transactionManager type="JDBC" />
        <dataSource type="UNPOOLED">
            ...중략...
        </dataSource>
    </environment>
    <environment id="etc">
        <transactionManager type="JDBC" />
        <dataSource type="UNPOOLED">
            ...중략...
        </dataSource>
    </environment>
</environments>
```

위와 같이 <environments> 구성 요소를 지정한 다음 매퍼 구성 요소를 지정한다. 다음과 같이 매퍼 구성 요소는 <mapper> 구성 요소를 사용해서 지정한다. <mapper> 구성 요소는 <environments> 구성 요소 이후에 지정하도록 주의해야 한다. 만일 정해진 위치를 따르지 않으면 에러가 발생한다.

```
<environments>
    ...중략...
</environments>
<mapper />
```

<mapper> 구성 요소를 지정한 다음 마이바티스 매퍼 XML 파일을 지정해 보자. 다음과 같이 <mapper> 구성 요소에 resource 속성을 추가한 다음 속성 값에 마이바티스 매퍼 XML 파일이 위치한 경로와 파일명을 지정한다.

```
<mapper resource="resources/mybatis/ShopMapper.xml" />
```

매퍼 스택 구성 요소를 사용해서 <mapper> 구성 요소를 감싸준다. 다음과 같이 매퍼 스택 구성 요소는 <mappers> 구성 요소를 사용해서 지정한다.

```
<mappers>
    <mapper resource="resources/mybatis/ShopMapper.xml" />
</mappers>
```

다음과 같이 마이바티스 설정 XML 파일의 최상위 구성 요소인 <configuration> 구성 요소를 사용해서 지금까지 작성한 모든 구성 요소를 감싸준다.

```
<configuration>
    <environments default="default">
        ...중략...
    </environments>

    <mappers>
        <mapper resource="resources/mybatis/ShopMapper.xml" />
    </mappers>
</configuration>
```

다음과 같이 <configuration> 구성 요소 상단에 마이바티스 설정 XML 파일의 DTD 파일을 선언한다.

```
<!DOCTYPE configuration PUBLIC "-//mybatis.org//DTD Config 3.0//EN"
"http://mybatis.org/dtd/mybatis-3-config.dtd">

<configuration>
    ...중략...
</configuration>
```

위와 같이 DTD 파일을 선언한 다음 문서 버전과 문자 인코딩을 선언한다.

```
<?xml version="1.0" encoding="UTF-8"?>

<!DOCTYPE configuration PUBLIC "-//mybatis.org//DTD Config 3.0//EN"
"http://mybatis.org/dtd/mybatis-3-config.dtd">

...중략...
```

마이바티스 설정 XML 파일 작성을 완료하면, 예제 4.2와 같다.

예제 4.2 마이바티스 설정 XML 파일(환경 실습)

```
/* /chapter04/src/resources/mybatis/environments/config-mybatis.xml */

<?xml version="1.0" encoding="UTF-8"?>

<!DOCTYPE configuration PUBLIC "-//mybatis.org//DTD Config 3.0//EN"
"http://mybatis.org/dtd/mybatis-3-config.dtd">

<configuration>
    <!-- 환경 스택 -->
    <environments default="default">
        <!-- 환경(default 환경) -->
        <environment id="default">
            <!-- 트랜잭션 관리자 -->
            <transactionManager type="JDBC" />
            <!-- 데이터 소스 -->
            <dataSource type="UNPOOLED">
                <property name="driver"
                    value="oracle.jdbc.driver.OracleDriver" />
                <property name="url"
                    value="jdbc:oracle:thin:@localhost:1521:XE" />
```

```
            <property name="username" value="mybatis" />
            <property name="password" value="mybatis$" />
        </dataSource>
    </environment>
    <!-- 환경(etc 환경) -->
    <environment id="etc">
        <!-- 트랜잭션 관리자 -->
        <transactionManager type="JDBC" />
        <!-- 데이터 소스 -->
        <dataSource type="UNPOOLED">
            <property name="driver"
               value="oracle.jdbc.driver.OracleDriver" />
            <property name="url"
               value="jdbc:oracle:thin:@localhost:1521:XE" />
            <property name="username" value="mybatis" />
            <property name="password" value="mybatis$" />
        </dataSource>
    </environment>
</environments>

<!-- 매퍼 스택 -->
<mappers>
    <!-- 매퍼 -->
    <mapper resource="resources/mybatis/ShopMapper.xml" />
</mappers>
</configuration>
```

다음 경로에서 아파치 Log4j2 설정 XML 파일을 생성한다.

/chapter04/src/**log4j2.xml**

아파치 Log4j2 설정 XML 파일(자세한 내용은 부록 C 참조)을 생성한 예제 4.3과 같이 파일을 작성한다.

예제 4.3 아파치 Log4j2 설정 XML 파일

```
/* /chapter04/src/log4j2.xml */

<?xml version="1.0" encoding="UTF-8"?>
```

```
<Configuration status="WARN">
    <!-- 어펜더 스택 -->
    <Appenders>
        <!-- 콘솔 어펜더 -->
        <Console name="Console" target="SYSTEM_OUT">
            <PatternLayout pattern="%5p [%t] - %m%n" />
        </Console>
    </Appenders>
    <!-- 로거 스택 -->
    <Loggers>
        <!-- 로거 -->
        <Logger name="org.mybatis.persistence.ShopMapper" level="trace"
                additivity="false">
            <AppenderRef ref="Console" />
        </Logger>
        <!-- 루트 로거 -->
        <Root level="debug">
            <AppenderRef ref="Console" />
        </Root>
    </Loggers>
</Configuration>
```

다음 경로에서 실행 클래스를 생성한다.

/chapter04/src/**EnvironmentsExecutor.java**

실행 클래스를 생성한 다음 static 블록을 작성한다.

```
public class EnvironmentsExecutor {
    static {
    }
}
```

static 블록에 마이바티스 설정 XML 파일을 읽어들여 SqlSessionFactory 객체를 생성하는 소스 코드를 작성한다. Resource 객체의 getResourceAsReader() 메소드를 호출할 때 에러가 발생할 수 있기 때문에 try~catch 문을 사용해서 예외를 처리한다. SqlSessionFactoryBuilder 객체의 build() 메소드에 마이바티스 설정 XML 파일을 읽어들인 Reader 객체를 인자로 전달하면, 생성된 SqlSessioFactory 객체를 반환받을 수 있다. SqlSessionFactory 객체는 기본 환경 아이디로 지정된 설정을 바탕으로 생성된다.

```
public class EnvironmentsExecutor {
    private static SqlSessionFactory defaultSqlSessionFactory;

    static {
        try {
            // 마이바티스 설정 XML 파일 경로(환경 실습)
            String resource =
                "resources/mybatis/environments/config-mybatis.xml";

            // 기본 환경 참조
            Reader reader = Resources.getResourceAsReader(resource);
            defaultSqlSessionFactory =
                new SqlSessionFactoryBuilder().build(reader);
        } catch (IOException e) {
            e.printStackTrace();
        }
    }
}
```

기본 설정이 아닌 다른 설정을 사용해서 SqlSessionFactory 객체를 생성하려면, 다음과 같이 마이바티스 설정 XML 파일에 정의한 다른 환경 아이디를 SqlSessionFactoryBuilder 객체의 build() 메소드에 인자로 전달한다. 이때 주의할 점은 인자로 전달한 Reader 객체는 SqlSessionFactoryBuilder 객체의 build() 메소드 내부에서 자동 종료되기 때문에 다시 생성하지 않으면 에러가 발생한다.

```
public class EnvironmentsExecutor {
    private static SqlSessionFactory defaultSqlSessionFactory;
    private static SqlSessionFactory etcSqlSessionFactory;

    static {
        try {
```

```
            // 마이바티스 설정 XML 파일 경로(환경 실습)
            String resource =
                "resources/mybatis/environments/config-mybatis.xml";

            // 기본 환경 참조
            Reader reader = Resources.getResourceAsReader(resource);
            defaultSqlSessionFactory =
                new SqlSessionFactoryBuilder().build(reader);

            // etc 환경 참조
            reader = Resources.getResourceAsReader(resource);
            etcSqlSessionFactory =
                new SqlSessionFactoryBuilder().build(reader, "etc");
        } catch (IOException e) {
            e.printStackTrace();
        }
    }
}
```

다음과 같이 main() 메소드를 작성한 다음 defaultSqlSessionFactory 객체와 etcSqlSessionFactory 객체의 환경 아이디를 각각 출력할 수 있도록 소스 코드를 작성한다.

```
public class EnvironmentsExecutor {
    private static final Log log =
        LogFactory.getLog(EnvironmentsExecutor.class);

    ...중략...

    public static void main(String[] args) {
        try {
            Configuration defaultConfiguration =
                defaultSqlSessionFactory.getConfiguration();
            Environment defaultEnvironment =
                defaultConfiguration.getEnvironment();
            log.debug(defaultEnvironment.getId());

            Configuration etcConfiguration =
                etcSqlSessionFactory.getConfiguration();
```

```
            Environment etcEnvironment = etcConfiguration.getEnvironment();
            log.debug(etcEnvironment.getId());
        } catch (Exception e) {
            e.printStackTrace();
        }
    }
}
```

실행 클래스 작성을 완료하면, 예제 4.4와 같다.

예제 4.4 실행 클래스(환경 실습)

```
/* /chapter04/src/EnvironmentsExecutor.java */

import java.io.IOException;
import java.io.Reader;
import org.apache.ibatis.io.Resources;
import org.apache.ibatis.logging.Log;
import org.apache.ibatis.logging.LogFactory;
import org.apache.ibatis.mapping.Environment;
import org.apache.ibatis.session.Configuration;
import org.apache.ibatis.session.SqlSessionFactory;
import org.apache.ibatis.session.SqlSessionFactoryBuilder;

public class EnvironmentsExecutor {
    private static final Log log =
        LogFactory.getLog(EnvironmentsExecutor.class);

    private static SqlSessionFactory defaultSqlSessionFactory;
    private static SqlSessionFactory etcSqlSessionFactory;

    static {
        try {
            // 마이바티스 설정 XML 파일 경로(환경 실습)
            String resource =
                "resources/mybatis/environments/config-mybatis.xml";

            // 기본 환경 참조
            Reader reader = Resources.getResourceAsReader(resource);
            defaultSqlSessionFactory =
                new SqlSessionFactoryBuilder().build(reader);
```

```
            // etc 환경 참조
            reader = Resources.getResourceAsReader(resource);
            etcSqlSessionFactory =
                new SqlSessionFactoryBuilder().build(reader, "etc");
        } catch (IOException e) {
            e.printStackTrace();
        }
    }

    public static void main(String[] args) {
        try {
            Configuration defaultConfiguration =
                defaultSqlSessionFactory.getConfiguration();
            Environment defaultEnvironment =
                defaultConfiguration.getEnvironment();
            log.debug(defaultEnvironment.getId());

            Configuration etcConfiguration =
                etcSqlSessionFactory.getConfiguration();
            Environment etcEnvironment = etcConfiguration.getEnvironment();
            log.debug(etcEnvironment.getId());
        } catch (Exception e) {
            e.printStackTrace();
        }
    }
}
```

위와 같이 작성한 예제 4.4를 실행하면, 다음과 같이 SqlSessionFactory 객체의 각기 다른 환경 아이디가 출력되는 것을 확인할 수 있다.

```
DEBUG [main] - default
DEBUG [main] - etc
```

4.2.4 매퍼 구성 요소 <mapper>

마이바티스는 매핑 구문을 마이바티스 매퍼 XML 파일이나 매퍼 인터페이스에 작성할 수 있다. 마이바티스 매퍼 XML 파일이나 매퍼 인터페이스를 마이바티스 설정 XML 파일에 지정할 때 매퍼 구성 요소를 사용한다. 다음과 같이 매퍼 구성 요소는 <mapper> 구성 요소를 사용해서 지정한다.

```
<mapper />
```

<mapper> 구성 요소는 마이바티스 설정 XML 파일의 최상위 구성 요소인 <configuration> 구성 요소를 닫기 전에 지정하도록 주의해야 한다. 만일 정해진 위치를 따르지 않으면 에러가 발생한다.

```
<configuration>
    ...중략...

    <mapper />
</configuration>
```

<mapper> 구성 요소에 마이바티스 매퍼 XML 파일이나 매퍼 인터페이스를 지정할 때 사용 가능한 속성을 정리하면, 표 4.6과 같다.

표 4.6 〈mapper〉 구성 요소에 지정 가능한 속성

속성	설명
resource	상대 경로를 사용해서 마이바티스 매퍼 XML 파일을 지정할 때 사용한다.
url	절대 경로를 사용해서 마이바티스 매퍼 XML 파일을 지정할 때 사용한다.
class	상대 경로를 사용해서 매퍼 인터페이스를 지정할 때 사용한다.

위와 같이 표 4.6에 정의한 속성을 사용해서 마이바티스 매퍼 XML 파일이나 매퍼 인터페이스를 지정하면 다음과 같다.

```
<mapper resource="resources/mybatis/ShopMapper.xml" />
<mapper url=
    "file:///C:/workspace/chapter04/src/resources/mybatis/ShopMapper.xml" />
<mapper class="resources.mybatis.ShopMapper" />
```

다음과 같이 <mapper> 구성 요소는 여러 번 지정할 수 있다.

```
<mapper resource="resources/mybatis/ShopMapper.xml" />
<mapper resource="resources/mybatis/ToyMapper.xml" />
```

특히 동일한 경로에 존재하는 다수의 매퍼 인터페이스를 등록할 때 <mapper> 구성 요소 대신 패키지 구성 요소를 사용하면, 매퍼 인터페이스를 한 번에 등록할 수 있다. 다음과 같이 패키지 구성 요소는 <package> 구성 요소를 사용해서 지정한다.

```
<package />
```

다음과 같이 <package> 구성 요소에 name 속성을 추가한 다음 속성 값에 매퍼 인터페이스가 위치한 패키지 경로를 지정한다.

```
<package name="resources.mybatis" />
```

위와 같이 작성한 <mapper> 구성 요소나 <package> 구성 요소는 매퍼 스택 구성 요소를 사용해서 하나로 묶어 관리한다. 다음과 같이 매퍼 스택 구성 요소는 <mappers> 구성 요소를 사용해서 지정한다.

```
<mappers>
    <mapper resource="resources/mybatis/ShopMapper.xml" />
    <package name="resources.mybatis" />
</mappers>
```

마이바티스 매퍼 XML 파일 지정을 실습할 수 있도록 다음 순서에 맞추어 자바 애플리케이션을 작성해 보자.

1. **마이바티스 매퍼 XML 파일**(예제 4.1 활용)
2. **마이바티스 설정 XML 파일 작성**
3. **실행 클래스 작성**(MappersExecutor 클래스)

이와 같이 목록에 맞추어 파일 작성을 완료하면, 그림 4.6과 같이 완성된 자바 프로젝트를 볼 수 있다.

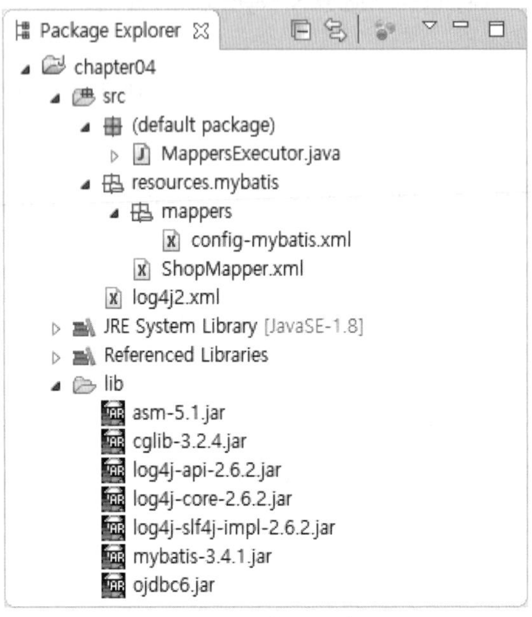

그림 4.6 chapter04 자바 프로젝트(매퍼 실습)

다음 경로에서 마이바티스 설정 XML 파일을 생성한다.

/chapter04/src/resources/mybatis/**mappers/config-mybatis.xml**

마이바티스 설정 XML 파일을 생성한 예제 4.5와 같이 파일을 작성한다.

예제 4.5 마이바티스 설정 XML 파일(매퍼 실습)

```
/* /chapter04/src/resources/mybatis/mappers/config-mybatis.xml */

<?xml version="1.0" encoding="UTF-8"?>

<!DOCTYPE configuration PUBLIC "-//mybatis.org//DTD Config 3.0//EN"
"http://mybatis.org/dtd/mybatis-3-config.dtd">

<configuration>
    <!-- 환경 스택 -->
```

```
    <environments default="default">
        <!-- 환경 -->
        <environment id="default">
            <!-- 트랜잭션 관리자 -->
            <transactionManager type="JDBC" />
            <!-- 데이터 소스 -->
            <dataSource type="UNPOOLED">
                <property name="driver"
                    value="oracle.jdbc.driver.OracleDriver" />
                <property name="url"
                    value="jdbc:oracle:thin:@localhost:1521:XE" />
                <property name="username" value="mybatis" />
                <property name="password" value="mybatis$" />
            </dataSource>
        </environment>
    </environments>

    <!-- 매퍼 스택 -->
    <mappers>
        <!-- 스택 -->
        <mapper resource="resources/mybatis/ShopMapper.xml" />
    </mappers>
</configuration>
```

다음 경로에서 실행 클래스를 생성한다.

/chapter04/src/**MappersExecutor.java**

실행 클래스를 생성한 다음 static 블록에 마이바티스 설정 XML 파일을 읽어들여 SqlSessionFactory 객체를 생성하는 소스 코드를 작성한다. Resource 객체의 getResourceAsReader() 메소드를 호출할 때 에러가 발생할 수 있기 때문에 try~catch 문을 사용해서 예외를 처리한다. SqlSessionFactoryBuilder 객체의 build() 메소드에 마이바티스 설정 XML 파일을 읽어들인 Reader 객체를 인자로 전달한다. 마이바티스 설정 XML 파일 경로가 올바른지 확인한 다음 주의해서 지정한다.

```
public class MappersExecutor {
    private static SqlSessionFactory sqlSessionFactory;

    static {
        try {
            // 마이바티스 설정 XML 파일 경로(매퍼 실습)
            String resource =
                "resources/mybatis/mappers/config-mybatis.xml";
            Reader reader = Resources.getResourceAsReader(resource);
            sqlSessionFactory =
                new SqlSessionFactoryBuilder().build(reader);
        } catch (IOException e) {
            e.printStackTrace();
        }
    }
}
```

다음과 같이 main() 메소드를 작성한 다음 조회 매핑 구문의 실행 결과를 출력할 수 있도록 소스 코드를 작성한다.

```
public class MappersExecutor {
    private static final Log log = LogFactory.getLog(MappersExecutor.class);

    ...중략...

    public static void main(String[] args) {
        SqlSession sqlSession = null;

        try {
            // 세션 및 트랜잭션 시작
            sqlSession = sqlSessionFactory.openSession();

            // 파라미터 객체 생성 및 파라미터 등록
            Map<String, Object> parameters = new HashMap<String, Object>();
            parameters.put("shopNo", 1);

            // 조회 매핑 구문 실행 및 결과 반환
            Map<String, Object> shop = sqlSession.selectOne(
                "org.mybatis.persistence.ShopMapper.select", parameters);
```

```
            log.debug(String.valueOf(shop));
        } catch (Exception e) {
            e.printStackTrace();
        } finally {
            // 세션 및 트랜잭션 종료
            sqlSession.close();
        }
    }
}
```

실행 클래스 작성을 완료하면, 예제 4.6과 같다.

예제 4.6 실행 클래스(매퍼 실습)

```
/* /chapter04/src/MappersExecutor.java */

import java.io.IOException;
import java.io.Reader;
import java.util.HashMap;
import java.util.Map;
import org.apache.ibatis.io.Resources;
import org.apache.ibatis.logging.Log;
import org.apache.ibatis.logging.LogFactory;
import org.apache.ibatis.session.SqlSession;
import org.apache.ibatis.session.SqlSessionFactory;
import org.apache.ibatis.session.SqlSessionFactoryBuilder;

public class MappersExecutor {
    private static final Log log = LogFactory.getLog(MappersExecutor.class);

    private static SqlSessionFactory sqlSessionFactory;

    static {
        try {
            // 마이바티스 설정 XML 파일 경로(매퍼 실습)
            String resource =
                "resources/mybatis/mappers/config-mybatis.xml";
            Reader reader = Resources.getResourceAsReader(resource);
            sqlSessionFactory =
                new SqlSessionFactoryBuilder().build(reader);
        } catch (IOException e) {
```

```
            e.printStackTrace();
        }
    }

    public static void main(String[] args) {
        SqlSession sqlSession = null;

        try {
            // 세션 및 트랜잭션 시작
            sqlSession = sqlSessionFactory.openSession();

            // 파라미터 객체 생성 및 파라미터 등록
            Map<String, Object> parameters = new HashMap<String, Object>();
            parameters.put("shopNo", 1);

            // 조회 매핑 구문 실행 및 결과 반환
            Map<String, Object> shop = sqlSession.selectOne(
                "org.mybatis.persistence.ShopMapper.select", parameters);

            log.debug(String.valueOf(shop));
        } catch (Exception e) {
            e.printStackTrace();
        } finally {
            // 세션 및 트랜잭션 종료
            sqlSession.close();
        }
    }
}
```

위와 같이 작성한 예제 4.6을 실행하면, 다음과 같이 마이바티스 매퍼 XML 파일에 작성한 조회 매핑 구문이 호출되는 것을 확인할 수 있다.

```
DEBUG [main] - ==> Preparing: SELECT SHOP_NO, SHOP_NAME, SHOP_LOCATION,
             SHOP_STATUS FROM SHOP WHERE SHOP_NO = ?
DEBUG [main] - ==> Parameters: 1(Integer)
TRACE [main] - <== Columns: SHOP_NO, SHOP_NAME, SHOP_LOCATION,
             SHOP_STATUS
TRACE [main] - <== Row: 1, Toy Store, <<CLOB>>, Y
DEBUG [main] - <== Total: 1
```

```
DEBUG [main] - {SHOP_STATUS=Y, SHOP_NAME=Toy Store, SHOP_NO=1,
           SHOP_LOCATION=oracle.sql.CLOB@4ed5eb72}
```

다음과 같이 <mapper> 구성 요소에 resource 속성 대신 url 속성을 지정하더라도 마이바티스 매퍼 XML 파일에 작성한 조회 매핑 구문을 실행할 수 있다.

```
<mapper url=
   "file:///C:/workspace/chapter04/src/resources/mybatis/ShopMapper.xml" />
```

4.3 기본 설정이 제공되는 구성 요소

기본 설정은 마이바티스 내부에서 사용되는 설정이나 사용자가 일일이 등록하기에 번거로운 설정을 미리 등록해 놓은 것을 말한다. 필요에 따라 기본 설정을 추가하거나 변경할 수 있다. 마이바티스에서 기본 설정을 추가하거나 변경할 때 사용하는 구성 요소를 나열하면 다음과 같다.

- **셋팅 구성 요소 <setting>**
- **타입 에일리어스 구성 요소 <typeAlias>**
- **타입 핸들러 구성 요소 <typeHandler>**
- **오브젝트 팩토리 구성 요소 <objectFactory>**

4.3.1 셋팅 구성 요소 〈setting〉

셋팅은 마이바티스 작동 방식을 결정 짓는 매우 중요한 구성 요소다. 셋팅 설정에 따라 마이바티스 작동 방식이 달라진다. 초기 셋팅 설정은 마이바티스 라이브러리에 포함된 소스 코드 중 다음 경로에 존재하는 Configuration 클래스와 XMLConfigBuilder 클래스를 통해서 이루어진다.

/org/apache/ibatis/session/**Configuration.java**
/org/apache/ibatis/builder/xml/**XMLConfigBuilder.java**

다음과 같이 Configuration 객체가 생성될 때 초기 셋팅 설정이 등록한다.

```
/* Configuration 클래스 */
public class Configuration {
    protected boolean safeRowBoundsEnabled = false;
    protected boolean safeResultHandlerEnabled = true;
    protected boolean mapUnderscoreToCamelCase = false;
    protected boolean aggressiveLazyLoading = true;
    protected boolean multipleResultSetsEnabled = true;
    protected boolean useGeneratedKeys = false;
    protected boolean useColumnLabel = true;
    protected boolean cacheEnabled = true;
    protected boolean callSettersOnNulls = false;

    ...중략...
}
```

마이바티스 설정 XML 파일에 사용자가 지정한 셋팅 설정이 있다면, 마이바티스에 등록된 초기 셋팅 설정은 사용자가 지정한 셋팅 설정으로 갱신된다. 이러한 과정은 XMLConfigBuilder 클래스의 settingsElement() 메소드를 통해서 이루어진다.

```
/* XMLConfigBuilder 클래스 */
private void settingsElement(Properties props) throws Exception {
    configuration.setAutoMappingBehavior(AutoMappingBehavior.valueOf(
        props.getProperty("autoMappingBehavior", "PARTIAL")));
    configuration.setAutoMappingUnknownColumnBehavior(
        AutoMappingUnknownColumnBehavior.valueOf(
        props.getProperty("autoMappingUnknownColumnBehavior", "NONE")));
    configuration.setCacheEnabled(booleanValueOf(
        props.getProperty("cacheEnabled"), true));
    configuration.setProxyFactory((ProxyFactory) createInstance(
        props.getProperty("proxyFactory")));
    configuration.setLazyLoadingEnabled(booleanValueOf(
        props.getProperty("lazyLoadingEnabled"), false));

    ...중략...
}
```

XMLConfigBuilder 클래스의 settingsElement() 메소드에 정의된 초기 셋팅 설정 값을 정리하면, 표 4.7과 같다.

표 4.7 마이바티스에 지정 가능한 셋팅 설정 및 초기 값

속성명	속성 값	설명
aggressiveLazyLoading	true	늦은 로딩을 지정한 객체는 요청이 있을 때까지 로딩을 미루고 있다가 실제 호출되는 시점에 로딩된다. **참고** ※ true: 늦은 로딩 ※ false: 즉시 로딩
autoMappingBehavior	PARTIAL	리절트 객체에 조회 결과를 매핑할 때 자동 매핑 여부를 지정한다. **참고** ※ NONE: 자동 매핑하지 않는다. ※ PARTIAL: 중첩된 경우를 제외하고 자동 매핑한다. ※ FULL: 중첩된 경우를 포함해서 자동 매핑한다.
autoMappingUnknownColumnBehavior	NONE	자동 매핑 시 알 수 없는 컬럼을 발견했을 때 행위를 지정한다. **참고** ※ NONE: 처리하지 않음 ※ WARNING: warning 로그 출력 ※ FAILING: SqlSessionException 예외 처리
cacheEnabled	true	캐시 사용 여부를 지정한다. **참고** ※ true: 캐시 사용 ※ false: 캐시 사용 안 함
callSettersOnNulls	false	조회 결과가 널인 경우 제외할지 여부를 지정한다. **참고** ※ true: 제외 안 함 ※ false: 제외
defaultExecutorType	SIMPLE	매핑 구문의 기본 실행 타입을 지정한다. **참고** ※ SIMPLE: Statement 객체를 재사용하지 않는다. ※ REUSE: PreparedStatement 객체를 재사용한다. ※ BATCH: Statement 객체를 재사용하고, 작업을 한 번에 처리한다.
defaultFetchSize	null	패치 기본 사이즈를 지정한다.

(이어짐)

속성명	속성 값	설명
defaultScriptingLanguage	org.apache.ibatis.scripting.xmltags.XMLDynamic LanguageDriver	동적 매핑 구문을 생성할 때 사용하는 기본 언어를 지정한다.
defaultStatementTimeout	null	데이터베이스 응답 대기 시간을 지정한다. 단위로 세컨드(s)를 사용하고, 기본 값은 사용하는 JDBC 드라이버의 설정을 따른다.
jdbcTypeForNull	OTHER	널 값을 처리하는 JDBC 타입을 지정한다. 대부분 NULL, VARCHAR, OTHER를 사용한다.
lazyLoadingEnabled	false	늦은 로딩(Lazy Loading) 사용 여부를 지정한다. 늦은 로딩을 사용하면, 데이터를 바로 가져오지 않고 필요한 시점에 관련된 데이터를 가져온다. **참고** ※ true: 늦은 로딩 ※ false: 즉시 로딩
lazyLoadTriggerMethods	equals,clone,hashCode,toString	늦은 로딩을 야기하는 객체의 메소드를 지정한다. 메소드 목록은 , 기호를 사용해서 구분한다.
localCacheScope	SESSION	캐시 저장 범위를 지정한다. **참고** ※ SESSION: 세션 객체 범위에서 캐시를 공유한다. ※ STATEMENT: 매핑 구문 범위에서 캐시를 공유한다.
logImpl	-	로깅 구현체를 지정한다. 로깅 구현체를 지정하지 않으면, 정해진 순서를 따라 로깅 구현체를 자동 검색한다. **참고** SLF4J → COMMONS_LOGGING → LOG4J2 → LOG4J → JDK_LOGGING → NO_LOGGING → STDOUT_LOGGING
logPrefix	-	로거명에 추가되는 접두사를 지정한다.
mapUnderscoreToCamelCase	false	_ 기호를 사용한 컬럼명을 낙타 표기 형식을 따른 프로퍼터명에 자동 매핑할지 여부를 지정한다. 예를 들어 SHOP_NAME 컬럼명은 shopName 프로퍼티명으로 자동 매핑된다. **참고** ※ true: 활성화 ※ false: 비활성화

(이어짐)

속성명	속성 값	설명
multipleResultSets Enabled	true	다수의 리절트셋(ResultSet) 허용 여부를 지정한다. 사용하는 JDBC 드라이버에서 기능을 지원하지 않으면 사용할 수 없다. **참고** ※ true: 활성화 ※ false: 비활성화
proxyFactory	JAVASSIST	늦은 로딩 객체를 생성할 때 사용하는 프록시 라이브러리를 지정한다. 속성 값에 따라 프록시 라이브러리(cglib.jar, asm.jar)를 추가해야 한다. 관련 라이브러리를 찾지 못하면, 'Cannot enable lazy loading because CGLIB is not available. Add CGLIB to your classpath.' 에러 로그가 출력된다. 마이바티스는 3.3.0 이상 버전부터 Javassist를 기본 프록시로 사용한다. **참고** ※ JAVASSIST ※ CGLIB
safeRowBoundsEnabled	false	중첩된 매핑 구문에서 로우 바운드(RowBound) 허용 여부를 지정한다. **참고** ※ true: 허용 ※ false: 비허용
safeResultHandler Enabled	true	중첩된 매핑 구문에서 리절트 핸들러(ResultHandler) 허용 여부를 지정한다. **참고** ※ true: 허용 ※ false: 비허용
useColumnLabel	true	조회 결과의 컬럼명 대신 컬럼 라벨 사용 여부를 지정한다. 사용하는 JDBC 드라이버에서 기능을 지원하지 않으면 사용할 수 없다. **참고** ※ true: 사용 ※ false: 비사용
useGeneratedKeys	false	자동 생성키 사용 여부를 지정한다. 사용하는 JDBC 드라이버에서 기능을 지원하지 않으면 사용할 수 없다. **참고** ※ true: 사용 ※ false: 비사용

이와 같이 표 4.7에 정리한 셋팅 설정 중 일부는 마이바티스 라이브러리 버전에 따라 사용할 수 없다. 예를 들어 `safeResultHandlerEnabled` 셋팅 설정은 마이바티스 라이브러리 3.1.1 버전과 3.2.2 이상 버전에서 사용 가능하다. 셋팅 설정을 사용할 때 마이바티스 라이브러리 버전을 반드시 확인한 다음 지정한다. 마이바티스 라이브러리 버전에 따라 지정할 수 없는 셋팅 설정을 정리하면, 표 4.8과 같다.

표 4.8 마이바티스 라이브러리 버전에 따라 지정할 수 없는 셋팅 설정

속성명	마이바티스 라이브러리 버전					
	3.1.0 이하	3.1.1	3.2.0	3.2.1	3.2.2	3.2.3 이상
callSettersOnNulls	X	X	O	O	O	O
defaultScriptingLanguage	X	X	O	O	O	O
logImpl	X	X	O	O	O	O
logPrefix	X	X	O	O	O	O
proxyFactory	X	X	O	O	O	O
safeResultHandlerEnabled	X	O	X	X	O	O
configurationFactory	X	X	X	X	X	O

1. defaultFetchSize 속성은 마이바티스 라이브러리 3.3.0 버전부터 사용 가능하다.
2. autoMappingUnknownColumnBehavior 속성은 마이바티스 라이브러리 3.4.0 버전부터 사용 가능하다.

마이바티스에 등록된 초기 셋팅 설정을 변경할 때 셋팅 구성 요소를 사용한다. 다음과 같이 셋팅 구성 요소는 `<setting>` 구성 요소를 사용해서 지정한다. `<setting>` 구성 요소는 `<properties>` 구성 요소 이후에 지정하도록 주의해야 한다. 만일 정해진 위치를 따르지 않으면 에러가 발생한다.

```
<properties>
    ...중략...
</properties>
<setting />
```

<setting> 구성 요소에 name 속성과 value 속성을 추가한 다음 속성 값에 변경하려는 셋팅 설정명과 셋팅 설정 값을 지정한다. 예를 들어 <setting> 구성 요소에 lazyLoadingEnabled 속성명으로 true 속성 값을 지정하면 다음과 같다.

```
<setting name="mapUnderscoreToCamelCase" value="true" />
```

<setting> 구성 요소는 여러 번 지정할 수 있다. 다수의 <setting> 구성 요소는 셋팅 스택 구성 요소를 사용해서 하나로 묶어 관리한다. 다음과 같이 셋팅 스택 구성 요소는 <settings> 구성 요소를 사용해서 지정한다.

```
<settings>
    <setting name="lazyLoadingEnabled" value="true" />
    <setting name="useGeneratedKeys" value="true" />
    <setting name="mapUnderscoreToCamelCase" value="true" />
    <setting name="callSettersOnNulls" value="true" />
</settings>
```

위와 같이 <settings> 구성 요소에 지정한 셋팅 설정은 XMLConfigBuilder 클래스의 settingsElement() 메소드가 호출될 때 마이바티스 초기 셋팅 설정을 갱신한다.

```
/* XMLConfigBuilder 클래스 */
private void settingsElement(Properties props) throws Exception {
    configuration.setLazyLoadingEnabled(booleanValueOf(
        props.getProperty("lazyLoadingEnabled"), false));
    configuration.setUseGeneratedKeys(booleanValueOf(
        props.getProperty("useGeneratedKeys"), false));
    configuration.setMapUnderscoreToCamelCase(booleanValueOf(
        props.getProperty("mapUnderscoreToCamelCase"), false));
    configuration.setCallSettersOnNulls(booleanValueOf(
        props.getProperty("callSettersOnNulls"), false));

    ...중략...
}
```

마이바티스에 등록된 초기 셋팅 설정을 변경할 수 있도록 다음 순서에 맞추어 자바 애플리케이션을 작성해 보자. 이미 작성한 파일은 별도로 작성하지 말고 그대로 사용한다.

1. **마이바티스 매퍼 XML 파일**(예제 4.1 활용)
2. **마이바티스 설정 XML 파일 작성**
3. **실행 클래스 작성**(`SettingsExecutor` 클래스)

위와 같이 목록에 맞추어 파일 작성을 완료하면, 그림 4.7과 같다.

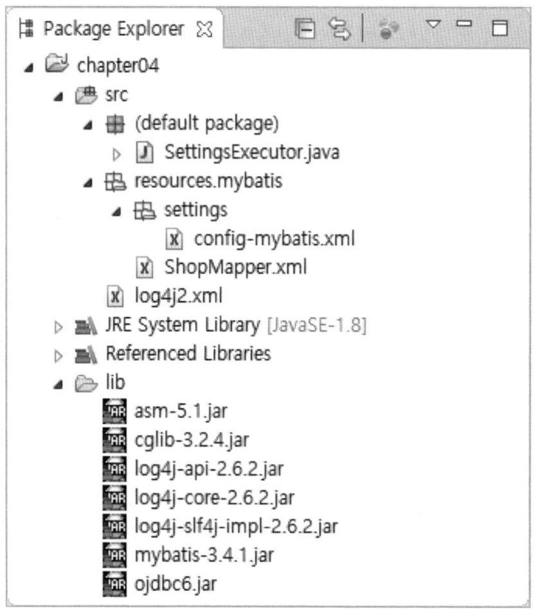

그림 4.7 chapter04 자바 프로젝트(셋팅 실습)

다음 경로에서 마이바티스 설정 XML 파일을 생성한다.

/chapter04/src/resources/mybatis/**settings/config-mybatis.xml**

마이바티스 설정 XML 파일을 생성한 다음 셋팅 구성 요소를 사용해서 다음과 같이 지정한다.

```
<settings>
    <setting name="lazyLoadingEnabled" value="true" />
    <setting name="useGeneratedKeys" value="true" />
    <setting name="mapUnderscoreToCamelCase" value="true" />
    <setting name="callSettersOnNulls" value="true" />
</settings>
```

마이바티스 설정 XML 파일 작성을 완료하면, 예제 4.7과 같다.

예제 4.7 마이바티스 설정 XML 파일(셋팅 실습)

```
/* /chapter04/src/resources/mybatis/settings/config-mybatis.xml */

<?xml version="1.0" encoding="UTF-8"?>

<!DOCTYPE configuration PUBLIC "-//mybatis.org//DTD Config 3.0//EN"
"http://mybatis.org/dtd/mybatis-3-config.dtd">

<configuration>
    <!-- 셋팅 스택 -->
    <settings>
        <!-- 셋팅 -->
        <setting name="lazyLoadingEnabled" value="true" />
        <setting name="useGeneratedKeys" value="true" />
        <setting name="mapUnderscoreToCamelCase" value="true" />
        <setting name="callSettersOnNulls" value="true" />
    </settings>

    <!-- 환경 스택 -->
    <environments default="default">
        <!-- 환경 -->
        <environment id="default">
            <!-- 트랜잭션 -->
            <transactionManager type="JDBC" />
            <!-- 데이터 소스 -->
            <dataSource type="UNPOOLED">
                <property name="driver"
                    value="oracle.jdbc.driver.OracleDriver" />
                <property name="url"
                    value="jdbc:oracle:thin:@localhost:1521:XE" />
                <property name="username" value="mybatis" />
```

```
            <property name="password" value="mybatis$" />
        </dataSource>
    </environment>
</environments>

<!-- 매퍼 스택 -->
<mappers>
    <!-- 매퍼 -->
    <mapper resource="resources/mybatis/ShopMapper.xml" />
</mappers>
</configuration>
```

다음 경로에서 실행 클래스를 생성한다.

/chapter04/src/**SettingsExecutor.java**

실행 클래스를 생성한 다음 static 블록을 작성한다. static 블록에 마이바티스 설정 XML 파일을 읽어들여 SqlSessionFactory 객체를 생성하는 소스 코드를 작성한다. Resource 객체의 getResourceAsReader() 메소드를 호출할 때 에러가 발생할 수 있기 때문에 try~catch 문을 사용해서 예외를 처리한다. SqlSessionFactoryBuilder 객체의 build() 메소드에 마이바티스 설정 XML 파일을 읽어들인 Reader 객체를 인자로 전달하면, 생성된 SqlSessioFactory 객체를 반환받을 수 있다. 마이바티스 설정 XML 파일 경로가 올바른지 확인한 다음 주의해서 지정한다.

```
public class SettingsExecutor {
    private static SqlSessionFactory sqlSessionFactory;

    static {
        try {
            // 마이바티스 설정 XML 파일 경로(셋팅 실습)
            String resource =
                "resources/mybatis/settings/config-mybatis.xml";
            Reader reader = Resources.getResourceAsReader(resource);
            sqlSessionFactory =
```

```
                new SqlSessionFactoryBuilder().build(reader);
        } catch (IOException e) {
            e.printStackTrace();
        }
    }
}
```

다음과 같이 main() 메소드를 작성한 다음 재지정한 셋팅 설정을 출력할 수 있도록 소스 코드를 작성한다.

```
public class SettingsExecutor {
    private static final Log log =
        LogFactory.getLog(SettingsExecutor.class);

    ...중략...

    public static void main(String[] args) {
        try {
            Configuration configuration =
                sqlSessionFactory.getConfiguration();

            log.debug(Boolean.toString(
                configuration.isLazyLoadingEnabled()));
            log.debug(Boolean.toString(configuration.isUseGeneratedKeys()));
            log.debug(Boolean.toString(
                configuration.isMapUnderscoreToCamelCase()));
            log.debug(Boolean.toString(
                configuration.isCallSettersOnNulls()));
        } catch (Exception e) {
            e.printStackTrace();
        }
    }
}
```

실행 클래스 작성을 완료하면, 예제 4.8과 같다.

예제 4.8 실행 클래스(셋팅 실습)

```
/* /chapter04/src/SettingsExecutor.java */

import java.io.IOException;
import java.io.Reader;
import org.apache.ibatis.io.Resources;
import org.apache.ibatis.logging.Log;
import org.apache.ibatis.logging.LogFactory;
import org.apache.ibatis.session.Configuration;
import org.apache.ibatis.session.SqlSessionFactory;
import org.apache.ibatis.session.SqlSessionFactoryBuilder;

public class SettingsExecutor {
    private static final Log log =
        LogFactory.getLog(SettingsExecutor.class);

    private static SqlSessionFactory sqlSessionFactory;

    static {
        try {
            // 마이바티스 설정 XML 파일 경로(셋팅 실습)
            String resource =
                "resources/mybatis/settings/config-mybatis.xml";
            Reader reader = Resources.getResourceAsReader(resource);
            sqlSessionFactory =
                new SqlSessionFactoryBuilder().build(reader);
        } catch (IOException e) {
            e.printStackTrace();
        }
    }

    public static void main(String[] args) {
        try {
            Configuration configuration =
                sqlSessionFactory.getConfiguration();

            log.debug(Boolean.toString(
                configuration.isLazyLoadingEnabled()));
            log.debug(Boolean.toString(configuration.isUseGeneratedKeys()));
            log.debug(Boolean.toString(
                configuration.isMapUnderscoreToCamelCase()));
```

```
            log.debug(Boolean.toString(
                configuration.isCallSettersOnNulls()));
        } catch (Exception e) {
            e.printStackTrace();
        }
    }
}
```

위와 같이 작성한 예제 4.8을 실행하면, 다음과 같이 마이바티스에 등록된 셋팅 설정 초기 값 대신 마이바티스 설정 XML 파일에 지정한 셋팅 설정 값이 출력되는 것을 확인할 수 있다.

```
DEBUG [main] - true
DEBUG [main] - true
DEBUG [main] - true
DEBUG [main] - true
```

4.3.2 타입 에일리어스 구성 요소 <typeAlias>

마이바티스는 패키지 경로를 포함한 긴 자바 타입 대신 짧은 약어를 사용할 수 있도록 타입 에일리어스를 제공한다. 다음과 같이 타입 에일리어스를 사용하면 소스 코드가 훨씬 간결해진다.

```
java.lang.String → string
```

흔히 사용하는 자바 타입은 마이바티스에 타입 에일리어스로 이미 등록되어 있다. 마이바티스 라이브러리에 포함된 소스 코드 중 다음 경로에 존재하는 `Configuration` 클래스, `TypeAliasRegistry` 클래스, `XMLConfigBuilder` 클래스를 살펴보면, 마이바티스에서 제공하는 타입 에일리어스를 찾을 수 있다.

/org/apache/ibatis/session/**Configuration.java**
/org/apache/ibatis/type/**TypeAliasRegistry.java**
/org/apache/ibatis/builder/xml/**XMLConfigBuilder.java**

다음과 같이 Configuration 객체가 생성될 때 TypeAliasRegistry 객체를 생성한다. TypeAliasRegistry 클래스는 기본 생성자를 사용해서 자바 타입을 타입 에일리어스로 등록한다.

```
/* Configuration 클래스 */
public class Configuration {
    protected final TypeAliasRegistry typeAliasRegistry =
        new TypeAliasRegistry();

    ...중략...

    public Configuration() {
        typeAliasRegistry.registerAlias("PERPETUAL", PerpetualCache.class);
        typeAliasRegistry.registerAlias("FIFO", FifoCache.class);
        typeAliasRegistry.registerAlias("LRU", LruCache.class);
        typeAliasRegistry.registerAlias("SOFT", SoftCache.class);
        typeAliasRegistry.registerAlias("WEAK", WeakCache.class);

        ...중략...
    }

    ...중략...
}

/* TypeAliasRegistry 클래스 */
public class TypeAliasRegistry {
    public TypeAliasRegistry() {
        registerAlias("string", String.class);
        registerAlias("byte", Byte.class);
        registerAlias("long", Long.class);
        registerAlias("short", Short.class);
        registerAlias("int", Integer.class);

        ...중략...
    }
}
```

마이바티스 설정 XML 파일에 사용자가 지정한 타입 에일리어스 설정이 있다면, 위에 등록된 타입 에일리어스 설정에 추가된다. 만일 마이바티스에서 제공하는 타입 에일리어스 설정과 마이바티스 설정 XML 파일에 사용자가 지정한 타입 에일리어스 설정이 동일하면, 사용자가 지정한 타입 에일리어스 설정으로 갱신된다. 이러한 과정은 XMLConfigBuilder 클래스의 typeAliasesElement() 메소드를 통해서 이루어진다.

```
/* XMLConfigBuilder 클래스 */
private void typeAliasesElement(XNode parent) {
    if (parent != null) {
        for (XNode child : parent.getChildren()) {
            if ("package".equals(child.getName())) {
                String typeAliasPackage = child.getStringAttribute("name");
                configuration.getTypeAliasRegistry().registerAliases(
                    typeAliasPackage);
            } else {
                String alias = child.getStringAttribute("alias");
                String type = child.getStringAttribute("type");
                try {
                    Class<?> clazz = Resources.classForName(type);
                    if (alias == null) {
                        typeAliasRegistry.registerAlias(clazz);
                    } else {
                        typeAliasRegistry.registerAlias(alias, clazz);
                    }
                } catch (ClassNotFoundException e) {
                    throw new BuilderException(
                        "Error registering typeAlias for'" + alias +
                        "'. Cause: " + e, e);
                }
            }
        }
    }
}
```

Configuration 클래스와 TypeAliasRegistry 클래스에 정의된 타입 에일리어스를 정리하면, 표 4.9와 같다.

표 4.9 마이바티스에서 제공하는 타입 에일리어스

자바 타입	타입 에일리어스	자바 타입	타입 에일리어스
java.lang.String	string	java.lang.byte[]	_byte[]
java.lang.Byte	byte	java.lang.long[]	_long[]
java.lang.Long	long	java.lang.short[]	_short[]
java.lang.Short	short	java.lang.int[]	_int[]
java.lang.Integer	int	java.lang.int[]	_integer[]
java.lang.Integer	integer	java.lang.double[]	_double[]
java.lang.Double	double	java.lang.float[]	_float[]
java.lang.Float	float	java.lang.boolean[]	_boolean[]
java.lang.Boolean	boolean	java.util.Date	date
java.lang.Byte[]	byte[]	java.math.BigDecimal	decimal
java.lang.Long[]	long[]	java.math.BigDecimal	bigdecimal
java.lang.Short[]	short[]	java.math.BigInteger	biginteger
java.lang.Integer[]	int[]	java.lang.Object	object
java.lang.Integer[]	integer[]	java.util.Date[]	date[]
java.lang.Double[]	double[]	java.math.BigDecimal[]	decimal[]
java.lang.Float[]	float[]	java.math.BigDecimal[]	bigdecimal[]
java.lang.Boolean[]	boolean[]	java.math.BigInteger[]	biginteger[]
byte	_byte	java.lang.Object[]	object[]
long	_long	java.util.Map	map
short	_short	java.util.HashMap	hashmap
int	_int	java.util.List	list
int	_integer	java.util.ArrayList	arraylist
double	_double	java.util.Collection	collection
float	_float	java.util.Iterator	iterator
boolean	_boolean	ResultSet	ResultSet
org.apache.ibatis.transaction.jdbc.JdbcTransactionFactory	JDBC	org.apache.ibatis.scripting.xmltags.XMLLanguageDriver	XML

(이어짐)

자바 타입	타입 에일리어스	자바 타입	타입 에일리어스
org.apache.ibatis.transaction.managed.ManagedTransactionFactory	MANAGED	org.apache.ibatis.scripting.defaults.RawLanguageDriver	RAW
org.apache.ibatis.datasource.jndi.JndiDataSourceFactory	JNDI	org.apache.ibatis.logging.slf4j.Slf4jImpl	SLF4J
org.apache.ibatis.datasource.pooled.PooledDataSourceFactory	POOLED	org.apache.ibatis.logging.commons.JakartaCommonsLoggingImpl	COMMONS_LOGGING
org.apache.ibatis.datasource.unpooled.UnpooledDataSourceFactory	UNPOOLED	org.apache.ibatis.logging.log4j.Log4jImpl	LOG4J
org.apache.ibatis.cache.impl.PerpetualCache	PERPETUAL	org.apache.ibatis.logging.log4j2.Log4j2Impl	LOG4J2
org.apache.ibatis.cache.decorators.FifoCache	FIFO	org.apache.ibatis.logging.jdk14.Jdk14LoggingImpl	JDK_LOGGING
org.apache.ibatis.cache.decorators.LruCache	LRU	org.apache.ibatis.logging.stdout.StdOutImpl	STDOUT_LOGGING
org.apache.ibatis.cache.decorators.SoftCache	SOFT	org.apache.ibatis.logging.nologging.NoLoggingImpl	NO_LOGGING
org.apache.ibatis.cache.decorators.WeakCache	WEAK	org.apache.ibatis.mapping.VendorDatabaseIdProvider	DB_VENDOR
org.apache.ibatis.executor.loader.CglibProxyFactory	CGLIB	org.apache.ibatis.executor.loader.JavassistProxyFactory	JAVASSIST

위와 같이 표 4.9에 정리한 타입 에일리어스 중 일부는 마이바티스 라이브러리 버전에 따라 제공되지 않는다. 예를 들어 LOG4J2 타입 에일리어스는 마이바티스 라이브러리 3.2.3 이상 버전에서 사용 가능하다. 타입 에일리어스를 사용할 때 마이바티스 라이브러리 버전을 반드시 확인한 다음 사용한다. 마이바티스 라이브러리 버전에 따라 제공되지 않는 타입 에일리어스를 정리하면, 표 4.10과 같다.

표 4.10 마이바티스 라이브러리 버전에 따라 제공되지 않는 타입 에일리어스

타입 에일리어스	마이바티스 라이브러리 버전		
	3.1.1 이전	3.2.0 ~3.2.2	3.2.3 이후
biginteger	X	O	O
biginteger[]	X	O	O
XML	X	O	O
RAW	X	O	O
SLF4J	X	O	O
COMMONS_LOGGING	X	O	O
LOG4J	X	O	O
LOG4J2	X	X	O
JDK_LOGGING	X	O	O
STDOUT_LOGGING	X	O	O
NO_LOGGING	X	O	O
DB_VENDOR	X	X	O
VENDOR	O	O	O
JAVASSIST	X	O	O
CGLIB	X	O	O

1. 마이바티스 라이브러리 3.2.3 이상 버전부터 VENDOR 타입 에일리어스는 DB_VENDOR 타입 에일리어스로 대체된다.

패키지 경로를 포함한 자바 타입 대신 마이바티스에서 제공하는 타입 에일리어스를 사용하려면, 타입 에일리어스에 등록된 약어를 지정한다. 예를 들어 리절트 타입으로 java.util.HashMap 클래스 대신 약어인 hashmap 문자열을 지정하면 다음과 같다.

```
<select id="select" parameterType="int" resultType="hashmap">
    SELECT SHOP_NO, SHOP_NAME, SHOP_LOCATION, SHOP_STATUS
    FROM SHOP
    WHERE SHOP_NO = #{shopNo}
</select>
```

이와 같이 데이터 타입뿐만 아니라 타입 핸들러, 오브젝트 팩토리, 플러그인, 데이터베이스 아이디 프로바이더와 같이 마이바티스에서 자주 사용하는 자바 타입은 대부분 타입 에일리어스로 등록되어 있다. 만약에 타입 에일리어스로 추가될 자바 타입이 있다면, 타입 에일리어스 구성 요소를 사용해서 등록한다. 다음과 같이 타입 에일리어스 구성 요소는 <typeAlias> 구성 요소를 사용해서 지정한다. <typeAlias> 구성 요소는 <settings> 구성 요소 이후에 지정하도록 주의해야 한다. 만일 정해진 위치를 따르지 않으면 에러가 발생한다.

```
<settings>
    ...중략...
</settings>
<typeAlias />
```

<typeAlias> 구성 요소에 alias 속성과 type 속성을 추가한 다음 약어와 패키지 경로를 포함한 자바 타입을 지정한다. 일반적으로 alias 속성 값에 지정하는 약어는 type 속성 값에 지정한 클래스명을 낙타 표기 형식에 맞추어 변환한 문자열을 사용한다. 예를 들어 org.mybatis.domain.Shop 클래스를 타입 에일리어스로 지정할 때 shop 문자열을 사용한다.

```
<typeAlias alias="shop" type="org.mybatis.domain.Shop" />
```

위와 같이 지정한 타입 에일리어스는 다음과 같이 자바 타입 대신 사용할 수 있다.

```
<select id="select" parameterType="int" resultType="shop">
    SELECT SHOP_NO, SHOP_NAME, SHOP_LOCATION, SHOP_STATUS
    FROM SHOP
    WHERE SHOP_NO = #{shopNo}
</select>
```

알/아/두/기

타입 에일리어스는 철자만 일치하면 대·소문자 구분 없이 사용할 수 있다. 예를 들어 shop, Shop, SHOP, ShOp 문자열은 동일한 타입 에일리어스로 인식한다. 다음과 같이 TypeAliasRegistry 클래스의 resolveAlias() 메소드를 살펴보면, 타입 에일리어스를 찾을 때 문자열을 전부 소문자로 변경한 다음 비교하는 것을 볼 수 있다.

```
/* TypeAliasRegistry 클래스 */
public <T> Class<T> resolveAlias(String string) {
    try {
        if (string == null) {
            return null;
        }
        // issue #748
        String key = string.toLowerCase(Locale.ENGLISH);
        Class<T> value;
        if (TYPE_ALIASES.containsKey(key)) {
            value = (Class<T>) TYPE_ALIASES.get(key);
        } else {
            value = (Class<T>) Resources.classForName(string);
        }
        return value;
    } catch (ClassNotFoundException e) {
        throw new TypeException("Could not resolve type alias '" +
         string + "'.  Cause: " + e, e);
    }
}
```

다음과 같이 <typeAlias> 구성 요소는 여러 번 지정할 수 있다.

```
<typeAlias alias="shop" type="org.mybatis.domain.Shop" />
<typeAlias alias="toy" type="org.mybatis.domain.Toy" />
```

특히 동일한 경로에 존재하는 다수의 클래스를 타입 에일리어스로 등록할 때 <typeAlias> 구성 요소 대신 패키지 구성 요소를 사용하면, 타입 에일리어스를 한 번에 등록할 수 있다. 다음과 같이 패키지 구성 요소는 <package> 구성 요소를 사용해서 지정한다.

<package />

다음과 같이 <package> 구성 요소에 name 속성을 추가한 다음 속성 값에 클래스가 위치한 패키지 경로를 지정한다.

```
<package name="org.mybatis.domain" />
```

위와 같이 <package> 구성 요소를 사용해서 타입 에일리어스를 일괄 등록하면, 클래스명을 소문자로 변경한 문자열이 약어로 자동 등록된다. 예를 들어 Shop 클래스는 shop 문자열이 약어로 등록된다. 타입 에일리어스를 사용할 때 철자만 일치하면 아무런 문제없이 사용할 수 있다. 하지만 소스 코드의 가독성을 높이기 위해서 약어를 낙타 표기 형식에 맞추어 사용한다. <package> 구성 요소를 사용해서 타입 에일리어스를 등록할 때 사용자가 원하는 약어를 지정하고 싶다면, 다음과 같이 각 클래스 상단에 @Alias 애노테이션을 선언한 다음 약어를 지정한다.

```
@Alias("toyShop")
public class Shop {
    ...중략...
}
```

위와 같이 작성한 <typeAlias> 구성 요소나 <package> 구성 요소는 타입 에일리어스 스택 구성 요소를 사용해서 하나로 묶어 관리한다. 다음과 같이 타입 에일리어스 스택 구성 요소는 <typeAliases> 구성 요소를 사용해서 지정한다.

```
<typeAliases>
    <typeAlias alias="shop" type="org.mybatis.domain.Shop" />
    <package name="org.mybatis.domain" />
</typeAliases>
```

타입 에일리어스에 자주 사용하는 자바 타입을 등록할 수 있도록 다음 순서에 맞추어 자바 애플리케이션을 작성해 보자. 이미 작성한 파일은 별도로 작성하지 말고 그대로 사용한다.

1. **마이바티스 매퍼 XML 파일**(예제 4.1 활용)
2. **도메인 클래스 작성**
3. **마이바티스 설정 XML 파일 작성**
4. **실행 클래스 작성**(`TypeAliasesExecutor` 클래스)

위와 같이 목록에 맞추어 파일 작성을 완료하면, 그림 4.8과 같다.

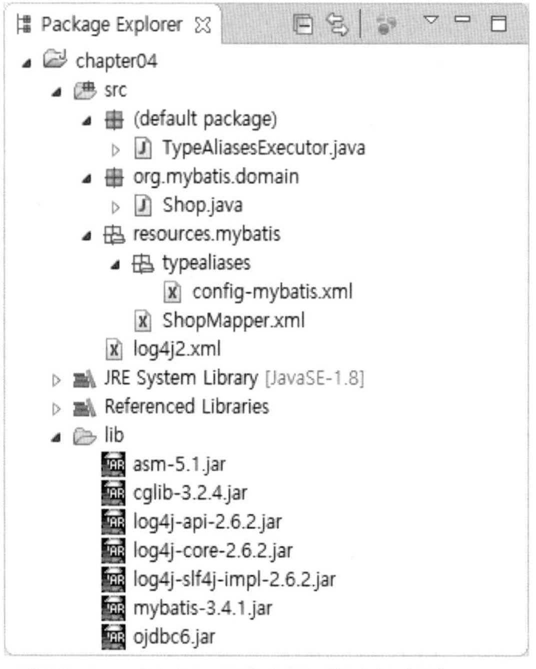

그림 4.8 chapter04 자바 프로젝트(타입 에일리어스 실습)

다음 경로에서 타입 에일리어스로 등록하려는 도메인 클래스를 생성한다.

/chapter04/src/org/mybaits/domain/**Shop.java**

도메인 클래스 작성을 완료하면, 예제 4.9와 같다.

예제 4.9 도메인 클래스(타입 에일리어스 실습)

```
/* /chapter04/src/org/mybatis/domain/Shop.java */

package org.mybatis.domain;

import java.io.Serializable;

public class Shop implements Serializable {
    private int shopNo;
    private String shopName;
    private String shopLocation;
    private String shopStatus;

    /* 기본 생성자 */
    public Shop() {
    }

    /* 생성자 */
    public Shop(int shopNo, String shopName, String shopLocation,
            String shopStatus) {
        this.shopNo = shopNo;
        this.shopName = shopName;
        this.shopLocation = shopLocation;
        this.shopStatus = shopStatus;
    }

    /* 셋터 메소드 */
    public void setShopNo(int shopNo) {
        this.shopNo = shopNo;
    }

    public void setShopName(String shopName) {
        this.shopName = shopName;
    }

    public void setShopLocation(String shopLocation) {
        this.shopLocation = shopLocation;
    }
```

```
    public void setShopStatus(String shopStatus) {
        this.shopStatus = shopStatus;
    }

    /* 겟터 메소드 */
    public int getShopNo() {
        return shopNo;
    }

    public String getShopName() {
        return shopName;
    }

    public String getShopLocation() {
        return shopLocation;
    }

    public String getShopStatus() {
        return shopStatus;
    }
}
```

다음 경로에서 마이바티스 설정 XML 파일을 생성한다.

/chapter04/src/resources/mybatis/**typealiases/config-mybatis.xml**

마이바티스 설정 XML 파일을 생성한 다음 Shop 클래스를 타입 에일리어스로 지정한다.

```
<typeAliases>
    <typeAlias alias="shop" type="org.mybatis.domain.Shop" />
</typeAliases>
```

마이바티스 설정 XML 파일 작성을 완료하면, 예제 4.10과 같다.

예제 4.10 마이바티스 설정 XML 파일(타입 에일리어스 실습)

```
/* /chapter04/src/resources/mybatis/typealiases/config-mybatis.xml */

<?xml version="1.0" encoding="UTF-8"?>

<!DOCTYPE configuration PUBLIC "-//mybatis.org//DTD Config 3.0//EN"
"http://mybatis.org/dtd/mybatis-3-config.dtd">

<configuration>
    <!-- 타입 에일리어스 스택 -->
    <typeAliases>
        <!-- 타입 에일리어스 -->
        <typeAlias alias="shop" type="org.mybatis.domain.Shop" />
    </typeAliases>

    <!-- 환경 스택 -->
    <environments default="default">
        <!-- 환경 -->
        <environment id="default">
            <!-- 트랜잭션 관리자 -->
            <transactionManager type="JDBC" />
            <!-- 데이터 소스 -->
            <dataSource type="UNPOOLED">
                <property name="driver"
                    value="oracle.jdbc.driver.OracleDriver" />
                <property name="url"
                    value="jdbc:oracle:thin:@localhost:1521:XE" />
                <property name="username" value="mybatis" />
                <property name="password" value="mybatis$" />
            </dataSource>
        </environment>
    </environments>

    <!-- 매퍼 스택 -->
    <mappers>
        <!-- 매퍼 -->
        <mapper resource="resources/mybatis/ShopMapper.xml" />
    </mappers>
</configuration>
```

다음 경로에서 실행 클래스를 생성한다.

/chapter04/src/**TypeAliasesExecutor.java**

실행 클래스를 생성한 다음 static 블록을 작성한다. static 블록에 마이바티스 설정 XML 파일을 읽어들여 SqlSessionFactory 객체를 생성하는 소스 코드를 작성한다. Resource 객체의 getResourceAsReader() 메소드를 호출할 때 에러가 발생할 수 있기 때문에 try~catch 문을 사용해서 예외를 처리한다. SqlSessionFactoryBuilder 객체의 build() 메소드에 마이바티스 설정 XML 파일을 읽어들인 Reader 객체를 인자로 전달하면, 생성된 SqlSessioFactory 객체를 반환받을 수 있다. 마이바티스 설정 XML 파일 경로가 올바른지 확인한 다음 주의해서 지정한다.

```
public class TypeAliasesExecutor {
    private static SqlSessionFactory sqlSessionFactory;

    static {
        try {
            // 마이바티스 설정 XML 파일 경로(타입 에일리어스 실습)
            String resource =
                "resources/mybatis/typealiases/config-mybatis.xml";
            Reader reader = Resources.getResourceAsReader(resource);
            sqlSessionFactory =
                new SqlSessionFactoryBuilder().build(reader);
        } catch (IOException e) {
            e.printStackTrace();
        }
    }
}
```

다음과 같이 main() 메소드를 작성한 다음 마이바티스에 등록한 Shop 클래스의 타입 에일리어스를 출력할 수 있도록 소스 코드를 작성한다.

```
public class TypeAliasesExecutor {
    private static final Log log =
        LogFactory.getLog(TypeAliasesExecutor.class);

    ...중략...

    public static void main(String[] args) {
        try {
            Map<String, Class<?>> typeAliases = SqlSessionFactory
                .getConfiguration().getTypeAliasRegistry().getTypeAliases();

            log.debug(String.valueOf(typeAliases.get("shop")));
        } catch (Exception e) {
            e.printStackTrace();
        }
    }
}
```

실행 클래스 작성을 완료하면, 예제 4.11과 같다.

예제 4.11 실행 클래스(타입 에일리어스 실습)

```
/* /chapter04/src/TypeAliasesExecutor.java */

import java.io.IOException;
import java.io.Reader;
import java.util.Map;
import org.apache.ibatis.io.Resources;
import org.apache.ibatis.logging.Log;
import org.apache.ibatis.logging.LogFactory;
import org.apache.ibatis.session.SqlSessionFactory;
import org.apache.ibatis.session.SqlSessionFactoryBuilder;

public class TypeAliasesExecutor {
    private static final Log log =
        LogFactory.getLog(TypeAliasesExecutor.class);

    private static SqlSessionFactory sqlSessionFactory;

    static {
        try {
```

```
            // 마이바티스 설정 XML 파일 경로(타입 에일리어스 실습)
            String resource =
                "resources/mybatis/typealiases/config-mybatis.xml";
            Reader reader = Resources.getResourceAsReader(resource);
            sqlSessionFactory =
                new SqlSessionFactoryBuilder().build(reader);
        } catch (IOException e) {
            e.printStackTrace();
        }
    }

    public static void main(String[] args) {
        try {
            Map<String, Class<?>> typeAliases = sqlSessionFactory
                .getConfiguration().getTypeAliasRegistry().getTypeAliases();

            log.debug(String.valueOf(typeAliases.get("shop")));
        } catch (Exception e) {
            e.printStackTrace();
        }
    }
}
```

위와 같이 작성한 예제 4.11을 실행하면, 다음과 같이 타입 에일리어스에 shop 문자열로 등록한 org.mybatis.domain.Shop 클래스 타입의 객체가 출력되는 것을 확인할 수 있다.

```
DEBUG [main] - class org.mybatis.domain.Shop
```

4.3.3 타입 핸들러 구성 요소 <typeHandler>

마이바티스는 타입 핸들러를 사용해서 자바 타입과 JDBC 타입 변환을 처리한다. 타입 핸들러를 도식화하면, 그림 4.9와 같다.

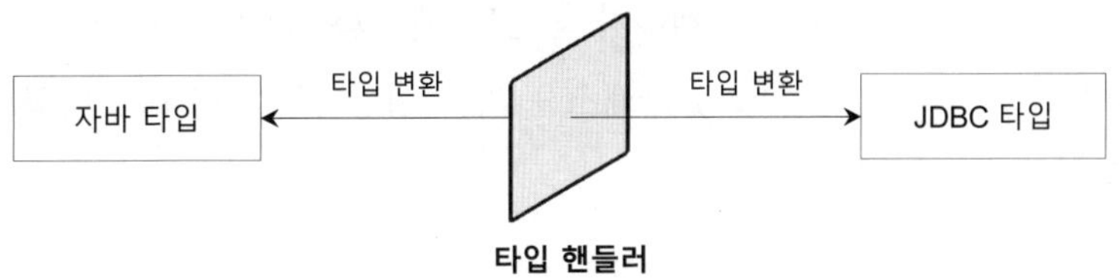

그림 4.9 마이바티스 타입 핸들러

그림 4.10과 같이 타입 핸들러는 매핑 구문에 파라미터 객체를 바인딩하거나 리절트 객체에 리절트셋을 바인딩할 때 타입 변환을 자동으로 처리할 수 있다.

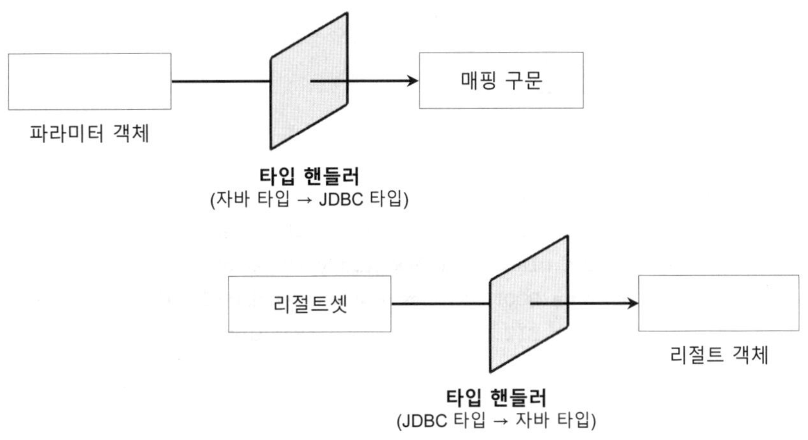

그림 4.10 마이바티스 타입 핸들러를 통해서 자바 타입과 JDBC 타입 변환

마이바티스는 널리 알려진 데이터 타입을 자동으로 변환할 수 있도록 타입 핸들러를 제공한다. 마이바티스 라이브러리에 포함된 소스 코드 중 다음 경로에 존재하는 `Configuration` 클래스, `TypeHandlerRegistry` 클래스, `XMLConfigBuilder` 클래스를 살펴보면, 마이바티스에서 제공하는 타입 핸들러를 찾을 수 있다.

/org/apache/ibatis/session/**Configuration.java**
/org/apache/ibatis/type/**TypeHandlerRegistry.java**
/org/apache/ibatis/builder/**xml/XMLConfigBuilder.java**

다음과 같이 Configuration 객체가 생성될 때 TypeHandlerRegistry 객체를 생성한다. TypeHandlerRegistry 클래스는 기본 생성자를 사용해서 타입 핸들러를 등록한다.

```
/* Configuration 클래스 */
public class Configuration {
    protected final TypeHandlerRegistry typeHandlerRegistry =
        new TypeHandlerRegistry();

    ...중략...
}

/* TypeHandlerRegistry 클래스 */
public class TypeHandlerRegistry {
    ...중략...

    public TypeHandlerRegistry() {
        register(Boolean.class, new BooleanTypeHandler());
        register(boolean.class, new BooleanTypeHandler());
        register(JdbcType.BOOLEAN, new BooleanTypeHandler());
        register(JdbcType.BIT, new BooleanTypeHandler());

        ...중략...
    }
}
```

마이바티스 설정 XML 파일에 사용자가 지정한 타입 핸들러 설정이 있다면, 위에 등록된 타입 핸들러 설정에 추가된다. 만일 마이바티스에서 제공하는 타입 핸들러 설정과 마이바티스 설정 XML 파일에 사용자가 지정한 타입 핸들러 설정이 동일하면, 사용자가 지정한 타입 핸들러 설정으로 갱신된다. 이러한 과정은 XMLConfigBuilder 클래스의 typeHandlerElement() 메소드를 통해서 이루어진다.

```
/* XMLConfigBuilder 클래스 */
private void typeHandlerElement(XNode parent) throws Exception {
    if (parent != null) {
```

```
        for (XNode child : parent.getChildren()) {
            if ("package".equals(child.getName())) {
                String typeHandlerPackage =
                    child.getStringAttribute("name");
                typeHandlerRegistry.register(typeHandlerPackage);
            } else {
                String javaTypeName = child.getStringAttribute("javaType");
                String jdbcTypeName = child.getStringAttribute("jdbcType");
                String handlerTypeName =
                    child.getStringAttribute("handler");
                Class<?> javaTypeClass = resolveClass(javaTypeName);
                JdbcType jdbcType = resolveJdbcType(jdbcTypeName);
                Class<?> typeHandlerClass = resolveClass(handlerTypeName);
                if (javaTypeClass != null) {
                    if (jdbcType == null) {
                        typeHandlerRegistry.register(
                            javaTypeClass, typeHandlerClass);
                    } else {
                        typeHandlerRegistry.register(
                            javaTypeClass, jdbcType, typeHandlerClass);
                    }
                } else {
                    typeHandlerRegistry.register(typeHandlerClass);
                }
            }
        }
    }
}
```

Configuration 클래스와 TypeAliasRegistry 클래스에 정의된 타입 핸들러를 정리하면, 표 4.11과 같다.

표 4.11 마이바티스에서 제공하는 타입 핸들러

타입 핸들러	자바 타입	JDBC 타입
ArrayTypeHandler	java.lang.Object	ARRAY
BigDecimalTypeHandler	java.math.BigDecimal	NUMERIC 타입과 호환 가능한 타입 또는 DECIMAL 타입
BigIntegerTypeHandler	BigInteger	–

(이어짐)

타입 핸들러	자바 타입	JDBC 타입
BlobByteObjectArrayTypeHandler	Byte[]	BLOB, LONGVARBINARY
BlobTypeHandler	byte[]	BLOB, LONGVARBINARY
BlobInputStreamTypeHandler	java.io.InputStream	-
BooleanTypeHandler	java.lang.Boolean, Boolean	BOOLEAN 타입과 호환 가능한 타입
ByteArrayTypeHandler	byte[]	호환 가능한 byte 스트림 타입
ByteObjectArrayTypeHandler	Byte[]	-
ByteTypeHandler	java.lang.Byte, byte	NUMERIC 타입과 호환 가능한 타입 또는 BYTE 타입
CharacterTypeHandler	Character, char	-
ClobReaderTypeHandler	java.io.Reader	-
ClobTypeHandler	java.lang.String	CLOB, LONGVARCHAR
DateOnlyTypeHandler	java.util.Date	DATE
DateTypeHandler	java.util.Date	TIMESTAMP
DoubleTypeHandler	java.lang.Double, double	NUMERIC 타입과 호환 가능한 타입 또는 DOUBLE 타입
EnumOrdinalTypeHandler	Enumeration 타입	NUMERIC 타입과 호환 가능한 타입 또는 DOUBLE 타입
EnumTypeHandler	Enumeration 타입	VARCHAR, 호환 가능한 문자열
FloatTypeHandler	java.lang.Float, float	NUMERIC 타입과 호환 가능한 타입 또는 FLOAT 타입
IntegerTypeHandler	java.lang.Integer, int	NUMERIC 타입과 호환 가능한 타입 또는 INTEGER 타입
LongTypeHandler	java.lang.Long, long	NUMERIC 타입과 호환 가능한 타입 또는 LONG INTEGER 타입
NClobTypeHandler	java.lang.String	NCLOB
NStringTypeHandler	java.lang.String	NVARCHAR, NCHAR
ObjectTypeHandler	Any	OTHER, 명시하지 않는 경우
ShortTypeHandler	java.lang.Short, short	NUMERIC 타입과 호환 가능한 타입 또는 SHORT INTEGER 타입
SqlDateTypeHandler	java.sql.Date	Date

(이어짐)

타입 핸들러	자바 타입	JDBC 타입
SqlTimestampTypeHandler	java.sql.Timestamp	TIMESTAMP
SqlTimeTypeHandler	java.sql.Time	TIME
StringTypeHandler	java.lang.String	CHAR, VARCHAR
TimeOnlyTypeHandler	java.util.Date	TIME

위와 같이 표 4.11에 정리한 타입 핸들러 중 일부는 마이바티스 라이브러리 버전에 따라 제공되지 않는다. 예를 들어 `BlobByteObjectArrayTypeHandler` 타입 핸들러와 `ByteObjectArrayTypeHandler` 타입 핸들러는 마이바티스 라이브러리 3.2.2 이상 버전에서만 사용 가능하다. 데이터 타입 변환에 문제가 발생하면 반드시 마이바티스 라이브러리 버전을 먼저 확인한다. 일반적으로 널리 사용하는 데이터베이스가 아닌 경우 예외적인 JDBC 타입이 존재할 수 있다. 이와 같은 경우 사용자가 타입 핸들러 클래스를 작성한 다음 마이바티스 설정 XML 파일에 등록할 수 있다. 타입 핸들러 클래스를 작성하는 방법은 다음과 같다. 이 책에서는 `BaseTypeHandler` 클래스를 상속받아 타입 핸들러 클래스를 작성하는 두 번째 방법을 권한다.

- **TypeHandler 인터페이스 구현**
- **BaseTypeHandler 클래스 상속**

예를 들어 CLOB 타입을 `String` 타입으로 변환하는 타입 핸들러 클래스를 작성해 보자. 다음 경로에서 타입 핸들러 클래스를 생성한다.

/chapter04/src/org/mybatis/**custom/CustomClobTypeHandler.java**

타입 핸들러 클래스를 생성한 다음 `BaseTypeHandler` 클래스를 상속한다.

```
public class CustomClobTypeHandler extends BaseTypeHandler<String> {
    ...중략...
}
```

다음과 같이 BaseTypeHandler 클래스에 정의된 네 개의 메소드를 재정의한다. 우선 getNullableResult() 메소드에 JDBC 타입을 자바 타입으로 변환하는 기능을 작성한 다음 setNonNullParameter() 메소드에 자바 타입을 JDBC 타입으로 변환하는 기능을 작성한다. 메소드를 재정의할 때 마이바티스 라이브러리에 포함된 소스 코드 중 org.apache.ibatis.type.ClobTypeHandler 클래스를 참고해서 작성한다.

```
/* BaseTypeHandler 클래스 */
public abstract class BaseTypeHandler<T> extends TypeReference<T>
        implements TypeHandler<T> {
    public abstract void setNonNullParameter(PreparedStatement ps, int i,
        T parameter, JdbcType jdbcType) throws SQLException;
    public abstract T getNullableResult(ResultSet rs, String columnName)
        throws SQLException;
    public abstract T getNullableResult(ResultSet rs, int columnIndex)
        throws SQLException;
    public abstract T getNullableResult(CallableStatement cs,
        int columnIndex) throws SQLException;

    ...중략...
}
```

타입 핸들러 클래스 작성을 완료하면, 예제 4.12와 같다.

예제 4.12 타입 핸들러 클래스(타입 핸들러 실습)

```
/* /chapter04/src/org/mybatis/custom/CustomClobTypeHandler.java */

package org.mybatis.custom;

import java.io.StringReader;
import java.sql.CallableStatement;
import java.sql.Clob;
import java.sql.PreparedStatement;
import java.sql.ResultSet;
import java.sql.SQLException;
import org.apache.ibatis.type.BaseTypeHandler;
import org.apache.ibatis.type.JdbcType;
```

```java
public class CustomClobTypeHandler extends BaseTypeHandler<String> {
    @Override
    public void setNonNullParameter(PreparedStatement preparedStatement,
            int i, String parameter, JdbcType jdbcType) throws SQLException {
        StringReader reader = new StringReader(parameter);
        preparedStatement.setCharacterStream(
            i, reader, parameter.length());
    }

    @Override
    public String getNullableResult(ResultSet resultSet, String columnName)
            throws SQLException {
        String value = "";
        Clob clob = resultSet.getClob(columnName);
        if (clob != null) {
            int size = (int) clob.length();
            value = clob.getSubString(1, size);
        }
        return value;
    }

    @Override
    public String getNullableResult(ResultSet resultSet, int columnIndex)
            throws SQLException {
        String value = "";
        Clob clob = resultSet.getClob(columnIndex);
        if (clob != null) {
            int size = (int) clob.length();
            value = clob.getSubString(1, size);
        }
        return value;
    }

    @Override
    public String getNullableResult(CallableStatement callableStatement,
            int columnIndex) throws SQLException {
        String value = "";
        Clob clob = callableStatement.getClob(columnIndex);
        if (clob != null) {
            int size = (int) clob.length();
```

```
            value = clob.getSubString(1, size);
        }
        return value;
    }
}
```

위와 같이 작성한 타입 핸들러 클래스는 다음과 같이 <typeHandler> 구성 요소를 사용해서 지정한다. <typeHandler> 구성 요소는 <typeAliases> 구성 요소 이후에 지정하도록 주의해야 한다. 만일 정해진 위치를 따르지 않으면 에러가 발생한다.

```
<typeAliases>
    ...중략...
</typeAliases>
<typeHandler />
```

다음과 같이 <typeHandler> 구성 요소에 handler 속성을 추가한 다음 속성 값에 패키지 경로를 포함한 타입 핸들러 클래스를 지정한다.

```
<typeHandler handler="org.mybatis.custom.CustomClobTypeHandler" />
```

<typeHandler> 구성 요소에 jdbcType 속성과 javaType 속성을 지정한 다음 속성 값에 타입 핸들러를 통해서 처리하려는 JDBC 타입과 자바 타입을 지정한다. 예를 들어 CLOB 타입과 java.lang.String 타입을 JDBC 타입과 자바 타입으로 지정하면 다음과 같다.

```
<typeHandler handler="org.mybatis.custom.CustomClobTypeHandler"
    jdbcType="CLOB" javaType="java.lang.String" />
```

다음과 같이 <typeHandler> 구성 요소는 여러 번 지정할 수 있다.

```
<typeHandler handler="org.mybatis.custom.CustomClobTypeHandler"
    jdbcType="CLOB" javaType="java.lang.String" />
```

```
<typeHandler handler="org.mybatis.custom.CustomBlobTypeHandler"
    jdbcType="BLOB" javaType="java.lang.String" />
```

특히 동일한 경로에 존재하는 다수의 타입 핸들러 클래스를 등록할 때 <typeHandler> 구성 요소 대신 패키지 구성 요소를 사용하면, 타입 핸들러를 한 번에 등록할 수 있다. 다음과 같이 패키지 구성 요소는 <package> 구성 요소를 사용해서 지정한다.

<package />

다음과 같이 <package> 구성 요소에 name 속성을 지정한 다음 속성 값에 타입 핸들러 클래스가 위치한 패키지 경로를 지정한다.

```
<package name="org.mybatis.custom" />
```

알/아/두/기

org.apache.ibatis.type.TypeHandlerRegistry 클래스의 register() 메소드를 살펴보면, 마이바티스 설정 XML 파일에 지정한 타입 핸들러 클래스를 패키지 단위로 읽어들여 등록하는 소스 코드를 찾을 수 있다.

```
/* TypeHandlerRegistry 클래스 */
public void register(String packageName) {
    ResolverUtil<Class<?>> resolverUtil =
        new ResolverUtil<Class<?>>();
    resolverUtil.find(new ResolverUtil.IsA(TypeHandler.class),
        packageName);
    Set<Class<? extends Class<?>>> handlerSet =
        resolverUtil.getClasses();
    for (Class<?> type : handlerSet) {
        if (!type.isAnonymousClass() && !type.isInterface()
                && !Modifier.isAbstract(type.getModifiers())) {
            register(type);
        }
    }
}
```

<typeHandler> 구성 요소를 사용하면, javaType 속성과 jdbcType 속성을 통해서 자바 타입과 JDBC 데이터 타입을 지정할 수 있다. 반면에 <package> 구성 요소를 사용하면, 패키지 단위로 타입 핸들러 클래스를 등록하기 때문에 자바 타입과 JDBC 타입을 지정할 수 없다. 이때 @MappedTypes 애노테이션과 @MappedJdbcTypes 애노테이션을 사용하면, 타입 핸들러 클래스에 자바 타입과 JDBC 타입을 지정할 수 있다. 다음과 같이 @MappedTypes 애노테이션을 사용해서 자바 타입을 지정하고, @MappedJdbcTypes 애노테이션을 사용해서 JDBC 타입을 지정한다. 자바 타입과 JDBC 타입은, 기호를 사용해서 여러 개 지정할 수 있다.

```
@MappedTypes(value = String.class)
@MappedJdbcTypes(value = { JdbcType.CLOB })
public class CustomClobTypeHandler extends BaseTypeHandler<byte[]> {
    ...중략...
}
```

알/아/두/기

org.apache.ibatis.type.JdbcType 클래스를 살펴보면, 마이바티스에 등록된 JDBC 타입을 찾을 수 있다. 오라클 데이터베이스인 경우 CURSOR 타입을 사용할 수 있다. NVARCHAR 타입, NCHAR 타입, NCLOB 타입, ROWID 타입, LONGNVARCHAR 타입, SQLXML 타입은 자바 1.6 이상 버전을 사용하는 경우에만 사용 가능하다.

```
public enum JdbcType {
    ARRAY(Types.ARRAY),
    BIT(Types.BIT),
    TINYINT(Types.TINYINT),
    SMALLINT(Types.SMALLINT),
    INTEGER(Types.INTEGER),
    BIGINT(Types.BIGINT),
    FLOAT(Types.FLOAT),
    REAL(Types.REAL),
    DOUBLE(Types.DOUBLE),
    NUMERIC(Types.NUMERIC),

    ...중략...
}
```

<typeHandler> 구성 요소나 <package> 구성 요소는 타입 핸들러 스택 구성 요소를 사용해서 하나로 묶어 관리한다. 다음과 같이 타입 핸들러 스택 구성 요소는 <typeHandlers> 구성 요소를 사용해서 지정한다.

```
<typeHandlers>
    <typeHandler handler="org.mybatis.custom.CustomClobTypeHandler"
        jdbcType="CLOB" javaType="java.lang.String" />
</typeHandlers>
```

위와 같이 <typeHandlers> 구성 요소에 지정한 타입 핸들러와 마이바티스에서 제공하는 타입 핸들러가 동일한 타입 변환을 처리하는 경우, 우선 마이바티스에서 제공하는 타입 핸들러를 통해서 타입 변환을 시도한다. 반드시 이점을 유의해야 한다. <typeHandlers> 구성 요소에 지정한 타입 핸들러를 사용해서 타입 변환을 처리하려면, 다음과 같이 <resultMap> 구성 요소를 명시적으로 사용해야 한다. 다음과 같이 <typeHandlers> 구성 요소에 지정한 JDBC 타입과 자바 타입을 <result> 구성 요소에 동일하게 지정한다. 리절트 맵에 조회 결과가 바인딩될 때 JDBC 타입과 자바 타입이 일치하는 타입 핸들러를 사용한다.

```
/* 마이바티스 설정 XML 파일 */
<typeHandlers>
    <typeHandler handler="org.mybatis.custom.CustomClobTypeHandler"
        jdbcType="CLOB" javaType="java.lang.String" />
</typeHandlers>

/* 마이바티스 매퍼 XML 파일 */
<resultMap id="shopResultMap" type="java.util.HashMap">
    <result column="SHOP_LOCATION" property="shopLocation"
        jdbcType="CLOB" javaType="java.lang.String" />
</resultMap>
```

알/아/두/기

마이바티스에서 제공하는 타입 핸들러는 JSR 310(Date and Time API) 표준안에 포함된 새로운 Date 타입과 Time 타입을 처리할 수 있다. 마이바티스 라이브러리 3.4.0 이상 버전을 사용하는 경우 사용자가 타입 핸들러를 지정할 필요가 없다. 만일 마이바티스 라이브러리 3.4.0 이하 버전을 사용하는 경우 다음과 같이 타입 핸들러를 지정해야 한다.

```
<typeHandlers>
    <typeHandler handler=
        "org.apache.ibatis.type.InstantTypeHandler" />
    <typeHandler handler=
        "org.apache.ibatis.type.LocalDateTimeTypeHandler" />
    <typeHandler handler=
        "org.apache.ibatis.type.LocalDateTypeHandler" />
    <typeHandler handler=
        "org.apache.ibatis.type.LocalTimeTypeHandler" />
    <typeHandler handler=
        "org.apache.ibatis.type.OffsetDateTimeTypeHandler" />
    <typeHandler handler=
        "org.apache.ibatis.type.OffsetTimeTypeHandler" />
    <typeHandler handler=
        "org.apache.ibatis.type.ZonedDateTimeTypeHandler" />
</typeHandlers>
```

사용자가 작성한 타입 핸들러 클래스를 등록하는 과정을 실습할 수 있도록 다음 순서에 맞추어 자바 애플리케이션을 작성해 보자. 이미 작성한 파일은 별도로 작성하지 말고 그대로 사용한다.

1. **마이바티스 매퍼 XML 파일**(예제 4.1 활용)
2. **타입 핸들러 클래스**(예제 4.12 활용)
3. **마이바티스 설정 XML 파일 작성**
4. **실행 클래스 작성**(`TypeHandlersExecutor` 클래스)

위와 같이 목록에 맞추어 파일 작성을 완료하면, 그림 4.11과 같다.

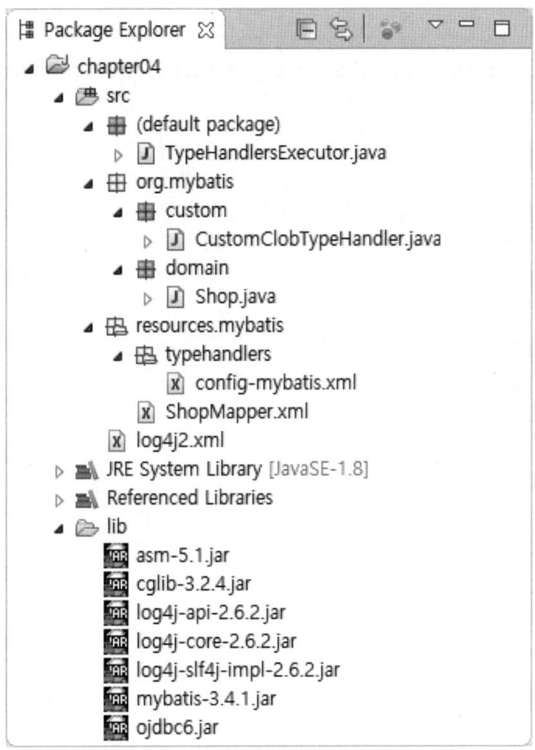

그림 4.11 chapter04 자바 프로젝트(타입 핸들러 실습)

다음 경로에서 마이바티스 설정 XML 파일을 생성한다.

/chapter04/src/resources/mybatis/**typehandlers/config-mybatis.xml**

마이바티스 설정 XML 파일을 생성한 다음 <typeHandlers> 구성 요소를 사용해서 사용자가 작성한 타입 핸들러를 지정한다.

```
<typeHandlers>
    <typeHandler handler="org.mybatis.custom.CustomClobTypeHandler"
        jdbcType="CLOB" javaType="java.lang.String" />
</typeHandlers>
```

마이바티스 설정 XML 파일 작성을 완료하면, 예제 4.13과 같다.

예제 4.13 마이바티스 설정 XML 파일(타입 핸들러 실습)

```
/* /chapter04/src/resources/mybatis/typehandlers/config-mybatis.xml */

<?xml version="1.0" encoding="UTF-8"?>

<!DOCTYPE configuration PUBLIC "-//mybatis.org//DTD Config 3.0//EN"
"http://mybatis.org/dtd/mybatis-3-config.dtd">

<configuration>
    <!-- 타입 핸들러 스택 -->
    <typeHandlers>
        <!-- 타입 핸들러 -->
        <typeHandler handler="org.mybatis.custom.CustomClobTypeHandler"
            jdbcType="CLOB" javaType="java.lang.String" />
    </typeHandlers>

    <!-- 환경 스택 -->
    <environments default="default">
        <!-- 환경 -->
        <environment id="default">
            <!-- 트랜잭션 관리자 -->
            <transactionManager type="JDBC" />
            <!-- 데이터 소스 -->
            <dataSource type="UNPOOLED">
                <property name="driver"
                    value="oracle.jdbc.driver.OracleDriver" />
                <property name="url"
                    value="jdbc:oracle:thin:@localhost:1521:XE" />
                <property name="username" value="mybatis" />
                <property name="password" value="mybatis$" />
            </dataSource>
        </environment>
    </environments>

    <!-- 매퍼 스택 -->
    <mappers>
        <!-- 매퍼 -->
        <mapper resource="resources/mybatis/ShopMapper.xml" />
    </mappers>
</configuration>
```

다음 경로에서 실행 클래스를 생성한다.

/chapter04/src/**TypeHandlersExecutor.java**

실행 클래스를 생성한 다음 static 블록을 작성한다. static 블록에 마이바티스 설정 XML 파일을 읽어들여 SqlSessionFactory 객체를 생성하는 소스 코드를 작성한다. Resource 객체의 getResourceAsReader() 메소드를 호출할 때 에러가 발생할 수 있기 때문에 try~catch 문을 사용해서 예외를 처리한다. SqlSessionFactoryBuilder 객체의 build() 메소드에 마이바티스 설정 XML 파일을 읽어들인 Reader 객체를 인자로 전달하면, 생성된 SqlSessioFactory 객체를 반환받을 수 있다. 마이바티스 설정 XML 파일 경로가 올바른지 확인한 다음 주의해서 지정한다.

```
public class TypeHandlersExecutor {
    private static SqlSessionFactory sqlSessionFactory;

    static {
        try {
            // 마이바티스 설정 XML 파일 경로(타입 핸들러 실습)
            String resource =
                "resources/mybatis/typehandlers/config-mybatis.xml";
            Reader reader = Resources.getResourceAsReader(resource);
            sqlSessionFactory =
                new SqlSessionFactoryBuilder().build(reader);
        } catch (IOException e) {
            e.printStackTrace();
        }
    }
}
```

다음과 같이 main() 메소드를 작성한 다음 마이바티스에 등록한 타입 핸들러 중 CustomClobTypeHandler 클래스가 존재하는지 확인할 수 있도록 소스 코드를 작성한다.

```
public class TypeHanlersExecutor {
    private static final Log log =
        LogFactory.getLog(TypeHanlersExecutor.class);

    ...중략...

    public static void main(String[] args) {
        try {
            Configuration configuration =
                sqlSessionFactory.getConfiguration();

            TypeHandlerRegistry typeHandlerRegistry =
                configuration.getTypeHandlerRegistry();

            TypeHandler<?> typeHandler = typeHandlerRegistry.
                getMappingTypeHandler(CustomClobTypeHandler.class);

            log.debug(String.valueOf(typeHandler.getClass()));
        } catch (Exception e) {
            e.printStackTrace();
        }
    }
}
```

실행 클래스 작성을 완료하면, 예제 4.14와 같다.

예제 4.14 실행 클래스(타입 핸들러 실습)

```
/* /chapter04/src/TypeHanlersExecutor.java */

import java.io.IOException;
import java.io.Reader;
import org.apache.ibatis.io.Resources;
import org.apache.ibatis.logging.Log;
import org.apache.ibatis.logging.LogFactory;
import org.apache.ibatis.session.Configuration;
import org.apache.ibatis.session.SqlSessionFactory;
import org.apache.ibatis.session.SqlSessionFactoryBuilder;
import org.apache.ibatis.type.TypeHandler;
import org.apache.ibatis.type.TypeHandlerRegistry;
import org.mybatis.custom.CustomClobTypeHandler;
```

```
public class TypeHandlersExecutor {
    private static final Log log =
        LogFactory.getLog(TypeHandlersExecutor.class);

    private static SqlSessionFactory sqlSessionFactory;

    static {
        try {
            // 마이바티스 설정 XML 파일 경로(타입 핸들러 실습)
            String resource =
                "resources/mybatis/typehandlers/config-mybatis.xml";
            Reader reader = Resources.getResourceAsReader(resource);
            sqlSessionFactory =
                new SqlSessionFactoryBuilder().build(reader);
        } catch (IOException e) {
            e.printStackTrace();
        }
    }

    public static void main(String[] args) {
        try {
            Configuration configuration =
                sqlSessionFactory.getConfiguration();

            TypeHandlerRegistry typeHandlerRegistry =
                configuration.getTypeHandlerRegistry();

            TypeHandler<?> typeHandler = typeHandlerRegistry.
                getMappingTypeHandler(CustomClobTypeHandler.class);

            log.debug(String.valueOf(typeHandler.getClass()));
        } catch (Exception e) {
            e.printStackTrace();
        }
    }
}
```

위와 같이 작성한 예제 4.14를 실행하면, 다음과 같이 마이바티스에 등록한 타입 핸들러 중 CustomClobTypeHandler 클래스가 존재하는 것을 출력된 로그를 통해서 확인할 수 있다.

```
DEBUG [main] - class org.mybatis.custom.CustomClobTypeHandler
```

4.3.4 오브젝트 팩토리 구성 요소 〈objectFactory〉

마이바티스는 필요한 객체를 생성하거나 초기화할 때 오브젝트 팩토리를 사용한다. 오브젝트 팩토리를 도식화하면, 그림 4.12와 같다.

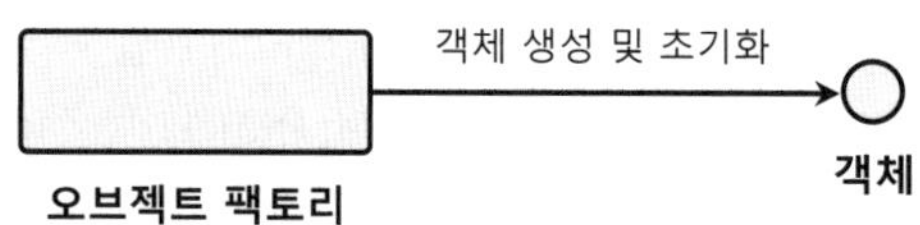

그림 4.12 마이바티스 오브젝트 팩토리

예를 들어 리절트셋이 반환되는 시점에 오브젝트 팩토리는 resultType 속성에 지정된 리절트 타입의 객체를 생성한 다음 초기화한다.

```
<select id="list" resultType="org.mybatis.domain.Shop">
    SELECT SHOP_NO, SHOP_NAME, SHOP_LOCATION, SHOP_STATUS
    FROM SHOP
</select>
```

리절트 객체 생성 및 초기화 과정을 도식화하면, 그림 4.13과 같다.

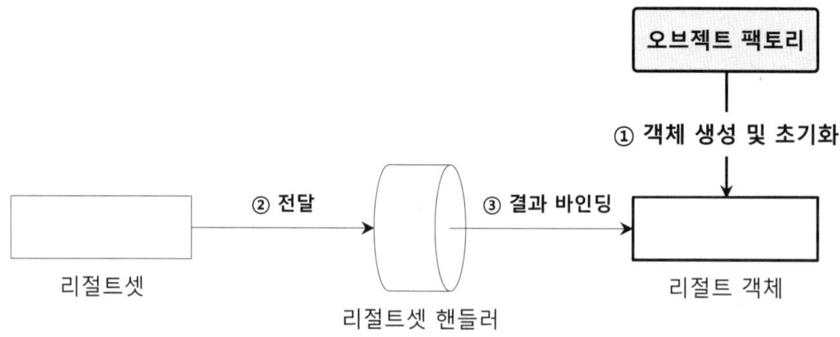

그림 4.13 리절트 객체 생성 및 초기화 과정

오브젝트 팩토리를 통해서 객체 생성 및 초기화 작업이 이루어지기 때문에 사용자는 객체 생성에 직접 관여할 일이 없다. 만일 객체를 생성하거나 초기화 작업에 관여할 필요가 있다면, 직접 오브젝트 팩토리를 작성한 다음 마이바티스 설정 XML 파일에 지정할 수 있다. 오브젝트 팩토리 클래스를 작성하는 방법은 다음과 같다. 이 책에서는 DefaultObjectFactory 클래스를 상속받아 오브젝트 팩토리 클래스를 작성하는 두 번째 방법을 권장한다.

- **ObjectFactory 인터페이스 구현**
- **DefaultObjectFactory 클래스 상속**

예를 들어 리절트 객체의 타입이 Shop 클래스 타입인 경우 shopStatus 프로퍼티 초기 값을 N으로 지정하는 오브젝트 팩토리 클래스를 작성해 보자. 다음 경로에서 오브젝트 팩토리 클래스를 생성한다.

/chapter04/src/org/mybatis/**custom/CustomObjectFactory.java**

오브젝트 팩토리 클래스를 생성한 다음 DefaultObjectFactory 클래스를 상속한다.

```
public class CustomObjectFactory extends DefaultObjectFactory {
    ...중략...
}
```

다음과 같이 DefaultObjectFactory 클래스에 정의된 두 개의 메소드를 재정의한다. 우선 setProperties() 메소드에 인자로 전달된 Properties 객체를 내부 Properties 타입의 변수에 등록하는 기능을 작성한 다음 create() 메소드에 객체를 생성하고 초기화하는 기능을 작성한다. 메소드를 재정의할 때 마이바티스 라이브러리에 포함된 소스 코드 중 org.apache.ibatis.reflection.factory.DefaultObjectFactory 클래스를 참고해서 작성한다.

```
/* DefaultObjectFactory 클래스 */
public class DefaultObjectFactory implements ObjectFactory, Serializable {
    public void setProperties(Properties properties);
    public <T> T create(Class<T> type);
}
```

오브젝트 팩토리 클래스 작성을 완료하면, 예제 4.15와 같다.

예제 4.15 오브젝트 팩토리 클래스(오브젝트 팩토리 실습)

```
/* /chapter04/src/org/mybatis/custom/CustomObjectFactory.java */

package org.mybatis.custom;

import java.util.Properties;
import org.apache.ibatis.reflection.factory.DefaultObjectFactory;
import org.mybatis.domain.Shop;

public class CustomObjectFactory extends DefaultObjectFactory {
    private Properties properties;

    public void setProperties(Properties properties) {
        this.properties = properties;
    }

    public <T> T create(Class<T> type) {
        Object object = create(type, null, null);

        if (Shop.class == type) {
            Shop shop = (Shop) object;

            String shopStatus = shop.getShopStatus();
            if (shopStatus == null || "".equals(shopStatus)) {
                shop.setShopStatus("N");
            }
        }

        return (T) object;
    }
}
```

이와 같이 작성한 오브젝트 팩토리 클래스는 다음과 같이 <objectFactory> 구성 요소를 사용해서 지정한다. <objectFactory> 구성 요소는 <typeHandlers> 구성 요소 이후에 지정하도록 주의해야 한다. 만일 정해진 위치를 따르지 않으면 에러가 발생한다.

```
<typeHandlers>
    ...중략...
</typeHandlers>
<objectFactory />
```

다음과 같이 <objectFactory> 구성 요소에 type 속성을 추가한 다음 속성 값에 패키지 경로를 포함한 오브젝트 팩토리 클래스를 지정한다.

```
<objectFactory type="org.mybatis.custom.CustomObjectFactory" />
```

위와 같이 지정한 오브젝트 팩토리에 필요한 설정이 있다면 프로퍼티 구성 요소를 사용해서 전달할 수 있다. 다음과 같이 프로퍼티 구성 요소는 <property> 구성 요소를 사용해서 지정한다.

```
<objectFactory type="org.mybatis.custom.CustomObjectFactory">
    <property />
</objectFactory>
```

<property> 구성 요소에 name 속성과 value 속성을 지정한 다음 속성명과 속성 값을 지정한다. 예를 들어 status 속성명으로 속성 값을 N으로 지정하면 다음과 같다.

```
<objectFactory type="org.mybatis.custom.CustomObjectFactory">
    <property name="status" value="N" />
</objectFactory>
```

이와 같이 지정한 프로퍼티 설정은 XMLConfigBuilder 클래스의 objectFactoryElement() 메소드를 통해서 오브젝트 팩토리가 생성될 때 setProperties() 메소드의 인자로 전달된다.

```
/* XMLConfigBilder 클래스 */
private void objectFactoryElement(XNode context) throws Exception {
    if (context != null) {
        String type = context.getStringAttribute("type");
        Properties properties = context.getChildrenAsProperties();
        ObjectFactory factory =
            (ObjectFactory) resolveClass(type).newInstance();
        factory.setProperties(properties);
        configuration.setObjectFactory(factory);
    }
}

/* CustomObjectFactory 클래스 */
public class CustomObjectFactory extends DefaultObjectFactory {
    private Properties properties;

    public void setProperties(Properties properties) {
        this.properties = properties;
    }

    ...중략...
}
```

다음과 같이 인자로 전달된 프로퍼티 설정은 객체를 생성할 때 사용할 수 있다. 예를 들어 Shop 타입의 객체를 생성할 때 프로퍼티 객체로부터 status 속성 값을 가져와서 shopStatus 프로퍼티 값을 셋팅할 수 있다.

```
/* CustomObjectFactory */
public class CustomObjectFactory extends DefaultObjectFactory {
    private Properties properties;
    ...중략...
```

```
    public <T> T create(Class<T> type) {
        Object object = create(type, null, null);

        // 생성 객체가 Shop 타입인 경우
        if (Shop.class == type) {
            Shop shop = (Shop) object;

            String shopStatus = shop.getShopStatus();
            if (shopStatus == null || "".equals(shopStatus)) {
                shop.setShopStatus(this.properties.getProperty("status"));
            }
        }

        return (T) object;
    }
}
```

마이바티스 설정 XML 파일에 직접 작성한 오브젝트 팩토리를 지정하면, 마이바티스에서 제공하는 오브젝트 팩토리를 대체하므로 주의해야 한다. 사용자가 작성한 오브젝트 팩토리를 실습할 수 있도록 다음 순서에 맞추어 자바 애플리케이션을 작성해 보자. 이미 작성한 파일은 별도로 작성하지 말고 그대로 사용한다.

1. **마이바티스 매퍼 XML 파일**(예제 4.1 활용)
2. **도메인 클래스**(예제 4.9 활용)
3. **오브젝트 팩토리 클래스**(예제 4.15 활용)
4. **마이바티스 설정 XML 파일 작성**
5. **실행 클래스 작성**(CustomObjectFactory 클래스)

위와 같이 목록에 맞추어 파일 작성을 완료하면, 그림 4.14와 같다.

그림 4.14 chapter04 자바 프로젝트(오브젝트 팩토리 실습)

다음 경로에서 마이바티스 설정 XML 파일을 생성한다.

/chapter04/src/resources/mybatis/**objectfactory/config-mybatis.xml**

마이바티스 설정 XML 파일을 생성한 다음 `<objectFactory>` 구성 요소를 사용해서 사용자가 작성한 오브젝트 팩토리 클래스를 지정한다. 이때 내부 프로퍼티 설정을 함께 지정한다.

```
<objectFactory type="org.mybatis.custom.CustomObjectFactory">
    <property name="status" value="N" />
</objectFactory>
```

마이바티스 설정 XML 파일 작성을 완료하면, 예제 4.16과 같다.

예제 4.16 마이바티스 설정 XML 파일(오브젝트 팩토리 실습)

```
/* /chapter04/src/resources/mybatis/objectfactory/config-mybatis.xml */

<?xml version="1.0" encoding="UTF-8"?>

<!DOCTYPE configuration PUBLIC "-//mybatis.org//DTD Config 3.0//EN"
"http://mybatis.org/dtd/mybatis-3-config.dtd">

<configuration>
    <!-- 오브젝트 팩토리 -->
    <objectFactory type="org.mybatis.custom.CustomObjectFactory">
        <property name="status" value="N" />
    </objectFactory>

    <!-- 환경 스택 -->
    <environments default="default">
        <!-- 환경 -->
        <environment id="default">
            <!-- 트랜잭션 관리자 -->
            <transactionManager type="JDBC" />
            <!-- 데이터 소스 -->
            <dataSource type="UNPOOLED">
                <property name="driver"
                    value="oracle.jdbc.driver.OracleDriver" />
                <property name="url"
                    value="jdbc:oracle:thin:@localhost:1521:XE" />
                <property name="username" value="mybatis" />
                <property name="password" value="mybatis$" />
            </dataSource>
        </environment>
    </environments>

    <!-- 매퍼 스택 -->
    <mappers>
        <!-- 매퍼 -->
        <mapper resource="resources/mybatis/ShopMapper.xml" />
    </mappers>
</configuration>
```

다음 경로에서 실행 클래스를 생성한다.

/chapter04/src/**ObjectFactoryExecutor.java**

실행 클래스를 생성한 다음 static 블록을 작성한다. static 블록에 마이바티스 설정 XML 파일을 읽어들여 SqlSessionFactory 객체를 생성하는 소스 코드를 작성한다. Resource 객체의 getResourceAsReader() 메소드를 호출할 때 에러가 발생할 수 있기 때문에 try~catch 문을 사용해서 예외를 처리한다. SqlSessionFactoryBuilder 객체의 build() 메소드에 마이바티스 설정 XML 파일을 읽어들인 Reader 객체를 인자로 전달하면, 생성된 SqlSessioFactory 객체를 반환받을 수 있다. 마이바티스 설정 XML 파일 경로가 올바른지 확인한 다음 주의해서 지정한다.

```
public class ObjectFactoryExecutor {
    private static SqlSessionFactory sqlSessionFactory;

    static {
        try {
            // 마이바티스 설정 XML 파일 경로(오브젝트 팩토리 실습)
            String resource =
                "resources/mybatis/objectfactory/config-mybatis.xml";
            Reader reader = Resources.getResourceAsReader(resource);
            sqlSessionFactory =
                new SqlSessionFactoryBuilder().build(reader);
        } catch (IOException e) {
            e.printStackTrace();
        }
    }
}
```

다음과 같이 main() 메소드를 작성한 다음 마이바티스에 등록한 오브젝트 팩토리를 사용해서 Shop 타입의 객체를 생성한다. 생성된 Shop 객체의 가게 상태 값을 출력할 수 있도록 소스 코드를 작성한다.

```
public class ObjectFactoryExecutor {
    private static final Log log =
        LogFactory.getLog(ObjectFactoryExecutor.class);

    ...중략...

    public static void main(String[] args) {
        try {
            ObjectFactory objectFactory =
                sqlSessionFactory.getConfiguration().getObjectFactory();
            Shop shop = objectFactory.create(Shop.class);

            log.debug(shop.getShopStatus());
        } catch (Exception e) {
            e.printStackTrace();
        }
    }
}
```

실행 클래스 작성을 완료하면, 예제 4.17과 같다.

예제 4.17 실행 클래스(오브젝트 팩토리 실습)

```
/* /chapter04/src/ObjectFactoryExecutor.java */

import java.io.IOException;
import java.io.Reader;
import org.apache.ibatis.io.Resources;
import org.apache.ibatis.logging.Log;
import org.apache.ibatis.logging.LogFactory;
import org.apache.ibatis.reflection.factory.ObjectFactory;
import org.apache.ibatis.session.SqlSessionFactory;
import org.apache.ibatis.session.SqlSessionFactoryBuilder;
import org.mybatis.domain.Shop;

public class ObjectFactoryExecutor {
    private static final Log log =
        LogFactory.getLog(ObjectFactoryExecutor.class);

    private static SqlSessionFactory sqlSessionFactory;
```

```
    static {
        try {
            // 마이바티스 설정 XML 파일 경로(오브젝트 팩토리 실습)
            String resource =
                "resources/mybatis/objectfactory/config-mybatis.xml";
            Reader reader = Resources.getResourceAsReader(resource);
            sqlSessionFactory =
                new SqlSessionFactoryBuilder().build(reader);
        } catch (IOException e) {
            e.printStackTrace();
        }
    }

    public static void main(String[] args) {
        try {
            ObjectFactory objectFactory =
                sqlSessionFactory.getConfiguration().getObjectFactory();
            Shop shop = objectFactory.create(Shop.class);

            log.debug(shop.getShopStatus());
        } catch (Exception e) {
            e.printStackTrace();
        }
    }
}
```

이와 같이 작성한 예제 4.17을 실행하면, 다음과 같이 사용자가 작성한 오브젝트 팩토리를 통해서 생성된 Shop 객체의 shopStatus 프로퍼티 값이 N으로 출력되는 것을 확인할 수 있다.

```
DEBUG [main] - N
```

4.4 알아두면 유용한 구성 요소

마이바티스 프로그래밍을 작성할 때 알아두면 유용한 몇 가지 구성 요소가 존재한다. 해당 구성 요소를 적절히 사용하면, 매핑 구문을 호출하는 시점에 필요한 기능을 실행하거나 데이터베이스 제품에 따라 서로 다른 매핑 구문을 호출할 수 있다. 알아두면 유용한 구성 요소를 나열하면 다음과 같다.

- **프로퍼티 구성 요소 <property>**
- **플러그인 구성 요소 <plugin>**
- **데이터베이스 아이디 프로바이더 구성 요소 <databaseIdProvider>**

4.4.1 프로퍼티 구성 요소 〈property〉

마이바티스에 설정 정보를 전달할 때 프로퍼티 구성 요소를 사용한다. 다음과 같이 프로퍼티 구성 요소는 <property> 구성 요소를 사용해서 지정한다.

```
<property />
```

<property> 구성 요소에 name 속성과 value 속성을 추가한 다음 전달하려는 속성명과 속성 값을 지정한다. 예를 들어 <property> 구성 요소에 status 속성명으로 N 속성 값을 지정하면 다음과 같다.

```
<property name="status" value="N" />
```

프로퍼티 설정은 경우에 따라 다양한 방법으로 지정할 수 있다. 프로퍼티를 지정하는 다양한 방법을 살펴본 다음 프로퍼티 설정이 중복된 경우 어떤 프로퍼티 설정이 적용되는지 살펴보자.

4.4.1.1 내부 프로퍼티 설정

프로퍼티 사용을 마이바티스로 제한하거나 프로퍼티 개수가 적은 경우 내부 프로퍼티 설정을 사용한다. 내부 프로퍼티 설정을 도식화하면, 그림 4.15와 같다.

그림 4.15 내부 프로퍼티를 사용한 마이바티스 프로퍼티 설정

다음과 같이 내부 프로퍼티 설정은 데이터 소스 구성 요소를 지정할 때 주로 사용한다.

```
<dataSource type="UNPOOLED">
    <property name="driver" value="oracle.jdbc.driver.OracleDriver" />
    <property name="url" value="jdbc:oracle:thin:@localhost:1521:XE" />
    <property name="username" value="mybatis" />
    <property name="password" value="mybatis$" />
</dataSource>
```

위와 같이 마이바티스 설정 XML 파일이나 마이바티스 매퍼 XML 파일 곳곳에 내부 프로퍼티를 지정하면, 프로퍼티 설정이 중복될 수 있다. 마이바티스는 프로퍼티 설정 가운데 동일한 프로퍼티 정보를 하나로 모아 관리할 수 있도록 프로퍼티 스택 구성 요소를 제공한다. 다음과 같이 프로퍼티 스택 구성 요소는 <properties> 구성 요소를 사용해서 지정한다. <properties> 구성 요소는 마이바티스 설정 XML 파일의 최상위 구성 요소인 <configuration> 구성 요소 다음에 지정해야 한다. 만일 정해진 위치를 따르지 않으면 에러가 발생한다.

```
<configuration>
    <properties />

    ...중략...
</configuration>
```

<properties> 구성 요소를 지정하는 방법은 매우 간단하다. 다음과 같이 흩어져 있는 내부 프로퍼티 설정을 하나로 모아 <properties> 구성 요소 사이에 지정한다.

```
<configuration>
    <!-- 프로퍼티 스택 -->
    <properties>
        <property name="driver" value="oracle.jdbc.driver.OracleDriver" />
        <property name="url" value="jdbc:oracle:thin:@localhost:1521:XE" />
        <property name="username" value="mybatis" />
        <property name="password" value="mybatis$" />
    </properties>

    ...중략...
</configuration>
```

위와 같이 <properties> 구성 요소에 지정한 프로퍼티 설정을 사용하려면, 다음과 같이 인라인 파라미터 표기 형식을 지정한다.

${속성명}

예를 들어 <properties> 구성 요소에 지정한 driver 속성 값을 <dataSource> 구성 요소에서 사용하려면, 다음과 같이 ${driver} 형식을 지정한다.

```
<configuration>
    <!-- 프로퍼티 스택 -->
    <properties>
        <property name="driver" value="oracle.jdbc.driver.OracleDriver" />
        <property name="url" value="jdbc:oracle:thin:@localhost:1521:XE" />
        <property name="username" value="mybatis" />
        <property name="password" value="mybatis$" />
    </properties>

    ...중략...

    <!-- 데이터 소스 -->
    <dataSource type="UNPOOLED">
        <property name="driver" value="${driver}" />
        <property name="url" value="${url}" />
        <property name="username" value="${username}" />
        <property name="password" value="${password}" />
    </dataSource>
```

```
    ...중략...
</configuration>
```

4.4.1.2 프로퍼티 파일 설정

마이바티스 내부에서 사용하는 프로퍼티 설정은 내부 프로퍼티 설정으로 충분한다. 하지만 내부 프로퍼티 설정 만으로 마이바티스 외부에서 사용하는 프로퍼티 설정을 관리할 수 없다. 프로퍼티 파일 설정을 사용하면, 마이바티스 내 · 외부 프로퍼티 설정을 따로 관리하는 불편함을 줄일 수 있다. 프로퍼티 파일 설정을 도식화하면, 그림 4.16과 같다.

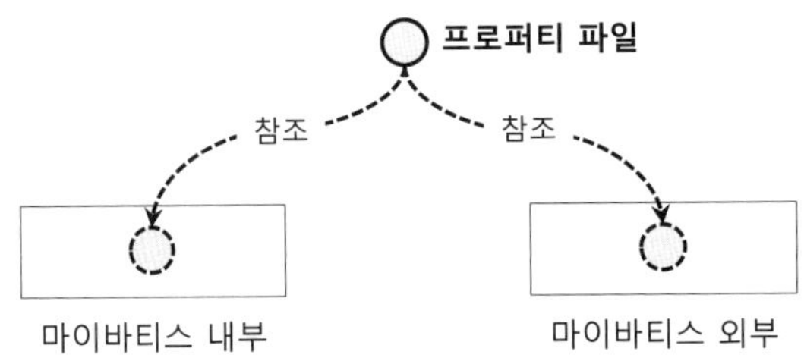

그림 4.16 프로퍼티 파일을 사용한 마이바티스 프로퍼티 설정

다음 경로에서 .properties 확장자를 가진 프로퍼티 파일을 생성한다.

/chapter04/src/resources/mybatis/**properties/config-mybatis.properties**

프로퍼티 파일을 생성한 다음 형식에 맞추어 속성명과 속성 값을 지정한다. 이때 속성명은 속성 값을 잘 표현할 수 있는 문자열을 사용한다.

```
속성명=속성 값
```

앞서 작성한 데이터 소스 설정을 프로퍼티 파일에 옮겨 작성하면, 예제 4.18과 같다.

예제 4.18 프로퍼티 파일(프로퍼티 실습)

```
# /chapter04/src/resources/mybatis/properties/config-mybatis.properties

driver=oracle.jdbc.driver.OracleDriver
url=jdbc:oracle:thin:@localhost:1521:XE
username=mybatis
password=mybatis$
```

위와 같이 작성한 프로퍼티 파일은 <properties> 구성 요소에 resource 속성이나 url 속성을 사용해서 지정할 수 있다. 다음 경로에서 마이바티스 설정 XML 파일을 생성한다.

/chapter04/src/resources/mybatis/**properties/config-mybatis.xml**

다음과 같이 <properties> 구성 요소에 resource 속성을 추가한 경우 속성 값에 프로퍼티 파일이 위치한 경로와 파일명을 지정한다. url 속성을 추가한 경우 속성 값에 프로퍼티 파일이 위치한 URL 주소를 지정한다.

```
<configuration>
    <!-- 프로퍼티 파일 -->
    <properties resource=
        "resources/mybatis/properties/config-mybatis.properties" />

    ...중략...
</configuration>
```

마이바티스 설정 XML 파일 작성을 완료하면, 예제 4.19와 같다.

예제 4.19 마이바티스 설정 XML 파일(프로퍼티 실습)

```
/* /chapter04/src/resources/mybatis/properties/config-mybatis.xml */

<?xml version="1.0" encoding="UTF-8"?>

<!DOCTYPE configuration PUBLIC "-//mybatis.org//DTD Config 3.0//EN"
```

```
"http://mybatis.org/dtd/mybatis-3-config.dtd">

<configuration>
    <!-- 프로퍼티 파일 -->
    <properties resource=
        "resources/mybatis/properties/config-mybatis.properties" />

    <!-- 환경 스택 -->
    <environments default="default">
        <!-- 환경 -->
        <environment id="default">
            <!-- 트랜잭션 관리자 -->
            <transactionManager type="JDBC" />
            <!-- 데이터 소스 -->
            <dataSource type="UNPOOLED">
                <property name="driver" value="${driver}" />
                <property name="url" value="${url}" />
                <property name="username" value="${username}" />
                <property name="password" value="${password}" />
            </dataSource>
        </environment>
    </environments>

    <!-- 매퍼 스택 -->
    <mappers>
        <!-- 매퍼  -->
        <mapper resource="resources/mybatis/ShopMapper.xml" />
    </mappers>
</configuration>
```

<properties> 구성 요소에 resource 속성과 url 속성을 함께 지정하면, 다음과 같이 에러가 발생한다. 반드시 하나의 속성만 지정하도록 주의해야 한다.

```
The properties element cannot specify both a URL and a resource based
property file reference. Please specify one or the other.
```

4.4.1.3 프로퍼티 객체 설정

내부 프로퍼티 설정이나 프로퍼티 파일 설정과 달리 SqlSession 객체별로 프로퍼티 정보를 추가하거나 갱신할 필요가 있다면, 프로퍼티 객체 설정을 사용한다. 프로퍼티 객체 설정을 도식화하면, 그림 4.17과 같다.

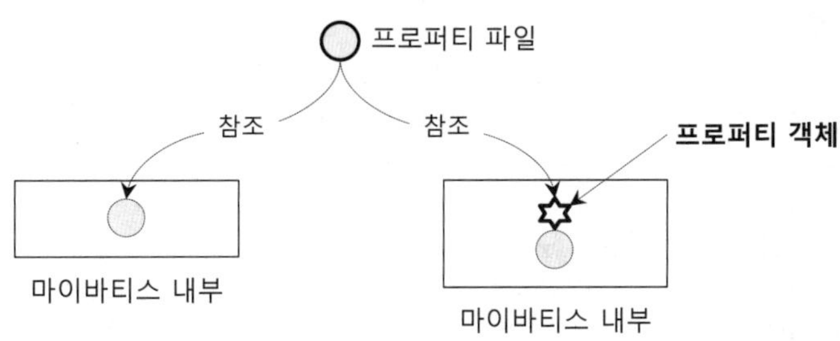

그림 4.17 프로퍼티 객체를 사용한 마이바티스 프로퍼티 설정

프로퍼티 객체 설정은 Properties 객체를 사용한다. 다음과 같이 Properties 객체를 생성한 다음 필요한 속성을 등록한다.

```
// 프로퍼티 객체 생성 및 프로퍼티 등록
Properties properties = new Properties();
properties.setProperty("username", "mybatis");
properties.setProperty("password", "mybatis$");
```

위와 같이 생성한 Properites 객체는 SqlSessionFactoryBuilder 객체의 build() 메소드를 호출할 때 인자로 전달할 수 있다. SqlSessionFactoryBuilder 객체의 build() 메소드 가운데 Properties 객체를 인자로 지정한 build() 메소드는 다음과 같다.

- build(InputStream 객체, Properties 객체)
- **build(Reader 객체, Properties 객체)**
- build(InputStream 객체, 환경 아이디, Properties 객체)
- build(Reader 객체, 환경 아이디, Properties 객체)

앞에서 나열한 build() 메소드(자세한 내용은 6장 참조) 중 두 번째 메소드를 사용한다. 다음과 같이 build() 메소드에 Reader 객체와 Properties 객체를 인자로 전달하면, 마이바티스 설정 XML 파일에 작성한 프로퍼티 설정을 갱신하거나 추가할 수 있다.

```
// Reader 객체
String resource = "resources/mybatis/properties/config-mybatis.xml";
Reader reader = Resources.getResourceAsReader(resource);

// Properties 객체
Properties properties = new Properties();
properties.setProperty("username", "mybatis");
properties.setProperty("password", "mybatis$");

SqlSessionFactory SqlSessionFactory =
    new SqlSessionFactoryBuilder().build(reader, properties);
```

4.4.1.4 프로퍼티 설정 우선 순위

마이바티스는 다양한 프로퍼티 설정 방법을 제공한다. 프로퍼티 설정이 중복된 경우 프로퍼티 설정 우선 순위를 따라 프로퍼티 설정이 갱신된다. 이와 같은 과정은 마이바티스 라이브러리에 포함된 소스 코드 중 org.apache.ibatis.builder.xml.XMLConfigBuilder 클래스의 propertiesElement() 메소드를 통해서 이루어진다.

```
/* XMLConfigBuilder 클래스 */
private void propertiesElement(XNode context) throws Exception {
    if (context != null) {
        // 1 순위(내부 프로퍼티 설정)
        Properties defaults = context.getChildrenAsProperties();

        // 2 순위(프로퍼티 파일 설정)
        String resource = context.getStringAttribute("resource");
        String url = context.getStringAttribute("url");
        if (resource != null && url != null) {
            throw new BuilderException("The properties element cannot
```

```
                specify both a URL and a resource based property file
                reference. Please specify one or the other.");
        }
        if (resource != null) {
            defaults.putAll(Resources.getResourceAsProperties(resource));
        } else if (url != null) {
            defaults.putAll(Resources.getUrlAsProperties(url));
        }

        // 3 순위(프로퍼티 객체 설정)
        Properties vars = configuration.getVariables();
        if (vars != null) {
            defaults.putAll(vars);
        }
        parser.setVariables(defaults);
        configuration.setVariables(defaults);
    }
}
```

다음과 같이 <properties> 구성 요소 사이에 지정한 내부 프로퍼티 설정이 맨 처음 등록되는 것을 볼 수 있다.

```
/* 1순위(내부 프로퍼티 설정) */
Properties defaults = context.getChildrenAsProperties();

/* XNode 클래스의 getChildrenAsProperties() 메소드 */
public Properties getChildrenAsProperties() {
    Properties properties = new Properties();
    for (XNode child : getChildren()) {
        String name = child.getStringAttribute("name");
        String value = child.getStringAttribute("value");
        if (name != null && value != null) {
            properties.setProperty(name, value);
        }
    }
    return properties;
}
```

이와 같이 내부 프로퍼티 설정을 등록한 다음 <properties> 구성 요소의 resource 속성 또는 url 속성에 지정한 프로퍼티 파일을 읽어들여 프로퍼티 설정을 추가하거나 갱신한다.

```
/* 2순위(프로퍼티 파일 설정) */
String resource = context.getStringAttribute("resource");
String url = context.getStringAttribute("url");
if (resource != null && url != null) {
    throw new BuilderException("The properties element cannot specify
        both a URL and a resource based property file reference.
        Please specify one or the other.");
}

if (resource != null) {
    defaults.putAll(Resources.getResourceAsProperties(resource));
} else if (url != null) {
    defaults.putAll(Resources.getUrlAsProperties(url));
}
```

마지막으로 SqlSessionFactoryBuilder 객체의 build() 메소드에 Properties 타입의 객체를 인자로 전달하면, 다음과 같이 프로퍼티 설정을 추가하거나 갱신한다.

```
/* 실행 클래스 */
SqlSessionFactory SqlSessionFactory =
    new SqlSessionFactoryBuilder().build(reader, properties);

// 3순위(프로퍼티 객체 설정)
Properties vars = configuration.getVariables();
if (vars != null) {
    defaults.putAll(vars);
}
```

XMLConfigBuilder 클래스의 propertiesElement() 메소드에 정의된 프로퍼티 설정 우선 순위를 도식화하면, 그림 4.18과 같다.

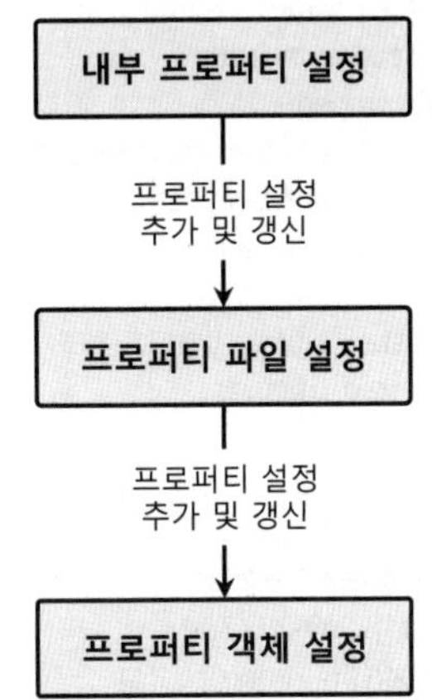

그림 4.18 마이바티스 프로퍼티 설정 우선 순위

마이바티스에서 제공하는 다양한 프로퍼티 설정 방법을 실습할 수 있도록 다음 순서에 맞추어 자바 애플리케이션을 작성해 보자. 이미 작성한 파일은 별도로 작성하지 않고 그대로 사용한다.

1. **마이바티스 매퍼 XML 파일**(예제 4.1 활용)
2. **프로퍼티 파일**(예제 4.18 활용)
3. **마이바티스 설정 XML 파일**(예제 4.19 활용)
4. **실행 클래스 작성**(`PropertiesExecutor` 클래스)

위와 같이 목록에 맞추어 파일 작성을 완료하면, 그림 4.19와 같다.

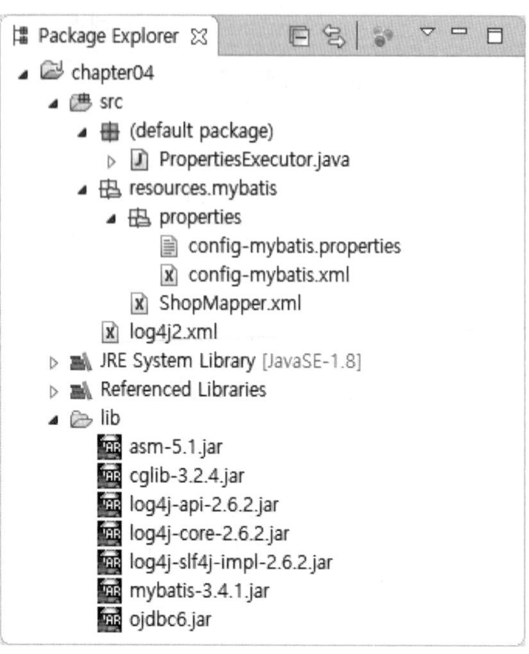

그림 4.19 chapter04 자바 프로젝트(프로퍼티 실습)

다음 경로에서 실행 클래스를 생성한다.

/chapter04/src/**PropertiesExecutor.java**

실행 클래스를 생성한 다음 static 블록을 작성한다. static 블록에 마이바티스 설정 XML 파일을 읽어들여 SqlSessionFactory 객체를 생성하는 소스 코드를 작성한다. Resource 객체의 getResourceAsReader() 메소드를 호출할 때 에러가 발생할 수 있기 때문에 try~catch 문을 사용해서 예외를 처리한다. SqlSessionFactoryBuilder 객체의 build() 메소드에 마이바티스 설정 XML 파일을 읽어들인 Reader 객체와 Properties 객체를 인자로 함께 전달하면, 생성된 SqlSessioFactory 객체를 반환받을 수 있다. 마이바티스 설정 XML 파일 경로가 올바른지 확인한 다음 주의해서 지정한다.

```
/* PropertiesExecutory 클래스 */
public class PropertiesExecutor {
```

```
    private static SqlSessionFactory sqlSessionFactory;
        static {
            try {
                // 마이바티스 설정 XML 파일 경로(프로퍼티 실습)
                String resource =
                    "resources/mybatis/properties/config-mybatis.xml";

                // 프로퍼티 객체 생성 및 프로퍼티 등록
                Properties properties = new Properties();
                properties.put("username", "ibatis");

                Reader reader = Resources.getResourceAsReader(resource);
                sqlSessionFactory =
                    new SqlSessionFactoryBuilder().build(
                        reader, properties);
            } catch (IOException e) {
                e.printStackTrace();
            }
        }
    }
}
```

다음과 같이 main() 메소드를 작성한 다음 마이바티스 프로퍼티 설정으로부터 가져온 username 속성 값을 출력할 수 있도록 소스 코드를 작성한다.

```
public class PropertiesExecutor {
    private static final Log log =
        LogFactory.getLog(PropertiesExecutor.class);

    ...중략...

    public static void main(String[] args) {
        try {
            Configuration configuration =
                sqlSessionFactory.getConfiguration();
            Properties properties = configuration.getVariables();

            log.debug(properties.getProperty("username"));
        } catch (Exception e) {
            e.printStackTrace();
```

```
            }
        }
    }
```

실행 클래스 작성을 완료하면, 예제 4.20과 같다.

예제 4.20 실행 클래스(프로퍼티 실습)

```
/* /chapter04/src/PropertiesExecutor.java */

import java.io.IOException;
import java.io.Reader;
import java.util.Properties;
import org.apache.ibatis.io.Resources;
import org.apache.ibatis.logging.Log;
import org.apache.ibatis.logging.LogFactory;
import org.apache.ibatis.session.Configuration;
import org.apache.ibatis.session.SqlSessionFactory;
import org.apache.ibatis.session.SqlSessionFactoryBuilder;

public class PropertiesExecutor {
    private static final Log log =
        LogFactory.getLog(PropertiesExecutor.class);

    private static SqlSessionFactory sqlSessionFactory;

    static {
        try {
            // 마이바티스 설정 XML 파일 경로(프로퍼티 실습)
            String resource =
                "resources/mybatis/properties/config-mybatis.xml";

            // 프로퍼티 객체 생성 및 프로퍼티 등록
            Properties properties = new Properties();
            properties.put("username", "ibatis");

            Reader reader = Resources.getResourceAsReader(resource);
            sqlSessionFactory =
                new SqlSessionFactoryBuilder().build(reader, properties);
        } catch (IOException e) {
            e.printStackTrace();
```

```
        }
    }

    public static void main(String[] args) {
        try {
            Configuration configuration =
                sqlSessionFactory.getConfiguration();

            Properties properties = configuration.getVariables();

            log.debug(properties.getProperty("username"));
        } catch (Exception e) {
            e.printStackTrace();
        }
    }
}
```

위와 같이 작성한 예제 4.20을 실행하면, 다음과 같이 Properties 객체에 등록한 username 속성 값이 출력되는 것을 확인할 수 있다.

```
DEBUG [main] - ibatis
```

SqlSessionFactoryBuilder 객체의 build() 메소드를 호출할 때 전달한 인자 가운데 Properties 객체를 제외하고 실행 클래스를 다시 실행하면, 다음과 같이 프로퍼티 파일에 정의한 username 속성 값이 출력되는 것을 확인할 수 있다.

```
DEBUG [main] - mybatis
```

4.4.2 플러그인 구성 요소 <plugin>

마이바티스 프로그래밍은 매핑 구문을 실행한 다음 반환된 결과를 처리하는 일련의 흐름을 가진다. 마이바티스에서 제공하는 플러그인을 사용하면, 일련의 흐름 중 특정 시점에 호출되는 메소드 시그니처를 감지할 수 있다. 다음과 같이 메소드명과 파리미터 개수 그리고 파라미터 타입을 묶어 메소드 시그니처라고 부른다. 메소드의 반환 타입과 예외는 메소드 시그니처의 일부로 간주하지 않는다.

메소드 시그니처 = 메소드명 + 파라미터 개수 + 파라미터 타입

메소드 시그니처를 통해서 매핑 구문이 실행되는 흐름을 감지할 수 있다면, 매우 유용한 기능을 구현할 수 있다. 예를 들어 매핑 구문이 호출되는 시점에 실행된 매핑 구문을 로그로 남길 수 있다. 플러그인을 도식화하면, 그림 4.20과 같다.

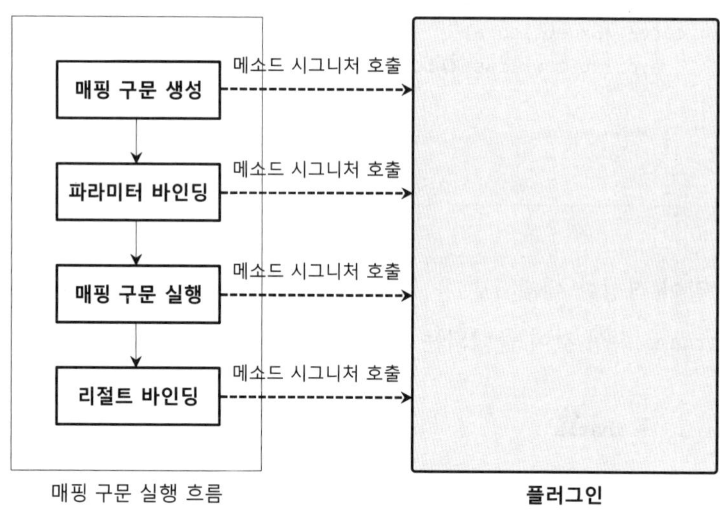

그림 4.20 마이바티스 플러그인

반면에 플러그인을 잘못 사용하면, 마이바티스 작동에 심각한 문제를 초래할 수 있다. 따라서 플러그인을 사용할 때 원하는 기능을 어느 시점에 호출할지 메소드 시그니처에 대한 올바른 선택이 필요하다. 마이바티스 라이브러리에 포함된 소스 코드 중 `org.apache.ibatis.session.Configuration` 클래스를 살펴보면, 다음과 같이 메소드 시그니처가 정의된 플러그인 인터페이스 목록을 찾을 수 있다.

- **org.apache.ibatis.executor.statement.StatementHandler 인터페이스**
- **org.apache.ibatis.executor.parameter.ParameterHandler 인터페이스**

- **org.apache.ibatis.executor.Exeutor 인터페이스**
- **org.apache.ibatis.executor.resultset.ResultSetHandler 인터페이스**

독자의 이해를 돕기 위해서 매핑 구문 실행 흐름에 따라 마이바티스 플러그인 인터페이스가 호출되는 특정 시점을 도식화하면, 그림 4.21과 같다. 예를 들어 매핑 구문 생성 시점에 필요한 기능을 추가하려면, 마이바티스 플러그인 인터페이스 중 StatementHandler 인터페이스를 참조한다.

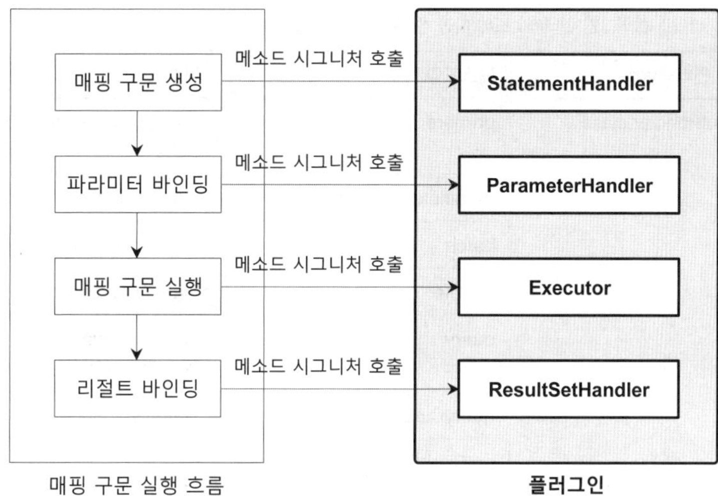

그림 4.21 매핑 구문 실행 흐름에 따라 선택 가능한 마이바티스 플러그인 인터페이스

마이바티스 플러그인 인터페이스별로 다양한 메소드 시그니처를 가지고 있다. 예를 들어 마이바티스 플러그인 인터페이스 중 하나인 StatementHandler 인터페이스를 살펴보면, 다음과 같이 선언된 메소드 시그니처를 찾을 수 있다.

```
/* StatementHandler 인터페이스 */
public interface StatementHandler {
    Statement prepare(Connection connection, Integer transactionTimeout)
        throws SQLException;
    void parameterize(Statement statement) throws SQLException;
    void batch(Statement statement) throws SQLException;
    int update(Statement statement) throws SQLException;
```

```
    <E> List<E> query(Statement statement, ResultHandler resultHandler)
        throws SQLException;
    <E> Cursor<E> queryCursor(Statement statement) throws SQLException;
    BoundSql getBoundSql();
    ParameterHandler getParameterHandler();
}
```

마이바티스 플러그인 인터페이스별로 선언된 메소드 시그니처를 정리하면 표 4.12와 같다.

표 4.12 마이바티스 플러그인 인터페이스에 따라 선언된 메소드 시그니처

플러그인 인터페이스	메소드명	메소드 인자
StatementHandler.class	prepare	Connection.class, Integer.class
	parameterize	Statement.class
	batch	Statement.class
	update	Statement.class
	query	Statement.class, ResultHandler.class
	queryCursor	Statement.class,
	getBoundSql	–
	getParameterHandler	–
ParameterHandler.class	getParameterObject	–
	setParameters	PreparedStatement.class
Executor.class	update	MappedStatement.class, Object.class
	query	MappedStatement.class, Object.class, RowBounds.class, ResultHandler.class, CacheKey.class, BoundSql.class
	query	MappedStatement.class, Object.class, RowBounds.class, ResultHandler.class

(이어짐)

플러그인 인터페이스	메소드명	메소드 인자
	queryCursor	MappedStatement.class, Object.class, RowBounds.class
	flushStatements	-
	commit	boolean.class
	rollback	boolean.class
	createCacheKey	MappedStatement.class, Object.class, RowBounds.class, BoundSql.class
	isCached	MappedStatement.class, CacheKey.class
	clearLocalCache	-
	deferLoad	MappedStatement.class, MetaObject.class, String.class, CacheKey.class Class<?>.class
	getTransaction	-
	close	boolean.class
	isClosed	-
	setExecutorWrapper	Executor.class
ResultSetHandler.class	handleResultSets	Statement.class
	handleCursorResultSets	Statement.class
	handleOutputParameters	CallableStatement.class

마이바티스 플러그인 인터페이스를 구현하면, 특정 시점에 호출되는 플러그인 클래스를 직접 작성할 수 있다.

- **Interceptor 인터페이스 구현**

예를 들어 매핑 구문이 실행되기 전에 파라미터를 바인딩한 매핑 구문을 보기 좋게 출력할 수 있도록 플러그인 클래스를 작성해 보자. 파라미터를 바인딩한 매핑 구문은 별다른 수정 없이 SQL Plus에서 실행할 수 있어 디버깅이 용이하다.

다음 경로에서 플러그인 클래스를 생성한다.

/chapter04/src/org/mybatis/**custom/CustomPlugin.java**

플러그인 클래스를 생성한 다음 Interceptor 인터페이스를 구현한다.

```
public class CustomPlugin implements Interceptor {
    ...중략...
}
```

다음과 같이 Interceptor 인터페이스에 선언된 세 개의 메소드를 구현한다. intercept() 메소드에 메소드 시그니처 호출이 감지되었을 때 처리할 기능을 작성한 다음 setProperties() 메소드에 인자로 전달된 Properties 객체를 내부 Properties 타입의 변수에 등록하는 기능을 작성한다.

```
public class CustomPlugin implements Interceptor {
    private Properties properties;

    @Override
    public Object intercept(Invocation invocation) throws Throwable {
        return invocation.proceed();
    }

    @Override
    public Object plugin(Object object) {
        return Plugin.wrap(target, this);
    }

    @Override
    public void setProperties(Properties properties) {
        this.properties = properties;
    }
}
```

위와 같이 플러그인 클래스를 작성한 다음 호출을 감지할 수 있도록 메소드 시그니처를 지정한다. 위에 표 4.12를 참조해서 메소드 시그니처를 선택하면, 이와 관련된 마이바티스 플러그인 인터페이스와 파라미터를 찾을 수 있다. 다음과 같이 메소드 시그니처는 @Signature 애노테이션을 사용해서 플러그인 클래스 상단에 지정한다.

```
@Signature()
public class CustomPlugin implements Interceptor {
    ...중략...
}
```

@Signature 애노테이션에 type 속성을 추가한 다음 속성 값에 특정 시점에 해당되는 마이바티스 플러그인 인터페이스를 지정한다. 예를 들어 매핑 구문 생성 시점일 경우 StatementHandler 인터페이스를 지정한다.

```
@Signature(
    type = StatementHandler.class
)
public class CustomPlugin implements Interceptor {
    ...중략...
}
```

위와 같이 플러그인 인터페이스를 지정한 다음 호출을 감지하려는 메소드 시그니처를 지정해 보자. 지정 가능한 메소드 시그니처는 앞서 type 속성 값에 지정한 마이바티스 플러그인 인터페이스별로 정해져 있다. 마이바티스 플러그인 인터페이스별 사용 가능한 메소드 시그니처는 위에 표 4.12를 참조한다. 다음과 같이 name 속성과 args 속성을 추가한 다음 속성 값에 메소드명과 파라미터를 지정한다. 파라미터는 , 기호를 사용해서 여러 개 지정할 수 있다.

```
@Signature(
    type = StatementHandler.class,
    method = "query",
    args = { Statement.class, ResultHandler.class }
)
public class CustomPlugin implements Interceptor {
    ...중략...
}
```

플러그인 클래스는 다양한 시점에 여러 번 호출될 수 있기 때문에 @Signature 애노테이션을 여러 번 지정할 수 있다.

```
@Signature(
    ...중략...
)
@Signature(
    ...중략...
)
public class CustomPlugin implements Interceptor {
    ...중략...
}
```

다수의 @Signature 애노테이션은 @Intercepts 애노테이션을 사용해서 하나로 묶어 관리한다.

```
@Intercepts({
    @Signature(
        type = StatementHandler.class,
        method = "query",
        args = { Statement.class, ResultHandler.class }
    )
})
public class CustomPlugin implements Interceptor {
    ...중략...
}
```

지금까지 @Signature 애노테이션과 @Intercepts 애노테이션을 사용해서 플러그인 클래스가 호출되는 특정 시점을 지정해 보았다. 다시 플러그인 클래스 작성으로 돌아가서 메소드 시그니처 호출이 감지되었을 때 사용자가 원하는 기능을 처리할 수 있도록 소스 코드를 완성해 보자. 다음과 같이 호출된 매핑 구문과 바인딩에 필요한 파라미터는 StatementHandler 타입 객체로부터 반환받을 수 있다.

```
public class CustomPlugin implements Interceptor {
    ...중략...

    @Override
    public Object intercept(Invocation invocation) throws Throwable {
        StatementHandler statementHandler =
            (StatementHandler) invocation.getTarget();
        BoundSql boundSql = statementHandler.getBoundSql();

        // 호출된 매핑 구문 반환
        String bindingSql = boundSql.getSql();

        // 호출된 매핑 구문에 전달된 파라미터 반환
        Object parameterHandler =
            statementHandler.getParameterHandler().getParameterObject();

        ...중략...
        return invocation.proceed();
    }
}
```

전달된 파라미터 객체 타입에 따라 매핑 구문에 파라미터를 바인딩하는 소스 코드를 작성하면, 예제 4.21과 같다.

예제 4.21 플러그인 클래스(플러그인 실습)

```
/* /chapter04/src/org/mybatis/custom/CustomPlugin.java */

package org.mybatis.custom;

import java.lang.reflect.Field;
import java.sql.Statement;
import java.util.List;
import java.util.Map;
import java.util.Properties;
import java.util.regex.Pattern;
import org.apache.ibatis.executor.statement.StatementHandler;
import org.apache.ibatis.logging.Log;
import org.apache.ibatis.logging.LogFactory;
import org.apache.ibatis.mapping.BoundSql;
```

```
import org.apache.ibatis.mapping.ParameterMapping;
import org.apache.ibatis.plugin.Interceptor;
import org.apache.ibatis.plugin.Intercepts;
import org.apache.ibatis.plugin.Invocation;
import org.apache.ibatis.plugin.Plugin;
import org.apache.ibatis.plugin.Signature;
import org.apache.ibatis.session.ResultHandler;

@Intercepts({
    @Signature(
        type = StatementHandler.class,
        method = "query",
        args = { Statement.class, ResultHandler.class }
    )
})
public class CustomPlugin implements Interceptor {
    private static final Log log = LogFactory.getLog(CustomPlugin.class);

    private static final String REX = "[?]";
    private Properties properties;

    @Override
    public Object intercept(Invocation invocation) throws Throwable {
        StatementHandler statementHandler =
            (StatementHandler) invocation.getTarget();
        BoundSql boundSql = statementHandler.getBoundSql();

        // 호출된 매핑 구문 반환
        String bindingSql = boundSql.getSql();

        // 호출된 매핑 구문에 전달된 파라미터 객체 반환
        Object parameterObject =
            statementHandler.getParameterHandler().getParameterObject();

        // 파라미터 객체의 타입이 문자나 문자열인 경우
        if (parameterObject instanceof String
                || parameterObject instanceof Character) {
            bindingSql = bindingSql.replaceFirst(
                REX, "'" + String.valueOf(parameterObject) + "'");
        // 파라미터 객체의 타입이 숫자인 경우
        } else if (parameterObject instanceof Integer
```

```
            || parameterObject instanceof Long
            || parameterObject instanceof Float
            || parameterObject instanceof Double) {
        bindingSql = bindingSql.replaceFirst(
            REX, String.valueOf(parameterObject));
// 파라미터 객체의 타입이 Map 타입인 경우
} else if (parameterObject instanceof Map) {
    List<ParameterMapping> parameterMappinges =
        boundSql.getParameterMappings();
    for (ParameterMapping parameterMapping : parameterMappinges) {
        String parameterKey = parameterMapping.getProperty();
        Object parameerValue =
            ((Map) parameterObject).get(parameterKey);

        boolean isNumber = Pattern.matches("[0-9]+",
            String. valueOf(parameerValue));
        if (isNumber) {
            bindingSql = bindingSql.replaceFirst(
                REX, String.valueOf(parameerValue));
        } else {
            bindingSql = bindingSql.replaceFirst(
                REX, "'" + String.valueOf(parameterObject) + "'");
        }
    }
} else {
    List<ParameterMapping> parameterMappinges =
        boundSql.getParameterMappings();
    Class<? extends Object> parameterHandlerClass =
        parameterObject.getClass();
    for (ParameterMapping parameterMapping : parameterMappinges) {
        String parameterKey = parameterMapping.getProperty();
        Field field =
            parameterHandlerClass.getDeclaredField(parameterKey);
        field.setAccessible(true);

        Class<?> javaType = parameterMapping.getJavaType();
        if (String.class == javaType) {
            bindingSql = bindingSql.replaceFirst(
                REX, "'" + field.get(parameterObject) + "'");
        } else {
            bindingSql = bindingSql.replaceFirst(
```

```
                    REX, field.get(parameterObject).toString());
                }
            }
        }

        log.debug(bindingSql);

        return invocation.proceed();
    }

    @Override
    public Object plugin(Object target) {
        return Plugin.wrap(target, this);
    }

    @Override
    public void setProperties(Properties properties) {
        this.properties = properties;
    }
}
```

위와 같이 작성한 플러그인 클래스는 다음과 같이 <plugin> 구성 요소를 사용해서 지정한다. <plugin> 구성 요소는 <objectFactory> 구성 요소 이후에 지정하도록 주의해야 한다. 만일 정해진 위치를 따르지 않으면 에러가 발생한다.

```
<objectFactory>
    ...중략...
</objectFactory>
<plugin />
```

<plugin> 구성 요소에 interceptor 속성을 추가한 다음 속성 값에 패키지 경로를 포함한 플러그인 클래스를 지정한다.

```
<plugin interceptor="org.mybatis.custom.CustomPlugin" />
```

이와 같이 지정한 플러그인 클래스에 필요한 설정이 있다면 프로퍼티 구성 요소를 사용해서 전달할 수 있다. 다음과 같이 프로퍼티 구성 요소는 <property> 구성 요소를 사용해서 지정한다.

```
<plugin interceptor="org.mybatis.custom.CustomPlugin">
    <property />
</plugin>
```

<property> 구성 요소에 name 속성과 value 속성을 추가한 다음 속성명과 속성 값을 지정한다. 예를 들어 trace 속성명으로 N 속성 값을 지정하면 다음과 같다.

```
<plugin interceptor="org.mybatis.custom.CustomPlugin">
    <property name="trace" value="N" />
</plugin>
```

위와 같이 지정한 프로퍼티 설정은 XMLConfigBuilder 클래스의 pluginElement() 메소드를 통해서 플러그인 클래스가 등록될 때 setProperties() 메소드의 인자로 전달된다.

```
/* XMLConfigBuilder 클래스 */
private void pluginElement(XNode parent) throws Exception {
    if (parent != null) {
        for (XNode child : parent.getChildren()) {
            String interceptor = child.getStringAttribute("interceptor");
            Properties properties = child.getChildrenAsProperties();
            Interceptor interceptorInstance =
               (Interceptor) resolveClass(interceptor).newInstance();

            interceptorInstance.setProperties(properties);
            configuration.addInterceptor(interceptorInstance);
        }
    }
}
```

<plugin> 구성 요소는 여러 번 지정할 수 있다. 다수의 <plugin> 구성 요소는 플러그인 스택 구성 요소를 사용해서 하나로 묶어 관리한다. 다음과 같이 플러그인 스택 구성 요소는 <plugins> 구성 요소를 사용해서 지정한다.

```
<plugins>
    <plugin interceptor="org.mybatis.custom.CustomPlugin">
        <property name="trace" value="N" />
    </plugin>
</plugins>
```

다수의 플러그인은 플러그인 인터셉터 체인에 등록된다. 특정 시점에 메소드 시그니처 호출이 감지되면, 인터셉터 체인에 등록된 모든 플러그인의 메소드 시그니처를 호출한다. 플러그인 인터셉처 체인을 도식화하면, 그림 4.22와 같다.

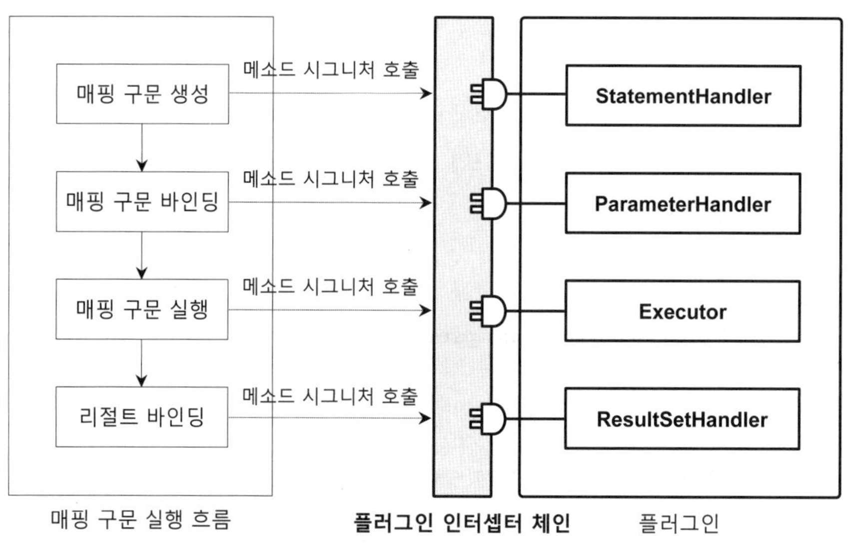

그림 4.22 마이바티스 플러그인 인터셉터 체인

사용자가 작성한 플러그인을 실습할 수 있도록 다음 순서에 맞추어 자바 애플리케이션을 작성해 보자. 이미 작성한 파일은 별도로 작성하지 말고 그대로 사용한다.

1. **마이바티스 매퍼 XML 파일**(예제 4.1 활용)
2. **플러그인 클래스**(예제 4.21 활용)
3. **마이바티스 설정 XML 파일 작성**
4. **실행 클래스 작성**(`PluginsExecutor` 클래스)

위와 같이 목록에 맞추어 파일 작성을 완료하면, 그림 4.23과 같다.

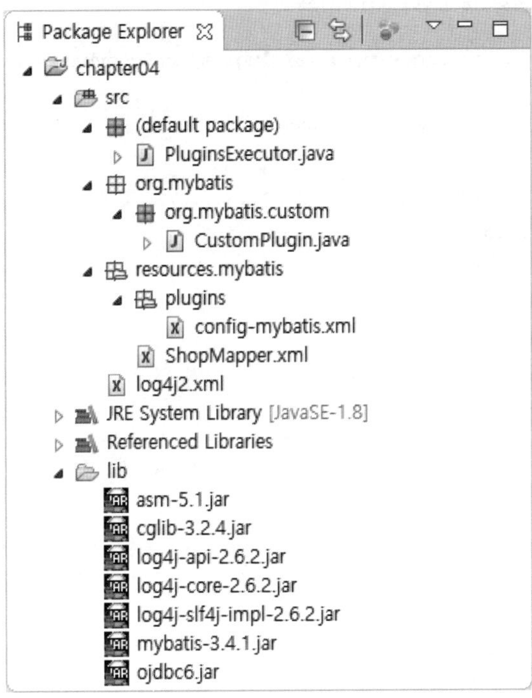

그림 4.23 chapter04 자바 프로젝트(플러그인 실습)

다음 경로에서 마이바티스 설정 XML 파일을 생성한다.

/chapter04/src/resources/mybatis/**plugins/config-mybatis.xml**

마이바티스 설정 XML 파일을 생성한 다음 `<plugins>` 구성 요소를 사용해서 앞서 작성한 플러그인 클래스를 지정한다. 이때 내부 프로퍼티 설정을 함께 지정한다.

```
<plugins>
    <plugin interceptor="org.mybatis.custom.CustomPlugin">
        <property name="trace" value="N" />
    </plugin>
</plugins>
```

마이바티스 설정 XML 파일 작성을 완료하면, 예제 4.22와 같다.

예제 4.22 마이바티스 설정 XML 파일(플러그인 실습)

```
/* /chapter04/src/resources/mybatis/plugins/config-mybatis.xml */

<?xml version="1.0" encoding="UTF-8"?>

<!DOCTYPE configuration PUBLIC "-//mybatis.org//DTD Config 3.0//EN"
"http://mybatis.org/dtd/mybatis-3-config.dtd">

<configuration>
    <!-- 플러그인 스택 -->
    <plugins>
        <!-- 플러그인 -->
        <plugin interceptor="org.mybatis.custom.CustomPlugin">
            <property name="trace" value="true" />
        </plugin>
    </plugins>

    <!-- 환경 스택 -->
    <environments default="default">
        <!-- 환경 -->
        <environment id="default">
            <!-- 트랜잭션 관리자 -->
            <transactionManager type="JDBC" />
            <!-- 데이터 소스 -->
            <dataSource type="UNPOOLED">
                <property name="driver"
                    value="oracle.jdbc.driver.OracleDriver" />
                <property name="url"
                    value="jdbc:oracle:thin:@localhost:1521:XE" />
                <property name="username" value="mybatis" />
                <property name="password" value="mybatis$" />
            </dataSource>
```

```
        </environment>
    </environments>

    <!-- 매퍼 스택 -->
    <mappers>
        <!-- 매퍼 -->
        <mapper resource="resources/mybatis/ShopMapper.xml" />
    </mappers>
</configuration>
```

다음 경로에서 실행 클래스를 생성한다.

/chapter04/src/**PluginsExecutor.java**

실행 클래스를 생성한 다음 static 블록을 작성한다. static 블록에 마이바티스 설정 XML 파일을 읽어들여 SqlSessionFactory 객체를 생성하는 소스 코드를 작성한다. Resource 객체의 getResourceAsReader() 메소드를 호출할 때 에러가 발생할 수 있기 때문에 try~catch 문을 사용해서 예외를 처리한다. SqlSessionFactoryBuilder 객체의 build() 메소드에 마이바티스 설정 XML 파일을 읽어들인 Reader 객체를 인자로 전달하면, 생성된 SqlSessionFactory 객체를 반환 받을 수 있다. 마이바티스 설정 XML 파일 경로가 올바른지 확인한 다음 주의해서 지정한다.

```
public class PluginsExecutor {
    private static SqlSessionFactory sqlSessionFactory;

    static {
        try {
            // 마이바티스 설정 XML 파일 경로(플러그인 실습)
            String resource =
                "resources/mybatis/plugins/config-mybatis.xml";
            Reader reader = Resources.getResourceAsReader(resource);
            sqlSessionFactory =
                new SqlSessionFactoryBuilder().build(reader);
        } catch (IOException e) {
```

```
            e.printStackTrace();
        }
    }
}
```

다음과 같이 main() 메소드를 작성한 다음 매핑 구문을 호출할 수 있도록 소스 코드를 작성한다.

```
public class PluginsExecutor {
    private static final Log log = LogFactory.getLog(PluginsExecutor.class);

    ...중략...

    public static void main(String[] args) {
        SqlSession sqlSession = null;

        try {
            // 세션 및 트랜잭션 시작
            sqlSession = sqlSessionFactory.openSession();

            // 파라미터 객체 생성 및 파라미터 등록
            Map<String, Object> parameters = new HashMap<String, Object>();
            parameters.put("shopNo", 1);

            // 조회 매핑 구문 실행
            sqlSession.selectOne(
                "org.mybatis.persistence.ShopMapper.select", parameters);
        } catch (Exception e) {
            e.printStackTrace();
        } finally {
            // 세션 및 트랜잭션 종류
            sqlSession.close();
        }
    }
}
```

실행 클래스 작성을 완료하면, 예제 4.23과 같다.

예제 4.23 실행 클래스(플러그인 실습)

```
/* /chapter04/src/PluginsExecutor.java */

import java.io.IOException;
import java.io.Reader;
import java.util.HashMap;
import java.util.Map;
import org.apache.ibatis.io.Resources;
import org.apache.ibatis.session.SqlSession;
import org.apache.ibatis.session.SqlSessionFactory;
import org.apache.ibatis.session.SqlSessionFactoryBuilder;

public class PluginsExecutor {
    private static SqlSessionFactory sqlSessionFactory;

    static {
        try {
            // 마이바티스 설정 XML 파일 경로(플러그인 실습)
            String resource =
                "resources/mybatis/plugins/config-mybatis.xml";
            Reader reader = Resources.getResourceAsReader(resource);
            sqlSessionFactory =
                new SqlSessionFactoryBuilder().build(reader);
        } catch (IOException e) {
            e.printStackTrace();
        }
    }

    public static void main(String[] args) {
        SqlSession sqlSession = null;

        try {
            // 세션 및 트랜잭션 시작
            sqlSession = sqlSessionFactory.openSession();

            // 파라미터 객체 생성 및 파라미터 등록
            Map<String, Object> parameters = new HashMap<String, Object>();
            parameters.put("shopNo", 1);

            // 조회 매핑 구문 실행
```

```
            sqlSession.selectOne(
                "org.mybatis.persistence.ShopMapper.select", parameters);
        } catch (Exception e) {
            e.printStackTrace();
        } finally {
            // 세션 및 트랜잭션 종료
            sqlSession.close();
        }
    }
}
```

위와 같이 작성한 예제 4.23을 실행하면, 다음과 같이 매핑 구문이 호출되는 시점에 파라미터를 바인딩한 매핑 구문이 출력되는 것을 확인할 수 있다.

```
DEBUG [main] - ==> Preparing: SELECT SHOP_NO, SHOP_NAME, SHOP_LOCATION,
             SHOP_STATUS FROM SHOP WHERE SHOP_NO = ?
DEBUG [main] - SELECT SHOP_NO, SHOP_NAME, SHOP_LOCATION, SHOP_STATUS
             FROM SHOP
             WHERE SHOP_NO = 1
DEBUG [main] - ==> Parameters: 1(Integer)
TRACE [main] - <== Columns: SHOP_NO, SHOP_NAME, SHOP_LOCATION, SHOP_STATUS
TRACE [main] - <== Row: 1, Toy Store, <<CLOB>>, Y
DEBUG [main] - <== Total: 1
```

4.4.3 데이터베이스 아이디 프로바이더 구성 요소 <databaseIdProvider>

마이바티스에서 제공하는 데이터베이스 아이디 프로바이더를 사용하면, 연결된 데이터베이스 제품에 따라 서로 다른 매핑 구문을 실행할 수 있다. 데이터베이스 아이디 프로바이더를 도식화하면, 그림 4.24와 같다.

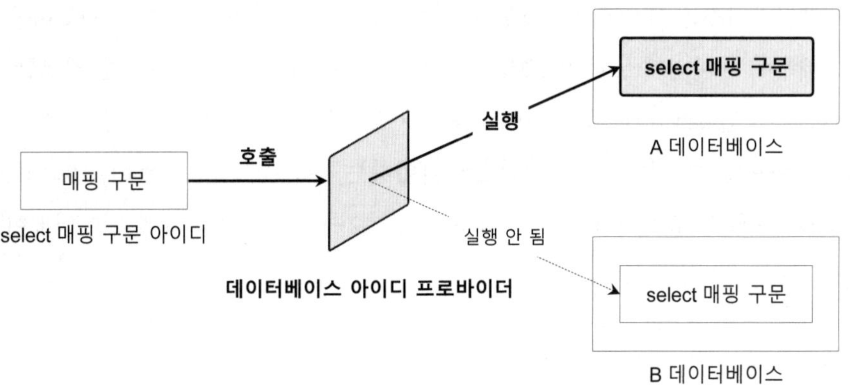

그림 4.24 마이바티스 데이터베이스 아이디 프로바이더

예를 들어 동일한 매핑 구문 아이디를 가진 서로 다른 두 개의 매핑 구문을 다음과 같이 작성해 보자. 하나는 오라클 데이터베이스 제품인 경우 호출되는 매핑 구문이고, 다른 하나는 MySQL 데이터베이스 제품인 경우에 호출되는 매핑 구문이다.

```
<mapper namespace="org.mybatis.persistence.ShopMapper">
    <!-- 조회 매핑 구문(오라클) -->
    <select id="select" parameterType="int" resultType="java.util.HashMap">
        /* 오라클 데이터베이스 */
        SELECT SHOP_NO, SHOP_NAME, SHOP_LOCATION, SHOP_STATUS
        FROM SHOP
        WHERE SHOP_NO = #{shopNo}
    </select>

    <!-- 조회 매핑 구문(MySQL) -->
    <select id="select" parameterType="int" resultType="java.util.HashMap">
        /* MySQL 데이터베이스 */
        SELECT SHOP_NO, SHOP_NAME, SHOP_LOCATION, SHOP_STATUS
        FROM SHOP
        WHERE SHOP_NO = #{shopNo}
    </select>
</mapper>
```

마이바티스는 네임스페이스를 포함한 매핑 구문 아이디를 식별자로 사용하기 때문에 마이바티스 매퍼 XML 파일에 중복된 매핑 구문 아이디를 지정할 수 없다. 하지만 데이터베이스 아이디를 추가로 지정하면, 동일한 매핑 구문 아이디를 사용할 수 있다. 데이터베이스 아이디는 <select>, <insert>, <update>, <delete> 구성 요소에 databaseId 속성을 추가한 다음 속성 값에 데이터베이스 제품을 가리키는 문자열을 지정한다.

```
<mapper namespace="org.mybatis.persistence.ShopMapper">
    <!-- 조회 매핑 구문(오라클) -->
    <select id="select" databaseId="oracle"
            parameterType="int" resultType="java.util.HashMap">
        /* 오라클 데이터베이스 */
        SELECT SHOP_NO, SHOP_NAME, SHOP_LOCATION, SHOP_STATUS
        FROM SHOP
        WHERE SHOP_NO = #{shopNo}
    </select>

    <!-- 조회 매핑 구문(MySQL) -->
    <select id="select" databaseId="mysql"
            parameterType="int" resultType="java.util.HashMap">
        /* MySQL 데이터베이스 */
        SELECT SHOP_NO, SHOP_NAME, SHOP_LOCATION, SHOP_STATUS
        FROM SHOP
        WHERE SHOP_NO = #{shopNo}
    </select>
</mapper>
```

마이바티스 매퍼 XML 파일 수정을 완료하면, 예제 4.24와 같다.

예제 4.24 마이바티스 매퍼 XML 파일(데이터베이스 아이디 프로바이더 실습)

```
/* /chapter04/src/resources/mybatis/ShopMapper.xml */

<?xml version="1.0" encoding="UTF-8"?>

<!DOCTYPE mapper PUBLIC "-//mybatis.org//DTD Mapper 3.0//EN"
"http://mybatis.org/dtd/mybatis-3-mapper.dtd">
```

```
<mapper namespace="org.mybatis.persistence.ShopMapper">
    <!-- 조회 매핑 구문(오라클) -->
    <select id="select" databaseId="oracle"
            parameterType="int" resultType="java.util.HashMap">
        /* 오라클 데이터베이스 */
        SELECT SHOP_NO, SHOP_NAME, SHOP_LOCATION, SHOP_STATUS
        FROM SHOP
        WHERE SHOP_NO = #{shopNo}
    </select>

    <!-- 조회 매핑 구문(MySQL) -->
    <select id="select" databaseId="mysql"
            parameterType="int" resultType="java.util.HashMap">
        /* MySQL 데이터베이스 */
        SELECT SHOP_NO, SHOP_NAME, SHOP_LOCATION, SHOP_STATUS
        FROM SHOP
        WHERE SHOP_NO = #{shopNo}
    </select>

    <!-- 조회 매핑 구문 -->
    <select id="select" parameterType="java.util.HashMap"
            resultType="java.util.HashMap">
        SELECT SHOP_NO, SHOP_NAME, SHOP_LOCATION, SHOP_STATUS
        FROM SHOP
        WHERE SHOP_NO = #{shopNo}
    </select>
</mapper>
```

데이터베이스 아이디에 지정한 데이터베이스 제품명은 데이터베이스 아이디 프로바이더 구성 요소를 사용해서 지정한다. 다음과 같이 데이터베이스 아이디 프로바이더 구성 요소는 <databaseIdProvider> 구성 요소를 사용해서 지정한다. <databaseIdProvider> 구성 요소는 <environments> 구성 요소 이후에 지정하도록 주의해야 한다. 만일 정해진 위치를 따르지 않으면 에러가 발생한다.

```
<environments>
    ...중략...
</environments>
<databaseIdProvider />
```

<databaseIdProvider> 구성 요소에 type 속성을 추가한 다음 속성 값에 패키지 경로를 포함한 DatabaseIdProvider 타입의 클래스를 지정한다. 예를 들어 DatabaseIdProvider 인터페이스를 구현한 VendorDatabaseIdProvider 클래스를 지정하면 다음과 같다. VendorDatabaseIdProvider 클래스는 마이바티스에서 제공하는 데이터베이스 아이디 프로바이더 클래스 중 하나다.

```
<databaseIdProvider
    type="org.apache.ibatis.mapping.VendorDatabaseIdProvider" />
```

위와 같이 지정한 VendorDatabaseIdProvider 클래스는 다음과 같이 DB_VENDOR 타입 에일리어스로 대체할 수 있다. 이때 마이바티스 라이브러리 버전을 확인한 다음 타입 에일리어스를 사용도록 주의해야 한다. 마이바티스 라이브러리 3.2.2 이전 버전을 사용하는 경우, 반드시 DB_VENDOR 문자열 대신 VENDOR 문자열을 사용해야 한다. 반면에 마이바티스 라이브러리 3.2.3 이상 버전을 사용하는 경우 둘 다 사용할 수 있다. 내부적으로 VENDOR 문자열을 DB_VENDOR 문자열로 대체한다.

```
<databaseIdProvider type="DB_VENDOR" />
```

연결된 데이터베이스 제품에 따라 어떤 데이터베이스 아이디를 가진 매핑 구문을 실행할지 매핑 관계를 지정할 필요가 있다. 내부 프로퍼티 설정을 통해서 데이터베이스 제품명과 데이터베이스 아이디를 매핑한다. 다음과 같이 내부 프로퍼티 설정은 <property> 구성 요소를 사용해서 지정한다.

```
<databaseIdProvider type="DB_VENDOR" />
    <property />
</databaseIdProvider>
```

다음과 같이 <property> 구성 요소에 name 속성과 value 속성을 추가한 다음 데이터베이스 제품명과 데이터베이스 아이디를 지정한다. <property> 구성 요소는 <databaseIdProvider> 구성 요소 사이에 여러 번 지정할 수 있다.

```
<databaseIdProvider type="DB_VENDOR">
    <property name="Oracle" value="oracle" />
    <property name="MySQL" value="mysql" />
    <property name="Microsoft SQL Server" value="ms" />
    <property name="DB2" value="db2" />
</databaseIdProvider>
```

<property> 구성 요소의 name 속성 값에 지정할 수 있는 데이터베이스 제품명은 이미 지정되어 있다. 다음과 같이 마이바티스 라이브러리에 포함된 소스 코드 중 org.apache.ibatis.mapping.VendorDatabaseIdProvider 클래스의 getDatabaseProductName() 메소드를 살펴보면, 연결된 데이터베이스 제품에 따라 제품명을 반환하는 것을 알 수 있다.

```
/* VendorDatabaseIdProvider 클래스 */
private String getDatabaseProductName(DataSource dataSource)
        throws SQLException {
    Connection con = null;
    try {
        con = dataSource.getConnection();
        DatabaseMetaData metaData = con.getMetaData();
        return metaData.getDatabaseProductName();
    } finally {
        if (con != null) {
            try {
                con.close();
            } catch (SQLException e) {
                // ignored
            }
        }
    }
}
```

다음과 같이 VendorDatabaseIdProvider 클래스의 getDatabaseName() 메소드는 반환된 데이터베이스 제품명에 맞는 데이터베이스 아이디를 반환한다.

```
/* VendorDatabaseIdProvider 클래스 */
private String getDatabaseName(DataSource dataSource) throws SQLException {
```

```
    String productName = getDatabaseProductName(dataSource);
    if (this.properties != null) {
        for (Map.Entry<Object, Object> property : properties.entrySet()) {
            if (productName.contains((String) property.getKey())) {
                return (String) property.getValue();
            }
        }
        return null; // no match, return null
    }
    return productName;
}
```

즉 getDatabaseName() 메소드 호출을 통해서 오라클 데이터베이스 제품명인 Oracle 문자열이 반환되면, 내부 프로퍼티에 지정한 name 속성 값과 일치하는 value 속성 값을 찾는다. 반환된 value 속성 값과 databaseId 속성에 지정한 문자열이 일치하는 매핑 구문이 실행한다.

```
/* 마이바티스 설정 XML 파일 */
<databaseIdProvider type="DB_VENDOR">
    <property name="Oracle" value="oracle" />
</databaseIdProvider>

/* 마이바티스 매퍼 XML 파일 */
<select id="select" databaseId="oracle">
    /* 오라클 데이터베이스 제품인 경우 */
    ...중략...
</select>
```

매핑 구문 아이디는 동일하지만, 연결된 데이터베이스 제품에 따라 서로 다른 매핑 구문을 실행하는 데이터베이스 아이디 프로바이더를 실습할 수 있도록 다음 순서에 맞추어 자바 애플리케이션을 작성해 보자. 이미 작성한 파일은 별도로 작성하지 말고 그대로 사용한다.

1. **마이바티스 매퍼 XML 파일**(예제 4.1 활용)
2. **마이바티스 설정 XML 파일 작성**

3. 실행 클래스 작성(DatabaseIdProviderExecutor 클래스)

위와 같이 목록에 맞추어 파일 작성을 완료하면, 그림 4.25와 같다.

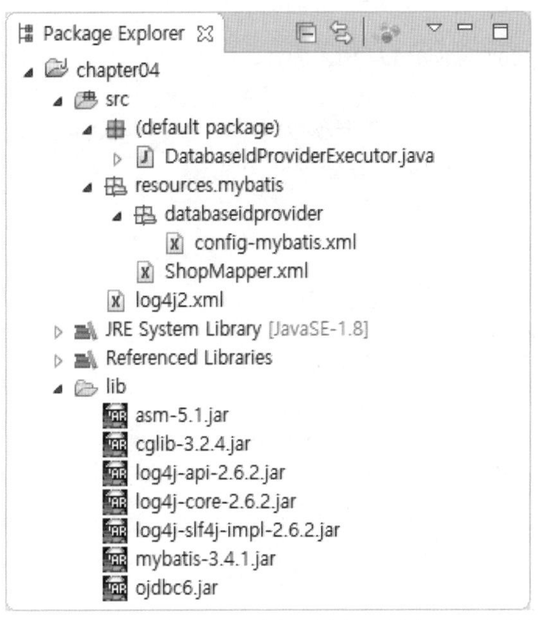

그림 4.25 chapter04 자바 프로젝트(데이터베이스 아이디 프로바이더 실습)

다음 경로에서 마이바티스 설정 XML 파일을 생성한다.

/chapter04/src/resources/mybatis/**databaseidprovider/config-mybatis.xml**

마이바티스 설정 XML 파일을 생성한 다음 <databaseIdProvider> 구성 요소를 사용해서 데이터베이스 아이디 프로바이더를 지정한다. 이때 내부 프로퍼티 설정을 함께 지정한다.

```
<databaseIdProvider type="DB_VENDOR">
    <property name="Oracle" value="oracle" />
    <property name="MySQL" value="mysql" />
    <property name="Microsoft SQL Server" value="ms" />
    <property name="DB2" value="db2" />
</databaseIdProvider>
```

마이바티스 설정 XML 파일 작성을 완료하면, 예제 4.25와 같다.

예제 4.25 마이바티스 설정 XML 파일(데이터베이스 아이디 프로바이더 실습)

```
/* /chapter04/src/resources/mybatis/databaseidprovider/config-mybatis.xml */

<?xml version="1.0" encoding="UTF-8"?>

<!DOCTYPE configuration PUBLIC "-//mybatis.org//DTD Config 3.0//EN"
"http://mybatis.org/dtd/mybatis-3-config.dtd">

<configuration>
    <!-- 환경 스택 -->
    <environments default="default">
        <!-- 환경 -->
        <environment id="default">
            <!-- 트랜잭션 관리자 -->
            <transactionManager type="JDBC" />
            <!-- 데이터 소스 -->
            <dataSource type="UNPOOLED">
                <property name="driver"
                    value="oracle.jdbc.driver.OracleDriver" />
                <property name="url"
                    value="jdbc:oracle:thin:@localhost:1521:XE" />
                <property name="username" value="mybatis" />
                <property name="password" value="mybatis$" />
            </dataSource>
        </environment>
    </environments>

    <!-- 데이터베이스 아이디 프로바이더 -->
    <databaseIdProvider type="DB_VENDOR">
        <property name="Oracle" value="oracle" />
        <property name="MySQL" value="mysql" />
        <property name="Microsoft SQL Server" value="ms" />
        <property name="DB2" value="db2" />
    </databaseIdProvider>

    <!-- 매퍼 스택 -->
    <mappers>
        <!-- 매퍼 -->
```

```
        <mapper resource="resources/mybatis/ShopMapper.xml" />
    </mappers>
</configuration>
```

다음 경로에서 실행 클래스를 생성한다.

/chapter04/src/**DatabaseIdProviderExecutor.java**

실행 클래스를 생성한 다음 static 블록을 작성한다. static 블록에 마이바티스 설정 XML 파일을 읽어들여 SqlSessionFactory 객체를 생성하는 소스 코드를 작성한다. Resource 객체의 getResourceAsReader() 메소드를 호출할 때 에러가 발생할 수 있기 때문에 try~catch 문을 사용해서 예외를 처리한다. SqlSessionFactoryBuilder 객체의 build() 메소드에 마이바티스 설정 XML 파일을 읽어들인 Reader 객체를 인자로 전달하면, 생성된 SqlSessionFactory 객체를 반환받을 수 있다. 마이바티스 설정 XML 파일 경로가 올바른지 확인한 다음 주의해서 지정한다.

```
public class DatabaseIdProviderExecutor {
    private static SqlSessionFactory sqlSessionFactory;

    static {
        try {
            // 마이바티스 설정 XML 파일 경로(데이터베이스 아이디 프로바이더 실습)
            String resource =
                "resources/mybatis/databaseidprovider/config-mybatis.xml";
            Reader reader = Resources.getResourceAsReader(resource);
            sqlSessionFactory =
                new SqlSessionFactoryBuilder().build(reader);
        } catch (IOException e) {
            e.printStackTrace();
        }
    }
}
```

다음과 같이 main() 메소드를 작성한 다음 매핑 구문을 호출할 수 있도록 소스 코드를 작성한다.

```
public class DatabaseIdProviderExecutor {
    private static final Log log =
        LogFactory.getLog(DatabaseIdProviderExecutor.class);
    ...중략...

    public static void main(String[] args) {
        SqlSession sqlSession = null;

        try {
            // 세션 및 트랜잭션 시작
            sqlSession = sqlSessionFactory.openSession();

            // 파라미터 등록
            int shopNo = 1;

            // 조회 매핑 구문 실행
            sqlSession.selectOne(
                "org.mybatis.persistence.ShopMapper.select", shopNo);
        } catch (Exception e) {
            e.printStackTrace();
        } finally {
            // 세션 및 트랜잭션 종료
            sqlSession.close();
        }
    }
}
```

실행 클래스 작성을 완료하면, 예제 4.26과 같다.

예제 4.26 실행 클래스(데이터베이스 아이디 프로바이더 실습)

```
/* /chapter04/src/DatabaseIdProviderExecutor.java */

import java.io.IOException;
import java.io.Reader;
import org.apache.ibatis.io.Resources;
import org.apache.ibatis.session.SqlSession;
```

```
import org.apache.ibatis.session.SqlSessionFactory;
import org.apache.ibatis.session.SqlSessionFactoryBuilder;

public class DatabaseIdProviderExecutor {
    private static SqlSessionFactory sqlSessionFactory;

    static {
        try {
            // 마이바티스 설정 XML 파일 경로(데이터베이스 아이디 프로바이더 실습)
            String resource =
                "resources/mybatis/databaseidprovider/config-mybatis.xml";
            Reader reader = Resources.getResourceAsReader(resource);
            sqlSessionFactory =
                new SqlSessionFactoryBuilder().build(reader);
        } catch (IOException e) {
            e.printStackTrace();
        }
    }

    public static void main(String[] args) {
        SqlSession sqlSession = null;

        try {
            // 세션 및 트랜잭션 시작
            sqlSession = sqlSessionFactory.openSession();

            // 파라미터 등록
            int shopNo = 1;

            // 조회 매핑 구문 실행
            sqlSession.selectOne(
                "org.mybatis.persistence.ShopMapper.select", shopNo);
        } catch (Exception e) {
            e.printStackTrace();
        } finally {
            // 세션 및 트랜잭션 종료
            sqlSession.close();
        }
    }
}
```

이와 같이 작성한 예제 4.26을 실행하면, 다음과 같이 연결된 데이터베이스 제품에 따라 실행되는 매핑 구문이 서로 다른 것을 확인할 수 있다.

```
DEBUG [main] - ==> Preparing: /* 오라클 데이터베이스 제품인 경우 */ SELECT SHOP_NO,
             SHOP_NAME, SHOP_LOCATION, SHOP_STATUS FROM SHOP
             WHERE SHOP_NO = ?
DEBUG [main] - ==> Parameters: 1(Integer)
TRACE [main] - <== Columns: SHOP_NO, SHOP_NAME, SHOP_LOCATION, SHOP_STATUS
TRACE [main] - <== Row: 1, Toy Store, <<BLOB>>, Y
DEBUG [main] - <== Total: 1
```

4.5 정리

4장에서는 마이바티스 설정을 자세히 살펴보았다. 특히 마이바티스 설정 방식 중 마이바티스 설정 XML 파일을 작성하는 방식을 중점적으로 살펴보았다. 마이바티스 설정 XML 파일 작성에 사용하는 다양한 구성 요소와 속성을 살펴본 다음 예제를 통해서 명확한 쓰임을 살펴보았다. 5장에서는 마이바티스 매핑 구문 정의에 사용하는 다양한 구성 요소와 속성을 살펴보자.

5장

마이바티스 매핑 구문 정의

4장에서는 마이바티스 프로그래밍 작동 방식을 결정짓는 마이바티스 설정에 대해서 알아보았다. 5장에서는 마이바티스 매핑 구문 정의에 사용하는 다양한 구성 요소를 그룹으로 묶어 설명한다. 살펴볼 구성 요소와 속성이 너무 많기 때문에 일일이 예제를 보여주는 데 어려움이 있지만, 부분 소스 코드를 통해서 각 구성 요소와 속성을 충분히 이해할 수 있다. 5.1절에서는 마이바티스 매핑 구문 정의에 대한 전반적인 내용을 설명하고, 5.2절에서는 매핑 구문 실행에 필요한 인자와 결과를 지정하는 구성 요소와 속성을 안내한다. 5.3절에서는 다양한 매핑 구문 정의에 사용하는 구성 요소와 속성을 자세히 알아보고, 5.4절에서는 조건에 따라 동적 매핑 구문 생성에 사용하는 구성 요소와 속성을 차근 차근 학습해 보자. 5.5절에서는 마이바티스 매핑 구문 정의를 간결하게 작성할 수 있도록 공통된 매핑 구문을 재사용하는 구성 요소를 안내한다. 마지막으로 5.6절에서는 성능 향상과 관련된 구성 요소를 알아보자. 이번 장을 통해 마이바티스 매핑 구문 정의에서 사용하는 구성 요소와 속성을 올바르게 이해하고 지정할 수 있다.

5.1 마이바티스 매핑 구문 정의의 개요

애플리케이션에 쿼리문이 산재되어 있으면 에러가 발생했을 때 애플리케이션 오류인지 쿼리문 오류인지 구분하기 쉽지 않다. 마이바티스는 애플리케이션에 흩어져 있는 쿼리문을 추출한 다음 형식에 맞추어 파일에 정의한다. 이를 매핑 구문 정의라고 한다. 쿼리문이 변경되었을 때 소스 코드를 일일이 찾지 않아도 된다. 매핑 구문 정의를 도식화하면, 그림 5.1과 같다.

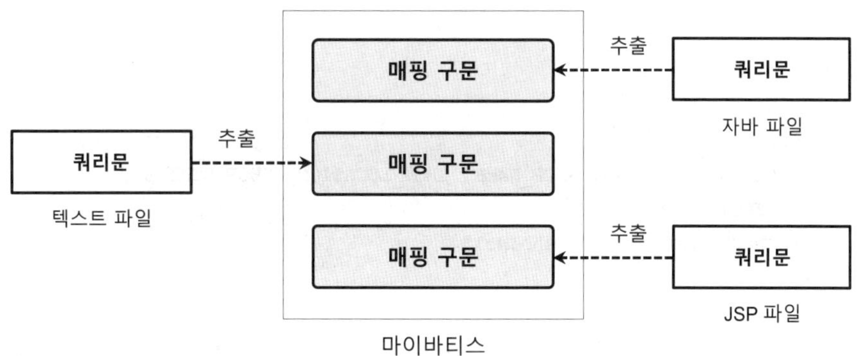

그림 5.1 매핑 구문 정의

마이바티스는 마이바티스 매퍼 XML 파일이나 매퍼 인터페이스에 매핑 구문을 정의할 수 있다.

- **마이바티스 매퍼 XML 파일**
- **매퍼 인터페이스**

다음과 같이 마이바티스 매퍼 XML 파일에 매핑 구문을 정의할 때 XML 구성 요소를 사용하고, 매퍼 인터페이스에 매핑 구문을 정의할 때 애노테이션을 사용한다. 이 장에서는 마이바티스 매퍼 XML 파일에 매핑 구문을 정의하는 방식을 기준으로 설명한다. 매퍼 인터페이스에 매핑 구문을 작성하는 방식은 '6장. 마이바티스 객체'를 참고한다. 마이바티스 매퍼 XML 파일에서 사용하는 XML 구성 요소를 정확히 이해하면, 애노테이션 방식도 쉽게 파악할 수 있다.

```
/* 쿼리문 */
SQL> SELECT SHOP_NO, SHOP_NAME, SHOP_LOCATION, SHOP_STATUS
     FROM SHOP
     WHERE SHOP_NO = ?

/* 마이바티스 매퍼 XML 파일 */
<select id="select" parameterType="int" resultType="java.util.HashMap">
    SELECT SHOP_NO, SHOP_NAME, SHOP_LOCATION, SHOP_STATUS
    FROM SHOP
    WHERE SHOP_NO = #{shopNo}
</select>

/* 매퍼 인터페이스 */
public interface ShopMapper {
    @Select({
        "SELECT SHOP_NO, SHOP_NAME, SHOP_LOCATION, SHOP_STATUS",
        "FROM SHOP",
        "WHERE SHOP_NO = #{shopNo}"
    })
    @Results(value = {
        @Result(column="SHOP_NO", property="shopNo", id=true),
        @Result(column="SHOP_NAME", property="shopName"),
        @Result(column="SHOP_LOCATION", property="shopLocation"),
        @Result(column="SHOP_STATUS", property="shopStatus")
    })
    public Shop select(Shop shop);
}
```

마이바티스 매퍼 XML 파일에 정의한 다수의 매핑 구문은 매핑 구문 아이디를 사용해서 서로 구분한다. 매핑 구문 아이디를 도식화하면, 그림 5.2와 같다.

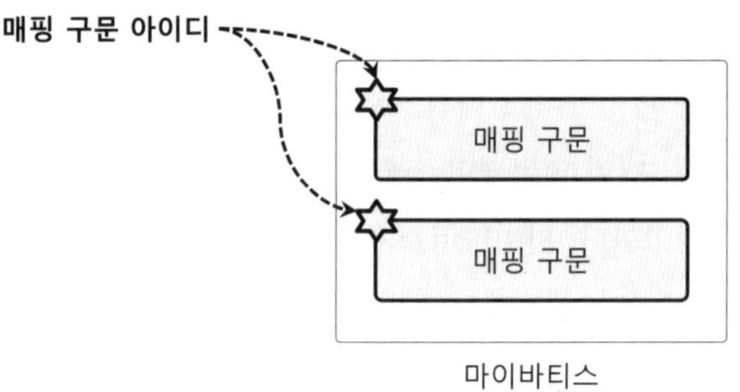

그림 5.2 매핑 구문 아이디

매핑 구문 아이디를 지정할 때 작성 규칙이 존재하면, 해당 규칙에 맞추어 작성한다. 만약에 작성 규칙이 존재하지 않으면, 다음 형식에 맞추어 매핑 구문 아이디를 작성한다.

```
매핑 구문 아이디 =
    매핑 구문 기능 구분('list', 'select', 'insert', 'update', 'delete') +
    테이블명(자바 식별자 명명 규칙)
```

예를 들어 테이블명이 SHOP인 경우 접두사인 select 문자열과 SHOP 테이블명을 자바 식별자 명명 규칙에 맞게 변환한 Shop 문자열을 합쳐서 selectShop 문자열을 매핑 구문 아이디로 작성한다.

```
selectShop = 'select' + Shop
```

위와 같이 매핑 구문 아이디를 지정하면, 매핑 구문을 서로 구분할 수 있다. 하지만 매핑 구문이 점점 늘어날수록 매핑 구문 아이디만으로 구분하는 데 어려움을 느낄 수 있다. 이때 네임스페이스를 추가하면, 매핑 구문을 논리적인 단위로 묶을 수 있어 편리하다. 마이바티스 이전 버전인 아이바티스에서는 네임스페이스 사용 여부를 선택할 수 있었지만, 마이바티스는 네임스페이스를 반드시 사용해야 한다. 네임스페이스를 도식화하면, 그림 5.3과 같다.

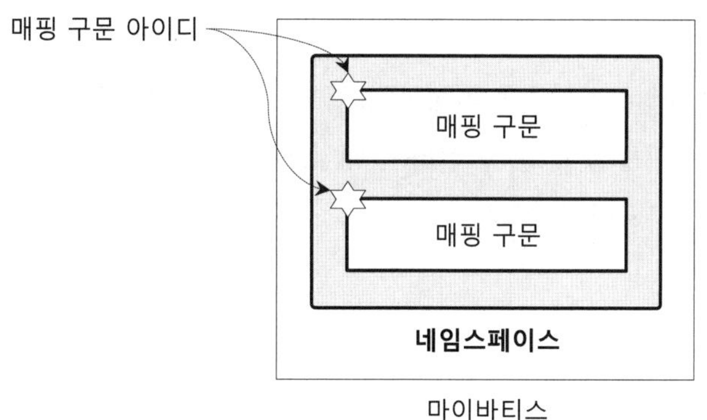

그림 5.3 네임스페이스

네임스페이스를 지정할 때 작성 규칙이 존재하면, 해당 규칙에 맞추어 작성한다. 만약 작성 규칙이 존재하지 않으면, 다음 형식에 맞추어 네임스페이스를 작성한다. 다음과 같이 네임스페이스를 작성하면, 추후 자동 매핑 방식을 설명할 때 별다른 수정 없이 그대로 사용할 수 있다.

```
네임스페이스 =
    마이바티스 매퍼 인터페이스 패키지 경로 + '.' + 테이블명(자바 식별자 명명 규칙) + 'Mapper'
```

네임스페이스는 마이바티스 매퍼 인터페이스가 위치한 패키지 경로와 데이터 모델링을 통해서 도출한 테이블명을 합쳐서 작성한다. 때때로 매핑 구문을 업무 단위로 묶는 경우 마이바티스 매퍼 인터페이스가 위치한 패키지 경로와 업무 도메인명을 합쳐 작성하기도 한다. 예를 들어 SHOP 테이블을 사용하는 매핑 구문이 마이바티스 매퍼 XML 파일에 정의되어 있고 해당 파일이 `org.mybatis.persistence` 패키지 경로에 위치한 마이바티스 매퍼 인터페이스에 바인딩된다면, 다음과 같이 네임스페이스를 작성할 수 있다. 마이바티스 매퍼 인터페이스가 해당 경로에 반드시 존재할 필요는 없다. 단지 임의로 바인딩된다고 생각하면 된다. 물론 자동 매핑 방식을 사용하는 경우 마이바티스 매퍼 인터페이스를 작성해야 한다.

```
org.mybatis.persistence.ShopMapper =
    'org.mybatis.persistence' + '.' + Shop + 'Mapper'
```

위와 같이 네임스페이스를 지정하면, 그림 5.4와 같이 네임스페이스를 거쳐서 매핑 구문 아이디를 찾게 된다. 따라서 네임스페이스가 서로 다르면 동일한 매핑 구문 아이디를 사용할 수 있다.

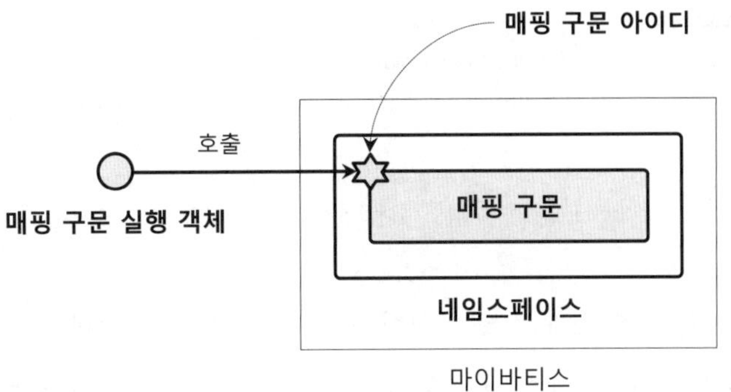

그림 5.4 네임스페이스를 결합한 매핑 구문 아이디

네임스페이스를 사용하면 업무 구분이 가능해진다. 따라서 매핑 구문 아이디를 작성할 때 매핑 구문 기능 구분과 테이블명을 결합한 문자열 대신 매핑 구문 기능 구분만 사용할 수 있다.

```
select = 'select' + Shop
```

네임스페이스는 마이바티스 매퍼 XML 파일 단위로 지정한다. 마이바티스 매퍼 XML 파일은 XML 구성 요소를 사용해서 마이바티스 매핑 구문을 정의한 파일이다. 마이바티스 매퍼 XML 파일을 작성하기 위해서는 마이바티스 매퍼 XML 파일 상단에 DTD 파일을 선언해야 한다. DTD 파일은 XML 파일을 작성할 때 사용 가능한 구성 요소와 속성을 정의한 파일이다. 다음과 같이 DTD 파일 선언부는 문서 타입, 최상위 구성 요소, 문서 공개 여부, 공개 식별자, 시스템 식별자로 구성되며, 공란을 사용해서 구분할 수 있다. DTD 파일을 통해서 XML 파일이 올바르게 작성되었는지 검증할 수 있다.

```
<!DOCTYPE mapper PUBLIC "-//mybatis.org//DTD Mapper 3.0//EN"
"http://mybatis.org/dtd/mybatis-3-mapper.dtd">
```

DTD 파일 선언부에 정의한 최상위 구성 요소는 파일 내에 존재하는 모든 XML 구성 요소의 가장 상위에 있는 구성 요소를 말한다. 다음과 같이 마이바티스 매퍼 XML 파일 상단에 선언한 <mapper> 구성 요소와 일치한다.

```
<!DOCTYPE mapper PUBLIC "-//mybatis.org//DTD Mapper 3.0//EN"
"http://mybatis.org/dtd/mybatis-3-mapper.dtd">

<mapper>
    ...중략...
</mapper>
```

앞서 살펴본 네임스페이스는 최상위 구성 요소에 지정한다. 다음과 같이 <mapper> 구성 요소에 namespace 속성을 추가한 다음 속성 값에 네임스페이스를 지정한다. 예를 들어 <mapper> 구성 요소에 namespace 속성을 추가한 다음 속성 값에 org.mybatis.persistence.ShopMapper 문자열을 지정하면 다음과 같다.

```
<mapper namespace="org.mybatis.persistence.ShopMapper">
    ...중략...
</mapper>
```

첫 번째 쌍따옴표로 묶인 공개 식별자는 // 기호를 사용해서 네 개의 문자열로 구분할 수 있다. 첫 번째 문자열은 공인 여부를 의미한다. 공인된 단체인 경우 + 기호를 사용하고, 비공인된 단체인 경우 - 기호를 사용한다. 두 번째 문자열은 문서 작성 및 관리 기관을 지칭한다. 세 번째와 네 번째 문자열은 문서 타입 정의 명과 버전 그리고 작성 언어를 의미한다.

```
<!DOCTYPE mapper PUBLIC "-//mybatis.org//DTD Mapper 3.0//EN"
"http://mybatis.org/dtd/mybatis-3-mapper.dtd">
```

두 번째 쌍따옴표로 묶인 시스템 식별자는 URL 주소 형식을 따른다. 웹 브라우저에 시스템 식별자를 입력한 다음 실행하면, DTD 파일을 직접 다운로드할 수 있다.

```
<!DOCTYPE mapper PUBLIC "-//mybatis.org//DTD Mapper 3.0//EN"
"http://mybatis.org/dtd/mybatis-3-mapper.dtd">
```

시스템 식별자를 사용해서 다운로드 받은 DTD 파일을 살펴보면, 다음과 같이 마이바티스 매퍼 XML 파일에서 사용 가능한 구성 요소와 속성을 한눈에 볼 수 있다.

```
<!ELEMENT mapper (cache-ref | cache | resultMap* | parameterMap* | sql* |
insert* | update* | delete* | select* )+>
<!ATTLIST mapper
namespace CDATA #IMPLIED
>

<!ELEMENT cache-ref EMPTY>
<!ATTLIST cache-ref
namespace CDATA #REQUIRED
>

...중략...
```

마이바티스 매퍼 XML 파일에 문서 버전과 문자 인코딩을 선언하면 다음과 같다.

```
<?xml version="1.0" encoding="UTF-8"?>

<!DOCTYPE mapper PUBLIC "-//mybatis.org//DTD Mapper 3.0//EN"
"http://mybatis.org/dtd/mybatis-3-mapper.dtd">

...중략...
```

마이바티스 매퍼 XML 파일을 작성할 때 DTD 파일에 정의된 구성 요소를 올바르게 사용해야 한다. DTD 파일에 정의되어 있지 않은 구성 요소나 속성을 사용하거나 작성 순서가 틀리면 에러가 발생한다. 마이바티스 매퍼 XML 파일에 사용 가능한 구성 요소를 정리하면, 표 5.1과 같다.

표 5.1 마이바티스 매퍼 XML 파일에 사용 가능한 구성 요소

구성 요소	설명
<cache>	캐시를 지정할 때 사용한다.
<cache-ref>	<cache> 구성 요소로 지정한 캐시를 참조할 때 사용한다.
<parameterMap>	파라미터 맵을 지정할 때 사용한다. 추후 삭제될 예정이다.
<resultMap>	리절트 맵을 지정할 때 사용한다.
<sql>	재사용 매핑 구문을 지정할 때 사용한다.
<include>	<sql> 구성 요소로 지정한 매핑 구문을 참조할 때 사용한다.
<select>	조회 매핑 구문을 지정할 때 사용한다.
<insert>	등록 매핑 구문을 지정할 때 사용한다.
<update>	수정 매핑 구문을 지정할 때 사용한다.
<delete>	삭제 매핑 구문을 지정할 때 사용한다.

마이바티스 매퍼 XML 파일에 지정하는 구성 요소는 몇 가지 분류로 나눌 수 있다. 이 책에서는 표 5.1에 나열한 순서를 따르지 않고, 다음 분류를 따라 정해진 구성 요소를 순서대로 설명한다. 먼저 인자와 결과를 지정하는 구성 요소를 살펴본 다음 매핑 구문 정의에 사용하는 구성 요소를 알아보자. 그리고 동적 매핑 구문 생성에 사용하는 구성 요소를 통해서 응용 범위를 확장해 보자. 이와 같이 세 분류의 구성 요소만 알아도 마이바티스 매퍼 XML 파일을 작성하는 데 충분하다. 공통된 매핑 구문을 재사용하기 위한 구성 요소와 성능 향상과 관련된 구성 요소를 추가로 살펴보면, 마이바티스 매퍼 XML 파일 작성과 관련된 대부분을 학습한 것이다.

- **인자와 결과를 지정하는 구성 요소**
- **매핑 구문 정의에 사용하는 구성 요소**
- **동적 매핑 구문 생성에 사용하는 구성 요소**
- **공통된 매핑 구문을 재사용하기 위한 구성 요소**
- **성능 향상과 관련된 구성 요소**

5.2 인자와 결과를 지정하는 구성 요소

매핑 구문 실행에 필요한 인자를 파라미터라고 한다. 그리고 매핑 구문을 실행한 다음 반환받은 결과를 리절트라고 한다. 파라미터와 리절트를 도식화하면, 그림 5.5와 같다.

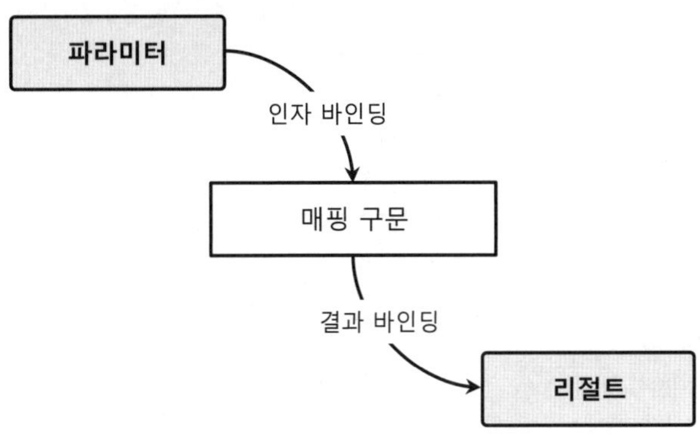

그림 5.5 파라미터와 리절트

파라미터 객체는 파라미터를 전달할 때 사용하는 객체다. 그리고 리절트 객체는 리절트를 반환할 때 사용하는 객체다. 파라미터 객체와 리절트 객체를 도식화하면, 그림 5.6과 같다.

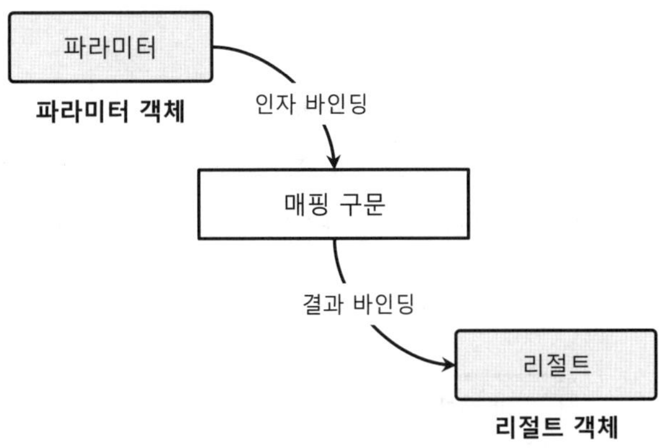

그림 5.6 파라미터 객체와 리절트 객체

JDBC 프로그래밍을 예로 살펴보면, 다음과 같이 작성한 소스 코드에서 파라미터 객체와 리절트 객체를 찾을 수 있다.

```
preparedStatement = connection.prepareStatement(
    "SELECT SHOP_NO, SHOP_NAME, SHOP_LOCATION, SHOP_STATUS
    FROM SHOP WHERE SHOP_NO = ?");

// 파라미터 객체
int shopNo = 1;
preparedStatement.setInt(1, shopNo);

resultSet = preparedStatement.executeQuery();

// 리절트 객체
Shop shop = null;
if (resultSet.next()) {
    shop = new Shop();

    shop.setShopNo(resultSet.getInt("SHOP_NO"));
    shop.setShopName(resultSet.getString("SHOP_NAME"));
}
```

위와 같이 JDBC 프로그래밍에서 파라미터 객체와 리절트 객체를 지정한 것처럼 마이바티스 매퍼 XML 파일에 파라미터 객체와 리절트 객체를 지정해 보자.

5.2.1 파라미터 구성 요소 <parameterMap>

파라미터는 매핑 구문 실행에 필요한 인자를 말한다. 그리고 파라미터 전달에 사용한 객체를 파라미터 객체라고 한다. 파라미터와 파라미터 객체를 도식화하면, 그림 5.7과 같다.

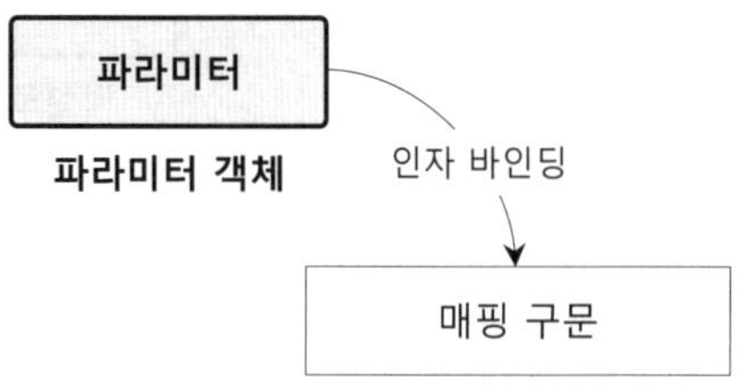

그림 5.7 파라미터와 파라미터 객체

JDBC 프로그래밍을 예로 살펴보면, 다음과 같이 작성한 소스 코드에서 파라미터와 파라미터 객체를 찾을 수 있다.

```
String shopStatus = "Y";
preparedStatement.setString(1, shopStatus);
```

다음과 같이 JDBC 프로그래밍은 매개 변수에 파라미터를 전달할 때 셋터 메소드를 사용한다. 셋터 메소드는 인자로 매개 변수 순번과 매개 변수 값이 필요하다. 사용자는 파라미터 타입에 따라 적절한 셋터 메소드를 선택해야 한다. 셋터 메소드마다 파라미터 타입을 JDBC 타입으로 변환하는 기능이 다르기 때문이다. 예를 들어 파라미터 타입이 문자 타입인 경우 `setString()` 메소드를 사용하고, 숫자 타입인 경우 `setInt()` 메소드를 사용해야 한다.

```
String shopStatus = "Y";
preparedStatement.setString(1, shopStatus);
```

위와 같이 JDBC 프로그래밍에서 파라미터 타입에 따라 셋터 메소드를 선택한 것처럼 마이바티스 프로그래밍에서도 파라미터 타입을 지정할 수 있다. 파라미터 타입은 <select>, <insert>, <update>, <delete> 구성 요소와 같이 매핑 구문을 정의할 때 사용하는 구성 요소에 속성을 지정할 수 있다. 매핑 구문에 파라미터 타입 속성 지정을 도식화하면, 그림 5.8과 같다.

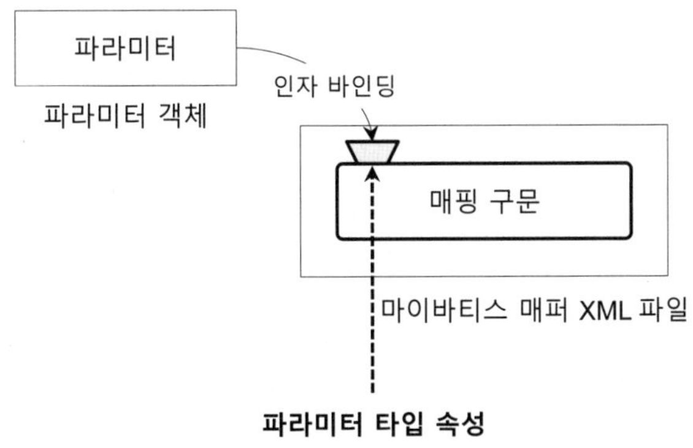

그림 5.8 매핑 구문에 파라미터 타입 속성 지정

파라미터 타입 속성은 parameterType 속성을 사용해서 지정한 다음 속성 값에 파라미터 타입을 지정한다. 예를 들어 <select> 구성 요소에 int 타입을 파라미터 타입으로 지정하면 다음과 같다.

```
<select id="select" parameterType="int">
    ...중략...
</select>
```

parameterType 속성 값에 지정할 수 있는 파라미터 타입은 크게 두 가지로 나눌 수 있다. 하나는 기본 타입이고, 다른 하나는 객체 타입이다. 기본 타입은 실제 값을 가진 타입을 말하며, 자바 타입 중 기본 타입이 해당된다. 객체 타입은 자바 타입 중 기본 타입을 제외한 참조 타입을 말한다. 객체 타입은 매우 다양하지만, 주로 자바빈즈와 컬렉션 타입을 사용한다. 이 둘 중 어느 경우에 어떤 타입을 파라미터로 사용해야 할까? 매핑 구문에 인자로 전달하는 파라미터 개수를 기준으로 파라미터 타입을 선택한다. 예를 들어 파라미터 개수가 하나인 경우 기본 타입을 사용하고, 여러 개인 경우 객체 타입을 사용한다. 그리고 객체 타입 중 자바빈즈와 컬렉션 타입을 선택할 때 개발 및 운영 환경, 그리고 사용자 경험을 고려해서 결정한다. 때로는 파라미터 타입의 일관성을 유지하기 위해서 일률적으로 객체 타입을 선택하는 경우도 종종 있다. 파라미터 타입을 정리하면 다음과 같다.

- **기본 타입**(파라미터가 하나인 경우)
- **객체 타입**(파라미터가 여러 개인 경우)
  - **자바빈즈**
  - **컬렉션 타입**

파라미터 타입별로 파라미터를 지정하는 방법을 자세히 알아보자. 사용자가 이해하기 쉽도록 JDBC 프로그래밍 소스 코드와 비교해서 설명한다. 관심을 가지고 살펴볼 사항은 두 가지다. 하나는 쿼리문에 기술한 매개 변수의 개수고, 다른 하나는 파라미터 값을 전달할 때 사용한 셋터 메소드다. 우선 매개 변수의 개수를 고려해서 파라미터 타입으로 기본 타입을 사용할지 아니면 객체 타입을 사용할지 선택한다. 그런 다음 셋터 메소드에 매핑하는 파라미터 타입을 결정한다. 예를 들어 파라미터 타입으로 기본 타입을 지정해 보자. 다음 소스 코드는 매개 변수가 하나고 파라미터 타입이 int 타입인 JDBC 프로그래밍이다.

```
/* 매개 변수가 하나인 경우(기본 타입) */
PreparedStatement preparedStatement = connection.prepareStatement(
    "SELECT SHOP_NO, SHOP_NAME, SHOP_LOCATION, SHOP_STATUS
    FROM SHOP WHERE SHOP_NO = ?");

/* 기본 타입 */
int shopNo = 1;
preparedStatement.setInt(1, shopNo);
```

위와 같이 작성한 JDBC 프로그래밍을 마이바티스 프로그래밍으로 작성하면, 다음과 같이 parameterType 속성을 추가한 다음 속성 값에 기본 타입인 int 타입을 지정한다. 이처럼 기본 타입을 파라미터 타입으로 지정하는 것은 매우 간단하다.

```
<select id="select" parameterType="int">
    SELECT SHOP_NO, SHOP_NAME, SHOP_LOCATION, SHOP_STATUS
    FROM SHOP
    WHERE SHOP_STATUS = #{shopNo}
</select>
```

이번에는 파라미터 타입으로 객체 타입을 지정해 보자. 객체 타입은 자바빈즈 또는 컬렉션 타입을 사용할 수 있다. 객체 타입 중 자바빈즈 타입을 지정한 다음 이어서 컬렉션 타입을 지정해 보자. 다음 소스 코드는 매개 변수가 여러 개이고, 파라미터 타입이 int 타입과 String 타입인 JDBC 프로그래밍이다. shopNo 프로퍼티와 shopStatus 프로퍼티를 가진 자바빈즈를 파라미터 객체로 사용한다.

```
/* 매개 변수가 여러 개인 경우(객체 타입 중 자바빈즈 사용) */
PreparedStatement preparedStatement = connection.prepareStatement(
    "SELECT SHOP_NO, SHOP_NAME, SHOP_LOCATION, SHOP_STATUS
    FROM SHOP WHERE SHOP_NO = ? AND SHOP_STATUS = ?");
```

```
/* 자바빈즈 */
Shop shop = new Shop();
shop.setShopNo(1);
shop.setShopStatus("Y");

preparedStatement.setInt(1, shop.getShopNo());
preparedStatement.setString(2, shop.getShopStatus());
```

위와 같이 작성한 JDBC 프로그래밍을 마이바티스 프로그래밍으로 작성하면, 다음과 같이 parameterType 속성을 추가한 다음 속성 값에 자바빈즈 타입인 org.mybatis.domain.Shop 타입을 지정한다. 이때 Shop 클래스가 위치한 패키지 경로를 함께 지정한다.

```
<select id="select" parameterType="org.mybatis.domain.Shop">
    SELECT SHOP_NO, SHOP_NAME, SHOP_LOCATION, SHOP_STATUS
    FROM SHOP
    WHERE SHOP_NO = #{shopNo} AND SHOP_STATUS = #{shopStatus}
</select>
```

자바빈즈를 파라미터 타입으로 사용할 때 긴 패키지 경로를 지정하는 게 번거로우면, 다음과 같이 타입 에일리어스를 사용할 수 있다. 타입 에일리어스를 사용하기 위해서는 마이바티스 설정 XML 파일에 자바빈즈를 타입 에일리어스로 등록해야 한다.

```
/* 마이바티스 설정 XML 파일 */
<typeAliases>
    <typeAlias alias="shop" type="org.mybatis.domain.Shop" />
</typeAliases>
```

```
/* 마이바티스 매퍼 XML 파일 */
<select id="select" parameterType="shop">
    SELECT SHOP_NO, SHOP_NAME, SHOP_LOCATION, SHOP_STATUS
    FROM SHOP
    WHERE SHOP_NO = #{shopNo} AND SHOP_STATUS = #{shopStatus}
</select>
```

객체 타입 중 두 번째로 컬렉션 타입을 지정해 보자. 다음 소스 코드는 매개변수가 여러 개이고, 파라미터 타입이 int 타입과 String 타입인 JDBC 프로그래밍이다. 컬렉션 타입 중 HashMap 객체를 파라미터 객체로 사용한다.

```
/* 매개 변수가 여러 개인 경우(객체 타입 중 컬렉션 타입 사용) */
PreparedStatement preparedStatement = connection.prepareStatement(
    "SELECT SHOP_NO, SHOP_NAME, SHOP_LOCATION, SHOP_STATUS
    FROM SHOP WHERE SHOP_NO = ? AND SHOP_STATUS = ?");

/* 컬렉션 타입 */
HashMap<String, Object> parameters = new HashMap<String, Object>();
parameters.put("shopNo", 1);
parameters.put("shopStatus", "Y");

preparedStatement.setInt(1, (int) parameters.get("shopNo"));
preparedStatement.setString(2,
    String.valueOf(parameters.get("shopStatus")));
```

위와 같이 작성한 JDBC 프로그래밍을 마이바티스 프로그래밍으로 작성하면, 다음과 같이 parameterType 속성을 추가한 다음 속성 값에 컬렉션 타입인 HashMap 클래스를 지정한다. 이때 HashMap 클래스가 위치한 패키지 경로를 함께 지정한다.

```
<select id="select" parameterType="java.util.HashMap">
    SELECT SHOP_NO, SHOP_NAME, SHOP_LOCATION, SHOP_STATUS
    FROM SHOP
    WHERE SHOP_NO = #{shopNo} AND SHOP_STATUS = #{shopStatus}
</select>
```

HashMap 클래스는 타입 에일리어스로 이미 등록되어 있기 때문에 다음과 같이 타입 에일리어스를 사용할 수 있다.

```
<select id="select" parameterType="hashmap">
    SELECT SHOP_NO, SHOP_NAME, SHOP_LOCATION, SHOP_STATUS
    FROM SHOP
```

```
    WHERE SHOP_NO = #{shopNo} AND SHOP_STATUS = #{shopStatus}
</select>
```

지금까지 파라미터 타입을 지정해 보았다. 그럼 매핑 구문에 전달한 파라미터는 매개 변수에 어떻게 바인딩될까? JDBC 프로그래밍 같은 경우 매개 변수 순번에 맞추어 물음표에 바인딩된다.

```
preparedStatement.setInt(1, 1);
preparedStatement.setString(2, "Y");


SELECT SHOP_NO, SHOP_NAME, SHOP_LOCATION, SHOP_STATUS FROM SHOP
WHERE SHOP_NO = ? AND SHOP_STATUS = ?");
```

위와 같이 JDBC 프로그래밍에서 파라미터를 바인딩하기 위해서 물음표를 사용한 것처럼 마이바티스 프로그래밍에서는 파라미터를 바인딩하기 위해서 인라인 파라미터 표기를 사용한다. 다음과 같이 인라인 파라미터 표기는 프로퍼티명을 중괄호 {}로 감싼 다음 용도에 따라 # 기호 또는 $ 기호를 붙인 표기 형식을 말한다. # 기호는 파라미터 값을 바인딩할 때 사용하고, $ 기호는 문자열을 치환할 때 사용한다.

```
#{프로퍼티명}
${프로퍼티명}
```

중괄호 앞에 # 기호를 붙이느냐 $ 기호를 붙이느냐에 따라 매핑 구문에 파라미터를 바인딩하는 과정이 달라진다. # 기호를 사용하는 경우 인라인 파라미터 표기를 물음표로 변경한 다음 파라미터를 바인딩한다. 이때 파라미터 타입이 문자 타입인 경우 파라미터 값 앞뒤로 홑따옴표가 붙는다. 이와 달리 $ 기호를 사용하는 경우 인라인 파라미터 표기를 물음표로 변경하지 않고 파라미터를 바인딩한다. 이때 파라미터 값을 변경하거나 이스케이프 처리를 하지 않는다. 매핑 구문에 문자열이 바로 바인딩되기 때문에 SQL 주입 공격[SQL Injection]에 노출될 수 있다.

마이바티스 프로그래밍 내부적으로 정해진 값을 전달할 때만 사용하도록 주의를 기울인다. 예를 들어 매핑 구문에 # 기호와 $ 기호를 지정한 다음 실행했을 때 출력된 로그를 살펴보자. 다음과 같이 인라인 파리미터 표기에 # 기호를 사용한 경우 PreparedStatement 객체를 사용해서 쿼리문을 생성한 것과 동일하고, $ 기호를 사용한 경우 Statement 객체를 사용해서 쿼리문을 생성한 것과 동일한 것을 볼 수 있다.

```
/* 마이바티스 매퍼 XML 파일 */
<select id="select" parameterType="java.util.HashMap">
    SELECT SHOP_NO, SHOP_NAME, SHOP_LOCATION, SHOP_STATUS
    FROM SHOP
    WHERE SHOP_NO = #{shopNo} AND SHOP_STATUS = ${shopStatus}
</select>

/* 로그 */
DEBUG [main] - ==> Preparing: SELECT SHOP_NO, SHOP_NAME, SHOP_LOCATION,
             SHOP_STATUS FROM SHOP WHERE SHOP_NO = ? AND SHOP_STATUS = Y
```

마이바티스는 매핑 구문에 파라미터를 바인딩할 때 다양한 속성을 추가할 수 있다. 추가한 속성은 매핑 구문에 파라미터를 바인딩할 때 활용된다. 예를 들어 흔히 사용하지 않는 JDBC 타입에 파라미터를 바인딩하는 경우 에러가 발생할 수 있다. 따라서 인라인 파라미터 표기에 파라미터의 자바 타입과 바인딩되는 JDBC 타입을 명시적으로 지정해줄 필요가 있다. 인라인 파라미터 표기에 속성을 추가하려면, 다음과 같이 속성명에 = 기호를 붙인 다음 속성 값을 지정한다. 속성은 , 기호를 사용해서 여러 개 지정할 수 있다. 확장한 인라인 파라미터 표기 형식은 다음과 같다.

```
#{프로퍼티명, 속성명=속성 값, ...}
```

예를 들어 shopNo 프로퍼티에 javaType 속성과 jdbcType 속성을 추가한 다음 int 타입과 NUMERIC 타입을 지정하면 다음과 같다.

```
<select id="select" parameterType="java.util.HashMap">
    SELECT SHOP_NO, SHOP_NAME, SHOP_LOCATION, SHOP_STATUS
    FROM SHOP
    WHERE SHOP_NO = #{shopNo, javaType=int, jdbcType=NUMERIC}
      AND SHOP_STATUS = #{shopStatus}
</select>
```

인라인 파라미터 표기에 지정 가능한 속성을 정리하면, 표 5.2와 같다.

표 5.2 인라인 파라미터 표기에 지정 가능한 속성

속성	설명
*property	파라미터의 프로퍼티명을 지정할 때 사용한다. 자바빈즈의 프로퍼티명 또는 맵의 키명을 지정한다.
javaType	파라미터의 자바 타입을 지정할 때 사용한다.
jdbcType	파라미터의 JDBC 타입을 지정할 때 사용한다.
mode	저장 프로시저 모드를 지정할 때 사용한다. **참고** ※ IN: 저장 프로시저를 호출할 때 파라미터 전달이 필요한 경우 지정한다. ※ OUT: 저장 프로시저를 호출한 다음 반환된 리절트가 존재하는 경우 지정한다. ※ INOUT: 저장 프로시저를 호출하기 전·후로 전달 파라미터 또는 반환된 리절트가 존재하는 경우 지정한다.
numericScale	파라미터 타입이 숫자인 경우 범위를 지정할 때 사용한다.
typeHandler	타입 핸들러를 지정할 때 사용한다.
jdbcTypeName	JDBC 타입명을 지정할 때 사용한다.
expression	표현식을 지정할 때 사용한다. 속성은 정의되어 있지만 실제로 사용할 수 없다.

1. 애스터리스크(*)를 표기한 속성은 필수 속성이므로 반드시 지정해야 한다.
2. org.apache.ibatis.builder.SqlSourceBuilder 클래스 상단에 선언된 parameterProperties 프로퍼티를 살펴보면 좀 더 자세한 내용을 알 수 있다.

위와 같이 인라인 파라미터 표기에 속성을 추가로 지정하면 좀 더 자세한 파라미터 바인딩 정보를 전달할 수 있다. 반면에 파라미터 표기는 추가한 속성만큼 복잡해진다. 다음과 같이 동일한 속성을 가진 프로퍼티를 여러 번 작성하면, 속성을 변경했을 때 매핑 구문을 일일이 수정해야 하기 때문에 번거롭다.

```
<!-- 조회 매핑 구문 -->
<select id="select" parameterType="java.util.HashMap">
    SELECT SHOP_NO, SHOP_NAME, SHOP_LOCATION, SHOP_STATUS
    FROM SHOP
    WHERE SHOP_NO = #{shopNo, javaType=int, jdbcType=NUMERIC}
</select>

<!-- 목록 조회 매핑 구문 -->
<select id="list" parameterType="java.util.HashMap">
    SELECT SHOP_NO, SHOP_NAME, SHOP_LOCATION, SHOP_STATUS
    FROM SHOP
    WHERE SHOP_NO = #{shopNo, javaType=int, jdbcType=NUMERIC}
    ORDER BY SHOP_NO ASC
</select>
```

마이바티스는 인라인 파라미터 표기에 중복된 속성을 한 곳에서 관리할 수 있도록 파라미터 맵을 제공한다. 정의한 파라미터 맵은 서로 다른 매핑 구문에서 참조할 수 있다. 파라미터 맵을 도식화하면, 그림 5.9와 같다.

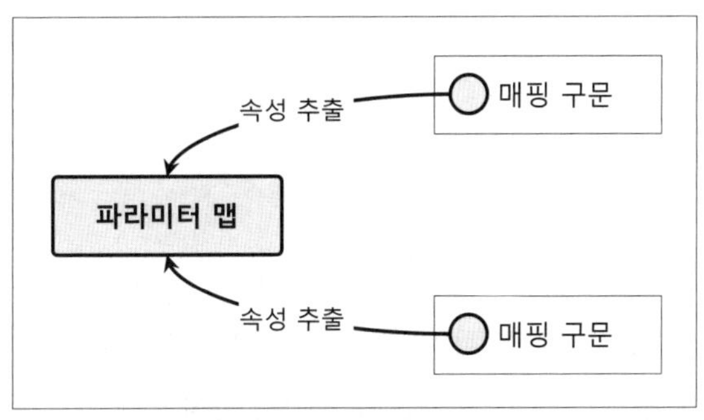

그림 5.9 파라미터 맵

파라미터 맵을 구성하는 기본 단위는 파라미터 구성 요소다. 다음과 같이 파라미터 구성 요소는 <parameter> 구성 요소를 사용해서 지정한다.

```
<parameter />
```

<parameter> 구성 요소는 매핑 구문에 바인딩하는 프로퍼티와 일대일로 매핑된다. <parameter> 구성 요소에 프로퍼티를 지정하려면, 다음과 같이 property 속성을 추가한 다음 속성 값에 프로퍼티명을 지정한다.

```
<parameter property="shopNo" />
```

앞서 인라인 파라미터 표기에 지정한 다양한 속성은 다음과 같이 <parameter> 구성 요소에 옮겨 지정할 수 있다.

```
<parameter property="shopNo" javaType="int" jdbcType="NUMERIC" />
```

<parameter> 구성 요소는 여러 번 지정할 수 있다. 다수의 <parameter> 구성 요소는 파라미터 맵 구성 요소를 사용해서 하나로 묶어 관리한다. 다음과 같이 파라미터 맵 구성 요소는 <parameterMap> 구성 요소를 사용해서 지정한다.

```
<parameterMap>
    <parameter property="shopNo" javaType="int" jdbcType="NUMERIC" />
    <parameter property="shopStatus"
        javaType="java.lang.String" jdbcType="VARCHAR" />
</parameterMap>
```

파라미터 맵은 매핑 구문에 파라미터를 전달하는 중간 역할을 수행한다. 따라서 파라미터 맵 역시 전달받는 파라미터 객체의 타입을 지정해야 한다. 파라미터 맵에 타입 속성 지정을 도식화하면, 그림 5.10과 같다.

타입 속성은 type 속성을 사용해서 지정한 다음 속성 값에 파라미터 타입을 지정한다. 예를 들어 <parameterMap> 구성 요소에 java.util.HashMap 타입을 파라미터 타입으로 지정하면 다음과 같다.

```
<parameterMap type="java.util.HashMap">
    <parameter property="shopNo" javaType="int" jdbcType="NUMERIC" />
    <parameter property="shopStatus"
```

```
        javaType="java.lang.String" jdbcType="VARCHAR" />
</parameterMap>
```

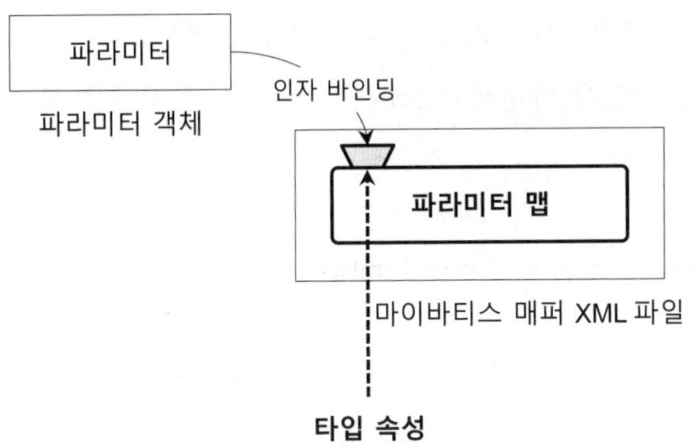

그림 5.10 파라미터 맵에 타입 속성 지정

<parameterMap> 구성 요소는 여러 번 정의할 수 있다. 다수의 <parameterMap> 구성 요소는 파라미터 맵 아이디를 사용해서 구분한다. 마이바티스 매퍼 XML 파일 내에서 파라미터 맵 아이디가 중복되지 않도록 주의해야 한다. 파라미터 맵 아이디를 도식화하면, 그림 5.11과 같다.

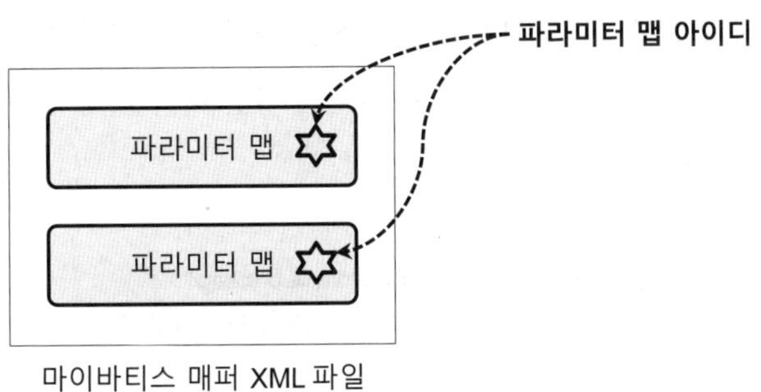

그림 5.11 파라미터 맵 아이디

파라미터 맵 아이디를 지정할 때 작성 규칙이 존재하면, 해당 규칙에 맞추어 작성한다. 만약에 작성 규칙이 존재하지 않으면, 다음 형식에 맞추어 파라미터 맵 아이디를 작성한다.

```
파라미터 맵 아이디 = 테이블명(낙타 표기 형식) + 'ParameterMap'
```

예를 들어 SHOP 테이블을 사용하는 매핑 구문에 파라미터 맵을 사용한다면, SHOP 테이블명을 낙타 표기 형식에 맞게 변환한 shop 문자열과 접미사인 ParameterMap 문자열을 합쳐서 shopParaneterMap 문자열을 파라미터 맵 아이디로 지정한다.

```
shopParameterMap = shop + 'ParameterMap'
```

위와 같이 작성한 파라미터 맵 아이디는 다음과 같이 <parameterMap> 구성 요소에 id 속성을 추가한 다음 속성 값에 지정한다.

```
<parameterMap id="shopParameterMap" type="java.util.HashMap">
    <parameter property="shopNo" javaType="int" jdbcType="NUMERIC" />
    <parameter property="shopStatus"
        javaType="java.lang.String" jdbcType="VARCHAR" />
</parameterMap>
```

그럼 정의된 파라미터 맵은 어떻게 사용할 수 있을까? 매핑 구문 실행 객체로 호출 가능한 구성 요소에 파라미터 맵 속성을 사용해서 지정한다. 다음과 같이 <select> 구성 요소에 parameterMap 속성을 추가한 다음 속성 값에 파라미터 맵 아이디를 지정한다.

```
<select id="select" parameterMap="shopParameterMap">
    SELECT SHOP_NO, SHOP_NAME, SHOP_LOCATION, SHOP_STATUS
    FROM SHOP
    WHERE SHOP_NO = #{shopNo} AND SHOP_STATUS = #{shopStatus}
</select>
```

지금까지 파라미터 맵을 정의한 다음 매핑 구문에 지정하는 방법에 대해서 알아보았다. 파라미터 맵 아이디를 지정한 매핑 구문에 파라미터 맵을 바인딩하는 과정을 도식화하면, 그림 5.12와 같다.

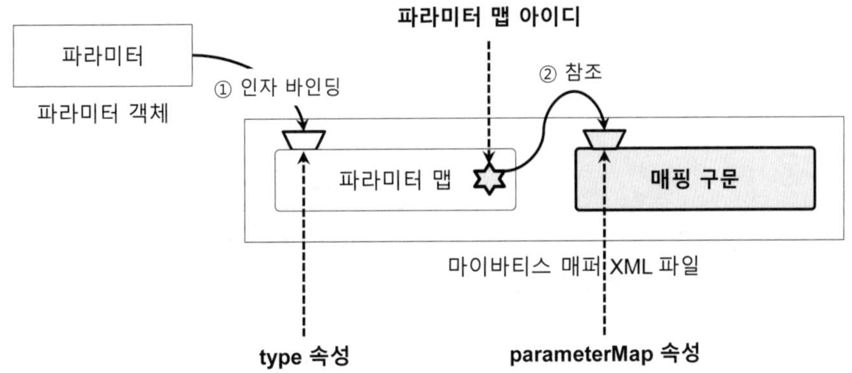

그림 5.12 매핑 구문에 파라미터 맵 지정

일반적으로 파라미터 맵은 주로 사용하는 매핑 구문을 정의한 마이바티스 매퍼 XML 파일에 작성한다. 마이바티스 매퍼 XML 파일별로 파라미터 맵을 정의한다는 것은 네임스페이스의 영향을 받는 것을 의미한다. 만일 서로 다른 마이바티스 매퍼 XML 파일에 정의한 파라미터 맵을 사용하려면, 다음과 같이 파라미터 맵 아이디 앞에 네임스페이스를 함께 지정한다.

```
<select id="select"
        parameterMap="org.mybatis.persistence.ShopMapper.shopParameterMap">
    SELECT SHOP_NO, SHOP_NAME, SHOP_LOCATION, SHOP_STATUS
    FROM SHOP
    WHERE SHOP_NO = #{shopNo} AND SHOP_STATUS = #{shopStatus}
</select>
```

파라미터 맵은 정의하는 게 번거롭기 때문에 실제 사용하는 경우는 드물다. 앞으로 파라미터 맵은 삭제될 예정이므로 사용을 권장하지 않는다. 그럼에도 불구하고 이 책을 읽는 사용자라면, 파라미터 맵을 이해하고 넘어가자.

5.2.2 리절트 구성 요소 〈resultMap〉

리절트는 매핑 구문을 실행한 다음 반환된 결과를 말한다. 그리고 리절트 전달에 사용한 객체를 리절트 객체라고 한다. 리절트와 리절트 객체를 도식화하면, 그림 5.13과 같다.

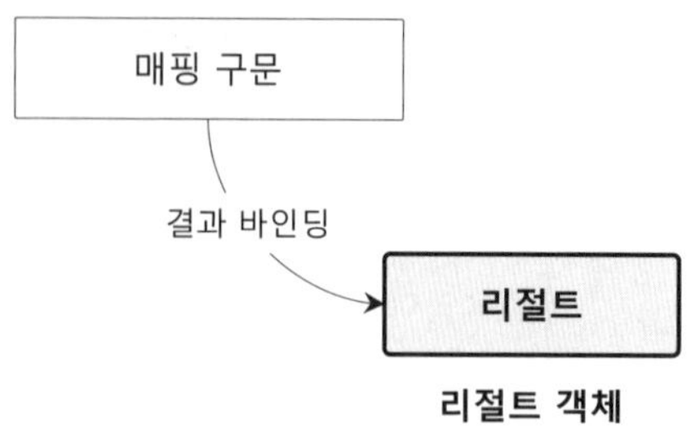

그림 5.13 리절트와 리절트 객체

JDBC 프로그래밍을 예로 살펴보면, 다음과 같이 작성한 소스 코드에서 리절트와 리절트 객체를 찾을 수 있다.

```
if (resultSet.next()) {
    String shopName = resultSet.getString("SHOP_NAME");
}
```

다음과 같이 JDBC 프로그래밍은 반환된 결과로부터 리절트를 가져올 때 겟터 메소드를 사용한다. 겟터 메소드는 인자로 컬럼명이 필요하다. 사용자는 리절트 타입에 따라 적절한 겟터 메소드를 선택해야 한다. 겟터 메소드마다 JDBC 타입을 리절트 타입으로 변환하는 기능이 다르기 때문이다. 예를 들어 리절트 타입이 문자 타입인 경우 `getString()` 메소드를 사용하고, 숫자 타입인 경우 `getInt()` 메소드를 사용해야 한다.

```
if (resultSet.next()) {
    String shopName = resultSet.getString("SHOP_NAME");
}
```

위와 같이 JDBC 프로그래밍에서 리절트 타입에 따라 겟터 메소드를 선택한 것처럼 마이바티스 프로그래밍에서도 리절트 타입을 지정할 수 있다. 리절트 타입은 `<select>`, `<insert>`, `<update>`, `<delete>` 구성 요소와 같이 매핑 구문을 정의할 때 사용하는 구성 요소에 속성을 지정할 수 있다. 매핑 구문에 리절트 타입 속성 지정을 도식화하면, 그림 5.14와 같다.

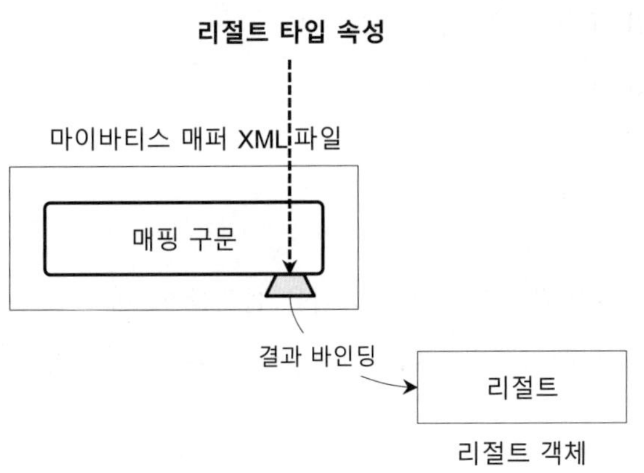

그림 5.14 매핑 구문에 리절트 타입 속성 지정

리절트 타입 속성은 resultType 속성을 사용해서 지정한 다음 속성 값에 리절트 타입을 지정한다. 예를 들어 <select> 구성 요소에 java.lang.String 타입을 리절트 타입으로 지정하면 다음과 같다.

```
<select id="select" resultType="java.lang.String">
    ...중략...
</select>
```

resultType 속성 값에 지정할 수 있는 리절트 타입은 크게 두 가지로 나눌 수 있다. 하나는 기본 타입이고, 다른 하나는 객체 타입이다. 기본 타입은 실제 값을 가진 타입을 말하며, 자바 타입 중 기본 타입이 해당된다. 객체 타입은 자바 타입 중 기본 타입을 제외한 참조 타입을 말한다. 객체 타입은 매우 다양하지만, 주로 자바빈즈와 컬렉션 타입을 사용한다. 이 둘 중 어느 경우에 어떤 타입을 리절트로 사용해야 할까? 매핑 구문을 실행한 다음 반환된 리절트 개수를 기준으로 리절트 타입을 선택한다. 예를 들어 리절트 개수가 하나인 경우 기본 타입을 사용하고, 여러 개인 경우 객체 타입을 사용한다. 때로는 리절트 타입의 일관성을 유지하기 위해서 객체 타입을 일률적으로 선택하는 경우도 종종 있다. 리절트 타입을 정리하면 다음과 같다.

- **기본 타입**(리절트가 하나인 경우)
- **객체 타입**(리절트가 여러 개인 경우)
  - **자바빈즈**
  - **컬렉션 타입**

객체 타입 중 자바빈즈와 컬렉션 타입을 선택할 때 개발 및 운영 환경, 그리고 사용자 경험을 고려해서 결정한다. 자바빈즈와 컬렉션 타입의 장·단점을 비교하면, 표 5.3과 같다.

표 5.3 자바빈즈와 컬렉션 타입 비교

구분	장점	단점
자바빈즈	• 컴파일 시점에 프로퍼티 타입 검사를 통해서 타입 오류를 체크할 수 있다. • 사전에 프로퍼티 타입 검사가 이루어지기 때문에 컬렉션 타입에 비해서 실행 속도가 약간 빠르다.	• 셋터 메소드와 겟터 메소드 정의로 인해 컬렉션 타입보다 코드량이 많다. • 프로퍼티가 변경되면, 소스 코드 수정이 발생한다.
컬렉션 타입	• 자바빈즈 타입에 비해서 코드량이 적다. • 프로퍼티를 별도로 정의하지 않기 때문에 프로퍼티가 변경되더라도 소스 코드 수정이 없다.	• 실행 시점에 타입 오류가 발생할 수 있다. • 실행 시점에 타입 검사가 이루어지기 때문에 자바빈즈 타입에 비해서 실행 속도가 약간 느리다.

리절트를 리절트 타입별로 지정하는 방법을 자세히 알아보자. 독자가 이해하기 쉽도록 JDBC 프로그래밍 소스 코드와 비교해서 설명한다. 관심을 가지고 살펴볼 사항은 두 가지다. 하나는 쿼리문에 기술한 조회 컬럼의 개수고, 다른 하나는 리절트 값을 가져올 때 사용한 겟터 메소드다. 우선 조회 컬럼의 개수를 고려해서 기본 타입을 리절트 타입으로 사용할지 아니면 객체 타입을 사용할지 선택한다. 그런 다음 겟터 메소드에 매핑되는 리절트 타입을 결정한다. 예를 들어 기본 타입을 리절트 타입으로 지정해 보자. 다음 소스 코드는 조회 컬럼이 하나고 리절트 타입이 `java.lang.String` 타입인 JDBC 프로그래밍이다.

```
/* 조회 컬럼이 하나인 경우 (기본 타입) */
PreparedStatement preparedStatement = connection.prepareStatement(
```

```
    "SELECT SHOP_NAME FROM SHOP WHERE SHOP_NO = ?");

/* 기본 타입 */
ResultSet resultSet = preparedStatement.executeQuery();
if (resultSet.next()) {
    String shopName = resultSet.getString("SHOP_NAME");
}
```

위와 같이 작성한 JDBC 프로그래밍을 마이바티스 프로그래밍으로 작성하면, 다음과 같이 resultType 속성을 추가한 다음 속성 값에 기본 타입인 java.lang.String 타입을 지정한다. 이처럼 기본 타입을 리절트 타입으로 지정하는 것은 매우 간단하다.

```
<select id="select" parameterType="int" resultType="java.lang.String">
    SELECT SHOP_NAME
    FROM SHOP
    WHERE SHOP_STATUS = #{shopNo}
</select>
```

이번에는 객체 타입을 리절트 타입으로 지정해 보자. 객체 타입은 자바빈즈 또는 컬렉션 타입을 사용할 수 있다. 객체 타입 중 자바빈즈 타입을 지정한 다음 이어서 컬렉션 타입을 지정해 보자. 다음 소스 코드는 조회 컬럼이 여러 개이고, 리절트 타입이 int 타입과 String 타입인 JDBC 프로그래밍이다. shopNo 프로퍼티와 shopStatus 프로퍼티를 가진 자바빈즈를 리절트 객체로 사용한다.

```
/* 조회 컬럼이 여러 개인 경우(객체 타입 중 자바빈즈 사용) */
PreparedStatement preparedStatement = connection.prepareStatement(
    "SELECT SHOP_NO, SHOP_NAME FROM SHOP WHERE SHOP_NO = ?");

/* 자바빈즈 */
Shop shop = null;

ResultSet resultSet = preparedStatement.executeQuery();
if (resultSet.next()) {
    shop = new Shop();
```

```
        shop.setShopNo(resultSet.getInt("SHOP_NO"));
        shop.setShopName(resultSet.getString("SHOP_NAME"));
}
```

위와 같이 작성한 JDBC 프로그래밍을 마이바티스 프로그래밍으로 작성하면, 다음과 같이 resultType 속성을 추가한 다음 속성 값에 자바빈즈 타입인 org.mybatis.domain.Shop 클래스를 지정한다. 이때 Shop 클래스가 위치한 패키지 경로를 함께 지정한다.

```
<select id="select"
        parameterType="int" resultType="org.mybatis.domain.Shop">
    SELECT SHOP_NO, SHOP_NAME
    FROM SHOP
    WHERE SHOP_NO = #{shopNo}
</select>
```

자바빈즈를 리절트 타입으로 사용할 때 긴 패키지 경로를 지정하는게 번거로우면, 다음과 같이 타입 에일리어스를 사용할 수 있다. 타입 에일리어스를 사용하기 위해서는 마이바티스 설정 XML 파일에 자바빈즈를 타입 에일리어스로 등록해야 한다.

```
/* 마이바티스 설정 XML 파일 */
<typeAliases>
    <typeAlias alias="shop" type="org.mybatis.domain.Shop" />
</typeAliases>

/* 마이바티스 매퍼 XML 파일 */
<select id="select" parameterType="int" resultType="shop">
    SELECT SHOP_NO, SHOP_NAME
    FROM SHOP
    WHERE SHOP_NO = #{shopNo}
</select>
```

객체 타입 중 두 번째로 컬렉션 타입을 지정해 보자. 다음 소스 코드는 조회 컬럼이 여러 개이고, 리절트 타입이 int 타입과 String 타입인 JDBC 프로그래밍이다. 컬렉션 타입 중 HashMap 객체를 리절트 객체로 사용한다.

```
/* 조회 컬럼이 하나 이상인 경우(객체 타입 중 컬렉션 타입 사용) */
PreparedStatement preparedStatement = connection.prepareStatement(
    "SELECT SHOP_NO, SHOP_NAME FROM SHOP WHERE SHOP_NO = ?");

// 컬렉션 타입
HashMap<String, Object> results = null;

ResultSet resultSet = preparedStatement.executeQuery();
if (resultSet.next()) {
    new HashMap<String, Object>();

    results.put("SHOP_NO", resultSet.getInt("SHOP_NO"));
    results.put("SHOP_NAME", resultSet.getString("SHOP_NAME"));
}
```

위와 같이 작성한 JDBC 프로그래밍을 마이바티스 프로그래밍으로 작성하면, 다음과 같이 resultType 속성을 추가한 다음 속성 값에 컬렉션 타입인 HashMap 클래스를 지정한다. 이때 HashMap 클래스가 위치한 패키지 경로를 함께 지정한다.

```
<select id="select" parameterType="int" resultType="java.util.HashMap">
    SELECT SHOP_NO, SHOP_NAME
    FROM SHOP
    WHERE SHOP_NO = #{shopNo}
</select>
```

HashMap 클래스는 타입 에일리어스로 이미 등록되어 있기 때문에 다음과 같이 타입 에일리어스를 사용할 수 있다.

```
<select id="select" parameterType="int" resultType="hashmap">
    SELECT SHOP_NO, SHOP_NAME
    FROM SHOP
    WHERE SHOP_NO = #{shopNo}
</select>
```

지금까지 리절트 타입을 지정해 보았다. 그럼 반환된 조회 결과는 리절트 객체에 어떻게 바인딩될까? 이에 대한 답은 리절트셋 핸들러에서 찾아볼 수 있다. 리절트셋 핸들러는 resultType 속성 값에 지정한 리절트 타입의 객체를 생성한 다음 리절트셋에 담긴 조회 결과를 바인딩한다. 이 과정에서 오브젝트 팩토리와 타입 핸들러, 그리고 프로퍼티등이 함께 사용된다. 리절트셋 핸들러 인터페이스를 구현한 org.apache.ibatis.executor.resultset.DefaultResultSetHandler 클래스를 살펴보면, 리절트 객체에 리절트셋이 어떻게 바인딩되는지 구체적인 과정을 이해할 수 있다. 매핑 구문을 실행한 다음 반환된 리절트셋에 결과가 존재하면, 오브젝트 팩토리는 resultType 속성 값에 지정한 리절트 객체를 생성한 다음 초기화한다. 그리고 프로퍼티와 타입 핸들러를 통해서 리절트 객체에 리절트 값을 바인딩한다. 리절트셋 핸들러의 기능을 도식화하면, 그림 5.15와 같다.

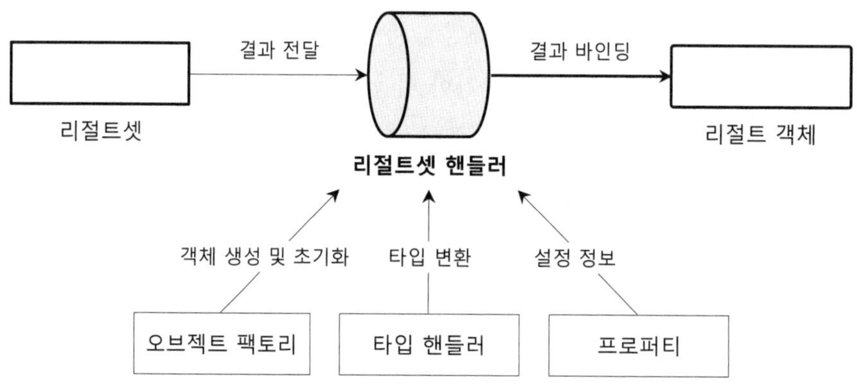

그림 5.15 마이바티스 리절트셋 핸들러

리절트셋 핸들러는 컬럼명과 프로퍼티명이 정해진 기준에 부합될 경우 프로퍼티 값에 컬럼 값을 바인딩한다. 이때 기본 타입은 컬럼 값이 하나이기 때문에 바인딩 과정이 간단하다. 반면에 객체 타입은 자바빈즈냐 컬렉션 타입이냐에 따라서 바인딩 과정이 다르다. 또한 마이바티스 설정에 지정된 mapUnderscoreToCamelCase 속성 값에 따라 자바빈즈 바인딩 과정이 달라진다. 리절트 타입에 따라 바인딩 과정이 서로 다른 점을 나누어 살펴보자. 첫 번째 객체 타입 중 자바빈즈에 리절트셋이 바인딩되는 과정을 알아보자. 조회한 컬럼명과 자바빈즈에 정의한 프로퍼티명을 각각 대문자로 변경한 다음 서로 비교했을 때 일치하면, 프로퍼티 값에 컬럼 값을 바인딩한다. 이때 자바빈즈 명세에 맞는 셋터 메소드가 정의되어 있지 않아도 자바 리플렉션을 통해서 프로퍼티에 컬럼 값을 바인딩한다. 예를 들어 조회된 컬럼명이 SHOP_STATUS 문자열이면, 컬럼명을 대문자로 변경한 문자열은 SHOP_STATUS가 된다. 앞서 설명한 바인딩 기준에 따라 자바빈즈에 정의한 프로퍼티명을 대문자로 변경했을 때 SHOP_STATUS 문자열과 동일한 프로퍼티명을 찾는다. 대문자로 변경했을 때 SHOP_STATUS 문자열과 일치하는 shop_status 프로퍼티명을 찾게 되면, 프로퍼티 값에 컬럼 값을 바인딩한다. 이와 같은 과정을 도식화하면, 그림 5.16과 같다.

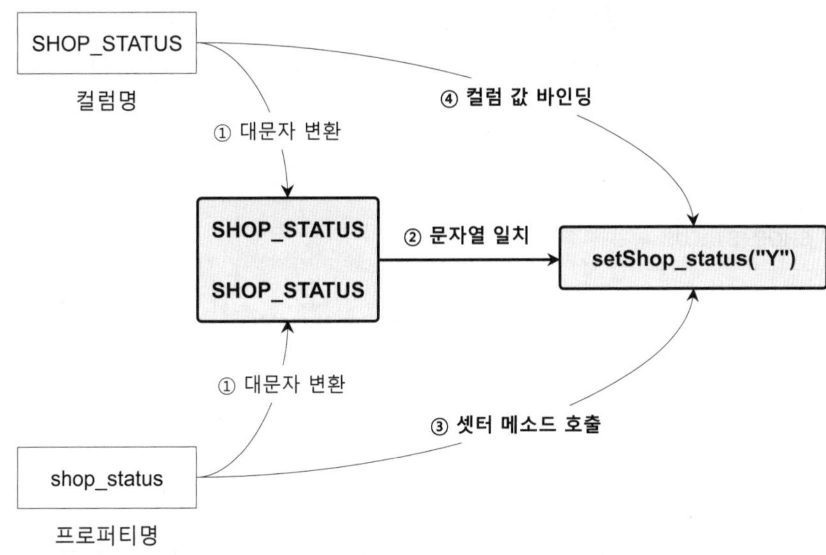

그림 5.16 자바빈즈 객체에 컬럼 값 바인딩 과정(mapUnderscoreToCamelCase 속성 값이 false인 경우)

위와 같이 사용한 자바빈즈의 shop_status 프로퍼티명은 일반적으로 사용하지 않는 표기 형식이다. 일반적으로 프로퍼티명은 낙타 표기 형식에 맞추어 작성한 shopStatus 문자열을 사용한다. 그리고 컬럼명은 _ 기호를 사용한 SHOP_STATUS 문자열을 사용한다. 이와 같이 프로퍼티명과 컬럼명이 낙타 표기 형식과 언더바 표기 형식을 따른 경우 마이바티스는 간단한 셋팅 설정을 통해서 프로퍼티 값에 컬럼 값을 자동 바인딩할 수 있다. 다음과 같이 마이바티스 설정 XML 파일의 <settings> 구성 요소에 mapUnderscoreToCamelCase 속성을 추가한 다음 속성 값에 true를 지정한다.

```
<settings>
    <setting name="mapUnderscoreToCamelCase" value="true" />
</settings>
```

mapUnderscoreToCamelCase 속성 값을 true로 지정하면, 컬럼명에서 _ 기호가 제거되는 과정을 거친다. 예를 들어 SHOP_STATUS 컬럼명에서 _ 기호를 제거한 다음 대문자로 변경하면 SHOPSTATUS 문자열이 된다. 그리고 자바빈즈에 정의한 shopStatus 프로퍼티명을 대문자로 변경하면 SHOPSTATUS 문자열이 된다. 이 둘을 서로 비교했을 때 일치하면, shopStatus 프로퍼티 값에 컬럼 값을 바인딩한다. 이와 같은 과정을 도식화하면, 그림 5.17과 같다.

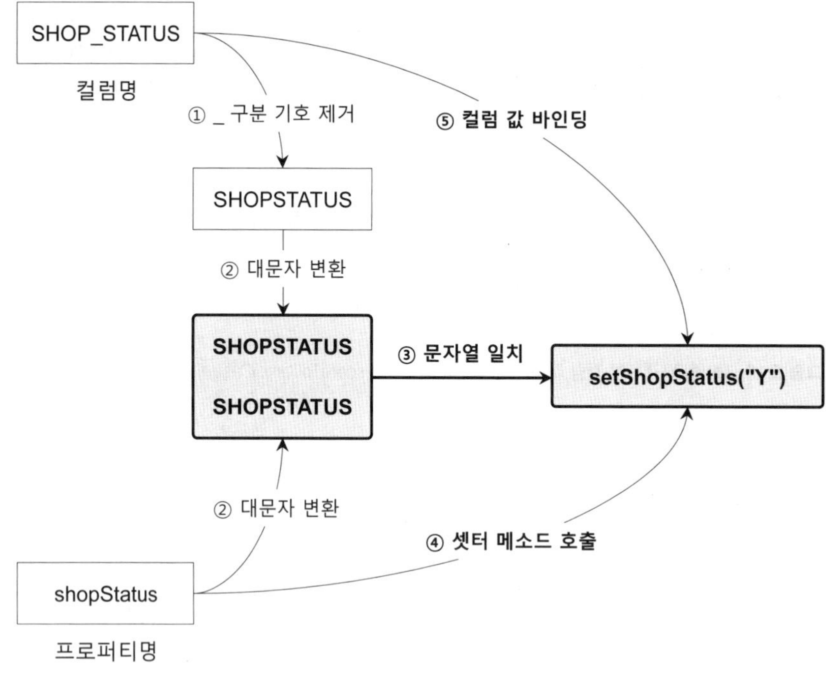

그림 5.17 자바빈즈 객체에 컬럼 값 바인딩 과정(mapUnderscoreToCamelCase 속성 값이 true인 경우)

다시 말하면, 객체 타입 중 자바빈즈를 리절트 타입으로 사용할 때 마이바티스 설정 XML 파일에 `mapUnderscoreToCamelCase` 속성 값을 `true`로 지정하면, 프로퍼티 값에 컬럼 값이 자동으로 바인딩된다. 단 컬럼명과 프로퍼티명을 언더바 표기 형식과 낙타 표기 형식에 맞추어 작성해야 한다. 두 번째 객체 타입 중 컬렉션 타입에 리절트셋이 바인딩되는 과정을 살펴보자. 컬렉션 객체에 리절트셋이 바인딩되는 과정은 매우 간단한다. 조회한 컬럼명과 컬럼 값이 컬렉션 객체에 키와 값으로 등록된다. 컬렉션 객체에서 컬럼 값을 찾을 때 등록한 컬럼명을 인자로 사용한다. 컬렉션 객체에 키로 등록한 컬럼명은 마이바티스 설정 XML 파일에 지정한 `mapUnderscoreToCamelCase` 설정과 상관없이 _ 기호를 포함한다. 이와 같은 과정을 도식화하면, 그림 5.18과 같다.

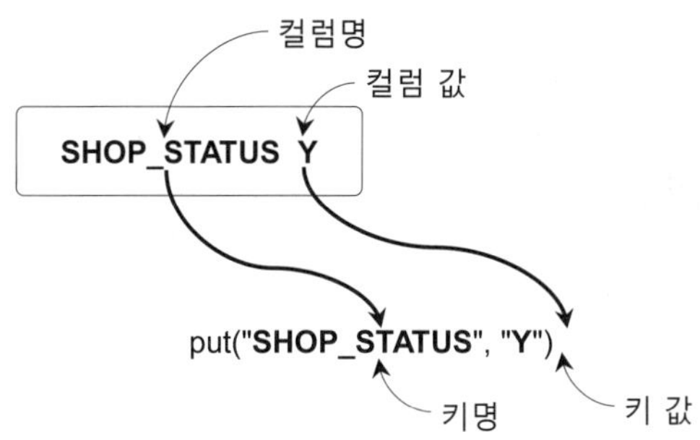

그림 5.18 컬렉션 객체에 리절트셋이 바인딩되는 과정

지금까지 리절트 타입에 따라 리절트 객체에 리절트셋이 바인딩되는 과정을 알아보았다. 만약에 컬럼명과 프로퍼티명이 바인딩 규칙을 벗어나거나 JDBC 타입과 자바 타입을 명시적으로 지정할 필요가 있는 경우 어떻게 해야 할까? 예를 들면 컬럼명이 언더바 기호를 사용하지 않거나 예외적인 JDBC 타입을 사용하는 경우 앞서 살펴본 방식으로 리절트 객체에 리절트셋을 바인딩할 수 없다. 이와 같은 경우 마이바티스는 리절트 맵을 해결 방안으로 제공한다. 리절트 맵을 사용하면, 반환된 리절트를 사용자가 원하는 프로퍼티에 자유롭게 바인딩할 수 있다. 또는 JDBC 타입과 자바 타입을 명시적으로 매핑할 수 있다. 리절트 맵 기능을 도식화하면, 그림 5.19와 같다.

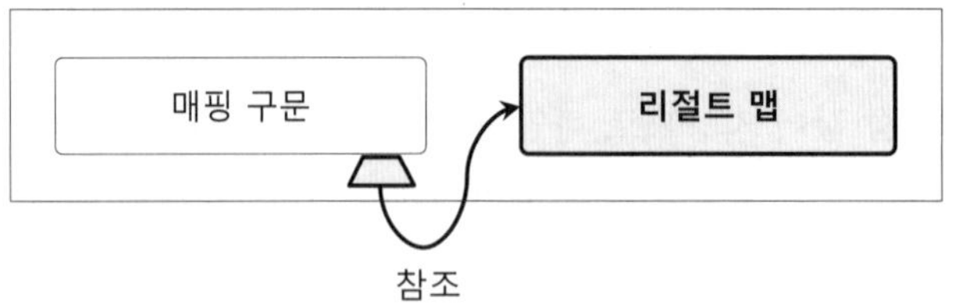

그림 5.19 매핑 구문에 리절트 맵 지정

리절트 맵을 구성하는 기본 단위는 리절트 구성 요소이다. 다음과 같이 리절트 구성 요소는 <result> 구성 요소를 사용해서 지정한다.

```
<result />
```

<result> 구성 요소는 매핑 구문에 정의한 조회 컬럼과 일대일로 매핑된다. <result> 구성 요소에 조회 컬럼을 지정하려면, 다음과 같이 column 속성을 추가한 다음 속성 값에 컬럼명을 지정한다.

```
<result column="SHOP_NO" />
```

<result> 구성 요소는 여러 번 지정할 수 있다. 다수의 <result> 구성 요소는 리절트 맵 구성 요소를 사용해서 하나로 묶어 관리한다. 다음과 같이 리절트 맵 구성 요소는 <resultMap> 구성 요소를 사용해서 지정한다.

```
<resultMap>
    <result column="SHOP_NO" />
    <result column="SHOP_NAME" />
    <result column="SHOP_LOCATION" />
    <result column="SHOP_STATUS" />
</resultMap>
```

리절트 맵은 반환된 리절트셋을 지정한 리절트 객체에 전달하는 중간 역할을 수행한다. 따라서 리절트 맵 역시 전달하려는 리절트 객체의 타입을 지정해야 한다. 리절트 맵에 타입 속성 지정을 도식화하면, 그림 5.20과 같다.

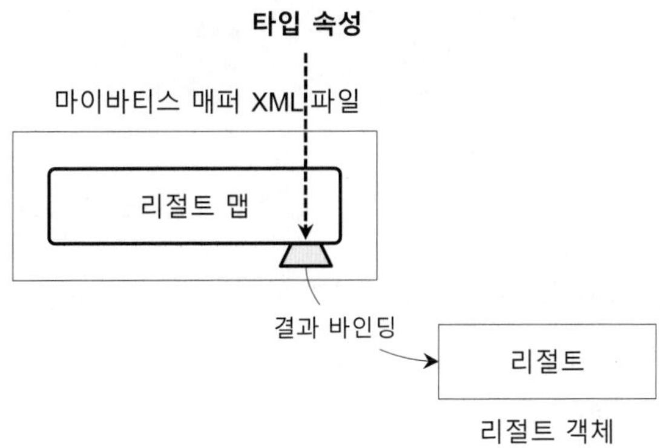

그림 5.20 리절트 맵에 타입 속성 지정

타입 속성은 type 속성을 사용해서 지정한 다음 속성 값에 리절트 타입을 지정한다. 예를 들어 <resultMap> 구성 요소에 org.mybatis.domain.Shop 타입을 리절트 타입으로 지정하면 다음과 같다.

```
<resultMap type="org.mybatis.domain.Shop">
    <result column="SHOP_NO" />
    <result column="SHOP_NAME" />
    <result column="SHOP_LOCATION" />
    <result column="SHOP_STATUS" />
</resultMap>
```

자바빈즈를 리절트 타입으로 사용할 때 긴 패키지 경로를 지정하는게 번거로우면, 다음과 같이 타입 에일리어스를 사용할 수 있다. 타입 에일리어스를 사용하기 위해서는 마이바티스 설정 XML 파일에 자바빈즈를 타입 에일리어스로 등록해야 한다.

```
/* 마이바티스 설정 XML 파일 */
<typeAliases>
    <typeAlias alias="shop" type="org.mybatis.domain.Shop" />
</typeAliases>

/* 마이바티스 매퍼 XML 파일 */
<resultMap type="shop">
```

```
    <result column="SHOP_NO" />
    <result column="SHOP_NAME" />
    <result column="SHOP_LOCATION" />
    <result column="SHOP_STATUS" />
</resultMap>
```

조회한 컬럼은 column 속성 값에 지정한 컬럼명과 일치하는 <result> 구성 요소에 바인딩된다. 그리고 리절트는 지정한 프로퍼티명과 동일한 리절트 객체의 프로퍼티에 바인딩된다. <result> 구성 요소에 프로퍼티를 지정하려면, 다음과 같이 property 속성을 추가한 다음 속성 값에 프로퍼티명을 지정한다.

```
/* 마이바티스 매퍼 XML 파일 */
<resultMap type="org.mybatis.domain.Shop">
    <result column="SHOP_NO" property="shopNo" />
    <result column="SHOP_NAME" property="shopName" />
    <result column="SHOP_LOCATION" property="shopLocation" />
    <result column="SHOP_STATUS" property="shopStatus" />
</resultMap>
                        프로퍼티명 일치
/* 자바빈즈 */
public class Shop implements Serializable {
    private int shopNo;
    private String shopName;
    private String shopLocation;
    private String shopStatus;

    ...중략...
}
```

<result> 구성 요소에 JDBC 타입과 자바 타입을 명시적으로 지정할 필요가 있다면, 다음과 같이 <result> 구성 요소에 jdbcType 속성과 javaType 속성을 추가한 다음 속성 값에 JDBC 타입과 자바 타입을 지정한다.

```
<resultMap type="org.mybatis.domain.Shop">
    <result column="SHOP_NO" property="shopNo"
        jdbcType="NUMERIC" javaType="int" />
```

```
    <result column="SHOP_NAME" property="shopName"
        jdbcType="VARCHAR" javaType="java.lang.String" />
    <result column="SHOP_LOCATION" property="shopLocation"
        jdbcType="CLOB" javaType="java.lang.String" />
    <result column="SHOP_STATUS" property="shopStatus"
        jdbcType="VARCHAR" javaType="java.lang.String" />
</resultMap>
```

위와 같이 <result> 구성 요소에 jdbcType 속성과 javaType 속성을 지정하면, 마이바티스에서 제공하는 기본 타입 핸들러를 통해서 타입 변환이 자동으로 이루어진다. 만약에 타입 변환에 문제가 발생하면, typeHandler 속성을 사용해서 사용자가 직접 작성한 타입 핸들러를 지정할 수 있다. 다음과 같이 <result> 구성 요소에 typeHandler 속성을 추가한 다음 속성 값에 사용자가 작성한 타입 핸들러를 지정한다.

```
<resultMap type="org.mybatis.domain.Shop">
    <result column="SHOP_NO" property="shopNo"
        jdbcType="NUMERIC" javaType="int" />
    <result column="SHOP_NAME" property="shopName"
        jdbcType="VARCHAR" javaType="java.lang.String" />
    <result column="SHOP_LOCATION" property="shopLocation"
        jdbcType="CLOB" javaType="java.lang.String"
        typeHandler="org.mybatis.custom.CustomClobTypeHandler" />
    <result column="SHOP_STATUS" property="shopStatus"
        jdbcType="VARCHAR" javaType="java.lang.String" />
</resultMap>
```

<result> 구성 요소에 지정 가능한 속성을 정리하면, 표 5.4와 같다.

표 5.4 〈result〉 구성 요소에 지정 가능한 속성

속성	설명
*column	조회 매핑 구문의 결과 중 매핑되는 컬럼명을 지정할 때 사용한다.
*property	column 속성에 지정한 컬럼 값이 바인딩되는 프로퍼티명을 지정할 때 사용한다.
javaType	리절트의 자바 타입을 지정할 때 사용한다.

(이어짐)

속성	설명
jdbcType	리절트의 JDBC 타입을 지정할 때 사용한다.
typeHandler	타입 핸들러를 지정할 때 사용한다.

1. 애스터리스크(*)를 표기한 속성은 필수 속성이므로 반드시 지정해야 한다.

조회한 컬럼 중 테이블의 기본 키에 해당되는 컬럼이 존재할 수 있다. 기본 키란 레코드를 각각 구분할 수 있는 컬럼을 말한다. 기본 키에 해당되는 컬럼이 바인딩되는 리절트는 다음과 같이 <result> 구성 요소 대신 <id> 구성 요소를 사용해서 지정한다. 반드시 <result> 구성 요소보다 상단에 지정해야 한다. 만일 정해진 순서를 따르지 않으면 에러가 발생한다. <id> 구성 요소에 지정 가능한 속성은 <result> 구성 요소와 동일하다.

```
<resultMap type="org.mybatis.domain.Shop">
    <id column="SHOP_NO" property="shopNo"
        jdbcType="NUMERIC" javaType="int" />
    <result column="SHOP_NAME" property="shopName"
        jdbcType="VARCHAR" javaType="java.lang.String" />
    <result column="SHOP_LOCATION" property="shopLocation"
        jdbcType="CLOB" javaType="java.lang.String" />
    <result column="SHOP_STATUS" property="shopStatus"
        jdbcType="VARCHAR" javaType="java.lang.String" />
</resultMap>
```

<resultMap> 구성 요소에 사용 가능한 하위 구성 요소를 정리하면, 표 5.5와 같다. <resultMap> 구성 요소의 하위 구성 요소 가운데 <association> 구성 요소와 <collection> 구성 요소는 조회 구성 요소와 관련성이 높기 때문에 <select> 구성 요소를 학습할 때 자세히 알아보자.

표 5.5 〈resultMap〉 구성 요소에 사용 가능한 하위 구성 요소

구성 요소	설명
〈id〉	기본 키 컬럼에 해당되는 리절트를 지정할 때 사용한다.
〈result〉	리절트를 지정할 때 사용한다.

(이어짐)

구성 요소	설명
〈constructor〉	리절트 객체의 생성자를 통해서 조회 결과를 담을 때 사용한다.
〈discriminator〉	리절트에 따라 리절트 맵을 분기할 때 사용한다.
〈association〉	연관 조회나 연관 결과를 지정할 때 사용한다. 반환된 조회 결과가 하나인 경우 사용한다.
〈collection〉	연관 조회나 연관 결과를 지정할 때 사용한다. 반환된 조회 결과가 여러 개인 경우 사용한다.

`<resultMap>` 구성 요소는 여러 번 정의할 수 있다. 다수의 `<resultMap>` 구성 요소는 리절트 맵 아이디를 사용해서 구분한다. 마이바티스 매퍼 XML 파일 내에서 리절트 맵 아이디가 중복되지 않도록 주의해야 한다. 리절트 맵 아이디를 도식화하면, 그림 5.21과 같다.

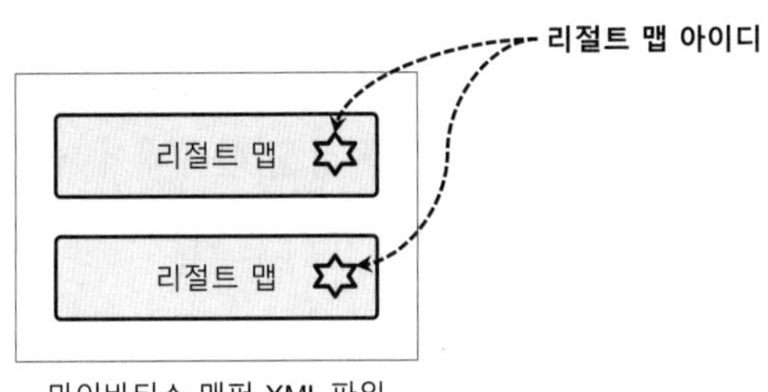

그림 5.21 리절트 맵 아이디

리절트 맵 아이디를 지정할 때 작성 규칙이 존재하면, 해당 규칙에 맞추어 작성한다. 만약에 작성 규칙이 존재하지 않으면, 다음 형식에 맞추어 리절트 맵 아이디를 작성한다.

```
리절트 맵 아이디 = 테이블명(낙타 표기 형식) + 'ResultMap'
```

예를 들어 SHOP 테이블을 사용하는 매핑 구문에 리절트 맵을 사용하면, SHOP 테이블명을 낙타 표기 형식에 맞게 변환한 `shop` 문자열과 접미사인 `ResultMap` 문자열을 합쳐서 `shopResultMap` 문자열을 리절트 맵 아이디로 지정한다.

```
shopResultMap = shop + 'ResultMap'
```

위와 같이 작성한 리절트 맵 아이디는 다음과 같이 <resultMap> 구성 요소에 id 속성을 추가한 다음 속성 값에 지정한다.

```
<resultMap id="shopResultMap" type="org.mybatis.domain.Shop">
    <id column="SHOP_NO" property="shopNo"
        jdbcType="NUMERIC" javaType="int" />
    <result column="SHOP_NAME" property="shopName"
        jdbcType="VARCHAR" javaType="java.lang.String" />
    <result column="SHOP_LOCATION" property="shopLocation"
        jdbcType="CLOB" javaType="java.lang.String" />
    <result column="SHOP_STATUS" property="shopStatus"
        jdbcType="VARCHAR" javaType="java.lang.String" />
</resultMap>
```

그럼 정의한 리절트 맵은 어떻게 사용할 수 있을까? 매핑 구문 실행 객체로 호출 가능한 구성 요소에 리절트 맵 속성을 사용해서 지정한다. 다음과 같이 <select> 구성 요소에 resultMap 속성을 추가한 다음 속성 값에 리절트 맵 아이디를 지정한다.

```
<select id="select" parameterType="int" resultMap="shopResultMap">
    SELECT SHOP_NO, SHOP_NAME
    FROM SHOP
    WHERE SHOP_NO = #{shopNo}
</select>
```

지금까지 리절트 맵을 정의한 다음 매핑 구문에 지정하는 방법에 대해서 알아보았다. 리절트 맵 아이디를 지정한 리절트 맵에 매핑 구문의 조회 결과를 바인딩하는 과정을 도식화하면, 그림 5.22와 같다.

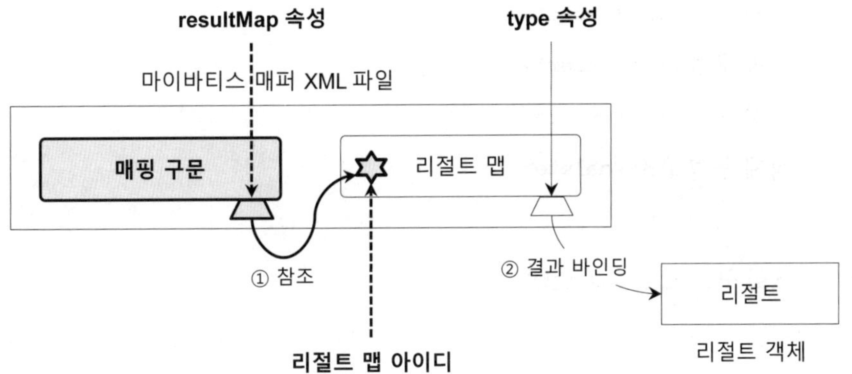

그림 5.22 매핑 구문에 리절트 맵 지정

일반적으로 리절트 맵은 주로 사용하는 매핑 구문이 정의된 마이바티스 매퍼 XML 파일에 작성한다. 마이바티스 매퍼 XML 파일별로 리절트 맵을 정의한다는 것은 네임스페이스의 영향을 받는 것을 의미한다. 만일 서로 다른 마이바티스 매퍼 XML 파일에 정의한 리절트 맵을 사용하려면, 다음과 같이 리절트 맵 아이디 앞에 네임스페이스를 함께 지정한다.

```
<select id="select" parameterType="int"
        resultMap="org.mybatis.persistence.ShopMapper.shopResultMap">
    SELECT SHOP_NO, SHOP_NAME
    FROM SHOP
    WHERE SHOP_NO = #{shopNo}
</select>
```

마이바티스 프로그래밍에서 리절트는 매우 중요하다. 특히 리절트 맵을 얼마나 이해하느냐에 따라 마이바티스의 강력한 기능을 자유자재로 다룰 수 있다.

5.3 매핑 구문 정의에 사용하는 구성 요소

마이바티스 매퍼 XML 파일에 매핑 구문을 정의할 때 다음과 같이 데이터 처리 기능에 따라 서로 다른 구성 요소를 사용한다.

- **조회 구성 요소 <select>**
- **등록 구성 요소 <insert>**
- **수정 구성 요소 <update>**
- **삭제 구성 요소 <delete>**

5.3.1 조회 구성 요소 〈select〉

마이바티스 매퍼 XML 파일에 조회 매핑 구문을 정의할 때 조회 구성 요소를 사용한다. 다음과 같이 조회 구성 요소는 `<select>` 구성 요소를 사용해서 지정한다.

```
<select>
    SELECT SHOP_NO, SHOP_NAME, SHOP_LOCATION, SHOP_STATUS
    FROM SHOP
    WHERE SHOP_NO = ?
</select>
```

`<select>` 구성 요소는 여러 번 정의할 수 있다. 다수의 `<select>` 구성 요소는 매핑 구문 아이디를 사용해서 구분한다. 매핑 구문 아이디는 `<select>` 구성 요소에 `id` 속성을 추가한 다음 속성 값에 조회 매핑 구문의 기능을 잘 나타낼 수 있는 문자열을 지정한다. 마이바티스 매퍼 XML 파일 내에서 매핑 구문 아이디가 중복되지 않도록 주의해야 한다. 예를 들어 `<select>` 구성 요소에 `id` 속성을 추가한 다음 속성 값에 `select` 문자열을 지정하면 다음과 같다.

```
<select id="select">
    SELECT SHOP_NO, SHOP_NAME, SHOP_LOCATION, SHOP_STATUS
    FROM SHOP
    WHERE SHOP_NO = ?
</select>
```

위와 같이 정의된 조회 매핑 구문은 매개 변수에 바인딩되는 파라미터가 필요하다. 조회 매핑 구문에 파라미터를 전달하려면, `<select>` 구성 요소에 파라미터 속성을 추가한다. 파라미터 속성은 parameterType 속성과 parameterMap 속성 중 하나를 선택할 수 있다. 매개 변수에 파라미터를 바인딩할 때 데이터 타입을 변경할 필요가 없다면, <select> 구성 요소에 parameterType 속성을 추가한다. 반면에 데이터 타입을 변경할 필요가 있다면, <select> 구성 요소에 parameterMap 속성을 추가한다. 파라미터 속성을 쉽게 추가할 수 있도록 과정을 도식화하면, 그림 5.23과 같다.

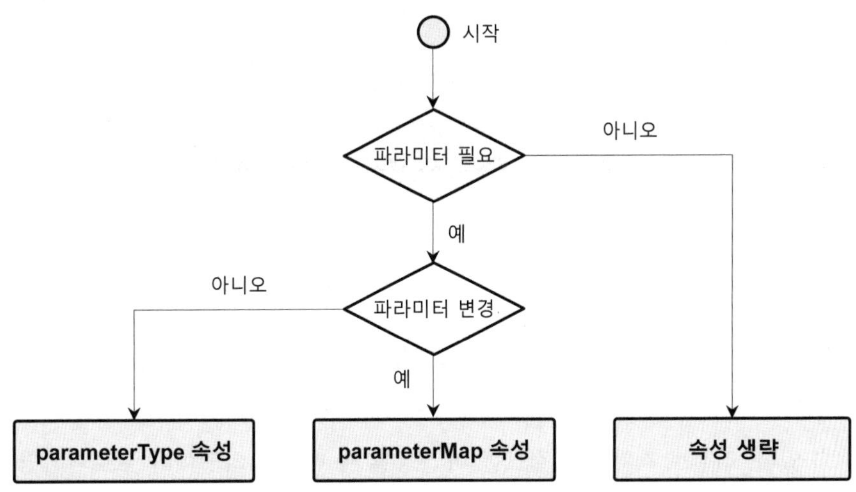

그림 5.23 파라미터 속성을 선택하는 과정

예를 들어 <select> 구성 요소에 parameterType 속성을 추가한 다음 속성 값에 int 타입을 지정하면 다음과 같다.

```
<select id="select" parameterType="int">
    SELECT SHOP_NO, SHOP_NAME, SHOP_LOCATION, SHOP_STATUS
    FROM SHOP
    WHERE SHOP_NO = ?
</select>
```

파라미터 속성을 추가한 다음 파라미터가 바인딩되는 매개 변수를 인라인 파라미터 표기 형식으로 변경한다. 인라인 파라미터 표기명은 파라미터 객체에 등록한 프로퍼티명과 동일하게 지정한다. 하지만 파라미터가 하나인 경우 파라미터 표기 형식에 지정한 프로퍼티명과 상관없이 바인딩된다.

```
<select id="select" parameterType="int">
    SELECT SHOP_NO, SHOP_NAME, SHOP_LOCATION, SHOP_STATUS
    FROM SHOP
    WHERE SHOP_NO = #{shopNo}
</select>
```

위와 같이 정의된 조회 매핑 구문은 반환된 조회 결과를 바인딩할 수 있는 리절트가 필요하다.

```
<select id="select" parameterType="int">
    SELECT SHOP_NO, SHOP_NAME, SHOP_LOCATION, SHOP_STATUS
    FROM SHOP
    WHERE SHOP_NO = #{shopNo}
</select>
```

조회 매핑 구문에 리절트를 지정하려면, `<select>` 구성 요소에 리절트 속성을 추가한다. 리절트 속성은 `resultType` 속성과 `resultMap` 속성 중 하나를 선택할 수 있다. 리절트 객체에 리절트를 바인딩할 때 데이터 타입이나 프로퍼티명을 변경할 필요가 없다면, `<select>` 구성 요소에 `resultType` 속성을 추가한다. 반면에 데이터 타입이나 프로퍼티명을 변경할 필요가 있다면, `<select>` 구성 요소에 `resultMap` 속성을 추가한다. 리절트 속성을 쉽게 추가할 수 있도록 과정을 도식화하면, 그림 5.24와 같다.

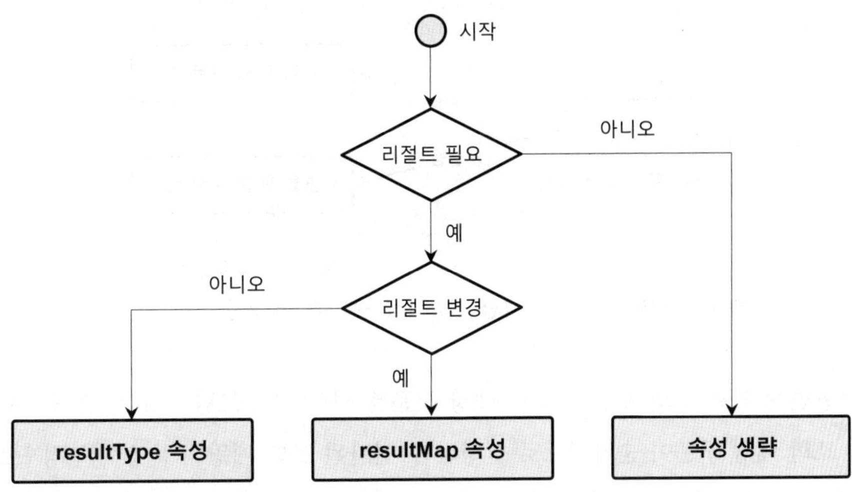

그림 5.24 리절트 속성을 선택하는 과정

예를 들어 <select> 구성 요소에 resultType 속성을 추가한 다음 속성 값에 java.util.HashMap 타입을 지정하면 다음과 같다.

```
<select id="select" parameterType="int" resultType="java.util.HashMap">
    SELECT SHOP_NO, SHOP_NAME, SHOP_LOCATION, SHOP_STATUS
    FROM SHOP
    WHERE SHOP_NO = #{shopNo}
</select>
```

리절트 속성을 지정할 때 resultType 속성 대신 resultMap 속성을 지정하면, 서로 연관된 조회 매핑 구문을 순차적으로 실행한 다음 조회 결과를 하나의 리절트 객체로 반환받을 수 있다. 이를 연관 조회라고 부른다. 예를 들어 가게 정보를 조회하는 매핑 구문과 가게의 장난감 재고 수량을 조회하는 매핑 구문이 서로 연관되어 있다고 가정해 보자. 연관 조회를 사용하지 않으면, 사용자가 원하는 조회 결과를 얻기 위해서는 그림 5.25와 같이 조회 매핑 구문을 각각 실행해야 한다.

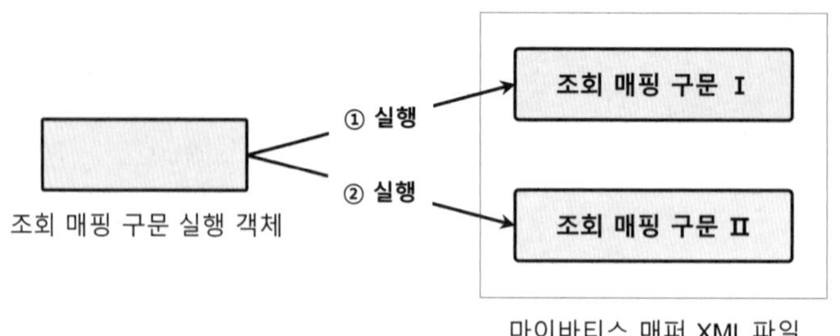

그림 5.25 연관 조회를 사용하지 않는 경우 조회 매핑 구문 실행 과정

반면에 연관 조회로 묶인 조회 매핑 구문을 실행하면, 그림 5.26과 같이 관련된 조회 매핑 구문이 순차적으로 실행된다. 연관된 조회 매핑 구문을 내부적으로 호출하기 때문에 사용자가 작성하는 소스 코드는 줄어든다.

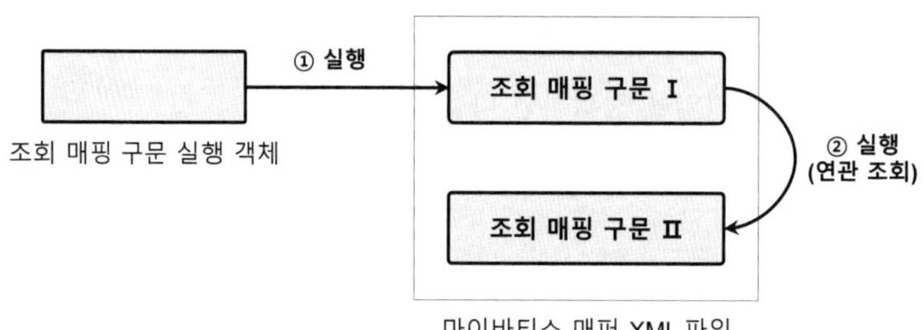

그림 5.26 연관 조회를 사용하는 경우 조회 매핑 구문 실행 과정

이처럼 편리한 연관 조회는 리절트 맵을 사용해서 지정할 수 있다. 리절트 맵을 사용하지 않고 연관 조회를 지정할 수 없다. 연관 조회 실행 과정을 도식화하면, 그림 5.27과 같다. 첫 번째 조회 매핑 구문의 조회 결과는 리절트 맵에 1차 바인딩된 다음 리절트 맵에 지정한 두 번째 조회 매핑 구문을 호출한다. 두 번째 조회 매핑 구문의 조회 결과는 동일한 리절트 맵에 2차 바인딩된다. 마지막으로 1차와 2차 바인딩을 통해서 반환된 결과를 모두 가진 리절트 맵은 리절트 객체에 최종 바인딩된다.

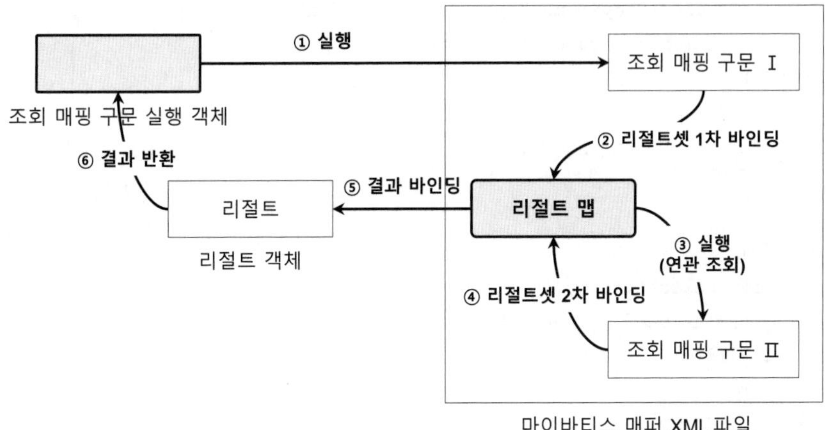

그림 5.27 리절트 맵을 사용한 연관 조회 실행 과정

연관 조회는 리절트 맵에 리절트 단위로 지정한다. 다음과 같이 <association> 구성 요소나 <collection> 구성 요소 중 하나를 선택할 수 있다. 연관된 조회 매핑 구문의 반환 결과가 하나인 경우 <association> 구성 요소를 사용하고, 여러 개인 경우 <collection> 구성 요소를 사용한다.

```
<resultMap id="shopResultMap" type="java.util.HashMap">
    <association />
    <collection />
</resultMap>
```

연관 구성 요소에 연관된 조회 매핑 구문을 지정하려면, 다음과 같이 <association> 구성 요소나 <collection> 구성 요소에 select 속성을 추가한 다음 속성 값에 연관된 조회 매핑 구문의 매핑 구문 아이디를 지정한다.

```
<!-- 리절트 맵 -->
<resultMap id="shopResultMap" type="java.util.HashMap">
    <association select="selectShopAmount" />
    <collection select="selectListToy" />
</resultMap>

<!-- 조회 매핑 구문 I -->
```

```
<select id="selectShopAmount" parameterType="int"
        resultType="java.util.HashMap">
    SELECT SHOP_AMOUNT
    FROM SHOP_SALES
    WHERE SHOP_NO = #{shopNo}
</select>

<!-- 조회 매핑 구문 Ⅱ -->
<select id="selectListToy" parameterType="int"
        resultType="java.util.HashMap">
    SELECT TOY_NO, TOY_NAME, TOY_PRICE, SHOP_NO
    FROM TOY
    WHERE SHOP_NO = #{shopNo}
</select>
```

연관된 조회 매핑 구문을 실행할 때 파라미터가 필요하면 어떻게 전달할 수 있을까? 다음과 같이 <association> 연관 구성 요소나 <collection> 구성 요소에 column 속성을 추가한 다음 속성 값에 파라미터로 전달하려는 컬럼명을 지정한다. 컬럼명은 리절트 맵에 지정한 컬럼명과 동일해야 한다. 그러면 컬럼 값이 연관된 조회 매핑 구문에 파라미터로 전달된다.

```
<resultMap id="shopResultMap" type="java.util.HashMap">
    <association select="selectShopAmount" column="SHOP_NO" />
    <collection select="selectListToy" column="SHOP_NO" />
</resultMap>
```

예를 들어 리절트 맵에 1차 바인딩된 SHOP_NO 컬럼명을 연관 조회 구성 요소의 column 속성에 지정하면, 다음과 같이 SHOP_NO 컬럼 값이 연관된 조회 매핑 구문에 인자로 전달된다. 파라미터가 하나인 경우 파라미터 표기 형식에 지정한 프로퍼티명과 상관없이 바인딩된다.

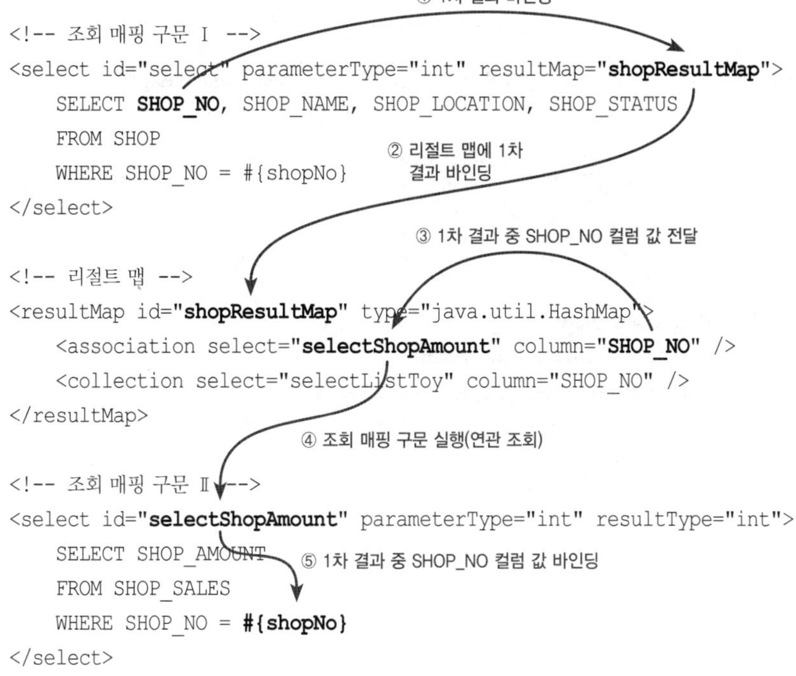
① 1차 결과 바인딩
<!-- 조회 매핑 구문 I -->
<select id="select" parameterType="int" resultMap="shopResultMap">
SELECT SHOP_NO, SHOP_NAME, SHOP_LOCATION, SHOP_STATUS
FROM SHOP
WHERE SHOP_NO = #{shopNo}
</select>
② 리절트 맵에 1차 결과 바인딩
③ 1차 결과 중 SHOP_NO 컬럼 값 전달
<!-- 리절트 맵 -->
<resultMap id="shopResultMap" type="java.util.HashMap">
<association select="selectShopAmount" column="SHOP_NO" />
<collection select="selectListToy" column="SHOP_NO" />
</resultMap>
④ 조회 매핑 구문 실행(연관 조회)
<!-- 조회 매핑 구문 II -->
<select id="selectShopAmount" parameterType="int" resultType="int">
SELECT SHOP_AMOUNT
FROM SHOP_SALES
WHERE SHOP_NO = #{shopNo}
</select>
⑤ 1차 결과 중 SHOP_NO 컬럼 값 바인딩

연관된 조회 매핑 구문을 실행할 때 다수의 파라미터를 전달할 필요가 있다면, 다음과 같이 column 속성 값에 확장한 표기 형식을 지정한다. 프로퍼티명과 컬럼명을 = 기호로 연결한 다음 반복될 때마다 , 기호를 지정한다. 그리고 마지막에 중괄호를 사용해서 감싸준다. 프로퍼티명은 연관된 조회 매핑 구문에 지정한 인라인 파라미터 표기명과 일치해야 한다.

```
<association select="selectShopAmount"
    column="{shopNo=SHOP_NO, shopStatus=SHOP_STATUS, ...}" />
```

예를 들어 column 속성 값에 SHOP_NO 컬럼명과 SHOP_STATUS 컬럼명을 함께 지정하면, 다음과 같이 연관된 조회 매핑 구문에 다수의 파라미터를 전달할 수 있다. 연관된 조회 매핑 구문은 여러 개의 파라미터를 전달받기 때문에 반드시 파라미터 타입을 객체 타입으로 지정해야 한다.

① 1차 결과 바인딩
① 1차 결과 바인딩
<!-- 조회 매핑 구문 I -->
<select id="select" parameterType="int" resultMap="shopResultMap">
SELECT SHOP_NO, SHOP_NAME, SHOP_LOCATION, SHOP_STATUS
FROM SHOP
WHERE SHOP_NO = #{shopNo}
</select>
② 리절트 맵에 1차 결과 바인딩
③ 1차 결과 중 SHOP_NO, SHOP_STATUS 컬럼 값 전달
<!-- 리절트 맵 -->
<resultMap id="shopResultMap" type="java.util.HashMap">
<association select="selectShopAmount"
column="{shopNo=SHOP_NO,shopStatus=SHOP_STATUS}" />
<collection select="selectListToy" column="SHOP_NO" />
</resultMap>
④ 조회 매핑 구문 실행(연관 조회)
<!-- 조회 매핑 구문 II -->
<select id="selectShopAmount" parameterType="java.util.HashMap"
resultType="int">
SELECT SHOP_AMOUNT
FROM SHOP_SALES
WHERE SHOP_NO = #{shopNo} AND SHOP_STATUS = #{shopStatus}
</select>
⑤ 1차 결과 중 SHOP_NO, SHOP_STATUS 컬럼 값 바인딩

그럼 연관된 조회 매핑 구문을 실행한 다음 조회 결과를 어떻게 반환받을 수 있을까? 다음과 같이 <association> 구성 요소나 <collection> 구성 요소에 property 속성을 추가한 다음 속성 값에 프로퍼티명을 지정하면, 연관된 조회 매핑 구문의 조회 결과를 지정한 프로퍼티명으로 반환받을 수 있다.

```
<resultMap id="shopResultMap" type="java.util.HashMap">
    <association select="selectShopAmount"
        column="{shopNo=SHOP_NO,shopStatus=SHOP_STATUS}"
        property="shopAmount" />
    <collection select="selectListToy" column="SHOP_NO" property="toys" />
</resultMap>
```

예를 들어 <association> 구성 요소에 property 속성을 지정한 다음 속성 값에 shopAmount 문자열을 지정하면, 다음과 같이 반환된 조회 결과가 리절트 객체의 shopAmount 프로퍼티에 바인딩된다.

```
<!-- 리절트 맵 -->
<resultMap id="shopResultMap" type="java.util.HashMap">
    <association select="selectShopAmount"
        column="{shopNo=SHOP_NO,shopStatus=SHOP_STATUS}"
        property="shopAmount" />
    <collection select="selectListToy" column="SHOP_NO" property="toys" />
</resultMap>

<!-- 조회 매핑 구문 Ⅱ -->
<select id="selectShopAmount"
        parameterType="java.util.HashMap" resultType="int">
    SELECT SHOP_AMOUNT
    FROM SHOP_SALES
    WHERE SHOP_NO = #{shopNo} AND SHOP_STATUS = #{shopStatus}
</select>
```

지금까지 살펴본 연관 조회 실행 흐름을 한 눈에 볼 수 있도록 정리하면 다음과 같다.

```
/* 조회 매핑 구문 실행 */
Map result =
    sqlSession.selectOne("org.mybatis.persistence.ShopMapper.select", 1);

/* 마이바티스 매퍼 XML 파일 */
<mapper namespace="org.mybatis.persistence.ShopMapper">
    <!-- 조회 매핑 구문 I -->
    <select id="select" parameterType="int" resultMap="shopResultMap">
        SELECT SHOP_NO, SHOP_NAME, SHOP_LOCATION, SHOP_STATUS
        FROM SHOP
        WHERE SHOP_NO = #{shopNo}
    </select>

    <!-- 리절트 맵 -->
    <resultMap id="shopResultMap" type="java.util.HashMap">
        <id column="SHOP_NO" property="shopNo" />
        <result column="SHOP_NAME" property="shopName" />
        <result column="SHOP_LOCATION" property="shopLocation" />
        <result column="SHOP_STATUS" property="shopStatus" />
        <association select="selectShopAmount"
            column="{shopNo=SHOP_NO,shopStatus=SHOP_STATUS}"
            property="shopAmount" />
    </resultMap>

    <!-- 조회 매핑 구문 II -->
    <select id="selectShopAmount" parameterType="int" resultType="int">
        SELECT SHOP_AMOUNT
        FROM SHOP_SALES
        WHERE SHOP_NO = #{shopNo} AND SHOP_STATUS = #{shopStatus}
    </select>
</mapper>
```


위와 같이 연관 조회를 지정한 조회 매핑 구문을 실행하면, 다음과 같이 출력된 로그를 통해서 연관 조회 실행 흐름을 확인할 수 있다.

```
DEBUG [main] - ==>  Preparing: SELECT SHOP_NO, SHOP_NAME, SHOP_LOCATION,
            SHOP_STATUS FROM SHOP WHERE SHOP_NO = ?
```

```
DEBUG [main] - ==> Parameters: 1(Integer)
TRACE [main] - <== Columns: SHOP_NO, SHOP_NAME, SHOP_LOCATION, SHOP_STATUS
TRACE [main] - <== Row: 1, Toy Store, <<CLOB>>, Y
DEBUG [main] - ====> Preparing: SELECT SHOP_AMOUNT FROM SHOP_SALES WHERE
            SHOP_NO = ? AND SHOP_STATUS = ?
DEBUG [main] - ====> Parameters: 1(BigDecimal), Y(String)
TRACE [main] - <==== Columns: SHOP_AMOUNT
TRACE [main] - <==== Row: 20000
DEBUG [main] - <==== Total: 1
DEBUG [main] - <==  Total: 1
{shopNo=1, shopName=Toy Store, shopLocation=oracle.sql.CLOB@7bedc48a,
shopStatus=Y, shopAmount=[20000]}
```

연관 조회는 사용자가 소스 코드를 추가로 작성하지 않아도 연관 구성 요소를 통해서 관련된 조회 매핑 구문을 순차적으로 실행할 수 있다. 하지만 리절트 맵에 첫 번째 조회 매핑 구문의 결과를 바인딩하는 시점에 연관된 두 번째 조회 매핑 구문을 실행하다 보니 상대적으로 실행 속도가 느리다. 조회 매핑 구문의 조회 결과가 많을수록 성능상에 문제를 야기할 수 있다. 이때 연관 조회 대신 연관 결과를 사용하면, 실행 속도를 상대적으로 높일 수 있다. 연관 결과는 조인을 사용한 조회 매핑 구문을 실행한 다음 리절트 객체에 조회 결과를 한 번에 바인딩한다. 반면에 조인을 사용한 조회 매핑 구문이 복잡할수록 가독성이나 유지 보수성은 떨어진다. 연관 조회와 연관 결과의 장 · 단점을 정리하면, 표 5.6과 같다. 표 5.6을 참조하면, 어느 경우에 연관 조회나 연관 결과를 사용할지 선택할 수 있다.

표 5.6 연관 조회와 연관 결과 비교

구분	연관 조회	연관 결과
장점	• 조회 매핑 구문이 간결하다.	• 연관 조회에 비해서 상대적으로 실행 속도가 빠르다.
단점	• 연관 결과에 비해서 상대적으로 실행 속도가 느리다.	• 조회 매핑 구문이 복잡하다.

연관 결과는 리절트 객체에 조회 매핑 구문의 결과를 한 번에 바인딩할 수 있다. 조인을 사용한 조회 매핑 구문의 실행 결과는 리절트 맵에 바인딩된 다음 리절트 객체에 최종 바인딩된다. 연관 결과의 실행 과정을 도식화하면, 그림 5.28과 같다.

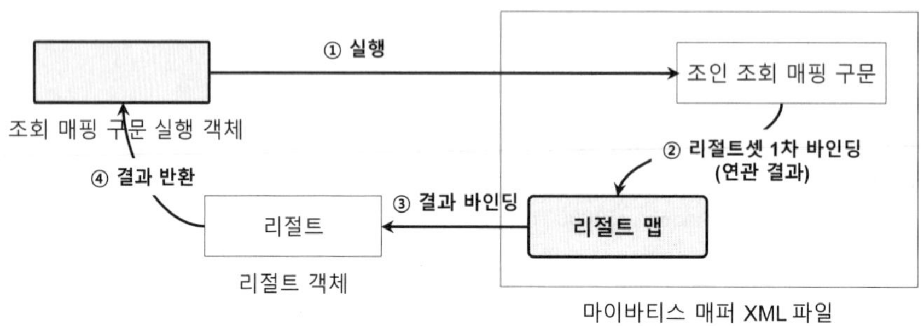

그림 5.28 리절트 맵을 사용한 연관 결과 실행 과정

연관 결과가 어떻게 이루어지는지 과정을 자세히 살펴보자. 연관 결과는 연관 조회와 거의 동일한 실행 과정을 거친다. 단지 조회 매핑 구문에 조인을 사용한 점이 다르다. 다음과 같이 연관 결과를 설명하기 위해서 조인을 사용한 조회 매핑 구문을 준비한다.

```
<select id="selectShopJoinToy"
        parameterType="int" resultMap="shopJoinToyResultMap">
    SELECT S.SHOP_NO, S.SHOP_NAME, S.SHOP_LOCATION, S.SHOP_STATUS,
        T.TOY_NO, T.TOY_NAME, T.TOY_PRICE
    FROM SHOP S LEFT OUTER JOIN TOY T ON S.SHOP_NO = T.SHOP_NO
    WHERE S.SHOP_NO = #{shopNo}
</select>
```

위와 같이 정의된 조회 매핑 구문의 실행 결과를 담을 수 있도록 다음과 같이 리절트 맵을 작성한다.

```
<resultMap id="shopJoinToyResultMap" type="java.util.HashMap">
    <id column="SHOP_NO" property="shopNo" />
    <result column="SHOP_NAME" property="shopName" />
    <result column="SHOP_LOCATION" property="shopLocation" />
```

```
    <result column="SHOP_STATUS" property="shopStatus" />
    <result column="TOY_NO" property="toyNo" />
    <result column="TOY_NAME" property="toyName" />
    <result column="TOY_PRICE" property="toyPrice" />
</resultMap>
```

조인을 사용한 조회 매핑 구문은 두 개의 테이블을 사용한다. 하나는 SHOP 테이블이고, 다른 하나는 TOY 테이블이다. SHOP 테이블과 TOY 테이블은 일대다 관계를 가진다. SHOP 테이블을 기준으로 조인하면, TOY 테이블의 조회 결과는 그림 5.29와 같이 여러 개 존재할 수 있다.

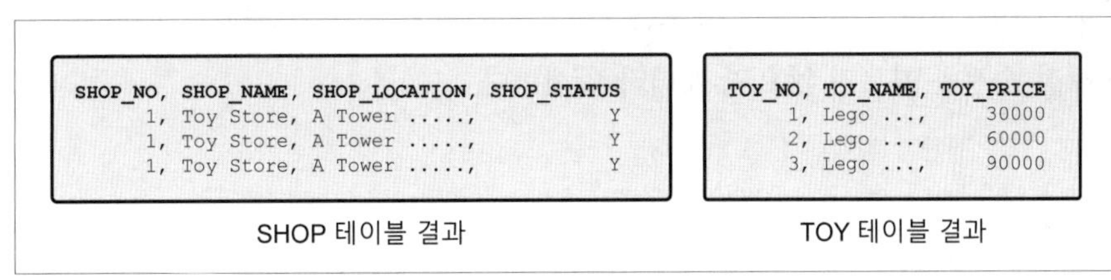

그림 5.29 리절트 맵에 바인딩된 조회 매핑 구문의 결과

위에 그림 5.29를 살펴보면, TOY 테이블의 조회 결과와 달리 SHOP 테이블의 조회 결과는 동일한 것을 알 수 있다. 이처럼 SHOP 테이블의 조회 결과는 중복될 수 있기 때문에 리절트 맵에 여러 번 바인딩할 필요가 없다. 따라서 TOY 테이블의 조회 결과만 여러 번 담을 수 있도록 컬렉션 구성 요소를 사용한다. 다음과 같이 컬렉션 구성 요소는 <collection> 구성 요소를 사용해서 지정한다.

<collection />

예를 들어 TOY 테이블의 조회 결과가 바인딩되는 리절트 구성 요소에 <collection> 구성 요소를 지정하면 다음과 같다.

```
<resultMap id="shopJoinToyResultMap" type="java.util.HashMap">
    <id column="SHOP_NO" property="shopNo" />
```

```
    <result column="SHOP_NAME" property="shopName" />
    <result column="SHOP_LOCATION" property="shopLocation" />
    <result column="SHOP_STATUS" property="shopStatus" />
    <collection>
        <result column="TOY_NO" property="toyNo" />
        <result column="TOY_NAME" property="toyName" />
        <result column="TOY_PRICE" property="toyPrice" />
    </collection>
</resultMap>
```

이와 같이 <collection> 구성 요소에 포함되는 리절트 구성 요소 중 기본 키에 해당되는 컬럼은 다음과 같이 <result> 구성 요소 대신 <id> 구성 요소를 사용해서 지정한다. <id> 구성 요소는 <result> 구성 요소 이전에 지정해야 한다. 정해진 순서를 따르지 않으면 에러가 발생한다.

```
<resultMap id="shopJoinToyResultMap" type="java.util.HashMap">
    <id column="SHOP_NO" property="shopNo" />
    <result column="SHOP_NAME" property="shopName" />
    <result column="SHOP_LOCATION" property="shopLocation" />
    <result column="SHOP_STATUS" property="shopStatus" />
    <collection>
        <id column="TOY_NO" property="toyNo" />
        <result column="TOY_NAME" property="toyName" />
        <result column="TOY_PRICE" property="toyPrice" />
    </collection>
</resultMap>
```

<collection> 구성 요소를 지정하기 전에는 <resultMap> 구성 요소의 type 속성 값에 지정한 리절트 객체에 TOY 테이블의 조회 결과가 바인딩된다. <collection> 구성 요소를 지정한 후에는 더 이상 <resultMap> 구성 요소의 type 속성 값에 지정한 리절트 객체에 TOY 테이블의 조회 결과가 바로 바인딩되지 않고, 컬렉션 타입의 자료 구조에 바인딩되는 중간 과정을 거친다. 따라서 <collection> 구성 요소에 리절트 타입을 지정할 필요가 있다. <collection> 구성 요소에 리절트 타입을 지정하려면, ofType 속성을 지정한 다음 속성 값에 리

절트 타입을 지정한다. ofType 속성은 조회 매핑 구문의 결과 중 각각의 레코드를 어떤 리절트 타입으로 저장할지 지정하는 속성이다. 예를 들어 <collection> 구성 요소에 ofType 속성을 추가한 다음 속성 값에 java.util.HashMap 타입을 지정하면 다음과 같다.

```
<resultMap id="shopJoinToyResultMap" type="java.util.HashMap">
    <id column="SHOP_NO" property="shopNo" />
    <result column="SHOP_NAME" property="shopName" />
    <result column="SHOP_LOCATION" property="shopLocation" />
    <result column="SHOP_STATUS" property="shopStatus" />
    <collection ofType="java.util.HashMap">
        <id column="TOY_NO" property="toyNo" />
        <result column="TOY_NAME" property="toyName" />
        <result column="TOY_PRICE" property="toyPrice" />
    </collection>
</resultMap>
```

위와 같이 <collection> 구성 요소에 ofType 속성을 추가하면, TOY 테이블의 조회 결과 중 각각의 레코드는 ofType 속성 값에 지정한 java.util.HashMap 타입의 리절트 객체에 각각 바인딩된다. ofType 속성을 지정한 리절트 맵의 자료 구조를 도식화하면, 그림 5.30과 같다.

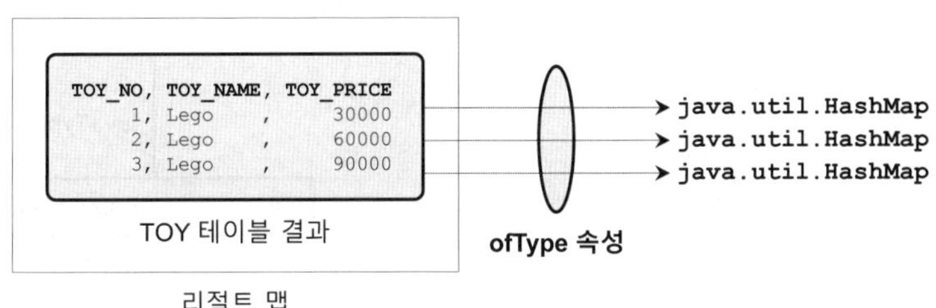

그림 5.30 ofType 속성을 지정한 리절트 맵의 자료 구조

<collection> 구성 요소에 바인딩되는 TOY 테이블의 조회 결과는 여러 개의 레코드일 수 있다. <collection> 구성 요소에 javaType 속성을 추가한 다음 속성 값에 컬렉션 타입을 지정하면, 다수의 레코드를 지정한 리절트 타입으로 묶을

수 있다. 예를 들어 <collection> 구성 요소에 javaType 속성을 지정한 다음 속성 값에 java.util.ArrayList 타입을 지정하면 다음과 같다.

```
<resultMap id="shopJoinToyResultMap" type="java.util.HashMap">
    <id column="SHOP_NO" property="shopNo" />
    <result column="SHOP_NAME" property="shopName" />
    <result column="SHOP_LOCATION" property="shopLocation" />
    <result column="SHOP_STATUS" property="shopStatus" />
    <collection javaType="java.util.ArrayList" ofType="java.util.HashMap">
        <id column="TOY_NO" property="toyNo" />
        <result column="TOY_NAME" property="toyName" />
        <result column="TOY_PRICE" property="toyPrice" />
    </collection>
</resultMap>
```

위와 같이 <collection> 구성 요소에 javaType 속성을 추가하면, TOY 테이블의 조회 결과는 javaType 속성 값에 지정한 java.util.ArrayList 타입의 리절트 객체에 차곡차곡 쌓이게 된다. javaType 속성을 지정한 리절트 맵의 자료구조를 도식화하면, 그림 5.31과 같다.

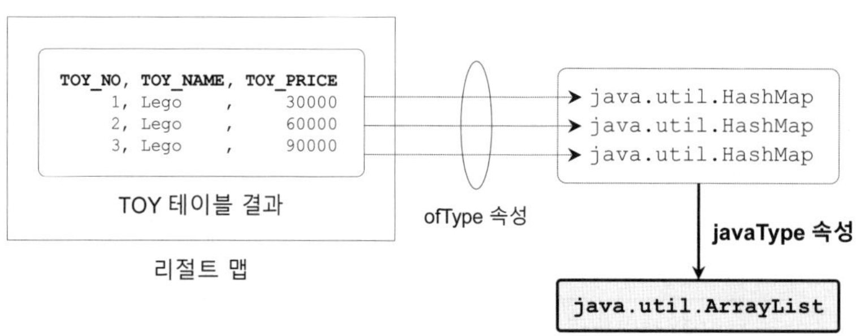

그림 5.31 javaType 속성을 지정한 리절트 맵의 자료 구조

<collection> 구성 요소의 javaType 속성 값에 지정한 리절트 타입의 객체에 접근하려면, 사용 가능한 프로퍼티를 지정해야 한다. 다음과 같이 <collection> 구성 요소에 property 속성을 추가한 다음 속성 값에 사용하려는 프로퍼티명을 지정한다. 예를 들어 <collection> 구성 요소에 property 속성을 지정한 다음 속성 값에 toys 프로퍼티명을 지정하면 다음과 같다.

```xml
<resultMap id="shopJoinToyResultMap" type="java.util.HashMap">
    <id column="SHOP_NO" property="shopNo" />
    <result column="SHOP_NAME" property="shopName" />
    <result column="SHOP_LOCATION" property="shopLocation" />
    <result column="SHOP_STATUS" property="shopStatus" />
    <collection property="toys" javaType="java.util.ArrayList"
            ofType="java.util.HashMap">
        <id column="TOY_NO" property="toyNo" />
        <result column="TOY_NAME" property="toyName" />
        <result column="TOY_PRICE" property="toyPrice" />
    </collection>
</resultMap>
```

위와 같이 `<collection>` 구성 요소에 `property` 속성을 추가하면, TOY 테이블의 조회 결과는 `property` 속성 값에 지정한 프로퍼티명으로 접근할 수 있다. `property` 속성을 지정한 리절트 맵의 자료 구조를 도식화하면, 그림 5.32와 같다.

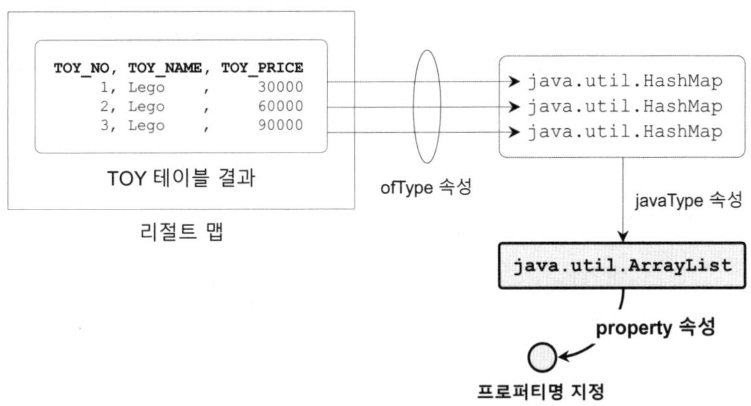

그림 5.32 property 속성을 지정한 리절트 맵의 자료 구조

지금까지 작성한 리절트 맵에 SHOP 테이블의 조회 결과와 TOY 테이블의 조회 결과를 바인딩하면, 그림 5.33과 같은 자료 구조를 가진다

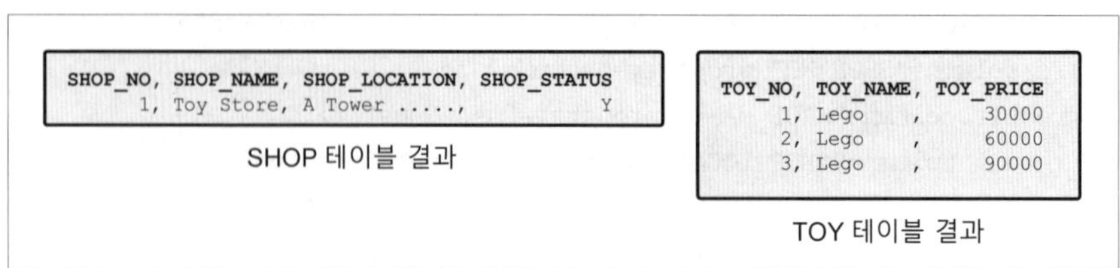

그림 5.33 연관 결과를 통해 리절트 맵에 바인딩된 조회 매핑 구문 결과

위와 같이 하나의 리절트 맵에 담긴 SHOP 테이블의 조회 결과와 TOY 테이블의 조회 결과는 서로 다른 리절트 맵에 각각 바인딩할 수 있다. 그림 5.34와 같이 테이블을 기준으로 나누어진 두 개의 리절트 맵에 조회 결과를 각각 바인딩할 수 있다면, 리절트 맵을 좀 더 간결하게 관리할 수 있다.

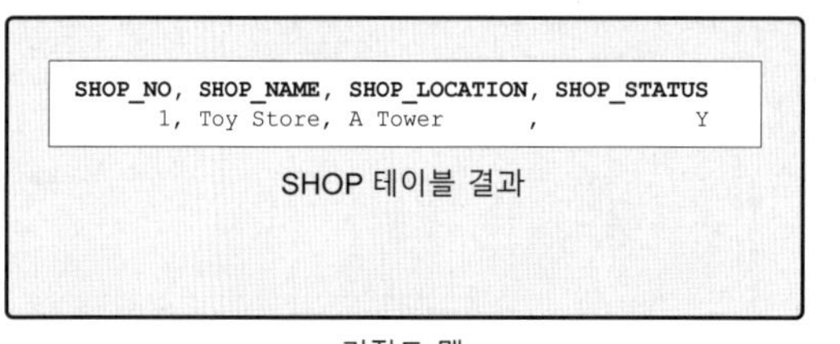

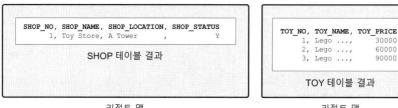

그림 5.34 서로 다른 리절트 맵에 바인딩된 조회 매핑 구문 결과

서로 다른 리절트 맵에 조회 결과를 바인딩할 수 있도록 리절트 맵을 변경해 보자. 우선 TOY 테이블의 조회 결과만 따로 담을 수 있도록 다음과 같이 리절트 맵을 추가로 정의한다. 그런 다음 앞서 작성한 리절트 맵에서 TOY 테이블의 조회 결과를 바인딩할 때 사용한 리절트를 새로 정의한 리절트 맵에 옮겨 작성한다. 새로 작성하는 리절트 맵의 `type` 속성 값은 기존 리절트 맵에 지정한 `ofType` 속성 값과 동일하게 지정한다. 만약에 지정한 리절트 타입이 서로 다르면 에러가 발생한다.

```
/* 리절트 맵 I (SHOP 테이블의 조회 결과) */
<resultMap id="shopJoinToyResultMap" type="java.util.HashMap">
    <id column="SHOP_NO" property="shopNo" />
    <result column="SHOP_NAME" property="shopName" />
    <result column="SHOP_LOCATION" property="shopLocation" />
    <result column="SHOP_STATUS" property="shopStatus" />
    <collection property="toys" javaType="java.util.ArrayList"
        ofType="java.util.HashMap" />
</resultMap>

/* 리절트 맵 II (TOY 테이블의 조회 결과) */
<resultMap id="toyResultMap" type="java.util.HashMap">
    <id column="TOY_NO" property="toyNo" />
    <result column="TOY_NAME" property="toyName" />
    <result column="TOY_PRICE" property="toyPrice" />
</resultMap>
```

위와 같이 서로 다른 리절트 맵을 정의한 다음 이 둘 사이에 연관 관계를 어떻게 지정할 수 있을까? 다음과 같이 <association> 구성 요소나 <collection> 구성 요소에 resultMap 속성을 추가한 다음 속성 값에 연관된 리절트 맵 아이디를 지정하면, 서로 다른 리절트 맵 사이에 연관 관계를 맺을 수 있다. 그러면 조회 결과는 서로 다른 리절트 맵에 나누어서 바인딩된다.

```
<resultMap id="shopJoinToyResultMap" type="java.util.HashMap">
    <id column="SHOP_NO" property="shopNo" />
    <result column="SHOP_NAME" property="shopName" />
    <result column="SHOP_LOCATION" property="shopLocation" />
    <result column="SHOP_STATUS" property="shopStatus" />
    <collection property="toys" resultMap="toyResultMap"
        javaType="java.util.ArrayList" ofType="java.util.HashMap" />
</resultMap>
```

예를 들어 조회 결과가 shopJoinToyResultMap 리절트 맵에 바인딩된다면, TOY 테이블의 조회 결과는 resultMap 속성 값에 지정한 toyResultMap 리절트 맵에 나누어 바인딩된다.

```
/* 리절트 맵 I (SHOP 테이블의 조회 결과) */
<resultMap id="shopJoinToyResultMap" type="java.util.HashMap">
    <id column="SHOP_NO" property="shopNo" />
    <result column="SHOP_NAME" property="shopName" />
    <result column="SHOP_LOCATION" property="shopLocation" />
    <result column="SHOP_STATUS" property="shopStatus" />
    <collection property="toys" resultMap="toyResultMap"
        javaType="java.util.ArrayList" ofType="java.util.HashMap" />
</resultMap>

/* 리절트 맵 II (TOY 테이블의 조회 결과) */
<resultMap id="toyResultMap" type="java.util.HashMap">
    <id column="TOY_NO" property="toyNo" />
    <result column="TOY_NAME" property="toyName" />
    <result column="TOY_PRICE" property="toyPrice" />
</resultMap>
```

서로 다른 리절트 맵에 연관 결과를 바인딩하는 과정을 도식화하면, 그림 5.35와 같다.

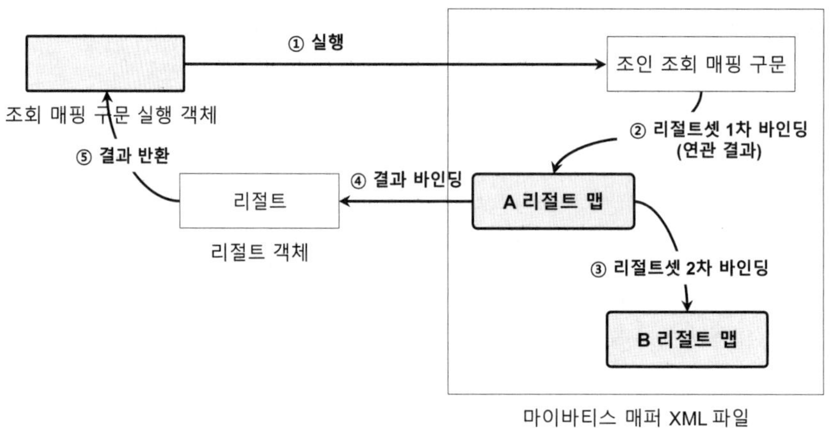

그림 5.35 서로 다른 리절트 맵에 연관 결과를 바인딩하는 과정

지금까지 살펴본 연관 결과 실행 흐름을 한눈에 볼 수 있도록 정리하면 다음과 같다.

```
/* 조회 매핑 구문 실행 */
Map result =
    sqlSession.selectOne(
        "org.mybatis.persistence.ShopMapper.selectShopJoinToy", 1);

/* 마이바티스 매퍼 XML 파일 */
<mapper namespace="org.mybatis.persistence.ShopMapper">
    <!-- 조회 매핑 구문 -->
    <select id="selectShopJoinToy"
            parameterType="int" resultMap="shopJoinToyResultMap">
        SELECT S.SHOP_NO, S.SHOP_NAME, S.SHOP_LOCATION, S.SHOP_STATUS,
               T.TOY_NO, T.TOY_NAME, T.TOY_PRICE
        FROM SHOP S LEFT OUTER JOIN TOY T
          ON S.SHOP_NO = T.SHOP_NO
        WHERE S.SHOP_NO = #{shopNo}
    </select>

    <!-- 리절트 맵 I -->
    <resultMap id="shopJoinToyResultMap" type="java.util.HashMap">
        <id column="SHOP_NO" property="shopNo" />
        <result column="SHOP_NAME" property="shopName" />
        <result column="SHOP_LOCATION" property="shopLocation" />
        <result column="SHOP_STATUS" property="shopStatus" />
        <collection resultMap="toyResultMap" property="toys"
            javaType="java.util.ArrayList" ofType="java.util.HashMap" />
    </resultMap>

    <!-- 리절트 맵 II -->
    <resultMap id="toyResultMap" type="java.util.HashMap">
        <id column="TOY_NO" property="toyNo" />
        <result column="TOY_NAME" property="toyName" />
        <result column="TOY_PRICE" property="toyPrice" />
    </resultMap>
</mapper>
```

① 조회 매핑 구문 실행
② 1차 결과 바인딩
③ 리절트 맵에 1차 결과 바인딩
④ 리절트 맵에 2차 결과 바인딩(연관 결과)
⑤ 리절트 객체 반환

위와 같이 연관 결과를 지정한 조회 매핑 구문을 실행하면, 다음과 같이 출력된 로그를 통해서 연관 결과의 실행 흐름을 확인할 수 있다.

```
DEBUG [main] - ==> Preparing: SELECT S.SHOP_NO, S.SHOP_NAME,
            S.SHOP_LOCATION, S.SHOP_STATUS, T.TOY_NO, T.TOY_NAME,
            T.TOY_PRICE FROM SHOP S LEFT OUTER JOIN TOY T
            ON S.SHOP_NO = T.SHOP_NO WHERE S.SHOP_NO = ?
DEBUG [main] - ==> Parameters: 1(Integer)
TRACE [main] - <== Columns: SHOP_NO, SHOP_NAME, SHOP_LOCATION,
            SHOP_STATUS, TOY_NO, TOY_NAME, TOY_PRICE
TRACE [main] - <== Row: 1, Toy Store, <<CLOB>>, Y, 1, Lego (Model-A100),
            30000
TRACE [main] - <== Row: 1, Toy Store, <<CLOB>>, Y, 2, Lego (Model-A200),
            60000
TRACE [main] - <== Row: 1, Toy Store, <<CLOB>>, Y, 3, Lego (Model-A300),
            90000
DEBUG [main] - <== Total: 3
{shopNo=1, shopName=Toy Store, shopLocation=oracle.sql.CLOB@131ef10,
shopStatus=Y, toys=[{toyName=Lego (Model-A100), toyPrice=30000, toyNo=1},
{toyName=Lego (Model-A200), toyPrice=60000, toyNo=2}, {toyName=Lego
(Model-A300), toyPrice=90000, toyNo=3}]}
```

연관 구성 요소에 지정 가능한 속성을 정리하면, 표 5.7과 같다.

표 5.7 연관 구성 요소에 지정 가능한 속성

속성	설명
autoMapping	프로퍼티에 조회 결과를 매핑할 때 자동 매핑 여부를 지정한다. 전역 설정인 autoMappingBehavior 속성 값보다 우선한다. 기본 값은 unset이다.
column	조회 매핑 구문의 결과 중 매핑 컬럼명을 지정할 때 사용한다.
columnPrefix	다수의 테이블을 조인할 때 리절트셋 객체에서 동일 칼럼명의 중복을 피하기 위해서 접두사로 컬럼 별칭을 지정할 수 있다. 리절트에 접두사를 지정한 컬럼을 바인딩 할 때 컬럼 별칭에서 접두사를 생략할 때 사용한다.
fetchType	패치 타입을 지정할 때 사용한다. 이 속성은 전역 설정인 lazyLoadingEnabled 속성 값보다 우선 한다. 속성 값에 lazy, eager, default를 지정할 수 있다. 기본 값은 default다.
foreignColumn	조회 매핑 구문의 결과 중 참조 키 컬럼명을 지정할 때 사용한다.
javaType	리절트의 자바 타입을 지정할 때 사용한다.
jdbcType	리절트의 JDBC 타입을 지정할 때 사용한다.
notNullColumn	컬럼 값이 널이 아닌 경우에만 자식 객체를 생성한다. 이때 널 여부를 체크하는 컬럼을 명시적으로 지정할 수 있다. , 기호를 사용해서 다수의 컬럼을 지정할 수 있다. 기본 값은 unset이다.

(이어짐)

속성	설명
ofType	리절트 타입을 지정할 때 사용한다.
*property	column 속성에 지정한 컬럼 값이 바인딩되는 프로퍼티명을 지정할 때 사용한다. 자바빈즈의 프로퍼티명 또는 맵의 키명이다.
resultMap	리절트 맵 아이디를 지정할 때 사용한다.
resultSet	리절트셋을 지정할 때 사용한다.
select	연관된 조회 매핑 구문 아이디를 지정할 때 사용한다.
typeHandler	타입 핸들러를 지정할 때 사용한다.

1. 애스터리스크(*)를 표기한 속성은 필수 속성이므로 반드시 지정해야 한다.

지금까지 연관 구성 요소를 사용해서 리절트 객체에 조회 결과를 바인딩하는 방법에 초점을 맞추어 알아보았다. 이번에는 리절트 객체에 바인딩한 조회 결과를 사용하는 방법에 대해서 알아보자. 다음과 같이 컬렉션 타입을 연관 구성 요소의 리절트 타입으로 사용하면, TOY 테이블의 장난감명을 가져올 때 소스 코드가 다소 복잡하다.

```
/* 마이바티스 매퍼 XML 파일(리절트 타입으로 컬렉션 타입을 사용한 경우) */
<resultMap id="shopJoinToyResultMap" type="java.util.HashMap">
    <id column="SHOP_NO" property="shopNo" />
    <result column="SHOP_NAME" property="shopName" />
    <result column="SHOP_LOCATION" property="shopLocation" />
    <result column="SHOP_STATUS" property="shopStatus" />
    <collection property="toys" javaType="java.util.ArrayList"
        ofType="java.util.HashMap" resultMap="toyResultMap" />
</resultMap>

<resultMap id="toyResultMap" type="java.util.HashMap">
    <id column="TOY_NO" property="toyNo" />
    <result column="TOY_NAME" property="toyName" />
    <result column="TOY_PRICE" property="toyPrice" />
</resultMap>

/* 리절트 객체(컬렉션 타입을 사용한 경우) */
Map result = sqlSession.selectOne(
    "org.mybatis.persistence.ShopMapper.selectShopJoinToy", 1);
```

```
String shopName = String.valueOf(result.get("shopName"));

List<Map> toys = (ArrayList<Map>) result.get("toys");
Map toy = toys.get(0);
String toyName = String.valueOf(toy.get("toyName"));
```

반면에 자바빈즈를 연관 구성 요소의 리절트 타입으로 사용하면, 다음과 같이 소스 코드는 매우 간결하게 바뀔 수 있다. 이 책에서는 리절트 객체로 어떤 타입을 사용할지 강요하지 않는다. 다만 적절한 리절트 타입을 선택할 수 있도록 다양한 방법을 안내할 뿐이다.

```
/* 마이바티스 매퍼 XML 파일(리절트 타입으로 자바빈즈를 사용한 경우) */
<resultMap id="shopJoinToyResultMap" type="org.mybatis.domain.Shop">
    <id column="SHOP_NO" property="shopNo" />
    <result column="SHOP_NAME" property="shopName" />
    <result column="SHOP_LOCATION" property="shopLocation" />
    <result column="SHOP_STATUS" property="shopStatus" />
    <collection property="toys" javaType="java.util.ArrayList"
        ofType="org.mybatis.domain.Toy" resultMap="toyResultMap" />
</resultMap>

<resultMap id="toyResultMap" type="org.mybatis.domain.Toy">
    <id column="TOY_NO" property="toyNo" />
    <result column="TOY_NAME" property="toyName" />
    <result column="TOY_PRICE" property="toyPrice" />
</resultMap>

/* 리절트 객체(자바빈즈를 사용한 경우) */
Shop shop = sqlSession.selectOne(
    "org.mybatis.persistence.ShopMapper.selectShopJoinToy", 1);

String shopName = shop.getShopName();

Toy toy = shop.getToys().get(0);
String toyName = toy.getToyName();
```

<select> 구성 요소에 지정 가능한 속성을 정리하면, 표 5.8과 같다.

표 5.8 〈select〉 구성 요소에 지정 가능한 속성

속성	설명
*id	매핑 구문 아이디를 지정할 때 사용한다.
databaseId	데이터베이스 아이디 프로바이더에 정의한 데이베이스 제품명을 지정할 때 사용한다.
fetchSize	지정한 범위의 조회 매핑 구문 결과를 반환하도록 지정할 때 사용한다. JDBC 드라이버의 힌트(Hint) 처리 형태의 값이다. 사용하는 JDBC 드라이버에서 기능을 지정하지 않으면 사용할 수 없다.
flushCache	매핑 구문 실행 시 캐시 삭제 여부를 지정할 때 사용한다. 속성 값에 true, false를 지정할 수 있으며, 기본 값은 false다.
lang	언어 드라이버를 지정할 때 사용한다. 속성 값에 XML, RAW를 지정할 수 있으며, 기본 값은 XML이다.
parameterMap	파라미터 맵 아이디를 지정할 때 사용한다. 추후 삭제될 예정이다.
parameterType	파라미터 타입을 지정할 때 사용한다.
resultMap	리절트 맵 아이디를 지정할 때 사용한다.
resultOrdered	속성 값에 true, false를 지정할 수 있으며, 기본 값은 false다.
resultSetType	리절트셋 타입을 지정할 때 사용한다. 속성 값에 FORWARD_ONLY, SCROLL_INSENSITIVE, SCROLL_SENSITIVE를 지정할 수 있다. 기본 값은 FORWARD_ONLY다. 사용하는 JDBC 드라이버에서 기능을 지원하지 않으면 사용할 수 없다.
resultType	리절트 타입을 지정할 때 사용한다.
statementType	매핑 구문 타입을 지정할 때 사용한다. 속성 값에 STATEMENT, PREPARED, CALLABLE을 지정할 수 있다. 기본 값은 PREPARED다. 사용하는 JDBC 드라이버에서 기능을 지원하지 않을 수 있다.
timeOut	데이터베이스에 매핑 구문 실행을 요청한 다음 예외가 발생하기 전까지 응답을 기다리는 최대 시간을 지정할 때 사용한다. 사용하는 JDBC 드라이버에서 기능을 지원하지 않을 수 있다.
useCache	캐시 사용 여부를 지정할 때 사용한다. 속성 값에 true, false를 지정할 수 있으며, 기본 값은 false다.

1\. 애스터리스크(*)를 표기한 속성은 필수 속성이므로 반드시 지정해야 한다.

알/아/두/기

리절트셋이란 쿼리 실행 결과가 담긴 자바 객체다. 리절트셋은 조회 결과에 접근할 수 있도록 위치를 가리키는 커서(Cursor)를 가진다. 다음 행에 접근하기 위해서는 커서의 next() 메소드를 호출한다. 기본적으로 커서는 순방향, 읽기 전용으로 되어 있다.

```
ResultSet resultSet = preparedStatement.executeQuery();
while (resultSet.next()) {
    // 조회 결과에 접근
}
```

다양한 방향에서 커서가 접근할 수 있도록 JDBC Core 2.0 API에서는 세 가지 타입의 리절트셋 인터페이스를 제공한다. ResultSet.TYPE_FORWAD_ONLY인 경우는 커서의 이동이 순방향만 가능하고, ResultSet.TYPE_SCROLL_INSENSITIVE인 경우는 순방향 및 역방향 이동이 가능하다. 그리고 커서가 열려 있는 동안 수정 사항을 반영하지 않는다. 반면에 ResultSet.TYPE_SCROLL_SENSTIVIVE인 경우 순방향 및 역방향 이동이 가능할 뿐만 아니라 커서가 열려 있는 동안 수정할 수 있다. 커서는 ResultSet 객체와 Statement 객체가 닫힐 때까지만 사용할 수 있다.

5.3.2 등록 구성 요소 〈insert〉

마이바티스 매퍼 XML 파일에 등록 매핑 구문을 정의할 때 등록 구성 요소를 사용한다. 다음과 같이 등록 구성 요소는 <insert> 구성 요소를 사용해서 지정한다.

```
<insert>
    INSERT INTO SHOP
        (SHOP_NO, SHOP_NAME, SHOP_LOCATION, SHOP_STATUS)
    VALUES
        (?, ?, ?, ?)
</insert>
```

<insert> 구성 요소는 여러 번 정의할 수 있다. 다수의 <insert> 구성 요소는 매핑 구문 아이디를 사용해서 구분한다. 매핑 구문 아이디는 <insert> 구성 요소

에 id 속성을 추가한 다음 속성 값에 등록 매핑 구문의 기능을 잘 나타낼 수 있는 문자열을 지정한다. 마이바티스 매퍼 XML 파일 내에서 매핑 구문 아이디가 중복되지 않도록 주의해야 한다. 예를 들어 <insert> 구성 요소에 id 속성을 추가한 다음 속성 값에 insert 문자열을 지정하면 다음과 같다.

```
<insert id="insert">
    INSERT INTO SHOP
        (SHOP_NO, SHOP_NAME, SHOP_LOCATION, SHOP_STATUS)
    VALUES
        (?, ?, ?, ?)
</insert>
```

위와 같이 정의된 등록 매핑 구문은 매개 변수에 바인딩되는 파라미터가 필요하다. 등록 매핑 구문에 파라미터를 전달하려면, <insert> 구성 요소에 파라미터 속성을 추가한다. 파라미터 속성은 parameterType 속성과 parameterMap 속성 중 하나를 선택할 수 있다. 매개 변수에 파라미터를 바인딩할 때 데이터 타입을 변경할 필요가 없다면, <insert> 구성 요소에 parameterType 속성을 추가한다. 반면에 데이터 타입을 변경할 필요가 있다면, <insert> 구성 요소에 parameterMap 속성을 추가한다. 예를 들어 <insert> 구성 요소에 parameterType 속성을 추가한 다음 속성 값에 java.util.HashMap 타입을 지정하면 다음과 같다.

```
<insert id="insert" parameterType="java.util.HashMap">
    INSERT INTO SHOP
        (SHOP_NO, SHOP_NAME, SHOP_LOCATION, SHOP_STATUS)
    VALUES
        (?, ?, ?, ?)
</insert>
```

파라미터 속성을 추가한 다음 파라미터가 바인딩되는 매개 변수를 인라인 파라미터 표기 형식으로 변경한다. 인라인 파라미터 표기명은 파라미터 객체에 등록한 프로퍼티명과 동일하게 지정한다. 하지만 파라미터가 하나인 경우 파라미터 표기 형식에 지정한 프로퍼티명과 상관없이 바인딩된다. 그리고 등록 매핑 구문은 반환된 결과가 없기 때문에 리절트 속성을 지정할 필요가 없다.

```
<insert id="insert" parameterType="java.util.HashMap">
    INSERT INTO SHOP
        (SHOP_NO, SHOP_NAME, SHOP_LOCATION, SHOP_STATUS)
    VALUES
        (#{shopNo}, #{shopName}, #{shopLocation}, #{shopStatus})
</insert>
```

등록 매핑 구문에 전달한 파라미터 중 기본 키로 사용하는 파라미터가 존재할 수 있다. 기본 키는 애플리케이션 내부에서 사용자가 직접 생성할 수도 있고, 데이터베이스에서 제공하는 함수를 사용해서 생성할 수 있다. 일반적으로 데이터베이스 함수를 사용해서 기본 키를 자동 생성한다. 예를 들어 기본 키를 생성할 때 다음과 같이 오라클 데이터베이스에서 제공하는 시퀀스를 사용해 보자.

```
SQL> SELECT SEQ_SHOP_NO.NEXTVAL FROM DUAL;
```

알/아/두/기

오라클 데이터베이스에서 제공하는 시퀀스를 사용하기 위해서는 다음과 같이 시퀀스 생성 스크립트를 실행해야 한다.

```
SQL> CREATE SEQUENCE SEQ_SHOP_NO INCREMENT BY 1 START WITH 4;
```

등록 매핑 구문에 필요한 기본 키를 조회할 수 있도록 시퀀스를 호출하는 조회 매핑 구문을 정의한다. 매핑 구문 아이디로 selectShopNo 문자열을 지정한 다음 리절트 타입으로 int 타입을 지정하면 다음과 같다.

```
<select id="selectShopNo" resultType="int">
    SELECT SEQ_SHOP_NO.NEXTVAL
    FROM DUAL
</select>
```

이와 같이 정의된 조회 매핑 구문을 먼저 실행한 다음 반환된 기본 키를 등록 매핑 구문에 파라미터로 전달하면 다음과 같다.

```
// 자동 생성키 조회 매핑 구문 실행
int shopNo = sqlSession.selectOne(
    "org.mybatis.persistence.ShopMapper.selectShopNo");

Map<String, Object> parameters = new HashMap<String, Object>();
parameters.put("shopNo", shopNo);
parameters.put("shopName", "Dad Store");
parameters.put("shopLocation", "D Tower Seocho dong");
parameters.put("shopStatus", "Y");

// 등록 매핑 구문 실행
sqlSession.insert("org.mybatis.persistence.ShopMapper.insert", parameters);
```

등록 매핑 구문을 실행할 때마다 가게 번호를 얻기 위해서 자동 생성키 조회 매핑 구문을 매번 함께 실행해야 한다. 실수로 자동 생성키 조회 매핑 구문을 호출하지 않고 등록 매핑 구문을 실행하면, 에러가 발생한다. 마이바티스는 자동 생성키 조회 매핑 구문과 등록 매핑 구문을 관련지어 실행할 수 있도록 자동 생성키 구성 요소를 제공한다. 다음과 같이 자동 생성키 구성 요소는 <selectKey> 구성 요소를 사용해서 지정한다.

<selectKey />

<selectKey> 구성 요소를 사용하면, 등록 매핑 구문을 실행하기 전 · 후로 사용자가 원하는 조회 매핑 구문을 실행할 수 있다. 예를 들어 <selectKey> 구성 요소에 기본 키를 조회하는 자동 생성키 조회 매핑 구문을 옮겨 정의하면 다음과 같다.

```
<insert id="insert" parameterType="java.util.HashMap">
    <selectKey>
        SELECT SEQ_SHOP_NO.NEXTVAL
```

```
        FROM DUAL
    </selectKey>
    INSERT INTO SHOP
        (SHOP_NO, SHOP_NAME, SHOP_LOCATION, SHOP_STATUS)
    VALUES
        (#{shopNo}, #{shopName}, #{shopLocation}, #{shopStatus})
</insert>
```

위와 같이 <selectKey> 구성 요소에 정의한 자동 생성키 조회 매핑 구문은 <insert> 구성 요소에 정의한 등록 매핑 구문보다 먼저 실행될까? 아니면 나중에 실행될까? <selectKey> 구성 요소를 정의한 위치에 상관없이 order 속성 값에 따라 다르다. order 속성 값에 BEFORE 문자열을 지정하면, <insert> 구성 요소에 정의한 등록 매핑 구문보다 <selectKey> 구성 요소에 정의한 자동 생성키 조회 매핑 구문이 먼저 실행된다. 반면에 order 속성 값에 AFTER 문자열을 지정하면, <insert> 구성 요소에 정의한 등록 매핑 구문보다 <selectKey> 구성 요소에 정의한 자동 생성키 조회 매핑 구문이 나중에 실행된다. order 속성의 초기 값은 BEFORE 문자열이다.

```
<insert id="insert" parameterType="java.util.HashMap">
    <selectKey order="BEFORE">
        SELECT SEQ_SHOP_NO.NEXTVAL
        FROM DUAL
    </selectKey>
    INSERT INTO SHOP
        (SHOP_NO, SHOP_NAME, SHOP_LOCATION, SHOP_STATUS)
    VALUES
        (#{shopNo}, #{shopName}, #{shopLocation}, #{shopStatus})
</insert>
```

<selectKey> 구성 요소에 정의한 자동 생성키 조회 매핑 구문의 조회 결과 중 기본 키로 사용하려는 컬럼명을 지정하면, 등록 매핑 구문에 전달되는 파라미터 객체에 컬럼 값을 바인딩할 수 있다. 다음과 같이 <selectKey> 구성 요소에 keyColumn 속성을 추가한 다음 속성 값에 컬럼명을 지정한다. <selectKey> 구성

요소에 정의한 자동 생성키 조회 매핑 구문의 조회 결과가 하나인 경우 컬럼명 대신 사용자가 원하는 문자열을 임의로 지정하거나 생략할 수 있다.

```
<insert id="insert" parameterType="java.util.HashMap">
    <selectKey keyColumn="SHOP_NO" order="BEFORE">
        SELECT SEQ_SHOP_NO.NEXTVAL
        FROM DUAL
    </selectKey>
    INSERT INTO SHOP
        (SHOP_NO, SHOP_NAME, SHOP_LOCATION, SHOP_STATUS)
    VALUES
        (#{shopNo}, #{shopName}, #{shopLocation}, #{shopStatus})
</insert>
```

<selectKey> 구성 요소에 정의한 조회 매핑 구문을 실행하면, 파라미터 객체에 기본 키로 지정한 컬럼 값이 바인딩된다. 이때 바인딩된 컬럼 값을 사용하기 위해서 프로퍼티명을 지정해야 한다. 다음과 같이 <selectKey> 구성 요소에 keyProperty 속성을 추가한 다음 속성 값에 프로퍼티명을 지정한다. 지정한 프로퍼티명은 인라인 파라미터 표기명과 동일해야 한다.

```
<insert id="insert" parameterType="java.util.HashMap">
    <selectKey keyColumn="SHOP_NO" keyProperty="shopNo" order="BEFORE">
        SELECT SEQ_SHOP_NO.NEXTVAL
        FROM DUAL
    </selectKey>
    INSERT INTO SHOP
        (SHOP_NO, SHOP_NAME, SHOP_LOCATION, SHOP_STATUS)
    VALUES
        (#{shopNo}, #{shopName}, #{shopLocation}, #{shopStatus})
</insert>
```

위와 같이 파라미터 객체에 컬럼 값을 바인딩하려면, <selectKey> 구성 요소에 리절트 타입을 지정해야 한다. 다음과 같이 <selectKey> 구성 요소에

resultType 속성을 추가한 다음 속성 값에 리절트 타입을 지정한다. resultType 속성 값에 지정한 리절트 타입은 바인딩되는 프로퍼티 타입과 동일해야 한다.

```
<insert id="insertShop" parameterType="java.util.HashMap">
    <selectKey keyColumn="SHOP_NO" keyProperty="shopNo" resultType="int"
            order="BEFORE">
        SELECT SEQ_SHOP_NO.NEXTVAL
        FROM DUAL
    </selectKey>
    INSERT INTO SHOP
        (SHOP_NO, SHOP_NAME, SHOP_LOCATION, SHOP_STATUS)
    VALUES
        (#{shopNo}, #{shopName}, #{shopLocation}, #{shopStatus})
</insert>
```

지금까지 살펴본 등록 매핑 구문의 실행 흐름을 한눈에 볼 수 있도록 정리하면 다음과 같다.

```
/* 등록 매핑 구문 실행 */
sqlSession.insert("org.mybatis.persistence.ShopMapper.insert", parameters);

/* 마이바티스 매퍼 XML 파일 */
<mapper namespace="org.mybatis.persistence.ShopMapper">
    <!-- 등록 매핑 구문 -->
    <insert id="insert" parameterType="java.util.HashMap">
        <!-- 자동 생성키 조회 -->
        <selectKey keyColumn="SHOP_NO" keyProperty="shopNo" order="BEFORE"
                resultType="int">
            SELECT SEQ_SHOP_NO.NEXTVAL
            FROM DUAL
        </selectKey>

        INSERT INTO SHOP
            (SHOP_NO, SHOP_NAME, SHOP_LOCATION, SHOP_STATUS)
        VALUES
            (#{shopNo}, #{shopName}, #{shopLocation}, #{shopStatus})
    </insert>
</mapper>
</>
```

① 등록 매핑 구문 실행
② 실행 순서 판단
③ 파라미터 객체에 자동 생성키 바인딩
④ shop, 프로퍼티 값 바인딩

이와 같이 정의된 등록 매핑 구문을 실행하면, 다음과 같이 출력된 로그를 통해서 등록 매핑 구문의 실행 흐름을 확인할 수 있다.

```
DEBUG [main] - ==> Preparing: SELECT SEQ_SHOP_NO.NEXTVAL FROM DUAL
DEBUG [main] - ==> Parameters:
TRACE [main] - <== Columns: NEXTVAL
TRACE [main] - <== Row: 4
DEBUG [main] - <== Total: 1
DEBUG [main] - ==> Preparing: INSERT INTO SHOP (SHOP_NO, SHOP_NAME,
             SHOP_LOCATION, SHOP_STATUS) VALUES (?, ?, ?, ?)
DEBUG [main] - ==> Parameters: 4(Integer), Dad Store (String),
             D Tower Seocho dong(String), Y(String)
DEBUG [main] - <== Updates: 1
```

<selectKey> 구성 요소에 지정 가능한 속성을 정리하면, 표 5.9와 같다.

표 5.9 〈selectKey〉 구성 요소에 지정 가능한 속성

속성	설명
databaseId	데이터베이스 아이디 프로바이더에 정의한 데이터베이스 제품명을 지정할 때 사용한다.
keyColumn	조회 매핑 구문의 조회 결과 중 기본 키로 사용되는 컬럼명을 지정할 때 사용한다. 조회 결과가 단일 컬럼인 경우 생략할 수 있다.
*keyProperty	keyColumn 속성에 지정한 컬럼 값이 바인딩되는 프로퍼티명을 지정할 때 사용한다. 프로퍼티명은 전달받는 등록 매핑 구문의 프로퍼티명과 동일해야 한다.
*order	조회 매핑 구문 실행 순서를 지정할 때 사용한다. 속성 값이 BEFORE이면 등록 매핑 구문 호출 전에 실행되고, AFTER이면 등록 매핑 구문 호출 후에 실행된다. 기본 값은 BEFORE다.
*resultType	리절트 타입을 지정할 때 사용한다.
statementType	매핑 구문 타입을 지정할 때 사용한다. 속성 값으로 STATEMENT, PREPARED, CALLABLE을 지정할 수 있다. 기본 값은 PREPARED다. 사용하는 JDBC 드라이버에서 기능을 지원하지 않으면 사용할 수 없다.

1. 애스터리스크(*)를 표기한 속성은 필수 속성이므로 반드시 지정해야 한다.

알/아/두/기

데이터베이스에서 자동 생성키를 지원하는 경우 〈selectKey〉 구성 요소를 사용하는 대신 useGeneratedKeys 속성을 사용한다. 예를 들어 MySQL 데이터베이스는 컬럼에 AUTO_INCREMENT 속성을 다음과 지정한다.

```
SQL> CREATE TABLE SHOP (
    SHOP_NO INT(11) NOT NULL AUTO_INCREMENT,
    SHOP_NAME VARCHAR(100),
    SHOP_LOCATION TEXT,
    SHOP_STATUS VARCHAR(1),
    PRIMARY KEY (SHOP_NO));
```

위와 같이 컬럼에 자동 생성키 속성을 지정할 수 있다면, <selectKey> 구성 요소 대신 <insert> 구성 요소에 useGeneratedKeys 속성을 추가한 다음 속성 값에 true를 지정한다. useGeneratedKeys 속성을 지정하지 않으면, 초기 속성 값으로 false가 지정된다.

```
<insert id="insertShop" parameterType="java.util.HashMap"
        useGeneratedKeys="true" keyProperty="shopNo">
    INSERT INTO SHOP
        (SHOP_NO, SHOP_NAME, SHOP_LOCATION, SHOP_STATUS)
    VALUES
        (#{shopNo}, #{shopName}, #{shopLocation}, #{shopStatus})
</insert>
```

자동 생성키는 파라미터 객체를 통해서 전달한 파라미터가 아니라 마이바티스 내부에서 자동 생성된 값이다. 그럼 등록 매핑 구문을 실행할 때 생성된 자동 생성키는 어떻게 반환받을 수 있을까? 등록 매핑 구문에 전달한 파라미터 객체를 통해서 반환받을 수 있다. 다만 객체 타입을 파라미터 타입으로 사용한 경우에만 자동 생성키를 반환받을 수 있다. 먼저 컬렉션 타입을 파라미터 객체로 사용하면, 다음과 같이 자동 생성키를 반환받을 수 있다.

```
/* 마이바티스 매퍼 XML 파일 */
<insert id="insert" parameterType="java.util.HashMap">
    <selectKey keyColumn="SHOP_NO" keyProperty="shopNo" resultType="int"
            order="BEFORE">
        SELECT SEQ_SHOP_NO.NEXTVAL
        FROM DUAL
    </selectKey>
    INSERT INTO SHOP
        (SHOP_NO, SHOP_NAME, SHOP_LOCATION, SHOP_STATUS)
    VALUES
        (#{shopNo}, #{shopName}, #{shopLocation}, #{shopStatus})
</insert>

/* 등록 매핑 구문 실행 */
Map<String, Object> parameters = new HashMap<String, Object>();
parameters.put("shopName", "Dad Store");
parameters.put("shopLocation", "D Tower Seocho dong");
parameters.put("shopStatus", "Y");

sqlSession.insert("org.mybatis.persistence.ShopMapper.insert", parameters);

// 자동 생성키 반환
int shopNo = Integer.valueOf(parameters.get("shopNo").toString());
```

자바빈즈를 파라미터 객체로 사용하면, 다음과 같이 자동 생성키를 반환받을 수 있다. 이때 keyProperty 속성 값에 지정한 프로퍼티명이 자바빈즈에 프로퍼티로 선언되어 있어야 한다.

```
/* 마이바티스 매퍼 XML 파일 */
<insert id="insertShop" parameterType="org.mybatis.domain.Shop">
    <selectKey keyColumn="SHOP_NO" keyProperty="shopNo" resultType="int"
            order="BEFORE">
        SELECT SEQ_SHOP_NO.NEXTVAL
        FROM DUAL
    </selectKey>
    INSERT INTO SHOP
        (SHOP_NO, SHOP_NAME, SHOP_LOCATION, SHOP_STATUS)
    VALUES
        (#{shopNo}, #{shopName}, #{shopLocation}, #{shopStatus})
</insert>
```

```
/* 등록 매핑 구문 실행 */
Shop shop = new Shop();
shop.setShopName("Dad Store");
shop.setShopLocation("D Tower Seocho dong");
shop.setStatus("Y");

sqlSession.insert("org.mybatis.persistence.ShopMapper.insert", shop);

// 자동 생성키 반환
int shopNo = shop.getShopNo();
```

<insert> 구성 요소에 지정 가능한 속성을 정리하면, 표 5.10과 같다.

표 5.10 〈insert〉 구성 요소에 지정 가능한 속성

속성	설명
databaseId	데이터베이스 아이디 프로바이더에 정의한 데이베이스 제품명을 지정할 때 사용한다.
flushCache	매핑 구문 실행 시 캐시 삭제 여부를 지정할 때 사용한다. 속성 값에 true, false를 지정할 수 있으며, 기본 값은 false다.
*id	매핑 구문 아이디를 지정할 때 사용한다.
keyColumn	조회 매핑 구문의 조회 결과 중 자동 생성키로 사용되는 컬럼명을 지정할 때 사용한다. 조회 결과가 단일 컬럼인 경우 생략할 수 있다.
keyPoperty	keyColumn 속성에 지정한 컬럼 값이 바인딩되는 프로퍼티명을 지정할 때 사용한다.
lang	언어 드라이버를 지정할 때 사용한다. 속성 값에 XML, RAW를 지정할 수 있으며, 기본 값은 XML이다.
parameterMap	파라미터 맵 아이디를 지정할 때 사용한다. 추후 삭제될 예정이다.
parameterType	파라미터 타입을 지정할 때 사용한다.
statementType	매핑 구문 타입을 지정할 때 사용한다. 속성 값에 STATEMENT, PREPARED, CALLABLE을 지정할 수 있으며 기본 값은 PREPARED다. 사용하는 JDBC 드라이버에서 기능을 지원하지 않으면 사용할 수 없다.
timeout	데이터베이스에 매핑 구문 실행을 요청한 다음 예외가 발생하기 전까지 응답을 기다리는 최대 시간을 지정할 때 사용한다. 사용하는 JDBC 드라이버에서 기능을 지원하지 않으면 사용할 수 없다.
useGeneratedKeys	데이터베이스에서 지원하는 자동 생성키 기능을 사용할 때 지정한다. 속성 값에 true, false를 지정할 수 있으며, 기본 값은 false다. 사용하는 JDBC 드라이버에서 기능을 지원하지 않으면 사용할 수 없다.

1. 애스터리스크(*)를 표기한 속성은 필수 속성이므로 반드시 지정해야 한다.

5.3.3 수정 구성 요소 〈update〉

마이바티스 매퍼 XML 파일에 수정 매핑 구문을 정의할 때 수정 구성 요소를 사용한다. 다음과 같이 수정 구성 요소는 <update> 구성 요소를 사용해서 지정한다.

```
<update>
    UPDATE SHOP
    SET SHOP_STATUS = ?
    WHERE SHOP_NO = ?
</update>
```

마이바티스 매퍼 XML 파일에 <update> 구성 요소는 여러 번 정의할 수 있다. 다수의 <update> 구성 요소는 매핑 구문 아이디를 사용해서 구분한다. 매핑 구문 아이디는 <update> 구성 요소에 id 속성을 추가한 다음 속성 값에 수정 매핑 구문의 기능을 잘 나타낼 수 있는 문자열을 지정한다. 마이바티스 매퍼 XML 파일 내에서 매핑 구문 아이디가 중복되지 않도록 주의해야 한다. 예를 들어 <update> 구성 요소에 id 속성을 추가한 다음 속성 값에 update 문자열을 지정하면 다음과 같다.

```
<update id="update">
    UPDATE SHOP
    SET SHOP_STATUS = ?
    WHERE SHOP_NO = ?
</update>
```

위와 같이 정의된 수정 매핑 구문은 매개 변수에 바인딩되는 파라미터가 필요하다. 수정 매핑 구문에 파라미터를 전달하려면, <update> 구성 요소에 파라미터 속성을 추가한다. 파라미터 속성은 parameterType 속성과 parameterMap 속성 중 하나를 선택할 수 있다. 매개 변수에 파라미터를 바인딩할 때 데이터 타입을 변경할 필요가 없다면, <update> 구성 요소에 parameterType 속성을 추가한다. 반면에 데이터 타입을 변경할 필요가 있다면, <update> 구성 요소에 parameterMap 속성을 추가한다. 예를 들어 <update> 구성 요소에 parameterType 속성을 추가한 다음 속성 값에 java.util.HashMap 타입을 지정하면 다음과 같다.

```
<update id="update" parameterType="java.util.HashMap">
    UPDATE SHOP
    SET SHOP_STATUS = ?
    WHERE SHOP_NO = ?
</update>
```

파라미터 속성을 추가한 다음 파라미터가 바인딩되는 매개 변수를 인라인 파라미터 표기 형식으로 변경한다. 이때 인라인 파라미터 표기명은 파라미터 객체에 등록한 프로퍼티명과 동일하게 지정한다. 하지만 파라미터가 하나인 경우 파라미터 표기 형식에 지정한 프로퍼티명과 상관없이 바인딩된다. 그리고 수정 매핑 구문은 반환된 결과가 없기 때문에 리절트 속성을 지정할 필요가 없다.

```
<update id="update" parameterType="java.util.HashMap">
    UPDATE SHOP
    SET SHOP_STATUS = #{shopStatus}
    WHERE SHOP_NO = #{shopNo}
</update>
```

조회 매핑 구문의 조회 결과를 수정 매핑 구문의 파라미터로 사용하는 경우가 종종 있다. 예를 들어 장난감 재고 수량을 조회한 다음 수정 매핑 구문에 파라미터로 전달할 수 있다.

```
// 장난감 재고 수량 조회 매핑 구문 실행
int toyStock = sqlSession.selectOne(
    "org.mybatis.persistence.ToyMapper.selectToyStock");

Map<String, Object> parameters = new HashMap<String, Object>();
parameters.put("shopNo", 1);
parameters.put("toyStock", toyStock);

// 수정 매핑 구문 실행
sqlSession.update("org.mybatis.persistence.ShopMapper.update", parameters);
```

수정 매핑 구문을 실행할 때마다 장난감 재고 수량을 얻기 위해서는 조회 매핑 구문을 매번 함께 실행해야 한다. 이때 `<selectKey>` 구성 요소를 사용하면, 다음과 같이 수정 매핑 구문을 실행할 때마다 장난감 재고 수량을 자동으로 조회한 다음 등록 매핑 구문에 파라미터로 전달할 수 있다.

```
<update id="update" parameterType="java.util.HashMap">
    <selectKey keyColumn="TOY_STOCK" keyProperty="toyStock"
            resultType="int" order="BEFORE">
        SELECT COUNT(*)
        FROM TOY
        WHERE SHOP_NO = #{shopNo}
    </selectKey>
    UPDATE SHOP
    SET TOY_STOCK = #{toyStock}
    WHERE SHOP_NO = #{shopNo}
</update>
```

위와 같이 정의된 수정 매핑 구문을 실행하면, 다음과 같이 출력된 로그를 통해서 수정 매핑 구문의 실행 흐름을 확인할 수 있다.

```
DEBUG [main] - ==> Preparing: SELECT COUNT(*) FROM TOY WHERE SHOP_NO = ?
DEBUG [main] - ==> Parameters: 1(Integer)
TRACE [main] - <== Columns: COUNT(*)
TRACE [main] - <== Row: 3
DEBUG [main] - <== Total: 1
DEBUG [main] - ==> Preparing: UPDATE SHOP SET SHOP_STOCK = ?
             WHERE SHOP_NO = ?
DEBUG [main] - ==> Parameters: 3(Integer), 1(Integer)
DEBUG [main] - <== Updates: 1
```

<update> 구성 요소에 지정 가능한 속성을 정리하면, 표 5.11과 같다.

표 5.11 〈update〉 구성 요소에 지정 가능한 속성

속성	설명
databaseId	데이터베이스 아이디 프로바이더에 정의한 데이베이스 제품명을 지정할 때 사용한다.
flushCache	매핑 구문 실행 시 캐시 삭제 여부를 지정할 때 사용한다. 속성 값에 true, false를 지정할 수 있으며, 기본 값은 false다.

(이어짐)

속성	설명
*id	매핑 구문 아이디를 지정할 때 사용한다.
keyColumn	조회 매핑 구문의 조회 결과 중 사용되는 컬럼명을 지정할 때 사용한다. 조회 결과가 단일 컬럼인 경우 생략할 수 있다.
keyPoperty	keyColumn 속성에 지정한 컬럼 값이 바인딩되는 프로퍼티명을 지정할 때 사용한다.
lang	언어 드라이버를 지정할 때 사용한다. 속성 값에 XML, RAW를 지정할 수 있으며, 기본 값은 XML이다.
parameterMap	파라미터 맵 아이디를 지정할 때 사용한다. 추후 삭제될 예정이다.
parameterType	파라미터 타입을 지정할 때 사용한다.
statementType	매핑 구문 타입을 지정할 때 사용한다. 속성 값에 STATEMENT, PREPARED, CALLABLE을 지정할 수 있으며 기본 값은 PREPARED다. 사용하는 JDBC 드라이버에서 기능을 지원하지 않으면 사용할 수 없다.
timeout	데이터베이스에 매핑 구문 실행을 요청한 다음 예외가 발생하기 전까지 응답을 기다리는 최대 시간을 지정할 때 사용한다. 사용하는 JDBC 드라이버에서 기능을 지원하지 않으면 사용할 수 없다.
useGeneratedKeys	데이터베이스에서 지원하는 자동 생성키 기능을 사용할 때 지정한다. 속성 값에 true, false를 지정할 수 있으며, 기본 값은 false다. 사용하는 JDBC 드라이버에서 기능을 지원하지 않으면 사용할 수 없다.

1. 애스터리스크(*)를 표기한 속성은 필수 속성이므로 반드시 지정해야 한다.

5.3.4 삭제 구성 요소 〈delete〉

마이바티스 매퍼 XML 파일에 삭제 매핑 구문을 정의할 때 삭제 구성 요소를 사용한다. 다음과 같이 삭제 구성 요소는 <delete> 구성 요소를 사용해서 지정한다.

```
<delete>
    DELETE FROM SHOP
    WHERE SHOP_NO = ?
</delete>
```

마이바티스 매퍼 XML 파일에 <delete> 구성 요소는 여러 번 정의할 수 있다. 다수의 <delete> 구성 요소는 매핑 구문 아이디를 사용해서 구분한다. 매핑 구문 아이디는 <delete> 구성 요소에 id 속성을 추가한 다음 속성 값에 삭제 매핑 구문의 기능을 잘 나타낼 수 있는 문자열을 지정한다. 이때 마이바티스 매퍼 XML 파일 내에서 매핑 구문 아이디가 중복되지 않도록 주의해야 한다. 예를 들어 <delete> 구성 요소에 id 속성을 추가한 다음 속성 값에 delete 문자열을 지정하면 다음과 같다.

```
<delete id="delete">
    DELETE FROM SHOP
    WHERE SHOP_NO = ?
</delete>
```

위와 같이 정의된 삭제 매핑 구문은 매개 변수에 바인딩되는 파라미터가 필요하다. 삭제 매핑 구문에 파라미터를 전달하려면, <delete> 구성 요소에 파라미터 속성을 추가한다. 이때 파라미터 속성은 parameterType 속성과 parameterMap 속성 중 하나를 선택할 수 있다. 매개 변수에 파라미터를 바인딩할 때 데이터 타입을 변경할 필요가 없다면, <delete> 구성 요소에 parameterType 속성을 추가한다. 반면에 데이터 타입을 변경할 필요가 있다면, <delete> 구성 요소에 parameterMap 속성을 추가한다. 예를 들어 <delete> 구성 요소에 parameterType 속성을 추가한 다음 속성 값에 int 타입을 지정하면 다음과 같다.

```
<delete id="delete" parameterType="int">
    DELETE FROM SHOP
    WHERE SHOP_NO = ?
</delete>
```

파라미터 속성을 추가한 다음 파라미터가 바인딩되는 매개 변수를 인라인 파라미터 표기 형식으로 변경한다. 이때 인라인 파라미터 표기명은 파라미터 객체에 등록한 프로퍼티명과 동일하게 지정한다. 하지만 파라미터가 하나인 경우 파라미터 표기 형식에 지정한 프로퍼티명과 상관없이 바인딩된다. 그리고 삭제 매핑 구문은 반환된 결과가 없기 때문에 리절트 속성을 지정할 필요가 없다.

```
<delete id="delete" parameterType="int">
    DELETE FROM SHOP
    WHERE SHOP_NO = #{shopNo}
</delete>
```

위와 같이 정의된 삭제 매핑 구문을 실행하면, 다음과 같이 출력된 로그를 통해서 삭제 매핑 구문의 실행 흐름을 확인할 수 있다.

```
DEBUG [main] - ==> Preparing: DELETE FROM SHOP WHERE SHOP_NO = ?
DEBUG [main] - ==> Parameters: 4(Integer)
DEBUG [main] - <== Updates: 1
```

<delete> 구성 요소에 지정 가능한 속성을 정리하면, 표 5.12와 같다.

표 5.12 〈delete〉 구성 요소에 지정 가능한 속성

속성	설명
databaseId	데이터베이스 아이디 프로바이더에 정의한 데이베이스 제품명을 지정할 때 사용한다.
flushCache	매핑 구문 실행 시 캐시 삭제 여부를 지정할 때 사용한다. 속성 값에 true, false를 지정할 수 있으며, 기본 값은 false다.
*id	매핑 구문 아이디를 지정할 때 사용한다.
lang	언어 드라이버를 지정할 때 사용한다. 속성 값에 XML, RAW를 지정할 수 있으며, 기본 값은 XML이다.
parameterMap	파라미터 맵 아이디를 지정할 때 사용한다. 추후 삭제될 예정이다.
parameterType	파라미터 타입을 지정할 때 사용한다.
statementType	매핑 구문 타입을 지정할 때 사용한다. 속성 값에 STATEMENT, PREPARED, CALLABLE을 지정할 수 있으며 기본 값은 PREPARED다. 사용하는 JDBC 드라이버에서 기능을 지원하지 않으면 사용할 수 없다.
timeout	데이터베이스에 매핑 구문 실행을 요청한 다음 예외가 발생하기 전까지 응답을 기다리는 최대 시간을 지정할 때 사용한다. 사용하는 JDBC 드라이버에서 기능을 지원하지 않으면 사용할 수 없다.

1. 애스터리스크(*)를 표기한 속성은 필수 속성이므로 반드시 지정해야 한다.

5.4 동적 매핑 구문 생성에 사용하는 구성 요소

다음과 같이 조회 매핑 구문에 두 개의 매개 변수가 정의되어 있다고 가정해 보자. 조회 매핑 구문에 전달된 파라미터의 개수와 매개 변수의 개수가 일치하면, 마이바티스 프로그래밍이 정상적으로 실행된다. 반면에 전달된 파라미터의 개수가 부족하거나 매개 변수의 개수가 많으면, SQL 문법 에러가 발생한다. 상황에 따라 매핑 구문을 동적으로 생성하지 않으면 실행 시점에 심각한 문제를 초래할 수 있다. 마이바티스 프로그래밍을 작성할 때 전달한 파라미터의 존재 유무에 따라 매핑 구문을 동적으로 생성할 수 있다.

```
<select id="select" parameterType="java.util.HashMap"
        resultType="java.util.HashMap">
    SELECT SHOP_NO, SHOP_NAME, SHOP_LOCATION, SHOP_STATUS
    FROM SHOP
    WHERE SHOP_NO = #{shopNo} AND SHOP_STATUS = #{shopStatus}
</select>
```

다음과 같이 마이바티스는 동적 매핑 구문을 생성할 수 있도록 강력한 구성 요소를 제공한다.

- **동적 구성 요소**
- **동적 애노테이션**

어느 곳에 동적 매핑 구문을 정의하느냐에 따라 사용하는 구성 요소가 달라진다. 마이바티스 매퍼 XML 파일에 동적 매핑 구문을 정의하는 경우 동적 구성 요소를 사용한다. 그리고 매퍼 인터페이스에 동적 매핑 구문을 정의하는 경우 동적 애노테이션을 사용한다.

```
/* 마이바티스 매퍼 XML 파일(동적 구성 요소를 사용한 경우) */
<select id="select" parameterType="java.util.HashMap"
        resultType="java.util.HashMap">
    SELECT SHOP_NO, SHOP_NAME, SHOP_LOCATION, SHOP_STATUS
    FROM SHOP
    <where>
```

```
        <if test="shopNo > 0">
            AND SHOP_NO = #{shopNo}
        </if>
        <if test="shopStatus != null and shopStatus != ''">
            AND SHOP_STATUS = #{shopStatus}
        </if>
    </where>
</select>

/* 매퍼 인터페이스(동적 애노테이션을 사용한 경우) */
public interface ShopMapper {
    @SelectProvider(type = ShopProvider.class, method = "select")
    public Map<String, Object> select(Map<String, Object> parameters);
}
```

매퍼 인터페이스에 동적 매핑 구문을 정의하는 방식은 '6장. 마이바티스 객체'에서 자세히 살펴보고, 이 장에서는 마이바티스 매퍼 XML 파일에 동적 매핑 구문을 정의하는 방식에 대해서 자세히 알아보자. 마이바티스 매퍼 XML 파일에 동적 매핑 구문을 정의할 때 사용 가능한 구성 요소를 정리하면, 표 5.13과 같다. 동적 구성 요소는 <select>, <insert>, <update>, <delete>, <sql> 구성 요소에 하위 구성로 사용할 수 있다.

표 5.13 동적 매핑 구문을 정의할 때 사용 가능한 구성 요소

구성 요소	설명
〈if〉	조건에 따라 동적 매핑 구문을 추가할 때 사용한다.
〈choose〉	선택에 따라 동적 매핑 구문을 추가할 때 사용한다.
〈where〉	WHERE 절을 동적으로 추가할 때 사용한다.
〈set〉	SET 절을 동적으로 추가할 때 사용한다.
〈trim〉	지정한 문자나 문자열을 생략한 다음 사용자가 원하는 문자나 문자열을 동적으로 추가할 때 사용한다.
〈foreach〉	매핑 구문에 반복된 문자나 문자열을 동적으로 추가할 때 사용한다.

위의 표 5.13에 정의한 구성 요소를 사용해서 동적 매핑 구문을 생성할 때 전달한 파라미터가 조건을 만족하는지 판단할 필요가 있다. 예를 들어 조건식을 만

족하면 동적 매핑 구문을 추가하고, 조건식을 만족하지 않으면 동적 매핑 구문을 생략한다. 이처럼 동적 구성 요소에 조건식을 지정하려면, 다음과 같이 test 속성을 지정한 다음 속성 값에 조건식을 지정한다.

```
<if test="shopNo > 0">
    SHOP_NO = #{shopNo}
</if>
```

test 속성 값에 지정한 조건식은 주로 OGNL[Object Graph Navigation Language] 표현식을 사용하거나 또는 정적 프로퍼티[Static Property]와 정적 메소드[Static Method]를 사용한다. OGNL 표현식은 자바 객체와 속성에 쉽게 접근할 수 있도록 작성된 표현 언어다. 파라미터 타입에 따라 조건식에 자주 사용하는 OGNL 표현식을 정리하면, 표 5.14와 같다.

표 5.14 파라미터 타입에 따라 조건식에 사용한 OGNL 표현식

구분	조건식	설명
객체 타입	<if test="value == null"></if> <if test="value eq null"></if>	파라미터 값이 널인 경우 true를 반환한다.
	<if test="value != null"></if> <if test="value neq null"></if>	파라미터 값이 널이 아닌 경우 true를 반환한다.
	<if test="value == null or value == "">/if> <if test="value eq null or value eq ""></if>	파라미터 값이 널이거나 공란인 경우 true를 반환한다.
	<if test="value != null and value != ""></if> <if test="value neq null and value neq ""></if>	파라미터 값이 널이나 공란이 아닌 경우 true를 반환한다.
숫자 타입	<if test="value == 1"></if> <if test="value eq 1"></if>	파라미터 값이 지정한 값과 동일한 경우 true를 반환한다.
	<if test="value != 1"></if> <if test="value neq 1"></if>	파라미터 값이 지정한 값과 다른 경우 true를 반환한다.
	<if test="value > 1"></if> <if test="value gt 1"></if>	파라미터 값이 지정한 값을 초과하는 경우 true를 반환한다.
	<if test="value >= 1"></if> <if test="value gte 1"></if>	파라미터 값이 지정한 값 이상인 경우 true를 반환한다.

(이어짐)

구분	조건식	설명
	<if test="value lt 1"></if>	파라미터 값이 지정한 값 미만인 경우 true를 반환한다. < 연산자는 특수 문자이기 때문에 XML 파일에서 사용할 수 없다.
	<if test="value lte 1"></if>	파라미터 값이 지정한 값 이하인 경우 true를 반환한다. <= 연산자는 특수 문자이기 때문에 XML 파일에서 사용할 수 없다.
문자 타입	<if test="value == 'A'.toString()"> <if test="value eq 'A'.toString()"> <if test='value == "A"'>	파라미터 값이 지정한 문자와 동일한 경우 true를 반환한다.
	<if test="value != 'A'.toString()"> <if test="value neq 'A'.toString()"> <if test='value != "A"'>	파라미터 값이 지정한 문자와 다른 경우 true를 반환한다.
문자열 타입	<if test="value == 'ABC'"> <if test="value eq 'ABC'"> <if test='value == "ABC"'>	파라미터 값이 지정한 문자열과 동일한 경우 true를 반환한다.
	<if test="value != 'ABC'"> <if test="value neq 'ABC'"> <if test='value != "ABC"'>	파라미터 값이 지정한 문자열과 다른 경우 true를 반환한다.

1. 마이바티스 매퍼 XML 파일에 사용할 수 없는 특수 문자를 지정하면 에러가 발생한다. 특수 문자 대신 예약어(== : eq, != : neq, < : lt, <= : lte, > : gt, >= : gte)를 사용할 수 있다.
2. 파라미터(value), 문자(A), 문자열(ABC)

OGNL 표현식은 단순하면서 강력하다. 하지만 OGNL 표현식에 익숙하지 않은 사용자라면 어려움을 느낄 수 있다. 이와 같은 경우 OGNL 표현식 대신 정적 프로퍼티나 정적 메소드를 사용할 수 있다. 조건식에 정적 프로퍼티나 정적 메소드를 사용하기 전에 예제 5.1과 같이 파라미터 검증 클래스를 작성한다.

예제 5.1 파라미터 검증 클래스

```
/* /chapter05/src/org/mybatis/utility/StringUtils.java */

package org.mybatis.utility;

public class StringUtils {
    public static boolean TRUE = true;
```

```
    /* 공란인 경우 true 값을 반환하고, 공란이 아닌 경우 false 값을 반환한다. */
    public static boolean isBlank(String parameter) {
        int length;
        if ((parameter == null)
                || ((length = parameter.length()) == 0)) {
            return true;
        }

        for (int i = 0; i < length; ++i) {
            if (!(Character.isWhitespace(parameter.charAt(i)))) {
                return false;
            }
        }

        return true;
    }
}
```

위와 같이 작성한 정적 프로퍼티나 정적 메소드는 다음 형식에 맞추어 조건식에 지정할 수 있다.

```
/* 정적 프로퍼티 */
'@' + 패키지 경로를 포함한 정적 클래스명 + '@' + 정적 프로퍼티명

/* 정적 메소드 */
'@' + 패키지 경로를 포함한 정적 클래스명 + '@' + 정적 메소드명
```

예를 들어 파라미터 검증 클래스에 정의한 정적 프로퍼티와 정적 메소드를 조건식에 지정하면 다음과 같다. 이때 정적 메소드에 인라인 파라미터 표기를 그대로 사용할 수 있다.

```
/* 조건식에 정적 프로퍼티를 사용한 경우 */
<if test="@org.mybatis.utility.StringUtils@TRUE">
    ORDER BY SHOP_NO
</if>
```

```
/* 조건식에 정적 메소드를 사용한 경우 */
<if test="@org.mybatis.utility.StringUtils@isBlank(#{shopStatus})">
    SHOP_STATUS = #{shopStatus}
</if>
```

조건식에 정적 프로퍼티나 정적 메소드를 지정하는 방식은 기존에 작성한 유틸리티 클래스를 그대로 사용할 수 있다. 만일 작성한 유틸리티 클래스가 없다면, 아파치 커먼즈와 같이 널리 사용하는 서드파티 라이브러리를 사용할 수 있다.

```
<if test="@org.apache.commons.lang.StringUtils@isBlank(#{shopStatus})">
    SHOP_STATUS = #{shopStatus}
</if>
```

5.4.1 조건 구성 요소 <if>

마이바티스 매퍼 XML 파일에 매핑 구문을 정의할 때 조건 구성 요소를 지정하면, 전달한 파라미터에 따라 매핑 구문을 조건적으로 추가할 수 있다. 다음과 같이 조건 구성 요소는 <if> 구성 요소를 사용해서 지정한다.

```
<if>
    WHERE SHOP_NO = #{shopNo}
</if>
```

조건에 따라 <if> 구성 요소 사이에 정의한 매핑 구문을 추가할지 아니면 생략할지 판단할 수 있도록 조건식을 지정해 보자. 다음과 같이 <if> 구성 요소에 test 속성을 추가한 다음 속성 값에 조건식을 지정한다. 예를 들어 가게 번호가 0보다 큰 경우 매핑 구문을 추가할 수 있도록 조건식을 지정하면 다음과 같다.

```
<if test="shopNo > 0">
    WHERE SHOP_NO = #{shopNo}
</if>
```

<if> 구성 요소는 <select>, <insert>, <selectKey>, <update>, <delete>,

<sql>, <trim>, <where>, <set>, <foreach>, <choose>, <when>, <otherwise> 구성 요소에 하위 구성 요소로 지정할 수 있다.

```
<select id="select" parameterType="int" resultType="java.util.HashMap">
    SELECT SHOP_NO, SHOP_NAME, SHOP_LOCATION, SHOP_STATUS
    FROM SHOP
    <if test="shopNo > 0">
        WHERE SHOP_NO = #{shopNo}
    </if>
</select>
```

위와 같이 정의된 조회 매핑 구문에 가게 번호를 파라미터로 전달한 다음 실행하면, <if> 구성 요소에 지정한 조건식을 만족하기 때문에 WHERE 절이 추가된다. 다음과 같이 출력된 로그를 통해서 확인할 수 있다.

```
DEBUG [main] - ==> Preparing: SELECT SHOP_NO, SHOP_NAME, SHOP_LOCATION,
              SHOP_STATUS FROM SHOP WHERE SHOP_NO = ?
DEBUG [main] - ==> Parameters: 1(Integer)
TRACE [main] - <== Columns:SHOP_NO, SHOP_NAME, SHOP_LOCATION, SHOP_STATUS
TRACE [main] - <== Row: 1, Toy Store, <<CLOB>>, Y
DEBUG [main] - <== Total: 1
```

5.4.2 선택 구성 요소 〈choose〉, 〈when〉, 〈otherwise〉

마이바티스 매퍼 XML 파일에 매핑 구문을 정의할 때 선택 구성 요소를 사용하면, 전달한 파라미터에 따라 매핑 구문을 선택적으로 추가할 수 있다. 다음과 같이 선택 구성 요소는 <choose> 구성 요소를 사용해서 지정한다.

```
<choose />
```

<choose> 구성 요소는 하위 구성 요소로 <when> 구성 요소와 <otherwise> 구성 요소를 지정할 수 있다. 다음과 같이 <when> 구성 요소는 선택적으로 추가되는 매핑 구문을 정의할 때 사용하는 구성 요소다.

```
<choose>
    <when>
        WHERE SHOP_STATUS = 'Y'
    </when>
</choose>
```

경우에 따라 <when> 구성 요소 사이에 정의한 매핑 구문을 추가할지 아니면 생략할지 판단할 수 있도록 조건식을 지정해 보자. <when> 구성 요소에 test 속성을 추가한 다음 속성 값에 조건식을 지정한다. 예를 들어 전달한 shopStatus 프로퍼티 값이 널이 아니면서 문자 0와 동일한 경우 매핑 구문을 추가할 수 있도록 조건식을 지정하면 다음과 같다.

```
<choose>
    <when test="shopStatus != null and shopStatus == 'O'.toString()" />
        WHERE SHOP_STATUS = 'Y'
    </when>
</choose>
```

다음과 같이 <when> 구성 요소는 <choose> 구성 요소 사이에 여러 번 지정할 수 있다.

```
<choose>
    <when test="shopStatus != null and shopStatus == 'O'.toString()" />
        WHERE SHOP_STATUS = 'Y'
    </when>
    <when test="shopStatus != null and shopStatus == 'X'.toString()" />
        WHERE SHOP_STATUS = 'N'
    </when>
</choose>
```

<when> 구성 요소에 지정한 조건식을 하나라도 만족하지 못하면 매핑 구문은 추가되지 않는다. 이처럼 지정한 조건식을 하나도 만족하지 못할 때 기본 매핑 구문을 지정할 필요가 있다면, 다음과 같이 <otherwise> 구성 요소를 지정한다. <otherwise> 구성 요소는 <choose> 구성 요소 사이에 한 번만 지정할 수 있다.

경우에 따라 <choose> 구성 요소는 생략할 수 있다.

```
<choose>
    <when test="shopStatus != null and shopStatus == 'O'.toString()" />
        WHERE SHOP_STATUS = 'Y'
    </when>
    <when test="shopStatus != null and shopStatus != 'X'.toString()" />
        WHERE SHOP_STATUS = 'N'
    </when>
    <otherwise>
        WHERE SHOP_STATUS IS NULL
    </otherwise>
</choose>
```

<choose> 구성 요소는 <select>, <insert>, <selectKey>, <update>, <delete>, <sql>, <trim>, <where>, <set>, <foreach>, <when>, <otherwise>, <if> 구성 요소에 하위 구성 요소로 지정할 수 있다.

```
<select id="select" parameterType="java.lang.String"
        resultType="java.util.HashMap">
    SELECT SHOP_NO, SHOP_NAME, SHOP_LOCATION, SHOP_STATUS
    FROM SHOP
    <choose>
        <when test="shopStatus != null and shopStatus == 'O'.toString()">
            WHERE SHOP_STATUS = 'Y'
        </when>
        <when test="shopStatus != null and shopStatus == 'X'.toString()">
            WHERE SHOP_STATUS = 'N'
        </when>
        <otherwise>
            WHERE SHOP_STATUS IS NULL
        </otherwise>
    </choose>
</select>
```

위와 같이 정의된 조회 매핑 구문에 shopStatus 프로퍼티 값을 파라미터로 전달한 다음 실행하면, <when> 구성 요소에 지정한 조건식을 만족하기 때문에

WHERE 절이 추가된다. 다음과 같이 출력된 로그를 통해서 확인할 수 있다.

```
DEBUG [main] - ==> Preparing: SELECT SHOP_NO, SHOP_NAME, SHOP_LOCATION,
          SHOP_STATUS FROM SHOP WHERE SHOP_STATUS = 'Y'
DEBUG [main] - ==> Parameters:
TRACE [main] - <== Columns:SHOP_NO, SHOP_NAME, SHOP_LOCATION, SHOP_STATUS
TRACE [main] - <== Row: 1, Toy Store, <<CLOB>>, Y
TRACE [main] - <== Row: 2, Play Store, <<CLOB>>, Y
TRACE [main] - <== Row: 3, Mom Store, <<CLOB>>, Y
DEBUG [main] - <== Total: 3
```

5.4.3 복합 구성 요소 〈where〉, 〈set〉, 〈trim〉

앞서 살펴본 <if> 구성 요소나 <choose> 구성 요소는 전달한 파라미터에 따라 매핑 구문을 동적으로 추가할 수 있다. 하지만 매핑 구문에 WHERE 절이 여러 번 추가되는 문제를 가진다.

```
<select id="select" parameterType="java.lang.String"
            resultType="java.util.HashMap">
        SELECT SHOP_NO, SHOP_NAME, SHOP_LOCATION, SHOP_STATUS
        FROM SHOP
    <if test="shopNo > 0">
        WHERE SHOP_NO = #{shopNo}
    </if>
    <if test="shopStatus != null and shopStatus != ''">
        WHERE SHOP_STATUS = #{shopStatus}
    </if>
</select>
```

위와 같이 정의된 조회 매핑 구문에 shopNo 프로퍼티 값과 shopStatus 프로퍼티 값을 파라미터로 전달하면, 다음과 같이 WHERE 절이 두 번 추가되기 때문에 SQL 문법 에러가 발생한다.

```
### SQL: SELECT SHOP_NO, SHOP_NAME, SHOP_LOCATION,
SHOP_STATUS FROM SHOP WHERE SHOP_NO = ? WHERE SHOP_STATUS = ?
### Cause: java.sql.SQLSyntaxErrorException: ORA-00933: SQL command not
properly ended
```

복합 구성 요소인 <where> 구성 요소를 사용하면, SQL 문법 에러 없이 WHERE 절을 동적으로 추가할 수 있다.

<where />

다음과 같이 <if> 구성 요소나 <choose> 구성 요소는 <where> 구성 요소 사이에 여러 번 지정할 수 있다. <where> 구성 요소 사이에 공란을 제외한 문자나 문자열이 동적으로 추가되면, 매핑 구문에 WHERE 문자열이 자동으로 추가된다.

```
<where>
    <if test="shopNo > 0">
        WHERE SHOP_NO = #{shopNo}
    </if>
    <if test="shopStatus != null and shopStatus != ''">
        WHERE SHOP_STATUS = #{shopStatus}
    </if>
</where>
```

위와 같이 정의된 매핑 구문을 그대로 실행하면, <if> 구성 요소 사이에 정의된 WHERE 문자열 앞에 WHERE 문자열이 붙기 때문에 SQL 문법 에러가 발생한다. 따라서 <if> 구성 요소 사이에 정의한 WHERE 문자열을 모두 제거한다. 그런 다음 AND 문자열이나 OR 문자열을 추가한다.

```
<where>
    <if test="shopNo > 0">
        WHERE AND SHOP_NO = #{shopNo}
    </if>
    <if test="shopStatus != null and shopStatus != ''">
        WHERE AND SHOP_STATUS = #{shopStatus}
    </if>
</where>
```

<where> 구성 요소는 <select>, <insert>, <selectKey>, <update>, <delete>, <sql>, <trim>, <set>, <foreach>, <choose>, <when>, <otherwise>, <if> 구성 요

소에 하위 구성 요소로 지정할 수 있다.

```
<select id="select" parameterType="java.util.HashMap"
        resultType="java.util.HashMap">
    SELECT SHOP_NO, SHOP_NAME, SHOP_LOCATION, SHOP_STATUS
    FROM SHOP
    <where>
        <if test="shopNo > 0">
            AND SHOP_NO = #{shopNo}
        </if>
        <if test="shopStatus != null and shopStatus != ''">
            AND SHOP_STATUS = #{shopStatus}
        </if>
    </where>
</select>
```

위와 같이 정의된 조회 매핑 구문에 shopNo 프로퍼티 값과 shopStatus 프로퍼티 값을 파라미터로 전달한 다음 실행하면, 다음과 같이 로그가 출력된다.

```
DEBUG [main] - ==> Preparing: SELECT SHOP_NO, SHOP_NAME, SHOP_LOCATION,
             SHOP_STATUS FROM SHOP WHERE SHOP_NO = ? AND SHOP_STATUS = ?
DEBUG [main] - ==> Parameters: 1(Integer), Y(String)
TRACE [main] - <== Columns:SHOP_NO, SHOP_NAME, SHOP_LOCATION, SHOP_STATUS
TRACE [main] - <== Row: 1, Toy Store, <<CLOB>>, Y
DEBUG [main] - <== Total: 1
```

출력된 로그를 자세히 살펴보면, 다음과 같이 조회 매핑 구문에 WHERE 문자열이 추가된 다음 바로 뒤에 오는 첫 번째 AND 문자열이 생략된 것을 볼 수 있다.

```
SELECT SHOP_NO, SHOP_NAME, SHOP_LOCATION, SHOP_STATUS
FROM SHOP
WHERE
    AND SHOP_NO = ?
    AND SHOP_STATUS = ?
```

알/아/두/기

마이바티스 라이브러리에 포함된 소스 코드 중 org.apache.ibatis.scripting.xmltags.WhereSqlNode 클래스에 정의된 문자열이 WHERE 절 바로 뒤에 오면 문자열이 생략된다.

```
Arrays.asList(
    "AND ","OR ","AND\n","OR\n","AND\r","OR\r","AND\t","OR\t");
```

만약에 AND 문자열이나 OR 문자열 말고 다른 문자열을 생략하려면 어떻게 해야 할까? 생략 구성 요소를 사용하면, 사용자가 원하는 문자나 문자열을 명시적으로 생략할 수 있다. 다음과 같이 생략 구성 요소는 <trim> 구성 요소를 사용해서 지정한다.

<trim />

앞서 <where> 구성 요소를 사용할 때 WHERE 절에 추가된 AND 문자열이 생략된 것처럼 <trim> 구성 요소에 생략되는 문자열을 지정해 보자. 다음과 같이 <trim> 구성 요소에 prefix 속성을 추가한 다음 속성 값에 WHERE 문자열을 지정한다.

```
<trim prefix="WHERE" />
```

다음과 같이 <if> 구성 요소나 <choose> 구성 요소는 <trim> 구성 요소 사이에 여러 번 지정할 수 있다. <trim> 구성 요소 사이에 공란을 제외한 문자나 문자열이 동적으로 추가되면, 매핑 구문에 prefix 속성 값에 지정한 WHERE 문자열이 자동으로 추가된다.

```
<trim prefix="WHERE">
    <if test="shopNo > 0">
        AND SHOP_NO = #{shopNo}
    </if>
    <if test="shopStatus != null and shopStatus != ''">
        AND SHOP_STATUS = #{shopStatus}
```

```
    </if>
</trim>
```

위와 같이 정의된 매핑 구문을 그대로 실행하면, <if> 구성 요소 사이에 정의된 AND 문자열 앞에 추가로 prefix 속성 값에 지정한 WHERE 문자열이 붙기 때문에 SQL 문법 에러가 발생한다. 따라서 WHERE 문자열 바로 뒤에 오는 AND 문자열을 명시적으로 생략할 필요가 있다. <trim> 구성 요소에 prefixOverrides 속성을 추가한 다음 속성 값에 생략하려는 문자나 문자열을 지정한다. 생략 문자나 문자열은 | 기호를 사용해서 여러 개 지정할 수 있다. 예를 들어 AND 문자열과 OR 문자열을 생략 문자열로 지정하면 다음과 같다.

```
<trim prefix="WHERE" prefixOverrides="AND|OR">
    <if test="shopNo > 0">
        AND SHOP_NO = #{shopNo}
    </if>
    <if test="shopStatus != null and shopStatus != ''">
        AND SHOP_STATUS = #{shopStatus}
    </if>
</trim>
```

<trim> 구성 요소는 <select>, <insert>, <selectKey>, <update>, <delete>, <sql>, <where>, <set>, <foreach>, <choose>, <when>, <otherwise>, <if> 구성 요소에 하위 구성 요소로 지정할 수 있다.

```
<select id="select" parameterType="java.util.HashMap"
        resultType="java.util.HashMap">
    SELECT SHOP_NO, SHOP_NAME, SHOP_LOCATION, SHOP_STATUS
    FROM SHOP
    <trim prefix="WHERE" prefixOverrides="AND|OR">
        <if test="shopNo > 0">
            AND SHOP_NO = #{shopNo}
        </if>
        <if test="shopStatus != null and shopStatus != ''">
            AND SHOP_STATUS = #{shopStatus}
        </if>
```

```
    </trim>
</select>
```

위와 같이 정의된 조회 매핑 구문에 shopNo 프로퍼티 값과 shopStatus 프로퍼티 값을 파라미터로 전달한 다음 실행하면, 다음과 같이 로그가 출력된다.

```
DEBUG [main] - ==> Preparing: SELECT SHOP_NO, SHOP_NAME, SHOP_LOCATION,
             SHOP_STATUS FROM SHOP WHERE SHOP_NO = ? AND SHOP_STATUS = ?
DEBUG [main] - ==> Parameters: 1(Integer), Y(String)
TRACE [main] - <== Columns:SHOP_NO, SHOP_NAME, SHOP_LOCATION, SHOP_STATUS
TRACE [main] - <== Row: 1, Toy Store, <<CLOB>>, Y
DEBUG [main] - <== Total: 1
```

출력된 로그를 자세히 살펴보면, 다음과 같이 조회 매핑 구문에 WHERE 문자열이 추가된 다음 바로 뒤에 오는 첫 번째 AND 문자열이 생략된 것을 볼 수 있다.

```
SELECT SHOP_NO, SHOP_NAME, SHOP_LOCATION, SHOP_STATUS
FROM SHOP
WHERE
    AND SHOP_NO = ?
    AND SHOP_STATUS = ?
```

<trim> 구성 요소에 지정 가능한 속성을 정리하면, 표 5.15와 같다.

표 5.15 〈trim〉 구성 요소에 지정 가능한 속성

속성	설명
prefix	매핑 구문 맨 앞에 추가되는 문자나 문자열을 지정할 때 사용한다.
prefixOverrides	매핑 구문에 추가한 prefix 속성 값 뒤에 바로 오는 생략 문자나 문자열을 지정할 때 사용한다.
suffix	매핑 구문 맨 뒤에 추가되는 문자나 문자열을 지정할 때 사용한다.
suffixOverrides	매핑 구문 맨 뒤에 추가한 suffix 속성 값 앞에 바로 오는 생략 문자나 문자열을 지정할 때 사용한다.

앞서 WHERE 절을 동적으로 추가할 때 <where> 구성 요소를 사용한 것처럼 SET 절을 추가하기 위해서 다음과 같이 <set> 구성 요소를 지정해 보자.

<set />

다음과 같이 <if> 구성 요소나 <choose> 구성 요소는 <set> 구성 요소 사이에 여러 번 지정할 수 있다. <set> 구성 요소 사이에 공란을 제외한 문자나 문자열이 동적으로 추가되면, 매핑 구문에 SET 문자열이 자동으로 추가된다.

```
<set>
    <if test="shopName != null and shopName != ''">
        SET SHOP_NAME = #{shopName},
    </if>
    <if test="shopStatus != null and shopStatus != ''">
        SET SHOP_STATUS = #{shopStatus},
    </if>
</set>
```

위와 같이 정의된 매핑 구문을 그대로 실행하면, <if> 구성 요소 사이에 정의한 SET 문자열 앞에 추가로 SET 문자열이 붙기 때문에 SQL 문법 에러가 발생한다. 따라서 <if> 구성 요소 사이에 정의한 SET 문자열을 모두 제거한다. 그런 다음 각 매핑 구문 맨 뒤에 , 기호를 추가한다.

```
<set>
    <if test="shopName != null and shopName != ''">
        SET SHOP_NAME = #{shopName},
    </if>
    <if test="shopStatus != null and shopStatus != ''">
        SET SHOP_STATUS = #{shopStatus},
    </if>
</set>
```

<set> 구성 요소는 <select>, <insert>, <selectKey>, <update>, <delete>, <sql>, <trim>, <where>, <foreach>, <choose>, <when>, <otherwise>, <if> 구성

요소에 하위 구성 요소로 지정할 수 있다.

```
<update id="update" parameterType="java.util.HashMap">
    UPDATE SHOP
    <set>
        <if test="shopName != null and shopName != ''">
            SHOP_NAME = #{shopName},
        </if>
        <if test="shopStatus != null and shopStatus != ''">
            SHOP_STATUS = #{shopStatus},
        </if>
    </set>
    WHERE SHOP_NO = #{shopNo}
</update>
```

위와 같이 정의된 수정 매핑 구문에 shopName 프로퍼티 값, shopStatus 프로퍼티 값, shopNo 프로퍼티 값을 파라미터로 전달한 다음 실행하면, 다음과 같이 로그가 출력된다.

```
DEBUG [main] - ==> Preparing: UPDATE SHOP SET SHOP_NAME = ?, SHOP_STATUS = ?
             WHERE SHOP_NO = ?
DEBUG [main] - ==> Parameters: Toy Store(String), N(String), 1(Integer)
DEBUG [main] - <== Updates: 1
```

출력된 로그를 자세히 살펴보면, 다음과 같이 수정 매핑 구문에 SET 문자열이 추가된 다음 맨 뒤에 오는 , 기호가 생략된 것을 볼 수 있다.

```
UPDATE SHOP
SET SHOP_NAME = ?, SHOP_STATUS = ?,
WHERE SHOP_NO = ?
```

만약에 , 기호 말고 다른 문자나 문자열을 생략하려면 어떻게 해야 할까? 앞서 살펴본 <trim> 구성 요소를 사용하면, 사용자가 원하는 문자나 문자열을 명시적으로 생략할 수 있다. 다음과 같이 <trim> 구성 요소에 prefix 속성을 추가한 다음 속성 값에 SET 문자열을 지정한다.

```
<trim prefix="SET" />
```

다음과 같이 <if> 구성 요소나 <choose> 구성 요소는 <trim> 구성 요소 사이에 여러 번 지정할 수 있다. <trim> 구성 요소 사이에 공란을 제외한 문자나 문자열이 동적으로 추가되면, prefix 속성 값에 지정한 SET 문자열이 매핑 구문에 자동으로 추가된다.

```
<trim prefix="SET">
    <if test="shopName != null and shopName != ''">
        SHOP_NAME = #{shopName},
    </if>
    <if test="shopStatus != null and shopStatus != ''">
        SHOP_STATUS = #{shopStatus},
    </if>
</trim>
```

위와 같이 정의된 매핑 구문을 그대로 실행하면, <if> 구성 요소 사이에 정의한 매핑 구문 맨 뒤에 추가로 , 기호가 붙기 때문에 SQL 문법 에러가 발생한다. 따라서 매핑 구문 맨 뒤에 오는 , 기호를 명시적으로 생략할 필요가 있다. <trim> 구성 요소에 suffixOverrides 속성을 추가한 다음 속성 값에 생략하려는 문자나 문자열을 지정한다. 생략 문자나 문자열은 | 기호를 사용해서 여러 개 지정할 수 있다. 예를 들어 , 기호를 생략 문자로 지정하면 다음과 같다.

```
<trim prefix="SET" suffixOverrides=",">
    <if test="shopName != null and shopName != ''">
        SHOP_NAME = #{shopName},
    </if>
    <if test="shopStatus != null and shopStatus != ''">
        SHOP_STATUS = #{shopStatus},
    </if>
</trim>
```

<trim> 구성 요소는 <select>, <insert>, <selectKey>, <update>, <delete>, <sql>, <where>, <set>, <foreach>, <choose>, <when>, <otherwise>, <if> 구성 요소에 하위 구성 요소로 지정할 수 있다.

```
<update id="update" parameterType="java.util.HashMap">
    UPDATE SHOP
    <trim prefix="SET" suffixOverrides=",">
        <if test="shopName != null and shopName != ''">
            SHOP_NAME = #{shopName},
        </if>
        <if test="shopStatus != null and shopStatus != ''">
            SHOP_STATUS = #{shopStatus},
        </if>
    </trim>
    WHERE SHOP_NO = #{shopNo}
</update>
```

위와 같이 정의된 수정 매핑 구문에 shopName 프로퍼티 값, shopStatus 프로퍼티 값, shopNo 프로퍼티 값을 파라미터로 전달한 다음 실행하면, 다음과 같이 로그가 출력된다.

```
DEBUG [main] - ==> Preparing: UPDATE SHOP SET SHOP_NAME = ?, SHOP_STATUS = ?
             WHERE SHOP_NO = ?
DEBUG [main] - ==> Parameters: Toy Store(String), N(String), 1(Integer)
DEBUG [main] - <== Updates: 1
```

출력된 로그를 자세히 살펴보면, 다음과 같이 수정 매핑 구문에 SET 문자열이 추가된 다음 매핑 구문 맨 뒤에 오는 , 기호가 생략된 것을 볼 수 있다.

```
UPDATE SHOP
SET SHOP_NAME = ?, SHOP_STATUS = ?,
WHERE SHOP_NO = ?
```

알/아/두/기

<trim> 구성 요소에 prefixOverrides 속성 값이나 suffixOverrides 속성 값을 지정할 때 생략 문자열과 | 기호 사이에 공란을 두지 않도록 주의해야 한다. 다음과 같이 속성 값에 공란을 포함한 AND | OR 문자열을 지정하면, | 기호를 기준으로 AND, OR 문자열로 분리된다. 이때 공란이 제거되지 않아 지정한 문자열이 정상적으로 생략되지 않는 문제가 발생한다.

```
<trim prefix="WHERE" prefixOverrides="AND | OR">
    <if test="shopNo > 0">
        AND SHOP_NO = #{shopNo}
    </if>
    <if test="shopStatus != null and shopStatus != ''">
        AND SHOP_STATUS = #{shopStatus}
    </if>
</trim>
```

예를 들어 WHERE 절 뒤에 AND 문자열로 시작되면, 생략 문자열(AND)과 일치하므로 제거된다. 반면에 공백을 포함한 OR 문자열로 시작되면, 제거 문자열(OR)과 일치하지 않는다. 따라서 생략되지 않고 SQL 문법 에러가 발생한다.

생략 문자열: 'AND'
동적 매핑 구문: `WHEREAND SHOP_NO = 1` (생략 문자열과 일치)
실행 매핑 구문: `WHERE SHOP_NO = 1` (정상 실행)

생략 문자열: 'OR'
동적 매핑 구문: `WHEREOR SHOP_STATUS = 'Y'` (생략 문자열과 불일치)
실행 매핑 구문: `WHEREOR SHOP_STATUS = 'Y'` (에러 발생)

마이바티스 라이브러리에 포함된 소스 코드 중 org.apache.ibatis.builder.xml.dynamic.TrimSqlNode 클래스를 살펴보면, 생략 문자열에 대한 자세한 내용을 확인할 수 있다.

5.4.4 반복 구성 요소 〈foreach〉

마이바티스 매퍼 XML 파일에 매핑 구문을 정의할 때 반복 구성 요소를 사용하면, 전달한 파라미터에 따라 매핑 구문을 반복적으로 추가할 수 있다. 주로 오라클 데이터베이스에서 IN 절을 지정할 때 사용한다.

```
SQL> SELECT SHOP_NO, SHOP_NAME, SHOP_LOCATION, SHOP_STATUS
     FROM SHOP
     WHERE SHOP_NO = ? AND SHOP_STATUS IN (?, ?)
```

다음과 같이 반복 구성 요소는 <foreach> 구성 요소를 사용해서 지정한다.

```
<foreach />
```

매핑 구문에 반복되는 문자나 문자열을 지정할 때 컬렉션 타입의 파라미터 객체를 사용한다. <foreach> 구성 요소에 컬렉션 타입의 파라미터 객체를 지정하려면, 다음과 같이 collection 속성을 추가한 다음 속성 값에 컬렉션 타입의 프로퍼티명을 지정한다.

```
<foreach collection="shopStatuses" />
```

위와 같이 <foreach> 구성 요소에 전달한 파라미터 객체는 Iterable 타입의 객체로 마이바티스 내부에 등록된다. Iterable 타입의 객체에 등록된 개별 객체에 접근하기 위해서는 아이템 속성을 지정해야 한다. 다음과 같이 <foreach> 구성 요소에 item 속성을 추가한 다음 속성 값에 개별 객체 접근 시 사용하려는 프로퍼티명을 지정한다.

```
<foreach collection="shopStatuses" item="shopStatus">
    #{shopStatus}
</foreach>
```

알/아/두/기

〈foreach〉 구성 요소는 인덱스를 내부적으로 사용할 수 있다. 다음과 같이 〈foreach〉 구성 요소에 index 속성을 추가한 다음 속성 값에 인덱스명을 지정한다. 동적 매핑 구문에서 인덱스를 사용하려면, 인라인 파라미터 표기 형식 중 $ 기호를 사용해서 지정한다.

```
<foreach collection="shopStatuses" item="shopStatus" index="count">
    ${count}
</foreach>
```

<foreach> 구성 요소를 사용할 때 매핑 구문 맨 앞과 뒤, 그리고 반복 문자열 사이에 사용자가 원하는 문자나 문자열을 추가할 수 있다. 다음과 같이 <foreach> 구성 요소에 open 속성, close 속성, separator 속성을 추가한 다음 속성 값에 원하는 문자나 문자열을 지정한다. 예를 들어 AND SHOP_STATUS IN (?, ?) 형태의 문자열을 만들려면, 우선 open 속성 값에 AND SHOP_STATUS IN(문자열을 지정한 다음 close 속성 값에) 문자열을 지정한다. 그리고 separator 속성 값에 반복되는 , 기호를 지정한다.

```
<foreach collection="shopStatuses" item="shopStatus" index="count"
        open="AND SHOP_STATUS IN (" separator="," close=")">
    #{shopStatus}
</foreach>
```

open 속성 값에 AND 문자열을 추가한 이유는 <foreach> 구성 요소를 단독으로 사용하지 않기 때문이다. 주로 <foreach> 구성 요소는 <where> 구성 요소에 하위 구성 요소로 사용한다. 따라서 매핑 구문에 <foreach> 구성 요소의 문자열이 추가될 때 WHERE 문자열 뒤에 바로 오는 AND 문자열이 생략된다. 이를 염두해 두고 AND 문자열을 지정한 것이다.

```
open="AND SHOP_STATUS IN ("
```

<foreach> 구성 요소는 <select>, <insert>, <selectKey>, <update>, <delete>, <sql>, <trim>, <where>, <set>, <choose>, <when>, <otherwise>, <if> 구성 요소에 하위 구성 요소로 지정할 수 있다.

```
<select id="select" parameterType="java.util.HashMap"
        resultType="java.util.HashMap">
    SELECT SHOP_NO, SHOP_NAME, SHOP_LOCATION, SHOP_STATUS
    FROM SHOP
    <where>
        <if test="shopNo > 0">
            AND SHOP_NO = #{shopNo}
        </if>
        <foreach collection="shopStatuses" item="shopStatus" index="count"
                open="AND SHOP_STATUS IN (" separator="," close=")">
            #{shopStatus}
        </foreach>
    </where>
</select>
```

위와 같이 정의된 조회 매핑 구문에 shopNo 프로퍼티 값과 shopStatus 프로퍼티 값을 파라미터로 전달한 다음 실행하면, 다음과 같이 로그가 출력된다.

```
DEBUG [main] - ==> Preparing: SELECT SHOP_NO, SHOP_NAME, SHOP_LOCATION,
             SHOP_STATUS FROM SHOP
             WHERE SHOP_NO = ? AND SHOP_STATUS IN ( ? , ? )
DEBUG [main] - ==> Parameters: 1(Integer), N(String), Y(String)
```

출력된 로그를 자세히 살펴보면, 다음과 같이 조회 매핑 구문 맨 앞과 맨 뒤에 AND SHOP_STATUS IN 문자열이 추가되고, 매개 변수 뒤에 , 기호가 추가된 것을 알 수 있다. 이때 WHERE 문자열 바로 뒤에 오는 AND 문자열은 생략된다.

```
SELECT SHOP_NO, SHOP_NAME, SHOP_LOCATION, SHOP_STATUS
FROM SHOP
WHERE
```

```
AND SHOP_NO = ?
AND SHOP_STATUS IN (?, ?)
```

<foreach> 구성 요소에 지정 가능한 속성을 정리하면, 표 5.16과 같다.

표 5.16 〈foreach〉 구성 요소에 지정 가능한 속성

속성	설명
*collection	컬렉션 타입의 파라미터 객체를 지정할 때 사용한다.
close	매핑 구문 맨 뒤에 추가되는 문자나 문자열을 지정할 때 사용한다.
index	〈foreach〉 구성 요소에 정의한 내부 변수이다. 속성 값에 사용자가 원하는 프로퍼티명을 지정하면, 지정한 프로퍼티명을 통해서 인덱스를 사용할 수 있다. 인덱스는 0부터 시작한다.
item	컬렉션 타입의 파라미터 객체에 등록된 Iterable 타입의 객체에 접근할 수 있도록 〈foreach〉 구성 요소에 정의한 내부 변수다. 속성 값에 프로퍼티명을 지정하면, 해당 프로퍼티명을 통해서 개별 Iterable 타입의 객체에 접근할 수 있다.
open	매핑 구문 맨 앞에 추가되는 문자나 문자열을 지정할 때 사용한다.
separator	매핑 구문 사이에 반복해서 추가되는 문자나 문자열을 지정할 때 사용한다.

1. 애스터리스크(*)를 표기한 속성은 필수 속성이므로 반드시 지정해야 한다.

알/아/두/기

마이바티스 라이브러리 3.2.8 이전 버전을 사용할 때 〈foreach〉 구성 요소의 collection 속성 값에 전달된 파라미터 객체가 널이면, 다음과 같이 에러가 발생한다.

```
### Error querying database.Cause:org.apache.ibatis.builder.
BuilderException : The expression 'shopStatuses' evaluated to a null
value.
```

〈if〉 구성 요소를 사용해서 전달된 파라미터 객체가 널인지 검증하면, 〈foreach〉 구성 요소를 에러 없이 사용할 수 있다. 마이바티스 라이브러리 3.2.8 이상 버전부터는 개선되어 널 검증을 따로 할 필요가 없다.

```
<if test="shopStatuses != null">
    <foreach collection="shopStatuses" item="shopStatus"
```

```
                index="count" open="AND SHOP_STATUS IN (
                " separator="," close=")">
            #{shopStatus}
        </foreach>
    </if>
```

5.5 공통된 매핑 구문을 재사용하기 위한 구성 요소 〈sql〉, 〈include〉

마이바티스 매퍼 XML 파일에 매핑 구문을 정의할 때 동일한 매핑 구문을 반복해서 작성할 수 있다. 다음과 같이 컬럼명이 변경되었을 때 컬럼명을 정의한 모든 매핑 구문을 일일이 수정해야 하기 때문에 매우 번거롭다. 컴포넌트 구성 요소를 사용하면, 중복된 문자열을 따로 정의한 다음 재사용할 수 있다.

```
/* 조회 매핑 구문 */
<select id="select" parameterType="java.util.HashMap"
       resultType="java.util.HashMap">
    SELECT SHOP_NO, SHOP_NAME, SHOP_LOCATION, SHOP_STATUS
    FROM SHOP
    <where>
        <if test="shopNo > 0">SHOP_NO = #{shopNo}</if>
    </where>
</select>

/* 목록 조회 매핑 구문 */
<select id="list" parameterType="java.util.HashMap"
        resultType="java.util.HashMap">
    SELECT SHOP_NO, SHOP_NAME, SHOP_LOCATION, SHOP_STATUS
    FROM SHOP
    <where>
        <if test="shopNo > 0">SHOP_NO = #{shopNo}</if>
    </where>
    ORDER BY SHOP_NO DESC
</select>
```

이와 같이 정의된 두 개의 조회 매핑 구문에서 중복된 문자열을 추출하면 다음과 같다.

```
/* 중복된 문자열 I */
SELECT SHOP_NO, SHOP_NAME, SHOP_LOCATION, SHOP_STATUS
FROM SHOP

/* 중복된 문자열 II */
<where>
    <if test="shopNo > 0">
        SHOP_NO = #{shopNo}
    </if>
</where>
```

추출한 문자열은 콤포넌트 구성 요소를 사용해서 공통 문자열로 정의할 수 있다. 다음과 같이 콤포넌트 구성 요소는 <sql> 구성 요소를 사용해서 지정한다.

```
<sql>
```

앞서 추출한 두 개의 문자열을 <sql> 구성 요소에 옮겨 정의한다. 이때 동적 구성 요소를 함께 사용할 수 있다.

```
/* 컴포넌트 I */
<sql>
    SELECT SHOP_NO, SHOP_NAME, SHOP_LOCATION, SHOP_STATUS
    FROM SHOP
</sql>

/* 컴포넌트 II */
<sql>
    <where>
        <if test="shopNo > 0">
            SHOP_NO = #{shopNo}
        </if>
    </where>
</sql>
```

이와 같이 정의된 <sql> 구성 요소는 컴포넌트 아이디를 사용해서 구분한다. 다음과 같이 컴포넌트 아이디는 <sql> 구성 요소에 id 속성을 추가한 다음 속성 값에 추출한 문자열을 잘 나타낼 수 있는 문자열을 지정한다. 마이바티스 매퍼 XML 파일 내에서 컴포넌트 아이디가 중복되지 않도록 주의해야 한다.

```
/* 컴포넌트 Ⅰ */
<sql id="selectSql">
    SELECT SHOP_NO, SHOP_NAME, SHOP_LOCATION, SHOP_STATUS
    FROM SHOP
</sql>

/* 컴포넌트 Ⅱ */
<sql id="whereSql">
    <where>
        <if test="shopNo > 0">
            SHOP_NO = #{shopNo}
        </if>
    </where>
</sql>
```

<sql> 구성 요소에 정의한 문자열은 어떻게 사용할 수 있을까? 참조 구성 요소를 사용하면, <sql> 구성 요소를 사용할 수 있다. 다음과 같이 참조 구성 요소는 <include> 구성 요소를 사용해서 지정한다.

<include />

<include> 구성 요소에 참조하려는 <sql> 구성 요소를 지정하려면, 다음과 같이 refid 속성을 추가한 다음 속성 값에 컴포넌트 아이디를 지정한다.

```
<include refid="selectSql" />
```

<include> 구성 요소는 <select>, <insert>, <selectKey>, <update>, <delete>, <sql>, <trim>, <where>, <set>, <foreach>, <choose>, <when>, <otherwise>, <if> 구성 요소에 하위 구성 요소로 지정할 수 있다.

```
<select id="select" parameterType="java.util.HashMap"
        resultType="java.util.HashMap">
    <include refid="selectSql" />
    <include refid="whereSql" />
</select>
```

예를 들어 앞서 정의한 조회 매핑 구문과 목록 조회 매핑 구문에 <include> 속성을 지정하면, 다음과 같이 매핑 구문이 훨씬 간결해지는 것을 볼 수 있다.

```
/* 조회 매핑 구문 */
<select id="select" parameterType="java.util.HashMap"
        resultType="java.util.HashMap">
    <include refid="selectSql" />
    <include refid="whereSql" />
</select>

/* 목록 조회 매핑 구문 */
<select id="list" parameterType="java.util.HashMap"
        resultType="java.util.HashMap">
    <include refid="selectSql" />
    <include refid="whereSql" />
    ORDER BY SHOP_NO DESC
</select>
```

<include> 구성 요소는 서로 다른 마이바티스 매퍼 XML 파일에 정의한 <sql> 구성 요소를 사용할 수 있다. 서로 다른 마이바티스 매퍼 XML 파일에 정의한 <sql> 구성 요소를 사용하려면, 다음과 같이 컴포넌트 아이디 앞에 네임스페이스를 함께 지정한다.

```
<select id="select" parameterType="java.util.HashMap"
        resultType="java.util.HashMap">
    <include refid="org.mybatis.persistence.ShopMapper.selectSql" />
    <include refid="org.mybatis.persistence.ShopMapper.whereSql" />
</select>
```

<sql> 구성 요소에 지정 가능한 속성을 정리하면, 표 5.17과 같다.

표 5.17 <sql> 구성 요소에 지정 가능한 속성

속성	설명
databaseId	데이터베이스 아이디 프로바이더에 정의한 데이베이스 제품명을 지정할 때 사용한다.
*id	컴포넌트 아이디를 지정할 때 사용한다.
lang	언어 드라이버를 지정할 때 사용한다. 속성 값에 XML, RAW를 지정할 수 있으며 기본 값은 XML이다.

1. 애스터리스크(*)를 표기한 속성은 필수 속성이므로 반드시 지정해야 한다.

5.6 성능 향상과 관련된 구성 요소 <cache>, <cache-ref>

마이바티스는 애플리케이션과 데이터베이스 사이에 트래픽을 줄일 수 있도록 캐시를 제공한다. 캐시는 데이터베이스로부터 가져온 정보를 저장한 다음 동일한 정보를 다시 요청한다고 판단하면, 캐시에 저장된 정보를 반환한다. 마이바티스 캐시를 사용하면 애플리케이션 성능 향상을 기대할 수 있다. 마이바티스는 동일 세션 범위에서 캐시가 유지되는 로컬 세션 캐시를 제공한다. 캐시 구성 요소를 지정하면, 마이바티스 캐시를 활성화할 수 있다. 다음과 같이 캐시 구성 요소는 <cache> 구성 요소를 사용해서 지정한다.

```
<cache />
```

위와 같이 <cache> 구성 요소를 지정하면, 다음과 같이 기본 캐싱 정책을 따른다.

- **조회 매핑 구문을 실행할 때 결과를 캐싱한다.**
- **등록, 수정, 삭제 매핑 구문을 실행할 때 결과를 캐싱하지 않고 삭제한다.**
- **캐시 알고리즘으로 LRU를 사용한다.**
- **캐시 사이즈는 1,024개를 사용한다.**
- **캐시에 읽고, 쓰기가 모두 가능하다.**

마이바티스의 기본 캐싱 정책을 변경할 필요가 있다면, <cache> 구성 요소에 변경하려는 속성명을 지정한 다음 속성 값을 지정한다. 예를 들어 캐시 알고리즘과 캐싱 객체의 최대 개수를 FIFO와 120개로 변경하면 다음과 같다.

```
<cache eviction="FIFO" size="120" />
```

<cache> 구성 요소에 지정 가능한 속성을 정리하면, 표 5.18과 같다.

표 5.18 〈cache〉 구성 요소에 지정 가능한 속성

속성	설명
eviction	캐시 알고리즘을 지정할 때 사용한다. 속성 값에 LRU, FIFO, SOFT, WEAK를 지정할 수 있으며, 기본 값은 LRU다. 참고) ※ LRU(Least Recently Used): 오랜 시간 동안 사용하지 않는 캐시 객체를 제거한다. ※ FIFO(First In First Out): 먼저 생성된 캐시 객체를 제거한다. ※ SOFT(Soft Reference): 가비지 컬렉터의 상태와 부드러운 참조를 기준으로 캐시 객체를 제거한다. ※ WEAK(Weak Reference): 가비지 컬렉터의 상태와 약한 참조를 기준으로 캐시 객체를 제거한다.
flushInterval	캐시 객체의 삭제 시간을 지정할 때 사용한다. 속성 값에 지정하는 단위는 밀리세컨드(ms)를 사용하고 기본 값은 0이다.
readOnly	캐시 객체의 읽기 및 쓰기 여부를 지정할 때 사용한다. 속성 값에 true, false를 지정할 수 있으며, 기본 값은 false다. 조회만 처리할 때 속성 값을 true로 변경하면 속도를 개선할 수 있다.
size	캐시 객체의 최대 개수를 지정할 때 사용한다. 기본 값은 1,024개다.
type	캐시 구현체를 지정할 때 사용한다. 기본 값은 PERPETUAL이다.

1. @Cache 애노테이션을 사용할 때 〈cache〉 구성 요소와 기본 값이 다를 수 있다. 마이바티스 라이브러리 버전마다 기본 값을 확인한 다음 사용한다.

마이바티스 캐시는 마이바티스 매퍼 XML 파일의 네임스페이스를 기준으로 캐싱된다. 만일 서로 다른 마이바티스 매퍼 XML 파일에 지정된 캐시 영역을 참조할 때 캐시 참조 구성 요소를 사용한다. 다음과 같이 캐시 참조 구성 요소는 <cache-ref> 구성 요소를 사용해서 지정한다.

<cache-ref />

다음과 같이 <cache-ref> 구성 요소에 namespace 속성을 추가한 다음 속성 값에 네임스페이스를 지정한다. 그러면 서로 다른 마이바티스 매퍼 XML 파일의 캐시 영역을 참조할 수 있다.

```
<cache-ref namespace="org.mybatis.persistence.ToyMapper" />
```

마이바티스에 제공하는 기본 캐시를 사용했을 때 사용자가 원하는 성능 향상을 얻을 수 없다면, 다음과 같이 org.apache.ibatis.cache.Cache 인터페이스를 구현한 캐시 클래스를 직접 작성한 다음 등록할 수 있다.

```
public interface Cache {
    String getId();
    int getSize();
    void putObject(Object key, Object value);
    Object getObject(Object key);
    Object removeObject(Object key);
    void clear();
    ReadWriteLock getReadWriteLock();
}
```

마이바티스 매퍼 XML 파일에 사용자가 작성한 캐시 클래스를 지정하려면, 다음과 같이 <cache> 구성 요소에 type 속성을 추가한 다음 속성 값에 캐시 클래스를 지정한다. 이때 클래스명 앞에 패키지 경로를 함께 지정한다.

```
<cache type="org.mybatis.custom.CustomCache" />
```

일반적으로 사용자가 캐시 클래스를 직접 작성하지 않는다. 마이바티스 캐시 정책에 대한 별다른 이해 없이 사용자가 캐시 클래스를 작성하면, 오히려 애플리케이션의 성능 저하를 가져올 수 있다. 물론 획기적인 성능 향상을 꾀할 수도 있지만 사용자가 원하는 결과를 얻기까지 많은 시간과 노력이 들어간다. 따라서 안 정적이고 성능이 검증된 서드파티Third Party 캐시 제품을 사용하도록 권장한다. 마이바티스는 널리 알려진 서드파티 캐시 제품을 쉽게 연동할 수 있는 서드파티 캐시 연동 라이브러리(자세한 내용은 부록 D 참조)를 제공한다.

5.7 정리

5장에서는 마이바티스 매핑 구문을 정의하는 방식 중 마이바티스 매퍼 XML 파일에 매핑 구문을 작성하는 방식을 기준으로 자세히 살펴보았다. 마이바티스 매퍼 XML 파일 작성에 사용하는 구성 요소와 속성을 명확히 이해할 수 있었다. 6장에서는 다양한 마이바티스 객체를 살펴본 다음 객체 사용법을 알아보자.

6장

마이바티스 객체

5장에서는 마이바티스 매핑 구문 정의에 필요한 구성 요소와 속성을 알아보았다. 6장에서는 마이바티스 프로그래밍에서 사용하는 다양한 마이바티스 객체와 사용법을 설명하겠다. 6.1절에서는 마이바티스 프로그래밍에서 자주 사용하는 객체의 생성 관계를 알아보고, 6.2절에서는 매핑 구문 실행에 사용하는 객체를 살펴보자. 6.3절에서는 애노테이션을 사용해서 매퍼 인터페이스에 매핑 구문을 정의하는 방법을 안내한다. 6.4절과 6.5절에서는 동적 매핑 구문 생성에 필요한 객체와 쿼리문 직접 실행에 사용하는 객체를 살펴보자. 이번 장을 통해 마이바티스에서 제공하는 객체를 정확히 이해하고 올바르게 사용할 수 있다.

6.1 마이바티스 객체의 개요

마이바티스 프로그래밍에서 자주 사용하는 객체는 SqlSession 객체다. 그림 6.1과 같이 SqlSession 객체는 Configuration 클래스 타입의 프로퍼티를 포함하고 있다. Configuration 객체는 데이터 소스 객체와 트랜잭션 관리 객체를 포함하고 있는 Environment 객체를 가진다. 그러므로 SqlSession 객체를 사용하면, 데이터 소스와 트랜잭션을 관리하고 매핑 구문을 실행할 수 있다.

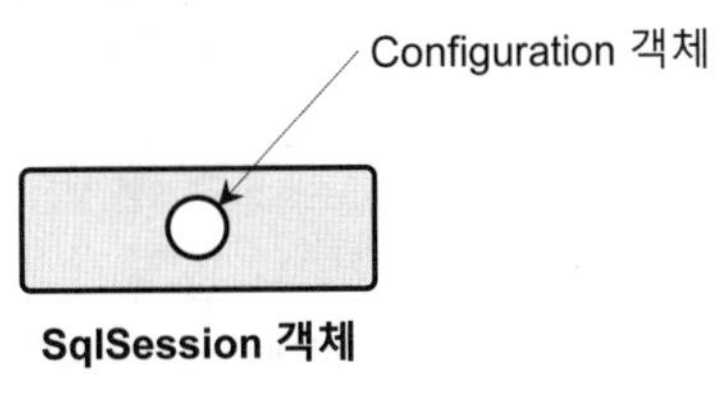

그림 6.1 SqlSession 객체

마이바티스 프로그래밍에서 가장 쓰임이 많은 SqlSession 객체는 어떻게 생성할 수 있을까? 그림 6.2와 같이 SqlSession 객체는 SqlSessionFactory 객체를 사용해서 생성할 수 있다.

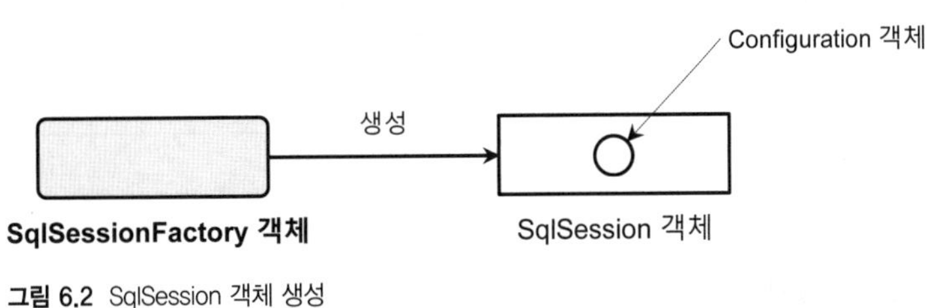

그림 6.2 SqlSession 객체 생성

다음과 같이 SqlSessionFactory 객체에 정의된 openSession() 메소드를 호출하면, 생성된 SqlSession 타입의 객체를 반환받을 수 있다.

```
// SqlSession 객체 생성
SqlSession sqlSession = sqlSessionFactory.openSession();
```

SqlSessionFactory 객체는 openSession() 메소드뿐만 아니라 좀 더 다양한 메소드가 정의되어 있다. SqlSessionFactory 객체에 정의된 메소드를 정리하면, 표 6.1과 같다.

표 6.1 SqlSessionFactory 객체에 정의된 메소드

메소드명	설명
openSession()	SqlSession 객체를 생성한다.
openSession(boolean)	SqlSession 객체를 생성한다. 강제 커밋 여부를 인자로 사용한다. 인자 값이 true인 경우 강제 커밋된다. 기본 값은 false다.
openSession(Connection)	SqlSession 객체를 생성한다. Connection 객체를 인자로 사용한다.
openSession(ExecutorType)	SqlSession 객체를 생성한다. 실행 타입을 인자로 사용한다.
openSession(ExecutorType, boolean)	SqlSession 객체를 생성한다. 실행 타입과 강제 커밋 여부를 인자로 사용한다.
openSession(ExecutorType, Connection)	SqlSession 객체를 생성한다. 실행 타입과 Connection 객체를 인자로 사용한다.
openSession(ExecutorType, TransactionIsolationLevel)	SqlSession 객체를 생성한다. 실행 타입과 트랜잭션의 격리 레벨을 인자로 사용한다.
openSession(TransactionIsolationLevel)	SqlSession 객체를 생성한다. 트랜잭션 격리 레벨을 인자로 사용한다.
getConfiguration()	Configuration 객체를 반환한다.

그림 6.3과 같이 SqlSessionFactory 객체는 SqlSessionFactoryBuilder 객체를 사용해서 생성할 수 있다.

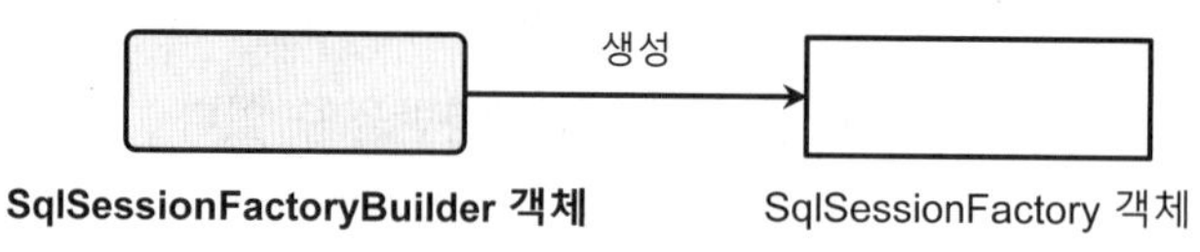

그림 6.3 SqlSessionFactory 객체 생성

SqlSessionFactoryBuilder 객체에 정의된 build() 메소드를 호출하면, 생성된 SqlSessionFactory 객체를 반환받을 수 있다.

```
// SqlSessionFactory 객체 생성
SqlSessionFactory SqlSessionFactory =
    sqlSessionFactoryBuilder.build(resource);
```

그림 6.4와 같이 SqlSessionFactoryBuilder 객체에 정의된 build() 메소드는 마이바티스 설정 XML 파일 또는 Configuration 객체를 인자로 사용한다. 전달한 인자에 따라 SqlSessionFactoryBuilder 객체가 SqlSessionFactory 객체를 어떻게 생성하는지 과정을 살펴보자.

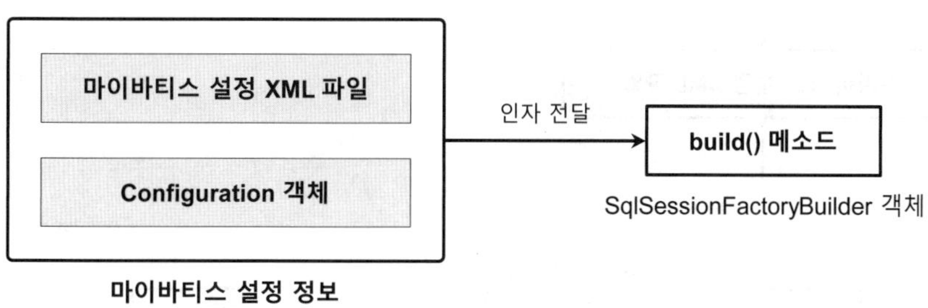

그림 6.4 SqlSessionFactoryBuilder 객체에 인자로 전달한 마이바티스 설정 정보

첫 번째 SqlSessionFactoryBuilder 객체의 build() 메소드를 호출할 때 마이바티스 설정 XML 파일을 인자로 사용하면, 다음과 같이 생성된 SqlSessionFactory 객체를 반환받을 수 있다.

```
// 마이바티스 설정 XML 파일 경로
String resource = "resources/mybatis/config-mybatis.xml";
Reader reader = Resources.getResourceAsReader(resource);

// SqlSessionFactory 객체 생성
SqlSessionFactory sqlSessionFactory =
    new SqlSessionFactoryBuilder().build(reader);
```

위와 같이 인자로 전달한 마이바티스 설정 XML 파일은 XMLConfigBuilder 객체와 XMLMapperBuilder 객체를 통해서 파싱된다. XMLConfigBuilder 객체는 마이바티스 설정 XML 파일에 작성한 내용을 파싱하고, XMLMapperBuilder 객체는 마이바티스 매퍼 XML 파일에 작성한 내용을 파싱한다. 파싱된 세부 정보는 Configuration 객체에 차곡차곡 등록된 다음 SqlSessionFactory 객체에 전달된다. 이 과정을 도식화하면, 그림 6.5와 같다.

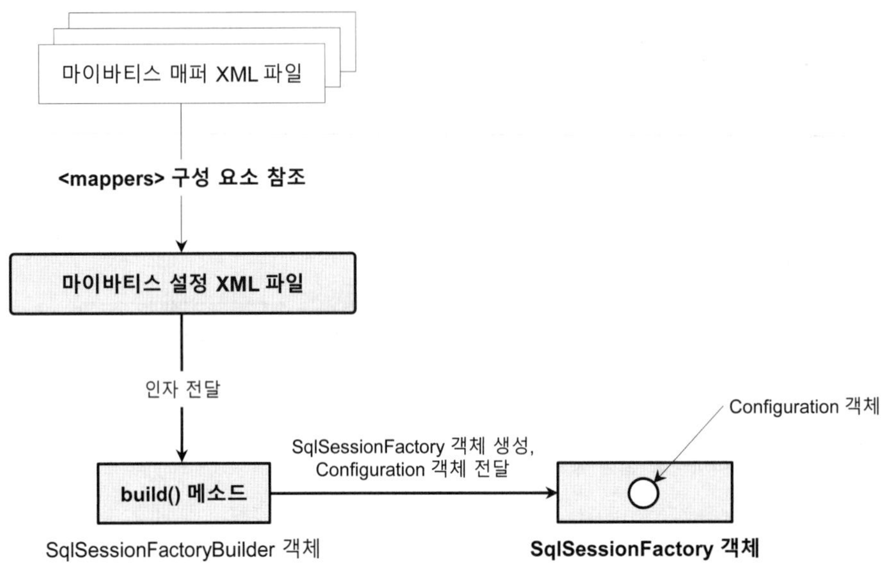

그림 6.5 마이바티스 매퍼 XML 파일을 사용한 SqlSessionFactory 객체 생성

두 번째 SqlSessionFactoryBuilder 객체의 build() 메소드를 호출할 때 Configuration 객체를 인자로 사용하면, 다음과 같이 생성된 SqlSessionFactory 객체를 반환받을 수 있다.

```
// Configuration 객체 생성
Configuration configuration = new Configuration(environment);
configuration.addMapper(ShopMapper.class);

// SqlSessionFactory 객체 생성
SqlSessionFactory sqlSessionFactory =
    new SqlSessionFactoryBuilder().build(configuration);
```

위와 같이 인자로 전달한 Configuration 객체에 매퍼 인터페이스를 등록할 때 addMapper() 메소드를 사용한다. addMapper() 메소드를 통해서 호출된

loadXmlResource() 메소드는 매퍼 인터페이스에 매핑되는 마이바티스 매퍼 XML 파일을 찾아 반환한다. 반환된 마이바티스 매퍼 XML 파일의 매핑 구문은 XMLMapperBuilder 객체를 통해서 파싱된 다음 매퍼 인터페이스의 메소드에 바인딩된다. 이 과정을 도식화하면, 그림 6.6과 같다.

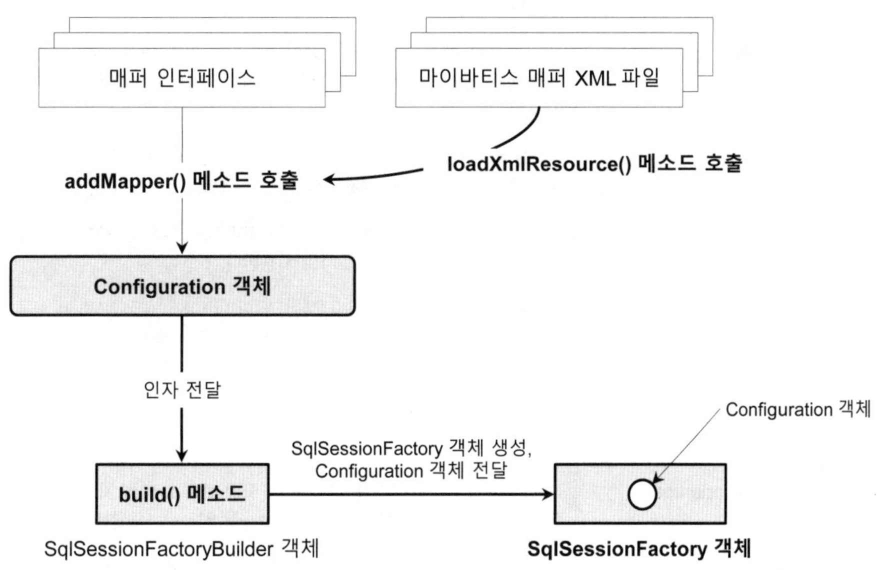

그림 6.6 Configuration 객체를 사용한 SqlSessionFactory 객체 생성

알/아/두/기

마이바티스 매퍼 XML 파일뿐만 아니라 매퍼 인터페이스에 매핑 구문을 중복해서 정의하면 에러가 발생한다. 반드시 마이바티스 매퍼 XML 파일 또는 매퍼 인터페이스 중 한 곳에만 매핑 구문을 정의한다.

SqlSessionFactoryBuilder 객체는 마이바티스 설정 XML 파일이나 Configuration 객체뿐만 아니라 다양한 인자를 사용해서 SqlSessionFactory 객체를 생성할 수 있다. SqlSessionFactoryBuilder 객체에 정의된 메소드를 정리하면, 표 6.2와 같다.

표 6.2 SqlSessionFactoryBuilder 객체에 정의된 build() 메소드

메소드명	설명
build(InputStream)	SqlSessionFactory 객체를 생성한다. 마이바티스 설정 XML 파일을 읽어들인 InputStream 객체를 인자로 사용한다.
build(InputStream, String)	SqlSessionFactory 객체를 생성한 다음 반환한다. 마이바티스 설정 XML 파일을 읽어들인 InputStream 객체, 환경 아이디를 인자로 사용한다.
build(InputStream, String, Properties)	SqlSessionFactory 객체를 생성한다. 마이바티스 설정 XML 파일을 읽어들인 InputStream 객체, 환경 아이디, Properties 객체를 인자로 사용한다.
build(InputStream, Properties)	SqlSessionFactory 객체를 생성한다. 마이바티스 설정 XML 파일을 읽어들인 InputStream 객체, Properties 객체를 인자로 사용한다.
build(Reader)	SqlSessionFactory 객체를 생성한다. 마이바티스 설정 XML 파일을 읽어들인 Reader 객체를 인자로 사용한다.
build(Reader, String)	SqlSessionFactory 객체를 생성한다. 마이바티스 설정 XML 파일을 읽어들인 Reader 객체, 환경 아이디를 인자로 사용한다.
build(Reader, String, Properties)	SqlSessionFactory 객체를 생성한다. 마이바티스 설정 XML 파일을 읽어들인 Reader 객체, 환경 아이디, Properties 객체를 인자로 사용한다.
build(Reader, Properties)	SqlSessionFactory 객체를 생성한다. 마이바티스 설정 XML 파일을 읽어들인 Reader 객체, Properties 객체를 인자로 사용한다.
build(Configuration)	SqlSessionFactory 객체를 생성한다. Configuration 객체를 인자로 사용한다.

그림 6.7과 같이 SqlSessionFactoryBuilder 객체를 통해서 SqlSessionFactory 객체에 전달한 Configuration 객체는 다시 SqlSession 객체에 전달된다. 이처럼 SqlSessionFactoryBuilder 객체와 SqlSessionFactory 객체 그리고 SqlSession 객체는 Configuration 객체를 서로 공유한다.

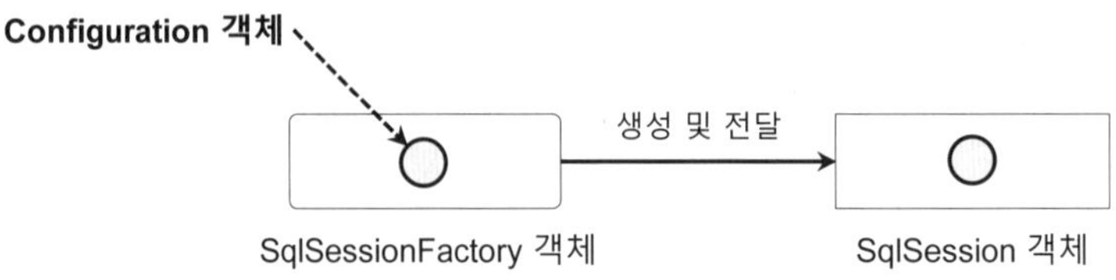

그림 6.7 Configuration 객체 공유

Configuration 객체는 DataSource 객체를 포함한 Environment 객체를 가진다. 하나 이상의 데이터베이스를 사용할 때 Environment 객체 단위로 SqlSessionFactry 객체를 생성한다. 그리고 SqlSessionFactory 단위로 SqlSession 객체를 생성한다.

6.2 매핑 구문 실행에 사용하는 객체

마이바티스 프로그래밍에서 사용하는 매핑 구문은 마이바티스 매퍼 XML 파일이나 매퍼 인터페이스에 정의할 수 있다. 그림 6.8과 같이 매핑 구문을 정의한 위치에 따라 SqlSession 객체 또는 Mapper 객체를 사용해서 매핑 구문을 실행할 수 있다. SqlSession 객체는 마이바티스 매퍼 XML 파일에 정의한 매핑 구문을 실행할 때 사용하고, Mapper 객체는 마이바티스 매퍼 XML 파일 또는 매퍼 인터페이스에 정의한 매핑 구문을 실행할 때 사용한다.

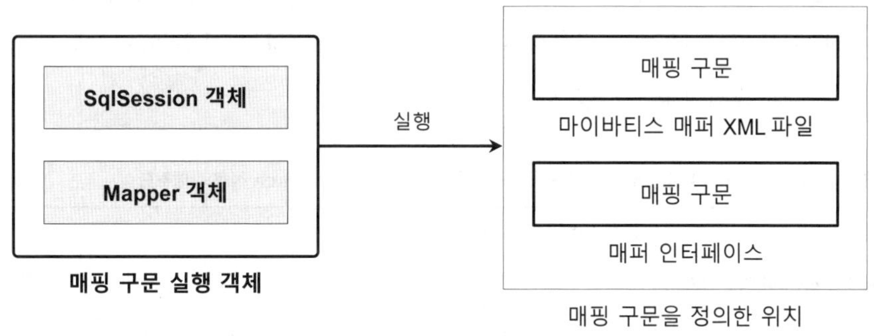

그림 6.8 매핑 구문 실행 객체

매핑 구문 실행 객체인 SqlSession 객체와 Mapper 객체를 어떻게 사용하는지 자세히 알아보자. 그리고 매핑 구문 실행 객체가 매핑 구문을 어떻게 찾아 실행하는지 과정을 살펴보자.

6.2.1 SqlSession 객체

SqlSession 객체를 사용하면, 그림 6.9와 같이 마이바티스 매퍼 XML 파일에 정의한 매핑 구문을 실행할 수 있다. 이뿐만 아니라 매퍼 객체를 획득하거나 트랜잭션을 관리할 수 있다.

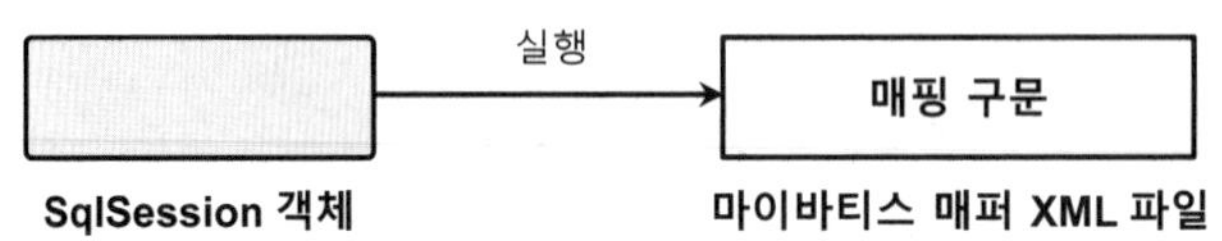

그림 6.9 SqlSession 객체를 사용한 매핑 구문 실행

SqlSession 객체는 매핑 구문을 실행할 때 사용하는 다양한 메소드를 제공한다. 메소드는 매핑 구문 종류, 인자, 반환 결과에 따라 각기 다르게 정의되어 있다. 매핑 구문을 실행할 때 상황에 맞는 메소드를 사용하는 것이 중요하다. 만약에 메소드 선택을 잘못하면 문제를 일으킬 수 있다. 이 책에서는 매핑 구문 종류, 인자, 반환 결과에 따라 사용하는 SqlSession 객체의 메소드를 그룹별로 묶어서 설명한다. 먼저 조회 매핑 구문이 단일 레코드를 반환하는 경우 표 6.3에 정의된 SqlSession 객체의 메소드를 사용한다.

표 6.3 단일 레코드를 반환하는 조회 매핑 구문을 실행할 때 사용하는 SqlSession 객체의 메소드

메소드명	반환 타입	설명
selectOne(String) 〈T〉	T	조회 매핑 구문을 실행한 다음 지정한 타입의 리절트 객체를 반환한다. 조회 매핑 구문 아이디를 인자로 사용한다. 조회 결과가 단일 레코드인 경우 사용하며 조회 결과가 다중 레코드인 경우 예외가 발생한다.
selectOne(String, Object) 〈T〉	T	조회 매핑 구문을 실행한 다음 지정한 타입의 리절트 객체를 반환한다. 조회 매핑 구문 아이디, 파라미터 객체를 인자로 사용한다. 조회 결과가 단일 레코드인 경우 사용하며, 조회 결과가 다중 레코드인 경우 예외가 발생한다.
selectMap(String, String) 〈K, V〉	Map〈K, V〉	조회 매핑 구문을 실행한 다음 Map 타입의 리절트 객체를 반환한다. 인자로 전달한 프로퍼티 키의 값이 리절트 객체의 키로 사용된다. 조회 매핑 구문 아이디, 프로퍼티 키를 인자로 사용한다.

(이어짐)

메소드명	반환 타입	설명
selectMap(String, Object, String) 〈K, V〉	Map〈K, V〉	조회 매핑 구문을 실행한 다음 Map 타입의 리절트 객체를 반환한다. 인자로 전달한 프로퍼티 키의 값이 리절트 객체의 키로 사용된다. 조회 매핑 구문 아이디, 파라미터 객체, 프로퍼티 키를 인자로 사용한다.

예를 들어 마이바티스 매퍼 XML 파일에 정의한 조회 매핑 구문을 실행할 때 단일 레코드를 반환하면, 다음과 같이 조회 매핑 구문 아이디, 파라미터 객체를 인자로 사용하는 selectOne() 메소드를 사용한다.

```
Shop shop = sqlSession.selectOne(
    "org.mybatis.persistence.ShopMapper.select", parameters);
```

조회 매핑 구문이 다중 레코드를 반환하는 경우 표 6.4에 정의된 SqlSession 객체의 메소드를 사용한다.

표 6.4 다중 레코드를 반환하는 조회 매핑 구문을 실행할 때 사용하는 SqlSession 객체의 메소드

메소드명	반환 타입	설명
selectList(String) 〈E〉	List〈E〉	조회 매핑 구문을 실행한 다음 List 타입의 리절트 객체를 반환한다. 조회 매핑 구문 아이디를 인자로 사용한다.
selectList(String, Object) 〈E〉	List〈E〉	조회 매핑 구문을 실행한 다음 List 타입의 리절트 객체를 반환한다. 조회 매핑 구문 아이디, 파라미터 객체를 인자로 사용한다.
*selectCursor(String statement) 〈T〉	Cursor〈T〉	조회 매핑 구문을 실행한 다음 Cursor 타입의 리절트 객체를 반환한다. 조회 매핑 구문 아이디를 인자로 사용한다.
*selectCursor(String statement, Object parameter) 〈T〉	Cursor〈T〉	조회 매핑 구문을 실행한 다음 Cursor 타입의 리절트 객체를 반환한다. 조회 매핑 구문 아이디, 파라미터 객체를 인자로 사용한다.

1. 애스터리스크(*)를 표기한 메소드는 마이바티스 3.4.0 이상 버전부터 사용 가능한 메소드다.

예를 들어 마이바티스 매퍼 XML 파일에 정의한 목록 조회 매핑 구문을 실행할 때 다중 레코드를 반환하면, 다음과 같이 목록 조회 매핑 구문 아이디, 파라미터 객체를 인자로 사용하는 selectList() 메소드를 사용한다.

```
List<Shop> listShop = sqlSession.selectList(
    "org.mybatis.persistence.ShopMapper.list", parameters);
```

목록 조회 매핑 구문 중 반환된 결과의 범위를 지정하거나 변경할 필요가 있다면, 표 6.5에 정의된 SqlSession 객체의 메소드를 사용한다.

표 6.5 결과 범위를 제한하거나 변경하는 조회 매핑 구문을 실행할 때 사용하는 SqlSession 객체의 메소드

메소드명	반환 타입	설명
select(String, ResultHandler)	void	조회 매핑 구문을 실행한 다음 지정한 ResultHandler 객체를 통해서 조회 결과를 반환한다. 조회 매핑 구문 아이디, ResultHandler 객체를 인자로 사용한다.
select(String, Object, ResultHandler)	void	조회 매핑 구문을 실행한 다음 지정한 ResultHandler 객체를 통해서 조회 결과를 반환한다. 조회 매핑 구문 아이디, 파라미터 객체, ResultHandler 객체를 인자로 사용한다.
select(String, Object, RowBounds, ResultHandler)	void	조회 매핑 구문을 실행한 다음 지정한 ResultHandler 객체를 통해서 조회 결과를 반환한다. RowBounds 객체를 사용해서 조회 결과 범위를 지정할 수 있다. 조회 매핑 구문 아이디, 파라미터 객체, RowBounds 객체, ResultHandler 객체를 인자로 사용한다.
selectMap(String, Object, String, RowBounds) 〈K, V〉	Map〈K, V〉	조회 매핑 구문을 실행한 다음 Map 타입의 리절트 객체를 반환한다. RowBounds 객체를 사용해서 조회 결과 범위를 지정할 수 있다. 조회 매핑 구문 아이디, 파라미터 객체, 프로퍼티 키, RowBounds 객체를 인자로 사용한다.
selectList(String, Object, RowBounds) 〈E〉	List〈E〉	조회 매핑 구문을 실행한 다음 List 타입의 리절트 객체를 반환한다. RowBounds 객체를 사용해서 조회 결과 범위를 지정할 수 있다. 조회 매핑 구문 아이디, 파라미터 객체, RowBounds 객체를 인자로 사용한다.
*selectCursor(String statement, Object parameter, RowBounds rowBounds) 〈T〉	Cursor〈T〉	조회 매핑 구문을 실행한 다음 Cursor 타입의 리절트 객체를 반환한다. RowBounds 객체를 사용해서 조회 결과 범위를 지정할 수 있다. 조회 매핑 구문 아이디, 파라미터 객체, RowBounds 객체를 인자로 사용한다.

1. 애스터리스크(*)를 표기한 메소드는 마이바티스 3.4.0 이상 버전부터 사용 가능한 메소드다.

예를 들어 마이바티스 매퍼 XML 파일에 정의한 목록 조회 매핑 구문을 실행할 때 지정한 범위의 다중 레코드를 반환하면, 다음과 같이 조회 매핑 구문 아이디, 파라미터 객체, RowBounds 객체를 인자로 사용하는 selectList() 메소드를 사용한다.

```
List<Shop> listShop = sqlSession.selectList(
    "org.mybatis.persistence.ShopMapper.list", parameters, rowBounds);
```

알/아/두/기

마이바티스에서 제공하는 RowBounds 객체를 사용하면, 반환되는 결과의 범위를 제한할 수 있다. 다음과 같이 RowBounds 객체의 생성자에 시작 위치, 조회 범위를 지정한 다음 조회 매핑 구문에 인자로 전달한다.

```
/* 시작 위치 및 조회 범위 */
int offset = 1;
int limit = 2;
RowBounds rowBounds = new RowBounds(offset, limit);

Shop shop = new Shop();
shop.setShopStatus("Y");

List<Shop> listShop = sqlSession.selectList(
    "org.mybatis.persistence.ShopMapper.list", shop, rowBounds);
```

RowBounds 객체를 사용한다고 성능 향상을 꾀할 수 없다. 위와 같이 작성한 소스 코드를 실행하면, 다음과 같이 조회 결과를 모두 메모리에 가져온 다음 지정한 범위의 결과를 반환하는 것을 볼 수 있다. 최초 의도한 것과 달리 조회 결과가 많은 경우 성능상에 문제를 야기할 수 있다.

```
DEBUG [main] - ==> Preparing: SELECT SHOP_NO, SHOP_NAME, SHOP_LOCATION,
             SHOP_STATUS FROM SHOP WHERE SHOP_STATUS = ?
DEBUG [main] - ==> Parameters: Y(String)
TRACE [main] - <== Columns: SHOP_NO, SHOP_NAME, SHOP_LOCATION,
             SHOP_STATUS
TRACE [main] - <== Row: 1, Toy Store, <<CLOB>>, Y
TRACE [main] - <== Row: 2, Play Store, <<CLOB>>, Y
TRACE [main] - <== Row: 3, Mom Store, <<CLOB>>, Y
```

이와 같은 문제점은 마이바티스 플러그인을 사용해서 적절히 해결할 수 있다. 마이바티스 플러그인을 사용하면, JDBC 드라이버마다 성능 향상을 높일 수 있는 쿼리문을 매핑 구문 앞, 뒤로 덧붙여 실행할 수 있다. 더 자세한 사항은 마이바티스 플러그인과 다음 URL 주소를 참고한다.

https://code.google.com/archive/p/ssmm2/

RowBounds 객체는 JDBC 드라이버에 따라 원하는 결과를 얻지 못할 수 있다. 따라서 RowBounds 객체를 사용하기 전에 성능과 관련된 사항을 검토하고 정상 작동 여부를 확인한다.

SqlSession 객체의 메소드 중 등록 매핑 구문 실행에 사용하는 메소드를 정리하면, 표 6.6과 같다.

표 6.6 등록 매핑 구문을 실행할 때 사용하는 SqlSession 객체의 메소드

메소드명	반환 타입	설명
insert(String)	int	등록 매핑 구문을 실행한 다음 등록된 레코드 개수를 반환한다. 등록 매핑 구문 아이디를 인자로 사용한다.
insert(String, Object)	int	등록 매핑 구문을 실행한 다음 등록된 레코드 개수를 반환한다. 등록 매핑 구문 아이디, 파라미터 객체를 인자로 사용한다.

예를 들어 마이바티스 매퍼 XML 파일에 정의한 등록 매핑 구문을 실행할 때 다음과 같이 등록 매핑 구문 아이디, 파라미터 객체를 인자로 사용하는 insert() 메소드를 사용한다.

```
sqlSession.insert("org.mybatis.persistence.ShopMapper.insert", parameters);
```

SqlSession 객체의 메소드 중 수정 매핑 구문 실행에 사용하는 메소드를 정리하면, 표 6.7과 같다.

표 6.7 수정 매핑 구문을 실행할 때 사용하는 SqlSession 객체의 메소드

메소드명	반환 타입	설명
update(String)	int	수정 매핑 구문을 실행한 다음 수정된 레코드 개수를 반환한다. 수정 매핑 구문 아이디를 인자로 사용한다.
update(String, Object)	int	수정 매핑 구문을 실행한 다음 수정된 레코드 개수를 반환한다. 수정 매핑 구문 아이디, 파라미터 객체를 인자로 사용한다.

예를 들어 마이바티스 매퍼 XML 파일에 정의한 수정 매핑 구문을 실행할 때 다음과 같이 수정 매핑 구문 아이디, 파라미터 객체를 인자로 사용하는 update() 메소드를 사용한다.

```
sqlSession.update("org.mybatis.persistence.ShopMapper.update", parameters);
```

SqlSession 객체의 메소드 중 삭제 매핑 구문 실행에 사용하는 메소드를 정리하면, 표 6.8과 같다.

표 6.8 삭제 매핑 구문에 사용하는 SqlSession 객체의 메소드

메소드명	반환 타입	설명
delete(String)	int	삭제 매핑 구문을 실행한 다음 삭제된 레코드 개수를 반환한다. 삭제 매핑 구문 아이디를 인자로 사용한다.
delete(String, Object)	int	삭제 매핑 구문을 실행한 다음 삭제된 레코드 개수를 반환한다. 삭제 매핑 구문 아이디, 파라미터 객체를 인자로 사용한다.

예를 들어 마이바티스 매퍼 XML 파일에 정의한 삭제 매핑 구문을 실행할 때 다음과 같이 삭제 매핑 구문 아이디, 파라미터 객체를 인자로 사용하는 delete() 메소드를 사용한다.

```
sqlSession.delete("org.mybatis.persistence.ShopMapper.delete", parameters);
```

마이바티스 프로그래밍에서 트랜잭션은 SqlSession 객체의 openSession() 메소드를 호출하는 시점에 시작되고, commit() 메소드가 호출하는 시점에 커밋된다. openSession() 메소드와 commit() 메소드 사이에서 실행하는 매핑 구문은 동일 트랜잭션으로 묶인다. 만일 에러가 발생해서 롤백 처리가 필요한 경우 rollback() 메소드를 호출한다. 마지막으로 SqlSession 객체의 close() 메소드를 호출하면, 세션이 종료되면서 사용한 자원이 해제된다.

```
// 트랜잭션 시작
SqlSession sqlSession = sqlSessionFactory.openSession();
```

```
try {
    // 트랜잭션 커밋
    sqlSession.commit();
} catch (Exception e) {
    // 트랜잭션 롤백
    sqlSession.rollback();
} finally {
    // 트랜잭션 종료
    sqlSession.close();
}
```

openSession() 메소드에 강제 커밋 여부를 인자로 지정할 수 있다. 다음과 같이 openSession() 메소드에 true 값을 인자로 지정하면, commit() 메소드 호출과 상관없이 매핑 구문을 실행할 때마다 강제 커밋된다. 심지어 예외가 발생하더라도 실행된 매핑 구문은 모두 강제 커밋된다. openSession() 메소드에 인자를 지정하지 않으면, 기본 값은 false이기 때문에 강제 커밋되지 않는다.

```
SqlSession sqlSession = sqlSessionFactory.openSession(true);
```

SqlSession 객체의 메소드 중 트랜잭션 관리에 사용하는 메소드를 정리하면, 표 6.9와 같다.

표 6.9 트랜잭션 관리에 사용하는 SqlSession 객체의 메소드

메소드명	반환 타입	설명
commit()	void	트랜잭션을 커밋한다.
commit(boolean)	void	트랜잭션을 강제 커밋한다. 강제 커밋 여부를 인자로 사용한다.
rollback()	void	트랜잭션을 롤백 처리한다.
rollback(boolean)	void	트랜잭션을 강제 롤백한다. 강제 롤백 여부를 인자로 사용한다.
close()	void	세션을 해제한다.
getConnection()	Connection	세션에 등록된 Connection 객체를 반환한다.

그 밖에 Cache 객체 삭제 및 Mapper 객체 반환에 사용하는 SqlSession 객체의 메소드는 표 6.10과 같다.

표 6.10 Cache 객체 삭제 및 Mapper 객체 반환에 사용하는 SqlSession 객체의 메소드

메소드명	반환 타입	설명
clearCache()	void	세션에 등록된 Cache 객체를 삭제한다.
getConfiguration()	Configuration	세션에 등록된 Configuration 객체를 반환한다.
getMapper(Class<T>) <T>	T	세션에 등록된 Mapper 객체를 반환한다.
*flushStatements()	List<BatchResult>	배치 매핑 구문을 반영한 다음 List 타입의 리절트 객체를 반환한다.

1. 애스터리스크(*)를 표기한 메소드는 마이바티스 3.0.6 이상 버전부터 사용 가능한 메소드다.

6.2.2 Mapper 객체

매핑 구문을 실행할 때 SqlSession 객체를 사용하면, 틀린 매핑 구문 아이디를 인자로 지정하거나 반환된 리절트 객체의 형변환 타입을 잘못 지정할 수 있다. 반면 Mapper 객체를 사용하면, 그림 6.10과 같이 마이바티스 매퍼 XML 파일이나 매퍼 인터페이스에 정의한 매핑 구문을 실행할 때 실수를 줄일 수 있다.

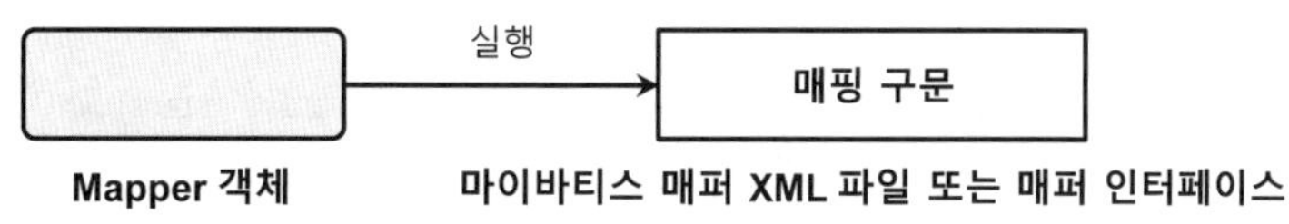

그림 6.10 Mapper 객체를 사용한 매핑 구문 실행

Mapper 객체를 사용하기 위해서는 매핑 구문을 정의한 매퍼 인터페이스를 등록해야 한다. 다음과 같이 Confiugration 객체의 addMapper() 메소드를 사용하면, Mapper 객체에 매퍼 인터페이스를 등록할 수 있다. addMapper() 메소드에 정의된 MapperProxyFactory 객체는 인자로 전달된 Mapper 객체를 생성한 다음 SqlSession 객체에 등록한다.

```
// 매퍼 인터페이스 등록
configuration.addMapper(ShopMapper.class);
```

이와 같이 SqlSession 객체에 등록한 Mapper 객체는 SqlSession 객체에 정의된 getMapper() 메소드를 통해서 다음과 같이 반환받을 수 있다. 매퍼 인터페이스를 인자로 지정한다.

```
// 매퍼 객체 반환
ShopMapper shopMapper = sqlSession.getMapper(ShopMapper.class);
```

매핑 구문을 실행할 때 앞서 SqlSession 객체의 메소드를 호출한 것처럼 매퍼 객체에 정의된 메소드를 호출한다. 이때 매핑 구문 아이디를 별도로 지정하지 않아도 매퍼 인터페이스 상단에 정의한 매핑 구문을 실행할 수 있다.

```
/* 매퍼 인터페이스의 메소드 호출 */
Shop shop = shopMapper.select(shop);

/* 매퍼 인터페이스 */
@Select( value = {
    "SELECT SHOP_NO, SHOP_NAME, SHOP_LOCATION, SHOP_STATUS ",
    "FROM SHOP ",
    "WHERE SHOP_NO = #{shopNo}" })
@Results( value = {
    @Result(column = "SHOP_NO", property = "shopNo", id = true),
    @Result(column = "SHOP_NAME", property = "shopName"),
    @Result(column = "SHOP_LOCATION", property = "shopLocation"),
    @Result(column = "SHOP_STATUS", property = "shopStatus") })
public Shop select(Shop shop);
```

Mapper 객체를 사용하면 편리하지만 몇 가지 제약 사항을 가진다. 예를 들어 매퍼 인터페이스에 정의한 매핑 구문을 수정하면 다시 컴파일해야 한다. 그리고 동적 매핑 구문을 지정하기 위해서는 클래스를 별도로 작성해야만 한다. 이와 같이 불편한 점을 해결할 수 있도록 마이바티스는 매퍼 인터페이스와 마이바티스 매퍼 XML 파일을 함께 사용하는 복합 방식을 제공한다. 그림 6.11과 같이 매퍼 인터페이스 호출을 통해서 마이바티스 매퍼 XML 파일에 작성한 매핑 구문을 실행할 수 있다.

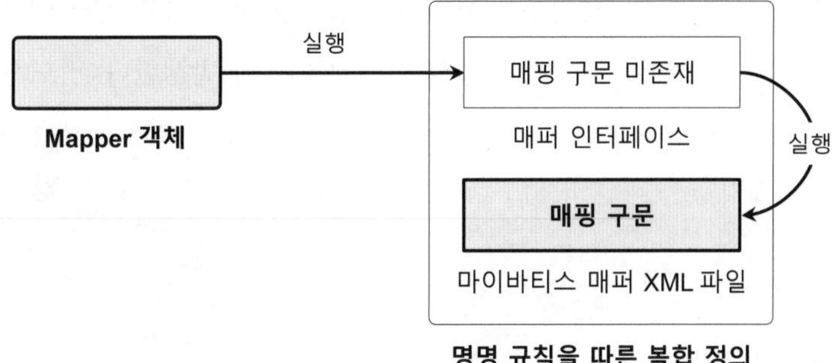

그림 6.11 복합 방식을 사용해서 정의한 매핑 구문 실행

앞서 Mapper 객체에 정의한 메소드를 호출한 것처럼 복합 방식으로 정의한 매핑 구문을 다음과 같이 호출한다.

```
Shop shop = shopMapper.select(shop);
```

위와 같이 Mapper 객체의 메소드를 호출하면, 다음과 같이 몇 단계 과정을 거쳐 매핑 구문을 실행한다. 우선 매퍼 인터페이스의 패키지 경로와 매퍼 인터페이스명을 합친 문자열과 동일한 네임스페이스를 가진 마이바티스 매퍼 XML 파일을 찾는다. 그런 다음 호출한 매퍼 인터페이스의 메소드명과 일치하는 매핑 구문 아이디를 찾아 정의된 매핑 구문을 실행한다.

```
/* 매퍼 인터페이스 */
package org.mybatis.persistence;

public interface ShopMapper {
    public Shop select(Shop shop);
}

/* 마이바티스 매퍼 XML 파일 */
<mapper namespace="org.mybatis.persistence.ShopMapper">
    <select id="select" parameterType="shop" resultType="shop">
        SELECT SHOP_NO, SHOP_NAME, SHOP_LOCATION, SHOP_STATUS
        FROM SHOP
    </select>
</mapper>
```

마이바티스 매퍼 XML 파일뿐만 아니라 지정된 매핑 형식을 따라 매퍼 인터페이스에 매핑 구문을 중복 정의하면 실행 시점에 에러가 발생한다. 반드시 마이바티스 매퍼 XML 파일 또는 매퍼 인터페이스 중 한 곳에만 매핑 구문을 정의하도록 주의해야 한다.

6.3 매퍼 인터페이스

매퍼 인터페이스는 애노테이션을 사용해서 메소드 상단에 매핑 구문을 정의한 인터페이스를 말한다. 매퍼 인터페이스를 도식화하면, 그림 6.12와 같다.

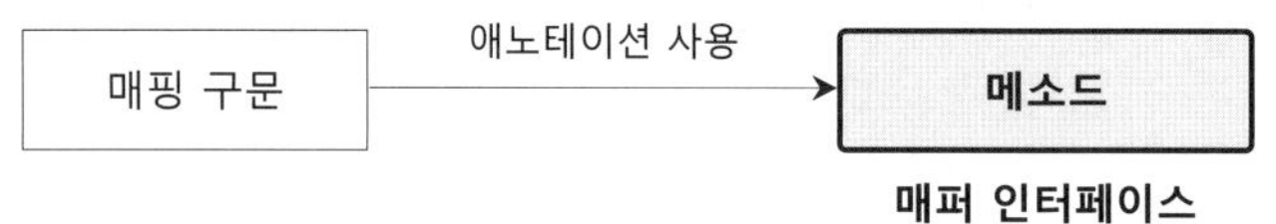

그림 6.12 매퍼 인터페이스

매퍼 인터페이스명을 지정할 때 마이바티스 매퍼 XML 파일을 함께 사용하는 상황을 고려해야 한다. 다음과 같이 마이바티스 매퍼 XML 파일에 지정한 네임스페이스와 동일한 인터페이스명과 패키지 경로를 지정한다. 그리고 매핑 구문 아이디와 일치하는 메소드명을 매퍼 인터페이스에 선언한다. 예를 들어 마이바티스 매퍼 XML 파일에 지정한 네임스페이스가 `org.mybatis.persistence.ShopMapper` 문자열이라면, 매퍼 인터페이스의 패키지 경로는 `org.mybatis.persistence`로 선언하고 매퍼 인터페이스명은 `ShopMapper`로 지정한다.

```
/* 마이바티스 매퍼 XML 파일 */
<mapper namespace="org.mybatis.persistence.ShopMapper">
    ...중략...
</mapper>

/* 매퍼 인터페이스 */
package org.mybatis.persistence;
```

```
public interface ShopMapper {
    ...중략...
}
```

위와 같이 매퍼 인터페이스명을 작성하면, 자동 매핑 방식을 적용할 때 소스 코드 수정 없이 바로 사용할 수 있다. 자동 매핑 방식은 '8장. 마이바티스와 스프링 연동 웹 애플리케이션'에서 자세히 알아보자.

6.3.1 조회 애노테이션 @Select

매퍼 인터페이스에 조회 매핑 구문을 지정할 때 `@Select` 애노테이션을 사용한다. 다음과 같이 마이바티스 매퍼 XML 파일에 정의한 조회 매핑 구문을 `@Select` 애노테이션을 사용해서 매퍼 인터페이스의 메소드에 지정해 보자.

```
/* 조회 매핑 구문 */
<select id="select" parameterType="java.util.HashMap"
        resultType="java.util.HashMap">
    SELECT SHOP_NO, SHOP_NAME, SHOP_LOCATION, SHOP_STATUS
    FROM SHOP
    WHERE SHOP_NO = #{shopNo}
</select>
```

먼저 조회 매핑 구문을 지정할 수 있도록 매퍼 인터페이스에 조회 메소드를 선언한다. 다음과 같이 매퍼 인터페이스에 선언한 메소드명은 조회 매핑 구문 아이디와 동일하게 작성한다. 매퍼 인터페이스의 메소드에 전달하는 인자 타입과 반환되는 결과 타입은 조회 매핑 구문의 파라미터 속성과 리절트 속성에 지정한 타입과 동일하게 지정한다.

```
/* 조회 매핑 구문 */
<select id="select" parameterType="java.util.HashMap"
        resultType="java.util.HashMap">
    SELECT SHOP_NO, SHOP_NAME, SHOP_LOCATION, SHOP_STATUS
    FROM SHOP
    WHERE SHOP_NO = #{shopNo}
```

```
</select>

/* 매퍼 인터페이스 */
public interface ShopMapper {
    public Map<String, Object> select(Map<String, Object> parameters);
}
```

위와 같이 선언한 메소드 상단에 @Select 애노테이션을 추가한 다음 <select> 구성 요소 사이에 정의한 조회 매핑 구문을 옮겨 작성한다. 이때 value 속성을 추가한 다음 속성 값에 조회 매핑 구문을 작성한다. 다음과 같이 조회 매핑 구문은 문자열로 한 번에 지정할 수도 있고, 문자열 배열로 나누어 지정할 수도 있다. 문자열 배열로 나누어 지정할 경우 공백 처리에 주의해야 한다. 만약에 공백 처리가 적절하지 않으면 SQL 문법 에러가 발생한다.

```
/* 매퍼 인터페이스 */
public interface ShopMapper {
    @Select( value = {
        "SELECT SHOP_NO, SHOP_NAME, SHOP_LOCATION, SHOP_STATUS ",
        "FROM SHOP ",
        "WHERE SHOP_NO = #{shopNo}" })
    public Map<String, Object> select(Map<String, Object> parameters);
}
```

매퍼 인터페이스에 선언한 조회 메소드를 호출하면, 메소드 상단에 정의한 조회 매핑 구문이 실행된다. 조회 결과는 컬럼명을 기준으로 ResultSet 객체에 담겨 반환된다. 조회 결과를 컬럼명이 아니라 사용자가 원하는 프로퍼티명으로 반환 받으려면, @Results 애노테이션을 사용한다. @Results 애노테이션을 사용하면, 리절트 객체에 조회 결과를 바인딩할 때 필요한 설정 정보를 추가로 지정할 수 있다. @Results 애노테이션에 value 속성을 추가한 다음 속성 값에 @Result 애노테이션을 배열로 지정한다. @Result 애노테이션은 반환된 컬럼과 일대일로 매핑된다. @Result 애노테이션에 column 속성과 property 속성을 추가한 다음 속성 값에 컬럼명과 프로퍼티명을 지정한다. 기본 키에 해당하는 프로퍼티는 id 속성을 지정한 다음 속성 값에 true를 지정한다. @Results 애노테이션을 사용해서 마이바티스 매퍼 XML 파일에 정의한 <resultMap> 구성 요소를 대체하면 다음과 같다.

```
/* 리절트 맵 */
<resultMap id="shopResultMap" type="java.util.HashMap">
    <id column="SHOP_NO" property="shopNo" />
    <result column="SHOP_NAME" property="shopName" />
    <result column="SHOP_LOCATION" property="shopLocation" />
    <result column="SHOP_STATUS" property="shopStatus" />
</resultMap>

/* 매퍼 인터페이스 */
public interface ShopMapper {
    @Select( value = {
        "SELECT SHOP_NO, SHOP_NAME, SHOP_LOCATION, SHOP_STATUS ",
        "FROM SHOP ",
        "WHERE SHOP_NO = #{shopNo}" })
    @Results( value = {
        @Result(column = "SHOP_NO", property = "shopNo", id = true),
        @Result(column = "SHOP_NAME", property = "shopName"),
        @Result(column = "SHOP_LOCATION", property = "shopLocation"),
        @Result(column = "SHOP_STATUS", property = "shopStatus") })
        public Map<String, Object> select(Map<String, Object> parameters);
}
```

@Result 애노테이션에 지정 가능한 속성을 정리하면, 표 6.11과 같다.

표 6.11 @Result 애노테이션에 지정 가능한 속성

속성	설명
id	기본 키 여부를 지정할 때 사용한다. 기본 키인 경우 속성 값에 true를 지정하고, 기본 키가 아닌 경우 속성 값에 false를 지정하거나 속성을 생략한다.
*column	조회 결과 중 사용하려는 컬럼명을 지정할 때 사용한다.
*property	column 속성에 지정한 컬럼 값이 바인딩되는 프로퍼티명을 지정할 때 사용한다.
jdbcType	column 속성에 지정한 컬럼의 JDBC 데이터 타입을 지정할 때 사용한다.
javaType	column 속성에 지정한 컬럼 값이 바인딩되는 자바 데이터 타입을 지정할 때 사용한다.
typeHandler	TypeHandler 클래스를 지정할 때 사용한다.

(이어짐)

속성	설명
one	일대일 관계를 지정할 때 사용한다. 연관 조회일 때 지정 가능하고 연관 결과는 지원하지 않는다.
many	일대다 관계를 지정할 때 사용한다. 연관 조회일 때 지정 가능하고 연관 결과는 지원하지 않는다.

1. 애스터리스크(*)를 표기한 속성은 필수 속성이므로 반드시 지정해야 한다.

6.3.2 등록 애노테이션 @Insert

매퍼 인터페이스에 등록 매핑 구문을 지정할 때 `@Insert` 애노테이션을 사용한다. 다음과 같이 마이바티스 매퍼 XML 파일에 정의한 등록 매핑 구문을 `@Insert` 애노테이션을 사용해서 매퍼 인터페이스의 메소드에 지정해 보자.

```
/* 등록 매핑 구문 */
<insert id="insert" parameterType="java.util.HashMap">
    INSERT INTO SHOP
        (SHOP_NO, SHOP_NAME, SHOP_LOCATION, SHOP_STATUS)
    VALUES
        (#{shopNo}, #{shopName}, #{shopLocation}, #{shopStatus})
</insert>
```

우선 등록 매핑 구문을 지정할 수 있도록 매퍼 인터페이스에 등록 메소드를 선언한다. 다음과 같이 매퍼 인터페이스에 선언한 메소드명은 등록 매핑 구문 아이디와 동일하게 작성한다. 매퍼 인터페이스의 메소드에 전달하는 인자 타입은 등록 매핑 구문에 지정한 파라미터 속성 타입과 동일하게 지정한다. 등록 매핑 구문은 반환 타입이 없기 때문에 매퍼 인터페이스의 메소드 반환 타입을 `void`로 지정한다.

```
/* 등록 매핑 구문 */
<insert id="insert" parameterType="java.util.HashMap">
    INSERT INTO SHOP
        (SHOP_NO, SHOP_NAME, SHOP_LOCATION, SHOP_STATUS)
    VALUES
```

```
        (#{shopNo}, #{shopName}, #{shopLocation}, #{shopStatus})
</insert>

/* 매퍼 인터페이스 */
public interface ShopMapper {
    public void insert(Map<String, Object> parameters);
}
```

위와 같이 선언한 메소드 상단에 @Insert 애노테이션을 추가한 다음 <insert> 구성 요소 사이에 정의한 등록 매핑 구문을 옮겨 작성한다. 이때 value 속성을 추가한 다음 속성 값에 등록 매핑 구문을 작성한다. 다음과 같이 등록 매핑 구문은 문자열로 한번에 지정할 수도 있고, 문자열 배열로 나누어 지정할 수도 있다. 문자열 배열로 나누어 지정할 경우 공백 처리에 주의해야 한다. 만약에 공백 처리가 적절하지 않으면 SQL 문법 에러가 발생한다.

```
/* 매퍼 인터페이스 */
public interface ShopMapper {
    @Insert( value = {
        "INSERT INTO SHOP ",
        "(SHOP_NO, SHOP_NAME, SHOP_LOCATION, SHOP_STATUS) ",
        "VALUES ",
        "(#{shopNo}, #{shopName}, #{shopLocation}, #{shopStatus})" })
    public void insert(Map<String, Object> parameters);
}
```

매퍼 인터페이스에 선언한 등록 메소드를 호출하면, 메소드 상단에 정의한 등록 매핑 구문이 실행된다. <selectKey> 구성 요소와 같이 등록 매핑 구문을 실행하기 전·후로 사용자가 원하는 조회 매핑 구문을 실행할 필요가 있다면 @SelectKey 애노테이션을 사용한다. 기본 키 자동 생성에 사용하는 @SelectKey 애노테이션은 @Insert, @InsertProvider, @Update, @UpdateProvider 애노테이션을 지정할 때 함께 사용할 수 있다. @SelectKey 애노테이션을 사용해서 마이바티스 매퍼 XML 파일에 정의한 <selectKey> 구성 요소를 대체하면 다음과 같다.

```
/* 등록 매핑 구문 */
<insert id="insert" parameterType="java.util.HashMap">
    <selectKey keyColumn="SHOP_NO" keyProperty="shopNo" resultType="int"
            order="BEFORE">
        SELECT SEQ_SHOP_NO.NEXTVAL FROM DUAL
    </selectKey>
    INSERT INTO SHOP
        (SHOP_NO, SHOP_NAME, SHOP_LOCATION, SHOP_STATUS)
    VALUES
        (#{shopNo}, #{shopName}, #{shopLocation}, #{shopStatus})
</insert>

/* 매퍼 인터페이스 */
public interface ShopMapper {
    @SelectKey(
        statement = "SELECT SEQ_SHOP_NO.NEXTVAL FROM DUAL",
        keyColumn = "SHOP_NO",
        keyProperty = "shopNo",
        resultType = int.class,
        before = true)
    @Insert( value = {
        "INSERT INTO SHOP ",
        "(SHOP_NO, SHOP_NAME, SHOP_LOCATION, SHOP_STATUS) ",
        "VALUES ",
        "(#{shopNo}, #{shopName}, #{shopLocation}, #{shopStatus})" })
    public void insert(Map<String, Object> parameters);
}
```

@SelectKey 애노테이션에 지정 가능한 속성을 정리하면, 표 6.12와 같다.

표 6.12 @SelectKey 애노테이션에 지정 가능한 속성

속성	설명
*statement	조회 매핑 구문을 지정할 때 사용한다.
keyColumn	조회 매핑 구문의 조회 결과 중 기본 키로 사용되는 컬럼명을 지정할 때 사용한다. 조회 결과가 단일 컬럼인 경우 생략할 수 있다.
*keyProperty	keyColumn 속성에 지정한 컬럼 값이 바인딩되는 프로퍼티명을 지정할 때 사용한다. 지정한 프로퍼티명은 전달받은 등록 매핑 구문의 프로퍼티명과 일치해야 한다.
*resultType	리절트 타입을 지정할 때 사용한다.

(이어짐)

속성	설명
before	조회 매핑 구문 실행 순서를 지정할 때 사용한다. 속성 값이 true이면 등록 매핑 구문 호출 전에 실행되고, 속성 값이 false면 등록 매핑 구문 호출 후에 실행된다. 기본 값은 true다.
statementType	매핑 구문 타입을 지정할 때 사용한다. 속성 값으로 STATEMENT, PREPARED, CALLABLE을 지정할 수 있다. 기본 값은 PREPARED다. 사용하는 JDBC 드라이버에서 기능을 지원하지 않으면 사용할 수 없다.

1. 애스터리스크(*)를 표기한 속성은 필수 속성이므로 반드시 지정해야 한다.

6.3.3 수정 애노테이션 @Update

매퍼 인터페이스에 수정 매핑 구문을 지정할 때 `@Update` 애노테이션을 사용한다. 다음과 같이 마이바티스 매퍼 XML 파일에 정의한 수정 매핑 구문을 `@Update` 애노테이션을 사용해서 매퍼 인터페이스의 메소드에 지정해 보자.

```
/* 수정 매핑 구문 */
<update id="update" parameterType="java.util.HashMap">
    UPDATE SHOP SET SHOP_STATUS = #{shopStatus}
    WHERE SHOP_NO = #{shopNo}
</update>
```

먼저 수정 매핑 구문을 지정할 수 있도록 매퍼 인터페이스에 수정 메소드를 선언한다. 다음과 같이 매퍼 인터페이스에 선언한 메소드명은 수정 매핑 구문 아이디와 동일하게 작성한다. 매퍼 인터페이스의 메소드에 전달하는 인자 타입은 수정 매핑 구문에 지정한 파라미터 속성 타입과 동일하게 지정한다. 수정 매핑 구문은 반환 타입이 없기 때문에 매퍼 인터페이스의 메소드 반환 타입을 `void`로 지정한다.

```
/* 수정 매핑 구문 */
<update id="update" parameterType="java.util.HashMap">
    UPDATE SHOP SET SHOP_STATUS = #{shopStatus}
    WHERE SHOP_NO = #{shopNo}
</update>
```

```
/* 매퍼 인터페이스 */
public interface ShopMapper {
    public void update(Map<String, Object> parameters);
}
```

위와 같이 선언한 메소드 상단에 @Update 애노테이션을 추가한 다음 <update> 구성 요소 사이에 정의한 수정 매핑 구문을 옮겨 작성한다. 이때 value 속성을 추가한 다음 속성 값에 수정 매핑 구문을 작성한다. 다음과 같이 수정 매핑 구문은 문자열로 한 번에 지정할 수도 있고, 문자열 배열로 나누어 지정할 수도 있다. 문자열 배열로 나누어 지정할 경우 공백 처리에 주의해야 한다. 만일 공백 처리가 적절하지 않으면 SQL 문법 에러가 발생한다.

```
/* 매퍼 인터페이스 */
public interface ShopMapper {
    @Update( value = {
        "UPDATE SHOP SET SHOP_STATUS = #{shopStatus} ",
        "WHERE SHOP_NO = #{shopNo}" })
    public void update(Map<String, Object> parameters);
}
```

6.3.4 삭제 애노테이션 @Delete

매퍼 인터페이스에 삭제 매핑 구문을 지정할 때 @Delete 애노테이션을 사용한다. 다음과 같이 마이바티스 매퍼 XML 파일에 정의한 삭제 매핑 구문을 @Delete 애노테이션을 사용해서 매퍼 인터페이스의 메소드에 지정해 보자.

```
/* 삭제 매핑 구문 */
<delete id="delete" parameterType="java.util.HashMap">
    DELETE FROM SHOP
    WHERE SHOP_NO = #{shopNo}
</delete>
```

먼저 삭제 매핑 구문을 지정할 수 있도록 매퍼 인터페이스에 메소드를 선언한다. 다음과 같이 매퍼 인터페이스에 선언한 메소드명은 삭제 매핑 구문 아이디와 동일하게 선언한다. 매퍼 인터페이스의 메소드에 전달하는 인자 타입은 삭제 매핑 구문에 지정한 파라미터 속성 타입과 동일하게 지정한다. 삭제 매핑 구문은 반환 타입이 없기 때문에 매퍼 인터페이스의 메소드 반환 타입을 void로 지정한다.

```
/* 삭제 매핑 구문 */
<delete id="delete" parameterType="java.util.HashMap">
    DELETE FROM SHOP
    WHERE SHOP_NO = #{shopNo}
</delete>

/* 매퍼 인터페이스 */
public interface ShopMapper {
    public void delete(Map<String, Object> parameters);
}
```

위와 같이 선언한 메소드 상단에 @Delete 애노테이션을 추가한 다음 <delete> 구성 요소 사이에 정의한 삭제 매핑 구문을 옮겨 작성한다. 이때 value 속성을 추가한 다음 속성 값에 삭제 매핑 구문을 작성한다. 다음과 같이 삭제 매핑 구문은 문자열로 한 번에 지정할 수도 있고, 문자열 배열로 나누어 지정할 수도 있다. 문자열 배열로 나누어 지정할 경우 공백 처리에 주의해야 한다. 만약에 공백 처리가 적절하지 않으면 SQL 문법 에러가 발생한다.

```
/* 매퍼 인터페이스 */
public interface ShopMapper {
    @Delete( value = {
        "DELETE FROM SHOP ",
        "WHERE SHOP_NO = #{shopNo}" })
    public void delete(Map<String, Object> parameters);
}
```

지금까지 애노테이션을 사용해서 매퍼 인터페이스의 메소드에 조회, 등록, 수정, 삭제 매핑 구문을 지정해 보았다. 이밖에 사용 가능한 애노테이션은 org.apache.ibatis.builder.annotation 패키지에 정의되어 있다. 매퍼 인터페이스에 지정 가능한 애노테이션을 정리하면, 표 6.13과 같다.

표 6.13 매퍼 인터페이스에 지정 가능한 애노테이션

메소드명	선언위치	XML 구성 요소	설명
@ConstructorArgs	메소드	〈constructor〉	리절트 객체의 생성자에 조회 결과를 전달할 때 사용한다. 생성자의 인자는 @Arg 애노테이션을 사용해서 지정한다. value 속성을 추가한 다음 속성 값에 @Args 애노테이션 배열을 지정한다. 예 @ConstructorArgs(value = {@Arg(), @Arg()})
@Arg	메소드	〈arg〉, 〈idArg〉	@ConstructorArgs 애노테이션을 지정할 때 생성자의 인자를 지정한다. id 속성, column 속성, javaType 속성, jdbcType 속성, typeHandler 속성, select 속성을 가진다. 예 @Arg(column = "shopNo", id = true)
@Param	인자	–	매퍼 인터페이스의 메소드에 전달한 파라미터명과 매핑 구문에 표기한 프로퍼티명이 서로 다른 경우 매퍼 인터페이스 메소드에 전달한 파라미터명을 재지정할 때 사용한다. 예 @Param(value = "shopNo") String SHOP_NO
@ResultType	메소드	〈select〉 구성 요소의 resulType 속성	리절트 객체 타입을 지정할 때 사용한다. 예 @ResultType(value = Shop.class)
@Results	메소드	〈resultMap〉	리절트 객체에 조회 결과를 바인딩할 때 필요한 설정 정보를 지정하다. 리절트 객체에 포함된 각각의 프로퍼티는 @Result 애노테이션을 사용해서 지정한다. value 속성을 추가한 다음 속성 값에 @Result 애노테이션 배열을 지정한다. 예 @Results(value = {@Result (), @ Result ()})
@Result	메소드	〈id〉, 〈result〉	리절트 객체의 프로퍼티에 조회 결과를 바인딩할 때 필요한 설정 정보를 지정하다. id 속성, column 속성, property 속성, javaType 속성, jdbcType 속성, typeHandler 속성, one 속성, many 속성을 가진다. 기본 키에 해당하는 프로퍼티는 id 속성 값을 true로 지정한다. 예 @Result(column = "SHOP_NO", property = "shopNo", id = true)

(이어짐)

메소드명	선언위치	XML 구성 요소	설명
@ResultMap	메소드	-	〈resultMap〉 구성 요소와 같이 리절트 객체에 조회 결과를 바인딩할 때 사용한다. @Select, @SelectProvider 애노테이션과 함께 사용한다. @Result, @ConstructorArgs 애노테이션보다 우선 바인딩된다. 예 @ResultMap(value = "shopResultMap")
@Options	메소드	〈select〉, 〈insert〉, 〈update〉, 〈delete〉 구성 요소의 속성	매핑 구문에 다양한 설정을 지정할 때 사용한다. 애노테이션에 널을 지정할 수 없기 때문에 반드시 기본 값을 지정해야 한다. 기본 값을 지정하지 않으면, 의도하지 않은 결과를 초래할 수 있다. keyColumn 속성은 특정 데이터베이스(오라클, PostgreSQL)에서만 사용 가능하다. 예 @Options(useCache = true, flushCache = false, resultSetType = FORWARD_ONLY, statementType = PREPARED, fetchSize = -1, timeout = -1, useGeneratedKeys = false, keyProperty = "id", keyColumn = "")
@Select @Insert @Update @delete	메소드	〈select〉, 〈insert〉, 〈update〉, 〈delete〉	조회, 등록, 수정, 삭제 매핑 구문을 지정할 때 사용한다. value 속성을 추가한 다음 속성 값에 매핑 구문을 지정한다. 예 @Select(value = { "SELECT SHOP_NO, SHOP_NAME, SHOP_LOCATION, SHOP_STATUS ", "FROM SHOP ", "WHERE SHOP_NO = #{shopNo}" }) @Insert(value = { "INSERT INTO SHOP ", "(SHOP_NO, SHOP_NAME, SHOP_LOCATION, SHOP_STATUS) ", "VALUES ", "(#{shopNo}, #{shopName}, #{shopLocation}, #{shopStatus})" }) @Update(value = { "UPDATE SHOP ", "SET SHOP_STATUS = #{shopStatus} ", "WHERE SHOP_NO = #{shopNo}" }) @Delete(value = { "DELETE FROM SHOP ", "WHERE SHOP_NO = #{shopNo}" })

(이어짐)

메소드명	선언위치	XML 구성 요소	설명
@SelectProvider @InsertProvider @UpdateProvider @DeleteProvider	메소드	<select>, <insert>, <update>, <delete>	동적 매핑 구문 생성에 필요한 클래스를 지정할 때 사용한다. type 속성, method 속성을 가진다. type 속성 값에 동적 매핑 구문을 생성할 때 호출하는 클래스명을 지정하고, method 속성 값에 호출하는 메소드명을 지정한다. 예 @SelectProvider(type = ShopProvider.class, method = "select") @InsertProvider(type = ShopProvider.class, method = "insert") @UpdateProvider(type = ShopProvider.class, method = "update") @DeleteProvider(type = ShopProvider.class, method = "delete")
@One	메소드	<association>	리절트 객체의 프로퍼티에 일대일 연관 조회를 지정할 때 사용한다. @Result 애노테이션의 one 속성 값에 지정하며, select 속성, fetchType 속성을 가진다. select 속성 값에 일대일 연관 조회 대상인 매퍼 인터페이스의 메소드를 지정한다. 이때 패키지 경로를 함께 지정한다. 순환 참조를 허용하지 않기 때문에 조인 매핑을 사용할 수 없다. 예 @Result(column = "SHOP_AMOUNT", property = "shopAmount", one = @One(select = "org.mybatis.persistence.ShopMapper.selectAmount"))
@Many	메소드	<collection>	리절트 객체의 프로퍼티에 일대다 연관 조회를 지정할 때 사용한다. @Result 애노테이션의 many 속성 값에 지정하며, select 속성, fetchType 속성을 가진다. select 속성 값에 일대다 연관 조회 대상인 매퍼 인터페이스의 메소드를 지정한다. 이때 패키지 경로를 함께 지정한다. 순환 참조를 허용하지 않기 때문에 조인 매핑을 사용할 수 없다. 예 @Result(column = "TOYS", property = "toys", many = @Many(select = "org.mybatis.persistence.ToyMapper.list"))
@MapKey	메소드	-	매퍼 인터페이스의 메소드 반환 타입이 맵인 경우에 사용한다. 예 @MapKey("key")

(이어짐)

메소드명	선언위치	XML 구성 요소	설명
@SelectKey	메소드	〈selectKey〉	〈selectKey〉 구성 요소와 동일한 기능을 처리한다. statement 속성, statementType 속성, keyColumn 속성, keyProperty 속성, resultType 속성, before 속성을 가진다. @Insert, @InsertProvider, @Update, @UpdateProvider 애노테이션과 함께 사용할 수 있다. **예** **@SelectKey(statement = "SELECT SEQ_SHOP_NO.NEXTVAL FROM DUAL", keyColumn = "SHOP_NO", keyProperty = "shopNo", resultType = int.class, before = true)**
@TypeDiscriminator	메소드	〈discriminator〉	리절트 객체에 조회 결과를 선택적으로 바인딩할 수 있다. column 속성, javaType 속성, jdbcType 속성, typeHander 속성, cases 속성을 가진다. cases 속성에 비교하려는 조건을 배열 형태로 지정한다. **예** **@TypeDiscriminator(javaType = String.class, jdbcType = JdbcType.VARCHAR, cases = { @Case(type = Shop.class, value = "S"), @Case(type = Toy.class, value = "T")}, column = "shopType")**
@Case	메소드	〈case〉	@TypeDiscriminator 애노테이션을 사용할 때 비교 조건을 지정한다. value 속성, type 속성, results 속성을 가진다. **예** **cases = { @Case(type = Shop.class, value = "S"), @Case(type = Toy.class, value = "T")}**
@Lang	메소드	〈select〉, 〈insert〉, 〈update〉, 〈delete〉 구성 요소의 속성	언어 드라이버를 지정할 때 사용한다. **예** **@Lang(value = RawLanguageDriver.class)**
@CacheNamespace	클래스	〈cache〉	매퍼 인터페이스에 캐시를 지정할 때 사용한다. implementation 속성, eviction 속성, flushInterval 속성, size 속성, readWrite 속성을 가진다. **예** **@CacheNamespace(implementation = org.apache.ibatis.cache.impl.PerpetualCache.class)**
@CacheNamespaceRef	클래스	〈cacheRef〉	서로 다른 매퍼 인터페이스에 정의한 캐시를 참조할 때 지정한다. **예** **@CacheNamespaceRef(value = ShopMapper.class)**

6.4 동적 매핑 구문 생성에 사용하는 객체

앞서 살펴본 @Select, @Insert, @Update, @Delete 애노테이션을 가지고는 매퍼 인터페이스에 동적 매핑 구문을 지정할 수 없다. 매퍼 인터페이스에 동적 매핑 구문을 지정하려면, ~Provider 문자열로 끝나는 애노테이션을 별도로 사용해야 한다. 동적 매핑 구문 지정에 사용하는 @~Provider 애노테이션을 도식화하면, 그림 6.13과 같다.

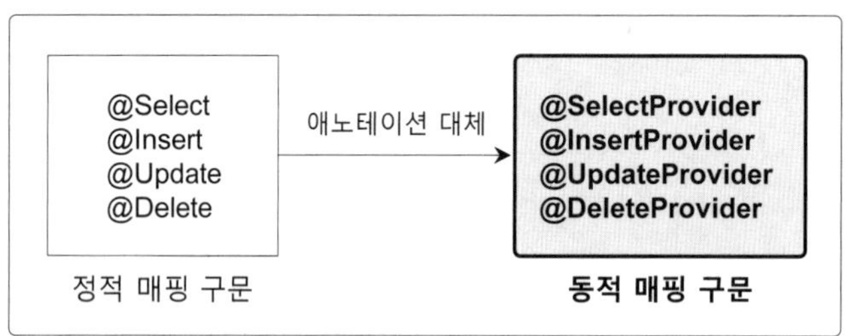

그림 6.13 동적 매핑 구문을 지정할 때 사용하는 애노테이션

위와 같이 @~Provider 애노테이션을 사용하기 위해서는 먼저 동적 매핑 구문을 생성하는 클래스를 준비해야 한다. 예를 들어 조회 매핑 구문을 동적으로 생성하는 클래스를 작성하면, 예제 6.1과 같다. 인자로 전달한 shopNo 프로퍼티 값이 존재하면 매핑 구문에 조건절이 동적으로 추가한다.

예제 6.1 ShopProvider 클래스

```
/* /chapter06/src/org/mybatis/provider/ShopProvider.java */

package org.mybatis.provider;

import java.util.Map;

public class ShopProvider {
    /* 조회 매핑 구문 생성 및 반환 */
    public String select(Map<String, Object> parameters) {
        StringBuffer query = new StringBuffer("")
            .append("SELECT SHOP_NO, SHOP_NAME, SHOP_LOCATION, SHOP_STATUS ")
```

```
            .append("FROM SHOP ");

        // 조건절 동적 생성
        Object shopNo = parameters.get("shopNo");
        if (shopNo != null && !"".equals(shopNo)) {
            query.append("WHERE SHOP_NO = #{shopNo}");
        }

        return query.toString();
    }
}
```

위와 같이 작성한 클래스의 select() 메소드는 조회 매핑 구문을 동적으로 생성한 다음 반환한다. 반환된 매핑 구문이 조회 매핑 구문인 경우 다음과 같이 매퍼 인터페이스의 메소드 상단에 @SelectProvider 애노테이션을 사용해서 지정한다. 그 밖에 등록, 수정, 삭제 매핑 구문인 경우 @UpdateProvider, @InsertProvider, @DeleteProvider 애노테이션을 사용한다.

```
public interface ShopMapper {
    @SelectProvider
    public Map<String, Object> select(Map<String, Object> parameters) {
        ...중략...
    }
}
```

@SelectProvider 애노테이션에 type 속성과 method 속성을 추가한 다음 속성 값에 매핑 구문을 동적으로 생성하는 클래스명과 메소드명을 지정한다.

```
public interface ShopMapper {
    @SelectProvider(type = ShopProvider.class, method = "select")
    public Map<String, Object> select(Map<String, Object> parameters) {
        ...중략...
    }
}
```

이와 같이 @SelectProvider 애노테이션을 지정한 매퍼 인터페이스를 호출하면, type 속성 값과 method 속성 값에 지정한 클래스의 메소드를 실행한 다음 생성된 동적 매핑 구문을 반환한다. @~Provider 애노테이션에 지정한 클래스에 동적 매핑 구문 생성을 위임한다. 이처럼 @~Provider 애노테이션을 사용하면 동적 매핑 구문 생성을 생성할 수 있다. 하지만 파라미터 개수가 많아질수록 조건절을 생성하는 소스 코드가 길어지고 복잡해진다. 이와 같은 문제를 해결할 수 있도록 마이바티스는 SQL 빌더 객체를 제공한다. SQL 빌더 객체를 사용하면, @~Provider 애노테이션을 지정한 메소드에 동적 매핑 구문을 생성하거나 SqlRunner 객체에서 사용하는 쿼리문을 생성할 수 있다. 그림 6.14와 같이 마이바티스에서 제공하는 SQL 빌더 객체는 세 개다. 하나는 SelectBuilder 객체고, 다른 하나는 SqlBuilder 객체다. SelectBuilder 객체는 조회 쿼리문을 생성할 때 사용하고, SqlBuilder 객체는 조회 쿼리문뿐만 아니라 변경 쿼리문을 생성할 때 사용한다. SelectBuilder 객체와 SqlBuilder 객체는 마이바티스 3.2 버전부터 비권장[Deprecated]되었기 때문에 마지막으로 소개하는 SQL 객체를 사용하길 권장한다.

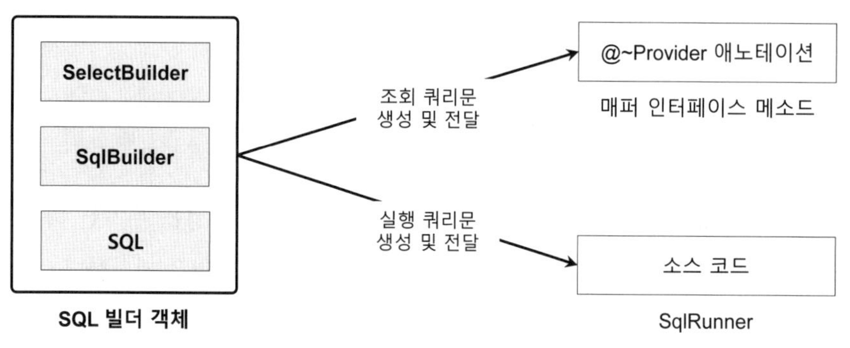

그림 6.14 SQL 빌더 객체의 역할

일반적으로 소스 코드에서 쿼리문을 직접 생성하는 방식은 지양하기 때문에 SQL 빌더 객체도 마이바티스 라이브러리에서 점차 삭제될 예정이다. 애노테이션을 사용해서 복잡한 동적 매핑 구문을 매퍼 인터페이스에 정의하는 것보다 마이바티스 매퍼 XML 파일에 동적 매핑 구문을 정의하기를 권한다. SQL 빌더 객체에 대해서 자세히 알아보자.

6.4.1 SelectBuilder 객체

SelectBuilder 객체는 조회 쿼리문을 동적으로 생성할 때 사용한다. 다음과 같이 SelectBuilder 객체에 정의된 정적 메소드를 순서에 맞게 호출하면, String 객체나 StringBuffer 객체를 직접 사용하는 것보다 쉽게 조회 쿼리문을 생성할 수 있다. SelectBuilder 객체는 스레드 로컬ThreadLocal에 쿼리문을 생성한 다음 마지막에 완성한 조회 쿼리문을 반환한다. 먼저 스레드 로컬을 초기화하는 BEGIN() 정적 메소드를 호출한 다음 마지막에 SQL() 정적 메소드를 호출하면, 생성된 조회 쿼리문을 반환받을 수 있다. 두 개의 정적 메소드를 호출하는 중간에 SelectBuilder 객체에서 제공하는 정적 메소드를 SQL 문법에 맞게 호출한다.

```
org.apache.ibatis.jdbc.SelectBuilder.BEGIN();
org.apache.ibatis.jdbc.SelectBuilder.SELECT(
   "SHOP_NO, SHOP_NAME, SHOP_LOCATION, SHOP_STATUS");
org.apache.ibatis.jdbc.SelectBuilder.FROM("SHOP");
org.apache.ibatis.jdbc.SelectBuilder.WHERE("SHOP_NO = #{shopNo}");
org.apache.ibatis.jdbc.SelectBuilder.SQL();
```

SelectBuilder 객체의 정적 메소드를 사용할 때 패키지 경로를 일일이 붙이는 건 매우 번거롭다. 클래스 상단에 import static org.apache.ibatis.jdbc.SelectBuilder.*;를 기술하면, 패키지 경로를 생략할 수 있다. SelectBuilder 객체를 사용해서 앞서 작성한 예제 6.1을 대체하면, 예제 6.2와 같다.

예제 6.2 ShopProviderBySelectBuilder 클래스(SelectBuilder 객체 사용)

```
/* /chapter06/src/org/mybatis/provider/ShopProviderBySelectBuilder.java */

package org.mybatis.provider;

import static org.apache.ibatis.jdbc.SelectBuilder.*;
```

```
import java.util.Map;

public class ShopProviderBySelectBuilder {
    /* 조회 쿼리문 생성 및 반환 */
    public String select(Map<String, Object> parameters) {
        BEGIN();

        SELECT("SHOP_NO, SHOP_NAME, SHOP_LOCATION, SHOP_STATUS");
        FROM("SHOP");
        WHERE("SHOP_NO = #{shopNo}");

        return SQL();
    }
}
```

위와 같이 작성한 클래스를 호출하면, 다음과 같이 출력된 로그를 통해서 SQL 문법에 맞는 조회 쿼리문이 생성된 것을 확인할 수 있다.

```
DEBUG [main] - ==> Preparing: SELECT SHOP_NO, SHOP_NAME, SHOP_LOCATION,
             SHOP_STATUS FROM SHOP WHERE (SHOP_NO = ?)
DEBUG [main] - ==> Parameters: 1(Integer)
TRACE [main] - <== Columns:SHOP_NO, SHOP_NAME, SHOP_LOCATION, SHOP_STATUS
TRACE [main] - <== Row: 1, Toy Store, <<CLOB>>, Y
DEBUG [main] - <== Total: 1
```

SelectBuilder 클래스에 정의된 정적 메소드를 정리하면, 표 6.14와 같다.

표 6.14 SelectBuilder 객체에 정의된 정적 메소드

메소드명	설명
BEGIN() / RESET()	스레드 로컬 상태를 초기화한 다음 SQL 객체를 등록한다. BEGIN() 메소드는 쿼리 구문 작성을 시작할 때 호출하고, RESET() 메소드는 쿼리 구문 작성 중간에 호출한다.
SELECT(String)	SQL 객체에 SELECT 키워드를 추가한다. 인자로 전달한 컬럼명은 SELECT 키워드 뒤에 추가된다. 여러 번 호출할 수 있으며, 호출할 때마다 , 기호를 자동으로 추가한다.

(이어짐)

메소드명	설명
SELECT_DISTINCT(String)	SQL 객체에 SELECT_DISTINCT 키워드를 추가한다. 인자로 전달한 컬럼명은 SELECT_DISTINCT 키워드 뒤에 추가된다. 여러 번 호출할 수 있으며, 호출할 때마다 , 기호를 자동으로 추가한다.
FROM(String)	SQL 객체에 FROM 키워드를 추가한다. 인자로 전달한 테이블명은 FROM 키워드 뒤에 추가된다.
JOIN(String)	SQL 객체에 JOIN 키워드를 추가한다. 조인 테이블명과 컬럼명을 인자로 사용한다.
INNER_JOIN(String)	SQL 객체에 INNER_JOIN 키워드를 추가한다. 조인 테이블명과 컬럼명을 인자로 사용한다.
OUTER_JOIN(String)	SQL 객체에 OUTER_JOIN 키워드를 추가한다. 조인 테이블명과 컬럼명을 인자로 사용한다.
LEFT_OUTER_JOIN(String)	SQL 객체에 LEFT_OUTER 키워드를 추가한다. 조인 테이블명과 컬럼명을 인자로 사용한다.
RIGHT_OUTER_JOIN(String)	SQL 객체에 RIGHT_OUTER 키워드를 추가한다. 조인 테이블명과 컬럼명을 인자로 사용한다.
WHERE(String)	SQL 객체에 WHERE 키워드를 추가한다. 인자로 전달한 조회 조건은 WHERE 키워드 뒤에 추가된다. 여러 번 호출할 수 있으며, 호출할 때마다 AND 키워드를 자동으로 추가한다. 호출 중간에 OR(), AND() 메소드를 호출할 수 있다.
AND()	SQL 객체에 AND 키워드를 추가한다. 인자로 전달한 조회 조건은 AND 키워드 뒤에 추가된다. 여러 번 호출할 수 있다.
OR()	SQL 객체에 OR 키워드를 추가한다. 인자로 전달한 조회 조건은 OR 키워드 뒤에 추가된다. 여러 번 호출할 수 있다.
GROUP_BY(String)	SQL 객체에 GROUP_BY 키워드를 추가한다. 인자로 전달한 컬럼명은 GROUP_BY 키워드 뒤에 추가된다. 여러 번 호출할 수 있으며, 호출할 때마다 , 기호를 자동으로 추가한다.
HAVING(String)	SQL 객체에 HAVING 키워드를 추가한다. 인자로 전달한 컬럼명은 HAVING 키워드 뒤에 추가된다. 여러 번 호출할 수 있으며, 호출할 때마다 AND 키워드를 자동으로 추가한다. OR 키워드를 추가하려면 OR() 메소드를 호출한다.
ORDER_BY(String)	SQL 객체에 ORDER_BY 키워드를 추가한다. 인자로 전달한 컬럼명은 ORDER_BY 키워드 뒤에 추가된다. 여러 번 호출할 수 있으며, 호출할 때마다 , 기호를 자동으로 추가한다.
SQL()	스레드 로컬에 저장한 SQL 객체로부터 쿼리문을 반환한다. 내부적으로 RESET() 메소드를 호출한다.

6.4.2 SqlBuilder 객체

SqlBuilder 객체는 조회, 등록, 수정, 삭제 쿼리문을 동적으로 생성할 때 사용한다. SqlBuilder 객체는 SelectBuilder 객체에 정의된 정적 메소드와 동일한 정적 메소드를 제공할 뿐만 아니라 등록, 수정, 삭제 쿼리문을 생성할 때 필요한 정적 메소드를 추가로 제공한다. 예를 들어 SqlBuilder 객체의 정적 메소드를 사용해서 클래스를 작성하면, 예제 6.3과 같다.

예제 6.3 ShopProviderBySqlBuilder 클래스(SqlBuilder 객체 사용)

```
/* /chapter06/src/org/mybatis/provider/ShopProviderBySqlBuilder.java */

package org.mybatis.provider;

import static org.apache.ibatis.jdbc.SqlBuilder.*;
import java.util.Map;

public class ShopProviderBySqlBuilder {
    /* 조회 쿼리문 생성 및 반환 */
    public String select(Map<String, Object> parameters) {
        BEGIN();

        SELECT("SHOP_NO, SHOP_NAME, SHOP_LOCATION, SHOP_STATUS");
        FROM("SHOP");
        WHERE("SHOP_NO = #{shopNo}");

        return SQL();
    }

    /* 등록 쿼리문 생성 및 반환 */
    public String insert(Map<String, Object> parameters) {
        BEGIN();

        INSERT_INTO("SHOP");
        VALUES("SHOP_NO", "#{shopNo}");
        VALUES("SHOP_NAME", "#{shopName}");
        VALUES("SHOP_LOCATION", "#{shopLocation}");
        VALUES("SHOP_STATUS", "#{shopStatus}");

        return SQL();
```

```
    }

    /* 수정 쿼리문 생성 및 반환 */
    public String update(Map<String, Object> parameters) {
        BEGIN();

        UPDATE("SHOP");
        SET("SHOP_STATUS = #{shopStatus}");
        WHERE("SHOP_NO = #{shopNo}");

        return SQL();
    }

    /* 삭제 쿼리문 생성 및 반환 */
    public String delete(Map<String, Object> parameters) {
        BEGIN();

        DELETE_FROM("SHOP");
        WHERE("SHOP_NO = #{shopNo}");

        return SQL();
    }
}
```

위와 같이 작성한 클래스를 호출하면, 다음과 같이 출력된 로그를 통해서 SQL 문법에 맞는 조회, 등록, 수정, 삭제 쿼리문이 생성된 것을 확인할 수 있다.

```
/* 조회 쿼리문 */
DEBUG [main] - ==> Preparing: SELECT SHOP_NO, SHOP_NAME, SHOP_LOCATION,
             SHOP_STATUS FROM SHOP WHERE (SHOP_NO = ?)
DEBUG [main] - ==> Parameters: 1(Integer)
TRACE [main] - <== Columns:SHOP_NO, SHOP_NAME, SHOP_LOCATION, SHOP_STATUS
TRACE [main] - <== Row: 1, Toy Store, <<CLOB>>, Y
DEBUG [main] - <== Total: 1

/* 등록 쿼리문 */
DEBUG [main] - ==> Preparing: INSERT INTO SHOP (SHOP_NO, SHOP_NAME,
             SHOP_LOCATION, SHOP_STATUS) VALUES (?, ?, ?, ?)
DEBUG [main] - ==> Parameters: 4(Integer), Dad Store(String),
```

```
            D Tower Seocho dong(String), Y(String)
DEBUG [main] - <== Updates: 1

/* 수정 쿼리문 */
DEBUG [main] - ==> Preparing: UPDATE SHOP SET SHOP_STATUS = ?
            WHERE (SHOP_NO = ?)
DEBUG [main] - ==> Parameters: N(String), 5(Integer)
DEBUG [main] - <== Updates: 0

/* 삭제 쿼리문 */
DEBUG [main] - ==> Preparing: DELETE FROM SHOP WHERE (SHOP_NO = ?)
DEBUG [main] - ==> Parameters: 4(Integer)
DEBUG [main] - <== Updates: 1
```

SqlBuilder 객체는 SelectBuilder 객체에 정의된 정적 메소드를 모두 포함하고 있다. SqlBuilder 객체에 정의된 메소드 중 SelectBuilder 객체와 겹치는 정적 메소드를 제외하면, 표 6.15와 같다.

표 6.15 SqlBuilder 객체에 정의된 추가 정적 메소드

메소드명	설명
INSERT_INTO(String)	SQL 객체에 INSERT_INTO 키워드를 추가한다. 인자로 전달한 테이블명은 INSERT_INTO 키워드 뒤에 추가된다. 여러 번 VALUE() 메소드 호출이 뒤따른다.
VALUES(String, String)	INSERT() 메소드와 함께 사용하며, 여러 번 지정할 수 있다. 컬럼명, 파라미터 값을 인자로 사용한다.
UPDATE(String)	SQL 객체에 UPDATE 키워드를 추가한다. 인자로 전달한 테이블명은 UPDATE 키워드 뒤에 추가된다. 여러 번 SET() 메소드 호출이 뒤따르며, 조건을 지정하기 위해서 WHERE() 메소드를 호출한다.
SET(String)	UPDATE() 메소드와 함께 사용하며, 여러 번 호출할 수 있다. 수정 컬럼명과 컬럼 값을 인자로 사용한다.
DELETE_FROM(String)	SQL 객체에 DELETE FROM 키워드를 추가한다. 인자로 전달한 테이블명은 DELETE FROM 키워드 뒤에 추가된다. 조건을 지정하기 위해서 WHERE() 메소드를 호출한다.

6.4.3 SQL 객체

앞서 살펴본 SelectBuilder 객체와 SqlBuilder 객체는 마이바티스 3.2 버전부터 삭제될 예정이다. 이를 대신해서 SQL 객체를 사용한다. SQL 객체는 BEGIN() 메소드로 시작해서 SQL() 메소드로 동적 쿼리문을 반환하는 형태가 아니라 빌드 타입 형태로 작성한 동적 쿼리문을 반환한다. 예를 들어 SQL 객체를 사용해서 클래스를 작성하면, 예제 6.4와 같다.

예제 6.4 ShopProviderBySql 클래스(SQL 객체 사용)

```
/* /chapter06/src/org/mybatis/provider/ShopProviderBySql.java */

package org.mybatis.provider;

import java.util.Map;
import org.apache.ibatis.jdbc.SQL;

public class ShopProviderBySql {
    /* 조회 쿼리문 생성 및 반환 */
    public String select(Map<String, Object> parameters) {
        return new SQL() {
            {
                SELECT("SHOP_NO, SHOP_NAME, SHOP_LOCATION, SHOP_STATUS");
                FROM("SHOP");
                WHERE("SHOP_NO = #{shopNo}");
            }
        }.toString();
    }

    /* 등록 쿼리문 생성 및 반환 */
    public String insert(Map<String, Object> parameters) {
        return new SQL() {
            {
                INSERT_INTO("SHOP");
                VALUES("SHOP_NO", "#{shopNo}");
                VALUES("SHOP_NAME", "#{shopName}");
                VALUES("SHOP_LOCATION", "#{shopLocation}");
                VALUES("SHOP_STATUS", "#{shopStatus}");
            }
        }.toString();
```

```
    }

    /* 수정 쿼리문 생성 및 반환 */
    public String update(Map<String, Object> parameters) {
        return new SQL() {
            {
                UPDATE("SHOP");
                SET("SHOP_STATUS = #{shopStatus}");
                WHERE("SHOP_NO = #{shopNo}");
            }
        }.toString();
    }

    /* 삭제 쿼리문 생성 및 반환 */
    public String delete(Map<String, Object> parameters) {
        return new SQL() {
            {
                DELETE_FROM("SHOP");
                WHERE("SHOP_NO = #{shopNo}");
            }
        }.toString();
    }
}
```

위와 같이 작성한 클래스를 호출하면, 다음과 같이 출력된 로그를 통해서 SQL 문법에 맞는 조회, 등록, 수정, 삭제 쿼리문이 생성된 것을 확인할 수 있다.

```
/* 조회 쿼리문 */
DEBUG [main] - ==> Preparing: SELECT SHOP_NO, SHOP_NAME, SHOP_LOCATION,
            SHOP_STATUS FROM SHOP WHERE (SHOP_NO = ?)
DEBUG [main] - ==> Parameters: 1(Integer)
TRACE [main] - <== Columns:SHOP_NO, SHOP_NAME, SHOP_LOCATION, SHOP_STATUS
TRACE [main] - <== Row: 1, Toy Store, <<CLOB>>, Y
DEBUG [main] - <== Total: 1

/* 등록 쿼리문 */
DEBUG [main] - ==> Preparing: INSERT INTO SHOP (SHOP_NO, SHOP_NAME,
            SHOP_LOCATION, SHOP_STATUS) VALUES (?, ?, ?, ?)
DEBUG [main] - ==> Parameters: 4(Integer), Dad Store(String),
```

```
            D Tower Seocho dong(String), Y(String)
DEBUG [main] - <== Updates: 1

/* 수정 쿼리문 */
DEBUG [main] - ==> Preparing: UPDATE SHOP SET SHOP_STATUS = ?
            WHERE (SHOP_NO = ?)
DEBUG [main] - ==> Parameters: N(String), 5(Integer)
DEBUG [main] - <== Updates: 0

/* 삭제 쿼리문 */
DEBUG [main] - ==> Preparing: DELETE FROM SHOP WHERE (SHOP_NO = ?)
DEBUG [main] - ==> Parameters: 4(Integer)
DEBUG [main] - <== Updates: 1
```

6.5 쿼리문 직접 실행에 사용하는 객체

마이바티스는 마이바티스 매퍼 XML 파일이나 매퍼 인터페이스에 정의한 매핑 구문뿐만 아니라 사용자가 직접 작성한 쿼리문을 실행할 수 있도록 쿼리문 실행 객체를 제공한다. 그림 6.15와 같이 마이바티스에서 제공하는 쿼리문 실행 객체는 두 개다. 하나는 SqlRunner 객체고, 다른 하나는 ScriptRunner 객체다. SqlRunner 객체는 단일 쿼리문을 실행할 때 사용하고, ScriptRunner 객체는 SQL 스크립트 파일을 실행할 때 사용한다.

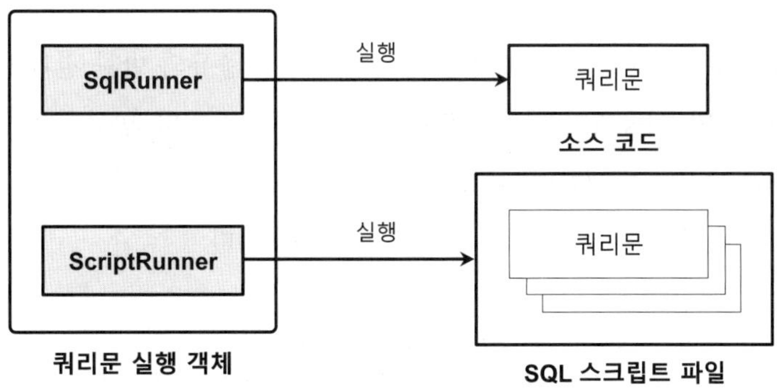

그림 6.15 마이바티스에서 제공하는 쿼리문 실행 객체

쿼리문 실행 객체에 인자로 전달하는 쿼리문은 String 객체나 StringBuffer 객체를 사용해서 생성할 수 있지만, 앞서 배운 SelectBuilder 객체나 SqlBuilder 객체를 사용해서 만들면 소스 코드가 훨씬 간결해진다. 쿼리문 실행 객체를 생성하고 실행하는 방법에 대해서 알아보자.

6.5.1 SqlRunner 객체

SqlRunner 객체를 사용하면, 그림 6.16과 같이 소스 코드에 포함한 단일 쿼리문을 실행할 수 있다.

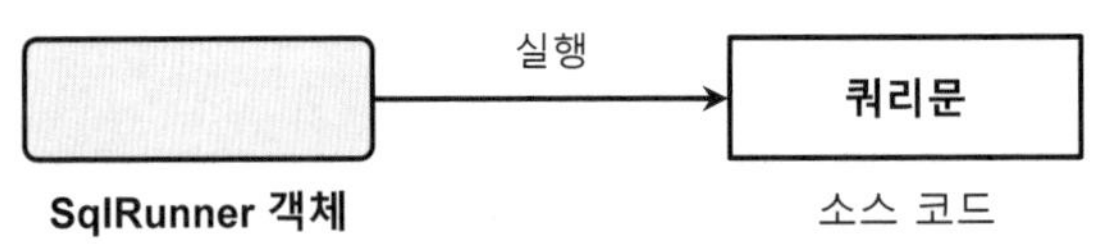

그림 6.16 SqlRunner 객체

SqlRunner 객체를 생성할 때 생성자의 인자로 Connection 객체가 필요하다. 다음과 같이 DataSource 객체에 정의된 getConnection() 메소드를 호출하면, 생성된 Connection 객체를 반환받을 수 있다.

```
// SqlRunner 객체 생성
SqlRunner sqlRunner = new SqlRunner(dataSource.getConnection());
```

위와 같이 SqlRunner 객체를 생성한 다음 쿼리문 종류와 반환 결과에 맞는 메소드를 호출하면, 사용자가 원하는 쿼리문을 실행할 수 있다. 만약 잘못된 메소드를 사용하면 에러가 발생한다. 예를 들어 단일 레코드를 반환하는 조회 쿼리문을 호출할 때 다음과 같이 selectOne() 메소드를 사용한다.

```
Map<String, Object> result = sqlRunner.selectOne(
    "SELECT SHOP_NO, SHOP_NAME, SHOP_LOCATION, SHOP_STATUS " +
    "FROM SHOP " +
    "WHERE SHOP_NO = ?", 1
);
```

쿼리문 종류와 반환 결과에 따라 사용 가능한 SqlRunner 객체의 메소드를 정리하면, 표 6.16과 같다.

표 6.16 SqlRunner 객체에 정의된 메소드

메소드명	반환 타입	설명
setUseGeneratedKeySupport(boolean)	void	자동 생성키 사용 여부를 지정한다.
selectOne(String, Object...)	Map<String, Object>	조회 쿼리문을 실행한 다음 Map 타입의 리절트 객체를 반환받을 때 사용한다. 조회 결과가 단일 레코드인 경우 사용한다. 조회 쿼리문, 파라미터 객체를 인자로 사용한다. 만일 조회 결과가 다중 레코드인 경우 예외가 발생한다.
selectAll(String, Object...)	List<Map<String, Object>>	조회 쿼리문을 실행한 다음 List 타입의 리절트 객체를 반환받을 때 사용한다. 조회 결과가 다중 레코드인 경우 사용한다. 조회 쿼리문, 파라미터 객체를 인자로 사용한다.
insert(String, Object...)	int	등록 쿼리문을 실행한 다음 등록된 레코드 개수를 반환받을 때 사용한다.
update(String, Object...)	int	수정 쿼리문을 실행한 다음 수정된 레코드 개수를 반환받을 때 사용한다.
delete(String, Object...)	int	삭제 쿼리문을 실행한 다음 삭제된 레코드 개수를 반환받을 때 사용한다.
run(String)	void	DDL(데이터 정의 언어)과 같이 다양한 쿼리문을 실행할 때 사용한다.
closeConnection()	void	접속을 해제할 때 사용한다.

위의 표 6.16에 정리한 SqlRunner 객체의 메소드를 사용해서 단일 레코드를 반환하는 예제를 작성하면, 예제 6.5와 같다.

예제 6.5 SqlRunnerExecutor 클래스

```
/* /chapter06/src/org/mybatis/runner/SqlRunnerExecutor.java */

package org.mybatis.runner;

import java.util.Map;
import javax.sql.DataSource;
```

```
import org.apache.ibatis.datasource.unpooled.UnpooledDataSource;
import org.apache.ibatis.jdbc.SqlRunner;
import org.apache.ibatis.logging.Log;
import org.apache.ibatis.logging.LogFactory;

public class SqlRunnerExecutor {
    private static final Log log =
        LogFactory.getLog(SqlRunnerExecutor.class);

    private static String driver = "oracle.jdbc.driver.OracleDriver";
    private static String url = "jdbc:oracle:thin:@localhost:1521:XE";
    private static String username = "mybatis";
    private static String password = "mybatis$";

    private static DataSource dataSource;

    static {
        try {
            // 데이터 소스 생성
            dataSource =
                new UnpooledDataSource(driver, url, username, password);
        } catch (Exception e) {
            e.printStackTrace();
        }
    }

    public static void main(String args[]) {
        SqlRunner sqlRunner = null;

        try {
            // SqlRunner 객체 생성
            sqlRunner = new SqlRunner(dataSource.getConnection());
            Map<String, Object> result = sqlRunner.selectOne(
                "SELECT SHOP_NO, SHOP_NAME, SHOP_LOCATION, SHOP_STATUS " +
                "FROM SHOP WHERE SHOP_NO = ?", 1);

            log.debug(result.toString());
        } catch (Exception e) {
            e.printStackTrace();
        } finally {
```

```
            // SqlRunner 객체 종료
            sqlRunner.closeConnection();
        }
    }
}
```

위와 같이 작성한 클래스를 실행하면, 다음과 같이 출력된 로그를 통해서 단일 쿼리문이 실행된 것을 확인할 수 있다.

```
{SHOP_STATUS=Y, SHOP_NAME=Toy Store, SHOP_NO=1, SHOP_LOCATION=oracle.sql.
CLOB@7f416310}
```

6.5.2 ScriptRunner 객체

`ScriptRunner` 객체를 사용하면, 그림 6.17과 같이 다수의 쿼리문이 작성된 SQL 스크립트 파일을 읽어들여 한 번에 실행할 수 있다.

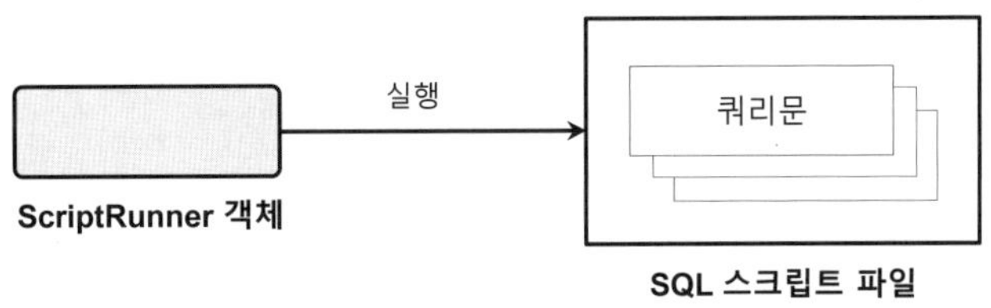

그림 6.17 ScriptRunner 객체

`ScriptRunner` 객체를 실행할 때 인자로 SQL 스크립트 파일이 필요하다. SQL 스크립트 파일에는 데이터 조작 언어[DML, Data Manipulation Language]뿐만 아니라 데이터 정의 언어[DDL, Data Definition Language]도 작성할 수 있다. 예를 들어 가게 정보 테이블과 장난감 테이블을 생성한 다음 초기 데이터를 등록하는 SQL 스크립트 파일을 준비하면, 예제 6.6과 같다.

예제 6.6 SQL 스크립트 파일

```
/* /chapter06/src/resources/mybatis/sql_script.txt */

/* 존재하는 가게 정보 테이블 삭제 */
DROP TABLE SHOP;

/* 가게 정보 테이블 생성 */
CREATE TABLE SHOP (
    SHOP_NO NUMBER NOT NULL ENABLE,
    SHOP_NAME VARCHAR2(100 BYTE),
    SHOP_LOCATION CLOB,
    SHOP_STATUS VARCHAR2(20 BYTE),
    CONSTRAINT SHOP_PK PRIMARY KEY (SHOP_NO)
);

/* 가게 정보 초기 데이터 등록 */
INSERT INTO SHOP (SHOP_NO, SHOP_NAME, SHOP_LOCATION, SHOP_STATUS)
    VALUES (1,'Toy Store','A Tower Seocho dong','Y');
INSERT INTO SHOP (SHOP_NO, SHOP_NAME, SHOP_LOCATION, SHOP_STATUS)
    VALUES (2,'Play Store','B Tower Seocho dong','Y');
INSERT INTO SHOP (SHOP_NO, SHOP_NAME, SHOP_LOCATION, SHOP_STATUS)
    VALUES (3,'Mom Store','C Tower Seocho dong','Y');

COMMIT;

/* 존재하는 장난감 테이블 삭제 */
DROP TABLE TOY;

/* 장난감 테이블 생성 */
CREATE TABLE TOY (
    TOY_NO NUMBER NOT NULL ENABLE,
    TOY_NAME VARCHAR2(100 BYTE),
    TOY_PRICE NUMBER,
    SHOP_NO NUMBER NOT NULL ENABLE,
    CONSTRAINT TOY_PK PRIMARY KEY (TOY_NO)
);

/* 장난감 테이블 초기 데이터 등록 */
INSERT INTO TOY (TOY_NO,TOY_NAME,TOY_PRICE,SHOP_NO)
    VALUES (1,'Lego(Model-A100)',30000,1);
```

```
INSERT INTO TOY (TOY_NO,TOY_NAME,TOY_PRICE,SHOP_NO)
    VALUES (2,'Lego(Model-A200)',60000,1);
INSERT INTO TOY (TOY_NO,TOY_NAME,TOY_PRICE,SHOP_NO)
    VALUES (3,'Lego(Model-A300)',90000,1);
COMMIT;

/* 존재하는 가게 번호 시퀀스 삭제 */
DROP SEQUENCE SEQ_SHOP_NO;

/* 가게 번호 시퀀스 생성 */
CREATE SEQUENCE SEQ_SHOP_NO INCREMENT BY 1 START WITH 4;
```

SqlRunner 객체를 생성할 때 생성자의 인자로 Connection 객체가 필요하다. 다음과 같이 DataSource 객체에 정의된 getConnection() 메소드를 호출하면, 생성된 Connection 객체를 반환받을 수 있다.

```
// ScriptRunner 객체 생성
ScriptRunner scriptRunner = new ScriptRunner(dataSource.getConnection());
```

위와 같이 ScriptRunner 객체를 생성한 다음 실행 방식을 변경하기 위한 몇 가지 설정 메소드를 호출한다. 그리고 SQL 스크립트 파일이 위치한 경로를 지정한다.

```
scriptRunner.setAutoCommit(true);
scriptRunner.setStopOnError(true);
scriptRunner.runScript(
    Resources.getResourceAsReader("resources/mybatis/sql_script.txt"));
```

ScriptRunner 객체의 실행 방식을 변경할 때 사용하는 메소드를 정리하면, 표 6.17과 같다.

표 6.17 ScriptRunner 객체에 정의된 메소드

메소드명	반환 타입	설명
setAutoCommit(boolean)	void	강제 커밋 여부를 지정한다. 기본 값은 false다.
setLogWriter(PrintWriter)	void	로그 출력 객체를 지정한다. 기본 값은 표준 출력이다.
setErrorLogWriter(PrintWriter)	void	에러 출력 객체를 지정한다. 기본 값은 표준 출력이다.
setRemoveCRs(boolean)	void	개행 문자 제거 여부를 지정한다. 기본 값은 false다.
setDelimiter(String)	void	쿼리문 구분자를 지정한다. 쿼리문 구분자를 인자로 사용하며, 기본 값은 ; 기호다.
setSendFullScript(boolean)	void	SQL 스크립트 실행 방식을 지정한다. 인자 값이 true이면 SQL 스크립트를 한 번에 실행하고, false이면 SQL 스크립트를 라인 단위로 실행한다.
setFullLineDelimiter(boolean)	void	라인 구분자 사용 여부를 지정한다. 기본 값은 false다.
setStopOnError(boolean)	void	에러가 발생한 경우 실행 중지 여부를 지정한다. 기본 값은 false다.
runScript(Reader)	void	SQL 스크립트 파일을 지정한다.
closeConnection()	void	접속을 해제한다.
*setEscapeProcessing(boolean)	void	SQL 스크립트 파일에 포함된 특수 문자 처리 여부를 지정한다. 기본 값은 true다.

1. 애스터리스크(*)를 표기한 메소드는 마이바티스 3.1.1 이상 버전부터 사용 가능한 메소드다.

예를 들어 `ScriptRunner` 객체를 생성한 다음 resources/mybatis/sql_script.txt 경로에 존재하는 SQL 스크립트 파일을 실행하는 예제를 작성하면, 예제 6.7과 같다.

예제 6.7 ScriptRunnerExecutor 클래스

```
/* /chapter06/src/org/mybatis/runner/ScriptRunnerExecutor.java */

package org.mybatis.runner;

import javax.sql.DataSource;
import org.apache.ibatis.datasource.unpooled.UnpooledDataSource;
import org.apache.ibatis.io.Resources;
import org.apache.ibatis.jdbc.ScriptRunner;
```

```
public class ScriptRunnerExecutor {
    private static String driver = "oracle.jdbc.driver.OracleDriver";
    private static String url = "jdbc:oracle:thin:@localhost:1521:XE";
    private static String username = "mybatis";
    private static String password = "mybatis$";

    private static DataSource dataSource;

    static {
        try {
            // 데이터 소스 생성
            dataSource =
                new UnpooledDataSource(driver, url, username, password);
        } catch (Exception e) {
            e.printStackTrace();
        }
    }

    public static void main(String args[]) {
        ScriptRunner scriptRunner = null;

        try {
            // ScriptRunner 객체 생성
            scriptRunner = new ScriptRunner(dataSource.getConnection());

            // ScriptRunner 실행 설정
            scriptRunner.setAutoCommit(true);
            scriptRunner.setStopOnError(true);
            scriptRunner.runScript(Resources.getResourceAsReader(
                "resources/mybatis/sql_script.txt"));
        } catch (Exception e) {
            e.printStackTrace();
        } finally {
            // ScriptRunner 객체 종료
            scriptRunner.closeConnection();
        }
    }
}
```

이와 같이 작성한 클래스를 실행하면, 다음과 같이 출력된 로그를 통해서 SQL 스크립트 파일이 실행된 것을 확인할 수 있다.

```
/* 존재하는 가게 정보 테이블 삭제 */
DROP TABLE SHOP

/* 가게 정보 테이블 생성 */
CREATE TABLE SHOP (
    SHOP_NO NUMBER NOT NULL ENABLE,
    SHOP_NAME VARCHAR2(100 BYTE),
    SHOP_LOCATION CLOB,
    SHOP_STATUS VARCHAR2(20 BYTE),
    CONSTRAINT SHOP_PK PRIMARY KEY (SHOP_NO)
)

...중략...

/* 가게 번호 시퀀스 생성 */
CREATE SEQUENCE SEQ_SHOP_NO INCREMENT BY 1 START WITH 4;
```

6.6 정리

6장에서는 마이바티스 프로그래밍에서 사용하는 다양한 마이바티스 객체와 사용법을 자세히 살펴보았다. 7장에서는 웹 애플리케이션 계층 개념과 마이바티스와 스프링을 연동하는 다양한 방식을 알아보자.

Part 3

응용

7장

마이바티스와 웹 애플리케이션

7장에서는 자바 애플리케이션을 좀 더 효율적인 계층 구조로 적절히 나눈다. 각 계층의 역할과 기능을 이해할 수 있다. 웹 서비스를 위해 웹 애플리케이션 프레임워크를 도입했을 때 최적화된 웹 애플리케이션 계층을 구성할 수 있다.

7.1 자바 애플리케이션 계층 구성

앞서 작성한 마이바티스 프로그래밍은 자바 애플리케이션의 `main()` 메소드 호출을 통해서 실행된다. 인자를 준비한 다음 트랜잭션이 유지되는 동안 하나 이상의 매핑 구문을 실행한다. `SqlSessionFactory` 객체의 `openSession()` 메소드를 호출하면 트랜잭션이 시작되고, `close()` 메소드를 호출하면 트랜잭션이 종료된다. 마이바티스 프로그래밍 실행 흐름을 단계적으로 도식화하면, 그림 7.1과 같다.

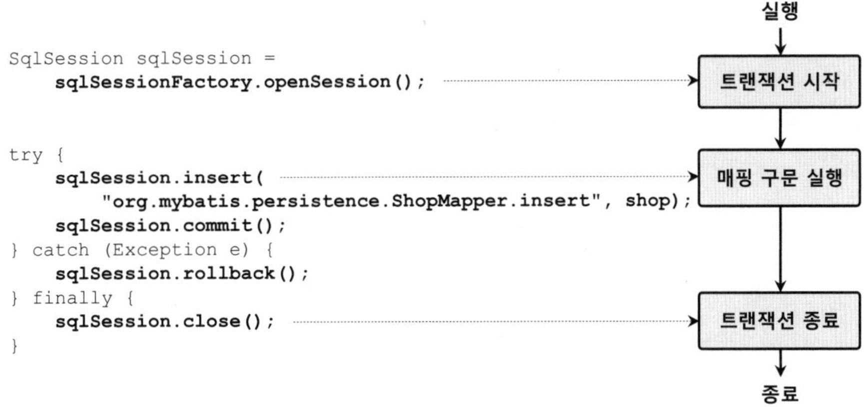

그림 7.1 마이바티스 프로그래밍 실행 흐름

위와 같이 예를 든 자바 애플리케이션은 단순히 데이터를 조회하거나 변경하는 기능을 처리한다. 업무와 관련된 소스 코드 한 줄 없이 마이바티스 프로그래밍을 실행한 이유는 명확하다. 쉽고 빠른 실행으로 마이바티스 학습에 집중하기 위해서다. 실제 애플리케이션을 작성할 때 정보 시스템에 데이터를 반영하는 기능 외에도 업무를 처리하는 로직이 포함된다. 예를 들어 가게 장난감 재고량을 조회한 다음 입력받은 입고량을 합산해서 다시 재고량에 반영하는 자바 애플리케이션을 살펴보자. 재고량을 조회하거나 수정하는 소스 코드는 데이터를 처리하는 로직에 속한다. 그리고 재고량과 입고량을 합산하는 소스 코드는 업무 로직에 해당된다.

```
public class ShopStockApplication {
    ...중략...

    public static void main(String[] args) {
        // 가게 장난감 입고량
        int amountOfStorage = Integer.parseInt(args[0]);

        SqlSession sqlSession = sqlSessionFactory.openSession();

        try {
            // 가게 장난감 재고량 조회
            int totalStock = sqlSession.selectOne(
                "org.mybatis.persistence.ShopStockMapper.select", 1);

            // 가게 장난감 재고량에 입고량을 반영
            totalStock = totalStock + amountOfStorage;

            // 파라미터 객체 생성 및 등록
            Map parameters = new HashMap();
            parameters.put("shopNo", 1);
            parameters.put("totalStock", totalStock);

            // 가게 장난감 재고량 수정
            sqlSession.update(
                "org.mybatis.persistence.ShopStockMapper.update", parameters);

            sqlSession.commit();
        } catch (Exception e) {
            e.printStackTrace();
        } finally {
            sqlSession.close();
        }
    }
}
```

위와 같이 데이터를 처리하는 소스 코드와 업무를 처리하는 소스 코드가 혼재되어 있으면, 다수의 자바 애플리케이션을 작성할 때 중복된 소스 코드가 많아지기 때문에 수정 사항에 신속히 대응하기 어렵다. 자바 애플리케이션을 더 효율적인 구조로 변경해 보자. 다음과 같이 ShopStockDao 클래스를 생성한 다음 데이터 처리 기능을 추출해서 메소드 단위로 작성한다.

```
public class ShopStockDao {
    private SqlSession sqlSession

    /* 가게 장난감 재고량 조회 */
    public int select(int shopNo) {
        return sqlSession.selectOne(
            "org.mybatis.persistence.ShopStockMapper.select", shopNo);
    }

    /* 가게 장난감 재고량 수정 */
    public void update(Map<String, Object> parameters) {
        sqlSession.update(
            "org.mybatis.persistence.ShopStockMapper.update", parameters);
    }
}
```

위와 같이 작성한 ShopStockDao 클래스처럼 데이터베이스에 등록된 정보를 조회하거나 변경된 정보를 반영하는 기능을 처리하는 클래스를 데이터 접근 클래스Data Access Class라고 칭하고, 데이터 접근 클래스가 위치한 계층을 퍼시스턴스 계층Persistence Layer이라고 말한다. 데이터 접근 클래스는 데이터베이스와 같이 정보 시스템에 매우 밀접한 관련을 가진다. 정보 시스템이 변경될 때 데이터 접근 클래스도 함께 수정될 가능성이 높다. 애플리케이션 수정 작업을 최소화하기 위해서 데이터 접근 클래스에 특정 아키텍처를 적용하거나 마이바티스처럼 퍼시스턴스 프레임워크를 사용한다. 예를 들어 데이터 접근 클래스를 인터페이스와 구현 클래스로 나누어 설계한 다음 구현 클래스에 마이바티스 프로그래밍을 작성하면, 정보 시스템이 변경될 때 유연성을 가질 수 있다.

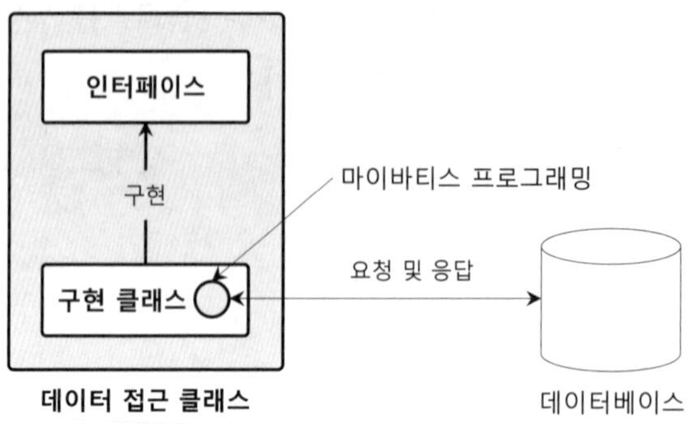

그림 7.2 인터페이스를 기반으로 설계한 데이터 접근 클래스

앞서 작성한 ShopStockDao 클래스를 인터페이스와 구현 클래스로 나누어 작성해 보자. 일반적으로 데이터 접근 인터페이스명은 Dao 문자열을 접미사로 붙이고, 데이터 접근 클래스명은 DaoImpl 문자열을 접미사로 붙인다.

```
/* ShopStockDao 인터페이스 */
public interface ShopStockDao {
    public int select(int shopNo);
    public void update(Map<String, Object> parameters);
}

/* ShopStockDaoImpl 클래스 */
public class ShopStockDaoImpl implements ShopStockDao {
    private SqlSession sqlSession

    /* 가게 장난감 재고량 조회 */
    public int select(int shopNo) {
        return sqlSession.selectOne(
            "org.mybatis.persistence.ShopStockMapper.select", shopNo);
    }

    /* 가게 장난감 재고량 수정 */
    public void update(Map<String, Object> parameters) {
        sqlSession.update(
            "org.mybatis.persistence.ShopStockMapper.update", parameters);
    }
}
```

이와 같이 데이터 접근 인터페이스와 구현 클래스를 작성한 다음 ShopStockApplication 클래스를 수정해 보자. 다음과 같이 업무 로직에 해당되는 재고량을 합산하는 소스 코드와 데이터 접근 객체를 호출하는 소스 코드만 남는 것을 볼 수 있다.

```
/* ShopStockApplication 클래스 */
public class ShopStockApplication {
    ...중략...

    /* 데이터 접근 객체 */
    private static ShopStockDao shopStockDao = new ShopStockDaoImpl();

    public static void main(String[] args) {
// 가게 장난감 입고량
int amountOfStorage = Integer.parseInt(args[0]);

SqlSession sqlSession = sqlSessionFactory.openSession();

try {
    // 가게 장난감 재고량 조회
    int totalStock = shopStockDao.select(1);

    // 가게 장난감 재고량에 입고량을 반영
    totalStock = totalStock + amountOfStorage;

    // 파라미터 객체 생성 및 등록
    Map<String, Object> parameters = new HashMap<String, Object>();
    parameters.put("shopNo", 1);
    parameters.put("totalStock", totalStock);

    // 가게 장난감 재고량 수정
    shopStockDao.update(parameters);

    sqlSession.commit();
} catch (Exception e) {
    e.printStackTrace();
} finally {
    sqlSession.close();
}
```

수정된 ShopStockApplication 클래스처럼 업무와 관련된 로직을 처리하는 클래스를 서비스 클래스Service Class라고 칭하고, 서비스 클래스가 위치한 계층을 서비스 계층Service Layer이라고 말한다. 서비스 클래스를 정의하는 가장 큰 이유는 일련의 업무를 함께 처리하기 위해서다. 데이터 접근 클래스에 정의한 메소드 단위로 기능을 처리하면 업무적인 문제가 발생할 수 있다. 부동산 거래를 예로 들어보자. 부동산 등기부 등본과 은행 담보 대출 내역을 조회한 결과 이상이 없다면, 부동산 매매 계약을 체결하고 결과를 저장한다. 만약에 부동산 등기부 등본에 문제가 있다면, 부동산 매매 계약을 체결할 수 없다. 이처럼 일련의 단위 업무를 함께 처리하거나 아니면 최초 상태로 되돌려 놓을 수 있는 서비스 객체가 필요하다. 서비스 객체는 정보 시스템에 영향을 받지 않는다. 경우에 따라 데이터 접근 객체를 여러 번 호출할 수 있으며, 트랜잭션과 같이 필요한 기능을 적용할 수 있다. ShopStockApplication 클래스로부터 서비스 클래스를 도출해 보자. 앞서 데이터 접근 클래스를 생성한 것처럼 인터페이스와 구현 클래스로 나누어 작성한다. 일반적으로 서비스 인터페이스명은 Service 문자열을 접미사로 붙이고, 서비스 클래스명은 ServiceImpl 문자열을 접미사로 붙인다.

```
/* ShopStockService 인터페이스 */
public interface ShopStockService {
     public void edit(int shopNo, int amountOfStorage);
}

/* ShopStockServiceImpl 클래스 */
public class ShopStockServiceImpl implements ShopStockService {
 {
    ...중략...

    /* 데이터 접근 객체 */
    ShopStockDao shopStockDao = new ShopStockDaoImpl();

    /* 가게 장난감 재고량 수정 */
    public void edit(int shopNo, int amountOfStorage) {
        // 가게 장난감 재고량 조회
        int totalStock = shopStockDao.select(shopNo);
```

```
        // 가게 장난감 재고량에 입고량을 반영
        totalStock = totalStock + amountOfStorage;

        // 파라미터 객체 생성 및 등록
        Map<String, Object> parameters = new HashMap<String, Object>();
        parameters.put("shopNo", 1);
        parameters.put("totalStock", totalStock);

        // 가게 장난감 재고량 수정
        shopStockDao.update(parameters);
    }
}
```

서비스 인터페이스와 구현 클래스를 작성한 다음 ShopStockApplication 클래스를 수정해 보자. 다음과 같이 파라미터를 제외하고 소스 코드가 매우 간결해진 것을 볼 수 있다.

```
/* ShopStockApplication 클래스 */
public class ShopStockApplication {
    /* 서비스 객체 */
    private static ShopStockService shopStockService =
        new ShopStockServiceImpl();

    public static void main(String[] args) {
        // 가게 장난감 입고량
        int amountOfStorage = Integer.parseInt(args[0]);

        // 가게 장난감 재고량 수정
        shopStockService.edit(1, amountOfStorage);
    }
}
```

ShopStockApplication 클래스는 main() 메소드의 인자로 전달된 가게 장난감 입고량에 상관없이 서비스 객체를 호출한다. 만약에 입고 수량이 없다면 쓸데없이 서비스 객체를 호출할 필요가 없다. 입고량이 존재할 때만 서비스 객체를 호출하도록 ShopStockApplication 클래스를 수정해 보자.

```
/* ShopStockApplication 클래스 */
public class ShopStockApplication {
    /* 서비스 객체 */
    private static ShopStockService shopStockService =
        new ShopStockServiceImpl();

    public static void main(String[] args) {
        // 가게 장난감 입고량
        int amountOfStorage = Integer.parseInt(args[0]);

        // 가게 장난감 재고량 수정
        if (amountOfStorage > 0) {
            shopStockService.edit(1, amountOfStorage);
        }
    }
}
```

지금까지 마이바티스 프로그래밍을 실습할 때 사용한 자바 애플리케이션 구조를 그림 7.3과 같이 좀 더 효율적인 구조로 변경해 보았다.

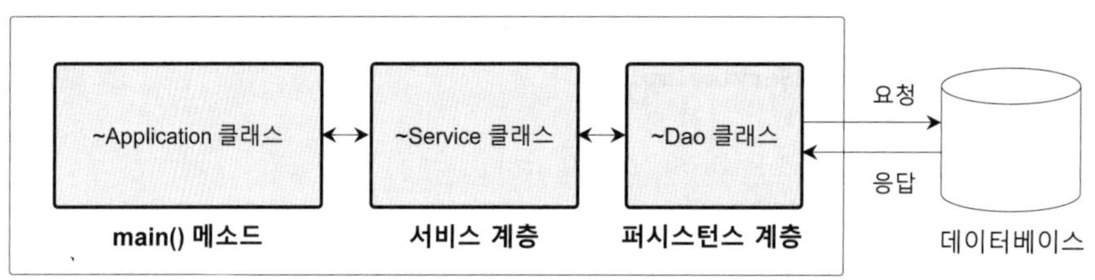

그림 7.3 자바 애플리케이션의 3단계 계층 구조

7.2 웹 애플리케이션 계층 구성

온라인에서 사용자 요청을 받아 응답을 처리하는 웹 서비스를 통해서 마이바티스 프로그래밍을 실행하기 위해서는 웹 애플리케이션이 필요하다. 자바에서 제공하는 `Socket` 객체나 `ServerSocket` 객체를 사용해서 직접 웹 애플리케이션을 작성할 수 있다. 하지만 다양한 상황에 맞춰 웹 애플리케이션을 변경하고 확장할

수 있도록 설계하고 구현하기란 쉽지 않다. 구현 과정에서 개발자 능력에 따라 소스 코드의 품질이 확연히 달라질 수 있다. 이런 이유로 웹 애플리케이션 프레임워크 도입을 고려하게 된다. 대표적인 웹 애플리케이션 프레임워크로 스프링과 스트럿츠2를 예로 들 수 있다. 웹 애플리케이션 프레임워크를 사용하면 표준화된 아키텍처를 제공받을 수 있기 때문에 업무 개발에 집중할 수 있다. 사용자 요청 및 응답 그리고 트랜잭션 처리를 위해 사용된 소스 코드를 재사용할 수 있을 뿐만 아니라 업무 처리 기능을 구현할 때 일관성을 유지할 수 있다. 이 책에서는 웹 애플리케이션 프레임워크로 널리 사용하는 스프링 MVC를 사용한다.

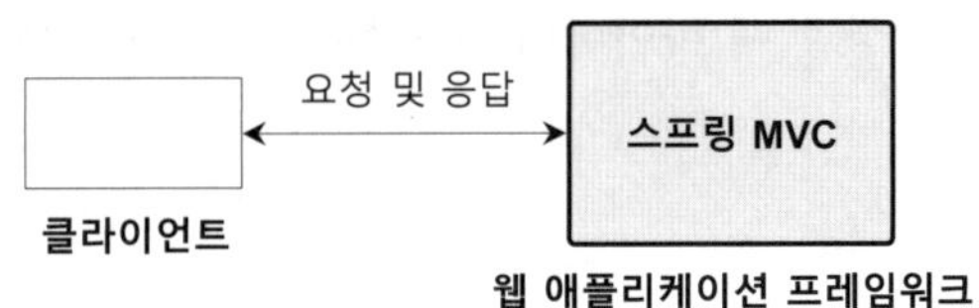

그림 7.4 웹 애플리케이션 프레임워크

일반적으로 웹 애플리케이션을 구성할 때 요청에 따라 업무 로직을 제어하고 응답을 처리하는 프리젠테이션 계층Presentation Layer을 지정한다. 사용하는 웹 애플리케이션 프레임워크에 따라 컨트롤러 클래스 또는 액션 클래스로 명명하고, `Controller` 문자열 또는 `Action` 문자열을 접미사로 붙인다. 그림 7.5와 같이 웹 애플리케이션에서 요청을 처리할 때 프리젠테이션 계층, 서비스 계층, 퍼시스턴스 계층을 보편적으로 사용한다.

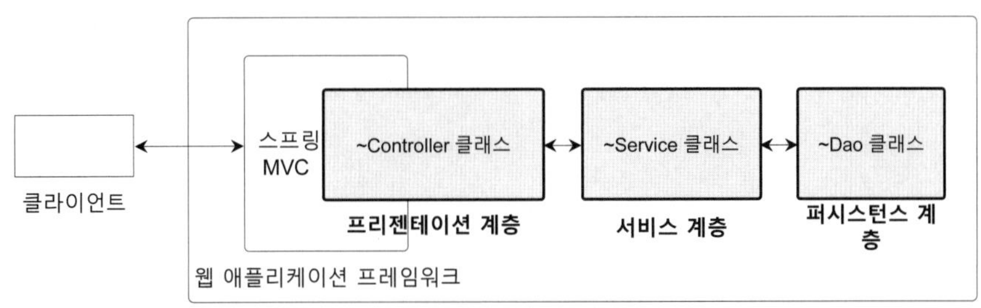

그림 7.5 웹 애플리케이션 계층 구조

웹 애플리케이션을 개발할 때 위에서 제시한 계층 구성보다 계층 수가 많아지면, 시스템 구성은 복잡해지고 개발 효율성은 떨어진다. 반면에 계층 수가 적어지면, 시스템은 유연성을 잃고 더 이상 확장이 어려워진다. 또한 시스템 변경에 따른 개발 및 관리 비용은 높아진다.

7.3 정리

7장에서는 자바 애플리케이션을 좀 더 효율적인 계층 구조로 변경하고, 더 나아가 웹 애플리케이션과 연동할 때 최적화된 계층 구조를 구성해보았다. 8장에서는 웹 애플리케이션을 작성할 때 마이바티스와 스프링 MVC를 연동하는 다양한 방식을 알아보자.

8장

마이바티스와 스프링 연동 웹 애플리케이션

마이바티스를 단독으로 사용하는 경우보다 웹 애플리케이션 프레임워크와 연동해서 사용하는 경우가 많다. 8장에서는 웹 애플리케이션 프레임워크 중 하나인 스프링과 마이바티스를 연동하는 세 가지 방식을 소개한다. 우선 8.2절에서 SqlSessionTemplate 객체를 방식을 사용해서 웹 애플리케이션을 단계적으로 작성한다. 8.3절과 8.4절에서는 SqlSessionDaoSupport 객체 방식과 자동 매핑 방식을 살펴본다. SqlSessionTemplate 객체 방식으로 작성한 웹 애플리케이션을 복사한 다음 수정이 필요한 소스 코드만 변경해서 웹 애플리케이션을 각각 작성한다. 중점적으로 살펴볼 내용은 마이바티스와 스프링 연동 부분이기 때문에 스프링에 대한 설명은 충분하지 않을 수 있다. 스프링에 대한 학습은 별도로 진행하기 바란다. 세 가지 방식을 차근차근 실습하다 보면 마이바티스와 스프링 연동에 대한 자신감을 스스로 가질 수 있다. 이번 장을 실습하기 위해서는 부록 A에 포함된 내용 중 웹 애플리케이션 개발 환경을 준비해야 한다.

8.1 마이바티스-스프링 연동 웹 애플리케이션의 개요

스프링은 마이바티스 이전 버전인 아이바티스iBATIS부터 함께 사용되었다.[1] 스프링 3.0 버전이 만들어질 당시 아이바티스처럼 마이바티스 또한 스프링에 포함될 가능성이 매우 높아 보였다. 하지만 스프링 3.0 버전을 배포하는 시점까지 마이바티스 개발이 마무리되지 않아 스프링 프로젝트 연동 대상에서 제외되었다. 스프링 3.0 버전을 배포한 이후 마이바티스 프로젝트 팀과 스프링 프로젝트 팀이 다시 모여 마이바티스-스프링 연동 프로젝트를 진행한 결과 마이바티스-스프링 연동 라이브러리를 제공할 수 있게 되었다. 마이바티스-스프링 연동 라이브러리를 사용하면, 마이바티스 라이브러리를 직접 사용하는 것보다 쉽게 스프링과 마이바티스를 연동할 수 있다. 예를 들어 스프링 설정을 통해 쉽게 마이바티스 객체를 생성하거나 주입할 수 있다. 이 책에서는 마이바티스-스프링 연동 웹 애플리케이션 예제를 세 가지 방식으로 작성한다. 이클립스에 다이나믹 웹 프로젝트를 각각 생성한 다음 서로 다른 방식으로 소스 코드를 작성한다. 하나의 방식을 마치고 난 다음 또 다른 방식을 설명할 때 앞서 작성한 소스 코드를 복사해서 사용한다. 그리고 변경이 필요한 소스 코드를 위주로 설명한다. 다음과 같이 세 가지 방식에 맞추어 웹 애플리케이션을 작성하고 나면, 마이바티스-스프링 연동 웹 애플리케이션에 대한 개발 능력 및 자신감을 가질 수 있다.

- **`SqlSessionTemplate` 객체를 사용한 연동 방식**
- **`SqlSessionDaoSupport` 객체를 사용한 연동 방식**
- **자동 매핑 방식**

8.2 SqlSessionTemplate 객체를 사용한 방식

스프링 빈 컨테이너에 `SqlSessionTemplate` 객체를 등록한 다음 데이터 접근 객체에서 `SqlSessionTemplate` 객체를 주입 받아 사용하는 방식이다. `SqlSession`

1 공식적으로 스프링 4.x 버전은 아이바티스를 지원하지 않는다. 스프링 4.x 업그레이드를 위해서 마이바티스를 반드시 사용할 필요는 없다. https://github.com/mybatis/ibatis-spring을 참조하면, 스프링 4.x 버전에서 아이바티스를 그대로 사용할 수 있다.

`Template` 객체 방식으로 작성한 소스 코드는 이후 다른 프로젝트를 작성할 때 사용한다.

8.2.1 프로젝트 구성

다이나믹 웹 프로젝트를 chapter08_dao 명칭으로 생성한 표 8.1과 같이 디렉토리를 생성한다. 개발에 필요한 라이브러리를 /chapter08_dao/WebContent/WEB-INF/lib 디렉토리에 복사한 다음 빌드 경로를 설정한다. 다이나믹 웹 프로젝트 생성에 어려움이 있을 경우 '부록 A. 마이바티스 프로그래밍 개발 환경 구축'을 참고한다. 이 장의 모든 예제는 /chapter08_dao, /chapter08_dao_support, /chapter08_auto_mapping 디렉토리에 있다.

표 8.1 chapter08_dao 다이나믹 웹 프로젝트의 디렉토리 구성

디렉토리 경로 및 파일명	설명
/src/org/mybatis/domain	도메인 클래스가 위치한 디렉토리
/src/org/mybatis/persistence	데이터 접근 인터페이스, 데이터 접근 클래스가 위치한 디렉토리
/src/org/mybatis/presentation	컨트롤러 클래스가 위치한 디렉토리
/src/org/mybatis/service	서비스 인터페이스, 서비스 클래스가 위치한 디렉토리
/src/resources/mybatis	마이바티스 매퍼 XML 파일이 위치한 디렉토리
/src/resources/spring	스프링 설정 XML 파일, 프로퍼티 파일이 위치한 디렉토리
/WebContent/WEB-INF/jsp/shop	JSP 파일이 위치한 디렉토리

디렉토리 생성 및 파일 작성을 완료하면, 그림 8.1과 같이 완성된 다이나믹 웹 프로젝트를 볼 수 있다.

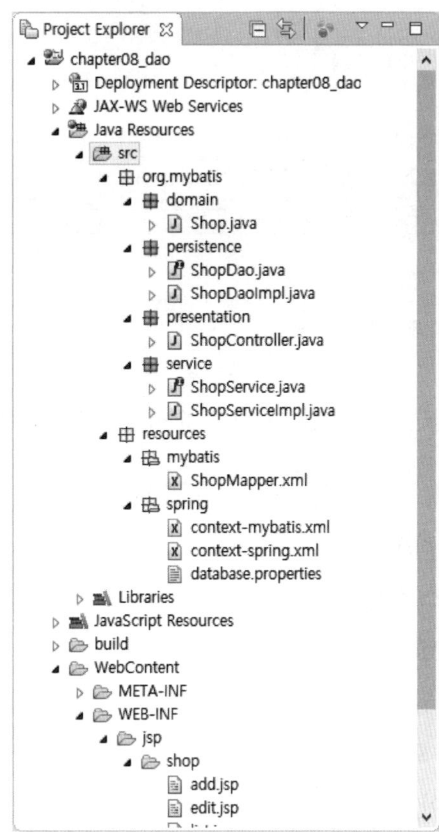

그림 8.1 chapter08_dao 다이나믹 웹 프로젝트

다이나믹 웹 프로젝트에 웹 애플리케이션 파일을 작성할 때 한 번에 작성하지 않고 설명과 함께 조금씩 작성한다. 이와 같은 작성 방식은 사용자가 소스 코드를 이해하는 데 좀 더 효과적일 수 있다.

8.2.2 가게 목록 조회

가게 목록 조회 기능을 구현하면, 그림 8.2와 같이 테이블에 등록한 가게 정보를 화면에 출력할 수 있다.

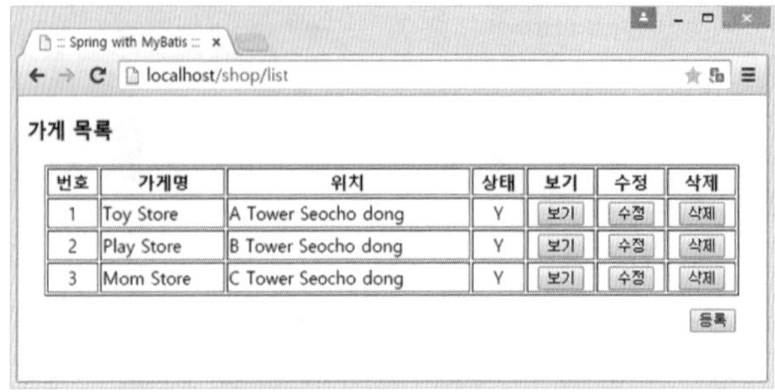

그림 8.2 가게 목록 조회 화면

가게 목록 조회 기능을 구현할 때 다음 순서를 따라 웹 애플리케이션을 작성한다.

1. **도메인 클래스 작성**
2. **컨트롤러 클래스 작성**
3. **스프링 설정 XML 파일 작성**
4. **배포 서술자 파일 수정**
5. **가게 목록 조회 화면 작성**
6. **서비스 인터페이스와 서비스 클래스 작성**
7. **데이터 접근 인터페이스와 데이터 접근 클래스 작성**
8. **프로퍼티 파일 작성**
9. **스프링 설정 XML 파일 분할 작성**
10. **마이바티스 매퍼 XML 파일 작성**

8.2.2.1 도메인 클래스 작성(1/9단계)

도메인 클래스는 사용자 입력 정보를 데이터 접근 객체에 전달하거나 데이터 접근 객체로부터 반환된 결과를 화면에 전달하는 역할을 한다. 활용하는 범위나 역할에 따라 VO[Value Object] 클래스 또는 DTO[Data Transfer Object] 클래스로 명칭을 엄격히 구분해서 사용할 수 있지만, 이 책에서는 이를 구분하지 않고 도메인 클래스로 지칭한다. 다음 경로에서 도메인 클래스를 생성한다.

/chapter08_dao/src/org/mybatis/domain/**Shop.java**

도메인 클래스를 생성한 다음 SHOP 테이블에 정의한 컬럼을 기준으로 프로퍼티를 선언한다. 기본 생성자와 모든 프로퍼티를 인자로 가지는 생성자를 함께 정의한 다음 셋터 메소드와 겟터 메소드를 정의한다. 캐시를 사용할 수 있기 때문에 `Serializable` 인터페이스를 구현한다. 만약에 도메인 클래스 작성에 어려움이 있다면, '3장. 데이터 관리를 위한 마이바티스 프로그래밍'을 참고한다. 도메인 클래스 작성을 완료하면, 예제 8.1과 같다.

예제 8.1 도메인 클래스

```
/* /chapter08_dao/src/org/mybatis/domain/Shop.java */

package org.mybatis.domain;

import java.io.Serializable;

public class Shop implements Serializable {
    private int shopNo;
    private String shopName;
    private String shopLocation;
    private String shopStatus;

    /* 기본 생성자 */
    public Shop() {
    }

    /* 생성자 */
    public Shop(int shopNo, String shopName, String shopLocation,
            String shopStatus) {
        this.shopNo = shopNo;
        this.shopName = shopName;
        this.shopLocation = shopLocation;
        this.shopStatus = shopStatus;
    }

    /* 셋팅 메소드 */
    public void setShopNo(int shopNo) {
```

```
        this.shopNo = shopNo;
    }

    public void setShopName(String shopName) {
        this.shopName = shopName;
    }

    public void setShopLocation(String shopLocation) {
        this.shopLocation = shopLocation;
    }

    public void setShopStatus(String shopStatus) {
        this.shopStatus = shopStatus;
    }

    /* 겟터 메소드 */
    public String getShopLocation() {
        return shopLocation;
    }

    public int getShopNo() {
        return shopNo;
    }

    public String getShopName() {
        return shopName;
    }

    public String getShopStatus() {
        return shopStatus;
    }
}
```

8.2.2.2 컨트롤러 클래스 작성(2/9단계)

컨트롤러 클래스는 사용자 요청을 통해서 접근이 가능한 인터페이스를 제공한다. 사용자 요청은 스프링에서 제공하는 DispatcherServlet 클래스를 통해서 해석된다. 예를 들어 접근 가능한 URL 주소를 호출하면, DispatcherServlet 객체는 HandlerMapping 객체를 사용해서 URL 주소에 매핑되는 컨트롤러 객체를 반환받는다. 반환된 컨트롤러 객체는 업무 로직을 실행한 다음 결과 객체를 DispatcherServlet 객체에 반환한다. DispatcherServlet 객체는 ViewResolver 객체에 반환된 결과 객체를 전달한 다음 지정된 뷰 객체를 반환받는다. 최종적으로 DispatcherServlet 객체는 사용자에게 뷰 객체를 사용해서 생성한 응답을 보낸다. 이 과정을 도식화하면, 그림 8.3과 같다.

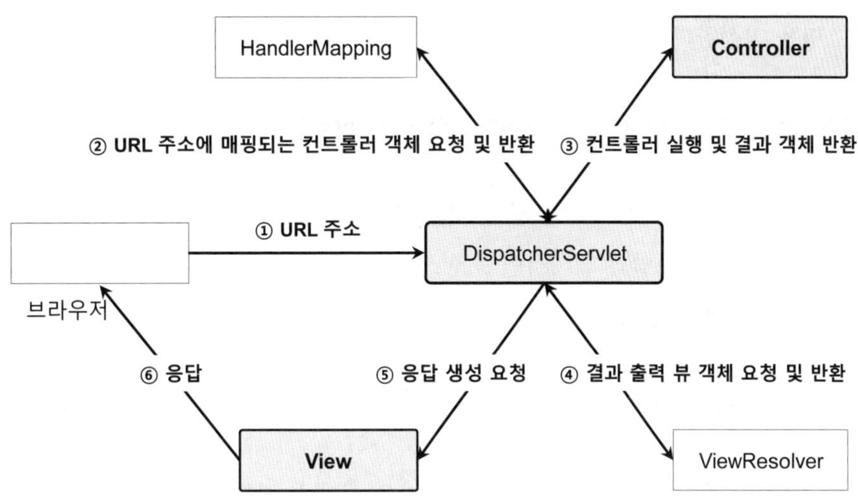

그림 8.3 스프링 MVC 요청 및 응답 처리 과정

위와 같이 도식화한 스프링 MVC 주요 객체를 정리하면, 표 8.2와 같다.

표 8.2 스프링 MVC 주요 객체

객체	설명
DispatcherServlet	사용자의 요청을 전달받아 해당 컨트롤러 객체를 호출한 다음 반환된 결과를 뷰 객체에 전달한다.
HandlerMapping	요청 URL 주소에 매핑되는 컨트롤러 객체를 찾아 반환한다.
Controller	업무 로직을 실행한 다음 처리 결과를 반환한다.
ViewResolver	컨트롤러 객체의 반환 결과에 맞는 뷰 객체를 찾아 반환한다.
View	컨트롤러 객체의 반환 결과를 출력할 화면을 생성한다.

스프링 요청 및 응답 처리 과정에서 사용자가 작성하는 파일은 두 개다. 하나는 컨트롤러 클래스고, 다른 하나는 뷰 파일이다. 우선 컨트롤러 클래스를 작성한 다음 뷰 파일을 작성해 보자. 다음 경로에서 컨트롤러 클래스를 생성한다.

/chapter08_dao/src/org/mybatis/presentation/**ShopController.java**

컨트롤러 클래스명을 지정할 때 작성 규칙이 존재하면, 해당 규칙에 맞추어 작성한다. 만약에 작성 규칙이 존재하지 않으면, 다음 형식에 맞추어 컨트롤러 클래스명을 작성한다.

```
컨트롤러 클래스명 = 업무명(자바 식별자 명명 규칙) + 'Controller'
```

예를 들어 업무명이 SHOP인 경우 SHOP 업무명을 자바 식별자 명명 규칙에 맞게 변환한 Shop 문자열과 접미사인 Controller 문자열을 합쳐서 ShopController 문자열을 컨트롤러 클래스명으로 사용한다.

```
ShopController = Shop + 'Controller'
```

위와 같이 컨트롤러 클래스를 생성한 다음 클래스 상단에 @Controller 애노테이션을 지정한다. 다음과 같이 컨트롤러 클래스에 @Controller 애노테이션을 지정하면, 스프링 빈 팩토리를 통해서 스프링 빈 컨테이너에 컨트롤러 빈으로 등록된다.

```
@Controller
public class ShopController {
}
```

스프링 빈 컨테이너에 컨트롤러 빈으로 등록한 컨트롤러 객체는 어떻게 호출할 수 있을까? 컨트롤러 클래스 상단에 @RequestMapping 애노테이션을 지정한 다음 value 속성 값에 URL 주소를 지정하면, URL 주소를 통해서 사용자가 원하는 컨트롤러 객체를 호출할 수 있다. 이때 HandlerMapping 객체가 사용자 요청

URL 주소와 @RequestMapping 객체의 value 속성 값을 비교한 다음 매핑된 컨트롤러 객체를 찾아 반환한다. 예를 들어 @RequestMapping 애노테이션에 value 속성을 추가한 다음 속성 값에 /shop URL 주소를 지정하면 다음과 같다.

```
@Controller
@RequestMapping(value = "/shop")
public class ShopController {
}
```

일반적으로 사용자 요청을 처리하는 업무 단위는 컨트롤러 클래스에 메소드 단위로 작성한다. 다음과 같이 가게 목록을 조회하는 업무를 처리할 수 있도록 컨트롤러 클래스에 list() 메소드를 작성한다.

```
@Controller
@RequestMapping(value = "/shop")
public class ShopController {
    /* 가게 목록 조회 */
    public ModelAndView list(Shop shop) throws Exception {
        return new ModelAndView();
    }
}
```

앞서 컨트롤러 상단에 @RequestMapping 애노태이션을 지정한 것처럼 메소드 상단에 @RequestMapping 애노테이션을 추가로 지정하면, URL 주소를 좀 더 체계적으로 관리할 수 있다. 예를 들어 http://localhost/shop/list URL 주소를 사용해서 ShopController 클래스에 정의한 list() 메소드를 호출하려면, 다음과 같이 클래스 상단에 /shop 문자열을 지정하고, 메소드 상단에 /list 문자열을 지정한다.

요청 URL 주소 : http://localhost/**shop/list**

```
@Controller
@RequestMapping(value = "/shop")
public class ShopController {
```

```
    /* 가게 목록 조회 */
    @RequestMapping(value = "/list")
    public ModelAndView list(Shop shop) throws Exception {
        return new ModelAndView();
    }
}
```

@RequestMapping 애노테이션은 value 속성뿐만 아니라 method 속성을 사용해서 전송 방식을 지정할 수 있다. 다음과 같이 @RequestMapping 애노테이션에 method 속성을 추가한 다음 속성 값에 전송 방식을 지정하면, 지정한 전송 방식으로 요청이 들어올 때만 해당 메소드가 호출된다.

```
@RequestMapping(value = "/list", method = RequestMethod.GET)
```

컨트롤러 클래스는 업무 처리 결과를 다양한 객체를 사용해서 반환할 수 있다. 예를 들어 Model 객체, View 객체, ModelAndView 객체, String 객체 등이 있다. 특히 ModelAndView 객체는 다양한 생성자와 메소드를 사용해서 View 객체와 Model 객체를 함께 등록할 수 있다. ModelAndView 객체에 View 객체와 Model 객체를 등록할 때 사용하는 생성자와 메소드는 다음과 같다.

```
/* ModelAndView 클래스의 생성자 */
■ ModelAndView()
■ ModelAndView(String viewName)
■ ModelAndView(View view)
■ ModelAndView(String viewName, Map<String, ?> modelMap)
■ ModelAndView(View view, Map<String, ?> model)
■ ModelAndView(String viewName, String modelName, Object modelObject)
■ ModelAndView(View view, String modelName, Object modelObject)

/* ModelAndView 객체에 View 객체를 등록할 때 사용하는 메소드 */
■ setView(View view)
■ setViewName(String viewName)

/* ModelAndView 객체에 Model 객체를 등록할 때 사용하는 메소드 */
■ addAllObjects(Map<String, ?> modelMap)
■ addObject(Object modelObject)
```

■ **addObject(String modelName, Object modelObject)**

위와 같이 ModelAndView 객체의 생성자 가운데 인자로 뷰명이 필요한 생성자를 사용해서 ModelAndView 객체를 생성하면 다음과 같다. 이때 뷰명으로 /shop/list 문자열을 지정한다.

```
@Controller
@RequestMapping(value = "/shop")
public class ShopController {
    /* 가게 목록 조회 */
    @RequestMapping(value = "/list", method = RequestMethod.GET)
    public ModelAndView list(Shop shop) throws Exception {
        ModelAndView modelAndView = new ModelAndView("/shop/list");

        return modelAndView;
    }
}
```

지금까지 작성한 컨트롤러 클래스는 예제 8.2와 같다.

예제 8.2 컨트롤러 클래스(list() 메소드 작성)

```
/* /chapter08_dao/src/org/mybatis/presentation/ShopController.java */

package org.mybatis.presentation;

import org.mybatis.domain.Shop;
import org.springframework.stereotype.Controller;
import org.springframework.web.bind.annotation.RequestMapping;
import org.springframework.web.bind.annotation.RequestMethod;
import org.springframework.web.servlet.ModelAndView;

@Controller
@RequestMapping(value = "/shop")
public class ShopController {
    /* 가게 목록 조회 */
    @RequestMapping(value = "/list", method = RequestMethod.GET)
    public ModelAndView list(Shop shop) throws Exception {
```

```
        ModelAndView modelAndView = new ModelAndView("/shop/list");

        return modelAndView;
    }
}
```

8.2.2.3 스프링 설정 XML 파일 작성(3/9단계)

스프링에서 제공하는 DispatcherServlet 객체는 독립된 서블릿 컨텍스트 영역을 생성한 다음 초기화한다. 이 과정에서 사용되는 설정 파일이 스프링 설정 XML 파일이다. 앞서 작성한 컨트롤러 클래스를 사용할 수 있도록 스프링 설정 XML 파일을 작성해 보자. 다음 경로에서 스프링 설정 XML 파일을 생성한다.

/chapter08_dao/src/resources/spring/**context-spring.xml**

위와 같이 스프링 설정 XML 파일을 생성한 다음 컴포넌트 스캔 구성 요소를 지정한다. 컴포넌트 스캔 구성 요소를 지정하면, @Controller 애노테이션을 지정한 컨트롤러 클래스는 스프링 빈 팩토리를 통해서 스프링 빈 컨테이너에 빈으로 자동 등록된다. 다음과 같이 컴포넌트 스캔 구성 요소는 <context:component-scan> 구성 요소를 사용해서 지정한다.

```
<context:component-scan />
```

<context:component-scan /> 구성 요소에 base-package 속성을 추가한 다음 속성 값에 패키지 경로를 지정하면, 패키지 경로에 존재하는 클래스 가운데 스테레오 타입의 애노테이션을 지정한 클래스는 모두 빈으로 자동 등록된다. 이때 스프링 빈 컨테이너에 등록되는 빈 아이디는 클래스명을 낙타 표기 형식으로 바꾼 문자열을 사용한다.

```
<context:component-scan base-package="org.mybatis" />
```

스테레오 타입의 애노테이션은 스프링 빈 스캐너의 기본 필터에 정의되어 있다. 표 8.3과 같이 @Controller 애노테이션 외에 몇 개 더 존재한다. 스테레오 타입의 애노테이션 중 하나를 클래스 상단에 지정하면, 스프링 빈 컨테이너에 빈으로 자동 등록된다. 클래스마다 서로 다른 스테레오 타입의 애노테이션을 지정하면, 추가적인 기능을 부여할 수 있다.

표 8.3 스테레오 타입 애노테이션 종류

애노테이션	설명
@Controller	컨트롤러 계층에 사용하는 클래스를 빈으로 지정할 때 사용한다.
@Service	서비스 계층에 사용하는 클래스를 빈으로 지정할 때 사용한다.
@Repository	데이터 접근 계층에 사용하는 클래스를 빈으로 지정할 때 사용한다.
@Component	위에 정의한 세 가지 계층에 포함되지 않는 클래스를 빈으로 지정할 때 사용한다.

이와 더불어 <mvc:annotation-driven> 구성 요소를 지정하면, 다음과 같이 @MVC 애노테이션을 사용한 클래스도 스프링 빈 컨테이너에 빈으로 자동 등록된다.

```
<mvc:annotation-driven />
```

기존에는 / 경로를 사용하기 위해서 UrlRewriteFilter 클래스를 사용했다. 이 책에서는 사용하기 번거로운 UrlRewriterFilter 클래스 대신 <mvc:default-servlet-handler> 구성 요소를 사용한다. 다음과 같이 <mvc:default-servlet-handler> 구성 요소를 사용하면, RESTful 형식처럼 하위 경로 없이 URL 주소를 호출할 수 있다.

```
<mvc:default-servlet-handler />
```

뷰 리졸버는 컨트롤러 객체로부터 반환된 결과에 포함된 뷰 이름을 가지고 뷰 객체를 찾아 반환한다. 이 책에서는 스프링에서 제공하는 다양한 뷰 리졸버 가운데 InternalResourceViewResolver 클래스를 사용한다.

InternalResourceViewResolver 클래스는 DispatcherServlet 클래스에 별다른 뷰 리졸버를 지정하지 않았을 때 기본적으로 사용하는 뷰 리졸버다. 스프링 설정 XML 파일에 InternalResourceViewResolver 클래스를 빈으로 등록하면 다음과 같다.

```
<bean id="viewResolver" class=
    "org.springframework.web.servlet.view.InternalResourceViewResolver" />
```

InternalResourceViewResolver 클래스는 컨트롤러 객체에서 반환된 모델 정보를 지정한 JSP 파일에 랜더링한다. JSP 파일이 위치한 전체 경로를 사용자가 매번 지정하기 번거롭기 때문에 <property> 구성 요소를 사용해서 지정한다. <property> 구성 요소에 prefix 속성과 suffix 속성을 추가하면, 반환된 뷰명 앞뒤로 경로를 추가할 수 있다. 예를 들어 prefix 속성 값에 /WEB-INF/jsp 문자열을 지정한 다음 suffix 속성 값에 .jsp 문자열을 지정하면, 반환된 뷰명이 shop/list 문자열일 때 /WebContent/jsp/shop/list.jsp 파일을 찾는다.

```
<bean id="viewResolver" class=
    "org.springframework.web.servlet.view.InternalResourceViewResolver">
    <property name="prefix" value="/WEB-INF/jsp" />
    <property name="suffix" value=".jsp" />
</bean>
```

위와 같이 뷰 리졸버를 지정한 다음 스프링 설정 XML 파일에 필요한 스키마를 선언한다.

```
<beans xmlns="http://www.springframework.org/schema/beans"
    xmlns:xsi="http://www.w3.org/2001/XMLSchema-instance"
    xmlns:context="http://www.springframework.org/schema/context"
    xmlns:mvc="http://www.springframework.org/schema/mvc"
    xsi:schemaLocation="
        http://www.springframework.org/schema/beans
        http://www.springframework.org/schema/beans/spring-beans-4.3.xsd
        http://www.springframework.org/schema/context
```

```
        http://www.springframework.org/schema/context/spring-context-4.3.xsd
        http://www.springframework.org/schema/mvc
        http://www.springframework.org/schema/mvc/spring-mvc-4.3.xsd">

    ...중략...
</beans>
```

다음과 같이 문서 버전과 문자 인코딩을 선언한다.

```
<?xml version="1.0" encoding="UTF-8"?>

<beans xmlns="http://www.springframework.org/schema/beans"
    xmlns:xsi="http://www.w3.org/2001/XMLSchema-instance"
...중략...
```

지금까지 작성한 스프링 설정 XML 파일은 예제 8.3과 같다.

예제 8.3 스프링 설정 XML 파일

```
/* /chapter08_dao/src/resources/spring/context-spring.xml */

<?xml version="1.0" encoding="UTF-8"?>

<beans xmlns="http://www.springframework.org/schema/beans"
    xmlns:xsi="http://www.w3.org/2001/XMLSchema-instance"
    xmlns:context="http://www.springframework.org/schema/context"
    xmlns:mvc="http://www.springframework.org/schema/mvc"
    xsi:schemaLocation="
        http://www.springframework.org/schema/beans
        http://www.springframework.org/schema/beans/spring-beans-4.3.xsd
        http://www.springframework.org/schema/context
        http://www.springframework.org/schema/context/spring-context-4.3.xsd
        http://www.springframework.org/schema/mvc
        http://www.springframework.org/schema/mvc/spring-mvc-4.3.xsd">

    <context:component-scan base-package="org.mybatis" />

    <mvc:annotation-driven />

    <mvc:default-servlet-handler />
```

```
<bean id="viewResolver" class=
    "org.springframework.web.servlet.view.InternalResourceViewResolver">
    <property name="prefix" value="/WEB-INF/jsp" />
    <property name="suffix" value=".jsp" />
</bean>
```

8.2.2.4 배포 서술자 파일 수정(4/9단계)

웹 애플리케이션을 작성할 때 스프링을 사용하려면, 배포 서술자 파일에 `DispatcherServlet` 클래스를 등록해야 한다. 다음 경로에서 배포 서술자 파일인 web.xml 파일을 찾을 수 있다.

/chapter08_dao/WebContent/WEB-INF/**web.xml**

> **알/아/두/기**
>
> 아파치 톰캣 8.0 이상 버전(서블릿 3.0 이상 버전, 자바 5 이상 버전)을 사용하는 경우 web.xml 파일을 생략할 수 있다. 다이나믹 웹 프로젝트를 생성할 때 **Generate web.xml deployment descriptor** 항목을 체크하지 않으면, web.xml 파일이 생성되지 않는다. 다이나믹 웹 프로젝트를 다시 생성하지 않고 web.xml 파일을 생성할 수 있다. 다이나믹 웹 프로젝트를 선택한 다음 마우스 우측 버튼을 선택한다. **Java EE Tools ➤ Generator Deployment Descriptor Stub** 메뉴를 선택하면, web.xml 파일이 생성된다.

web.xml 파일에 `DispatcherServlet` 클래스를 등록할 때 서블릿 구성 요소를 사용한다. 다음과 같이 서블릿 구성 요소는 `<servlet>` 구성 요소를 사용해서 지정한다.

```
<web-app xmlns:xsi="http://www.w3.org/2001/XMLSchema-instance"
        xmlns="http://xmlns.jcp.org/xml/ns/javaee"
        xsi:schemaLocation="http://xmlns.jcp.org/xml/ns/javaee
        http://xmlns.jcp.org/xml/ns/javaee/web-app_3_1.xsd"
        id="WebApp_ID" version="3.1">
  <display-name>chapter08_dao</display-name>
```

```
    <servlet />

    ...중략...
</web-app>
```

<servlet> 구성 요소를 지정한 다음 자식 구성 요소를 추가로 지정하면, 서블릿명과 서블릿 클래스를 지정할 수 있다. 서블릿명은 <servlet-name> 구성 요소를 사용해서 지정하고, 서블릿 클래스는 <servlet-class> 구성 요소를 사용해서 지정한다. 예를 들어 spring 서블릿명으로 org.springframework.web.servlet.DispatcherServlet 클래스를 지정하면 다음과 같다.

```
<servlet>
    <servlet-name>spring</servlet-name>
    <servlet-class>
        org.springframework.web.servlet.DispatcherServlet
    </servlet-class>
</servlet>
```

위와 같이 정의한 서블릿은 사용자가 요청한 URL 주소를 통해서 호출된다. 서블릿과 URL 주소를 매핑하려면, 서블릿 매핑 구성 요소를 사용한다. 다음과 같이 서블릿 매핑 구성 요소는 <servlet-mapping> 구성 요소를 사용해서 지정한다.

```
<servlet-mapping />
<servlet>
    ...중략...
</servlet>
```

<servlet-mapping> 구성 요소를 지정한 다음 자식 구성 요소를 추가로 지정하면, 요청 URL 주소 패턴과 호출하려는 서블릿명을 지정할 수 있다. 다음과 같이 서블릿명은 <servlet-name> 구성 요소를 사용해서 지정하고, URL 주소 패턴은 <url-pattern> 구성 요소를 사용해서 지정한다.

```
<servlet-mapping>
    <servlet-name>spring</servlet-name>
    <url-pattern>/</url-pattern>
</servlet-mapping>
```

다음과 같이 사용자가 요청한 URL 주소 패턴과 `<servlet-mapping>` 구성 요소의 `<url-pattern>` 구성 요소에 지정한 패턴이 일치하면, `<servlet>` 구성 요소의 `<servlet-name>` 구성 요소에 지정한 서블릿명과 동일한 서블릿을 찾는다. 일치하는 서블릿을 찾으면, `<servlet-name>` 구성 요소에 매칭하는 `<servlet-class>` 구성 요소에 지정한 서블릿 클래스를 호출한다.

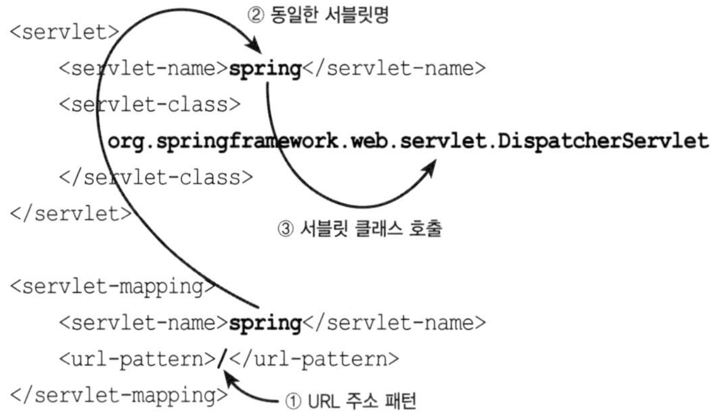

`<servlet-class>` 구성 요소에 지정한 `DispatcherServlet` 클래스는 /WebContent/WEB-INF/ 경로에 위치한 스프링 설정 XML 파일을 찾아 읽어들인다. 다음과 같이 스프링 설정 XML 파일명은 `<servlet-name>` 구성 요소에 지정한 서블릿명과 `-servlet.xml` 문자열을 결합한 문자열이 된다.

```
스프링 설정 XML 파일명 = 서블릿명 + '-servlet.xml'
```

예를 들어 `<servlet-name>` 구성 요소에 지정한 서블릿명이 `spring` 문자열이면, `spring` 문자열과 접미사인 `-servlet.xml` 문자열을 합쳐서 `spring-servlet.xml` 문자열을 스프링 설정 XML 파일로 찾는다.

```
spring-servlet.xml = spring + '-servlet.xml'
```

필요에 따라 스프링 설정 XML 파일명과 경로를 변경할 수 있다. 다음과 같이 <init-param> 구성 요소를 사용하면, contextConfigLocation 프로퍼티명으로 스프링 설정 XML 파일명과 경로를 지정할 수 있다.

```
<servlet>
    <servlet-name>spring</servlet-name>
    <servlet-class>
        org.springframework.web.servlet.DispatcherServlet
    </servlet-class>

    <init-param>
        <param-name>contextConfigLocation</param-name>
        <param-value>
            classpath:resources/spring/context-spring.xml
        </param-value>
    </init-param>
</servlet>
```

지금까지 수정한 배포 서술자 파일은 예제 8.4와 같다.

예제 8.4 배포 서술자 파일(서블릿 등록)

```
/* /chapter08_dao/WebContent/WEB-INF/web.xml */

<?xml version="1.0" encoding="UTF-8"?>

<web-app xmlns:xsi="http://www.w3.org/2001/XMLSchema-instance"
        xmlns="http://xmlns.jcp.org/xml/ns/javaee"
        xsi:schemaLocation="http://xmlns.jcp.org/xml/ns/javaee
        http://xmlns.jcp.org/xml/ns/javaee/web-app_3_1.xsd"
        id="WebApp_ID" version="3.1">
    <display-name>chapter08_dao</display-name>

    <servlet>
        <servlet-name>spring</servlet-name>
        <servlet-class>
            org.springframework.web.servlet.DispatcherServlet
```

```
        </servlet-class>

        <init-param>
            <param-name>contextConfigLocation</param-name>
            <param-value>
                classpath:resources/spring/context-spring.xml
            </param-value>
        </init-param>
    </servlet>
    <servlet-mapping>
        <servlet-name>spring</servlet-name>
        <url-pattern>/</url-pattern>
    </servlet-mapping>

    <welcome-file-list>
        <welcome-file>index.html</welcome-file>
        <welcome-file>index.htm</welcome-file>
        <welcome-file>index.jsp</welcome-file>
        <welcome-file>default.html</welcome-file>
        <welcome-file>default.htm</welcome-file>
        <welcome-file>default.jsp</welcome-file>
    </welcome-file-list>
</web-app>
```

8.2.2.5 웹 애플리케이션 실행(5/9단계)

지금까지 작성한 웹 애플리케이션을 실행하려면, 이클립스 서버 뷰에 웹 애플리케이션 서버를 등록해야 한다. 이클립스 서버 뷰에 웹 애플리케이션 서버를 등록하려면, 그림 8.4와 같이 Servers 탭을 선택한 다음 우측 마우스를 눌러 New ➤ Server 메뉴를 선택한다.

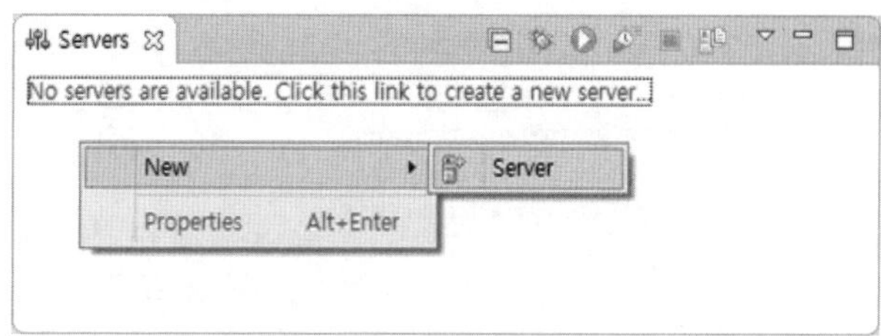

그림 8.4 서버 뷰에 웹 애플리케이션 서버 등록 화면

그림 8.5와 같이 New Server 대화상자가 나타나면, 서버 타입 목록 중 Tomcat v8.0 Server 항목을 선택한다. Server name 입력 항목에 chapter08_dao_server 서버명을 입력한 다음 Next 버튼을 누른다.

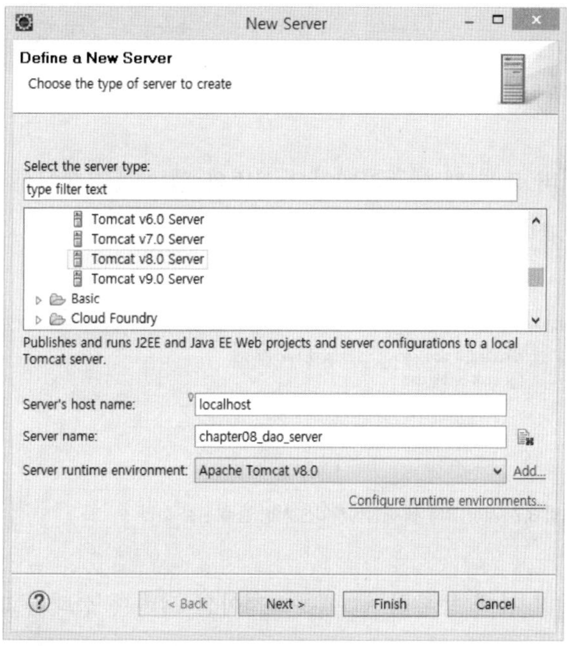

그림 8.5 Define a New Server 대화상자

그림 8.6과 같이 Add and Remove 대화상자가 나타나면, 웹 애플리케이션 서버에 등록하려는 웹 애플리케이션을 좌측 목록에서 선택한 다음 Add 버튼을 누른다. 선택한 웹 애플리케이션이 우측 목록에 추가되면, Next 버튼을 눌러 웹 애플리케이션 서버 등록을 완료한다.

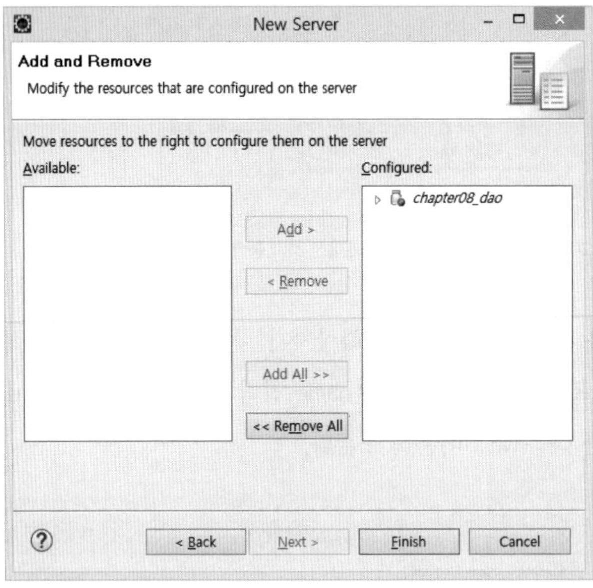

그림 8.6 Add and Remove 대화상자

이클립스 서버 뷰에 웹 애플리케이션 서버와 웹 애플리케이션 등록을 완료하면, 그림 8.7과 같다.

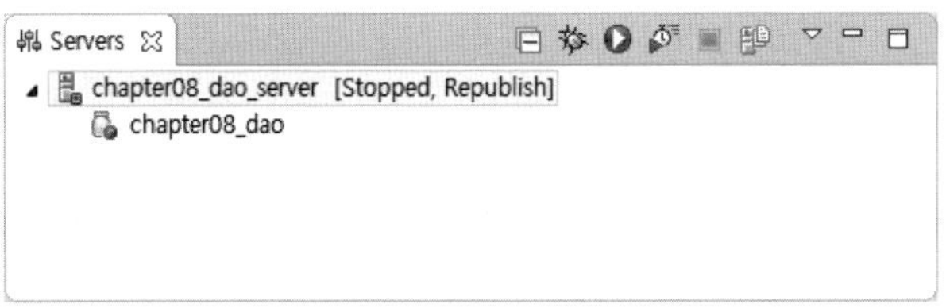

그림 8.7 서버 뷰에 웹 애플리케이션 서버 등록 완료 화면

이클립스 서버 뷰에 등록한 웹 애플리케이션 서버를 선택한 다음 우측 상단에 Start the server 버튼을 누르면, 웹 애플리케이션을 기동할 수 있다. 이때 가게 목록 조회 화면을 호출하려면, 다음과 같이 포트 번호와 컨텍스트 경로를 포함한 URL 주소를 호출해야 한다. 웹 애플리케이션을 개발할 때 포트 번호와 컨텍스트 경로를 포함한 URL 주소를 사용하면 번거롭다.

http://localhost:**8080/chapter08_dao**/shop/list

이와 같이 긴 URL 주소 대신 포트 번호와 컨텍스트 경로를 생략한 짧은 URL 주소를 사용할 수 있도록 설정해 보자.

http://localhost/shop/list

이클립스 서버 뷰에 등록한 웹 애플리케이션 서버를 마우스로 더블 클릭하면, 그림 8.8과 같이 웹 애플리케이션 서버 설정을 변경할 수 있는 Overview 화면이 나타난다.

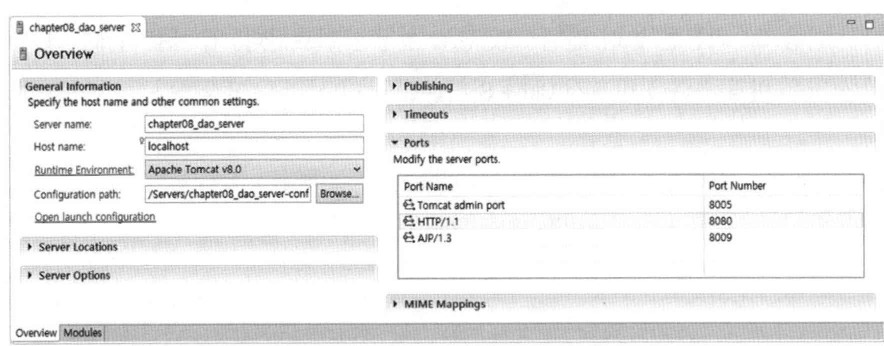

그림 8.8 웹 애플리케이션 서버 설정 화면(Overview 탭)

웹 애플리케이션 서버 설정 화면에서 변경할 사항은 두 가지다. 하나는 포트 번호고, 다른 하나는 컨텍스트 경로다. 먼저 웹 애플리케이션 서버의 포트 번호를 변경하려면, 우측 Ports 항목에서 HTTP/1.1 목록의 Port Number 입력 값을 8080 포트 번호에서 80 포트 번호로 수정한다. 80 포트 번호는 웹 애플리케이션 서버의 기본 포트 번호이기 때문에 URL 주소에 포트 번호를 별도로 지정하지 않아도 된다. 예를 들어 http://localhost URL 주소는 http://localhost:80 URL 주소와 동일하게 처리된다. 다음으로 웹 애플리케이션의 컨텍스트 경로를 변경해 보자. 하단 Module 탭을 선택하면, 그림 8.9와 같이 컨텍스트 경로를 변경할 수 있는 Web Modules 화면이 나타난다. 웹 모듈 목록 중 컨텍스트 경로를 변경하려는 항목을 선택한 다음 Edit 버튼을 누른다.

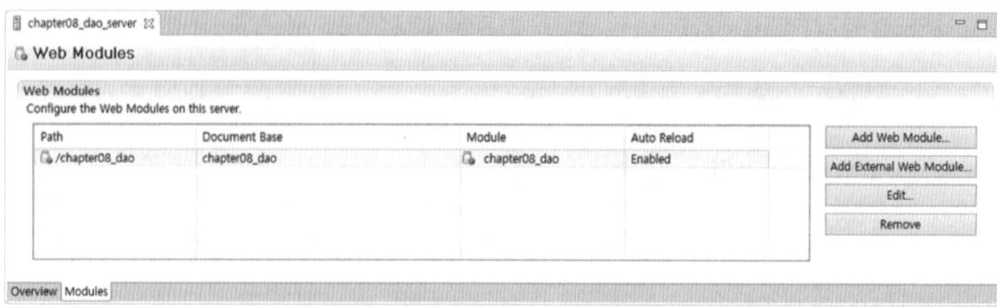

그림 8.9 웹 애플리케이션 서버 설정 화면(Module 탭)

그림 8.10과 같이 Edit Web Module 대화상자가 나타나면, Path 입력 항목에 /를 남긴 다음 OK 버튼을 눌러 컨텍스트 경로 설정을 완료한다. 웹 애플리케이션 서버 설정을 변경한 다음 반드시 Ctrl + S 버튼을 눌러 설정을 저장한다.

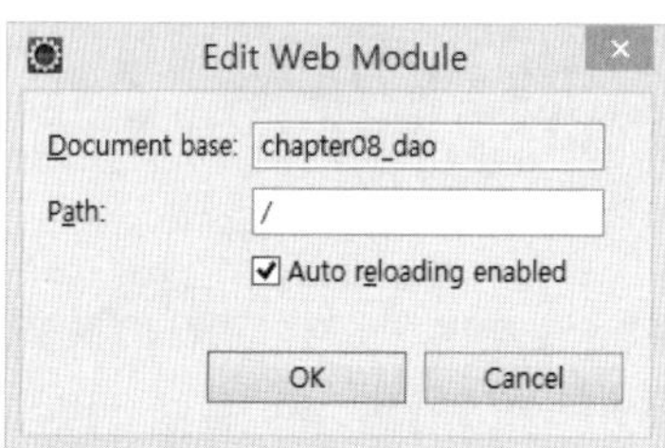

그림 8.10 Edit Web Module 대화상자

웹 애플리케이션 서버 설정을 변경한 다음 이클립스 서버 뷰에서 웹 애플리케이션 서버를 다시 기동한다. 정상적으로 웹 애플리케이션 서버가 기동되면, 다음 URL 주소를 호출한다.

http://localhost/shop/list

앞으로 긴 URL 주소 대신 포트 번호와 컨텍스트 경로를 생략한 짧은 URL 주소를 사용할 수 있다. 웹 애플리케이션 서버 설정이 올바르게 변경되었다면, 그림 8.11과 같이 에러 화면이 나타난다.

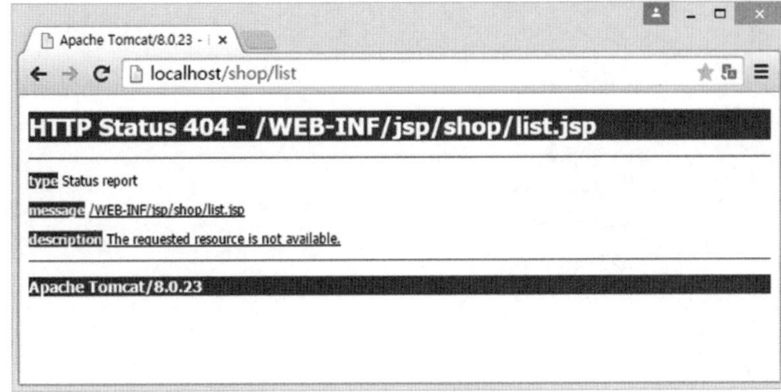

그림 8.11 가게 목록 조회 화면(list.jsp 파일이 존재하지 않는 경우)

위와 같이 에러 화면이 아닌 가게 목록 조회 화면을 출력할 수 있도록 다음 경로에서 가게 목록 조회 화면을 생성한다.

/chapter08_dao/WebContent/WEB-INF/jsp/shop/**list.jsp**

가게 목록 조회 화면 작성을 완료하면, 예제 8.5와 같다.

예제 8.5 가게 조회 목록 화면

```
/* /chapter08_dao/WebContent/jsp/shop/list.jsp */

<%@ page language="java" contentType="text/html; charset=UTF-8"
    pageEncoding="UTF-8"%>
<%@ taglib prefix="c" uri="http://java.sun.com/jsp/jstl/core"%>

<!DOCTYPE html>
<html>
<head>
    <title>::: Spring with MyBatis :::</title>
    <meta http-equiv="Content-Type" content="text/html; charset=utf-8" />
</head>

<body>
    <h3>가게 목록</h3>

    <table style="width: 100%;" border="1">
```

```
<thead>
    <tr>
        <th>번호</th>
        <th>가게명</th>
        <th>위치</th>
        <th>상태</th>
        <th>보기</th>
        <th>수정</th>
        <th>삭제</th>
    </tr>
</thead>
<tbody>
    <c:if test="${!empty listShop}">
        <c:forEach items="${listShop}" var="shop"
            varStatus="status">
            <tr>
                <td style="text-align: center;">
                    <c:out value="${shop.shopNo}" />
                </td>
                <td style="text-align: left;">
                    <c:out value="${shop.shopName}" />
                </td>
                <td style="text-align: left;">
                    <c:out value="${shop.shopLocation}" />
                </td>
                <td style="text-align: center;">
                    <c:out value="${shop.shopStatus}" />
                </td>
                <td style="text-align: center;">
                    <a href=
                        "<c:url value="/shop/view/${shop.shopNo}" />">
                        <input type="button" id="button_view"
                            name="button_view" value="보기" />
                    </a>
                </td>
                <td style="text-align: center;">
                    <a href=
                        "<c:url value="/shop/edit/${shop.shopNo}" />">
                        <input type="button" id="button_edit"
                            name="button_edit" value="수정" />
```

```
                        </a>
                    </td>
                    <td style="text-align: center;">
                        <a href=
                            "<c:url value="/shop/remove/${shop.shopNo}" />">
                            <input type="button" id="button_remove"
                                name="button_remove" value="삭제" />
                        </a>
                    </td>
                </tr>
            </c:forEach>
        </c:if>
        <c:if test="${empty listShop}">
            <tr>
                <td style="text-align: center;"
                    colspan="7">목록이 존재하지 않습니다.</td>
            </tr>
        </c:if>
    </tbody>
</table>

<div style="text-align: right; padding-top: 10px;">
    <a href="<c:url value="/shop/add" />">
        <input type="button" id="button_add"
            name="button_add" value="등록" />
    </a>
</div>
</body>
</html>
```

위와 같이 가게 목록 조회 화면을 작성한 다음 가게 목록 조회 URL 주소를 다시 호출하면, 그림 8.12와 같이 가게 목록 조회 화면을 볼 수 있다.

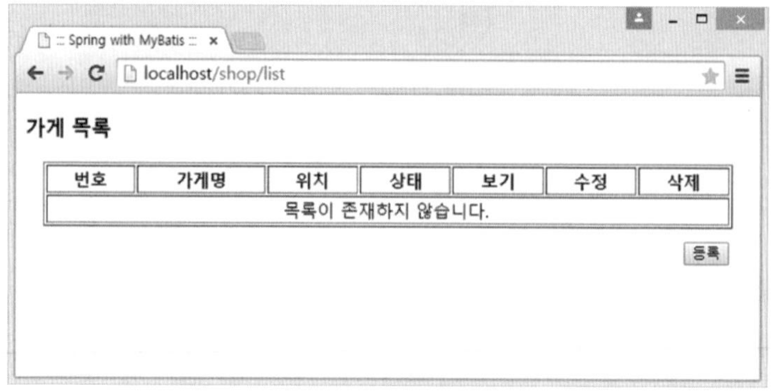

그림 8.12 가게 목록 조회 화면(list.jsp 파일이 존재하는 경우)

8.2.2.6 서비스 인터페이스와 서비스 클래스 작성(6/9단계)

서비스 계층에 해당하는 서비스 인터페이스와 서비스 클래스를 작성해 보자. 다음 경로에서 서비스 인터페이스를 생성한다.

/chapter08_dao/src/org/mybatis/service/**ShopService.java**

서비스 인터페이스명을 지정할 때 작성 규칙이 존재하면, 해당 규칙에 맞추어 작성한다. 만약에 작성 규칙이 존재하지 않으면, 다음 형식에 맞추어 서비스 인터페이스명을 작성한다.

```
서비스 인터페이스명 = 업무명(자바 식별자 명명 규칙) + 'Service'
```

예를 들어 업무명이 `SHOP`인 경우 `SHOP` 업무명을 자바 식별자 명명 규칙에 맞게 변환한 `Shop` 문자열과 접미사인 `Service` 문자열을 합쳐서 `ShopService` 문자열을 서비스 인터페이스명으로 작성한다.

```
ShopService = Shop + 'Service'
```

위와 같이 서비스 인터페이스를 생성한 다음 가게 목록을 조회하는 `find()` 메소드를 선언한다.

```
public interface ShopService {
    public List<Shop> find(Shop shop);
}
```

지금까지 작성한 서비스 인터페이스는 예제 8.6과 같다.

예제 8.6 서비스 인터페이스(find() 메소드 선언)

```
/* /chapter08_dao/src/org/mybatis/service/ShopService.java */

package org.mybatis.service;

import java.util.List;
import org.mybatis.domain.Shop;

public interface ShopService {
    public List<Shop> find(Shop shop);
}
```

위와 같이 작성한 서비스 인터페이스를 구현한 서비스 클래스를 다음 경로에서 생성한다.

/chapter08_dao/src/org/mybatis/service/**ShopServiceImpl.java**

서비스 클래스명을 지정할 때 작성 규칙이 존재하면, 해당 규칙에 맞추어 작성한다. 만약에 작성 규칙이 존재하지 않으면, 다음 형식에 맞추어 서비스 클래스명을 작성한다.

```
서비스 클래스명 = 구현 서비스 인터페이스명 + 'Impl'
```

예를 들어 구현 대상이 되는 서비스 인터페이스명이 `ShopService`인 경우 `ShopService` 문자열과 접미사인 `Impl` 문자열을 합쳐서 `ShopServiceImpl` 문자열을 서비스 클래스명으로 작성한다.

```
ShopServiceImpl = ShopService + 'Impl'
```

이와 같이 서비스 클래스를 생성한 다음 서비스 인터페이스에 선언한 find() 메소드를 구현한다. 데이터 접근 클래스를 생성하기 전까지 어떤 객체도 추가하지 않은 ArrayList 객체를 생성한 다음 반환한다.

```
public class ShopServiceImpl implements ShopService {
    /* 가게 목록 조회 */
    @Override
    public List<Shop> find(Shop shop) {
        // TODO : 데이터 접근 객체 호출

        return new ArrayList<Shop>();
    }
}
```

지금까지 작성한 서비스 인터페이스와 서비스 클래스는 다음과 같이 컨트롤러 클래스에서 사용한다.

```
@Controller
@RequestMapping(value = "/shop")
public class ShopController {
    /* 가게 목록 조회 */
    @RequestMapping(value = "/list", method = RequestMethod.GET)
    public ModelAndView list(Shop shop) throws Exception {
        ModelAndView modelAndView = new ModelAndView("/shop/list");

        // 서비스 객체 호출
        ShopService shopService = new ShopServiceImpl();
        List<Shop> listShop = shopService.find(shop);

        modelAndView.addObject("listShop", listShop);

        return modelAndView;
    }
}
```

다음과 같이 컨트롤러 클래스에 서비스 인터페이스 타입의 프로퍼티를 선언한 다음 프로퍼티 상단에 @Resource 애노테이션을 지정하면, 서비스 객체를 직접 생성하지 않고 빈 주입을 통해서 생성된 객체를 전달받을 수 있다.

```
@Controller
@RequestMapping(value = "/shop")
public class ShopController {
    @Resource
    private ShopService shopService;

    /* 가게 목록 조회 */
    @RequestMapping(value = "/list", method = RequestMethod.GET)
    public ModelAndView list(Shop shop) throws Exception {
        ModelAndView modelAndView = new ModelAndView("/shop/list");

        // 서비스 객체 호출
        List<Shop> listShop = this.shopService.find(shop);
        modelAndView.addObject("listShop", listShop);

        return modelAndView;
    }
}
```

빈 주입 설정은 스프링 설정 XML 파일에 정의하거나 애노테이션을 사용해서 클래스에 정의할 수 있다. 이 책에서는 애노테이션을 사용해서 빈 주입을 설정한다. 빈 주입에 사용하는 애노테이션은 @Resource 애노테이션, @Autowired 애노테이션, @Inject 애노테이션 등이 있으며, 주로 @Resource 애노테이션과 @Autowired 애노테이션을 사용한다. @Resource 애노테이션을 사용하면, 빈 아이디와 동일한 프로퍼티명을 가진 프로퍼티에 빈이 주입된다. 반면 @Autowired 애노테이션을 사용하면, 빈 타입과 동일한 타입을 가진 프로퍼티에 빈이 주입된다. @Autowired 애노테이션을 사용하면, 동일한 타입의 프로퍼티를 두 개 이상 선언했을 때 예외를 발생시킨다. 물론 @Qualifier 애노테이션을 같이 사용하면, 앞서 이야기한 예외를 피해갈 수 있다. 이 책에서는 @Resource 애노테이션 사용해서 예제를 작성한다. 컨트롤러 클래스 수정을 완료하면, 예제 8.7과 같다.

예제 8.7 컨트롤러 클래스(find() 메소드 호출)

```
/* /chapter08_dao/src/org/mybatis/presentation/ShopController.java */

package org.mybatis.presentation;

import java.util.List;
import javax.annotation.Resource;
import org.mybatis.domain.Shop;
import org.mybatis.service.ShopService;
import org.springframework.stereotype.Controller;
import org.springframework.web.bind.annotation.RequestMapping;
import org.springframework.web.bind.annotation.RequestMethod;
import org.springframework.web.servlet.ModelAndView;

@Controller
@RequestMapping(value = "/shop")
public class ShopController {
    @Resource
    private ShopService shopService;

    /* 가게 목록 조회 */
    @RequestMapping(value = "/list", method = RequestMethod.GET)
    public ModelAndView list(Shop shop) throws Exception {
        ModelAndView modelAndView = new ModelAndView("/shop/list");

        // 서비스 객체 호출
        List<Shop> listShop = this.shopService.find(shop);
        modelAndView.addObject("listShop", listShop);

        return modelAndView;
    }
}
```

위와 같이 컨트롤러 클래스를 수정한 다음 서비스 클래스 상단에 @Service 애노테이션을 지정한다. 서비스 클래스에 @Service 애노테이션을 지정하면, 스프링 빈 팩토리를 통해서 스프링 빈 컨테이너에 서비스 빈으로 등록된다. 스프링 빈 컨테이너에 서비스 빈으로 등록되면, @Resource 애노테이션을 지정한 서비스 인터페이스 타입의 프로퍼티에 빈이 주입된다.

```
@Service
public class ShopServiceImpl implements ShopService {
    ...중략...
}
```

지금까지 작성한 서비스 클래스는 예제 8.8과 같다.

예제 8.8 서비스 클래스(find() 메소드 구현)

```
/* /chapter08_dao/src/org/mybatis/service/ShopServiceImpl.java */

package org.mybatis.service;

import java.util.ArrayList;
import java.util.List;
import org.mybatis.domain.Shop;
import org.springframework.stereotype.Service;

@Service
public class ShopServiceImpl implements ShopService {
    /* 가게 목록 조회 */
    @Override
    public List<Shop> find(Shop shop) {
        // TODO : 데이터 접근 객체 호출

        return new ArrayList<Shop>();
    }
}
```

8.2.2.7 데이터 접근 인터페이스와 데이터 접근 클래스 작성(7/9단계)

데이터 접근 계층에 해당하는 데이터 접근 인터페이스와 데이터 접근 클래스를 작성해 보자. 다음 경로에서 데이터 접근 인터페이스를 생성한다.

/chapter08_dao/src/org/mybatis/persistence/**ShopDao.java**

데이터 접근 인터페이스명을 지정할 때 작성 규칙이 존재하면, 해당 규칙에 맞추어 작성한다. 만약에 작성 규칙이 존재하지 않으면, 다음 형식에 맞추어 데이터 접근 인터페이스명을 작성한다.

```
데이터 접근 인터페이스명 = 업무명(자바 식별자 명명 규칙) + 'Dao'
```

예를 들어 업무명이 SHOP인 경우 SHOP 업무명을 자바 식별자 명명 규칙으로 변경한 Shop 문자열과 접미사인 Dao 문자열을 합쳐서 ShopDao 문자열을 데이터 접근 인터페이스명으로 작성한다.

```
ShopDao = Shop + 'Dao'
```

위와 같이 데이터 접근 인터페이스를 생성한 다음 가게 목록을 조회하는 list() 메소드를 선언한다.

```
public interface ShopDao {
    public List<Shop> list(Shop shop);
}
```

데이터 접근 인터페이스 작성을 완료하면, 예제 8.9와 같다.

예제 8.9 ShopDao 인터페이스(list() 메소드 선언)

```
/* /chapter08_dao/src/org/mybatis/persistence/ShopDao.java */

package org.mybatis.persistence;

import java.util.List;
import org.mybatis.domain.Shop;

public interface ShopDao {
    public List<Shop> list(Shop shop);
}
```

이와 같이 작성한 데이터 접근 인터페이스를 구현한 데이터 접근 클래스를 다음 경로에서 생성한다.

/chapter08_dao/src/org/mybatis/persistence/**ShopDaoImpl.java**

데이터 접근 클래스명을 지정할 때 작성 규칙이 존재하면, 해당 규칙에 맞추어 작성한다. 만약에 작성 규칙이 존재하지 않으면, 다음 형식에 맞추어 데이터 접근 클래스명을 작성한다.

```
데이터 접근 클래스명 = 구현 데이터 접근 인터페이스명 + 'Impl'
```

예를 들어 구현 대상이 되는 데이터 접근 인터페이스명이 ShopDao인 경우 ShopDao 문자열과 접미사인 Impl 문자열을 합쳐서 ShopDaoImpl 문자열을 데이터 접근 클래스명으로 작성한다.

```
ShopDaoImpl = ShopDao + 'Impl'
```

위와 같이 데이터 접근 클래스를 생성한 다음 데이터 접근 인터페이스에 선언한 list() 메소드를 구현한다. SqlSessionTemplate 클래스 타입의 빈을 주입받기 전까지 가게 정보를 임시로 등록한 ArrayList 객체를 생성한 다음 반환한다.

```
public class ShopDaoImpl implements ShopDao {
    /* 가게 목록 조회 */
    @Override
    public List<Shop> list(Shop shop) {
        // TODO : 마이바티스 객체 호출

        // 임시로 등록한 가게 정보
        List<Shop> listShop = new ArrayList<Shop>();
        listShop.add(new Shop(1, "Toy Store", "A Tower Seocho dong", "Y"));
        listShop.add(new Shop(2, "Play Store", "B Tower Seocho dong", "Y"));
        listShop.add(new Shop(3, "Mom Store", "C Tower Seocho dong", "Y"));

        return listShop;
    }
}
```

지금까지 작성한 데이터 접근 인터페이스와 데이터 접근 클래스는 다음과 같이 서비스 클래스에서 사용한다.

```
@Service
public class ShopServiceImpl implements ShopService {
    /* 가게 목록 조회 */
    @Override
    public List<Shop> find(Shop shop) {
        // 데이터 접근 객체 생성 및 호출
        ShopDao shopDao = new ShopDaoImpl();
        List<Shop> listShop = shopDao.list(shop);

        return listShop;
    }
}
```

다음과 같이 데이터 접근 인터페이스 타입의 프로퍼티를 선언한 다음 프로퍼티 상단에 @Resource 애노테이션을 지정하면, 데이터 접근 객체를 직접 생성하지 않고 빈 주입을 통해서 생성된 객체를 전달받을 수 있다.

```
@Service
public class ShopServiceImpl implements ShopService {
    @Resource
    private ShopDao shopDao;

    /* 가게 목록 조회 */
    @Override
    public List<Shop> find(Shop shop) {
        // 데이터 접근 객체 호출
        List<Shop> listShop = this.shopDao.list(shop);

        return listShop;
    }
}
```

서비스 클래스 수정을 완료하면, 예제 8.10과 같다.

예제 8.10 서비스 클래스(find() 메소드 호출)

```
/* /chapter08_dao/src/org/mybatis/service/ShopServiceImpl.java */

package org.mybatis.service;

import java.util.List;
import javax.annotation.Resource;
import org.mybatis.domain.Shop;
import org.mybatis.persistence.ShopDao;
import org.springframework.stereotype.Service;

@Service
public class ShopServiceImpl implements ShopService {
    @Resource
    private ShopDao shopDao;

    /* 가게 목록 조회 */
    @Override
    public List<Shop> find(Shop shop) {
        // 데이터 접근 객체 호출
        return this.shopDao.list(shop);
    }
}
```

위와 같이 서비스 클래스를 수정한 다음 데이터 접근 클래스 상단에 @Repository 애노테이션을 지정한다. 데이터 접근 클래스에 @Repository 애노테이션을 지정하면, 스프링 빈 팩토리를 통해서 스프링 빈 컨테이너에 데이터 접근 빈으로 등록된다. 스프링 빈 컨테이너에 데이터 접근 빈으로 등록되면, @Resource 애노테이션을 지정한 데이터 접근 인터페이스 타입의 프로퍼티에 빈이 주입된다.

```
@Repository
public class ShopDaoImpl implements ShopDao {
    ...중략...
}
```

데이터 접근 클래스 수정을 완료하면, 예제 8.11과 같다.

예제 8.11 데이터 접근 클래스(list() 메소드 구현)

```
/* /chapter08_dao/src/org/mybatis/persistence/ShopDaoImpl.java */

package org.mybatis.persistence;

import java.util.ArrayList;
import java.util.List;
import org.mybatis.domain.Shop;
import org.springframework.stereotype.Repository;

@Repository
public class ShopDaoImpl implements ShopDao {
    @Override
    public List<Shop> list(Shop shop) {
        // TODO : 마이바티스 객체 호출

        /* 임시로 등록한 가게 정보 */
        List<Shop> listShop = new ArrayList<Shop>();
        listShop.add(new Shop(1, "Toy Store", "A Tower Seocho dong", "Y"));
        listShop.add(new Shop(2, "Play Store", "B Tower Seocho dong", "Y"));
        listShop.add(new Shop(3, "Mom Store", "C Tower Seocho dong", "Y"));

        return listShop;
    }
}
```

위와 같이 데이터 접근 클래스를 수정한 다음 이클립스 서버 뷰에서 웹 애플리케이션 서버를 다시 기동한다. 가게 목록 조회 URL 주소를 호출하면, 그림 8.13과 같이 데이터 접근 클래스에 임시로 등록한 가게 정보가 출력된다.

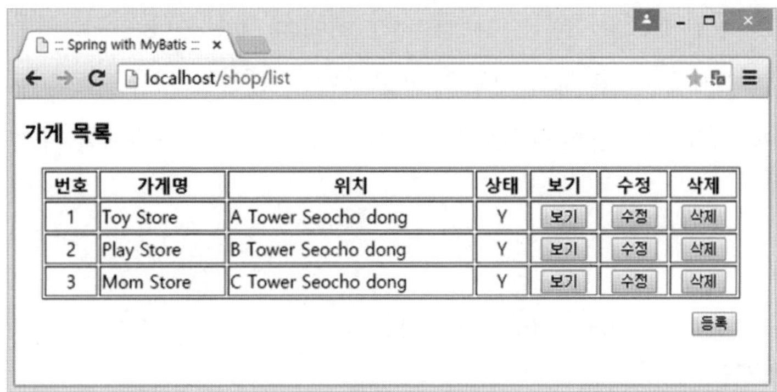

번호	가게명	위치	상태	보기	수정	삭제
1	Toy Store	A Tower Seocho dong	Y	보기	수정	삭제
2	Play Store	B Tower Seocho dong	Y	보기	수정	삭제
3	Mom Store	C Tower Seocho dong	Y	보기	수정	삭제

그림 8.13 가게 목록 조회 화면(임시로 등록한 가게 정보)

8.2.2.8 SqlSessionTemplate 객체 등록(8/9단계)

지금까지 작성한 웹 애플리케이션은 마이바티스 프로그래밍을 전혀 사용하지 않았다. 다음과 같이 데이터 접근 클래스에서 가게 목록을 조회할 때 임시로 작성한 소스 코드 대신 마이바티스에서 제공하는 `SqlSessionTemplate` 클래스를 사용해 보자.

```
public class ShopDaoImpl implements ShopDao {
    /* 가게 목록 조회 */
    @Override
    public List<Shop> list(Shop shop) {
        // TODO : 마이바티스 객체 호출

        /* 임시로 등록한 가게 정보 */
        List<Shop> listShop = new ArrayList<Shop>();
        listShop.add(new Shop(1, "Toy Store", "A Tower Seocho dong", "Y"));
        listShop.add(new Shop(2, "Play Store", "B Tower Seocho dong", "Y"));
        listShop.add(new Shop(3, "Mom Store", "C Tower Seocho dong", "Y"));

        return listShop;
    }
}
```

`SqlSessionTemplate` 클래스는 마이바티스-스프링 연동 라이브러리에 존재한다. 마이바티스와 스프링 연동에 있어서 매우 중요한 클래스며, 마이바

티스 기본 구현체인 DefaultSqlSession 클래스 대신 사용한다. 다음과 같이 SqlSessionTemplate 클래스 타입의 프로퍼티를 선언한 다음 프로퍼티 상단에 @Resource 애노테이션을 지정하면, SqlSessionTemplate 객체를 주입받을 수 있다.

```
@Repository
public class ShopDaoImpl implements ShopDao {
    @Resource
    private SqlSessionTemplate sqlSessionTemplate;

    ...중략...
}
```

SqlSessionTemplate 클래스는 DefaultSqlSession 클래스와 거의 동일한 기능을 제공한다. 예를 들어 매핑 구문 실행 및 매퍼 객체 획득 그리고 트랜잭션을 관리할 수 있다. 데이터 접근 클래스에 임시로 사용한 소스 코드 대신 목록 조회 매핑 구문을 호출할 수 있도록 데이터 접근 클래스의 list() 메소드를 수정하면 다음과 같다.

```
@Repository
public class ShopDaoImpl implements ShopDao {
    @Resource
    private SqlSessionTemplate sqlSessionTemplate;

    /* 가게 목록 조회 */
    @Override
    public List<Shop> list(Shop shop) {
        // 마이바티스 객체 호출
        return this.sqlSessionTemplate.selectList(
            "org.mybatis.persistence.ShopMapper.list", shop);
    }
}
```

데이터 접근 클래스 수정을 완료하면, 예제 8.12와 같다.

예제 8.12 데이터 접근 클래스(SqlSessionTemplate 객체 적용)

```
/* /chapter08_dao/src/org/mybatis/persistence/ShopDaoImpl.java */

package org.mybatis.persistence;

import java.util.List;
import javax.annotation.Resource;
import org.mybatis.domain.Shop;
import org.mybatis.spring.SqlSessionTemplate;
import org.springframework.stereotype.Repository;

@Repository
public class ShopDaoImpl implements ShopDao {
    @Resource
    private SqlSessionTemplate sqlSessionTemplate;

    /* 가게 목록 조회 */
    @Override
    public List<Shop> list(Shop shop) {
        // 마이바티스 객체 호출
        return this.sqlSessionTemplate.selectList(
            "org.mybatis.persistence.ShopMapper.list", shop);
    }
}
```

위와 같이 데이터 접근 클래스에 선언한 SqlSessionTemplate 클래스 타입의 프로퍼티를 사용해서 가게 목록 조회 매핑 구문을 호출하려면, 다음과 같이 스프링 설정 XML 파일에 SqlSessionTemplate 클래스를 sqlSessionTemplate 빈 아이디로 등록해야 한다.

```
<bean id="sqlSessionTemplate"
    class="org.mybatis.spring.SqlSessionTemplate" />
```

SqlSessionTemplate 클래스를 빈으로 등록할 때 생성자의 인자로 SqlSessionFactoryBean 클래스 타입의 빈이 필요하다. <constructor-arg> 구성 요소를 사용하면, SqlSessionTemplate 클래스를 빈으로 등록할 때 생성자의 인자로 SqlSeesionFactoryBean 클래스 타입의 빈 아이디를 전달할 수 있다. 다음과 같이 <constructor-arg> 구성 요소에 ref 속성을 추가한 다음 속성 값에 SqlSessionFactoryBean 클래스 타입의 빈 아이디를 지정한다.

```
<bean id="sqlSessionTemplate"
        class="org.mybatis.spring.SqlSessionTemplate">
    <constructor-arg index="0" ref="sqlSessionFactory" />
</bean>


<bean id="sqlSessionFactory"
    class="org.mybatis.spring.SqlSessionFactoryBean" />
```

SqlSessionFactoryBean 클래스를 빈으로 등록할 때 DataSource 클래스를 참조할 수 있도록 <property> 구성 요소를 사용해서 지정한다. 다음과 같이 <property> 구성 요소에 ref 속성을 추가한 다음 속성 값에 SimpleDriverDataSource 클래스 타입의 빈 아이디를 지정한다. 이때 SimpleDriverDataSource 클래스의 메소드에 데이터베이스 설정 값을 인자로 함께 전달한다.

```
<bean id="sqlSessionFactory"
        class="org.mybatis.spring.SqlSessionFactoryBean">
    <property name="dataSource" ref="dataSource" />
</bean>


<bean id="dataSource"
        class="org.springframework.jdbc.datasource.SimpleDriverDataSource">
    <property name="driverClass" value="oracle.jdbc.driver.OracleDriver" />
    <property name="url" value="jdbc:oracle:thin:@localhost:1521:XE" />
    <property name="username" value="mybatis" />
    <property name="password" value="mybatis$" />
</bean>
```

이와 같이 SimpleDriverDataSource 클래스를 빈으로 등록할 때 프로퍼티 값에 데이터베이스 설정 값을 직접 기술한 것을 볼 수 있다. 웹 애플리케이션에 필요한 설정 값을 직접 기술하면, 관리가 힘들어진다. 따라서 설정 정보를 한 곳에 모아 관리할 수 있도록 프로퍼티 파일을 작성해 보자. 다음 경로에서 프로퍼티 파일을 생성한다.

/chapter08_dao/src/resources/spring/**database.properties**

프로퍼티 파일 작성을 완료하면, 예제 8.13과 같다.

예제 8.13 프로퍼티 파일(데이터베이스 설정)

```
# /chapter08_dao/src/resources/spring/database.properties

database.driverclass=oracle.jdbc.driver.OracleDriver
database.url=jdbc:oracle:thin:@localhost:1521:XE
database.username=mybatis
database.password=mybatis$
```

위와 같이 작성한 프로퍼티 파일을 스프링 설정 XML 파일에서 사용하려면, 다음과 같이 <util:properties> 구성 요소를 사용해서 프로퍼티 파일을 지정한다.

<util:properties />

<util: properties> 구성 요소에 location 속성을 추가한 다음 속성 값에 프로퍼티 파일이 위치한 경로를 지정하면, 스프링 빈 팩토리를 통해서 스프링 빈 컨테이너에 빈으로 등록된다. 등록된 빈을 서로 구분할 수 있도록 빈 아이디를 지정해 보자. 다음과 같이 <util: properties> 구성 요소에 id 속성을 추가한 다음 속성 값에 빈 아이디를 지정한다.

```
<util:properties id="database"
    location="classpath:resources/spring/database.properties" />
```

스프링 설정 XML 파일에 등록한 프로퍼티 파일의 프로퍼티 값은 SpEL[Spring Expression Language]를 사용해서 가져올 수 있다. SpEL을 사용할 때 형식은 다음과 같다.

```
#{프로퍼티 빈 아이디['프로퍼티명']}
```

예를 들어 database 빈 아이디로 등록한 프로퍼티 타입의 빈에서 database.driverclass 프로퍼티 값을 가져오려면, 다음과 같이 지정한다.

```
#{database['database.driverclass']}
```

SpEL을 사용해서 데이터베이스 설정 값을 기술한 부분을 변경하면 다음과 같다.

```
<bean id="dataSource"class=
    "org.springframework.jdbc.datasource.SimpleDriverDataSource">
    <property name="driverClass"
        value="#{database['database.driverclass']}" />
    <property name="url" value="#{database['database.url']}" />
    <property name="username" value="#{database['database.username']}" />
    <property name="password" value="#{database['database.password']}" />
</bean>
```

다음과 같이 스프링 설정 XML 파일에 SpEL 관련된 스키마를 추가한다.

```
<beans xmlns="http://www.springframework.org/schema/beans"
    xmlns:xsi="http://www.w3.org/2001/XMLSchema-instance"
    xmlns:context="http://www.springframework.org/schema/context"
    xmlns:mvc="http://www.springframework.org/schema/mvc"
    xmlns:util="http://www.springframework.org/schema/util"
    xsi:schemaLocation="
        http://www.springframework.org/schema/beans
        http://www.springframework.org/schema/beans/spring-beans-4.3.xsd
        http://www.springframework.org/schema/context
        http://www.springframework.org/schema/context/spring-context-4.3.xsd
```

```
        http://www.springframework.org/schema/mvc
        http://www.springframework.org/schema/mvc/spring-mvc-4.3.xsd
        http://www.springframework.org/schema/util
        http://www.springframework.org/schema/util/spring-util-4.3.xsd">
    ...중략...

</beans>
```

스프링 설정 XML 파일 수정을 완료하면, 예제 8.14와 같다.

예제 8.14 스프링 설정 XML 파일(SqlSessionTemplate 빈 지정)

```
/* /chapter08_dao/src/resources/spring/context-spring.xml */

<?xml version="1.0" encoding="UTF-8"?>

<beans xmlns="http://www.springframework.org/schema/beans"
    xmlns:xsi="http://www.w3.org/2001/XMLSchema-instance"
    xmlns:context="http://www.springframework.org/schema/context"
    xmlns:mvc="http://www.springframework.org/schema/mvc"
    xmlns:util="http://www.springframework.org/schema/util"
    xsi:schemaLocation="
        http://www.springframework.org/schema/beans
        http://www.springframework.org/schema/beans/spring-beans-4.3.xsd
        http://www.springframework.org/schema/context
        http://www.springframework.org/schema/context/spring-context-4.3.xsd
        http://www.springframework.org/schema/mvc
        http://www.springframework.org/schema/mvc/spring-mvc-4.3.xsd
        http://www.springframework.org/schema/util
        http://www.springframework.org/schema/util/spring-util-4.3.xsd">

    <context:component-scan base-package="org.mybatis" />

    <mvc:annotation-driven />

    <mvc:default-servlet-handler />

    <util:properties id="database"
        location="classpath:resources/spring/database.properties" />

    <bean id="viewResolver" class=
```

```
        "org.springframework.web.servlet.view.InternalResourceViewResolver">
        <property name="prefix" value="/WEB-INF/jsp" />
        <property name="suffix" value=".jsp" />
    </bean>

    <bean id="dataSource"class=
            "org.springframework.jdbc.datasource.SimpleDriverDataSource">
        <property name="driverClass"
            value="#{database['database.driverclass']}" />
        <property name="url" value="#{database['database.url']}" />
        <property name="username"
            value="#{database['database.username']}" />
        <property name="password"
            value="#{database['database.password']}" />
    </bean>

    <bean id="sqlSessionFactory"
            class="org.mybatis.spring.SqlSessionFactoryBean">
        <property name="dataSource" ref="dataSource" />
    </bean>

    <bean id="sqlSessionTemplate"
            class="org.mybatis.spring.SqlSessionTemplate">
        <constructor-arg index="0" ref="sqlSessionFactory" />
    </bean>
</beans>
```

이와 같이 스프링 설정 XML 파일에 빈 설정을 추가할수록 소스 코드가 점점 길어져 가독성이 떨어진다. 하나로 작성한 스프링 설정 XML 파일을 다수의 스프링 설정 XML 파일로 나누어 작성하면, 관련 설정을 좀 더 세부화해서 관리할 수 있다. 다음과 같이 스프링 설정과 마이바티스 설정으로 나누어 스프링 설정 XML 파일을 작성해 보자. 이때 마이바티스 설정을 정의한 스프링 설정 XML 파일은 다음 경로에서 추가로 생성한다.

/chapter08_dao/src/resources/spring/**context-mybatis.xml**

예제 8.15 스프링 설정 XML 파일(스프링 설정)

```
/* /chapter08_dao/src/resources/spring/context-spring.xml */

<?xml version="1.0" encoding="UTF-8"?>

<beans xmlns="http://www.springframework.org/schema/beans"
    xmlns:xsi="http://www.w3.org/2001/XMLSchema-instance"
    xmlns:context="http://www.springframework.org/schema/context"
    xmlns:mvc="http://www.springframework.org/schema/mvc"
    xsi:schemaLocation="
        http://www.springframework.org/schema/beans
        http://www.springframework.org/schema/beans/spring-beans-4.3.xsd
        http://www.springframework.org/schema/context
        http://www.springframework.org/schema/context/spring-context-4.3.xsd
        http://www.springframework.org/schema/mvc
        http://www.springframework.org/schema/mvc/spring-mvc-4.3.xsd">

    <context:component-scan base-package="org.mybatis" />

    <mvc:annotation-driven />

    <mvc:default-servlet-handler />

    <bean id="viewResolver" class=
        "org.springframework.web.servlet.view.InternalResourceViewResolver">
        <property name="prefix" value="/WEB-INF/jsp" />
        <property name="suffix" value=".jsp" />
    </bean>
</beans>
```

예제 8.16 스프링 설정 XML 파일(마이바티스 설정)

```
/* /chapter08_dao/src/resources/spring/context-mybatis.xml */

<?xml version="1.0" encoding="UTF-8"?>

<beans xmlns="http://www.springframework.org/schema/beans"
    xmlns:xsi="http://www.w3.org/2001/XMLSchema-instance"
    xmlns:tx="http://www.springframework.org/schema/tx"
    xsi:schemaLocation="
```

```
        http://www.springframework.org/schema/beans
        http://www.springframework.org/schema/beans/spring-beans-4.3.xsd
        http://www.springframework.org/schema/util
        http://www.springframework.org/schema/util/spring-util-4.3.xsd">

    <util:properties id="database"
        location="classpath:resources/spring/database.properties" />

    <bean id="dataSource"class=
            "org.springframework.jdbc.datasource.SimpleDriverDataSource">
        <property name="driverClass"
            value="#{database['database.driverclass']}" />
        <property name="url" value="#{database['database.url']}" />
        <property name="username"
            value="#{database['database.username']}" />
        <property name="password"
            value="#{database['database.password']}" />
    </bean>

    <bean id="sqlSessionFactory"
            class="org.mybatis.spring.SqlSessionFactoryBean">
        <property name="dataSource" ref="dataSource" />
    </bean>

    <bean id="sqlSessionTemplate"
            class="org.mybatis.spring.SqlSessionTemplate">
        <constructor-arg index="0" ref="sqlSessionFactory" />
    </bean>
</beans>
```

위와 같이 두 개로 나누어진 스프링 설정 XML 파일을 지정할 때 두 가지 방식을 사용한다. 첫 번째 방식은 <import> 구성 요소를 사용해서 스프링 설정 XML 파일에 다른 스프링 설정 XML 파일을 지정하는 방식이다.

<import />

<import> 구성 요소에 resource 속성을 추가한 다음 속성 값에 마이바티스 설정을 포함한 스프링 설정 XML 파일이 위치한 경로를 지정한다.

```
<import resource="classpath:resources/spring/context-mybatis.xml" />
```

두 번째 방식은 배포 서술자 파일에 서블릿을 등록할 때 DispatcherServlet 클래스의 인자로 다수의 스프링 설정 XML 파일을 지정하는 방식이다. 이때 다수의 스프링 설정 XML 파일은 기호를 사용해서 구분한다. 줄바꿈, 공란, 쉼표, 탭, 세미콜론을 구분 기호로 사용할 수 있다.

```
<servlet>
    <servlet-name>spring</servlet-name>
    <servlet-class>
        org.springframework.web.servlet.DispatcherServlet
    </servlet-class>
    <init-param>
        <param-name>contextConfigLocation</param-name>
        <param-value>
            classpath:resources/spring/context-spring.xml
            classpath:resources/spring/context-mybatis.xml
        </param-value>
    </init-param>
</servlet>
```

이 책에서는 두 번째 방식을 사용해서 여러 개로 나누어진 스프링 설정 XML 파일을 지정한다. 배포 서술자 파일을 수정하면, 예제 8.17과 같다.

예제 8.17 배포 서술자 파일(다수의 스프링 설정 XML 파일 지정)

```
/* /chapter08_dao/WebContent/WEB-INF/web.xml */

<?xml version="1.0" encoding="UTF-8"?>

<web-app xmlns:xsi="http://www.w3.org/2001/XMLSchema-instance"
        xmlns="http://xmlns.jcp.org/xml/ns/javaee"
        xsi:schemaLocation="http://xmlns.jcp.org/xml/ns/javaee
        http://xmlns.jcp.org/xml/ns/javaee/web-app_3_1.xsd"
```

```
        id="WebApp_ID" version="3.1">
    <display-name>chapter08_dao</display-name>

    <servlet>
        <servlet-name>spring</servlet-name>
        <servlet-class>
            org.springframework.web.servlet.DispatcherServlet
        </servlet-class>
        <init-param>
            <param-name>contextConfigLocation</param-name>
            <param-value>
                classpath:resources/spring/context-spring.xml
                classpath:resources/spring/context-mybatis.xml
            </param-value>
        </init-param>
    </servlet>
    <servlet-mapping>
        <servlet-name>spring</servlet-name>
        <url-pattern>/</url-pattern>
    </servlet-mapping>

    <welcome-file-list>
        <welcome-file>index.html</welcome-file>
        <welcome-file>index.htm</welcome-file>
        <welcome-file>index.jsp</welcome-file>
        <welcome-file>default.html</welcome-file>
        <welcome-file>default.htm</welcome-file>
        <welcome-file>default.jsp</welcome-file>
    </welcome-file-list>
</web-app>
```

8.2.2.9 SqlSessionTemplate 객체 활성화(9/9단계)

웹 애플리케이션 서버를 다시 기동한 다음 가게 목록 조회 URL 주소를 호출하면, 다음과 같이 매핑 구문 아이디를 찾을 수 없다는 에러 로그가 출력된다.

```
### Error querying database. Cause: java.lang.IllegalArgumentException:
Mapped Statements collection does not contain value for
org.mybatis.persistence.ShopMapper.list
```

데이터 접근 클래스에서 사용하는 SqlSessionTemplate 객체는 스프링 빈 팩토리를 통해서 정상적으로 생성된다. 하지만 스프링 설정 XML 파일 어디에도 마이바티스 매퍼 XML 파일을 지정한 곳이 없기 때문에 생성된 SqlSessionTemplate 객체에서 매핑 구문을 찾을 수 없다. 따라서 가게 목록 조회 화면을 호출했을 때 매핑 구문을 찾을 수 없다는 에러 로그가 출력된다. 그렇다면 마이바티스 매퍼 XML 파일을 어떻게 지정할 수 있을까? 다음과 같이 SqlSessionFactoryBean 클래스에 정의된 메소드를 살펴보면, 마이바티스 매퍼 XML 파일을 인자로 전달받는 셋터 메소드를 찾을 수 있다.

/* SqlSessionFactoryBean 클래스에 정의된 셋터 메소드 */

- setConfigLocation(Resourc)
- setConfigurationProperties(Properties)
- setDatabaseIdProvider(DatabaseIdProvider)
- setDataSource(DataSource)
- setEnvironment(String)
- setFailFast(boolean)
- **setMapperLocations(Resource[])**
- setObjectFactory(ObjectFactory)
- setObjectWrapperFactory(ObjectWrapperFactory)
- setPlugins(Interceptor[])
- setSqlSessionFactoryBuilder(SqlSessionFactoryBuilder)
- setTransactionFactory(TransactionFactory)
- setTypeAliases(Class<?>[])
- **setTypeAliasesPackage(String)**
- setTypeAliasesSuperType(Class<?>)
- setTypeHandlers(TypeHandler<?>[])
- setTypeHandlersPackage(String)

다음과 같이 스프링 설정 XML 파일에 SqlSessionFactoryBean 클래스를 빈으로 등록할 때 타입 에일리어스 패키지 경로와 마이바티스 매퍼 XML 파일 경로를 추가로 지정한다.

```
<bean id="sqlSessionFactory"
        class="org.mybatis.spring.SqlSessionFactoryBean">
    <property name="dataSource" ref="dataSource" />
```

```
    <property name="typeAliasesPackage" value="org.mybatis.domain" />
    <property name="mapperLocations"
        value="classpath:resources/mybatis/*.xml" />
</bean>
```

스프링 설정 XML 파일 수정을 완료하면, 예제 8.18과 같다.

예제 8.18 스프링 설정 XML 파일(타입 에일리어스와 마이바티스 매퍼 XML 파일 지정)

```
/* /chapter08_dao/src/resources/spring/context-mybatis.xml */

<?xml version="1.0" encoding="UTF-8"?>

<beans xmlns="http://www.springframework.org/schema/beans"
    xmlns:xsi="http://www.w3.org/2001/XMLSchema-instance"
    xmlns:util="http://www.springframework.org/schema/util"
    xsi:schemaLocation="
        http://www.springframework.org/schema/beans
        http://www.springframework.org/schema/beans/spring-beans-4.3.xsd
        http://www.springframework.org/schema/util
        http://www.springframework.org/schema/util/spring-util-4.3.xsd">

    <util:properties id="database"
        location="classpath:resources/spring/database.properties" />

    <bean id="dataSource"class=
            "org.springframework.jdbc.datasource.SimpleDriverDataSource">
        <property name="driverClass"
            value="#{database['database.driverclass']}" />
        <property name="url" value="#{database['database.url']}" />
        <property name="username"
            value="#{database['database.username']}" />
        <property name="password"
            value="#{database['database.password']}" />
    </bean>

    <bean id="sqlSessionFactory"
            class="org.mybatis.spring.SqlSessionFactoryBean">
        <property name="dataSource" ref="dataSource" />
        <property name="typeAliasesPackage"
            value="org.mybatis.domain" />
```

```
        <property name="mapperLocations"
            value="classpath:resources/mybatis/*.xml" />
    </bean>

    <bean id="sqlSessionTemplate"
            class="org.mybatis.spring.SqlSessionTemplate">
        <constructor-arg index="0" ref="sqlSessionFactory" />
    </bean>
</beans>
```

스프링 설정 XML 파일에 지정한 마이바티스 매퍼 XML 파일을 작성해 보자. 다음 경로에서 마이바티스 매퍼 XML 파일을 생성한다.

/chapter08_dao/src/resources/mybatis/**ShopMapper.xml**

마이바티스 매퍼 XML 파일명을 지정할 때 작성 규칙이 존재하면, 해당 규칙에 맞추어 작성한다. 만약에 작성 규칙이 존재하지 않으면, 다음 형식에 맞추어 마이바티스 매퍼 XML 파일명을 작성한다.

```
마이바티스 매퍼 XML 파일명 = 업무명(자바 식별자 명명 규칙) + 'Mapper'
```

예를 들어 업무명이 SHOP인 경우 SHOP 업무명을 자바 식별자 명명 규칙으로 변경한 Shop 문자열과 접미사인 Mapper 문자열을 합쳐서 ShopMapper 문자열을 마이바티스 매퍼 XML 파일명으로 작성한다.

```
ShopMapper = Shop + 'Mapper'
```

위와 같이 마이바티스 매퍼 XML 파일을 생성한 다음 가게 목록을 조회하는 조회 매핑 구문을 작성한다.

```
<!-- 목록 조회 매핑 구문 -->
<select id="list" parameterType="shop" resultType="shop">
    SELECT SHOP_NO, SHOP_NAME, SHOP_LOCATION, SHOP_STATUS
```

```
    FROM SHOP
    <where>
        <if test="shopNo > 0">
            AND SHOP_NO = #{shopNo}
        </if>
        <if test="shopStatus != null and shopStatus != ''">
            AND SHOP_STATUS = #{shopStatus}
        </if>
    </where>
</select>
```

마이바티스 매퍼 XML 파일 작성을 완료하면, 예제 8.19와 같다.

예제 8.19 마이바티스 매퍼 XML 파일(목록 조회 매핑 구문 정의)

```
/* /chapter08_dao/src/resources/mybatis/ShopMapper.xml */

<?xml version="1.0" encoding="UTF-8"?>

<!DOCTYPE mapper PUBLIC "-//mybatis.org//DTD Mapper 3.0//EN"
"http://mybatis.org/dtd/mybatis-3-mapper.dtd">

<mapper namespace="org.mybatis.persistence.ShopMapper">
    <!-- 목록 조회 매핑 구문 -->
    <select id="list" parameterType="shop" resultType="shop">
        SELECT SHOP_NO, SHOP_NAME, SHOP_LOCATION, SHOP_STATUS
        FROM SHOP
        <where>
            <if test="shopNo > 0">
                AND SHOP_NO = #{shopNo}
            </if>
            <if test="shopStatus != null and shopStatus != ''">
                AND SHOP_STATUS = #{shopStatus}
            </if>
        </where>
    </select>
</mapper>
```

웹 애플리케이션 서버를 다시 기동한 다음 가게 목록 조회 URL 주소를 호출한다. 그림 8.14와 같이 가게 목록 조회 건수만큼 테이블 행이 출력되지만, 가게 정보가 공란으로 출력된다. 프로퍼티에 조회된 컬럼 값을 제대로 바인딩하지 못해서 발생한 문제다.

:: Spring with MyBatis ::

localhost/shop/list

가게 목록

번호	가게명	위치	상태	보기	수정	삭제
0				보기	수정	삭제
0				보기	수정	삭제
0				보기	수정	삭제

등록

그림 8.14 가게 목록 조회 화면(리절트 맵 미정의)

프로퍼티에 컬럼 값을 정상적으로 바인딩할 수 있도록 마이바티스 매퍼 XML 파일에 리절트 맵을 정의해 보자. 스프링 설정 XML 파일에 SqlSessionFactoryBean 클래스를 빈으로 등록할 때 타입 에일리어스를 함께 지정했기 때문에 org.mybatis.domain.Shop 타입명 대신 짧은 shop 문자열을 사용할 수 있다. 다음과 같이 shopResultMap 문자열을 리절트 맵 아이디로 지정한다.

```
<resultMap id="shopResultMap" type="shop">
    <id column="SHOP_NO" property="shopNo" />
    <result column="SHOP_NAME" property="shopName" />
    <result column="SHOP_LOCATION" property="shopLocation" />
    <result column="SHOP_STATUS" property="shopStatus" />
</resultMap>
```

위와 같이 리절트 맵을 정의한 다음 목록 조회 매핑 구문에 지정한 resultType 속성 대신 resultMap 속성을 지정한다. 그리고 속성 값에 리절트 맵 아이디를 지정하면 다음과 같다.

```
<select id="list" parameterType="shop" resultMap="shopResultMap">
    ...중략...
</select>
```

마이바티스 매퍼 XML 파일 수정을 완료하면, 예제 8.20과 같다.

예제 8.20 마이바티스 매퍼 XML 파일(리절트 맵 정의)

```
/* /chapter08_dao/src/resources/mybatis/ShopMapper.xml */

<?xml version="1.0" encoding="UTF-8"?>

<!DOCTYPE mapper PUBLIC "-//mybatis.org//DTD Mapper 3.0//EN"
"http://mybatis.org/dtd/mybatis-3-mapper.dtd">

<mapper namespace="org.mybatis.persistence.ShopMapper">
    <!-- 리절트 맵 -->
    <resultMap id="shopResultMap" type="shop">
        <id column="SHOP_NO" property="shopNo" />
        <result column="SHOP_NAME" property="shopName" />
        <result column="SHOP_LOCATION" property="shopLocation" />
        <result column="SHOP_STATUS" property="shopStatus" />
    </resultMap>

    <!-- 목록 조회 매핑 구문 -->
    <select id="list" parameterType="shop" resultMap="shopResultMap">
        SELECT SHOP_NO, SHOP_NAME, SHOP_LOCATION, SHOP_STATUS
        FROM SHOP
        <where>
            <if test="shopNo > 0">
                AND SHOP_NO = #{shopNo}
            </if>
            <if test="shopStatus != null and shopStatus != ''">
                AND SHOP_STATUS = #{shopStatus}
            </if>
        </where>
    </select>
</mapper>
```

알/아/두/기

마이바티스 설정 XML 파일에서 셋팅 설정을 변경하면, <resultMap> 구성 요소를 사용하지 않고 컬럼명과 프로퍼티명을 매핑할 수 있다. 다음과 같이 스프링 설정 XML 파일에 마이바티스 설정 XML 파일을 지정한다.

```
<bean id="sqlSessionFactory"
        class="org.mybatis.spring.SqlSessionFactoryBean">
    <property name="dataSource" ref="dataSource" />
    <property name="typeAliasesPackage" value="org.mybatis.domain" />
    <property name="mapperLocations"
        value="classpath:resources/mybatis/*.xml"/>
    <property name="configLocation"
        value="classpath:resources/spring/config-mybaits.xml" />
</bean>
```

위와 같이 지정한 경로에 마이바티스 설정 XML 파일을 생성한다. 다음과 같이 mapUnderscoreToCamelCase 속성을 추가한 다음 속성 값에 true를 지정한다.

```
<?xml version="1.0" encoding="UTF-8" ?>

<!DOCTYPE configuration PUBLIC "-//mybatis.org//DTD Config 3.0//EN"\
"http://mybatis.org/dtd/mybatis-3-config.dtd">

<configuration>
    <settings>
        <setting name="mapUnderscoreToCamelCase" value="true" />
    </settings>
</configuration>
```

웹 애플리케이션 서버를 다시 기동한 다음 가게 목록 조회 URL 주소를 호출하면, 그림 8.15와 같이 가게 목록이 정상적으로 출력되는 것을 볼 수 있다.

그림 8.15 가게 목록 조회 화면

8.2.3 가게 등록

가게 등록 기능을 구현하면, 그림 8.16과 같이 테이블에 사용자가 입력한 가게 정보를 저장할 수 있다.

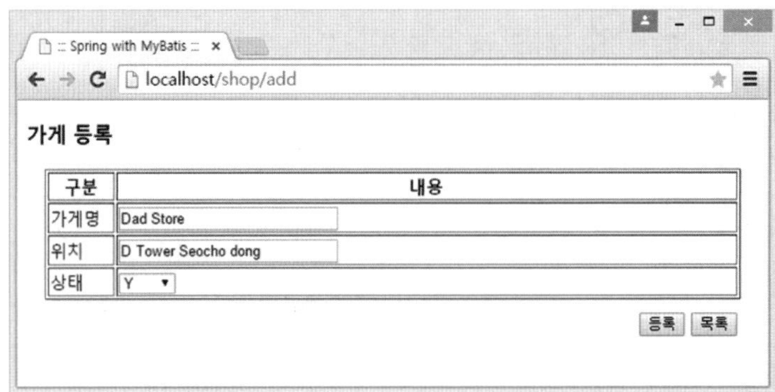

그림 8.16 가게 등록 화면

가게 등록 기능을 구현할 때 다음 순서를 따라 웹 애플리케이션을 작성한다.

1. 컨트롤러 클래스 수정
2. 가게 등록 화면 작성
3. 서비스 인터페이스와 서비스 클래스 수정
4. 스프링 설정 XML 파일 수정

5. 데이터 접근 인터페이스와 데이터 접근 클래스 수정
6. 마이바티스 매퍼 XML 파일 수정

8.2.3.1 컨트롤러 클래스 수정(1/4단계)

컨트롤러 클래스에 addForm() 메소드를 추가로 작성한다. addForm() 메소드는 사용자가 가게 정보를 입력할 수 있도록 가게 등록 화면을 출력한다. @RequestMapping 애노테이션을 지정한 다음 value 속성과 method 속성을 추가한다. value 속성 값에 /add URL 주소를 지정하고, method 속성 값에 전송 방식으로 GET을 지정한다. 반환하는 뷰명으로 /shop/add 문자열을 지정한다.

```
@Controller
@RequestMapping(value = "/shop")
public class ShopController {
    ...중략...

    /* 가게 등록 화면 */
    @RequestMapping(value = "/add", method = RequestMethod.GET)
    public String addForm() throws Exception {
        return "/shop/add";
    }
}
```

컨트롤러 클래스 수정을 완료하면, 예제 8.21과 같다

예제 8.21 컨트롤러 클래스(addForm() 메소드 작성)

```
/* /chapter08_dao/src/org/mybatis/presentation/ShopController.java */

package org.mybatis.presentation;

import java.util.List;
import javax.annotation.Resource;
import org.mybatis.domain.Shop;
import org.mybatis.service.ShopService;
import org.springframework.stereotype.Controller;
import org.springframework.web.bind.annotation.RequestMapping;
```

```
import org.springframework.web.bind.annotation.RequestMethod;
import org.springframework.web.servlet.ModelAndView;

@Controller
@RequestMapping(value = "/shop")
public class ShopController {
    @Resource
    private ShopService shopService;

    /* 가게 목록 조회 */
    @RequestMapping(value = "/list", method = RequestMethod.GET)
    public ModelAndView list(Shop shop) throws Exception {
        ModelAndView modelAndView = new ModelAndView("/shop/list");

        // 서비스 객체 호출
        List<Shop> listShop = this.shopService.find(shop);
        modelAndView.addObject("listShop", listShop);

        return modelAndView;
    }

    /* 가게 등록 화면 */
    @RequestMapping(value = "/add", method = RequestMethod.GET)
    public String addForm() throws Exception {
        return "/shop/add";
    }
}
```

위와 같이 컨트롤러 클래스를 수정한 다음 가게 등록 화면을 생성한다.

/chapter08_dao/WebContent/WEB-INF/jsp/shop/**add.jsp**

가게 등록 화면 작성을 완료하면, 예제 8.22와 같다.

예제 8.22 가게 등록 화면

```
/* /chapter08_dao/WebContent/jsp/shop/add.jsp */

<%@ page language="java" contentType="text/html; charset=UTF-8"
```

```
    pageEncoding="UTF-8"%>
<%@ taglib prefix="c" uri="http://java.sun.com/jsp/jstl/core" %>

<!DOCTYPE html>
<html>
<head>
    <title>::: Spring with MyBatis :::</title>
    <meta http-equiv="Content-Type" content="text/html; charset=utf-8" />
    <script type="text/javascript">
        function add() {
            document.getElementById('form').submit();
        };
    </script>
</head>

<body>
    <h3>가게 등록</h3>

    <form id="form" name="form"
            action="<c:url value="/shop/add" />" method="post">
        <table style="width: 100%;" border="1">
            <thead>
                <tr>
                    <th width="10%">구분</th>
                    <th>내용</th>
                </tr>
            </thead>
            <tbody>
                <tr>
                    <td>가게명</td>
                    <td style="text-align: left;">
                        <input type="text" id="shopName" name="shopName"
                            maxlength="20" style="width: 200px;" />
                    </td>
                </tr>
                <tr>
                    <td>위치</td>
                    <td style="text-align: left;">
                        <input type="text" id="shopLocation"
                            name="shopLocation" maxlength="100"
                            style="width: 200px;" />
```

```
                    </td>
                </tr>
                <tr>
                    <td>상태</td>
                    <td style="text-align: left;">
                        <select id="shopStatus" name="shopStatus">
                            <option value="">선택</option>
                            <option value="Y">Y</option>
                            <option value="N">N</option>
                        </select>
                    </td>
                </tr>
            </tbody>
        </table>
    </form>

    <div style="text-align: right; padding-top: 10px;">
        <input type="button" id="button_add" name="button_add"
            value="등록" title="등록" onclick="add();" />
        <a href="<c:url value="/shop/list" />">
            <input type="button" id="button_list" name="button_list"
                value="목록" />
        </a>
    </div>
</body>
</html>
```

위와 같이 가게 등록 화면을 작성한 다음 웹 애플리케이션 서버를 다시 기동한다. 가게 목록 조회 URL 주소를 호출한 다음 화면 하단에 위치한 **등록** 버튼을 누르면, 그림 8.17과 같이 가게 등록 화면이 나타난다.

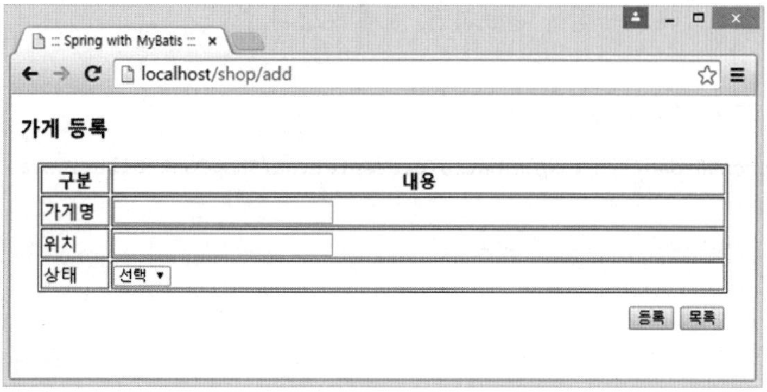

그림 8.17 가게 등록 화면

사용자가 입력한 가게 정보를 테이블에 저장할 수 있도록, 컨트롤러 클래스에 add() 메소드를 추가로 작성한다. add() 메소드는 서비스 객체를 호출한 다음 리다이렉트 방식으로 가게 목록 조회 화면을 호출한다. 가게 목록 조회 화면에서 등록한 가게 정보를 바로 확인할 수 있다. @RequestMapping 애노테이션을 지정한 다음 value 속성과 method 속성을 추가한다. value 속성 값에 /add URL 주소를 지정하고, method 속성 값에 POST를 전송 방식으로 지정한다. RedirectView 객체의 생성자에 /shop/list 문자열을 인자로 지정한다.

```
@Controller
@RequestMapping(value = "/shop")
public class ShopController {
    ...중략...

    /* 가게 등록 */
    @RequestMapping(value = "/add", method = RequestMethod.POST)
    public ModelAndView add(Shop shop) throws Exception {
        RedirectView redirectView = new RedirectView("/shop/list");
        redirectView.setExposeModelAttributes(false);

        // TODO : 서비스 객체 호출

        return new ModelAndView(redirectView);
    }
}
```

컨트롤러 클래스 수정을 완료하면, 예제 8.23과 같다

예제 8.23 컨트롤러 클래스(add() 메소드 작성)

```
/* /chapter08_dao/src/org/mybatis/presentation/ShopController.java */

package org.mybatis.presentation;

import java.util.List;
import javax.annotation.Resource;
import org.mybatis.domain.Shop;
import org.mybatis.service.ShopService;
import org.springframework.stereotype.Controller;
import org.springframework.web.bind.annotation.RequestMapping;
import org.springframework.web.bind.annotation.RequestMethod;
import org.springframework.web.servlet.ModelAndView;
import org.springframework.web.servlet.view.RedirectView;

@Controller
@RequestMapping(value = "/shop")
public class ShopController {
    @Resource
    private ShopService shopService;

    /* 가게 목록 조회 */
    @RequestMapping(value = "/list", method = RequestMethod.GET)
    public ModelAndView list(Shop shop) throws Exception {
        ModelAndView modelAndView = new ModelAndView("/shop/list");

        // 서비스 객체 호출
        List<Shop> listShop = this.shopService.find(shop);
        modelAndView.addObject("listShop", listShop);

        return modelAndView;
    }

    /* 가게 등록 화면 */
    @RequestMapping(value = "/add", method = RequestMethod.GET)
    public String addForm() throws Exception {
        return "/shop/add";
    }
```

```
    /* 가게 등록 */
    @RequestMapping(value = "/add", method = RequestMethod.POST)
    public ModelAndView add(Shop shop) throws Exception {
        RedirectView redirectView = new RedirectView("/shop/list");
        redirectView.setExposeModelAttributes(false);

        // TODO : 서비스 객체 호출

        return new ModelAndView(redirectView);
    }
}
```

8.2.3.2 서비스 인터페이스와 서비스 클래스 수정(2/4단계)

서비스 인터페이스에 가게를 등록하는 add() 메소드를 추가로 선언한다.

```
public interface ShopService {
    public List<Shop> find(Shop shop);
    public void add(Shop shop);
}
```

서비스 인터페이스 수정을 완료하면, 예제 8.24와 같다.

예제 8.24 서비스 인터페이스(add() 메소드 선언)

```
/* /chapter08_dao/src/org/mybatis/service/ShopService.java */

package org.mybatis.service;

import java.util.List;
import org.mybatis.domain.Shop;

public interface ShopService {
    public List<Shop> find(Shop shop);
    public void add(Shop shop);
}
```

서비스 인터페이스에 선언한 add() 메소드를 서비스 클래스에서 구현하면 다음과 같다.

```
@Service
public class ShopServiceImpl implements ShopService {
    ...중략...

    /* 가게 등록 */
    @Override
    public void add(Shop shop) {
        // TODO : 데이터 접근 객체 호출
    }
}
```

서비스 클래스에서 가게 정보를 등록할 때 트랜잭션 처리가 필요하다. 스프링을 사용해서 서비스 계층에 트랜잭션을 지정해 보자. 스프링은 코드 기반의 트랜잭션과 선언적 트랜잭션 둘 다 지원한다. 이 가운데 선언적 트랜잭션은 스프링 설정 XML 파일에 <tx:advice> 구성 요소를 지정하는 방식과 인터페이스, 클래스, 메소드에 @Transactional 애노테이션을 지정하는 방식으로 나뉜다. <tx:advice> 구성 요소를 지정하는 방식은 소스 코드를 별도로 작성하지 않고 필요한 부분에 트랜잭션을 일괄 지정할 수 있다. 반면에 @Transactional 애노테이션을 지정하는 방식은 트랜잭션과 관련된 세밀한 속성을 개별적으로 부여할 수 있다. 이 책에서는 @Transactional 애노테이션 방식을 사용해서 트랜잭션을 지정한다.

@Transactional

예를 들어 add() 메소드에 트랜잭션을 지정하면 다음과 같다.

```
@Service
public class ShopServiceImpl implements ShopService {
    ...중략...

    /* 가게 등록 */
    @Override
```

```
    @Transactional
    public void add(Shop shop) {
        // TODO : 데이터 접근 객체 호출
    }
}
```

서비스 클래스 수정을 완료하면, 예제 8.25와 같다.

예제 8.25 서비스 클래스(add() 메소드 구현)

```
/* /chapter08_dao/src/org/mybatis/service/ShopServiceImpl.java */

package org.mybatis.service;

import java.util.List;
import javax.annotation.Resource;
import org.mybatis.domain.Shop;
import org.mybatis.persistence.ShopDao;
import org.springframework.stereotype.Service;
import org.springframework.transaction.annotation.Transactional;

@Service
public class ShopServiceImpl implements ShopService {
    @Resource
    private ShopDao shopDao;

    /* 가게 목록 조회 */
    @Override
    public List<Shop> find(Shop shop) {
        // 데이터 접근 객체 호출
        return this.shopDao.list(shop);
    }

    /* 가게 등록 */
    @Override
    @Transactional
    public void add(Shop shop) {
        // TODO : 데이터 접근 객체 호출
    }
}
```

이와 같이 서비스 클래스에 @Transactional 애노테이션을 사용하려면, 다음과 같이 스프링 설정 XML 파일에 <tx:annotation-driven> 구성 요소를 지정해야 한다.

```
<tx:annotation-driven />
```

<tx:annotation-drive> 구성 요소에 transaction-manager 속성을 지정한 다음 속성 값에 트랜잭션 관리자로 등록한 클래스의 빈 아이디를 지정한다.

```
<tx:annotation-driven transaction-manager="transactionManager" />
```

트랜잭션 관리자는 스프링에서 제공하는 트랜잭션 관리 클래스다. 트랜잭션 관리 클래스로 DataSourceTransactionManager 클래스, JpaTransactionManager 클래스, HibernateTransactionManager 클래스, JtaTransactionManager 클래스 등이 존재한다. 이 책에서는 트랜잭션 관리 클래스로 DataSourceTransactionManager 클래스를 사용한다. 다음과 같이 스프링 설정 XML 파일에 DataSourceTransactionManager 클래스를 transactionManager 빈 아이디로 등록한다. 이때 앞서 정의한 데이터 소스 빈 아이디를 프로퍼티로 전달한다.

```
<tx:annotation-driven transaction-manager="transactionManager" />

<bean id="transactionManager" class=
    "org.springframework.jdbc.datasource.DataSourceTransactionManager">
    <property name="dataSource" ref="dataSource" />
</bean>
```

다음과 같이 스프링 환경 설정 XML 파일에 트랜잭션 관리자와 관련된 스키마를 추가한다.

```
<beans xmlns="http://www.springframework.org/schema/beans"
    xmlns:xsi="http://www.w3.org/2001/XMLSchema-instance"
    xmlns:tx="http://www.springframework.org/schema/tx"
```

```
    xmlns:util="http://www.springframework.org/schema/util"
    xsi:schemaLocation="
        http://www.springframework.org/schema/beans
        http://www.springframework.org/schema/beans/spring-beans-4.3.xsd
        http://www.springframework.org/schema/tx
        http://www.springframework.org/schema/tx/spring-tx-4.3.xsd
        http://www.springframework.org/schema/util
        http://www.springframework.org/schema/util/spring-util-4.3.xsd">
    ...중략...

</beans>
```

스프링 설정 XML 파일 수정을 완료하면, 예제 8.26과 같다.

예제 8.26 스프링 설정 XML 파일(트랜잭션 관리자 지정)

```
/* /chapter08_dao/src/resources/spring/context-mybatis.xml */

<?xml version="1.0" encoding="UTF-8"?>

<beans xmlns="http://www.springframework.org/schema/beans"
    xmlns:xsi="http://www.w3.org/2001/XMLSchema-instance"
    xmlns:tx="http://www.springframework.org/schema/tx"
    xmlns:util="http://www.springframework.org/schema/util"
    xsi:schemaLocation="
        http://www.springframework.org/schema/beans
        http://www.springframework.org/schema/beans/spring-beans-4.3.xsd
        http://www.springframework.org/schema/tx
        http://www.springframework.org/schema/tx/spring-tx-4.3.xsd
        http://www.springframework.org/schema/util
        http://www.springframework.org/schema/util/spring-util-4.3.xsd">

    <util:properties id="database"
        location="classpath:resources/spring/database.properties" />

    <bean id="dataSource" class=
            "org.springframework.jdbc.datasource.SimpleDriverDataSource">
        <property name="driverClass"
            value="#{database['database.driverclass']}" />
        <property name="url" value="#{database['database.url']}" />
        <property name="username"
```

```
            value="#{database['database.username']}" />
        <property name="password"
            value="#{database['database.password']}" />
    </bean>

    <bean id="sqlSessionFactory"
            class="org.mybatis.spring.SqlSessionFactoryBean">
        <property name="dataSource" ref="dataSource" />
        <property name="typeAliasesPackage" value="org.mybatis.domain" />
        <property name="mapperLocations"
            value="classpath:resources/mybatis/*.xml" />
    </bean>

    <bean id="sqlSessionTemplate"
            class="org.mybatis.spring.SqlSessionTemplate">
        <constructor-arg index="0" ref="sqlSessionFactory" />
    </bean>

    <tx:annotation-driven transaction-manager="transactionManager" />

    <bean id="transactionManager" class=
        "org.springframework.jdbc.datasource. DataSourceTransactionManager">
        <property name="dataSource" ref="dataSource" />
    </bean>
</beans>
```

앞서 작성한 서비스 인터페이스와 서비스 클래스는 다음과 같이 컨트롤러 클래스에서 사용한다.

```
@Controller
@RequestMapping(value = "/shop")
public class ShopController {
    ...중략...

    /* 가게 등록 */
    @RequestMapping(value = "/add", method = RequestMethod.POST)
    public ModelAndView add(Shop shop) throws Exception {
        RedirectView redirectView = new RedirectView("/shop/list");
```

```java
        redirectView.setExposeModelAttributes(false);

        // 서비스 객체 호출
        this.shopService.add(shop);

        return new ModelAndView(redirectView);
    }
}
```

컨트롤러 클래스 수정을 완료하면, 예제 8.27과 같다.

예제 8.27 컨트롤러 클래스(add() 메소드 호출)

```java
/* /chapter08_dao/src/org/mybatis/presentation/ShopController.java */

package org.mybatis.presentation;

import java.util.List;
import javax.annotation.Resource;
import org.mybatis.domain.Shop;
import org.mybatis.service.ShopService;
import org.springframework.stereotype.Controller;
import org.springframework.web.bind.annotation.RequestMapping;
import org.springframework.web.bind.annotation.RequestMethod;
import org.springframework.web.servlet.ModelAndView;
import org.springframework.web.servlet.view.RedirectView;

@Controller
@RequestMapping(value = "/shop")
public class ShopController {
    @Resource
    private ShopService shopService;

    /* 가게 목록 조회 */
    @RequestMapping(value = "/list", method = RequestMethod.GET)
    public ModelAndView list(Shop shop) throws Exception {
        ModelAndView modelAndView = new ModelAndView("/shop/list");

        // 서비스 객체 호출
        List<Shop> listShop = this.shopService.find(shop);
```

```java
        modelAndView.addObject("listShop", listShop);

        return modelAndView;
    }

    /* 가게 등록 화면 */
    @RequestMapping(value = "/add", method = RequestMethod.GET)
    public String addForm() throws Exception {
        return "/shop/add";
    }

    /* 가게 등록 */
    @RequestMapping(value = "/add", method = RequestMethod.POST)
    public ModelAndView add(Shop shop) throws Exception {
        RedirectView redirectView = new RedirectView("/shop/list");
        redirectView.setExposeModelAttributes(false);

        // 서비스 객체 호출
        this.shopService.add(shop);

        return new ModelAndView(redirectView);
    }
}
```

8.2.3.3 데이터 접근 인터페이스와 데이터 접근 클래스 수정(3/4단계)

데이터 접근 인터페이스에 가게를 등록하는 `insert()` 메소드를 추가로 선언한다.

```java
public interface ShopDao {
    public List<Shop> list(Shop shop);
    public void insert(Shop shop);
}
```

데이터 접근 인터페이스 수정을 완료하면, 예제 8.28과 같다.

예제 8.28 데이터 접근 인터페이스(insert() 메소드 선언)

```
/* /chapter08_dao/src/org/mybatis/persistence/ShopDao.java */

package org.mybatis.persistence;

import java.util.List;
import org.mybatis.domain.Shop;

public interface ShopDao {
    public List<Shop> list(Shop shop);
    public void insert(Shop shop);
}
```

데이터 접근 인터페이스에 선언한 insert() 메소드를 데이터 접근 클래스에서 구현하면 다음과 같다.

```
@Repository
public class ShopDaoImpl implements ShopDao {
    ...중략...

    /* 가게 등록 */
    @Override
    public void insert(Shop shop) {
        // 마이바티스 객체 호출
        this.sqlSessionTemplate.insert(
            "org.mybatis.persistence.ShopMapper.insert", shop);
    }
}
```

데이터 접근 클래스 수정을 완료하면, 예제 8.29와 같다.

예제 8.29 데이터 접근 클래스(insert() 메소드 구현)

```
/* /chapter08_dao/src/org/mybatis/persistence/ShopDaoImpl.java */

package org.mybatis.persistence;

import java.util.List;
```

```
import javax.annotation.Resource;
import org.mybatis.domain.Shop;
import org.mybatis.spring.SqlSessionTemplate;
import org.springframework.stereotype.Repository;

@Repository
public class ShopDaoImpl implements ShopDao {
    @Resource
    private SqlSessionTemplate sqlSessionTemplate;

    /* 가게 목록 조회 */
    @Override
    public List<Shop> list(Shop shop) {
        return this.sqlSessionTemplate.selectList(
            "org.mybatis.persistence.ShopMapper.list", shop);
    }

    /* 가게 등록 */
    @Override
    public void insert(Shop shop) {
        // 마이바티스 객체 호출
        this.sqlSessionTemplate.insert(
            "org.mybatis.persistence.ShopMapper.insert", shop);
    }
}
```

지금까지 작성한 데이터 접근 인터페이스와 데이터 접근 클래스는 다음과 같이 서비스 클래스에서 사용한다.

```
@Service
public class ShopServiceImpl implements ShopService {
    ...중략...

    /* 가게 등록 */
    @Override
    @Transactional
    public void add(Shop shop) {
        // 데이터 접근 객체 호출
        this.shopDao.insert(shop);
```

```
    }
}
```

서비스 클래스 수정을 완료하면, 예제 8.30과 같다.

예제 8.30 서비스 클래스(insert() 메소드 호출)

```
/* /chapter08_dao/src/org/mybatis/service/ShopServiceImpl.java */

package org.mybatis.service;

import java.util.List;
import javax.annotation.Resource;
import org.mybatis.domain.Shop;
import org.mybatis.persistence.ShopDao;
import org.springframework.stereotype.Service;
import org.springframework.transaction.annotation.Transactional;

@Service
public class ShopServiceImpl implements ShopService {
    @Resource
    private ShopDao shopDao;

    /* 가게 목록 조회 */
    @Override
    public List<Shop> find(Shop shop) {
        // 데이터 접근 객체 호출
        return this.shopDao.list(shop);
    }

    /* 가게 등록 */
    @Override
    @Transactional
    public void add(Shop shop) {
        // 데이터 접근 객체 호출
        this.shopDao.insert(shop);
    }
}
```

8.2.3.4 마이바티스 매퍼 XML 파일 수정(4/4단계)

마이바티스 매퍼 XML 파일에 데이터 접근 클래스에서 호출하는 등록 매핑 구문을 추가로 작성한다.

```
<!-- 등록 매핑 구문 -->
<insert id="insert" parameterType="shop">
    INSERT INTO SHOP
        (SHOP_NO, SHOP_NAME, SHOP_LOCATION, SHOP_STATUS)
    VALUES
        (#{shopNo}, #{shopName}, #{shopLocation}, #{shopStatus})
</insert>
```

앞서 작성한 가게 등록 화면을 살펴보면, 가게명, 가게 주소, 가게 상태 값을 입력받는다. 가게 번호는 <selectKey> 구성 요소를 사용해서 자동 생성한다. 다음과 같이 등록 매핑 구문에 <selectKey> 구성 요소를 지정한 다음 가게 번호를 조회하는 매핑 구문을 작성한다.

```
<!-- 등록 매핑 구문 -->
<insert id="insert" parameterType="shop">
    <!-- 자동 생성 키 조회 -->
    <selectKey keyColumn="SHOP_NO" keyProperty="shopNo" resultType="int"
            order="BEFORE">
        SELECT SEQ_SHOP_NO.NEXTVAL FROM DUAL
    </selectKey>
    INSERT INTO SHOP
        (SHOP_NO, SHOP_NAME, SHOP_LOCATION, SHOP_STATUS)
    VALUES
        (#{shopNo}, #{shopName}, #{shopLocation}, #{shopStatus})
</insert>
```

마이바티스 매퍼 XML 파일 수정을 완료하면, 예제 8.31과 같다.

예제 8.31 마이바티스 매퍼 XML 파일(등록 매핑 구문 정의)

```
/* /chapter08_dao/src/resources/mybatis/ShopMapper.xml */

<?xml version="1.0" encoding="UTF-8"?>
```

```
<!DOCTYPE mapper PUBLIC "-//mybatis.org//DTD Mapper 3.0//EN"
"http://mybatis.org/dtd/mybatis-3-mapper.dtd">

<mapper namespace="org.mybatis.persistence.ShopMapper">
    <!-- 리절트 맵 -->
    <resultMap id="shopResultMap" type="shop">
        <id column="SHOP_NO" property="shopNo" />
        <result column="SHOP_NAME" property="shopName" />
        <result column="SHOP_LOCATION" property="shopLocation" />
        <result column="SHOP_STATUS" property="shopStatus" />
    </resultMap>

    <!-- 목록 조회 매핑 구문 -->
    <select id="list" parameterType="shop" resultMap="shopResultMap">
        SELECT SHOP_NO, SHOP_NAME, SHOP_LOCATION, SHOP_STATUS
        FROM SHOP
        <where>
            <if test="shopNo > 0">
                AND SHOP_NO = #{shopNo}
            </if>
            <if test="shopStatus != null and shopStatus != ''">
                AND SHOP_STATUS = #{shopStatus}
            </if>
        </where>
    </select>

    <!-- 등록 매핑 구문 -->
    <insert id="insert" parameterType="shop">
        <!-- 자동 생성 키 조회 -->
        <selectKey keyColumn="SHOP_NO" keyProperty="shopNo"
                resultType="int" order="BEFORE">
            SELECT SEQ_SHOP_NO.NEXTVAL
            FROM DUAL
        </selectKey>
        INSERT INTO SHOP
            (SHOP_NO, SHOP_NAME, SHOP_LOCATION, SHOP_STATUS)
        VALUES
            (#{shopNo}, #{shopName}, #{shopLocation}, #{shopStatus})
    </insert>
</mapper>
```

이와 같이 마이바티스 매퍼 XML 파일을 수정한 다음 웹 애플리케이션 서버를 다시 기동한다. 가게 목록 조회 URL 주소를 호출한 다음 화면 하단에 위치한 **등록** 버튼을 누르면, 그림 8.18과 같이 가게 등록 화면이 나타난다.

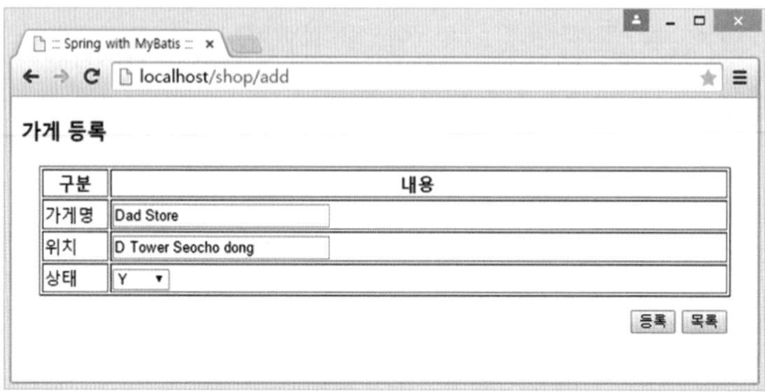

그림 8.18 가게 등록 화면(가게 정보 입력)

가게 정보를 입력한 다음 **등록** 버튼을 누르면, 가게 목록 조회 화면이 나타난다. 그림 8.19와 같이 등록된 가게 정보를 가게 목록 조회 화면에서 확인할 수 있다.

::: Spring with MyBatis :::

localhost/shop/list

가게 목록

번호	가게명	위치	상태	보기	수정	삭제
1	Toy Store	A Tower Seocho dong	Y	보기	수정	삭제
2	Play Store	B Tower Seocho dong	Y	보기	수정	삭제
3	Mom Store	C Tower Seocho dong	Y	보기	수정	삭제
4	Dad Store	D Tower Seocho dong	Y	보기	수정	삭제

등록

그림 8.19 가게 목록 조회 화면(가게 정보 등록)

8.2.4 가게 조회

가게 조회 기능을 구현하면, 그림 8.20과 같이 테이블에 등록한 가게 정보를 조회할 수 있다.

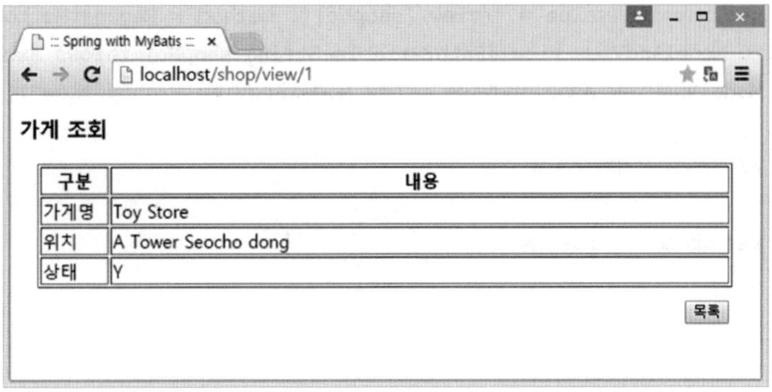

그림 8.20 가게 조회 화면

가게 조회 기능을 구현할 때 다음 순서를 따라 웹 애플리케이션을 작성한다.

1. **컨트롤러 클래스 수정**
2. **가게 조회 화면 작성**
3. **서비스 인터페이스와 서비스 클래스 수정**
4. **데이터 접근 인터페이스와 데이터 접근 클래스 수정**
5. **마이바티스 매퍼 XML 파일 수정**

8.2.4.1 컨트롤러 클래스 수정(1/4단계)

컨트롤러 클래스에 `view()` 메소드를 추가로 작성한다. `view()` 메소드는 테이블에 등록한 가게 정보를 조회한 다음 가게 조회 화면에 결과를 출력한다. `@RequestMapping` 애노테이션을 지정한 다음 `value` 속성과 `method` 속성을 추가한다. `value` 속성 값에 /view/{shopNo} URL 주소를 지정하고, `method` 속성 값에 GET을 전송 방식으로 지정한다. 반환하는 뷰명으로 `/shop/view` 문자열을 지정한다.

```
@Controller
@RequestMapping(value = "/shop")
public class ShopController {
    ...중략...

    /* 가게 조회 */
```

```
    @RequestMapping(value = "/view/{shopNo}", method = RequestMethod.GET)
    public ModelAndView view(@PathVariable String shopNo) throws Exception {
        ModelAndView modelAndView = new ModelAndView("/shop/view");

        // TODO : 서비스 객체 호출

        return modelAndView;
    }
}
```

컨트롤러 클래스 수정을 완료하면, 예제 8.32와 같다

예제 8.32 컨트롤러 클래스(view() 메소드 작성)

```
/* /chapter08_dao/src/org/mybatis/presentation/ShopController.java */

package org.mybatis.presentation;

import java.util.List;
import javax.annotation.Resource;
import org.mybatis.domain.Shop;
import org.mybatis.service.ShopService;
import org.springframework.stereotype.Controller;
import org.springframework.web.bind.annotation.PathVariable;
import org.springframework.web.bind.annotation.RequestMapping;
import org.springframework.web.bind.annotation.RequestMethod;
import org.springframework.web.servlet.ModelAndView;
import org.springframework.web.servlet.view.RedirectView;

@Controller
@RequestMapping(value = "/shop")
public class ShopController {
    @Resource
    private ShopService shopService;

    /* 가게 목록 조회 */
    @RequestMapping(value = "/list", method = RequestMethod.GET)
    public ModelAndView list(Shop shop) throws Exception {
        ModelAndView modelAndView = new ModelAndView("/shop/list");

        // 서비스 객체 호출
```

```
        List<Shop> listShop = this.shopService.find(shop);
        modelAndView.addObject("listShop", listShop);

        return modelAndView;
    }

    /* 가게 등록 화면 */
    @RequestMapping(value = "/add", method = RequestMethod.GET)
    public String addForm() throws Exception {
        return "/shop/add";
    }

    /* 가게 등록 */
    @RequestMapping(value = "/add", method = RequestMethod.POST)
    public ModelAndView add(Shop shop) throws Exception {
        RedirectView redirectView = new RedirectView("/shop/list");
        redirectView.setExposeModelAttributes(false);

        // 서비스 객체 호출
        this.shopService.add(shop);

        return new ModelAndView(redirectView);
    }

    /* 가게 조회 */
    @RequestMapping(value = "/view/{shopNo}", method = RequestMethod.GET)
    public ModelAndView view(@PathVariable String shopNo) throws Exception {
        ModelAndView modelAndView = new ModelAndView("/shop/view");

        // TODO : 서비스 객체 호출

        return modelAndView;
    }
}
```

위와 같이 컨트롤러 클래스를 수정한 다음 가게 조회 화면을 생성한다.

/chapter08_dao/WebContent/WEB-INF/jsp/shop/**view.jsp**

가게 조회 화면 작성을 완료하면, 예제 8.33과 같다.

예제 8.33 가게 조회 파일

```
/* /chapter08_dao/WebContent/jsp/shop/view.jsp */

<%@ page language="java" contentType="text/html; charset=UTF-8"
    pageEncoding="UTF-8"%>
<%@ taglib prefix="c" uri="http://java.sun.com/jsp/jstl/core" %>

<!DOCTYPE html>
<html>
<head>
    <title>::: Spring with MyBatis :::</title>
    <meta http-equiv="Content-Type" content="text/html; charset=utf-8" />
</head>

<body>
    <h3>가게 조회</h3>

    <table style="width: 100%;" border="1">
        <thead>
            <tr>
                <th width="10%">구분</th>
                <th>내용</th>
            </tr>
        </thead>
        <tbody>
            <tr>
                <td>가게명</td>
                <td style="text-align: left;">
                    <c:out value="${shop.shopName}" />
                </td>
            </tr>
            <tr>
                <td>위치</td>
                <td style="text-align: left;">
                    <c:out value="${shop.shopLocation}" />
                </td>
            </tr>
            <tr>
```

```
                <td>상태</td>
                <td style="text-align: left;">
                    <c:out value="${shop.shopStatus}" />
                </td>
            </tr>
        </tbody>
    </table>

    <div style="text-align: right; padding-top: 10px;">
        <a href="<c:url value="/shop/list" />">
            <input type="button" id="button_list" name="button_list"
                value="목록" />
        </a>
    </div>
</body>
</html>
```

위와 같이 가게 조회 화면을 작성한 다음 웹 애플리케이션 서버를 다시 기동한다. 가게 목록 조회 URL 주소를 호출한 다음 각 목록에 위치한 **보기** 버튼을 누르면, 그림 8.21과 같이 가게 조회 화면이 나타난다. 이때 가게 정보는 공란으로 출력된다.

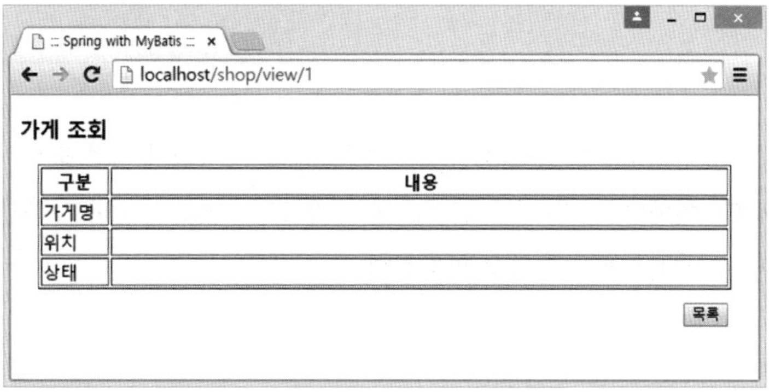

그림 8.21 가게 조회 화면

8.2.4.2 서비스 인터페이스와 서비스 클래스 수정(2/4단계)

서비스 인터페이스에 가게를 조회하는 view() 메소드를 추가로 선언한다.

```
public interface ShopService {
    public List<Shop> find(Shop shop);
    public void add(Shop shop);
    public Shop view(String shopNo);
}
```

서비스 인터페이스 수정을 완료하면, 예제 8.34와 같다.

예제 8.34 서비스 인터페이스(view() 메소드 선언)

```
/* /chapter08_dao/src/org/mybatis/service/ShopService.java */

package org.mybatis.service;

import java.util.List;
import org.mybatis.domain.Shop;

public interface ShopService {
    public List<Shop> find(Shop shop);
    public void add(Shop shop);
    public Shop view(String shopNo);
}
```

서비스 인터페이스에 선언한 view() 메소드를 서비스 클래스에서 구현하면 다음과 같다. 이때 데이터 접근 클래스에 가게 조회 메소드를 추가하기 전까지 Shop 객체를 임시로 생성한 다음 반환한다.

```
@Service
public class ShopServiceImpl implements ShopService {
    ...중략...

    /* 가게 조회 */
    @Override
    public Shop view(String shopNo) {
```

```
        // TODO : 데이터 접근 객체 호출

        // 임시로 생성한 Shop 객체
        return new Shop();
    }
}
```

지금까지 작성한 서비스 인터페이스와 서비스 클래스는 다음과 같이 컨트롤러 클래스에서 사용한다.

```
@Controller
@RequestMapping(value = "/shop")
public class ShopController {
    ...중략...

    /* 가게 조회 */
    @RequestMapping(value = "/view/{shopNo}", method = RequestMethod.GET)
    public ModelAndView view(@PathVariable String shopNo) throws Exception {
        ModelAndView modelAndView = new ModelAndView("/shop/view");

        // 서비스 객체 호출
        Shop shop = this.shopService.view(shopNo);

        modelAndView.addObject("shop", shop);

        return modelAndView;
    }
}
```

컨트롤러 클래스 수정을 완료하면, 예제 8.35와 같다.

예제 8.35 컨트롤러 클래스(view() 메소드 호출)

```
/* /chapter08_dao/src/org/mybatis/presentation/ShopController.java */

package org.mybatis.presentation;

import java.util.List;
import javax.annotation.Resource;
```

```
import org.mybatis.domain.Shop;
import org.mybatis.service.ShopService;
import org.springframework.stereotype.Controller;
import org.springframework.web.bind.annotation.PathVariable;
import org.springframework.web.bind.annotation.RequestMapping;
import org.springframework.web.bind.annotation.RequestMethod;
import org.springframework.web.servlet.ModelAndView;
import org.springframework.web.servlet.view.RedirectView;

@Controller
@RequestMapping(value = "/shop")
public class ShopController {
    @Resource
    private ShopService shopService;

    /* 가게 목록 조회 */
    @RequestMapping(value = "/list", method = RequestMethod.GET)
    public ModelAndView list(Shop shop) throws Exception {
        ModelAndView modelAndView = new ModelAndView("/shop/list");

        // 서비스 객체 호출
        List<Shop> listShop = this.shopService.find(shop);
        modelAndView.addObject("listShop", listShop);

        return modelAndView;
    }

    /* 가게 등록 화면 */
    @RequestMapping(value = "/add", method = RequestMethod.GET)
    public String addForm() throws Exception {
        return "/shop/add";
    }

    /* 가게 등록 */
    @RequestMapping(value = "/add", method = RequestMethod.POST)
    public ModelAndView add(Shop shop) throws Exception {
        RedirectView redirectView = new RedirectView("/shop/list");
        redirectView.setExposeModelAttributes(false);

        // 서비스 객체 호출
        this.shopService.add(shop);
```

```
        return new ModelAndView(redirectView);
    }

    /* 가게 조회 */
    @RequestMapping(value = "/view/{shopNo}", method = RequestMethod.GET)
    public ModelAndView view(@PathVariable String shopNo) throws Exception {
        ModelAndView modelAndView = new ModelAndView("/shop/view");

        // 서비스 객체 호출
        Shop shop = this.shopService.view(shopNo);
        modelAndView.addObject("shop", shop);

        return modelAndView;
    }
}
```

8.2.4.3 데이터 접근 인터페이스와 데이터 접근 클래스 수정(3/4단계)

데이터 접근 인터페이스에 가게를 조회하는 `select()` 메소드를 추가로 선언한다.

```
public interface ShopDao {
    public List<Shop> list(Shop shop);
    public void insert(Shop shop);
    public Shop select(String shopNo);
}
```

데이터 접근 인터페이스 수정을 완료하면, 예제 8.36과 같다.

예제 8.36 데이터 접근 인터페이스(select() 메소드 선언)

```
/* /chapter08_dao/src/org/mybatis/persistence/ShopDao.java */

package org.mybatis.persistence;

import java.util.List;
import org.mybatis.domain.Shop;

public interface ShopDao {
    public List<Shop> list(Shop shop);
```

```
    public void insert(Shop shop);
    public Shop select(String shopNo);
}
```

데이터 접근 인터페이스에 선언한 select() 메소드를 데이터 접근 클래스에서 구현하면 다음과 같다.

```
@Repository
public class ShopDaoImpl implements ShopDao {
    ...중략...

    /* 가게 조회 */
    @Override
    public Shop select(String shopNo) {
        // 마이바티스 객체 호출
        return this.sqlSessionTemplate.selectOne(
            "org.mybatis.persistence.ShopMapper.select", shopNo);
    }
}
```

데이터 접근 클래스 수정을 완료하면, 예제 8.37과 같다.

예제 8.37 데이터 접근 클래스(select() 메소드 구현)

```
/* /chapter08_dao/src/org/mybatis/persistence/ShopDaoImpl.java */

package org.mybatis.persistence;

import java.util.List;
import javax.annotation.Resource;
import org.mybatis.domain.Shop;
import org.mybatis.spring.SqlSessionTemplate;
import org.springframework.stereotype.Repository;

@Repository
public class ShopDaoImpl implements ShopDao {
    @Resource
    private SqlSessionTemplate sqlSessionTemplate;
```

```
    /* 가게 목록 조회 */
    @Override
    public List<Shop> list(Shop shop) {
        // 마이바티스 객체 호출
        return this.sqlSessionTemplate.selectList(
            "org.mybatis.persistence.ShopMapper.list", shop);
    }

    /* 가게 등록 */
    @Override
    public void insert(Shop shop) {
        // 마이바티스 객체 호출
        this.sqlSessionTemplate.insert(
            "org.mybatis.persistence.ShopMapper.insert", shop);
    }

    /* 가게 조회 */
    @Override
    public Shop select(String shopNo) {
        // 마이바티스 객체 호출
        return this.sqlSessionTemplate.selectOne(
            "org.mybatis.persistence.ShopMapper.select", shopNo);
    }
}
```

지금까지 작성한 데이터 접근 인터페이스와 데이터 접근 클래스는 다음과 같이 서비스 클래스에서 사용한다.

```
@Service
public class ShopServiceImpl implements ShopService {
    ...중략...

    /* 가게 조회 */
    @Override
    public Shop view(String shopNo) {
        // 데이터 접근 객체 호출
        return this.shopDao.select(shopNo);
    }
}
```

서비스 클래스 수정을 완료하면, 예제 8.38과 같다.

예제 8.38 서비스 클래스(select() 메소드 호출)

```
/* /chapter08_dao/src/org/mybatis/service/ShopServiceImpl.java */

package org.mybatis.service;

import java.util.List;
import javax.annotation.Resource;
import org.mybatis.domain.Shop;
import org.mybatis.persistence.ShopDao;
import org.springframework.stereotype.Service;
import org.springframework.transaction.annotation.Transactional;

@Service
public class ShopServiceImpl implements ShopService {
    @Resource
    private ShopDao shopDao;

    /* 가게 목록 조회 */
    @Override
    public List<Shop> find(Shop shop) {
        // 데이터 접근 객체 호출
        return this.shopDao.list(shop);
    }

    /* 가게 등록 */
    @Override
    @Transactional
    public void add(Shop shop) {
        // 데이터 접근 객체 호출
        this.shopDao.insert(shop);
    }

    /* 가게 조회 */
    @Override
    public Shop view(String shopNo) {
        // 데이터 접근 객체 호출
        return this.shopDao.select(shopNo);
    }
}
```

8.2.4.4 마이바티스 매퍼 XML 파일 수정(4/4단계)

마이바티스 매퍼 XML 파일에 데이터 접근 클래스에서 호출하는 조회 매핑 구문을 추가로 작성한다.

```
<!-- 조회 매핑 구문 -->
<select id="select" parameterType="java.lang.String"
        resultMap="shopResultMap">
    SELECT SHOP_NO, SHOP_NAME, SHOP_LOCATION, SHOP_STATUS
    FROM SHOP
    WHERE SHOP_NO = #{shopNo}
</select>
```

마이바티스 매퍼 XML 파일 수정을 완료하면, 예제 8.39와 같다.

예제 8.39 마이바티스 매퍼 XML 파일(조회 매핑 구문 정의)

```
/* /chapter08_dao/src/resources/mybatis/ShopMapper.xml */

<?xml version="1.0" encoding="UTF-8"?>

<!DOCTYPE mapper PUBLIC "-//mybatis.org//DTD Mapper 3.0//EN"
"http://mybatis.org/dtd/mybatis-3-mapper.dtd">

<mapper namespace="org.mybatis.persistence.ShopMapper">
    <!-- 리절트 맵 -->
    <resultMap id="shopResultMap" type="shop">
        <id column="SHOP_NO" property="shopNo" />
        <result column="SHOP_NAME" property="shopName" />
        <result column="SHOP_LOCATION" property="shopLocation" />
        <result column="SHOP_STATUS" property="shopStatus" />
    </resultMap>

    <!-- 목록 조회 매핑 구문 -->
    <select id="list" parameterType="shop" resultMap="shopResultMap">
        SELECT SHOP_NO, SHOP_NAME, SHOP_LOCATION, SHOP_STATUS
        FROM SHOP
        <where>
            <if test="shopNo > 0">
                AND SHOP_NO = #{shopNo}
```

```
            </if>
            <if test="shopStatus != null and shopStatus != ''">
                AND SHOP_STATUS = #{shopStatus}
            </if>
        </where>
    </select>

    <!-- 등록 매핑 구문 -->
    <insert id="insert" parameterType="shop">
        <!-- 자동 생성 키 조회 -->
        <selectKey keyColumn="SHOP_NO" keyProperty="shopNo"
                resultType="int" order="BEFORE">
            SELECT SEQ_SHOP_NO.NEXTVAL
            FROM DUAL
        </selectKey>
        INSERT INTO SHOP
            (SHOP_NO, SHOP_NAME, SHOP_LOCATION, SHOP_STATUS)
        VALUES
            (#{shopNo}, #{shopName}, #{shopLocation}, #{shopStatus})
    </insert>

    <select id="select" parameterType="java.lang.String"
            resultMap="shopResultMap">
        SELECT SHOP_NO, SHOP_NAME, SHOP_LOCATION, SHOP_STATUS
        FROM SHOP
        WHERE SHOP_NO = #{shopNo}
    </select>
</mapper>
```

위와 같이 마이바티스 매퍼 XML 파일을 수정한 다음 웹 애플리케이션 서버를 다시 기동한다. 가게 목록 조회 URL 주소를 호출한 다음 각 목록에 위치한 보기 버튼을 누르면, 그림 8.22와 같이 가게 조회 화면이 나타난다.

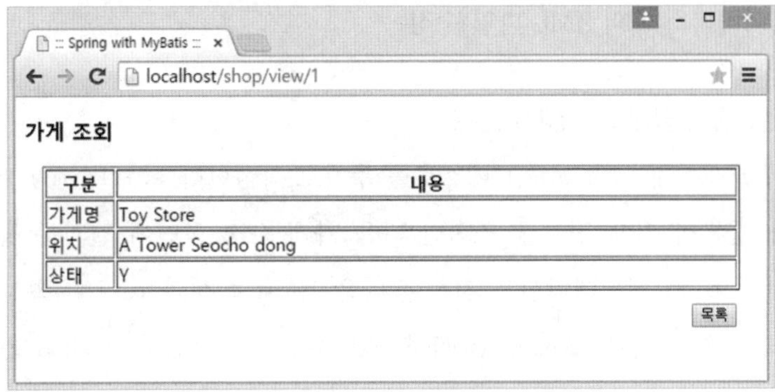

그림 8.22 가게 조회 화면(가게 정보 조회)

8.2.5 가게 수정

가게 수정 기능을 구현하면, 그림 8.23과 같이 조회한 가게 정보를 사용자가 수정한 다음 테이블에 저장할 수 있다.

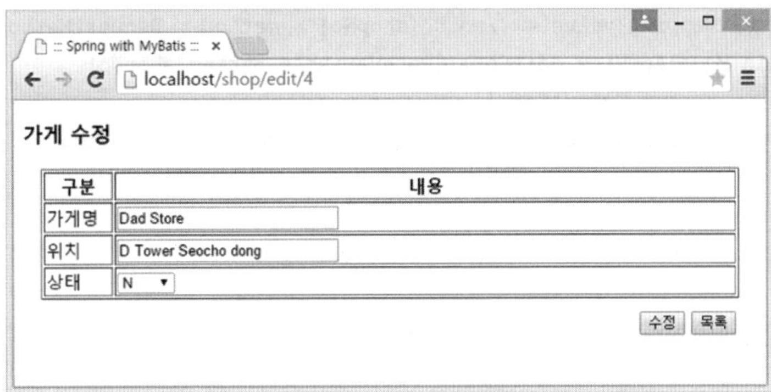

그림 8.23 가게 수정 화면

가게 수정 기능을 구현할 때 다음 순서를 따라 웹 애플리케이션을 작성한다.

1. **컨트롤러 클래스 수정**
2. **가게 수정 화면 작성**
3. **서비스 인터페이스와 서비스 클래스 수정**
4. **데이터 접근 인터페이스와 데이터 접근 클래스 수정**

5. 마이바티스 매퍼 XML 파일 수정

8.2.5.1 컨트롤러 클래스 수정(1/4단계)

컨트롤러 클래스에 editForm() 메소드를 추가로 작성한다. editForm() 메소드는 테이블에 등록한 가게 정보를 조회한 다음 가게 수정 화면에 결과를 출력한다. @RequestMapping 애노테이션을 지정한 다음 value 속성과 method 속성을 추가한다. value 속성 값에 /edit/{shopNo} URL 주소를 지정하고, method 속성 값에 GET을 전송 방식으로 지정한다. 반환하는 뷰명으로 /shop/edit 문자열을 지정한다.

```
@Controller
@RequestMapping(value = "/shop")
public class ShopController {
    ...중략...

    /* 가게 수정 화면 */
    @RequestMapping(value = "/edit/{shopNo}", method = RequestMethod.GET)
    public ModelAndView editForm(@PathVariable String shopNo)
            throws Exception {
        ModelAndView modelAndView = new ModelAndView("/shop/edit");

        // 서비스 객체 호출
        Shop shop = this.shopService.view(shopNo);

        modelAndView.addObject("shop", shop);

        return modelAndView;
    }
}
```

컨트롤러 클래스 수정을 완료하면, 예제 8.40과 같다

예제 8.40 컨트롤러 클래스(editForm() 메소드 작성)

```
/* /chapter08_dao/src/org/mybatis/presentation/ShopController.java */

package org.mybatis.presentation;

import java.util.List;
import javax.annotation.Resource;
import org.mybatis.domain.Shop;
import org.mybatis.service.ShopService;
import org.springframework.stereotype.Controller;
import org.springframework.web.bind.annotation.PathVariable;
import org.springframework.web.bind.annotation.RequestMapping;
import org.springframework.web.bind.annotation.RequestMethod;
import org.springframework.web.servlet.ModelAndView;
import org.springframework.web.servlet.view.RedirectView;

@Controller
@RequestMapping(value = "/shop")
public class ShopController {
    @Resource
    private ShopService shopService;

    /* 가게 목록 조회 */
    @RequestMapping(value = "/list", method = RequestMethod.GET)
    public ModelAndView list(Shop shop) throws Exception {
        ModelAndView modelAndView = new ModelAndView("/shop/list");

        // 서비스 객체 호출
        List<Shop> listShop = this.shopService.find(shop);
        modelAndView.addObject("listShop", listShop);

        return modelAndView;
    }

    /* 가게 등록 화면 */
    @RequestMapping(value = "/add", method = RequestMethod.GET)
    public String addForm() throws Exception {
        return "/shop/add";
    }

    /* 가게 등록 */
```

```
    @RequestMapping(value = "/add", method = RequestMethod.POST)
    public ModelAndView add(Shop shop) throws Exception {
        RedirectView redirectView = new RedirectView("/shop/list");
        redirectView.setExposeModelAttributes(false);

        // 서비스 객체 호출
        this.shopService.add(shop);

        return new ModelAndView(redirectView);
    }

    /* 가게 조회 */
    @RequestMapping(value = "/view/{shopNo}", method = RequestMethod.GET)
    public ModelAndView view(@PathVariable String shopNo)
            throws Exception {
        ModelAndView modelAndView = new ModelAndView("/shop/view");

        // 서비스 객체 호출
        Shop shop = this.shopService.view(shopNo);
        modelAndView.addObject("shop", shop);

        return modelAndView;
    }

    /* 가게 수정 화면 */
    @RequestMapping(value = "/edit/{shopNo}", method = RequestMethod.GET)
    public ModelAndView editForm(@PathVariable String shopNo)
            throws Exception {
        ModelAndView modelAndView = new ModelAndView("/shop/edit");

        // 서비스 객체 호출
        Shop shop = this.shopService.view(shopNo);
        modelAndView.addObject("shop", shop);

        return modelAndView;
    }
}
```

위와 같이 컨트롤러 클래스를 수정한 다음 가게 수정 화면을 생성한다.

/chapter08_dao/WebContent/WEB-INF/jsp/shop/**edit.jsp**

가게 수정 화면 작성을 완료하면, 예제 8.41과 같다.

예제 8.41 가게 수정 파일

```
/* /chapter08_dao/WebContent/jsp/shop/edit.jsp */

<%@ page language="java" contentType="text/html; charset=UTF-8"
    pageEncoding="UTF-8"%>
<%@ taglib prefix="c" uri="http://java.sun.com/jsp/jstl/core"%>

<!DOCTYPE html>
<html>
<head>
<title>::: Spring with MyBatis :::</title>
<meta http-equiv="Content-Type" content="text/html; charset=utf-8" />
    <script type="text/javascript">
        function edit() {
            document.getElementById('form').submit();
        };
    </script>
</head>

<body>
    <h3>가게 수정</h3>

    <form id="form" name="form" action="<c:url value="/shop/edit" />"
            method="post">
        <input type="hidden" id="shopNo" name="shopNo"
            value="${shop.shopNo}" />

        <table style="width: 100%;" border="1">
            <thead>
                <tr>
                    <th width="10%">구분</th>
                    <th>내용</th>
                </tr>
            </thead>
            <tbody>
                <tr>
```

```
                <td>가게명</td>
                <td style="text-align: left;">
                    <input type="text" id="shopName"
                        name="shopName" value="${shop.shopName}"
                        maxlength="20"style="width: 200px;" />
                </td>
            </tr>
            <tr>
                <td>위치</td>
                <td style="text-align: left;">
                    <input type="text" id="shopLocation"
                        name="shopLocation" value="${shop.shopLocation}"
                        maxlength="100" style="width: 200px;" />
                </td>
            </tr>
            <tr>
                <td>상태</td>
                <td style="text-align: left;">
                    <select id="shopStatus" name="shopStatus">
                        <option value="">선택</option>
                        <option value="Y"
                            <c:if test="${shop.shopStatus == 'Y'}">
                                selected="selected"</c:if>>Y
                        </option>
                        <option value="N"
                            <c:if test="${shop.shopStatus == 'N'}">
                                selected="selected"</c:if>>N
                        </option>
                </select></td>
            </tr>
        </tbody>
    </table>
</form>

<div style="text-align: right; padding-top: 10px;">
    <input type="button" id="button_edit" name="button_edit"
        value="수정" title="수정" onclick="edit();" />
    <a href="<c:url value="/shop/list" />">
        <input type="button" id="button_list" name="button_list"
            value="목록" />
    </a>
```

```
    </div>
</body>
</html>
```

위와 같이 가게 수정 화면을 작성한 다음 웹 애플리케이션 서버를 다시 기동한다. 가게 목록 조회 URL 주소를 호출한 다음 각 목록에 위치한 **수정** 버튼을 누르면, 그림 8.24와 같이 가게 수정 화면이 나타난다.

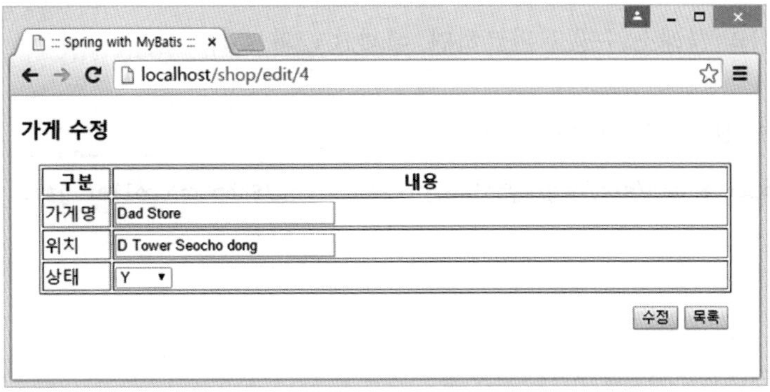

::: Spring with MyBatis :::
localhost/shop/edit/4
가게 수정
구분
내용
가게명
Dad Store
위치
D Tower Seocho dong
상태
Y
수정
목록

그림 8.24 가게 수정 화면

사용자가 수정한 가게 정보를 테이블에 저장할 수 있도록, 컨트롤러 클래스에 edit() 메소드를 추가로 작성한다. edit() 메소드는 테이블에 등록된 가게 정보를 수정한 다음 리다이렉트 방식으로 가게 목록 조회 화면을 호출한다. 가게 목록 조회 화면에서 수정한 가게 정보는 바로 확인할 수 있다. @RequestMapping 애노테이션을 지정한 다음 value 속성과 method 속성을 추가한다. value 속성 값에 /edit URL 주소를 지정하고, method 속성 값에 POST를 전송 방식으로 지정한다. RedirectView 객체의 생성자에 /shop/list 문자열을 인자로 지정한다.

```
@Controller
@RequestMapping(value = "/shop")
public class ShopController {
    ...중략...

    /* 가게 수정 */
```

```
    @RequestMapping(value = "/edit", method = RequestMethod.POST)
    public ModelAndView edit(Shop shop) throws Exception {
        RedirectView redirectView = new RedirectView("/shop/list");
        redirectView.setExposeModelAttributes(false);

        // TODO : 서비스 객체 호출

        return new ModelAndView(redirectView);
    }
}
```

컨트롤러 클래스 수정을 완료하면, 예제 8.42와 같다

예제 8.42 컨트롤러 클래스(edit() 메소드 작성)

```
/* /chapter08_dao/src/org/mybatis/presentation/ShopController.java */

package org.mybatis.presentation;

import java.util.List;
import javax.annotation.Resource;
import org.mybatis.domain.Shop;
import org.mybatis.service.ShopService;
import org.springframework.stereotype.Controller;
import org.springframework.web.bind.annotation.PathVariable;
import org.springframework.web.bind.annotation.RequestMapping;
import org.springframework.web.bind.annotation.RequestMethod;
import org.springframework.web.servlet.ModelAndView;
import org.springframework.web.servlet.view.RedirectView;

@Controller
@RequestMapping(value = "/shop")
public class ShopController {
    @Resource
    private ShopService shopService;

    /* 가게 목록 조회 */
    @RequestMapping(value = "/list", method = RequestMethod.GET)
    public ModelAndView list(Shop shop) throws Exception {
        ModelAndView modelAndView = new ModelAndView("/shop/list");
```

```java
        // 서비스 객체 호출
        List<Shop> listShop = this.shopService.find(shop);
        modelAndView.addObject("listShop", listShop);

        return modelAndView;
    }

    /* 가게 등록 화면 */
    @RequestMapping(value = "/add", method = RequestMethod.GET)
    public String addForm() throws Exception {
        return "/shop/add";
    }

    /* 가게 등록 */
    @RequestMapping(value = "/add", method = RequestMethod.POST)
    public ModelAndView add(Shop shop) throws Exception {
        RedirectView redirectView = new RedirectView("/shop/list");
        redirectView.setExposeModelAttributes(false);

        // 서비스 객체 호출
        this.shopService.add(shop);

        return new ModelAndView(redirectView);
    }

    /* 가게 조회 */
    @RequestMapping(value = "/view/{shopNo}", method = RequestMethod.GET)
    public ModelAndView view(@PathVariable String shopNo)
            throws Exception {
        ModelAndView modelAndView = new ModelAndView("/shop/view");

        // 서비스 객체 호출
        Shop shop = this.shopService.view(shopNo);
        modelAndView.addObject("shop", shop);

        return modelAndView;
    }

    /* 가게 수정 화면 */
    @RequestMapping(value = "/edit/{shopNo}", method = RequestMethod.GET)
    public ModelAndView editForm(@PathVariable String shopNo)
```

```
            throws Exception {
        ModelAndView modelAndView = new ModelAndView("/shop/edit");

        // 서비스 객체 호출
        Shop shop = this.shopService.view(shopNo);
        modelAndView.addObject("shop", shop);

        return modelAndView;
    }

    /* 가게 수정 */
    @RequestMapping(value = "/edit", method = RequestMethod.POST)
    public ModelAndView edit(Shop shop) throws Exception {
        RedirectView redirectView = new RedirectView("/shop/list");
        redirectView.setExposeModelAttributes(false);

        // TODO : 서비스 객체 호출

        return new ModelAndView(redirectView);
    }
}
```

8.2.5.2 서비스 인터페이스와 서비스 클래스 수정(2/4단계)

서비스 인터페이스에 가게를 수정하는 `edit()` 메소드를 추가로 선언한다.

```
public interface ShopService {
    public List<Shop> find(Shop shop);
    public void add(Shop shop);
    public Shop view(String shopNo);
    public void edit(Shop shop);
}
```

서비스 인터페이스 수정을 완료하면, 예제 8.43과 같다.

예제 8.43 서비스 인터페이스(edit() 메소드 선언)

```
/* /chapter08_dao/src/org/mybatis/service/ShopService.java */

package org.mybatis.service;

import java.util.List;
import org.mybatis.domain.Shop;

public interface ShopService {
    public List<Shop> find(Shop shop);
    public void add(Shop shop);
    public Shop view(String shopNo);
    public void edit(Shop shop);
}
```

서비스 인터페이스에 선언한 `edit()` 메소드를 서비스 클래스에서 구현하면 다음과 같다. 이때 `@Transactional` 애노테이션을 함께 지정한다.

```
@Service
public class ShopServiceImpl implements ShopService {
    ...중략...

    /* 가게 수정 */
    @Override
    @Transactional
    public void edit(Shop shop) {
        // TODO : 데이터 접근 객체 호출
    }
}
```

서비스 클래스 수정을 완료하면, 예제 8.44와 같다.

예제 8.44 서비스 클래스(edit() 메소드 구현)

```
/* /chapter08_dao/src/org/mybatis/service/ShopServiceImpl.java */

package org.mybatis.service;
```

```
import java.util.List;
import javax.annotation.Resource;
import org.mybatis.domain.Shop;
import org.mybatis.persistence.ShopDao;
import org.springframework.stereotype.Service;
import org.springframework.transaction.annotation.Transactional;

@Service
public class ShopServiceImpl implements ShopService {
    @Resource
    private ShopDao shopDao;

    /* 가게 목록 조회 */
    @Override
    public List<Shop> find(Shop shop) {
        // 데이터 접근 객체 호출
        return this.shopDao.list(shop);
    }

    /* 가게 등록 */
    @Override
    @Transactional
    public void add(Shop shop) {
        // 데이터 접근 객체 호출
        this.shopDao.insert(shop);
    }

    /* 가게 조회 */
    @Override
    public Shop view(String shopNo) {
        // 데이터 접근 객체 호출
        return this.shopDao.select(shopNo);
    }

    /* 가게 수정 */
    @Override
    @Transactional
    public void edit(Shop shop) {
        // TODO : 데이터 접근 객체 호출
    }
}
```

지금까지 작성한 서비스 인터페이스와 서비스 클래스는 다음과 같이 컨트롤러 클래스에서 사용한다.

```
@Controller
@RequestMapping(value = "/shop")
public class ShopController {
    ...중략...

    /* 가게 수정 */
    @RequestMapping(value = "/edit", method = RequestMethod.POST)
    public ModelAndView edit(Shop shop) throws Exception {
        RedirectView redirectView = new RedirectView("/shop/list");
        redirectView.setExposeModelAttributes(false);

        // 서비스 객체 호출
        this.shopService.edit(shop);

        return new ModelAndView(redirectView);
    }
}
```

컨트롤러 클래스 수정을 완료하면, 예제 8.45와 같다.

예제 8.45 컨트롤러 클래스(edit() 메소드 호출)

```
/* /chapter08_dao/src/org/mybatis/presentation/ShopController.java */

package org.mybatis.presentation;

import java.util.List;
import javax.annotation.Resource;
import org.mybatis.domain.Shop;
import org.mybatis.service.ShopService;
import org.springframework.stereotype.Controller;
import org.springframework.web.bind.annotation.PathVariable;
import org.springframework.web.bind.annotation.RequestMapping;
import org.springframework.web.bind.annotation.RequestMethod;
import org.springframework.web.servlet.ModelAndView;
import org.springframework.web.servlet.view.RedirectView;
```

```
@Controller
@RequestMapping(value = "/shop")
public class ShopController {
    @Resource
    private ShopService shopService;

    /* 가게 목록 조회 */
    @RequestMapping(value = "/list", method = RequestMethod.GET)
    public ModelAndView list(Shop shop) throws Exception {
        ModelAndView modelAndView = new ModelAndView("/shop/list");

        // 서비스 객체 호출
        List<Shop> listShop = this.shopService.find(shop);
        modelAndView.addObject("listShop", listShop);

        return modelAndView;
    }

    /* 가게 등록 화면 */
    @RequestMapping(value = "/add", method = RequestMethod.GET)
    public String addForm() throws Exception {
        return "/shop/add";
    }

    /* 가게 등록 */
    @RequestMapping(value = "/add", method = RequestMethod.POST)
    public ModelAndView add(Shop shop) throws Exception {
        RedirectView redirectView = new RedirectView("/shop/list");
        redirectView.setExposeModelAttributes(false);

        // 서비스 객체 호출
        this.shopService.add(shop);

        return new ModelAndView(redirectView);
    }

    /* 가게 조회 */
    @RequestMapping(value = "/view/{shopNo}", method = RequestMethod.GET)
    public ModelAndView view(@PathVariable String shopNo)
            throws Exception {
        ModelAndView modelAndView = new ModelAndView("/shop/view");
```

```
        // 서비스 객체 호출
        Shop shop = this.shopService.view(shopNo);
        modelAndView.addObject("shop", shop);

        return modelAndView;
    }

    /* 가게 수정 화면 */
    @RequestMapping(value = "/edit/{shopNo}", method = RequestMethod.GET)
    public ModelAndView editForm(@PathVariable String shopNo)
            throws Exception {
        ModelAndView modelAndView = new ModelAndView("/shop/edit");

        // 서비스 객체 호출
        Shop shop = this.shopService.view(shopNo);
        modelAndView.addObject("shop", shop);

        return modelAndView;
    }

    /* 가게 수정 */
    @RequestMapping(value = "/edit", method = RequestMethod.POST)
    public ModelAndView edit(Shop shop) throws Exception {
        RedirectView redirectView = new RedirectView("/shop/list");
        redirectView.setExposeModelAttributes(false);

        // 서비스 객체 호출
        this.shopService.edit(shop);

        return new ModelAndView(redirectView);
    }
}
```

8.2.5.3 데이터 접근 인터페이스와 데이터 접근 클래스 수정(3/4단계)

데이터 접근 인터페이스에 가게를 수정하는 update() 메소드를 추가로 선언한다.

```java
public interface ShopDao {
    public List<Shop> list(Shop shop);
    public void insert(Shop shop);
    public Shop select(String shopNo);
    public void update(Shop shop);
}
```

데이터 접근 인터페이스 수정을 완료하면, 예제 8.46과 같다.

예제 8.46 데이터 접근 인터페이스(update() 메소드 선언)

```java
/* /chapter08_dao/src/org/mybatis/persistence/ShopDao.java */

package org.mybatis.persistence;

import java.util.List;
import org.mybatis.domain.Shop;

public interface ShopDao {
    public List<Shop> list(Shop shop);
    public void insert(Shop shop);
    public Shop select(String shopNo);
    public void update(Shop shop);
}
```

데이터 접근 인터페이스에 선언한 update() 메소드를 데이터 접근 클래스에서 구현하면 다음과 같다.

```java
@Repository
public class ShopDaoImpl implements ShopDao {
    ...중략...

    /* 가게 수정 */
    @Override
    public void update(Shop shop) {
        // 마이바티스 객체 호출
        this.sqlSessionTemplate.update(
            "org.mybatis.persistence.ShopMapper.update", shop);
```

```
    }
}
```

데이터 접근 클래스 수정을 완료하면, 예제 8.47과 같다.

예제 8.47 데이터 접근 클래스(update() 메소드 구현)

```
/* /chapter08_dao/src/org/mybatis/persistence/ShopDaoImpl.java */

package org.mybatis.persistence;

import java.util.List;
import javax.annotation.Resource;
import org.mybatis.domain.Shop;
import org.mybatis.spring.SqlSessionTemplate;
import org.springframework.stereotype.Repository;

@Repository
public class ShopDaoImpl implements ShopDao {
    @Resource
    private SqlSessionTemplate sqlSessionTemplate;

    /* 가게 목록 조회 */
    @Override
    public List<Shop> list(Shop shop) {
        // 마이바티스 객체 호출
        return this.sqlSessionTemplate.selectList(
            "org.mybatis.persistence.ShopMapper.list", shop);
    }

    /* 가게 등록 */
    @Override
    public void insert(Shop shop) {
        // 마이바티스 객체 호출
        this.sqlSessionTemplate.insert(
            "org.mybatis.persistence.ShopMapper.insert", shop);
    }

    /* 가게 조회 */
    @Override
    public Shop select(String shopNo) {
```

```
        // 마이바티스 객체 호출
        return this.sqlSessionTemplate.selectOne(
            "org.mybatis.persistence.ShopMapper.select", shopNo);
    }

    /* 가게 수정 */
    @Override
    public void update(Shop shop) {
        // 마이바티스 객체 호출
        this.sqlSessionTemplate.update(
            "org.mybatis.persistence.ShopMapper.update", shop);
    }
}
```

지금까지 작성한 데이터 접근 인스페이스와 데이터 접근 클래스는 다음과 같이 서비스 클래스에서 사용한다.

```
@Service
public class ShopServiceImpl implements ShopService {
    ...중략...

    /* 가게 수정 */
    @Override
    @Transactional
    public void edit(Shop shop) {
        // 데이터 접근 객체 호출
        this.shopDao.update(shop);
    }
}
```

서비스 클래스 수정을 완료하면, 예제 8.48과 같다.

예제 8.48 서비스 클래스(update() 메소드 호출)

```
/* /chapter08_dao/src/org/mybatis/service/ShopServiceImpl.java */

package org.mybatis.service;

import java.util.List;
```

```
import javax.annotation.Resource;
import org.mybatis.domain.Shop;
import org.mybatis.persistence.ShopDao;
import org.springframework.stereotype.Service;
import org.springframework.transaction.annotation.Transactional;

@Service
public class ShopServiceImpl implements ShopService {
    @Resource
    private ShopDao shopDao;

    /* 가게 목록 조회 */
    @Override
    public List<Shop> find(Shop shop) {
        // 데이터 접근 객체 호출
        return this.shopDao.list(shop);
    }

    /* 가게 등록 */
    @Override
    @Transactional
    public void add(Shop shop) {
        // 데이터 접근 객체 호출
        this.shopDao.insert(shop);
    }

    /* 가게 조회 */
    @Override
    public Shop view(String shopNo) {
        // 데이터 접근 객체 호출
        return this.shopDao.select(shopNo);
    }

    /* 가게 수정 */
    @Override
    @Transactional
    public void edit(Shop shop) {
        // 데이터 접근 객체 호출
        this.shopDao.update(shop);
    }
}
```

8.2.5.4 마이바티스 매퍼 XML 파일 수정(4/4단계)

마이바티스 매퍼 XML 파일에 데이터 접근 클래스에서 호출하는 수정 매핑 구문을 추가로 작성한다.

```
<!-- 수정 매핑 구문 -->
<update id="update" parameterType="shop">
    UPDATE SHOP
    <set>
        <if test="shopName != null">SHOP_NAME = #{shopName},</if>
        <if test="shopLocation != null">
            SHOP_LOCATION = #{shopLocation},
        </if>
        <if test="shopStatus != null" >SHOP_STATUS = #{shopStatus},</if>
    </set>
    WHERE  SHOP_NO = #{shopNo}
</update>
```

마이바티스 매퍼 XML 파일 수정을 완료하면, 예제 8.49와 같다.

예제 8.49 마이바티스 매퍼 XML 파일(수정 매핑 구문 정의)

```
/* /chapter08_dao/src/resources/mybatis/ShopMapper.xml */

<?xml version="1.0" encoding="UTF-8"?>

<!DOCTYPE mapper PUBLIC "-//mybatis.org//DTD Mapper 3.0//EN"
"http://mybatis.org/dtd/mybatis-3-mapper.dtd">

<mapper namespace="org.mybatis.persistence.ShopMapper">
    <!-- 리절트 맵 -->
    <resultMap id="shopResultMap" type="shop">
        <id column="SHOP_NO" property="shopNo" />
        <result column="SHOP_NAME" property="shopName" />
        <result column="SHOP_LOCATION" property="shopLocation" />
        <result column="SHOP_STATUS" property="shopStatus" />
    </resultMap>

    <!-- 목록 조회 매핑 구문 -->
    <select id="list" parameterType="shop" resultMap="shopResultMap">
```

```
    SELECT SHOP_NO, SHOP_NAME, SHOP_LOCATION, SHOP_STATUS
    FROM SHOP
    <where>
        <if test="shopNo > 0">
            AND SHOP_NO = #{shopNo}
        </if>
        <if test="shopStatus != null and shopStatus != ''">
            AND SHOP_STATUS = #{shopStatus}
        </if>
    </where>
</select>

<!-- 등록 매핑 구문 -->
<insert id="insert" parameterType="shop">
    <!-- 자동 생성 키 조회 -->
    <selectKey keyColumn="SHOP_NO" keyProperty="shopNo"
          resultType="int" order="BEFORE">
        SELECT SEQ_SHOP_NO.NEXTVAL
        FROM DUAL
    </selectKey>
    INSERT INTO SHOP
        (SHOP_NO, SHOP_NAME, SHOP_LOCATION, SHOP_STATUS)
    VALUES
        (#{shopNo}, #{shopName}, #{shopLocation}, #{shopStatus})
</insert>

<!-- 조회 매핑 구문 -->
<select id="select" parameterType="java.lang.String"
        resultMap="shopResultMap">
    SELECT SHOP_NO, SHOP_NAME, SHOP_LOCATION, SHOP_STATUS
    FROM SHOP
    WHERE SHOP_NO = #{shopNo}
</select>

<!-- 수정 매핑 구문 -->
<update id="update" parameterType="shop">
    UPDATE SHOP
    <set>
        <if test="shopName != null">SHOP_NAME = #{shopName},</if>
        <if test="shopLocation != null">
            SHOP_LOCATION = #{shopLocation},
```

```
            </if>
            <if test="shopStatus != null" >SHOP_STATUS = #{shopStatus},</if>
        </set>
        WHERE  SHOP_NO = #{shopNo}
    </update>
</mapper>
```

위와 같이 마이바티스 매퍼 XML 파일을 수정한 다음 웹 애플리케이션 서버를 다시 기동한다. 가게 목록 조회 URL 주소를 호출한 다음 각 목록에 위치한 수정 버튼을 누르면, 그림 8.25와 같이 가게 수정 화면이 나타난다.

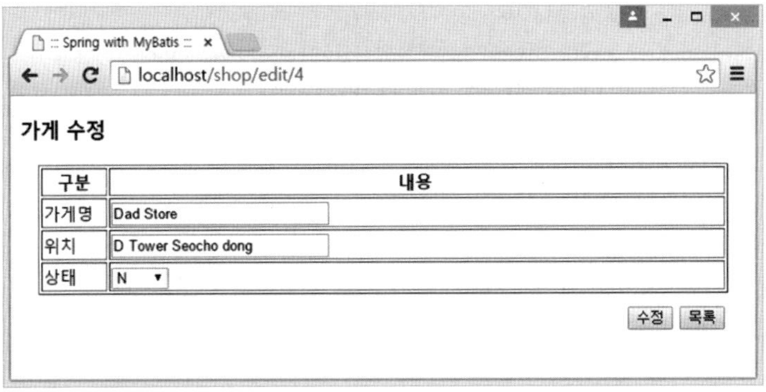

그림 8.25 가게 수정 화면

가게 정보를 변경한 다음 **수정** 버튼을 누르면, 가게 목록 조회 화면이 나타난다. 그림 8.26과 같이 수정된 가게 정보를 가게 목록 조회 화면에서 확인할 수 있다.

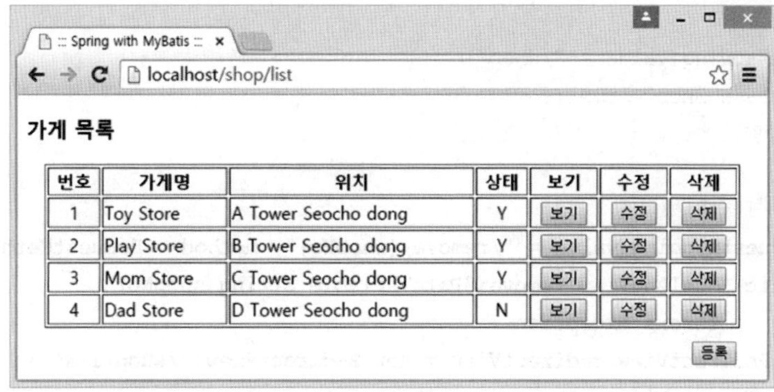

번호	가게명	위치	상태	보기	수정	삭제
1	Toy Store	A Tower Seocho dong	Y	보기	수정	삭제
2	Play Store	B Tower Seocho dong	Y	보기	수정	삭제
3	Mom Store	C Tower Seocho dong	Y	보기	수정	삭제
4	Dad Store	D Tower Seocho dong	N	보기	수정	삭제

그림 8.26 가게 목록 조회 화면(가게 정보 수정)

8.2.6 가게 삭제

가게 삭제 기능을 구현하면, 테이블에서 사용자가 선택한 가게 정보를 삭제할 수 있다. 가게 삭제 기능을 구현할 때 다음 순서를 따라 웹 애플리케이션을 작성한다.

1. **컨트롤러 클래스 수정**
2. **서비스 인터페이스와 서비스 클래스 수정**
3. **데이터 접근 인터페이스와 데이터 접근 클래스 수정**
4. **마이바티스 매퍼 XML 파일 수정**

8.2.6.1 컨트롤러 클래스 수정(1/4단계)

컨트롤러 클래스에 `remove()` 메소드를 추가로 작성한다. `remove()` 메소드는 테이블에 등록된 가게 정보를 삭제한 다음 리다이렉트 방식으로 가게 목록 조회 화면을 호출한다. 가게 목록 조회 화면에서 가게 정보가 삭제된 것을 바로 확인할 수 있다. `@RequestMapping` 애노테이션을 지정한 다음 `value` 속성과 `method` 속성을 추가한다. `value` 속성 값에 /remove/{shopNo} URL 주소를 지정하고 `method` 속성 값에 POST를 전송 방식으로 지정한다. `RedirectView` 객체의 생성자에 `/shop/list` 문자열을 인자로 지정한다.

```
@Controller
@RequestMapping(value = "/shop")
public class ShopController {
    ...중략...

    /* 가게 삭제 */
    @RequestMapping(value = "/remove/{shopNo}", method = RequestMethod.GET)
    public ModelAndView remove(@PathVariable String shopNo)
            throws Exception {
        RedirectView redirectView = new RedirectView("/shop/list");
        redirectView.setExposeModelAttributes(false);

        // TODO : 서비스 객체 호출

        return new ModelAndView(redirectView);
    }
}
```

컨트롤러 클래스 수정을 완료하면, 예제 8.50과 같다

예제 8.50 컨트롤러 클래스(remove() 메소드 작성)

```
/* /chapter08_dao/src/org/mybatis/presentation/ShopController.java */

package org.mybatis.presentation;

import java.util.List;
import javax.annotation.Resource;
import org.mybatis.domain.Shop;
import org.mybatis.service.ShopService;
import org.springframework.stereotype.Controller;
import org.springframework.web.bind.annotation.PathVariable;
import org.springframework.web.bind.annotation.RequestMapping;
import org.springframework.web.bind.annotation.RequestMethod;
import org.springframework.web.servlet.ModelAndView;
import org.springframework.web.servlet.view.RedirectView;

@Controller
@RequestMapping(value = "/shop")
public class ShopController {
    @Resource
```

```
private ShopService shopService;

/* 가게 목록 조회 */
@RequestMapping(value = "/list", method = RequestMethod.GET)
public ModelAndView list(Shop shop) throws Exception {
    ModelAndView modelAndView = new ModelAndView("/shop/list");

    // 서비스 객체 호출
    List<Shop> listShop = this.shopService.find(shop);
    modelAndView.addObject("listShop", listShop);

    return modelAndView;
}

/* 가게 등록 화면 */
@RequestMapping(value = "/add", method = RequestMethod.GET)
public String addForm() throws Exception {
    return "/shop/add";
}

/* 가게 등록 */
@RequestMapping(value = "/add", method = RequestMethod.POST)
public ModelAndView add(Shop shop) throws Exception {
    RedirectView redirectView = new RedirectView("/shop/list");
    redirectView.setExposeModelAttributes(false);

    // 서비스 객체 호출
    this.shopService.add(shop);

    return new ModelAndView(redirectView);
}

/* 가게 조회 */
@RequestMapping(value = "/view/{shopNo}", method = RequestMethod.GET)
public ModelAndView view(@PathVariable String shopNo)
        throws Exception {
    ModelAndView modelAndView = new ModelAndView("/shop/view");

    // 서비스 객체 호출
    Shop shop = this.shopService.view(shopNo);
    modelAndView.addObject("shop", shop);
```

```
        return modelAndView;
    }

    /* 가게 수정 조회 */
    @RequestMapping(value = "/edit/{shopNo}", method = RequestMethod.GET)
    public ModelAndView editForm(@PathVariable String shopNo)
            throws Exception {
        // 서비스 객체 호출
        Shop shop = this.shopService.view(shopNo);

        ModelAndView modelAndView = new ModelAndView("/shop/edit");
        modelAndView.addObject("shop", shop);

        return modelAndView;
    }

    /* 가게 수정 */
    @RequestMapping(value = "/edit", method = RequestMethod.POST)
    public ModelAndView edit(Shop shop) throws Exception {
        RedirectView redirectView = new RedirectView("/shop/list");
        redirectView.setExposeModelAttributes(false);

        // 서비스 객체 호출
        this.shopService.edit(shop);

        return new ModelAndView(redirectView);
    }

    @RequestMapping(value = "/remove/{shopNo}", method = RequestMethod.GET)
    public ModelAndView remove(@PathVariable String shopNo)
            throws Exception {
        RedirectView redirectView = new RedirectView("/shop/list");
        redirectView.setExposeModelAttributes(false);

        // TODO : 서비스 객체 호출

        return new ModelAndView(redirectView);
    }
}
```

8.2.6.2 서비스 인터페이스와 서비스 클래스 수정(2/4단계)

서비스 인터페이스에 가게를 삭제하는 `remove()` 메소드를 추가로 선언한다.

```
public interface ShopService {
    public List<Shop> find(Shop shop);
    public void add(Shop shop);
    public Shop view(String shopNo);
    public void edit(Shop shop);
    public void remove(String shopNo);
}
```

서비스 인터페이스 수정을 완료하면, 예제 8.51과 같다.

예제 8.51 서비스 인터페이스(remove() 메소드 선언)

```
/* /chapter08_dao/src/org/mybatis/service/ShopService.java */

package org.mybatis.service;

import java.util.List;
import org.mybatis.domain.Shop;

public interface ShopService {
    public List<Shop> find(Shop shop);
    public void add(Shop shop);
    public Shop view(String shopNo);
    public void edit(Shop shop);
    public void remove(String shopNo);
}
```

서비스 인터페이스에 선언한 `remove()` 메소드를 서비스 클래스에서 구현하면 다음과 같다. 이때 `@Transactional` 애노테이션을 함께 지정한다.

```
@Service
public class ShopServiceImpl implements ShopService {
    ...중략...
```

```java
    /* 가게 삭제 */
    @Override
    @Transactional
    public void remove(String shopNo) {
        // TODO : 데이터 접근 객체 호출
    }
}
```

서비스 클래스 수정을 완료하면, 예제 8.52와 같다.

예제 8.52 서비스 클래스(remove() 메소드 구현)

```java
/* /chapter08_dao/src/org/mybatis/service/ShopServiceImpl.java */

package org.mybatis.service;

import java.util.List;
import javax.annotation.Resource;
import org.mybatis.domain.Shop;
import org.mybatis.persistence.ShopDao;
import org.springframework.stereotype.Service;
import org.springframework.transaction.annotation.Transactional;

@Service
public class ShopServiceImpl implements ShopService {
    @Resource
    private ShopDao shopDao;

    /* 가게 목록 조회 */
    @Override
    public List<Shop> find(Shop shop) {
        // 데이터 접근 객체 호출
        return this.shopDao.list(shop);
    }

    /* 가게 등록 */
    @Override
    @Transactional
    public void add(Shop shop) {
        // 데이터 접근 객체 호출
        this.shopDao.insert(shop);
```

```
    }

    /* 가게 조회 */
    @Override
    public Shop view(String shopNo) {
        // 데이터 접근 객체 호출
        return this.shopDao.select(shopNo);
    }

    /* 가게 수정 */
    @Override
    @Transactional
    public void edit(Shop shop) {
        // 데이터 접근 객체 호출
        this.shopDao.update(shop);
    }

    /* 가게 삭제 */
    @Override
    @Transactional
    public void remove(String shopNo) {
        // TODO : 데이터 접근 객체 호출
    }
}
```

지금까지 작성한 서비스 인터페이스와 서비스 클래스는 다음과 같이 컨트롤러 클래스에서 사용한다.

```
@Controller
@RequestMapping(value = "/shop")
public class ShopController {
    ...중략...

    /* 가게 삭제 */
    @RequestMapping(value = "/remove/{shopNo}", method = RequestMethod.GET)
    public ModelAndView remove(@PathVariable String shopNo)
            throws Exception {
        RedirectView redirectView = new RedirectView("/shop/list");
```

```
        redirectView.setExposeModelAttributes(false);

        // 서비스 객체 호출
        this.shopService.remove(shopNo);

        return new ModelAndView(redirectView);
    }
}
```

컨트롤러 클래스 수정을 완료하면, 예제 8.53과 같다.

예제 8.53 컨트롤러 클래스(remove() 메소드 호출)

```
/* /chapter08_dao/src/org/mybatis/presentation/ShopController.java */

package org.mybatis.presentation;

import java.util.List;
import javax.annotation.Resource;
import org.mybatis.domain.Shop;
import org.mybatis.service.ShopService;
import org.springframework.stereotype.Controller;
import org.springframework.web.bind.annotation.PathVariable;
import org.springframework.web.bind.annotation.RequestMapping;
import org.springframework.web.bind.annotation.RequestMethod;
import org.springframework.web.servlet.ModelAndView;
import org.springframework.web.servlet.view.RedirectView;

@Controller
@RequestMapping(value = "/shop")
public class ShopController {
    @Resource
    private ShopService shopService;

    /* 가게 목록 조회 */
    @RequestMapping(value = "/list", method = RequestMethod.GET)
    public ModelAndView list(Shop shop) throws Exception {
        ModelAndView modelAndView = new ModelAndView("/shop/list");

        // 서비스 객체 호출
        List<Shop> listShop = this.shopService.find(shop);
```

```
    modelAndView.addObject("listShop", listShop);

    return modelAndView;
}

/* 가게 등록 화면 */
@RequestMapping(value = "/add", method = RequestMethod.GET)
public String addForm() throws Exception {
    return "/shop/add";
}

/* 가게 등록 */
@RequestMapping(value = "/add", method = RequestMethod.POST)
public ModelAndView add(Shop shop) throws Exception {
    RedirectView redirectView = new RedirectView("/shop/list");
    redirectView.setExposeModelAttributes(false);

    // 서비스 객체 호출
    this.shopService.add(shop);

    return new ModelAndView(redirectView);
}

/* 가게 조회 */
@RequestMapping(value = "/view/{shopNo}", method = RequestMethod.GET)
public ModelAndView view(@PathVariable String shopNo)
        throws Exception {
    ModelAndView modelAndView = new ModelAndView("/shop/view");

    // 서비스 객체 호출
    Shop shop = this.shopService.view(shopNo);
    modelAndView.addObject("shop", shop);

    return modelAndView;
}

/* 가게 수정 조회 */
@RequestMapping(value = "/edit/{shopNo}", method = RequestMethod.GET)
public ModelAndView editForm(@PathVariable String shopNo)
        throws Exception {
    ModelAndView modelAndView = new ModelAndView("/shop/edit");
```

```
        // 서비스 객체 호출
        Shop shop = this.shopService.view(shopNo);
        modelAndView.addObject("shop", shop);

        return modelAndView;
    }

    /* 가게 수정 */
    @RequestMapping(value = "/edit", method = RequestMethod.POST)
    public ModelAndView edit(Shop shop) throws Exception {
        RedirectView redirectView = new RedirectView("/shop/list");
        redirectView.setExposeModelAttributes(false);

        // 서비스 객체 호출
        this.shopService.edit(shop);

        return new ModelAndView(redirectView);
    }

    /* 가게 삭제 */
    @RequestMapping(value = "/remove/{shopNo}", method = RequestMethod.GET)
    public ModelAndView remove(@PathVariable String shopNo)
            throws Exception {
        RedirectView redirectView = new RedirectView("/shop/list");
        redirectView.setExposeModelAttributes(false);

        // 서비스 객체 호출
        this.shopService.remove(shopNo);

        return new ModelAndView(redirectView);
    }
}
```

8.2.6.3 데이터 접근 인터페이스와 데이터 접근 클래스 수정(3/4단계)

데이터 접근 인터페이스에 가게를 삭제하는 `delete()` 메소드를 추가로 선언한다.

```
public interface ShopDao {
    public List<Shop> list(Shop shop);
    public void insert(Shop shop);
```

```
    public Shop select(String shopNo);
    public void update(Shop shop);
    public void delete(String shopNo);
}
```

데이터 접근 인터페이스 수정을 완료하면, 예제 8.54와 같다.

예제 8.54 데이터 접근 인터페이스(delete() 메소드 선언)

```
/* /chapter08_dao/src/org/mybatis/persistence/ShopDao.java */

package org.mybatis.persistence;

import java.util.List;
import org.mybatis.domain.Shop;

public interface ShopDao {
    public List<Shop> list(Shop shop);
    public void insert(Shop shop);
    public Shop select(String shopNo);
    public void update(Shop shop);
    public void delete(String shopNo);
}
```

데이터 접근 인터페이스에 선언한 delete() 메소드를 데이터 접근 클래스에서 구현하면 다음과 같다.

```
@Repository
public class ShopDaoImpl implements ShopDao {
    ...중략...

    /* 가게 삭제 */
    @Override
    public void delete(String shopNo) {
        // 마이바티스 객체 호출
        this.sqlSessionTemplate.delete(
            "org.mybatis.persistence.ShopMapper.delete", shopNo);
    }
}
```

데이터 접근 클래스 수정을 완료하면, 예제 8.55와 같다.

예제 8.55 데이터 접근 클래스(delete() 메소드 구현)

```
/* /chapter08_dao/src/org/mybatis/persistence/ShopDaoImpl.java */

package org.mybatis.persistence;

import java.util.List;
import javax.annotation.Resource;
import org.mybatis.domain.Shop;
import org.mybatis.spring.SqlSessionTemplate;
import org.springframework.stereotype.Repository;

@Repository
public class ShopDaoImpl implements ShopDao {
    @Resource
    private SqlSessionTemplate sqlSessionTemplate;

    /* 가게 목록 조회 */
    @Override
    public List<Shop> list(Shop shop) {
        // 마이바티스 객체 호출
        return this.sqlSessionTemplate.selectList(
            "org.mybatis.persistence.ShopMapper.list", shop);
    }

    /* 가게 등록 */
    @Override
    public void insert(Shop shop) {
        // 마이바티스 객체 호출
        this.sqlSessionTemplate.insert(
            "org.mybatis.persistence.ShopMapper.insert", shop);
    }

    /* 가게 조회 */
    @Override
    public Shop select(String shopNo) {
        // 마이바티스 객체 호출
        return this.sqlSessionTemplate.selectOne(
            "org.mybatis.persistence.ShopMapper.select", shopNo);
```

```
    }

    /* 가게 수정 */
    @Override
    public void update(Shop shop) {
        // 마이바티스 객체 호출
        this.sqlSessionTemplate.update(
            "org.mybatis.persistence.ShopMapper.update", shop);
    }

    /* 가게 삭제 */
    @Override
    public void delete(String shopNo) {
        // 마이바티스 객체 호출
        this.sqlSessionTemplate.delete(
            "org.mybatis.persistence.ShopMapper.delete", shopNo);
    }
}
```

지금까지 작성한 데이터 접근 인스페이스와 데이터 접근 클래스는 다음과 같이 서비스 클래스에서 사용한다.

```
@Service
public class ShopServiceImpl implements ShopService {
    ...중략...

    /* 가게 삭제 */
    @Override
    @Transactional
    public void remove(String shopNo) {
        // 데이터 접근 객체 호출
        this.shopDao.delete(shopNo);
    }
}
```

서비스 클래스 수정을 완료하면, 예제 8.56과 같다.

예제 8.56 서비스 클래스(delete() 메소드 호출)

```
/* /chapter08_dao/src/org/mybatis/service/ShopServiceImpl.java */

package org.mybatis.service;

import java.util.List;
import javax.annotation.Resource;
import org.mybatis.domain.Shop;
import org.mybatis.persistence.ShopDao;
import org.springframework.stereotype.Service;
import org.springframework.transaction.annotation.Transactional;

@Service
public class ShopServiceImpl implements ShopService {
    @Resource
    private ShopDao shopDao;

    /* 가게 목록 조회 */
    @Override
    public List<Shop> find(Shop shop) {
        // 데이터 접근 객체 호출
        return this.shopDao.list(shop);
    }

    /* 가게 목록 조회 */
    @Override
    @Transactional
    public void add(Shop shop) {
        // 데이터 접근 객체 호출
        this.shopDao.insert(shop);
    }

    /* 가게 조회 */
    @Override
    public Shop view(String shopNo) {
        // 데이터 접근 객체 호출
        return this.shopDao.select(shopNo);
    }

    /* 가게 수정 */
    @Override
```

```
    @Transactional
    public void edit(Shop shop) {
        // 데이터 접근 객체 호출
        this.shopDao.update(shop);
    }

    /* 가게 삭제 */
    @Override
    @Transactional
    public void remove(String shopNo) {
        // 데이터 접근 객체 호출
        this.shopDao.delete(shopNo);
    }
}
```

8.2.6.4 마이바티스 매퍼 XML 파일 수정(4/4단계)

마이바티스 매퍼 XML 파일에 데이터 접근 클래스에서 호출하는 삭제 매핑 구문을 추가로 작성한다.

```
<!-- 삭제 매핑 구문 -->
<delete id="delete" parameterType="java.lang.String">
    DELETE FROM SHOP
    WHERE SHOP_NO = #{shopNo}
</delete>
```

마이바티스 매퍼 XML 파일 수정을 완료하면, 예제 8.57과 같다.

예제 8.57 마이바티스 매퍼 XML 파일(삭제 매핑 구문 정의)

```
/* /chapter08_dao/src/resources/mybatis/ShopMapper.xml */

<?xml version="1.0" encoding="UTF-8"?>

<!DOCTYPE mapper PUBLIC "-//mybatis.org//DTD Mapper 3.0//EN"
"http://mybatis.org/dtd/mybatis-3-mapper.dtd">

<mapper namespace="org.mybatis.persistence.ShopMapper">
```

```
<!-- 리절트 맵 -->
<resultMap id="shopResultMap" type="shop">
    <id column="SHOP_NO" property="shopNo" />
    <result column="SHOP_NAME" property="shopName" />
    <result column="SHOP_LOCATION" property="shopLocation" />
    <result column="SHOP_STATUS" property="shopStatus" />
</resultMap>

<!-- 목록 조회 매핑 구문 -->
<select id="list" parameterType="shop" resultMap="shopResultMap">
    SELECT SHOP_NO, SHOP_NAME, SHOP_LOCATION, SHOP_STATUS
    FROM SHOP
    <where>
        <if test="shopNo > 0">
            AND SHOP_NO = #{shopNo}
        </if>
        <if test="shopStatus != null and shopStatus != ''">
            AND SHOP_STATUS = #{shopStatus}
        </if>
    </where>
</select>

<!-- 등록 매핑 구문 -->
<insert id="insert" parameterType="shop">
    <!-- 자동 생성 키 조회 -->
    <selectKey keyColumn="SHOP_NO" keyProperty="shopNo"
            resultType="int" order="BEFORE">
        SELECT SEQ_SHOP_NO.NEXTVAL
        FROM DUAL
    </selectKey>
    INSERT INTO SHOP
        (SHOP_NO, SHOP_NAME, SHOP_LOCATION, SHOP_STATUS)
    VALUES
        (#{shopNo}, #{shopName}, #{shopLocation}, #{shopStatus})
</insert>

<!-- 조회 매핑 구문 -->
<select id="select" parameterType="java.lang.String"
        resultMap="shopResultMap">
    SELECT SHOP_NO, SHOP_NAME, SHOP_LOCATION, SHOP_STATUS
    FROM SHOP
```

```
        WHERE SHOP_NO = #{shopNo}
    </select>

    <!-- 수정 매핑 구문 -->
    <update id="update" parameterType="shop">
        UPDATE SHOP
        <set>
            <if test="shopName != null">SHOP_NAME = #{shopName},</if>
            <if test="shopLocation != null">
                 SHOP_LOCATION = #{shopLocation},
            </if>
            <if test="shopStatus != null" >SHOP_STATUS = #{shopStatus},</if>
        </set>
        WHERE  SHOP_NO = #{shopNo}
    </update>

    <!-- 삭제 매핑 구문 -->
    <delete id="delete" parameterType="java.lang.String">
        DELETE FROM SHOP
        WHERE SHOP_NO = #{shopNo}
    </delete>
</mapper>
```

이와 같이 마이바티스 매퍼 XML 파일을 수정한 다음 웹 애플리케이션 서버를 다시 기동한다. 가게 목록 조회 URL 주소를 호출한 다음 각 목록에 위치한 삭제 버튼을 누르면, 그림 8.27과 같이 가게 목록 화면에서 가게 정보가 삭제된 것을 확인할 수 있다.

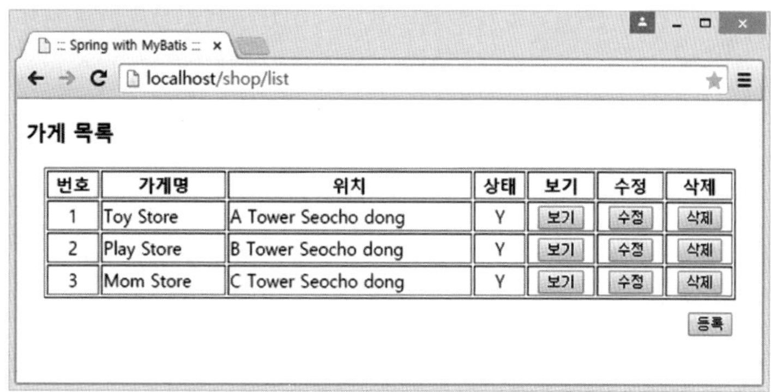

그림 8.27 가게 목록 조회 화면(가게 정보 삭제)

8.3 SqlSessionDaoSupport 객체를 사용한 방식

SqlSessionTemplate 객체 방식은 스프링 빈 컨테이너에 등록한 SqlSessionTemplate 클래스 타입의 빈을 사용한다. 다음과 같이 SqlSessionTemplate 클래스 타입의 빈을 사용하기 위해서는 데이터 접근 클래스마다 SqlSessionTemplate 클래스 타입의 프로퍼티를 선언한 다음 상단에 @Resource 애노테이션을 지정해야 한다.

```
/* 스프링 설정 XML 파일(마이바티스 설정) */
<bean id="sqlSessionTemplate"
        class="org.mybatis.spring.SqlSessionTemplate">
    <constructor-arg index="0" ref="sqlSessionFactory" />
</bean>


/* 데이터 접근 클래스 */
public class ShopDaoImpl {
    @Resource
    private SqlSessionTemplate sqlSessionTemplate;

    ...중략...
}
```

SqlSessionDaoSupport 객체 방식은 마이바티스-스프링 연동 라이브러리에서 제공하는 SqlSessionDaoSupport 클래스를 상속받는 방식이다. 그림 8.28과 같이 SqlSessionDaoSupport 클래스를 상속받으면, SqlSessionTemplate 클래스 타입의 프로퍼티를 사용할 수 있다.

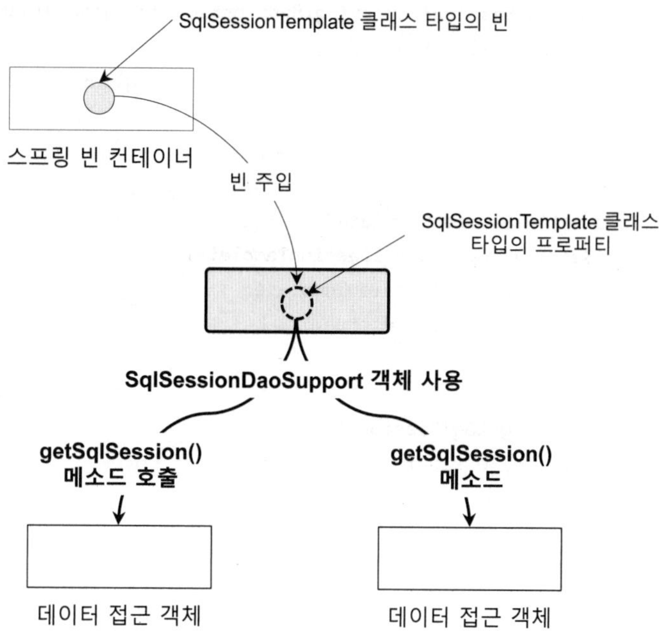

그림 8.28 SqlSessionDaoSupport 객체에 SqlSessionTemplate 클래스 타입의 빈 주입

다음 소스 코드는 마이바티스-스프링 연동 라이브러리에서 제공하는 SqlSessionDaoSupport 클래스의 일부다. SqlSessionDaoSupport 클래스에서 가장 중요한 것은 SqlSession 인터페이스 타입의 프로퍼티다. SqlSession 인터페이스 타입의 프로퍼티는 스프링 설정 XML 파일에 정의한 SqlSessionTemplate 클래스 타입의 빈이 주입된 프로퍼티다. SqlSession 인터페이스 타입의 프로퍼티는 setSqlSessionTemplate() 메소드와 setSqlSessionFactory() 메소드를 통해서 SqlSessionTemplate 클래스 타입의 빈이 셋팅된다. 데이터 접근 클래스는 getSqlSession() 메소드를 통해서 반환된 SqlSession 인터페이스 타입의 객체를 사용해서 매핑 구문을 실행할 수 있다.

```
/* SqlSessionDaoSupport 클래스 */
public abstract class SqlSessionDaoSupport extends DaoSupport {
    private SqlSession sqlSession;
    private boolean externalSqlSession;
```

```
    public void setSqlSessionFactory(SqlSessionFactory sqlSessionFactory) {
        if (!this.externalSqlSession) {
            this.sqlSession = new SqlSessionTemplate(sqlSessionFactory);
        }
    }

    public void setSqlSessionTemplate(
            SqlSessionTemplate sqlSessionTemplate) {
        this.sqlSession = sqlSessionTemplate;
        this.externalSqlSession = true;
    }

    public SqlSession getSqlSession() {
        return this.sqlSession;
    }

    ...중략...
}
```

SqlSession 인터페이스 타입의 프로퍼티에 SqlSessionTemplate 클래스 타입의 빈을 셋팅할 때 setSqlSessionTemplate() 메소드와 setSqlSessionFactory() 메소드 중 어느 메소드를 사용해도 상관 없다. 단지 setSqlSessionTemplate() 메소드를 호출한 다음 setSqlSessionFactory() 메소드를 호출하면, externalSqlSession 프로퍼티 값이 바뀌기 때문에 인자로 전달한 SqlSessionTemplate 클래스 타입의 객체는 대입되지 않고 무시된다.

```
private boolean externalSqlSession;

public void setSqlSessionFactory(SqlSessionFactory sqlSessionFactory) {
    if (!this.externalSqlSession) {
        this.sqlSession = new SqlSessionTemplate(sqlSessionFactory);
    }
}

public void setSqlSessionTemplate(SqlSessionTemplate sqlSessionTemplate)
    this.sqlSession = sqlSessionTemplate;
    this.externalSqlSession = true;
}
```

지금까지 SqlSessionDaoSupport 객체 방식에 대한 이론적인 내용을 알아보았다. 앞서 살펴본 내용을 바탕으로 이클립스에 두 번째 다이나믹 웹 프로젝트를 생성한 다음 실습해 보자. 다이나믹 웹 프로젝트를 chapter08_dao_support 명칭으로 생성한 표 8.4와 같이 디렉토리를 생성한다. 개발에 필요한 라이브러리를 /chapter08_dao_support/WebContent/WEB-INF/lib 디렉토리에 복사한 다음 빌드 경로를 설정한다. 다이나믹 웹 프로젝트 생성에 어려움이 있을 경우 '부록 A. 마이바티스 프로그래밍 개발 환경 구축'을 참고한다.

표 8.4 chapter08_dao_support 다이나믹 웹 프로젝트의 디렉토리 구성

디렉토리 경로 및 파일명	설명
/src/org/mybatis/domain	도메인 클래스가 위치한 디렉토리
/src/org/mybatis/persistence	데이터 접근 인터페이스, 데이터 접근 클래스가 위치한 디렉토리
/src/org/mybatis/presentation	컨트롤러 클래스가 위치한 디렉토리
/src/org/mybatis/service	서비스 인터페이스, 서비스 클래스가 위치한 디렉토리
/src/resources/mybatis	마이바티스 매퍼 XML 파일이 위치한 디렉토리
/src/resources/spring	스프링 설정 XML 파일, 프로퍼티 파일이 위치한 디렉토리
/WebContent/WEB-INF/jsp/shop	JSP 파일이 위치한 디렉토리

디렉토리 생성 및 파일 작성을 완료하면, 그림 8.29와 같이 완성된 다이나믹 웹 프로젝트를 볼 수 있다.

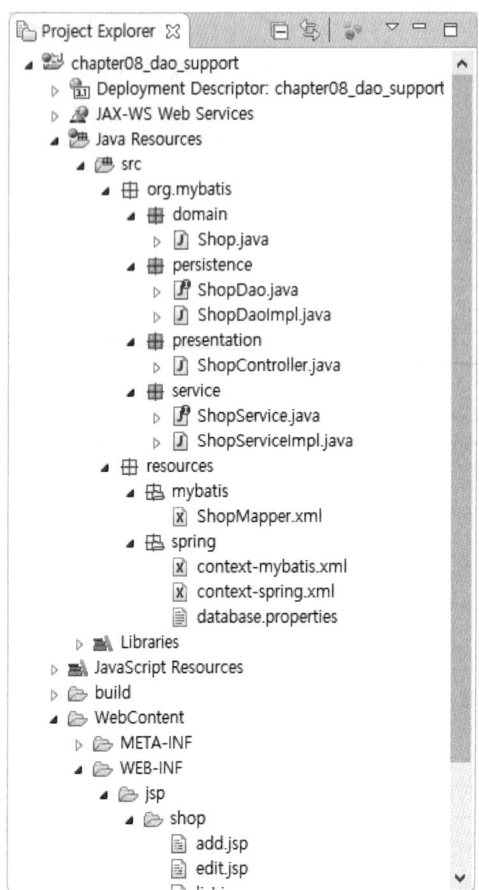

그림 8.29 chapter08_dao_support 다이나믹 웹 프로젝트

다이나믹 웹 프로젝트를 생성한 다음 앞서 chapter08_dao 다이나믹 웹 프로젝트에서 작성한 파일과 라이브러리를 다음과 같이 복사한다.

```
/* 파일 복사 */
/chapter08_dao_support/src/org/mybatis/domain/Shop.java
/chapter08_dao_support/src/org/mybatis/persistence/ShopDao.java
/chapter08_dao_support/src/org/mybatis/persistence/ShopDaoImpl.java
/chapter08_dao_support/src/org/mybatis/presentation/ShopController.java
/chapter08_dao_support/src/org/mybatis/service/ShopService.java
/chapter08_dao_support/src/org/mybatis/service/ShopServiceImpl.java
/chapter08_dao_support/src/resources/mybatis/context-mybatis.xml
```

```
/chapter08_dao_support/src/resources/spring/context-spring.xml
/chapter08_dao_support/src/resources/spring/database.properties
/chapter08_dao_support/WebContent/WEB-INF/jsp/shop/add.jsp
/chapter08_dao_support/WebContent/WEB-INF/jsp/shop/edit.jsp
/chapter08_dao_support/WebContent/WEB-INF/jsp/shop/list.jsp
/chapter08_dao_support/WebContent/WEB-INF/jsp/shop/view.jsp
/chapter08_dao_support/WebContent/WEB-INF/web.xml

/* 라이브러리 복사 */
/chapter08_dao_support/WebContent/WEB-INF/lib/~
```

그림 8.30과 같이 파일과 라이브러리를 복사했을 때 라이브러리 참조 에러가 발생할 수 있다. 프로젝트 클린을 통해서 복사한 소스 코드를 다시 빌드하면, 라이브러리 참조와 관련된 에러를 해결할 수 있다.

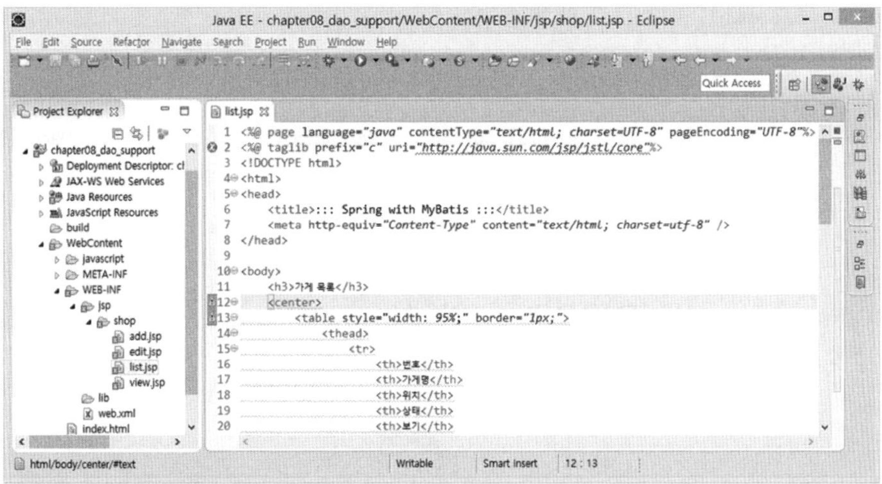

그림 8.30 라이브러리 참조 에러가 발생한 화면

프로젝트 클린은 이클립스 상단 메뉴바에서 Project ➤ Clean 메뉴를 선택한다. 그림 8.31과 같이 클린 대화상자가 나타나면, chapter08_dao_support 항목을 선택한 다음 Next 버튼을 누른다.

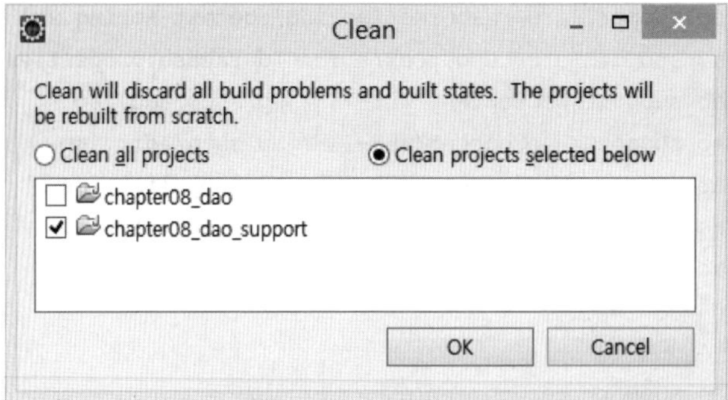

그림 8.31 Clean 대화상자

위와 같이 준비를 완료하면, 우선 데이터 접근 클래스를 수정한다. 다음과 같이 SqlSessionDaoSupport 클래스를 상속받은 다음 SqlSessionTemplate 클래스 타입의 프로퍼티를 삭제한다. 그리고 클래스 변수를 참조하던 소스 코드를 getSqlSession() 메소드로 대체한다.

```
/* 데이터 접근 클래스 */
public class ShopDaoImpl extends SqlSessionDaoSupport implements ShopDao {
    /* 가게 목록 조회 */
    @Override
    public List<Shop> list(Shop shop) {
        // 마이바티스 객체 호출
        return getSqlSession().selectList(
            "org.mybatis.persistence.ShopMapper.list", shop);
    }

    ...중략...
}
```

데이터 접근 클래스 수정을 완료하면, 예제 8.58과 같다.

예제 8.58 데이터 접근 클래스(SqlSessionDaoSupport 클래스 상속)

```
/* /chapter08_dao_support/src/org/mybatis/persistence/ShopDaoImpl.java */

package org.mybatis.persistence;
```

```
import java.util.List;
import org.mybatis.domain.Shop;
import org.mybatis.spring.support.SqlSessionDaoSupport;
import org.springframework.stereotype.Repository;

@Repository
public class ShopDaoImpl extends SqlSessionDaoSupport implements ShopDao {
    /* 가게 목록 조회 */
    @Override
    public List<Shop> list(Shop shop) {
        // 마이바티스 객체 호출
        return getSqlSession().selectList(
            "org.mybatis.persistence.ShopMapper.list", shop);
    }

    /* 가게 등록 */
    @Override
    public void insert(Shop shop) {
        // 마이바티스 객체 호출
        getSqlSession().insert(
            "org.mybatis.persistence.ShopMapper.insert", shop);
    }

    /* 가게 조회 */
    @Override
    public Shop select(String shopNo) {
        // 마이바티스 객체 호출
        return getSqlSession().selectOne(
            "org.mybatis.persistence.ShopMapper.select", shopNo);
    }

    /* 가게 수정 */
    @Override
    public void update(Shop shop) {
        // 마이바티스 객체 호출
        getSqlSession().update(
            "org.mybatis.persistence.ShopMapper.update", shop);
    }

    /* 가게 삭제 */
    @Override
```

```
    public void delete(String shopNo) {
        // 마이바티스 객체 호출
        getSqlSession().delete(
            "org.mybatis.persistence.ShopMapper.delete", shopNo);
    }
}
```

위와 같이 데이터 접근 클래스를 수정한 다음 이클립스 서버 뷰에 웹 애플리케이션 서버를 추가한다. 앞서 등록한 웹 애플리케이션 서버에 웹 애플리케이션을 추가하지 말고, 그림 8.32와 같이 웹 애플리케이션 서버를 별도로 추가한 다음 웹 애플리케이션을 등록한다. 웹 애플리케이션 서버명은 chapter08_dao_support_server로 지정한다. 그리고 웹 애플리케이션 서버 설정 화면에서 포트 번호와 컨텍스트 경로를 80 번호와 / 경로로 변경한다.

그림 8.32 서버 뷰에 웹 애플리케이션 서버 등록 화면

이클립스 서버 뷰에 웹 애플리케이션 서버와 웹 애플리케이션 등록을 완료하면, 웹 애플리케이션 서버를 선택한 다음 우측 상단에 Start the server 버튼을 누른다. 다음과 같이 에러 로그가 출력되면서 웹 애플리케이션 서버가 기동되지 않는다.

```
Caused by: java.lang.IllegalArgumentException:
Property 'sqlSessionFactory' or 'sqlSessionTemplate' are required
```

SqlSessionDaoSupport 클래스에 선언된 SqlSession 인터페이스 타입의 프로퍼티가 널인 경우 초기 값을 검증하는 checkDaoConfig() 메소드에서 에러 로그를 출력한다.

```
/* SqlSessionDaoSupport 클래스 */
public abstract class SqlSessionDaoSupport extends DaoSupport {
    private SqlSession sqlSession;
    private boolean externalSqlSession;
    ... 중략...

    protected void checkDaoConfig() {
        notNull(this.sqlSession, "Property 'sqlSessionFactory' or
            'sqlSessionTemplate' are required");
    }
}
```

앞서 스프링 설정 XML 파일에 SqlSessionTemplate 클래스 타입의 빈을 등록했기 때문에 SqlSessionDaoSupport 클래스의 setSqlSessionTemplate() 메소드를 통해서 SqlSession 인터페이스 타입의 프로퍼티에 빈 주입이 정상적으로 이루어져야 한다. 하지만 예상과 달리 SqlSession 인터페이스 타입의 프로퍼티에 빈 주입이 안 되었다. 다음과 같이 스프링 설정 XML 파일을 살펴보아도 사용자가 작성한 소스 코드에서 아무런 문제점을 발견할 수 없다.

```
/* 스프링 설정 XML 파일(마이바티스 설정) */
<bean id="sqlSessionTemplate"
        class="org.mybatis.spring.SqlSessionTemplate">
    <constructor-arg index="0" ref="sqlSessionFactory" />
</bean>

/* SqlSessionDaoSupport 클래스 */
public void setSqlSessionTemplate(SqlSessionTemplate sqlSessionTemplate) {
    this.sqlSession = sqlSessionTemplate;
    this.externalSqlSession = true;
}
```

마이바티스-스프링 연동 라이브러리에 포함된 소스 코드 중 SqlSessionDaoSupport 클래스를 살펴보면, 다음과 같이 클래스 상단에 주석 처리된 문장을 확인할 수 있다. 마이바티스-스프링 연동 라이브러리 1.2.0 이상 버전부터 SqlSessionDaoSupport 클래스의 setSqlSessionTemplate() 메소드와

setSqlSessionFactory() 메소드 상단에 지정한 @Autowired 애노테이션이 삭제되었다는 설명이다.

```
/**
 * ...중략...
 * {code Autowired} was removed from setSqlSessionTemplate and
 * setSqlSessionFactory in version 1.2.0.
 */
```

마이바티스-스프링 연동 라이브러리 1.2.0 이전 버전을 사용하는 경우 @Autowired 애노테이션이 존재하기 때문에 아무런 문제가 되지 않는다. 다만 마이바티스-스프링 연동 라이브러리 1.2.0 이상 버전을 사용하는 경우 @Autowired 애노테이션이 삭제되었기 때문에 빈 주입이 정상적으로 이루어지지 않는 문제가 발생한다.

```
/* SqlSessionDaoSupport 클래스(마이바티스-스프링 연동 라이브러리 1.2.0 이상 버전) */
public abstract class SqlSessionDaoSupport extends DaoSupport {
    ...중략...

    @Autowired
    public void setSqlSessionFactory(SqlSessionFactory sqlSessionFactory) {
        if (!this.externalSqlSession) {
            this.sqlSession = new SqlSessionTemplate(sqlSessionFactory);
        }
    }

    @Autowired
    public void setSqlSessionTemplate(
            SqlSessionTemplate sqlSessionTemplate) {
        this.sqlSession = sqlSessionTemplate;
        this.externalSqlSession = true;
    }

    ...중략...
}
```

왜 마이바티스-스프링 연동 라이브러리 1.2.0 이상 버전부터 @Autowired 애노테이션이 제거된 걸까? 그림 8.33과 같이 스프링 설정 XML 파일에 SqlSessionFactory 타입의 빈 또는 SqlSessionTemplate 타입의 빈을 하나 이상 등록하면, SqlSessionDaoSupport 클래스에 선언한 SqlSessionTemplate 타입의 프로퍼티에 빈 주입 중복 문제가 발생한다. @Autowired 애노테이션은 빈 타입만 일치하면, 대입이 이루어지기 때문에 마이바티스-스프링 연동 라이브러리 1.2.0 이상 버전부터 @Autowired 애노테이션이 제거되었다.

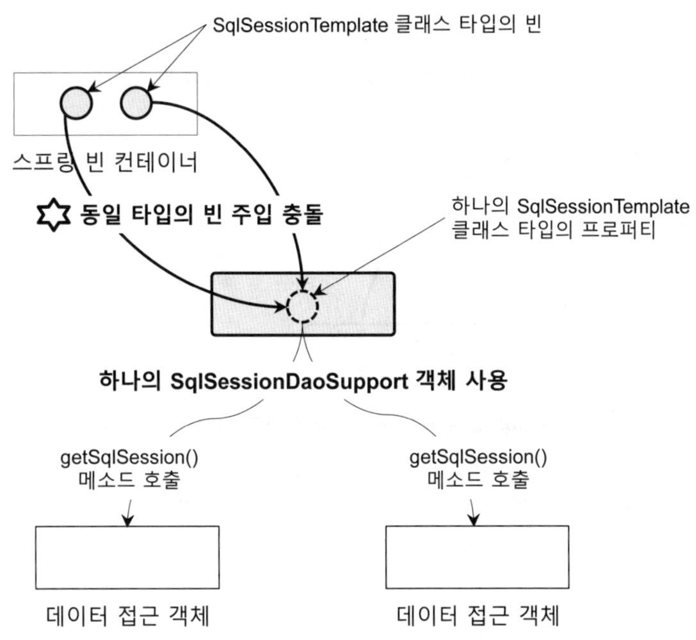

그림 8.33 @Autowired 애노테이션을 사용한 경우 동일 타입의 빈 주입 문제 발생

마이바티스-스프링 연동 라이브러리 1.2.0 이상 버전에서 SqlSessionDao Support 클래스를 계속 사용한다면 빈 주입 중복 문제를 피할 수 있는 몇 가지 방안을 생각할 수 있다. 이 책에서는 SqlSessionDaoSupport 클래스를 오버라이딩하는 두 가지 방안과 데이터 접근 클래스에서 SqlSessionDaoSupport 클래스에 선언한 SqlSessionTemplate 타입의 프로퍼티에 객체를 역 주입하는 방안을 제시한다. 세 가지 방안 모두 정답은 아니다. 단지 사용자가 빈 주입 중복 문제를

고민하고 해결할 수 있도록 다양한 방안을 제시할 뿐이다. 첫 번째 방안은 하나의 `SqlSessionDaoSupport` 클래스에 다수의 `SqlSession` 인터페이스 타입의 프로퍼티를 선언하는 방법이다. 그림 8.34와 같이 오버라이딩한 `SqlSessionDaoSupport` 클래스를 생성한 다음 스프링 설정 XML 파일에 등록한 `SqlSessionTemplate` 타입의 빈 개수 만큼 프로퍼티를 선언한다. 그런 다음 프로퍼티에 객체를 주입하거나 가져오기 위해서 `setSqlSessionTemplate()` 메소드와 `getSqlSession()` 메소드를 정의한다. 이때 `setSqlSessionTemplate()` 메소드에 `@Resource` 애노테이션을 지정한다.

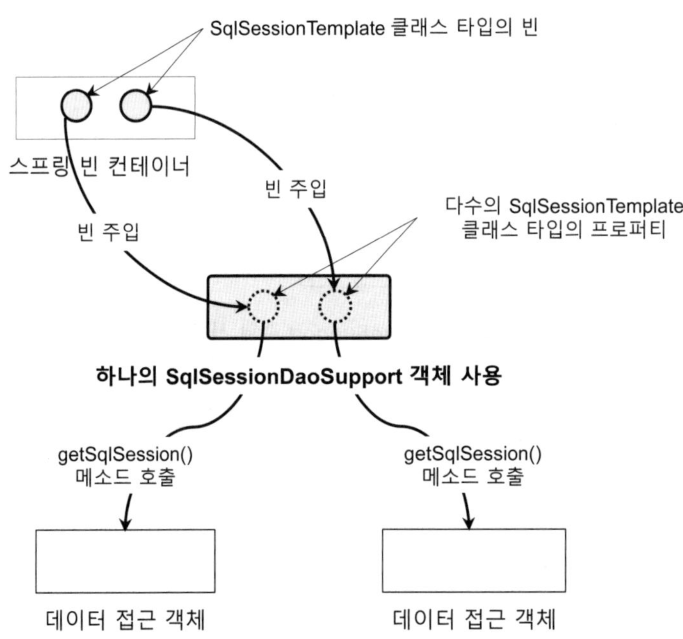

그림 8.34 동일 타입의 빈 주입 문제 해결 방안(Ⅰ)

두 번째 방안은 오버라이딩한 다수의 `SqlSessionDaoSupport` 클래스에 `SqlSession` 인터페이스 타입의 프로퍼티를 각각 선언하는 방법이다. 그림 8.35와 같이 하나의 `SqlSessionDaoSupport` 클래스를 상속받은 데이터 접근 클래스는 `SqlSessionDaoSupport` 클래스에 주입된 하나의 `SqlSession` 인터페이스 타입의 객체만 사용할 수 있다.

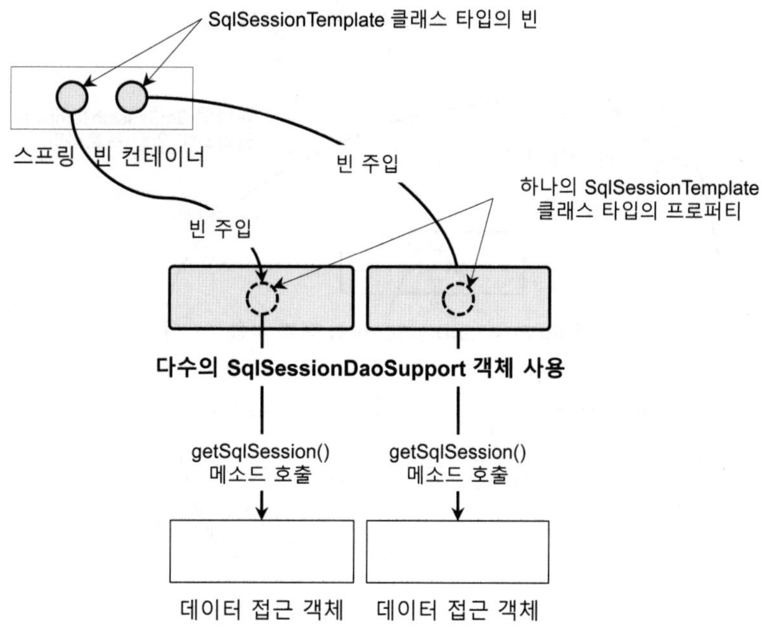

그림 8.35 동일 타입의 빈 주입 문제 해결 방안(II)

앞서 제시한 두 가지 방안은 사용자가 `SqlSessionDaoSupport` 클래스를 오버라이딩하는 방식이다. 이와 달리 마이바티스-스프링 연동 라이브러리에 포함된 `SqlSessionDaoSupport` 클래스를 그대로 사용할 수 있는 방법은 없을까? 세 번째 방안은 그림 8.36과 같이 데이터 접근 클래스에서 `SqlSessionDaoSupport` 클래스에 선언된 `SqlSessionTemplate` 클래스 타입의 프로퍼티에 객체를 역 주입하는 방식이다. `SqlSessionDaoSupport` 클래스를 별도로 오버라이딩하지 않는다.

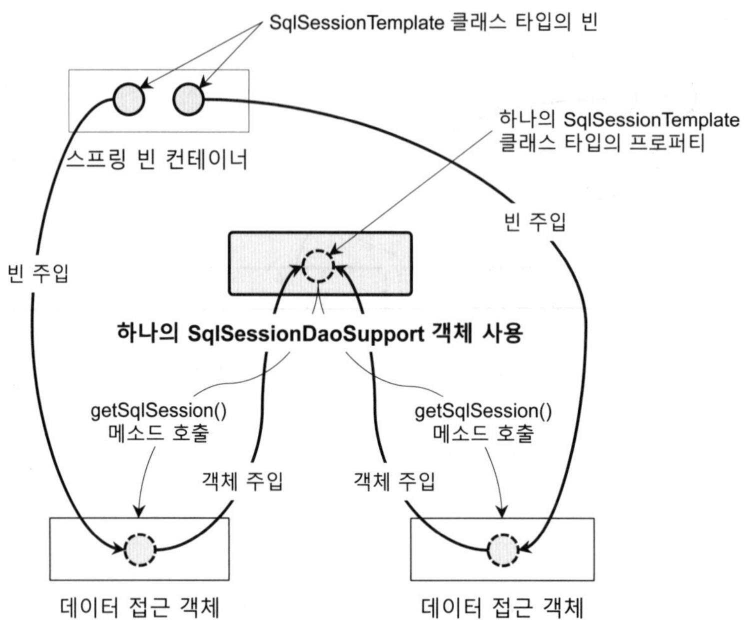

그림 8.36 데이터 접근 객체에서 SqlSessionTemplate 클래스 타입의 객체를 역 주입

세 번째 방안은 마이바티스-스프링 연동 라이브러리에서 제공하는 `SqlSessionDaoSupport` 클래스를 변경하거나 추가할 필요 없이 그대로 사용할 수 있다. 상속받은 `SqlSessionDaoSupport` 클래스에 선언된 `SqlSession` 인터페이스 타입의 프로퍼티는 서로 빈 주입 중복 문제를 일으키지 않는다. 반면에 데이터 접근 클래스 별로 하나의 `SqlSessionTemplate` 객체만 선택적으로 사용할 수 있다.

③ SqlSession 인터페이스
타입의 프로퍼티에 바인딩

④ SqlSession 인터페이스
타입의 객체 획득

① 빈 주입

② 부모 클래스의 메소드 호출

```
/* 데이터 접근 클래스 */
public class ShopDaoImpl extends SqlSessionDaoSupport implements ShopDao {
    /* 가게 목록 조회 */
    @Override
    public List<Shop> list(Shop shop) {
        // 마이바티스 객체 호출
        return getSqlSession().selectList(
            "org.mybatis.persistence.ShopMapper.list", shop);
    }

    ...중략...

    @Resource(name = "sqlSessionTemplate")
    public void setSqlSessionTemplate(SqlSessionTemplate sqlSessionTemplate) {
        super.setSqlSessionTemplate(sqlSessionTemplate);
    }
}
```

이 책에서는 데이터 접근 클래스에 세 번째 방안을 적용해 보자. 다음과 같이 SqlSessionDaoSupport 클래스에 정의된 setSqlSessionTemplate() 메소드를 데이터 접근 클래스에서 오버라이딩한 다음 @Resource 애노테이션을 지정한다.

```
@Repository
public class ShopDaoImpl extends SqlSessionDaoSupport implements ShopDao {
    ...중략...

    @Override
    @Resource(name = "sqlSessionTemplate")
    public void setSqlSessionTemplate(
            SqlSessionTemplate sqlSessionTemplate) {
        super.setSqlSessionTemplate(sqlSessionTemplate);
    }
}
```

데이터 접근 클래스 수정을 완료하면, 예제 8.59와 같다.

예제 8.59 데이터 접근 클래스(SqlSessionDaoSupport 클래스 오버라이딩)

```
/* /chapter08_dao_support/src/org/mybatis/persistence/ShopDaoImpl.java */

package org.mybatis.persistence;

import java.util.List;
import javax.annotation.Resource;
import org.mybatis.domain.Shop;
import org.mybatis.spring.SqlSessionTemplate;
import org.mybatis.spring.support.SqlSessionDaoSupport;
import org.springframework.stereotype.Repository;

@Repository
public class ShopDaoImpl extends SqlSessionDaoSupport implements ShopDao {
    /* 가게 목록 조회 */
    @Override
    public List<Shop> list(Shop shop) {
        // 마이바티스 객체 호출
        return getSqlSession().selectList(
            "org.mybatis.persistence.ShopMapper.list", shop);
    }

    /* 가게 등록 */
    @Override
    public void insert(Shop shop) {
        // 마이바티스 객체 호출
        getSqlSession().insert(
            "org.mybatis.persistence.ShopMapper.insert", shop);
    }

    /* 가게 조회 */
    @Override
    public Shop select(String shopNo) {
        // 마이바티스 객체 호출
        return getSqlSession().selectOne(
            "org.mybatis.persistence.ShopMapper.select", shopNo);
    }

    /* 가게 수정 */
    @Override
    public void update(Shop shop) {
```

```
        // 마이바티스 객체 호출
        getSqlSession().update(
            "org.mybatis.persistence.ShopMapper.update", shop);
    }

    /* 가게 삭제 */
    @Override
    public void delete(String shopNo) {
        // 마이바티스 객체 호출
        getSqlSession().delete(
            "org.mybatis.persistence.ShopMapper.delete", shopNo);
    }

    @Override
    @Resource(name = "sqlSessionTemplate")
    public void setSqlSessionTemplate(
            SqlSessionTemplate sqlSessionTemplate) {
        super.setSqlSessionTemplate(sqlSessionTemplate);
    }
}
```

위와 같이 데이터 접근 클래스를 수정한 다음 웹 애플리케이션 서버를 다시 기동한다. 그리고 가게 목록 조회 URL 주소를 호출하면, 그림 8.37과 같이 가게 목록이 정상적으로 출력되는 것을 볼 수 있다.

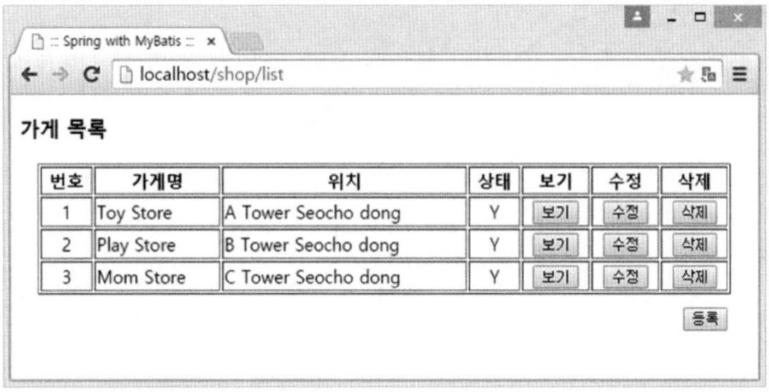

:: Spring with MyBatis ::
localhost/shop/list

가게 목록

번호	가게명	위치	상태	보기	수정	삭제
1	Toy Store	A Tower Seocho dong	Y	보기	수정	삭제
2	Play Store	B Tower Seocho dong	Y	보기	수정	삭제
3	Mom Store	C Tower Seocho dong	Y	보기	수정	삭제

등록

그림 8.37 가게 목록 조회 화면

8.4 자동 매핑 방식

앞서 8.2절와 8.3절에서 살펴본 SqlSessionTemplate 객체 방식이나 SqlSessionDaoSupport 객체 방식은 데이터 접근 인터페이스와 데이터 접근 클래스를 각각 쌍으로 작성해야 하는 번거로움이 있다. 반면에 자동 매핑 방식은 데이터 접근 인터페이스만 작성하면 되기 때문에 매우 간단하다. 이때 사용하는 데이터 접근 인터페이스를 매퍼 인터페이스라고 한다. 매퍼 인터페이스는 마이바티스 매퍼 XML 파일의 매핑 구문과 매핑될 수 있도록 정해진 규칙에 맞추어 작성한 인터페이스를 말한다. 마이바티스는 매퍼 인터페이스 타입의 프로퍼티를 사용해서 매핑 구문을 호출할 수 있다. 매퍼 인터페이스는 객체가 아니기 때문에 직접 사용할 수 없다. 즉 어딘가에서 매퍼 인터페이스를 구현한 객체를 생성하고 있다는 것을 미루어 짐작할 수 있다. 바로 그 주체가 MapperFactoryBean 클래스이며, 자동 매핑 방식의 핵심 클래스다. 마이바티스-스프링 연동 라이브러리에서 제공하는 MapperFactoryBean 클래스는 매퍼 인터페이스를 구현한 프록시 객체를 생성하는 프록시 팩토리 역할을 맡고 있다. 또한 SqlSessionTemplate 객체를 주입받던 기존 방식과 동일하게 서비스 객체에 매퍼 인터페이스를 구현한 프록시 객체를 주입받을 수 있다.

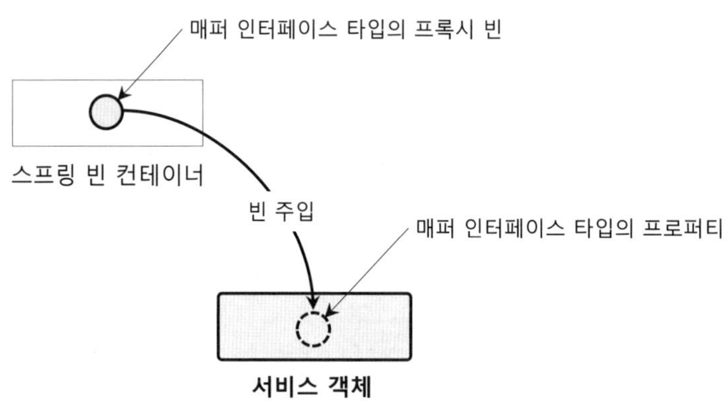

그림 8.38 서비스 객체에 매퍼 인터페이스 타입의 프록시 객체 주입

매퍼 인터페이스에 선언한 메소드를 호출하면, 마이바티스 매퍼 XML 파일에 정의한 매핑 구문이 실행된다. 매퍼 인터페이스에 선언한 메소드와 마이바티스

매퍼 XML 파일에 정의한 매핑 구문이 어떻게 매핑될까? MapperFactoryBean 클래스는 패키지 경로를 포함한 매퍼 인터페이스명과 동일한 네임스페이스를 지정한 마이바티스 매퍼 XML 파일을 찾은 다음 호출한 매퍼 인터페이스의 메소드명과 일치하는 매핑 구문 아이디를 찾아 매핑 구문을 실행한다. 예를 들어 org.mybatis.persistence 패키지 경로에 위치한 ShopMapper 매퍼 인터페이스의 list() 메소드를 호출하면, 다음과 같이 org.mybatis.persistence.ShopMapper 문자열로 네임스페이스를 지정한 마이바티스 매퍼 XML 파일을 찾는다. 그리고 매퍼 인터페이스의 list() 메소드명과 동일한 매핑 구문 아이디를 찾은 다음 해당 매핑 구문을 실행한다.

```
/* 매퍼 인터페이스 */
package org.mybatis.persistence;

public interface ShopMapper {
    public List<Shop> list(Shop shop);

    ...중략...
}

/* 마이바티스 매퍼 XML 파일 */
<mapper namespace="org.mybatis.persistence.ShopMapper">
    <select id="list" />

    ...중략...
</mapper>
```

지금까지 자동 매핑 방식에 대한 이론적인 내용을 알아보았다. 앞서 살펴본 내용을 바탕으로 이클립스에 세 번째 다이나믹 웹 프로젝트를 생성한 다음 실습해 보자. 다이나믹 웹 프로젝트를 chapter08_auto_mapping 명칭으로 생성한 표 8.5와 같이 디렉토리를 생성한다. 개발에 필요한 라이브러리를 /chapter08_auto_mapping/WebContent/WEB-INF/lib 디렉토리에 복사한 다음 빌드 경로를 설정한다. 다이나믹 웹 프로젝트 생성에 어려움이 있을 경우 '부록 A. 마이바티스 프로그래밍 개발 환경 구축'을 참고한다.

표 8.5 chapter08_auto_mapping 다이나믹 웹 프로젝트의 디렉토리 구성

디렉토리 경로 및 파일명	설명
/src/org/mybatis/domain	도메인 클래스가 위치한 디렉토리
/src/org/mybatis/persistence	매퍼 인터페이스가 위치한 디렉토리
/src/org/mybatis/presentation	컨트롤러 클래스가 위치한 디렉토리
/src/org/mybatis/service	서비스 인터페이스, 서비스 클래스가 위치한 디렉토리
/src/resources/mybatis	마이바티스 매퍼 XML 파일이 위치한 디렉토리
/src/resources/spring	스프링 설정 XML 파일, 프로퍼티 파일이 위치한 디렉토리
/WebContent/WEB-INF/jsp/shop	JSP 파일이 위치한 디렉토리

디렉토리 생성 및 파일 작성을 완료하면, 그림 8.39와 같이 완성된 다이나믹 웹 프로젝트를 볼 수 있다.

다이나믹 웹 프로젝트를 생성한 다음 앞서 chapter08_dao 다이나믹 웹 프로젝트나 chapter08_dao_support 다이나믹 웹 프로젝트에서 작성한 파일과 라이브러리를 다음과 같이 복사한다.

```
/* 파일 복사 */
/chapter08_auto_mapping/src/org/mybatis/domain/Shop.java
/chapter08_auto_mapping/src/org/mybatis/persistence/ShopDao.java
/chapter08_auto_mapping/src/org/mybatis/presentation/ShopController.java
/chapter08_auto_mapping/src/org/mybatis/service/ShopService.java
/chapter08_auto_mapping/src/org/mybatis/service/ShopServiceImpl.java
/chapter08_auto_mapping/src/resources/spring/context-mybatis.xml
/chapter08_auto_mapping/src/resources/spring/context-spring.xml
/chapter08_auto_mapping/src/resources/spring/database.properties
/chapter08_auto_mapping/WebContent/WEB-INF/jsp/shop/add.jsp
/chapter08_auto_mapping/WebContent/WEB-INF/jsp/shop/edit.jsp
/chapter08_auto_mapping/WebContent/WEB-INF/jsp/shop/list.jsp
/chapter08_auto_mapping/WebContent/WEB-INF/jsp/shop/view.jsp
/chapter08_auto_mapping/WebContent/WEB-INF/web.xml

/* 라이브러리 복사 */
/chapter08_auto_mapping/WebContent/WEB-INF/lib/~
```

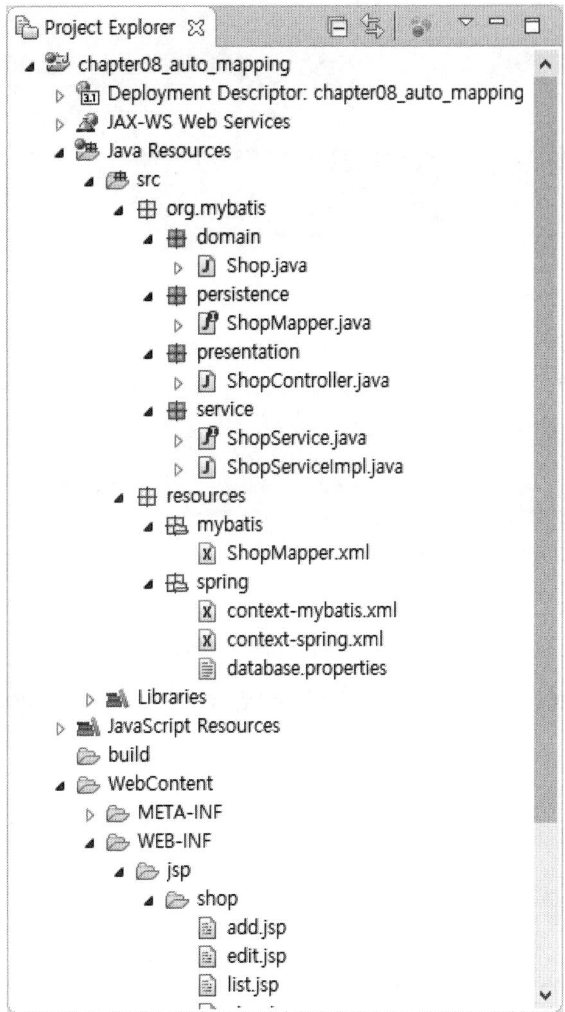

그림 8.39 chapter08_auto_mapping 다이나믹 웹 프로젝트

그림 8.40과 같이 파일과 라이브러리를 복사했을 때 라이브러리 참조 에러가 발생할 수 있다. 프로젝트 클린을 통해서 복사한 소스 코드를 다시 빌드하면, 라이브러리 참조와 관련된 에러를 해결할 수 있다.

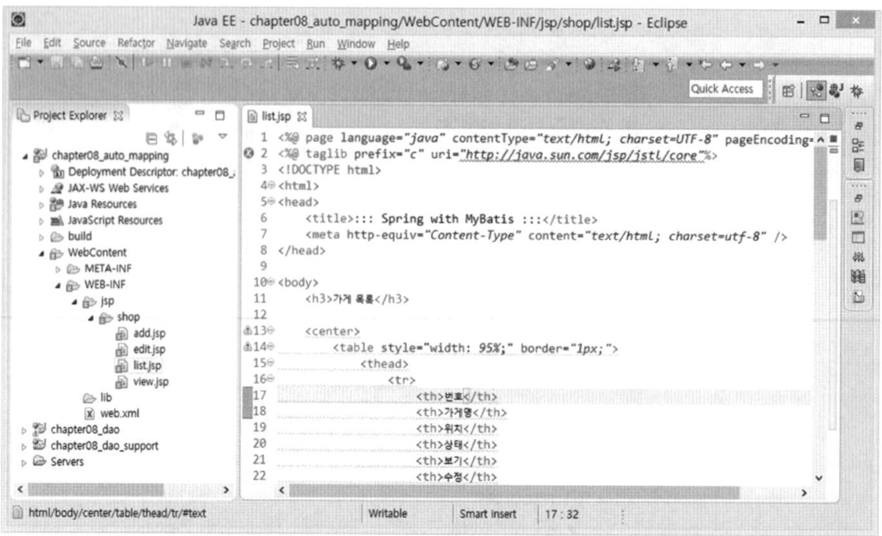

그림 8.40 라이브러리 참조 에러가 발생한 화면

프로젝트 클린은 이클립스 상단 메뉴바에서 Project ➤ Clean 메뉴를 선택한다. 그림 8.41과 같이 Clean 대화상자가 나타나면, chapter08_auto_mapping 항목을 선택한 다음 Next 버튼을 누른다.

Clean

Clean will discard all build problems and built states. The projects will be rebuilt from scratch.

Clean all projects   Clean projects selected below

- [x] chapter08_auto_mapping
- [ ] chapter08_dao
- [ ] chapter08_dao_support

OK   Cancel

그림 8.41 Clean 대화상자

위와 같이 준비를 완료하면, 우선 데이터 접근 인터페이스명을 매퍼 인터페이스명으로 변경한다. 매퍼 인터페이스명을 지정할 때 작성 규칙이 존재하지 않으면, 해당 규칙에 맞추어 작성한다. 만약에 작성 규칙이 존재하지 않으면, 다음 형식에 맞추어 매퍼 인터페이스명을 작성한다.

```
매퍼 인터페이스명 = 업무명(자바 식별자 명명 규칙) + 'Mapper'
```

예를 들어 업무명이 SHOP인 경우 SHOP 업무명을 자바 식별자 명명 규칙으로 변경한 Shop 문자열과 접미사인 Mapper 문자열을 합쳐서 ShopMapper 문자열을 매퍼 인터페이스명으로 작성한다.

```
ShopMapper = Shop + 'Mapper'
```

매퍼 인터페이스 수정을 완료하면, 예제 8.60과 같다.

예제 8.60 매퍼 인터페이스

```java
/* /chapter08_auto_mapping/src/org/mybatis/persistence/ShopMapper.java */

package org.mybatis.persistence;

import java.util.List;
import org.mybatis.domain.Shop;

public interface ShopMapper {
    public List<Shop> list(Shop shop);
    public void insert(Shop shop);
    public Shop select(String shopNo);
    public void update(Shop shop);
    public void delete(String shopNo);
}
```

위와 같이 변경한 매퍼 인터페이스는 다음과 같이 서비스 클래스에서 사용한다. 데이터 접근 인터페이스 타입의 프로퍼티를 삭제하고, 매퍼 인터페이스 타입의 프로퍼티를 선언한 다음 상단에 @Resource 애노테이션을 지정한다. 그리고 매핑 구문을 실행할 때 매퍼 인터페이스 타입의 프로퍼티를 사용하도록 서비스 클래스를 수정한다.

```
/* 서비스 클래스 */
@Service
public class ShopServiceImpl implements ShopService {
    @Resource
    private ShopMapper shopMapper;

    /* 가게 목록 조회 */
    @Override
    public List<Shop> find(Shop shop) {
        // 매퍼 객체 호출
        return this.shopMapper.list(shop);
    }

    ...중략...
}
```

서비스 클래스 수정을 완료하면, 예제 8.61과 같다.

예제 8.61 서비스 클래스(매퍼 인터페이스 적용)

```
/* /chapter08_auto_mapping/src/org/mybatis/service/ShopServiceImpl.java */

package org.mybatis.service;

import java.util.List;
import javax.annotation.Resource;
import org.mybatis.domain.Shop;
import org.mybatis.persistence.ShopMapper;
import org.springframework.stereotype.Service;
import org.springframework.transaction.annotation.Transactional;

@Service
public class ShopServiceImpl implements ShopService {
    @Resource
    private ShopMapper shopMapper;

    /* 가게 목록 조회 */
    @Override
    public List<Shop> find(Shop shop) {
        // 매퍼 객체 호출
        return this.shopMapper.list(shop);
```

```
    }

    /* 가게 등록 */
    @Override
    @Transactional
    public void add(Shop shop) {
        // 매퍼 객체 호출
        this.shopMapper.insert(shop);
    }

    /* 가게 조회 */
    @Override
    public Shop view(String shopNo) {
        // 매퍼 객체 호출
        return this.shopMapper.select(shopNo);
    }

    /* 가게 수정 */
    @Override
    @Transactional
    public void edit(Shop shop) {
        // 매퍼 객체 호출
        this.shopMapper.update(shop);
    }

    /* 가게 삭제 */
    @Override
    @Transactional
    public void remove(String shopNo) {
        // 매퍼 객체 호출
        this.shopMapper.delete(shopNo);
    }
}
```

서비스 클래스에 선언한 ShopMapper 인터페이스 타입의 프로퍼티를 사용하려면, 다음과 같이 스프링 설정 XML 파일에 MapperFactoryBean 클래스를 baseMapper 빈 아이디로 등록해야 한다.

```
/* 스프링 설정 XML 파일(마이바티스 설정) */
<bean id="baseMapper"
    class="org.mybatis.spring.mapper.MapperFactoryBean" />
```

스프링 설정 XML 파일에 MapperFactoryBean 클래스를 빈으로 등록할 때 SqlSessionFactoryBean 클래스 타입의 빈을 프로퍼티로 전달한다. 이때 abstract 속성과 lazy-init 속성을 추가한 다음 속성 값에 true를 지정한다. abstract 속성 값이 true인 경우 해당 빈은 생성되지 않고 다른 빈의 부모 빈으로만 사용된다. 그리고 lazy-init 속성 값이 true인 경우 객체가 사용되기 전까지 빈 생성을 지연시킨다. 다음과 같이 MapperFactoryBean 클래스 타입의 빈은 부모 빈으로 사용하고, 실제 주입되는 매퍼 인터페이스 타입의 빈은 자식 빈으로 등록된다.

```
<!-- 부모 빈 -->
<bean id="baseMapper" class="org.mybatis.spring.mapper.MapperFactoryBean"
        abstract="true" lazy-init="true">
    <property name="sqlSessionFactory" ref="sqlSessionFactory" />
</bean>

<!-- 자식 빈 -->
<bean id="shopMapper" parent="baseMapper">
    <property name="mapperInterface"
        value="org.mybatis.persistence.ShopMapper" />
</bean>
```

매퍼 인터페이스를 자식 빈으로 추가할 때마다 다음과 같이 매퍼 인터페이스를 일일이 등록해야 한다. 사용자 입장에서 매우 번거로운 일이다.

```
<!-- 부모 빈 -->
<bean id="baseMapper" lass="org.mybatis.spring.mapper.MapperFactoryBean"
        abstract="true" lazy-init="true">
    <property name="sqlSessionFactory" ref="sqlSessionFactory" />
</bean>

<!-- 자식 빈 -->
```

```
<bean id="shopMapper" parent="baseMapper">
    <property name="mapperInterface"
        value="org.mybatis.persistence.ShopMapper" />
</bean>

<!-- 자식 빈 -->
<bean id="toyMapper" parent="baseMapper">
    <property name="mapperInterface"
        value="org.mybatis.persistence.ToyMapper" />
</bean>

...중략...
```

마이바티스-스프링 연동 라이브러리에서 제공하는 MapperScannerConfigurer 클래스를 사용하면, 지정한 패키지 경로에 존재하는 모든 매퍼 인터페이스를 매퍼 인터페이스 타입의 프록시 객체로 일괄 등록할 수 있다. 스프링 설정 XML 파일에 MapperScannerConfigurer 클래스를 mapperScannerConfigurer 빈 아이디로 등록하면 다음과 같다.

```
<bean id="mapperScannerConfigurer"
    class="org.mybatis.spring.mapper.MapperScannerConfigurer" />
```

스프링 설정 XML 파일에 MapperScannerConfigurer 클래스를 빈으로 등록할 때 매퍼 인터페이스가 위치한 최상위 패키지 경로와 SqlSessionFactory 클래스 타입의 빈 아이디를 프로퍼티로 전달한다. 예를 들어 org.mybatis.persistence 패키지 경로를 basePackage 프로퍼티명으로 지정한 다음 SqlSessionFactoryBean 클래스 타입의 빈 아이디를 sqlSessionFactoryBeanName 프로퍼티명으로 지정하면, 다음과 같다.

```
<bean id="mapperScannerConfigurer"
        class="org.mybatis.spring.mapper.MapperScannerConfigurer">
    <property name="basePackage" value="org.mybatis.persistence" />
    <property name="sqlSessionFactoryBeanName" value="sqlSessionFactory" />
</bean>
```

스프링 설정 XML 파일 수정을 완료하면, 예제 8.62와 같다.

예제 8.62 스프링 설정 XML 파일(MapperScannerConfigurer 빈 지정)

```
/* /chapter08_auto_mapping/src/resources/spring/context-mybatis.xml */

<?xml version="1.0" encoding="UTF-8"?>

<beans xmlns="http://www.springframework.org/schema/beans"
    xmlns:xsi="http://www.w3.org/2001/XMLSchema-instance"
    xmlns:tx="http://www.springframework.org/schema/tx"
    xmlns:util="http://www.springframework.org/schema/util"
    xsi:schemaLocation="
        http://www.springframework.org/schema/beans
        http://www.springframework.org/schema/beans/spring-beans-4.3.xsd
        http://www.springframework.org/schema/tx
        http://www.springframework.org/schema/tx/spring-tx-4.3.xsd
        http://www.springframework.org/schema/util
        http://www.springframework.org/schema/util/spring-util-4.3.xsd">

    <util:properties id="database"
        location="classpath:resources/spring/database.properties" />

    <bean id="dataSource"class=
            "org.springframework.jdbc.datasource.SimpleDriverDataSource">
        <property name="driverClass"
            value="#{database['database.driverclass']}" />
        <property name="url" value="#{database['database.url']}" />
        <property name="username"
            value="#{database['database.username']}" />
        <property name="password"
            value="#{database['database.password']}" />
    </bean>

    <bean id="sqlSessionFactory"
            class="org.mybatis.spring.SqlSessionFactoryBean">
        <property name="dataSource" ref="dataSource" />
        <property name="typeAliasesPackage" value="org.mybatis.domain" />
        <property name="mapperLocations"
            value="classpath:resources/mybatis/*.xml" />
    </bean>
```

```
    <bean id="sqlSessionTemplate"
            class="org.mybatis.spring.SqlSessionTemplate">
        <constructor-arg index="0" ref="sqlSessionFactory" />
    </bean>

    <bean id="transactionManager" class=
        "org.springframework.jdbc.datasource.DataSourceTransactionManager">
        <property name="dataSource" ref="dataSource" />
    </bean>

    <tx:annotation-driven transaction-manager="transactionManager" />

    <bean id="mapperScannerConfigurer"
            class="org.mybatis.spring.mapper.MapperScannerConfigurer">
        <property name="basePackage" value="org.mybatis.persistence" />
        <property name="sqlSessionFactoryBeanName"
            value="sqlSessionFactory" />
    </bean>
</beans>
```

SqlSessionFactoryBean 클래스 타입의 빈을 등록할 때 마이바티스 매퍼 XML 파일이 위치한 패키지 경로는 생략할 수 있다. 만약에 마이바티스 매퍼 XML 파일이 위치한 경로를 지정하지 않으면, 매퍼 인터페이스가 위치한 경로에서 마이바티스 매퍼 XML 파일을 찾는다.

```
<bean id="sqlSessionFactory"
        class="org.mybatis.spring.SqlSessionFactoryBean">
    <property name="dataSource" ref="dataSource" />
    <property name="typeAliasesPackage" value="org.mybatis.domain" />
</bean>
```

예를 들어 MapperScannerConfigurer 클래스를 사용해서 읽어들인 매퍼 인터페이스가 org.mybatis.persistence 패키지 경로에 위치한 ShopMapper 인터페이스라면, 매핑되는 마이바티스 매퍼 XML 파일은 동일 경로에 존재하는 ShopMapper.xml 파일이다. 만약에 패키지 경로에서 마이바티스 매퍼 XML 파일을 찾지 못하면, 다음과 같이 매퍼 인터페이스의 메소드를 호출하는 시점에 에러가 발생한다.

```
org.apache.ibatis.binding.BindingException:
Invalid bound statement (not found)
```

알/아/두/기

마이바티스-스프링 연동 라이브러리는 매퍼 인터페이스를 일괄 등록하는 세 가지 방법을 제공한다. MapperScannerConfigurer 객체를 사용하는 방법은 앞서 다루었기 때문에 예제를 생략한다.

- **<mybatis:scan> 구성 요소**
- **@MapperScan 애노테이션**
- **MapperScannerConfigurer 객체**

```
/* <mybatis:scan> 구성 요소 사용 */
<beans xmlns="http://www.springframework.org/schema/beans"
    xmlns:xsi="http://www.w3.org/2001/XMLSchema-instance"
    ...중략...
    xmlns:mybatis="http://mybatis.org/schema/mybatis-spring"
    xsi:schemaLocation="
        http://www.springframework.org/schema/beans
        http://www.springframework.org/schema/beans/spring-beans-4.3.xsd
        ...중략...
        http://mybatis.org/schema/mybatis-spring
        http://mybatis.org/schema/mybatis-spring.xsd">

    <mybatis:scan base-package="resources.mybatis" />
</beans>

/* @MapperScan 애노테이션 사용 */
@Configuration
@MapperScan("resources.mybatis")
public class MyBatisConfiguration {
    ...중략...

    @Bean
    public SqlSessionFactory sqlSessionFactory() throws Exception {
```

```
        SqlSessionFactoryBean sessionFactory =
            new SqlSessionFactoryBean();
        sessionFactory.setDataSource(getDataSource());

        return sessionFactory.getObject();
    }
}
```

<mybatis:scan> 구성 요소와 @MapperScan 애노테이션은 마이바티스-스프링 연동 라이브러리 1.2.0 이상 버전에서 사용 가능하고, @MapperScan 애노테이션은 스프링 3.1 이상 버전에서 사용 가능하다.

위와 같이 스프링 설정 XML 파일을 수정한 다음 이클립스 서버 뷰에 웹 애플리케이션 서버를 추가한다. 앞서 등록한 웹 애플리케이션 서버에 웹 애플리케이션을 추가하지 말고, 그림 8.42와 같이 웹 애플리케이션 서버를 별도로 추가한 다음 웹 애플리케이션을 등록한다. 웹 애플리케이션 서버명은 chapter08_auto_mapping_server로 지정한다. 그리고 웹 애플리케이션 서버 설정 화면에서 포트 번호와 컨텍스트 경로를 80 번호와 / 경로로 변경한다.

그림 8.42 서버 뷰에 웹 애플리케이션 서버 등록 화면

이클립스 서버 뷰에 웹 애플리케이션 서버와 웹 애플리케이션 등록을 완료하면, 웹 애플리케이션 서버를 선택한 다음 우측 상단에 Start the server 버튼을 누른다. 웹 애플리케이션 서버가 기동되면, 가게 목록 조회 URL 주소를 호출한다. 그림 8.43과 같이 가게 목록이 정상적으로 출력되는 것을 볼 수 있다.

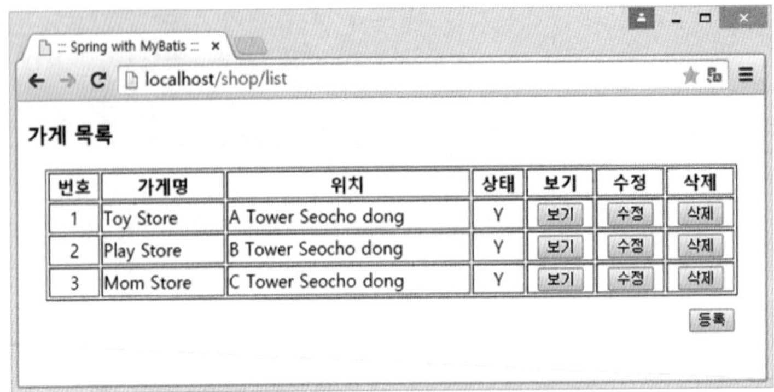

그림 8.43 가게 목록 조회 화면

8.5 정리

8장에서는 세 가지 방식으로 마이바티스와 스프링을 연동한 웹 애플리케이션을 실습해 보았다.

Part 4

부록

부록 A

마이바티스 프로그래밍 개발 환경 구축

마이바티스 프로그래밍을 실습하기 위해서는 개발 환경 구축이 필요하다. 부록 A에서는 웹 애플리케이션 연동 여부에 따라 자바 애플리케이션 개발 환경과 웹 애플리케이션 개발 환경 구축을 나누어 살펴본다. 먼저 자바 애플리케이션 개발 환경을 구축한 다음 웹 애플리케이션 개발 환경을 구축한다. 웹 애플리케이션 개발 환경은 자바 애플리케이션 개발 환경을 확장한 개발 환경이다. 추가로 소프트웨어를 설치하거나 라이브러리를 다운로드해야 한다. 마이바티스 프로그래밍 개발 환경에 대한 상세한 내용을 담고 있기 때문에 처음부터 웹 애플리케이션 개발 환경까지 구축하다 보면 지칠 수 있다. 따라서 1장부터 7장까지는 자바 애플리케이션 개발 환경만 구축한 다음 예제를 실습하기 바란다.

A.1 마이바티스 프로그래밍 개발 환경 구축 개요

마이바티스 프로그래밍 개발 환경은 자바 애플리케이션 개발 환경과 웹 애플리케이션 개발 환경으로 나눌 수 있다. 마이바티스 프로그래밍 개발 환경을 도식화하면, 그림 A.1과 같다.

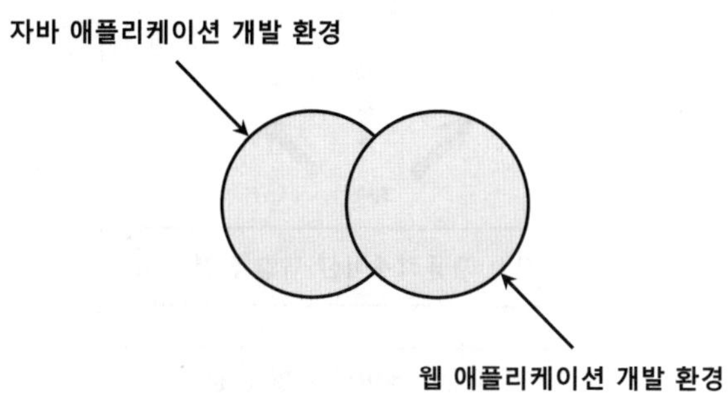

그림 A.1 마이바티스 프로그래밍 개발 환경

그림 A.2와 같이 자바 애플리케이션 개발 환경은 `main()` 메소드 호출을 통해 마이바티스를 실행하는 환경을 말한다. 마이바티스 설정에 따른 작동 방식과 매핑 구문의 실행 결과를 바로 확인할 수 있다. 마이바티스 구성 요소와 속성을 학습하기에 적합한 개발 환경이다.

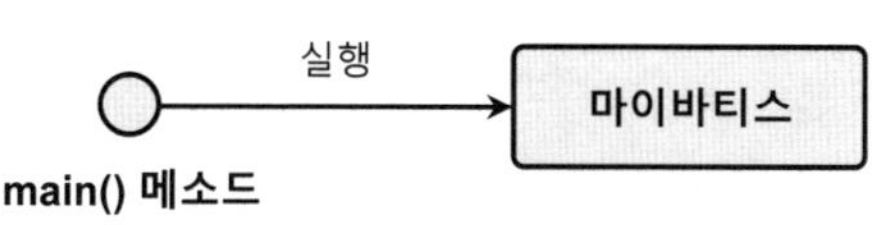

그림 A.2 자바 애플리케이션 개발 환경

그림 A.3과 같이 웹 애플리케이션 개발 환경은 스프링을 통해 마이바티스를 실행한다. 스프링을 기반으로 마이바티스를 연동한 환경으로 웹 애플리케이션을 구성하는 개발 환경이다.

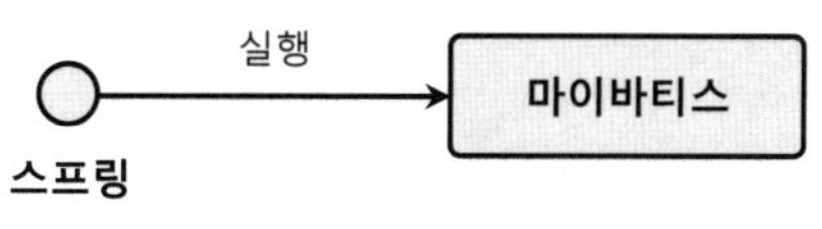

그림 A.3 웹 애플리케이션 개발 환경

웹 애플리케이션 개발 환경은 자바 애플리케이션 개발 환경에 스프링과 관련된 라이브러리를 추가로 다운로드한 다음 웹 서비스를 제공하기 위한 아파치 톰캣을 설치한다. 그림 A.4와 같이 자바 애플리케이션 개발 환경을 구축한 다음, 이를 확장한 웹 애플리케이션 개발 환경을 구축해 보자.

웹 애플리케이션 개발 환경

그림 A.4 마이바티스 프로그래밍 개발 환경 구축 순서

마이바티스 프로그래밍 개발 환경에 필요한 라이브러리를 준비할 때 자동화 도구인 메이븐Maven이나 그래들Gradle을 사용하면 편리하다. 반면에 자동화 도구를 사용할 줄 모르면, 마이바티스 프로그래밍 실습 자체가 불가능할 수 있다. 이 책에서는 자동화 도구를 사용하지 않고 관련 라이브러리를 직접 다운로드해 사용할 수 있도록 안내한다.

A.2 자바 애플리케이션 개발 환경

자바 애플리케이션 개발 환경은 마이바티스 프로그래밍에 집중할 수 있도록 단독 개발 환경을 제공한다. 출력된 로그를 통해서 마이바티스 설정에 따른 작동 방식과 매핑 구문의 실행 결과를 바로 확인할 수 있다. 자바 애플리케이션 개발 환경 구축 순서를 도식화하면, 그림 A.5와 같다.

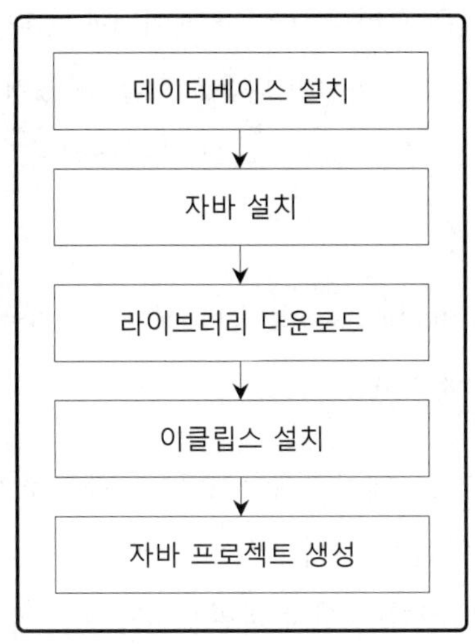

그림 A.5 자바 애플리케이션 개발 환경 구축 순서

자바 애플리케이션 개발 환경 구축 순서에 따른 작업 내용을 쉽게 파악할 수 있도록 정리하면, 표 A.1과 같다.

표 A.1 자바 애플리케이션 개발 환경 구축 순서에 따른 작업 내용

구축 순서	작업 내용
1. 데이터베이스 설치	① 오라클 데이터베이스 설치 ② 사용자 계정 생성 ③ 테이블 생성
2. 자바 설치	① 자바 설치 및 설정
3. 라이브러리 다운로드	① 마이바티스 라이브러리 다운로드 ② JDBC 라이브러리 다운로드
4. 이클립스 설치	① 이클립스 설치 및 설정
5. 자바 프로젝트 생성	① 자바 프로젝트 생성 ② 빌드 경로 및 인코딩 설정

A.2.1 데이터베이스 설치(1/5단계)

업무에서 사용하는 데이터베이스 제품은 매우 다양하다. 이 책에서는 데이터베이스 제품 중 실무에서 널리 사용하는 오라클 데이터베이스를 사용한다. 오라클

데이터베이스 설치 파일은 오라클 공식 홈페이지에서 다운로드할 수 있다. 오라클 데이터베이스 설치 파일은 회원만 다운로드할 수 있기 때문에 사전에 회원 가입이 필요하다. 다음 URL 주소에서 오라클 데이터베이스 설치 파일을 다운로드할 수 있다.

http://www.oracle.com/technetwork/database/database-technologies/express-edition/downloads/index.html

그림 A.6과 같이 오라클 데이터베이스 설치 파일을 다운로드할 수 있는 웹 사이트가 나타나면, 라이선스 정책Accept License Agreement에 동의한 다음 운영체제에 적합한 오라클 데이터베이스 설치 파일을 다운로드한다. 이 책에서는 Oracle Database Express Edition 11g Release 2 for Windows x64 버전을 사용한다.

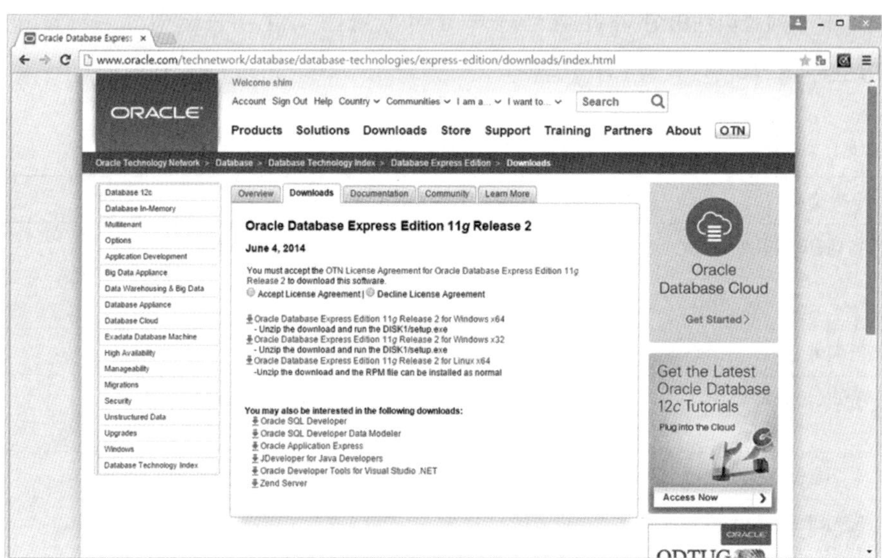

그림 A.6 오라클 데이터베이스 다운로드 웹 사이트

다운로드한 OracleXE112_Win64.zip 압축 파일을 해제하면, 다음 경로에서 오라클 데이터베이스 설치 파일을 찾을 수 있다. setup.exe 파일을 실행하면, 오라클 데이터베이스 설치가 시작된다.

OracleXE112_Win64/DISK1/**setup.exe**

그림 A.7과 같이 Install Wizard 대화상자가 나타나면, Next 버튼을 누른다.

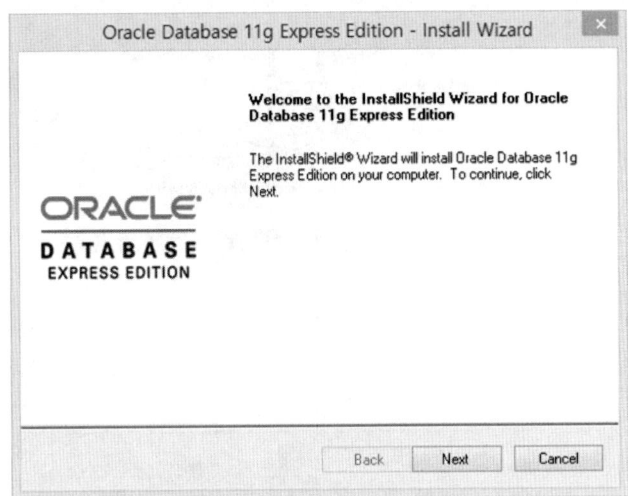

그림 A.7 Install Wizard 대화상자

그림 A.8과 같이 License Agreement 대화상자가 나타나면, I accept the terms in the license agreement 항목을 선택한 다음 Next 버튼을 누른다.

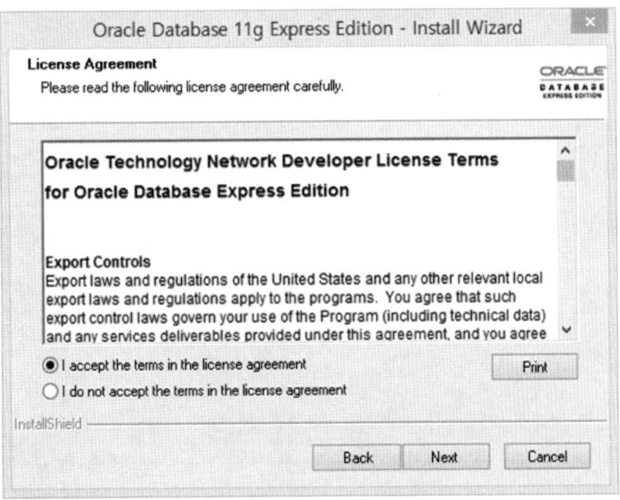

그림 A.8 License Agreement 대화상자

그림 A.9와 같이 Choose Destination Location 대화상자가 나타나면, Next 버튼을 누른다. 이때 설치 경로를 변경할 필요가 있다면, Browser 버튼을 눌러 원하는 설치 경로를 지정한다.

그림 A.9 Choose Destination Location 대화상자

그림 A.10과 같이 Specify Database Passwords 대화상자가 나타나면, 입력 항목에 oracle$ 문자열을 입력한 다음 Next 버튼을 누른다. 입력한 비밀번호는 사용자 계정을 생성할 때 필요하기 때문에 잊지 않도록 주의해야 한다.

Oracle Database 11g Express Edition - Install Wizard
Specify Database Passwords
ORACLE DATABASE EXPRESS EDITION
Enter and confirm passwords for the database. This password will be used for both the SYS and the SYSTEM database accounts.
Enter Password ●●●●●●●
Confirm Password ●●●●●●●
InstallShield
Back Next Cancel

그림 A.10 Specify Database Passwords 대화상자

그림 A.11과 같이 Summary 대화상자가 나타나면, Install 버튼을 눌러 설치를 계속 진행한다.

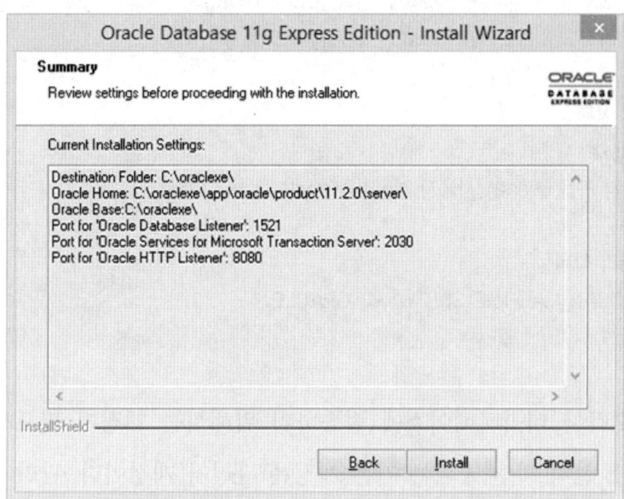

그림 A.11 Summary 대화상자

그림 A.12와 같이 InstallShield Wizard Complete 대화상자가 나타나면, Finish 버튼을 눌러 오라클 데이터베이스 설치를 완료한다.

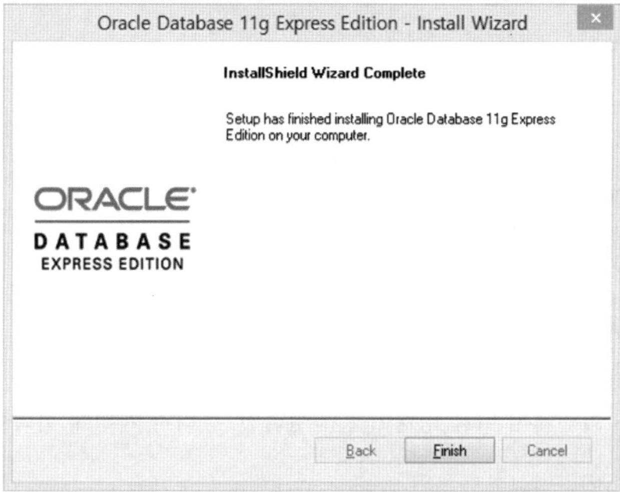

그림 A.12 InstallShield Wizard Complete 대화상자

알/아/두/기

오라클 데이터베이스를 설치할 때 문제가 발생하면 다시 설치할 수 있다. 이때 계정이나 비밀번호가 갱신되지 않는 문제가 발생할 수 있다. 오라클 데이터베이스를 제거한 다음 경로에 존재하는 디렉토리와 레지스트리를 삭제하면, 문제를 해결할 수 있다.

1. 디렉토리 삭제

C:**oraclexe**

C:\{사용자 또는 Users}\{사용자 계정명}**Oracle**

2. 레지스트리 삭제

HKEY_LOCAL_MACHINE\SOFTWARE**ORACLE**

설치한 오라클 데이터베이스에 접속하기 위해서는 계정이 필요하다. 오라클 데이터베이스 설치 시 제공되는 기본 계정은 관리자 계정이다. 관리자 계정은 데이터베이스를 운영하는 데 막강한 권한을 가지기 때문에 일반적으로 사용하지 않는다. 이 책에서는 관리자 계정 대신 권한을 제한한 사용자 계정을 별도로 생성한다. 윈도우 메뉴에서 SQL*Plus를 선택하면, 그림 A.13과 같이 SQL*Plus 화면이 나타난다. SQL*Plus는 커맨드 라인 인터페이스Command Line Interface 기반의 오라클 데이터베이스 유틸리티다. SQL*Plus는 오라클 데이터베이스를 설치할 때 함께 설치된다.

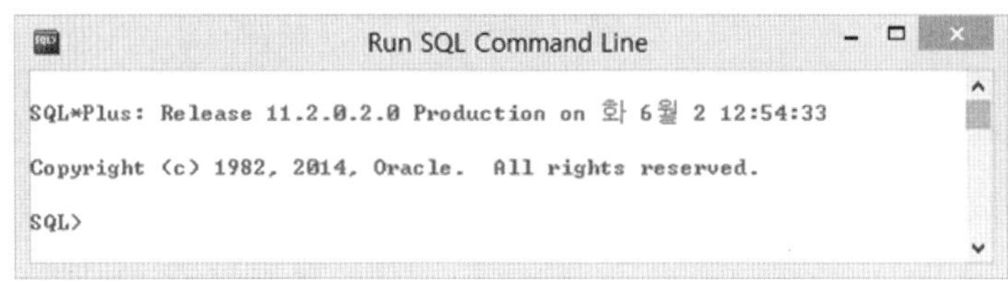

그림 A.13 SQL*Plus 화면

SQL*Plus 화면에서 다음 명령어를 실행하면, 관리자 계정에 접속할 수 있다.

```
SQL> CONNECT SYSTEM/oracle$;
```

관리자 계정으로 접속이 이루어지면, 그림 A.14와 같이 Connected 메시지가 출력된다.

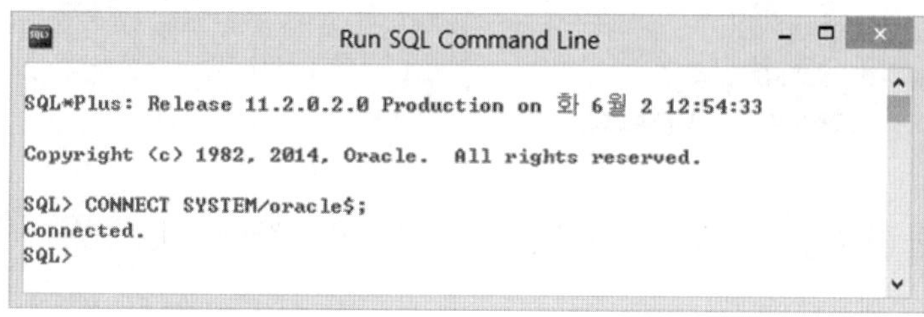

그림 A.14 관리자 계정 접속 화면

다음 명령어를 순서대로 실행하면, 사용자 계정을 생성하고 권한을 부여할 수 있다.

```
SQL> CREATE USER mybatis IDENTIFIED BY mybatis$;
SQL> GRANT CONNECT, RESOURCE, DBA TO mybatis;
```

사용자 계정 생성 및 권한 부여를 완료하면, 그림 A.15와 같이 User created. 메시지와 Grant succeeded. 메시지가 출력된다.

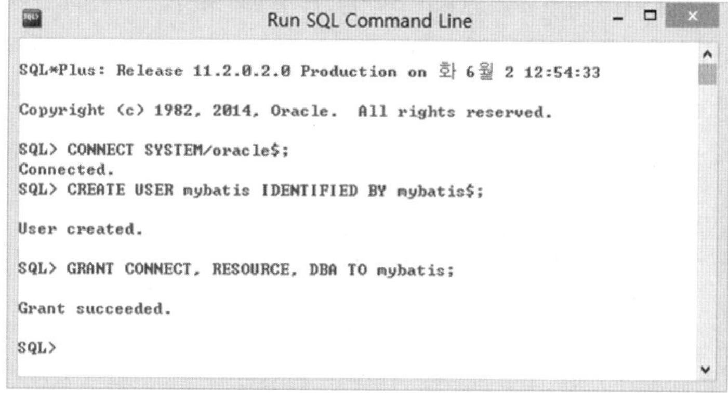

그림 A.15 사용자 계정 생성 및 권한 부여 화면

다음 명령어를 실행하면, 생성한 사용자 계정을 조회할 수 있다. 이때 사용자 계정은 대문자로 입력한다.

```
SQL> SELECT USERNAME
     FROM ALL_USERS
     WHERE USERNAME = 'MYBATIS';
```

생성한 사용자 계정에 접속하려면, 다음 명령어를 실행한다.

```
SQL> CONNECT mybatis/mybatis$;
```

알/아/두/기

실수로 잘못 생성한 사용자 계정은 삭제할 수 있다. 관리자 계정으로 접속한 다음 아래 명령어를 실행하면, 사용자 계정을 삭제할 수 있다.

```
SQL> DROP USER mybatis CASCADE;
```

사용자 계정에 접속한 다음 마이바티스 프로그래밍에 필요한 테이블을 생성해 보자. 생성하려는 테이블은 SHOP 테이블과 TOY 테이블이며, 그림 A.16과 같이 일대다 관계를 가진다. SHOP 테이블은 가게 정보를 포함하고, TOY 테이블은 장난감 정보를 가진다.

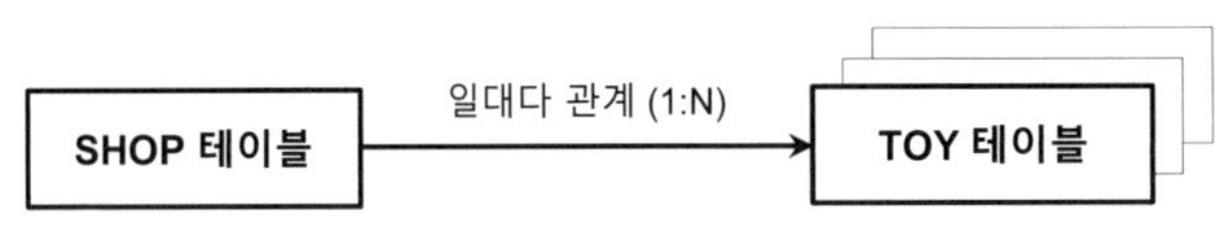

그림 A.16 SHOP 테이블과 TOY 테이블 연관 관계

SHOP 테이블과 TOY 테이블에 대한 정의는 표 A.2, 표 A.3과 같다.

표 A.2 SHOP 테이블 정의

컬럼명	타입	길이	구분	설명
SHOP_NO	NUMBER		기본키	가게 번호
SHOP_NAME	VARCHAR2	100		가게 이름
SHOP_LOCATION	CLOB			가게 주소
SHOP_STATUS	VARCHAR2	1		가게 상태

표 A.3 TOY 테이블 정의

컬럼명	타입	길이	구분	설명
TOY_NO	NUMBER		기본키	장난감 번호
TOY_NAME	VARCHAR2	100		장난감 이름
TOY_PRICE	NUMBER			장난감 가격
SHOP_NO	NUMBER		참조키	장난감을 보유한 가게 번호

위의 표 A.2, 표 A.3을 바탕으로 SQL 스크립트를 작성하면 다음과 같다.

```
/* 가게 테이블 생성 */
CREATE TABLE SHOP (
    SHOP_NO NUMBER NOT NULL ENABLE,
    SHOP_NAME VARCHAR2(100 BYTE),
    SHOP_LOCATION CLOB,
    SHOP_STATUS VARCHAR2(1 BYTE),
    CONSTRAINT SHOP_PK PRIMARY KEY (SHOP_NO)
);

/* 가게 테이블 데이터 등록 */
INSERT INTO SHOP VALUES (1, 'Toy Store', 'A Tower Seocho dong', 'Y');
INSERT INTO SHOP VALUES (2, 'Play Store', 'B Tower Seocho dong', 'Y');
INSERT INTO SHOP VALUES (3, 'Mom Store', 'C Tower Seocho dong', 'Y');

/* 장난감 테이블 생성 */
CREATE TABLE TOY (
    TOY_NO NUMBER NOT NULL ENABLE,
    TOY_NAME VARCHAR2(100 BYTE),
    TOY_PRICE NUMBER,
```

```
    SHOP_NO NUMBER NOT NULL ENABLE,
    CONSTRAINT TOY_PK PRIMARY KEY (TOY_NO)
);

/* 장난감 테이블 데이터 등록 */
INSERT INTO TOY VALUES (1, 'Lego (Model-A100)', 30000, 1);
INSERT INTO TOY VALUES (2, 'Lego (Model-A200)', 60000, 1);
INSERT INTO TOY VALUES (3, 'Lego (Model-A300)', 90000, 1);

COMMIT;

/* 가게 번호 시퀀스 생성 */
CREATE SEQUENCE SEQ_SHOP_NO INCREMENT BY 1 START WITH 4;
```

위와 같이 작성한 SQL 스크립트를 실행하면, 그림 A.17과 같이 SHOP 테이블과 TOY 테이블에 등록한 초기 데이터를 확인할 수 있다.

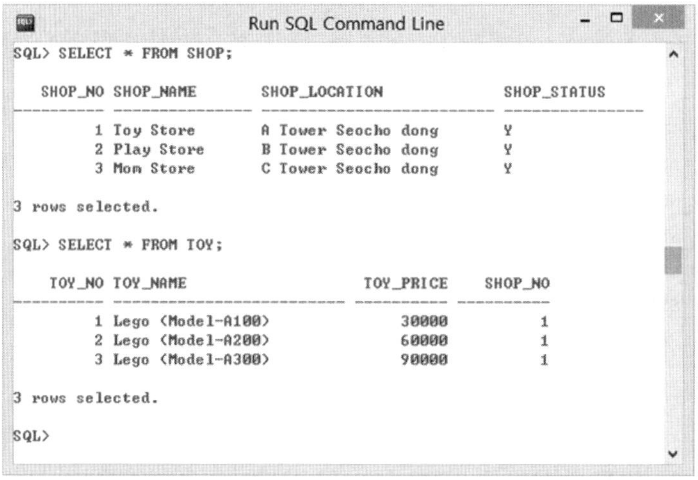

```
Run SQL Command Line
SQL> SELECT * FROM SHOP;

   SHOP_NO SHOP_NAME        SHOP_LOCATION              SHOP_STATUS
---------- ---------------- -------------------------- ----------------
         1 Toy Store        A Tower Seocho dong        Y
         2 Play Store       B Tower Seocho dong        Y
         3 Mom Store        C Tower Seocho dong        Y

3 rows selected.

SQL> SELECT * FROM TOY;

    TOY_NO TOY_NAME                    TOY_PRICE    SHOP_NO
---------- -------------------------- ---------- ----------
         1 Lego (Model-A100)               30000          1
         2 Lego (Model-A200)               60000          1
         3 Lego (Model-A300)               90000          1

3 rows selected.

SQL>
```

그림 A.17 SHOP 테이블과 TOY 테이블에 등록한 초기 데이터 조회 화면

오라클 데이터베이스를 설치하면, 웹 애플리케이션에서 오라클 데이터베이스를 관리할 수 있는 웹 관리 콘솔이 함께 설치된다. 설치된 웹 관리 콘솔은 8080 포트 번호를 기본 포트 번호로 사용한다. 8080 포트 번호는 아파치 톰캣에서 사용하는 기본 포트 번호와 동일한 포트 번호다. 동일한 포트 번호를 사용하면, 포

트 번호 충돌로 인해 웹 서비스 실행이 안 되는 문제가 발생한다. 이 책에서는 웹 관리 콘솔의 포트 번호를 8080에서 8081로 변경한다. 웹 관리 콘솔의 포트 번호를 변경하려면, 다음과 같이 관리자 계정으로 접속이 필요하다.

```
SQL> CONNECT SYSTEM/oracle$;
```

관리자 계정으로 접속한 다음 명령어를 실행하면, 웹 관리 콘솔에서 사용 중인 포트 번호를 확인할 수 있다.

```
SQL> SELECT dbms_xdb.gethttpport FROM dual;
```

다음과 같이 웹 관리 콘솔에서 현재 사용 중인 포트 번호가 출력된다.

```
GETHTTPPORT
-----------
       8080
```

다음 명령어를 실행하면, 웹 관리 콘솔에서 사용 중인 8080 포트 번호를 8081 포트 번호로 변경할 수 있다. 포트 번호 변경을 완료하면, `PL/SQL procedure successfully completed.` 메시지가 출력된다.

```
SQL> BEGIN
     dbms_xdb.sethttpport(8081);
     END;
     /
```

변경한 웹 관리 콘솔의 포트 번호를 반영하기 위해서는 반드시 오라클 데이터베이스를 다시 시작해야 한다. 우선 오라클 데이터베이스를 정지하려면, 윈도우 메뉴에서 **시작 ➤ Oracle Database 11g Express Edition ➤ Stop Database** 메뉴를 선택하거나 다음과 같이 명령어를 실행한다. 오라클 데이터베이스가 정상적으로 정지되면, 다음과 같이 메시지가 출력된다. 오라클 데이터베이스 제품마다 서비스 중지 및 실행 명령어가 다를 수 있다.

```
C:\windows\system32\net stop OracleServiceXE
OracleServiceXE 서비스를 멈춥니다.
OracleServiceXE 서비스를 잘 멈추었습니다.
```

오라클 데이터베이스를 다시 시작하려면, 윈도우 메뉴에서 **시작 ➤** Oracle Database 11g Express Edition ➤ Start Database 메뉴를 선택하거나 다음과 같이 명령어를 실행한다. 오라클 데이터베이스가 정상적으로 시작되면, 다음과 같이 메시지가 출력된다.

```
C:\windows\system32\net start OracleServiceXE
OracleServiceXE 서비스를 시작합니다.
OracleServiceXE 서비스가 잘 시작되었습니다.
```

A.2.2 자바 설치(2/5단계)

자바 설치 버전은 마이바티스 프로그래밍 개발 환경에 전반적인 영향을 미친다. 그림 A.18과 같이 자바 설치 버전을 결정할 때 다른 프로그램의 설치 버전을 함께 고려해야 한다.

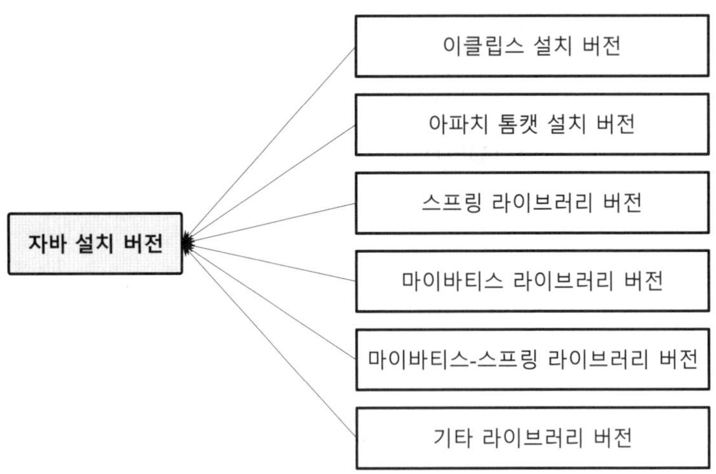

그림 A.18 자바 설치 버전 결정 시 고려 사항

이 책에서 사용하려는 설치 프로그램과 라이브러리를 정리하면 다음과 같다. 자바 설치 버전을 결정할 때 필요한 내용을 천천히 살펴보자.

- **이클립스**(4.6 버전)
- **아파치 톰캣**(8.0.36 버전)
- **마이바티스 라이브러리**(3.4.1 버전)
- **스프링 라이브러리**(4.3.1 버전)
- **마이바티스-스프링 연동 라이브러리**(1.3.0 버전)

그림 A.19와 같이 이클립스 4.6 버전과 아파치 톰캣 8.0.36 버전은 자바 7 이상 버전이 필요하고, 마이바티스 3.4.1 버전과 스프링 4.3.1 버전은 자바 6 이상 버전이 필요하다. 그리고 마이바티스-스프링 연동 1.3.0 버전은 마이바티스 버전에 따라 자바 6 이상 버전이 필요하다. 종합해 보면 자바 7 버전을 설치해야 한다는 것을 알 수 있다.

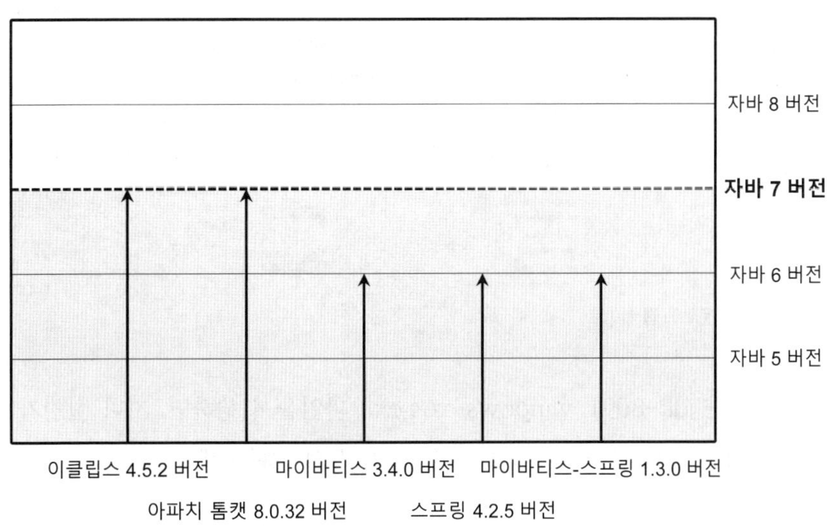

그림 A.19 자바 설치 버전 결정

최신 버전을 경험하는 차원에서 자바 7 버전보다 높은 자바 8 버전을 설치한다. 자바 설치 파일은 오라클 공식 홈페이지에서 다운로드할 수 있다. 다음 URL 주소에서 자바 설치 파일을 다운로드한다. 이 책에서는 Java SE 8 x64 버전을 사용한다.

http://www.oracle.com/technetwork/java/javase/downloads/index.html

그림 A.20과 같이 자바 설치 파일을 다운로드할 수 있는 웹 사이트가 나타나면, 라이선스 정책에 동의한 다음 운영체제에 적합한 자바 설치 파일을 다운로드한다.

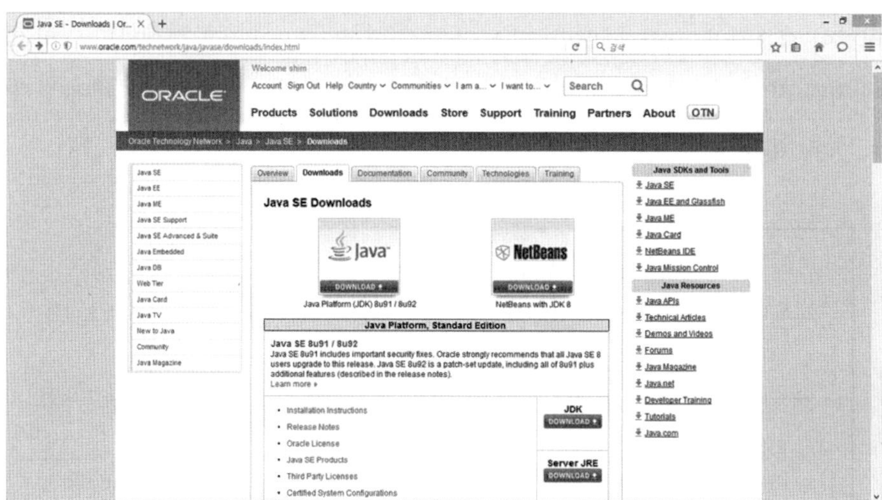

그림 A.20 자바 다운로드 웹 사이트

다운로드한 jdk-8u91-windows-x64.exe 파일을 실행하면, 자바 설치가 시작된다. 그림 A.21과 같이 Next 버튼을 눌러 자바 설치를 진행한다.

그림 A.21 Setup 대화상자

그림 A.22와 같이 **Custom Setup** 대화상자가 나타나면, **Next** 버튼을 누른다. 이때 설치 경로를 변경할 필요가 있다면, **Change...** 버튼을 눌러 원하는 설치 경로를 지정한다.

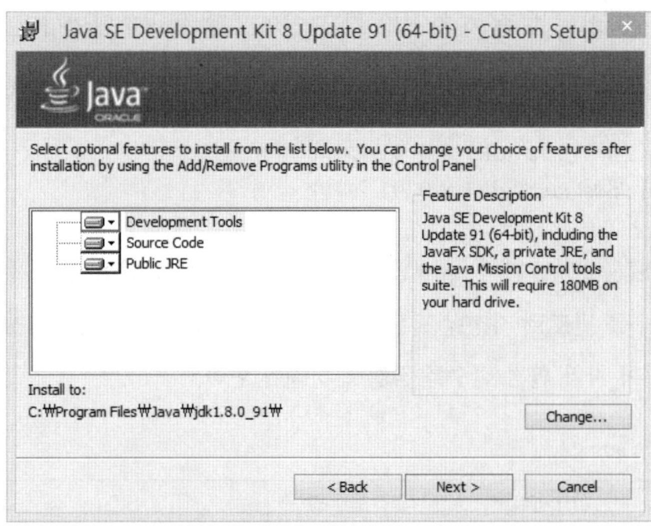

그림 A.22 Custom Setup 대화상자

자바 개발 도구JDK, Java Development Kit를 설치한 다음 자바 실행 환경JRE, Java Runtime Environment 설치를 계속 진행한다. 모든 설치를 완료하면, 그림 A.23과 같이 Complete 대화상자가 나타난다.

그림 A.23 Complete 대화상자

자바를 설치하는 도중 자바 설정 값을 임의로 변경하지 않았다면, 다음 경로에서 자바 개발 도구와 자바 실행 환경이 설치된 것을 확인할 수 있다.

C:\Program Files\Java**jdk1.8.0_91** (자바 개발 도구)
C:\Program Files\Java**jdk1.8.0_91** (자바 실행 환경)

이클립스를 사용할 경우 실행될 때 자바 설치 경로를 알아서 찾기 때문에 자바 환경 변수를 별도로 지정할 필요가 없다. 만일 이클립스를 사용하지 않는다면, 표 A.4와 같이 자바 환경 변수를 직접 설정해야 한다.

표 A.4 자바 환경 변수 설정

구분	환경 변수	환경 변수 값
등록	JAVA_HOME	C:\Program Files\Java\jdk1.8.0_91
추가	Path	C:\Program Files\Java\jdk1.8.0_91\bin

(이어짐)

구분	환경 변수	환경 변수 값
등록	CLASSPATH	C:\Program Files\Java\jdk1.8.0_91\lib\tools.jar

알/아/두/기

윈도우 운영체제에서 자바 환경 변수를 설정할 때 순서는 다음과 같다.

1. 제어판 → 시스템 선택
2. 시스템 대화상자의 좌측 항목 중 고급 시스템 설정 선택
3. 시스템 속성 대화상자의 고급 탭 선택
4. 환경 변수 버튼 선택
5. 환경 변수 대화상자 하단에 위치한 시스템 변수 영역
6. 새로 만들기 또는 편집 버튼을 눌러 표 A.4에 지정한 환경 변수를 등록하거나 추가

A.2.3 라이브러리 다운로드(3/5단계)

자바 애플리케이션 개발 환경에서 사용하는 라이브러리는 크게 필수 라이브러리와 관련 라이브러리로 나눌 수 있다. 그림 A.24와 같이 마이바티스 라이브러리와 JDBC 라이브러리는 필수 라이브러리에 속한다. 그밖에 로깅 라이브러리와 동적 코드 생성에 필요한 라이브러리는 선택 라이브러리에 해당한다.

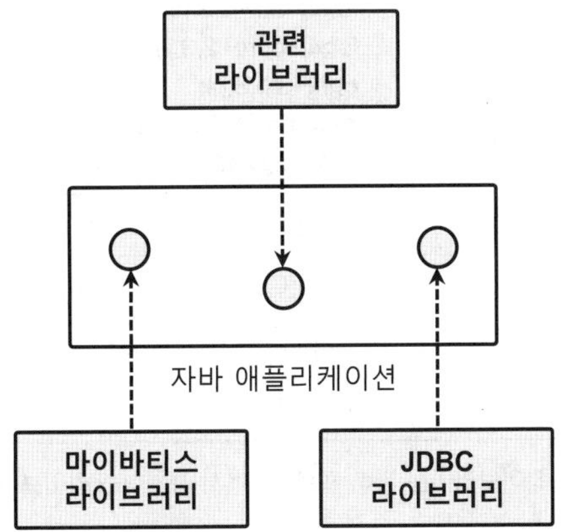

그림 A.24 자바 애플리케이션 개발 환경에 필요한 라이브러리 구성

마이바티스 라이브러리는 마이바티스 공식 홈페이지에서 다운로드할 수 있다. 다음 URL 주소에서 마이바티스 라이브러리를 다운로드한다. 이 책에서는 마이바티스 3.4.1 버전을 사용한다.

https://github.com/mybatis/mybatis-3/releases

알/아/두/기

마이바티스 라이브러리 3.2.0 이하 버전까지는 자바 5 버전에서 사용 가능하다. 반면에 마이바티스 라이브러리 3.2.0 이상 버전은 자바 6 이상 버전을 사용해야 한다.

다운로드한 mybatis-3.4.1.zip 압축 파일을 해제하면, 표 A.5와 같은 구성을 볼 수 있다.

표 A.5 mybatis-3.4.1.zip 압축 파일 구성

디렉토리 및 파일명	설명
/lib	ant-1.9.6.jar ant-launcher-1.9.6.jar asm-5.0.4.jar cglib-3.2.2.jar commons-logging-1.2.jar javassist-3.20.0-GA.jar log4j-1.2.17.jar log4j-api-2.3.jar log4j-core-2.3.jar ognl-3.1.8.jar slf4j-api-1.7.21.jar slf4j-log4j12-1.7.21.jar
LICENSE.txt	라이선스 문서
*mybatis-3.4.1.jar	마이바티스 라이브러리
mybatis-3.4.1.pdf	마이바티스 사용자 문서
NOTICE.txt	공지사항

1. 애스터리스크(*)를 표기한 라이브러리는 자바 프로젝트에서 사용하는 라이브러리다.

오라클 데이터베이스 연결에 필요한 JDBC 라이브러리는 다음 URL 주소에서 다운로드할 수 있다.

http://www.oracle.com/technetwork/database/features/jdbc/index-091264.html

앞서 오라클 데이터베이스가 이미 설치되어 있다면, JDBC 라이브러리를 별도로 다운로드하지 않고 다음 경로에서 찾아 사용할 수 있다.

C\oraclexe\app\oracle\product\11.2.0\server\jdbc\lib**ojdbc6.jar**

마이바티스 라이브러리와 JDBC 라이브러리만 있어도 자바 애플리케이션을 개발하고 실행할 수 있다. 마이바티스는 3.3.0 버전부터 기본 프록시 도구로 Javassist를 사용한다. 만일 다른 프록시 도구를 사용할 필요가 있는 경우 라이브러리를 추가로 다운로드해야 한다. 예를 들어 Cglib 프록시를 사용하는 경우 다음 URL 주소에서 CGLIB 라이브러리와 ASM 라이브러리를 다운로드할 수 있다. 이 책에서는 CGLIB 3.2.4 버전과 ASM 5.1 버전을 사용한다.

http://mvnrepository.com/artifact/cglib/cglib/3.2.4
http://mvnrepository.com/artifact/org.ow2.asm/asm/5.1

아파치 Log4j2 라이브러리는 아파치 Log4j2 공식 홈페이지에서 다운로드할 수 있다. 다음 URL 주소에서 아파치 Log4j2 라이브러리를 다운로드한다. 이 책에서는 아파치 Log4j2 2.6.2 버전을 사용한다.

https://logging.apache.org/log4j/2.x/download.html

다운로드한 apache-log4j-2.6.2-bin.zip 압축 파일을 해제하면, 표 A.6과 같은 구성을 가진다.

표 A.6 apache-log4j-2.6.2-bin.zip 압축 파일 구성

디렉토리 및 파일명	설명
LICENSE.txt	라이선스 문서
log4j-1.2-api-2.6.2.jar *log4j-api-2.6.2.jar *log4j-core-2.6.2.jar log4j-flume-ng-2.6.2.jar log4j-iostreams-2.6.2.jar log4j-jcl-2.6.2.jar log4j-jmx-gui-2.6.2.jar log4j-jul-2.6.2.jar log4j-nosql-2.6.2.jar *log4j-slf4j-impl-2.6.2.jar log4j-taglib-2.6.2.jar log4j-to-slf4j-2.6.2.jar log4j-web-2.6.2.jar	아파치 Log4j2 라이브러리
log4j-1.2-api-2.6.2-javadoc.jar log4j-api-2.6.2-javadoc.jar log4j-core-2.6.2-javadoc.jar log4j-flume-ng-2.6.2-javadoc.jar log4j-iostreams-2.6.2-javadoc.jar log4j-jcl-2.6.2-javadoc.jar log4j-jmx-gui-2.6.2-javadoc.jar log4j-jul-2.6.2-javadoc.jar log4j-nosql-2.6.2-javadoc.jar log4j-slf4j-impl-2.6.2-javadoc.jar log4j-taglib-2.6.2-javadoc.jar log4j-to-slf4j-2.6.2-javadoc.jar log4j-web-2.6.2-javadoc.jar	아파치 Log4j2 자바 API
log4j-1.2-api-2.6.2-sources.jar log4j-api-2.6.2-sources.jar log4j-core-2.6.2-sources.jar log4j-flume-ng-2.6.2-sources.jar log4j-iostreams-2.6.2-sources.jar log4j-jcl-2.6.2-sources.jar log4j-jmx-gui-2.6.2-sources.jar log4j-jul-2.6.2-sources.jar log4j-nosql-2.6.2-sources.jar log4j-slf4j-impl-2.6.2-sources.jar log4j-taglib-2.6.2-sources.jar log4j-to-slf4j-2.6.2-sources.jar log4j-web-2.6.2-sources.jar	아파치 Log4j2 소스 코드
NOTICE.txt	공지사항
RELEASE-NOTES.txt	릴리즈 노트

1. 애스터리스크(*)를 표기한 라이브러리는 자바 프로젝트에서 사용하는 라이브러리다.

지금까지 다운로드한 라이브러리 중 자바 애플리케이션 개발 환경에 필요한 라이브러리를 정리하면, 표 A.7과 같다.

표 A.7 자바 애플리케이션 개발 환경에 필요한 라이브러리

구분	라이브러리
마이바티스 라이브러리	mybatis-3.4.1.jar
JDBC 라이브러리	ojdbc6.jar
관련 라이브러리	asm-5.1.jar cglib-3.2.4.jar log4j-api-2.6.2.jar log4j-core-2.6.2.jar log4j-slf4j-impl-2.6.2.jar

A.2.4 이클립스 설치(4/5단계)

이클립스를 사용하면, 마이바티스 프로그래밍을 좀 더 손쉽게 작성하고 실행할 수 있다. 이클립스 설치 파일은 이클립스 공식 홈페이지에서 다운로드할 수 있다. 다음 URL 주소에서 이클립스 설치 파일을 다운로드한다. 이 책에서는 J2EE 패키지용 이클립스 4.6 버전을 사용한다.

http://www.eclipse.org/downloads/eclipse-packages

이클립스 설치 파일을 다운로드할 때는 반드시 자바 설치 버전을 고려해야 한다. 예를 들어 이클립스 4.6 버전을 사용하려면, 자바 7 이상 버전이 필요하다. 이클립스 버전에 따라 필요한 자바 버전을 정리하면, 표 A.8과 같다.

표 A.8 이클립스 버전별 필요한 자바 버전

이클립스 버전	자바 버전
4.4 이상 버전	1.7 이상 버전
4.x~4.3 이하 버전	1.6 이상 버전
3.x 버전	1.5 이상 버전
2.x 버전	1.4 이상 버전

다운로드한 eclipse-jee-neon-R-win32-x86_64.zip 압축 파일은 별도로 설치 과정 없이 압축 파일을 해제한 다음 바로 실행할 수 있다. 다음 경로에 압축 해제한 파일을 복사한다.

C:\Program Files**eclipse**

위와 같이 이클립스 파일을 복사한 다음 아래 경로에 위치한 파일을 실행하면, 이클립스가 실행된다.

C:\Program Files\eclipse**eclipse.exe**

처음 이클립스를 실행하면, 그림 A.25와 같이 워크스페이스 경로를 묻는 Workspace Launcher 대화상자가 나타난다. 워크스페이스는 이클립스 설정 정보와 소스 코드를 저장한 공간을 말한다.

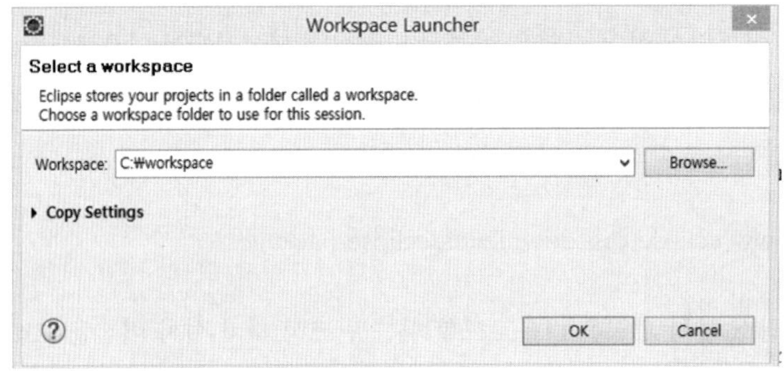

그림 A.25 Workspace Launcher 대화상자

Workspace Launcher 대화상자를 살펴보면, 사용자 계정 하위 경로가 워크스페이스 저장 경로로 지정된 것을 볼 수 있다. 워크스페이스 저장 경로를 변경할 필요가 있다면, Browser... 버튼을 눌러 원하는 경로를 지정한 다음 OK 버튼을 누른다. 이 책에서는 워크스페이스 경로를 다음과 같이 지정한다.

C:\workspace

이클립스 실행이 정상적으로 이루어지면, 그림 A.26과 같이 이클립스 실행 화면이 나타난다.

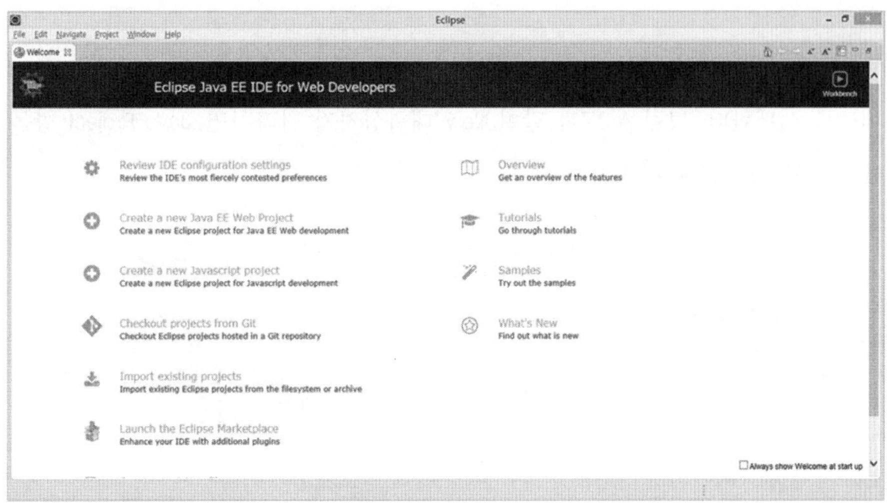

그림 A.26 이클립스 실행 화면

알/아/두/기

이클립스는 뷰(View)와 에디터(Editor)로 구성된 다양한 퍼스펙티브(Perspective)를 제공한다. 상황에 따라 적절한 퍼스펙티브를 선택하면, 좀 더 편리한 개발 환경을 사용할 수 있다. 예를 들어 자바 퍼스펙티브는 자바 애플리케이션 개발에 편리한 퍼스펙티브고, J2EE 퍼스펙티브는 웹 애플리케이션 개발에 적합한 퍼스펙티브다. 퍼스펙티브는 **Open Perspective** 대화상자에서 선택할 수 있다. **Open Perspective** 대화상자는 이클립스 상단 메뉴바에서 **Window ➤ Open Perspective** 선택하면 된다.

A.2.5 자바 프로젝트 생성(5/5단계)

이클립스 자바 프로젝트를 사용해서 1장부터 7장까지 실습을 진행한다. 다음 순서에 맞추어 자바 프로젝트를 생성해 보자.

1. 자바 프로젝트 생성
2. 라이브러리 복사 및 빌드 경로 설정
3. 인코딩 설정

자바 프로젝트를 생성하려면, 이클립스 상단 메뉴바에서 File ➤ New ➤ Project 메뉴를 선택한다. 그림 A.27과 같이 New 대화상자가 나타나면, Java Project 항목을 선택한 다음 Next 버튼을 누른다.

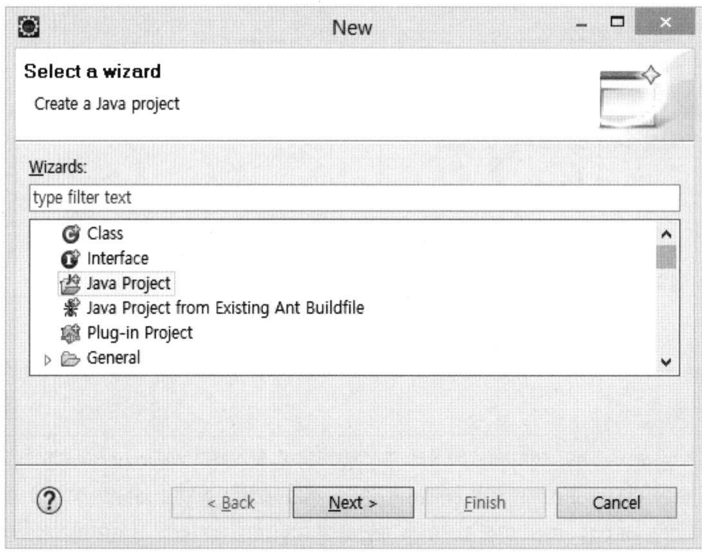

그림 A.27 New 대화상자

그림 A.28과 같이 New Java Project 대화상자가 나타나면, Project name 입력 항목에 프로젝트명을 입력한 다음 Finish 버튼을 누른다.

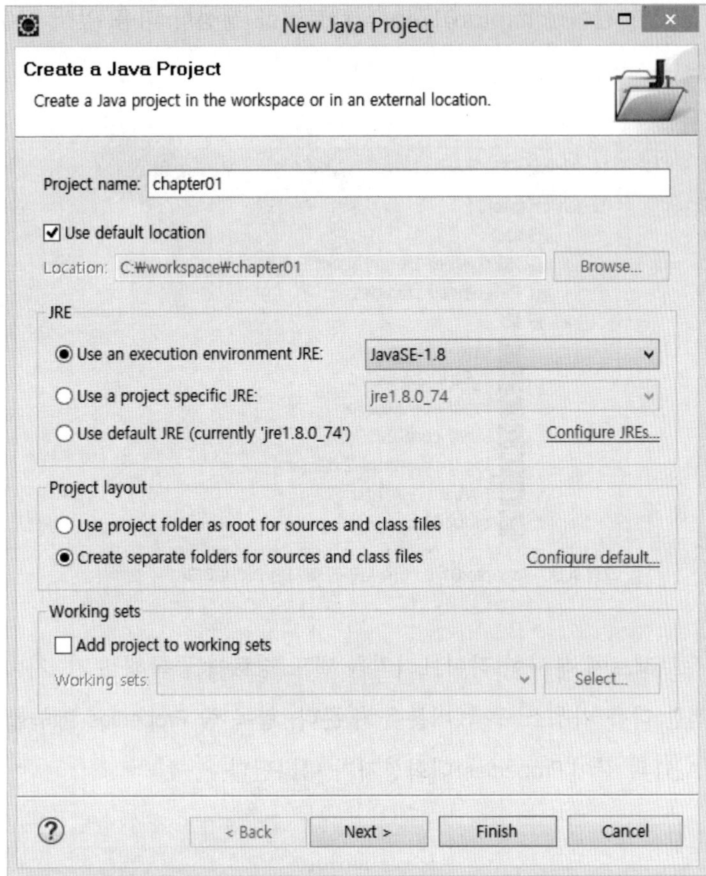

그림 A.28 New Java Project 대화상자

자바 프로젝트 생성을 완료하면, 그림 A.29와 같이 Package Explorer 뷰에서 자바 프로젝트를 확인할 수 있다.

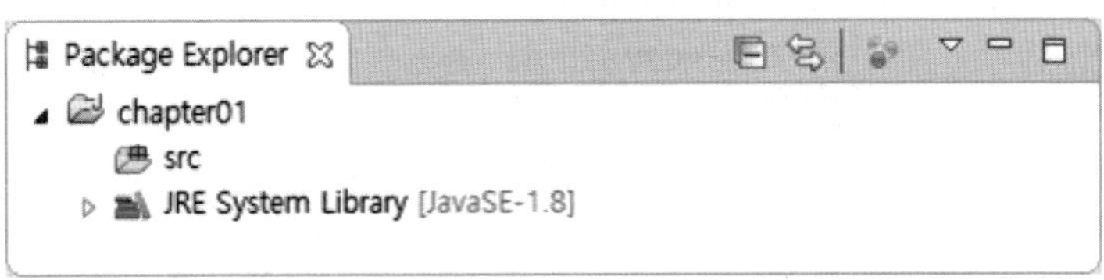

그림 A.29 자바 프로젝트 생성 완료 화면

그림 A.30과 같이 /chapter01/lib 디렉토리를 생성한 다음 앞서 다운로드한 라이브러리를 복사한다.

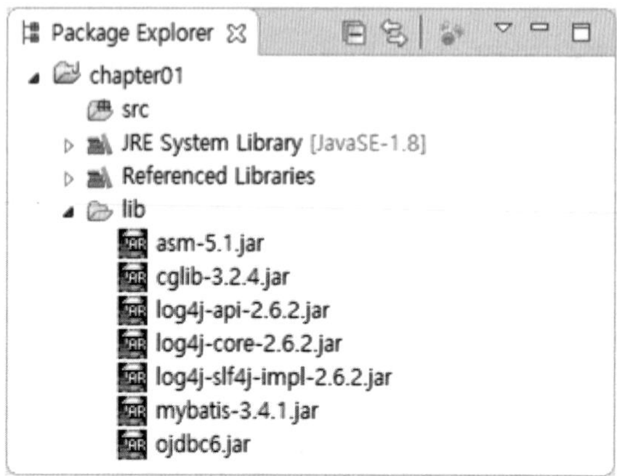

그림 A.30 /chapter01/lib 디렉토리에 복사한 라이브러리

자바 프로젝트에 복사한 라이브러리를 빌드 경로에 등록해 보자. 자바 프로젝트를 선택한 다음 마우스 우측 버튼을 누른다. 항목 중 Properties 메뉴를 선택하면, 그림 A.31과 같이 Properties 대화상자가 나타난다.

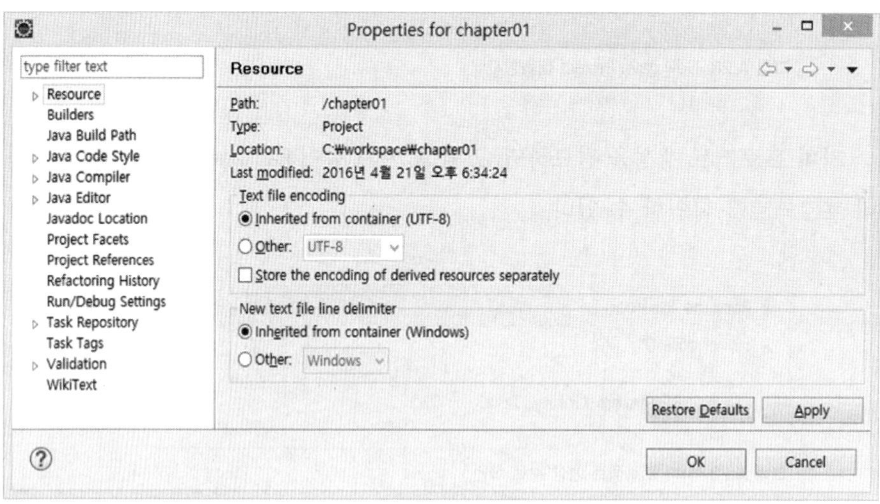

그림 A.31 Properties 대화상자

그림 A.32와 같이 Properties 대화상자 좌측 목록 중 Java Build Path 항목을 선택하면, 우측 영역이 바뀐다. 우측 상단에서 Libraries 탭을 선택한 다음 Add JARs... 버튼을 누르면, JAR Select 대화상자가 열린다. /chapter01/lib 디렉토리에 포함된 모든 라이브러리를 선택한 다음 OK 버튼을 눌러 빌드 경로 설정을 완료한다.

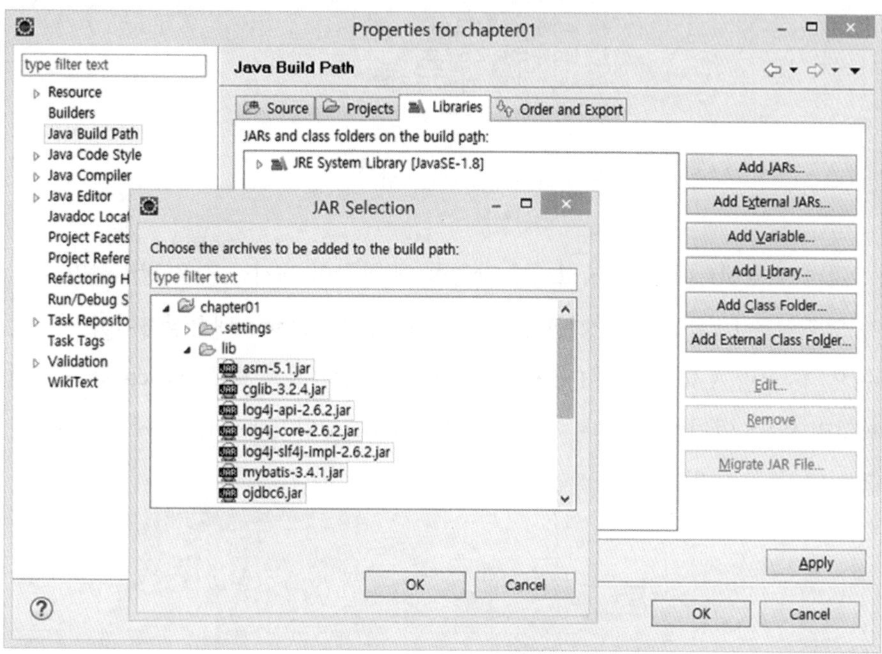

그림 A.32 빌드 경로 설정 화면

빌드 경로에 라이브러리를 등록하면, 그림 A.33과 같이 Referenced Libraries 목록에서 등록한 라이브러리를 확인할 수 있다.

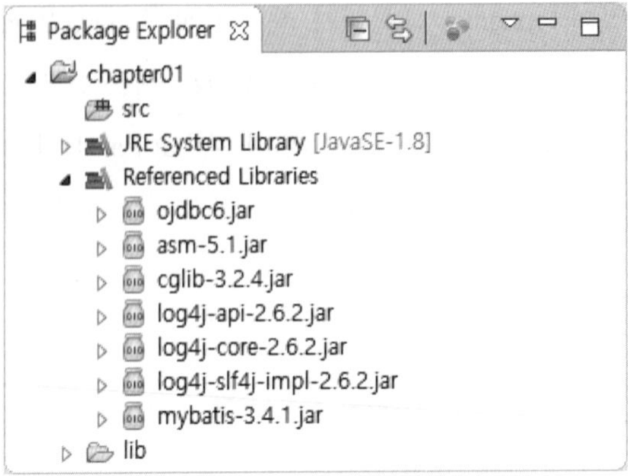

그림 A.33 빌드 경로에 등록한 라이브러리

자바 프로젝트에서 소스 코드를 작성할 때 한글이 깨지는 것을 방지하기 위해서 인코딩을 UTF-8로 설정한다. 인코딩 설정은 Properties 대화상자에서 지정할 수 있다. 그림 A.34와 같이 Properties 대화상자 좌측 목록 중 Resource 항목을 선택하면, 우측 영역이 바뀐다. 우측 Text file Encoding 영역에서 UTF-8을 선택한 다음 OK 버튼을 눌러 인코딩 설정을 완료한다.

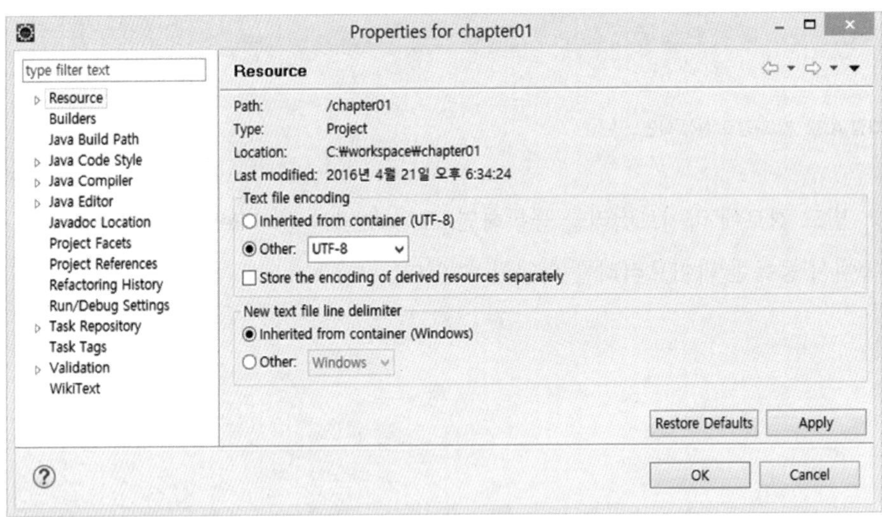

그림 A.34 자바 프로젝트 인코딩 설정 화면

A.3 웹 애플리케이션 개발 환경

웹 애플리케이션 개발 환경은 마이바티스와 스프링을 연동한 웹 프로그래밍 개발 환경을 제공한다. 웹 애플리케이션 개발 환경은 자바 애플리케이션 개발 환경이 우선 구축되어 있다는 가정하에 설명한다. 웹 애플리케이션 개발 환경 구축 순서를 도식화하면, 그림 A.35와 같다.

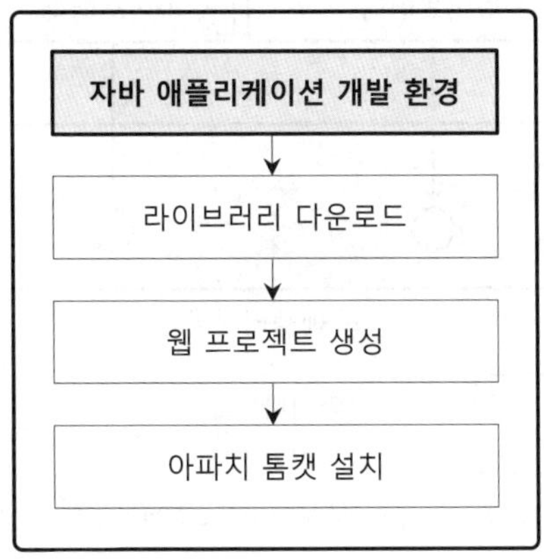

그림 A.35 웹 애플리케이션 개발 환경 구축 순서

웹 애플리케이션 개발 환경 구축 순서에 따른 작업 내용을 쉽게 파악할 수 있도록 정리하면, 표 A.9와 같다.

표 A.9 웹 애플리케이션 개발 환경 구축 순서에 따른 작업 내용

구축 순서	작업 내용
1. 라이브러리 다운로드	① 스프링 라이브러리 다운로드 ② 마이바티스-스프링 연동 라이브러리 다운로드 ③ 관련 라이브러리 다운로드
2. 다이나믹 웹 프로젝트 생성	① 다이나믹 웹 프로젝트 생성 ② 빌드 경로 및 인코딩 설정
3. 아파치 톰캣 설치	① 아파치 톰캣 설치 및 설정

A.3.1 라이브러리 다운로드(1/3단계)

그림 A.36과 같이 웹 애플리케이션 개발 환경에서 사용하는 라이브러리는 자바 애플리케이션 개발 환경에서 다운로드한 라이브러리에 스프링 관련 라이브러리를 추가한다.

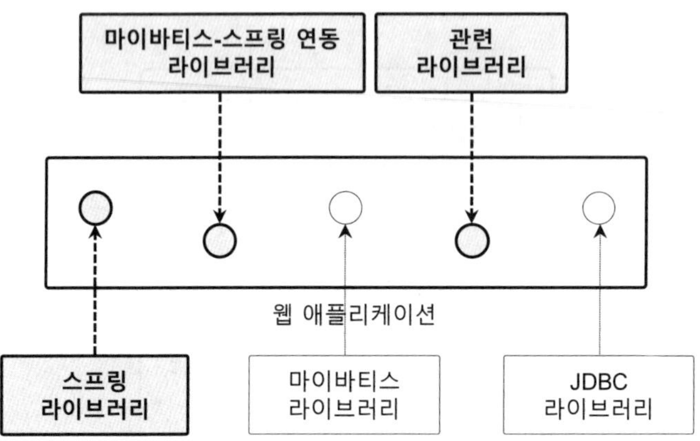

그림 A.36 웹 애플리케이션 개발 환경에 필요한 라이브러리 구성

스프링 라이브러리는 메이븐 저장소 공식 홈페이지에서 다운로드할 수 있다. 이 책에서는 스프링 4.3.1 버전을 사용한다.

http://mavenrepository.com/artifact/org.springframework

메이븐 저장소 웹 사이트에서 다운로드해야 하는 스프링 라이브러리 목록은 다음과 같다. 개별 목록을 선택해서 라이브러리를 다운로드한다.

```
spring-aop-4.3.1.RELEASE.jar
spring-aspects-4.3.1.RELEASE.jar
spring-beans-4.3.1.RELEASE.jar
spring-context-4.3.1.RELEASE.jar
spring-context-support-4.3.1.RELEASE.jar
spring-core-4.3.1.RELEASE.jar
spring-expression-4.3.1.RELEASE.jar
spring-instrument-4.3.1.RELEASE.jar
spring-instrument-tomcat-4.3.1.RELEASE.jar
```

```
spring-jdbc-4.3.1.RELEASE.jar
spring-messaging-4.3.1.RELEASE.jar
spring-orm-4.3.1.RELEASE.jar
spring-oxm-4.3.1.RELEASE.jar
spring-test-4.3.1.RELEASE.jar
spring-tx-4.3.1.RELEASE.jar
spring-web-4.3.1.RELEASE.jar
spring-webmvc-4.3.1.RELEASE.jar
spring-webmvc-portlet-4.3.1.RELEASE.jar
```

마이바티스-스프링 연동 라이브러리는 스프링 라이브러리와 마이바티스 라이브러리 버전을 함께 고려해야 한다. 예를 들어 스프링 4.3.1 버전과 마이바티스 3.4.1 버전을 사용하려면, 마이바티스-스프링 연동 라이브러리 1.1.0 이상 버전을 사용해야 한다. 스프링 라이브러리와 마이바티스 라이브러리 버전에 따라 마이바티스-스프링 연동 라이브러리 버전을 정리하면, 표 A.10과 같다.

표 A.10 스프링 라이브러리와 마이바티스 라이브러리에 따른 마이바티스-스프링 연동 라이브러리 버전

스프링 라이브러리	마이바티스 라이브러리	마이바티스-스프링 연동 라이브러리
3.0.0 이상 버전	3.4.0 이상 버전	1.3.0 이상 버전
3.0.0 이상 버전	3.1.0 이상~3.3.1 이하 버전	1.0.2 이상~1.3.0 이하 버전
3.0.0 이상 버전	3.0.6 버전	1.0.2 버전
3.0.0 이상 버전	3.0.1 이상~3.0.5 이하 버전	1.0.0 이상~1.0.1 이하 버전

1. 마이바티스-스프링 연동 라이브러리 1.3.0 이상 버전을 사용할 경우 반드시 마이바티스 라이브러리 3.4.0 이상 버전을 사용해야 한다.

마이바티스-스프링 연동 라이브러리는 마이바티스 공식 홈페이지에서 다운로드할 수 있다. 다음 URL 주소에서 마이바티스-스프링 연동 라이브러리를 다운로드한다. 이 책에서는 마이바티스-스프링 연동 라이브러리 1.3.0 버전을 사용한다.

http://mvnrepository.com/artifact/org.mybatis/mybatis-spring/1.3.0

웹 애플리케이션 개발에 필요한 JSTL^JSP Standard Tag Library^ 라이브러리는 다음 URL 주소에서 다운로드할 수 있다. 이 책에서는 JSTL 1.2.1 버전을 사용한다.

http://mvnrepository.com/artifact/javax.servlet.jsp.jstl/jstl-api/1.2
http://mvnrepository.com/artifact/jstl/jstl/1.2

AOP^Aspect Oriented Programming Alliance 라이브러리는 다음 URL 주소에서 다운로드할 수 있다. 이 책에서는 AOP Alliance 1.0 버전을 사용한다.

http://mvnrepository.com/artifact/aopalliance/aopalliance/1.0

마지막으로 아파치 커먼즈 로깅 라이브러리를 다음 URL 주소에서 다운로드한다. 이 책에서는 아파치 커먼즈 로깅 1.2 버전을 사용한다.

http://mavenrepository.com/artifact/commons-logging/commons-logging

지금까지 다운로드한 라이브러 중 웹 애플리케이션 개발 환경에 필요한 라이브러리를 정리하면, 표 A.12와 같다. 목록 가운데 굵은 글씨로 표시한 라이브러리는 웹 애플리케이션 개발 환경에서 추가한 라이브러리다.

표 A.12 웹 애플리케이션 개발 환경에 필요한 라이브러리

구분	라이브러리
마이바티스 라이브러리	**mybatis-3.4.1.jar**
스프링 라이브러리	**spring-aop-4.3.1.RELEASE.jar** **spring-aspects-4.3.1.RELEASE.jar** **spring-beans-4.3.1.RELEASE.jar** **spring-context-4.3.1.RELEASE.jar** **spring-context-support-4.3.1.RELEASE.jar** **spring-core-4.3.1.RELEASE.jar** **spring-expression-4.3.1.RELEASE.jar** **spring-instrument-4.3.1.RELEASE.jar** **spring-instrument-tomcat-4.3.1.RELEASE.jar** **spring-jdbc-4.3.1.RELEASE.jar** **spring-messaging-4.3.1.RELEASE.jar** **spring-orm-4.3.1.RELEASE.jar** **spring-oxm-4.3.1.RELEASE.jar** **spring-test-4.3.1.RELEASE.jar** **spring-tx-4.3.1.RELEASE.jar** **spring-web-4.3.1.RELEASE.jar** **spring-webmvc-4.3.1.RELEASE.jar** **spring-webmvc-portlet-4.3.1.RELEASE.jar**

(이어짐)

구분	라이브러리
마이바티스-스프링 연동 라이브러리	mybatis-spring-1.3.0.jar
JDBC 라이브러리	ojdbc6.jar
관련 라이브러리	aopalliance-1.0.jar asm-5.1.jar cglib-3.2.4.jar commons-logging-1.2.jar javax.servlet.jsp.jstl-1.2.1.jar javax.servlet.jsp.jstl-api-1.2.1.jar log4j-api-2.6.2.jar log4j-core-2.6.2.jar log4j-slf4j-impl-2.6.2.jar

A.3.2 다이나믹 웹 프로젝트 생성(2/3단계)

이클립스 다이나믹 웹 프로젝트는 서블릿, JSP 파일과 같이 동적 J2EE 자원을 다루는 프로젝트를 말하며, 8장 실습에 사용한다. 다음 순서에 맞추어 다이나믹 웹 프로젝트를 생성해 보자.

1. **다이나믹 웹 프로젝트 생성**
2. **라이브러리 복사 및 빌드 경로 설정**
3. **인코딩 설정**

다이나믹 웹 프로젝트를 생성하려면, 이클립스 상단 메뉴바에서 File ➤ New ➤ Project 메뉴를 선택한다. 그림 A.37과 같이 New 대화상자가 나타나면, Dynamic Web Project 항목을 선택한 다음 Next 버튼을 누른다.

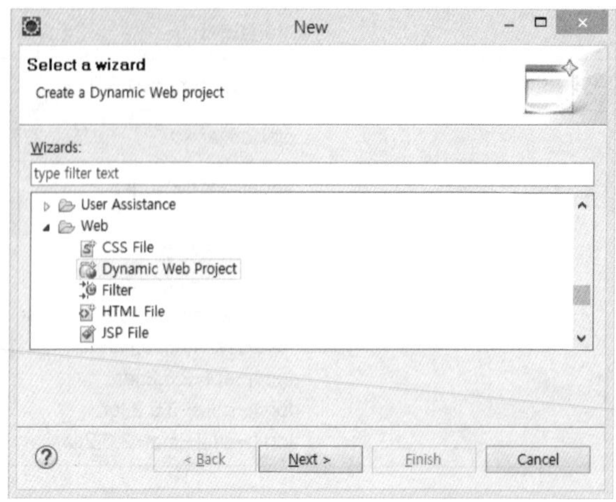

그림 A.37 New 대화상자

그림 A.38과 같이 New Dynamic Web Project 대화상자가 나타나면, Project name 입력 항목에 chapter08_dao 명칭을 입력한 다음 Next 버튼을 누른다.

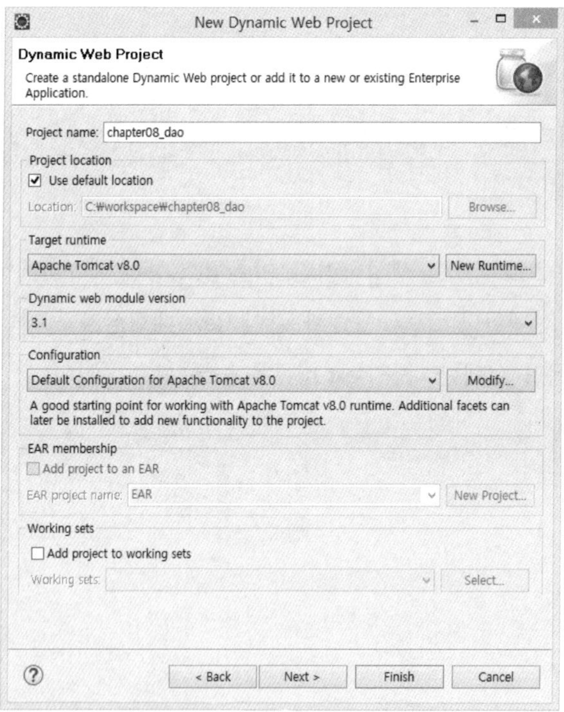

그림 A.38 New Dynamic Web Project 대화상자

그림 A.39와 같이 Web Module 대화상자가 나타나면, Generate web.xml deployment descriptor 항목을 선택한 다음 Finish 버튼을 누른다. web.xml 파일은 웹 애플리케이션 배포에 관한 내용을 담고 있는 배포 서술자 파일이다. 디렉토리 구성, 자원 매핑, 설정, 보안 등을 작성할 수 있다. 서블릿 3.0 이상 버전(자바 5 이상 버전)을 사용하는 경우 web.xml 파일을 생략할 수 있다.

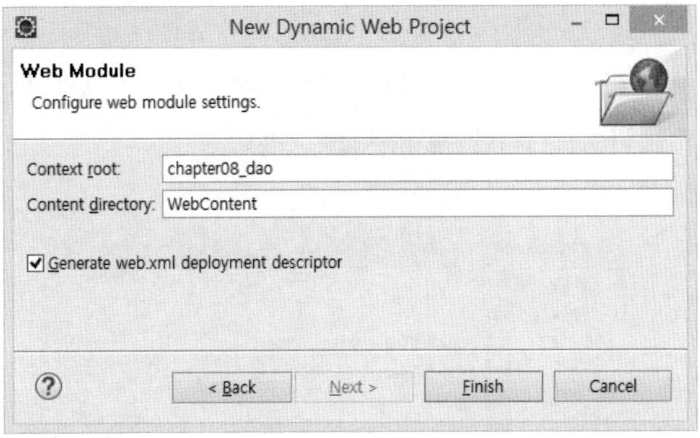

그림 A.39 Web Module 대화상자

다이나믹 웹 프로젝트 생성을 완료하면, 그림 A.40과 같이 Project Explorer 뷰에서 다이나믹 웹 프로젝트를 확인할 수 있다.

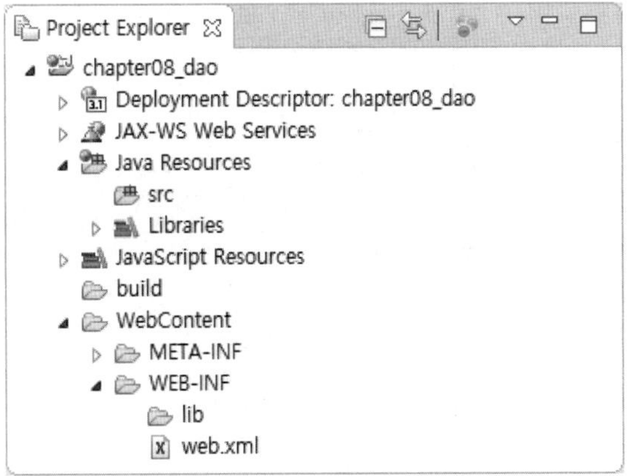

그림 A.40 다이나믹 웹 프로젝트 생성 화면

알/아/두/기

다이나믹 웹 프로젝트를 생성할 때 **Generate web.xml deployment descriptor** 항목을 체크하지 않으면, web.xml 파일이 생성되지 않는다. 이때 다이나믹 웹 프로젝트를 다시 생성하지 않고 web.xml 파일을 생성할 수 있다. 다이나믹 웹 프로젝트를 선택한 다음 마우스 우측 버튼을 선택한다. 그런 다음 **Java EE Tools > Generator Deployment Descriptor Stub** 메뉴를 선택하면, web.xml 파일이 생성된다.

그림 A.41과 같이 /chapter08_dao/WebContent/WEB-INF/lib 디렉토리에 앞서 다운로드한 라이브러리를 복사한다.

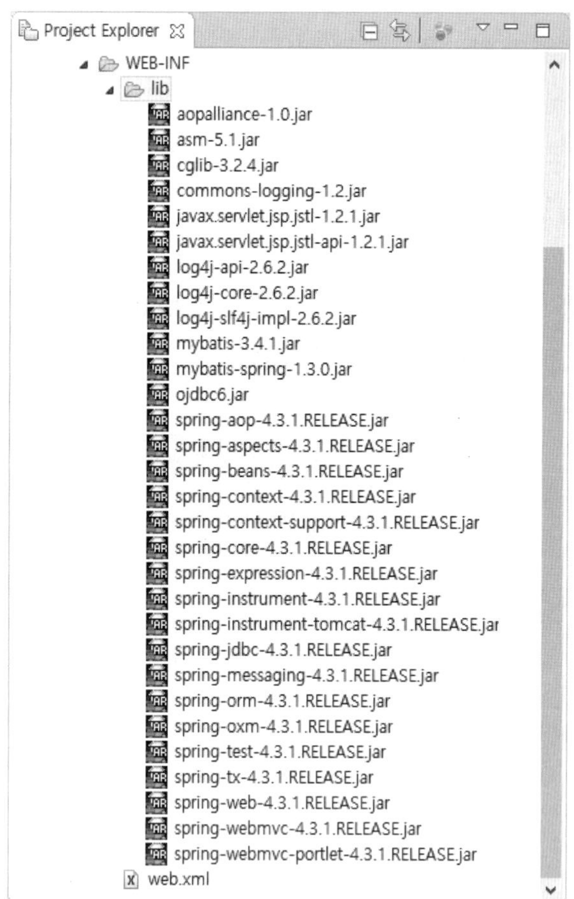

그림 A.41 /chapter08_dao/WebContent/WEB-INF/lib 디렉토리에 복사한 라이브러리

다이나믹 웹 프로젝트에 복사한 라이브러리를 빌드 경로에 등록해 보자. 다이나믹 웹 프로젝트를 선택한 다음 마우스 우측 버튼을 누른다. 항목 중 Properties 메뉴를 선택하면, 그림 A.42와 같이 Properties 대화상자가 나타난다.

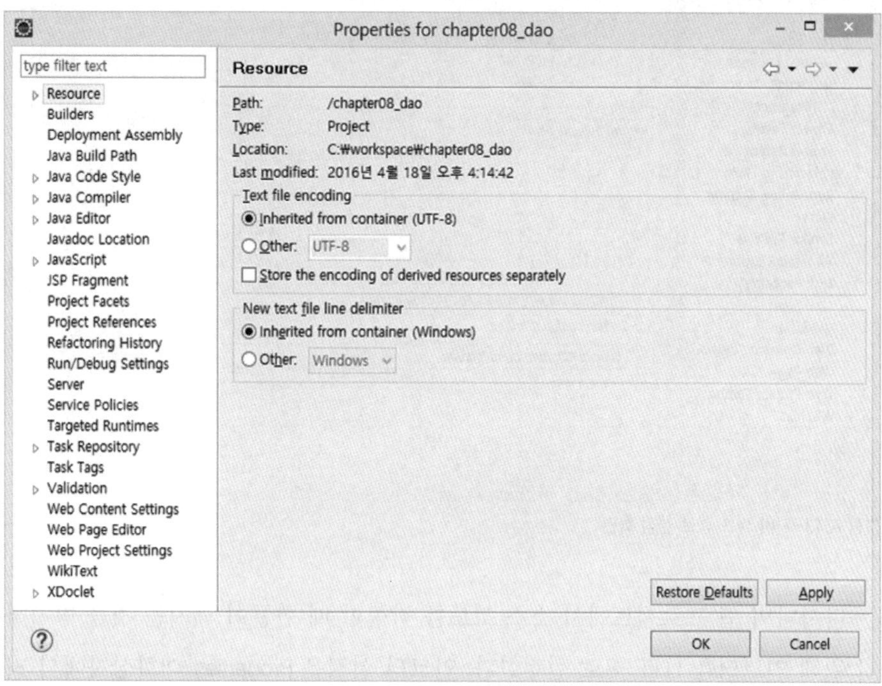

그림 A.42 Properties 대화상자

그림 A.43과 같이 Properties 대화상자 좌측 목록 중 Java Build Path 항목을 선택하면, 우측 영역이 바뀐다. 우측 상단 Source 탭을 선택한 다음 Browse... 버튼을 누르면, Folder Select 대화상자가 열린다. /chapter08_dao/WebContent/WEB-INF 디렉토리를 선택한 다음 Create New Folder... 버튼을 누른다. New Folder 대화상자 입력 항목에 classes 문자열을 입력한 다음 OK 버튼을 눌러 빌드 경로 설정을 완료한다.

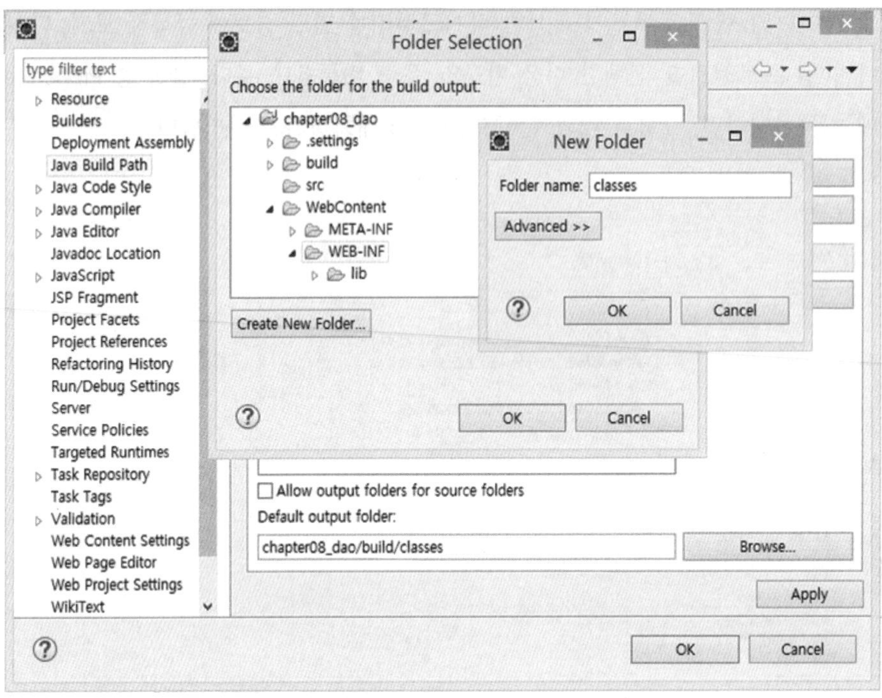

그림 A.43 자바 빌드 경로 설정 화면

다이나믹 웹 프로젝트에서 소스 코드를 작성할 때 한글이 깨지는 것을 방지하기 위해 인코딩을 UTF-8로 설정한다. 인코딩 설정은 Properties 대화상자에서 지정할 수 있다. 그림 A.44와 같이 Properties 대화상자 좌측 목록 중 Resource 항목을 선택하면, 우측 영역이 바뀐다. 우측 Text file Encoding 영역에서 UTF-8을 선택한 다음 OK 버튼을 눌러 인코딩 설정을 완료한다.

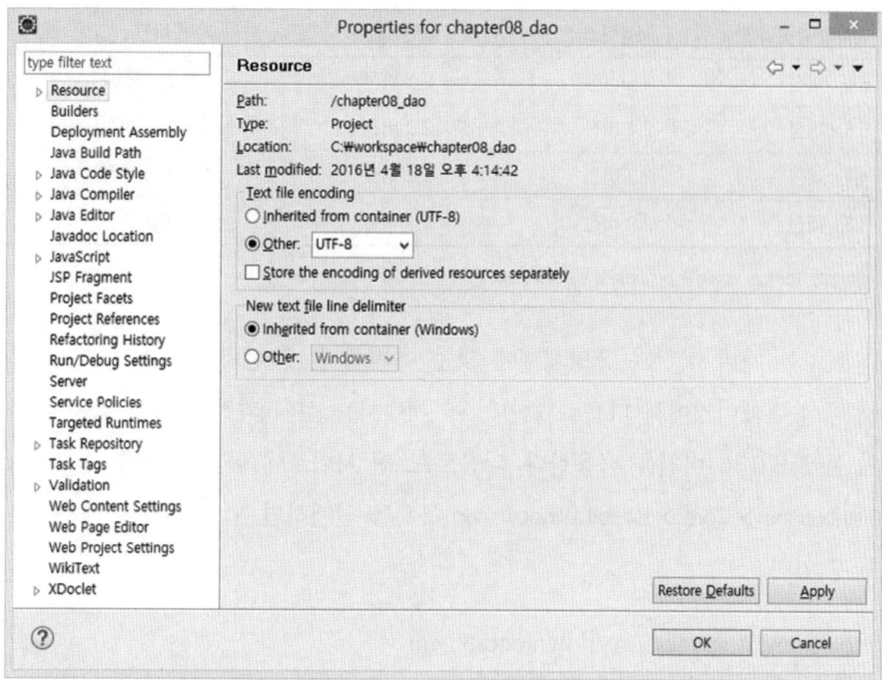

그림 A.44 다이나믹 웹 프로젝트 인코딩 설정 화면

A.3.3 아파치 톰캣 설치(3/3단계)

웹 애플리케이션을 실행하기 위해서는 웹 애플리케이션 서버WAS, Web Application Server가 필요하다. 이 책에서는 웹 애플리케이션 서버로 아파치 톰캣Apache Tomcat을 사용한다. 아파치 톰캣 설치 파일을 다운로드할 때 반드시 자바 설치 버전을 고려해야 한다. 예를 들어 서블릿 3.1 버전과 JSP 2.3 버전을 지원하는 아파치 톰캣 8 버전을 설치하려면, 자바 7 이상 버전을 설치해야 한다. 아파치 톰캣 버전에 따라 필요한 자바 버전을 정리하면, 표 A.13과 같다.

표 A.13 아파치 톰캣별 서블릿, JSP, 자바 버전

아파치 톰캣 버전	서블릿 버전	JSP 버전	자바 버전
9.0.x 버전	4.0 버전	2.4 버전	8 이상 버전
8.0.x 버전	**3.1 버전**	**2.3 버전**	**7 이상 버전**
7.0.x 버전	3.0 버전	2.2 버전	6 이상 버전

(이어짐)

아파치 톰캣 버전	서블릿 버전	JSP 버전	자바 버전
6.0.x 버전	2.5 버전	2.1 버전	5 이상 버전
5.5.x 버전	2.4 버전	2.0 버전	1.4 이상 버전
4.1.x 버전	2.3 버전	1.2 버전	1.3 이상 버전
3.3.x 버전	2.2 버전	1.1 버전	1.1 이상 버전

1. http://tomcat.apache.org/whichversion.html

설치한 자바 버전과 운영체제에 맞는 아파치 톰캣 설치 파일을 아파치 톰캣 공식 홈페이지에서 다운로드한다. 이 책에서는 설치 과정이 필요 없는 아파치 톰캣 8.0.36 버전을 사용한다. 다운로드 웹 사이트에 나타난 목록 중 Binary Distributions ➤ Core ➤ 64-bit Windows zip 목록을 선택하면, 압축 파일을 다운로드할 수 있다.

http://tomcat.apache.org/download-80.cgi

다운로드한 apache-tomcat-8.0.36-windows-x64.zip 압축 파일은 별도의 설치 과정 없이 해제한 다음 바로 실행이 가능하다. 다음 경로에 압축 해제한 파일을 복사한다.

C:\Program Files**apache-tomcat-8.0.36**

알/아/두/기

아파치 톰캣을 사용해서 요청 및 응답을 주고받을 때 한글이 올바르게 출력되지 않는 문제가 발생할 수 있다. 이와 같은 경우 C:\Program Files\apache-tomcat-8.0.36\conf 디렉토리에 존재하는 server.xml 파일을 열어 수정한다. 다음과 같이 〈Connector〉 구성 요소에 URIEncoding 속성과 useBodyEncodingForURI 속성을 추가한 다음 속성 값에 UTF-8과 true를 지정한다. 그러면 port 속성 값에 지정한 TCP 포트 번호로 들어오는 요청 및 응답 메시지에 문자 인코딩을 설정할 수 있다.

```
<Connector port="8080" protocol="HTTP/1.1" connectionTimeout="20000"
    redirectPort="8443" URIEncoding="UTF-8"
    useBodyEncodingForURI="true" />
```

> URIEncoding 속성은 URI 바이트를 디코딩할 때 사용한다. 초기 값은 ISO-8859-1 문자 인코딩을 사용한다. 그리고 useBodyEncodingForURI 속성은 contentType 속성 값에 지정한 문자 인코딩 대신 URIEncoding 속성 값에 지정한 문자 인코딩을 사용하도록 지정할 수 있다. 초기 값은 false다.

위와 같이 아파치 톰캣 파일을 복사한 다음 아래 경로에 위치한 파일을 관리자 권한으로 실행하면, 아파치 톰캣이 기동된다.

C:\Program Files\apache-tomcat-8.0.36\bin**startup.bat**

아파치 톰캣이 정상적으로 기동되면, 그림 A.45와 같이 아파치 톰캣 콘솔이 나타난다.

```
Tomcat
20-Jul-2016 08:59:54.743 INFO [localhost-startStop-1] org.apache.catalina.startup.HostConfig.deployDirectory Deploying web applica
tion directory C:₩Program Files₩apache-tomcat-8.0.36₩webapps₩docs
20-Jul-2016 08:59:55.539 INFO [localhost-startStop-1] org.apache.catalina.util.SessionIdGeneratorBase.createSecureRandom Creation
of SecureRandom instance for session ID generation using [SHA1PRNG] took [205] milliseconds.
20-Jul-2016 08:59:55.575 INFO [localhost-startStop-1] org.apache.catalina.startup.HostConfig.deployDirectory Deployment of web app
lication directory C:₩Program Files₩apache-tomcat-8.0.36₩webapps₩docs has finished in 831 ms
20-Jul-2016 08:59:55.576 INFO [localhost-startStop-1] org.apache.catalina.startup.HostConfig.deployDirectory Deploying web applica
tion directory C:₩Program Files₩apache-tomcat-8.0.36₩webapps₩examples
20-Jul-2016 08:59:56.430 INFO [localhost-startStop-1] org.apache.catalina.startup.HostConfig.deployDirectory Deployment of web app
lication directory C:₩Program Files₩apache-tomcat-8.0.36₩webapps₩examples has finished in 854 ms
20-Jul-2016 08:59:56.431 INFO [localhost-startStop-1] org.apache.catalina.startup.HostConfig.deployDirectory Deploying web applica
tion directory C:₩Program Files₩apache-tomcat-8.0.36₩webapps₩host-manager
20-Jul-2016 08:59:56.507 INFO [localhost-startStop-1] org.apache.catalina.startup.HostConfig.deployDirectory Deployment of web app
lication directory C:₩Program Files₩apache-tomcat-8.0.36₩webapps₩host-manager has finished in 76 ms
20-Jul-2016 08:59:56.510 INFO [localhost-startStop-1] org.apache.catalina.startup.HostConfig.deployDirectory Deploying web applica
tion directory C:₩Program Files₩apache-tomcat-8.0.36₩webapps₩manager
20-Jul-2016 08:59:56.599 INFO [localhost-startStop-1] org.apache.catalina.startup.HostConfig.deployDirectory Deployment of web app
lication directory C:₩Program Files₩apache-tomcat-8.0.36₩webapps₩manager has finished in 89 ms
20-Jul-2016 08:59:56.600 INFO [localhost-startStop-1] org.apache.catalina.startup.HostConfig.deployDirectory Deploying web applica
tion directory C:₩Program Files₩apache-tomcat-8.0.36₩webapps₩ROOT
20-Jul-2016 08:59:56.647 INFO [localhost-startStop-1] org.apache.catalina.startup.HostConfig.deployDirectory Deployment of web app
lication directory C:₩Program Files₩apache-tomcat-8.0.36₩webapps₩ROOT has finished in 47 ms
20-Jul-2016 08:59:56.655 INFO [main] org.apache.coyote.AbstractProtocol.start Starting ProtocolHandler ["http-apr-8080"]
20-Jul-2016 08:59:56.680 INFO [main] org.apache.coyote.AbstractProtocol.start Starting ProtocolHandler ["ajp-apr-8009"]
20-Jul-2016 08:59:56.691 INFO [main] org.apache.catalina.startup.Catalina.start Server startup in 2025 ms
```

그림 A.45 아파치 톰캣 콘솔

> **알/아/두/기**
>
> 아파치 톰캣이 기동되지 않으면, 다음과 같이 출력된 에러 로그를 통해서 문제를 해결할 수 있다.
>
> **1. 에러 로그**
>
> Neither the **JAVA_HOME** nor the **JRE_HOME** environment variable is defined At least one of these environment variable is needed to run this progr

해결 방안

시스템 환경 변수에 JAVA_HOME 설정을 등록하면, 아파치 톰캣이 정상적으로 기동된다.

변수명 : **JAVA_HOME**

변수 값 : **C:\Program Files\Java\jdk1.8.0_91**

2. 에러 로그

java.util.logging.ErrorManager: 4

java.io.FileNotFoundException:

C:\Program Files\apache-tomcat-8.0.36\logs\catalina.2015-12-30.log

(액세스가 거부되었습니다)

해결 방안

관리자 권한으로 커맨드 창을 실행하면, 아파치 톰캣이 정상적으로 기동된다.

3. 에러 로그

SEVERE: Failed to initialize end point associated with ProtocolHandler [**"http-apr-8080"**] java.lang.Exception: **Socket bind failed:** [730013]

해결 방안

아파치 톰캣 서버 포트 번호와 동일한 포트 번호가 이미 사용 중일 때 포트 충돌로 인해 아파치 톰캣이 정상적으로 실행되지 않는다. 둘 중 하나의 포트 번호를 변경하면, 문제를 해결할 수 있다.

웹 브라우저를 통해서 웹 서비스가 정상적으로 이루어지는지 확인해 보자. 웹 브라우저에 아래 URL 주소를 입력한 다음 실행한다.

http://localhost:8080

그림 A.46과 같이 아파치 톰캣 초기 화면이 나타나면, 웹 서비스가 정상적으로 이루어진 것이다.

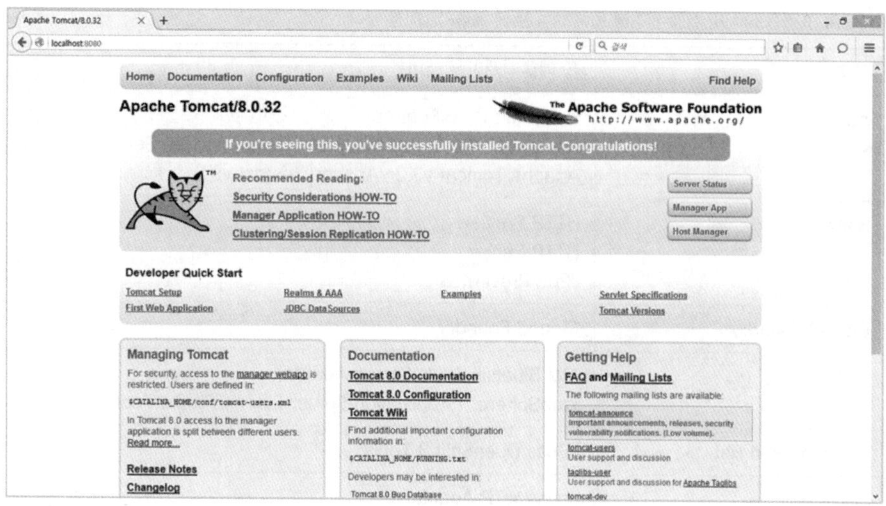

그림 A.46 아파치 톰캣 초기 화면

지금까지 콘솔 창에서 명령어를 사용해서 아파치 톰캣을 기동한 것은 정상적인 웹 서비스 여부를 바로 확인하기 위해서다. 웹 애플리케이션을 개발할 때 콘솔 창을 통해서 아파치 톰캣을 기동하면, 개발 생산성을 떨어뜨릴 수 있다. 따라서 웹 애플리케이션 개발 환경에서는 아파치 톰캣 서버를 이클립스 서버 실행 환경에 등록한 다음 이클립스 서버뷰를 통해서 기동하고 정지한다. 우선 기동 중인 웹 서비스를 정지시킨다. 다음 경로에 위치한 파일을 실행하면, 웹 서비스가 중지된다. 열려 있던 아파치 톰캣 콘솔 화면은 자동으로 닫힌다.

C:\Program Files\apache-tomcat-8.0.36**shutdown.bat**

이클립스 서버 실행 환경은 자주 사용하는 웹 애플리케이션 서버를 이클립스에 등록한 다음 서버뷰를 통해서 관리할 수 있는 환경을 말한다. 이클립스 서버 실행 환경에 등록 가능한 웹 애플리케이션 서버는 표 A.14와 같다. 이클립스 서버 실행 환경에 등록되어 있지 않은 웹 애플리케이션 서버는 플러그인 설치를 통해서 추가할 수 있다.

표 A.14 이클립스 서버 실행 환경에 등록 가능한 웹 애플리케이션 서버

구분	웹 애플리케이션 서버
Apache	Geronimo Core Feature Geronimo v1.0 Server Adapter~Geronimo v3.0 Server Adapter Apache Tomcat v3.2~Apache Tomcat v9.0
Basic	HTTP Preview HTTP Server J2EE Preview
Clound Foundry	Clound Foundry
IBM	IBM Bluemix Tools Server Adapter WebSphereⓡ Application Server Liberty Profile Tools
JBoss by Red Hat	JBoss OpenShift 3 Tools
OW2	Jonas WTP Adapter
ObjectWeb	JOnAS v4
Oracle	GlassFish Tools Oracle Cloud Tools Oracle WebLogic Server Tools
Red Hat JBoss Middleware	JBoss AS WildFly & EAP Server Tools
Resin	Resin(Java EE Web Profile) Server
SAP	SAP NetWeaver Server Adapter

1. 이클립스 4.6 버전 기준

이클립스 서버 실행 환경에 아파치 톰캣을 등록하려면, 이클립스 상단 메뉴바에서 Window ➤ Preferences 메뉴를 선택한다. 그림 A.47과 같이 Preferences 대화상자가 나타난다.

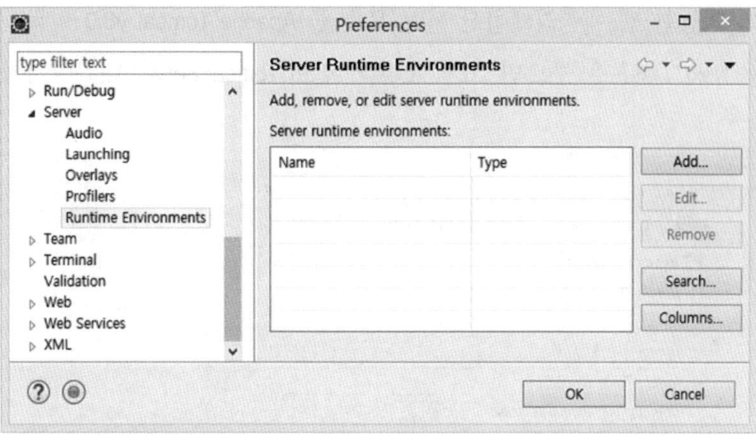

그림 A.47 Preference 대화상자

Preferences 대화상자 좌측 목록 중 Server ➤ Runtime Environments 항목을 선택하면, 우측 영역이 바뀐다. 바뀐 우측 영역에서 Add... 버튼을 누르면, 그림 A.48과 같이 New Server Runtime Environment 대화상자가 나타난다.

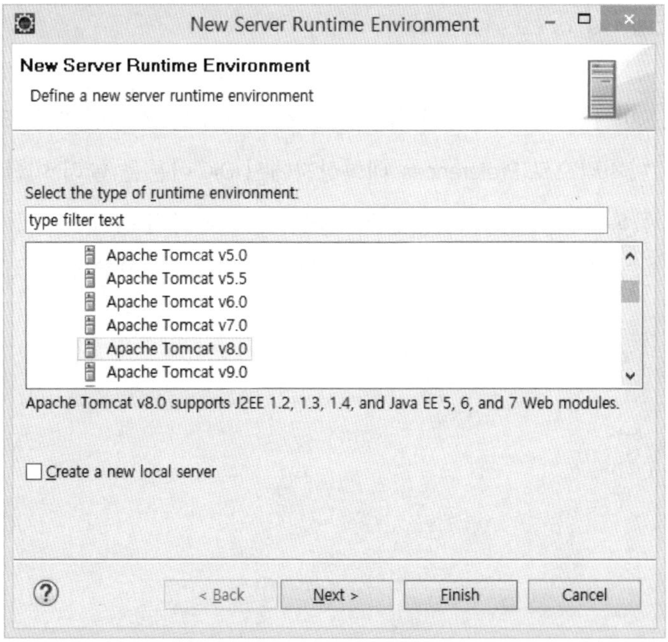

그림 A.48 New Server Runtime Environment 대화상자

등록 가능한 웹 애플리케이션 서버 목록 중 Apache Tomcat v8.0 항목을 선택한 다음 Next... 버튼을 누르면, 그림 A.49와 같이 Tomcat Server 대화상자가 나타난다.

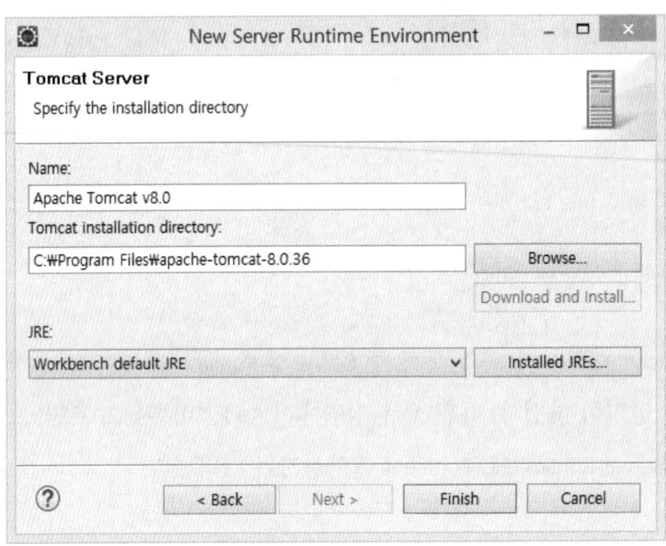

그림 A.49 Tomcat Server 대화상자

Browse... 버튼을 눌러 아파치 톰캣을 설치한 경로를 지정한 다음 Finish 버튼을 누른다. 마지막으로 Preferences 대화상자에서 OK 버튼을 눌러 이클립스 서버 실행 환경 등록을 완료한다. 이클립스 서버뷰에서 아파치 톰캣을 기동하고 정지하는 방법은 '8장. 마이바티스와 스프링 연동 웹 애플리케이션'에서 자세히 알아보자.

부록 B

마이바티스 편집기

마이바티스 프로그래밍을 작성할 때 아무런 예시 없이 마이바티스 설정 XML 파일이나 마이바티스 매퍼 XML 파일을 작성하기란 쉽지 않다. 이클립스 플러그인 형태로 제공되는 마이바티스 편집기를 사용하면, 마이바티스 프로그래밍을 좀 더 쉽게 작성할 수 있다. 부록 B에서는 마이바티스 편집기 가운데 mybatiseditor 편집기와 MyBatipse 편집기를 설치한 다음 사용해 보자.

B.1 마이바티스 편집기 설치

마이바티스 지원 도구 프로젝트 일환으로 개발 중인 마이바티스 편집기는 두 개다. 하나는 mybatiseditor 편집기고 또 하나는 MyBatipse 편집기다. mybatiseditor 편집기는 이클립스 실험실에서 제공하는 마이바티스 편집기로, 마이바티스뿐만 아니라 이전 버전인 아이바티스에서도 사용 가능하다. 최근에 업데이트된 MyBatipse 편집기는 강력한 자동 완성 및 탐색 기능을 제공한다.

알/아/두/기

이클립스 실험실(Eclipse Labs)은 이클립스 플랫폼 기반 기술을 다루는 커뮤니티다. 소스 코드 저장소, 버그 추적, 프로젝트 웹 사이트 관리와 같이 오프소스 프로젝트에 필요한 전반적인 서비스를 제공한다.

https://code.google.com/a/eclipselabs.org/hosting

다음 목록 중 한 가지 방식을 선택해서 마이바티스 편집기를 설치할 수 있다. 인터넷 사용이 가능한 경우 이클립스 마켓플레이스와 이클립스 업데이트 방식을 사용해서 설치하고, 인터넷 사용이 불가능한 경우 배포 파일 방식을 사용해서 설치한다. 이 책에서는 mybatiseditor 편집기 설치를 예로 든다. MyBatipse 편집기 설치도 거의 동일하다.

- **이클립스 마켓플레이스**
- **이클립스 업데이트**
- **배포 파일**

첫 번째 방식은 이클립스 마켓플레이스를 사용해서 마이바티스 편집기를 설치하는 방식이다. 이클립스 마켓플레이스는 이클립스 플랫폼 기반의 다양한 제품이 등록된 커뮤니티 사이트다. 이클립스는 이클립스 마켓플레이스에 등록된 제품을 검색하거나 설치할 때 이클립스 마켓플레이스 클라이언트를 사용한다. 이클립스 마켓플레이스 클라이언트[MarketPlace Client]는 이클립스 마켓플레이스 사이트에 올라가 있는 이클립스 플랫폼 기반의 다양한 제품을 검색하고, 이를 쉽게 설치할 수 있도록 도와주는 리치 클라이언트 인터페이스다. 이클립스 마켓플레이스 클라이언트는 이클립스 패키지에 포함되어 있다.

> **알/아/두/기**
>
> 이클립스 마켓플레이스는 이전 이클립스 플러그인 사이트를 대체한다.
>
> http://marketplace.eclipse.org

이클립스 마켓플레이스 클라이언트를 실행하려면, 이클립스 상단 메뉴바에서 Help ➤ Eclipse Marketplace... 메뉴를 선택한다. 그림 B.1과 같이 Eclipse Marketplace 대화상자가 나타나면, Find 입력란에 mybatiseditor 문자열 또는 mybatipse 문자열을 입력한 다음 Go 버튼을 누른다. 대화상자 하단에 설치 가능한 제품 목록이 나타나면, mybatiseditor 1.1.1 버전을 선택한 다음 Install 버튼을 누른다. MyBatipse 편집기를 설치하는 경우 MyBatipse 1.0.20 버전을 선택한다.

그림 B.1 Eclipse Marketplace 대화상자

그림 B.2와 같이 Confirm Selected Features 대화상자가 나타나면, 체크박스를 선택한 다음 Confirm 버튼을 누른다.

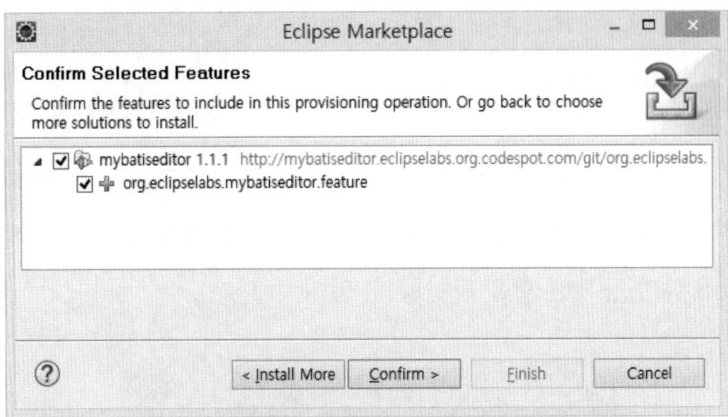

그림 B.2 Confirm Selected Features 대화상자

그림 B.3과 같이 라이선스 동의 여부를 묻는 Review Licenses 대화상자가 나타나면, I accept the terms of the license agreement 항목을 선택한 다음 Finish 버튼을 눌러 설치를 완료한다.

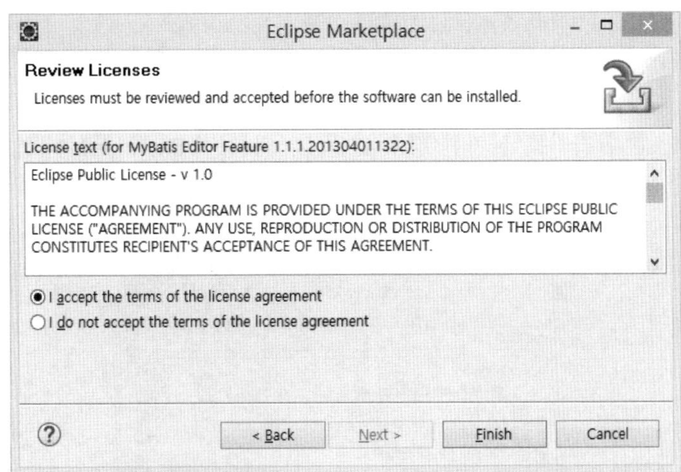

그림 B.3 Review Licenses 대화상자

그림 B.4와 같이 Software Updates 대화상자가 나타나면, Yes 버튼을 눌러 이클립스를 다시 실행한다.

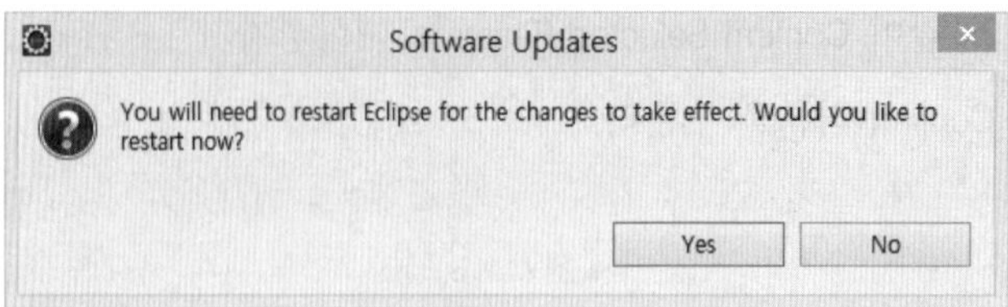

그림 B.4 Software Updates 대화상자

이클립스를 다시 실행한 다음 상단 메뉴바에서 Window ➤ Show View ➤ Other... 메뉴를 선택한다. 그림 B.5와 같이 Show View 대화상자 목록에 MyBatis Declaration 뷰가 등록된 것을 확인할 수 있다.

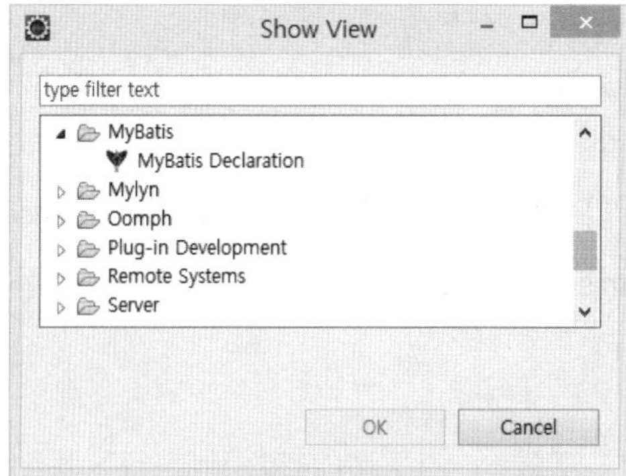

그림 B.5 Show View 대화상자(mybatiseditor 편집기 설치)

MyBatipse 편집기를 설치한 경우 그림 B.6과 같이 Show View 대화상자 목록에 MyBatis Declaration 뷰가 등록된 것을 확인할 수 있다.

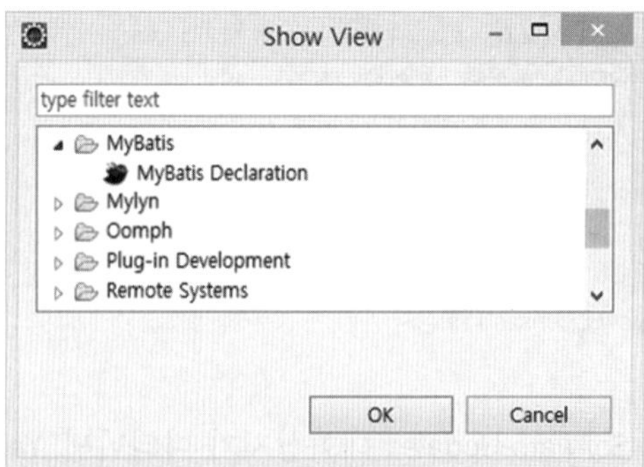

그림 B.6 Show View 대화상자(MyBatipse 편집기 설치)

두 번째 방식은 이클립스 업데이트를 사용해서 이클립스 편집기를 설치하는 방식이다. 이클립스 업데이트 사이트를 통해서 제품을 설치하거나 버전 비교를 통해서 업데이트를 받을 수 있다. 이클립스 상단 메뉴바에서 Help ➤ Install New Software... 메뉴를 선택하면, 그림 B.7과 같이 Install 대화상자가 나타난다.

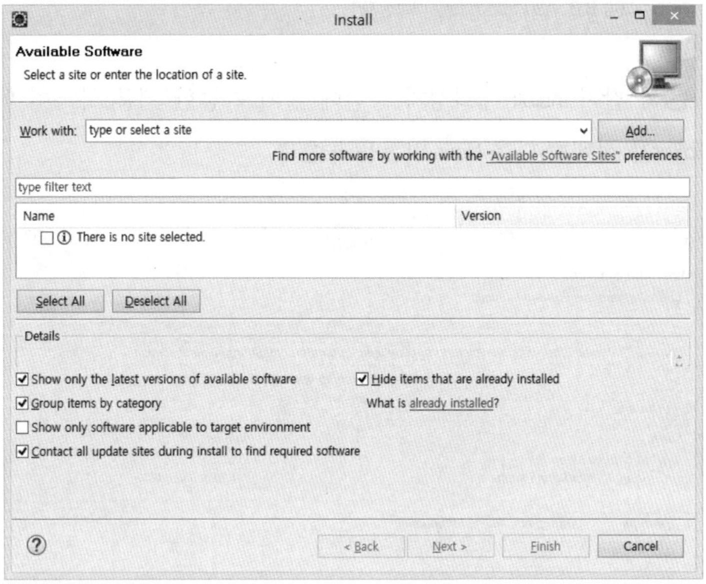

그림 B.7 Install 대화상자

Install 대화상자 우측 상단에 위치한 Add... 버튼을 누르면, 이클립스 업데이트 사이트를 등록할 수 있는 Add Repository 대화상자가 나타난다. 그림 B.8과 같이 Name 항목에 MyBatis Editor 문자열을 입력하고 Location 항목에 http://mybatiseditor.eclipselabs.org.codespot.com/git/org.eclipselabs.mybatiseditor.updatesite 문자열을 입력한 다음 OK 버튼을 누른다. MyBatipse 편집기를 설치하는 경우 Location 항목에 http://dl.bintray.com/harawata/eclipse 문자열을 입력한다.

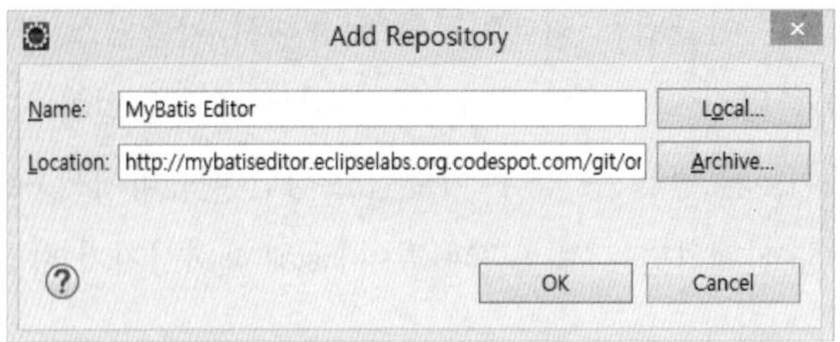

그림 B.8 Add Repository 대화상자

그림 B.9와 같이 Install 대화상자 중간에 설치 가능한 제품 목록이 나타나면, MyBatis Editor를 선택한 다음 Next 버튼을 누른다.

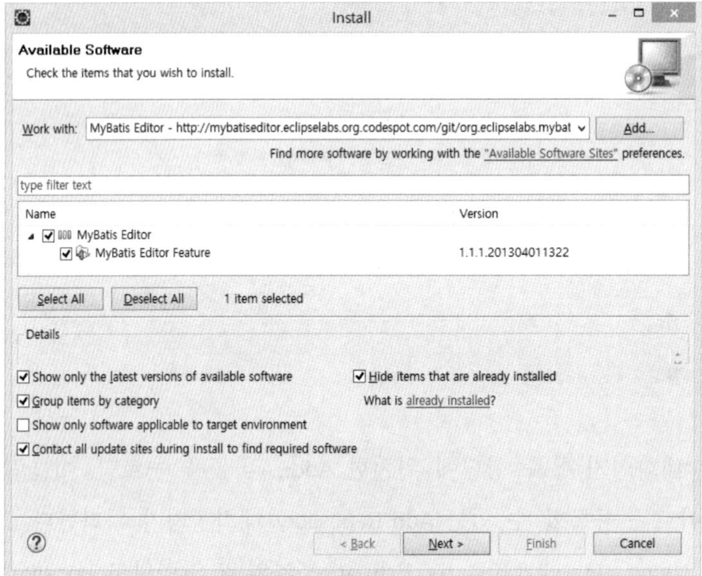

그림 B.9 MyBatis Editor 업데이트 사이트를 등록한 화면

그림 B.10과 같이 Install Details 대화상자가 나타나면, Next 버튼을 누른다.

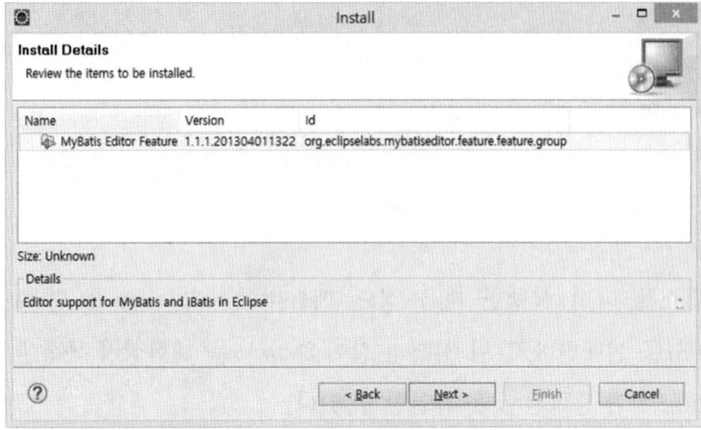

그림 B.10 Install Details 대화상자

그림 B.11과 같이 라이선스 동의 여부를 묻는 Review Licenses 대화상자 나타나면, I Accept the terms of the license agreement 항목을 선택한 다음 Finish 버튼을 눌러 설치를 완료한다.

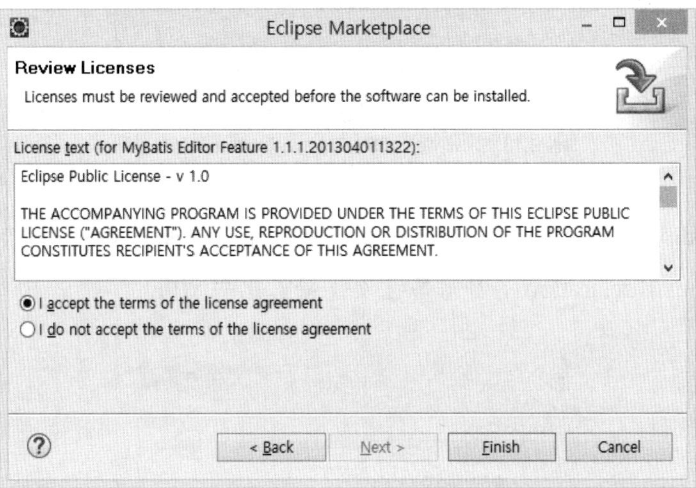

그림 B.11 Review Licenses 대화상자

그림 B.12와 같이 Software Updates 대화상자가 나타나면, Yes 버튼을 눌러 이클립스를 다시 실행한다.

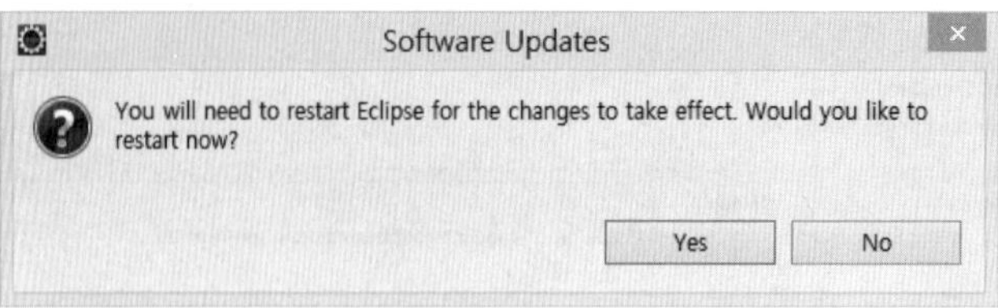

그림 B.12 Software Updates 대화상자

이클립스를 다시 실행한 다음 상단 메뉴바에서 Window ➤ Show View ➤ Other... 메뉴를 선택한다. 그림 B.13과 같이 Show View 대화상자 목록에 MyBatis Declaration 뷰가 등록된 것을 확인할 수 있다.

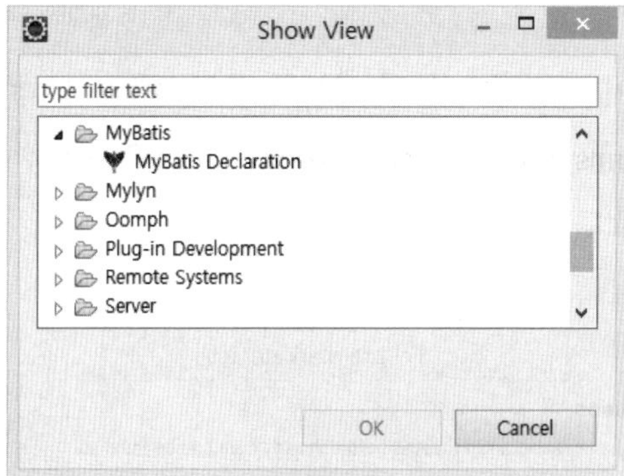

그림 B.13 Show View 대화상자 (mybatiseditor 편집기 설치)

MyBatipse 편집기를 설치한 경우 그림 B.14와 같이 Show View 대화상자 목록에 MyBatis Declaration 뷰가 등록된 것을 확인할 수 있다.

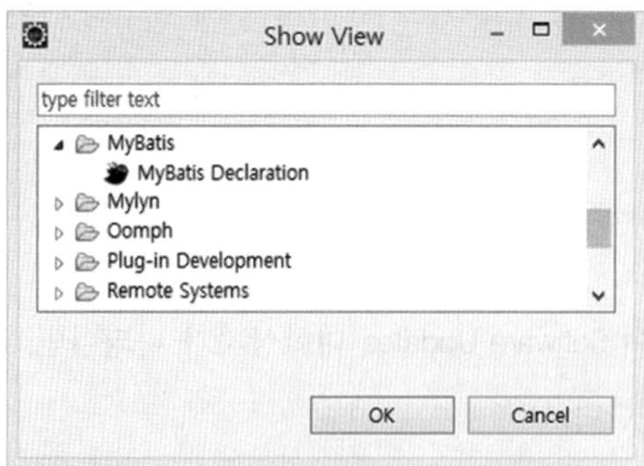

그림 B.14 Show View 대화상자(MyBatipse 편집기 설치)

세 번째 방식은 이클립스 편집기 배포 파일을 직접 다운로드해 설치하는 방식이다. 인터넷 사용이 불가능할 때 마이바티스 편집기를 설치하는 방식이다. 다음 URL 주소에서 배포 파일을 각각 다운로드할 수 있다.

```
/* mybatiseditor 편집기 배포 파일 다운로드 */
https://code.google.com/a/eclipselabs.org/p/mybatiseditor/downloads/list

/* MyBatipse 편집기 배포 파일 다운로드 */
http://dl.bintray.com/harawata/eclipse
```

그림 B.15와 같이 목록에서 원하는 mybatiseditor 편집기 배포 파일을 선택할 수 있다. 이 책에서는 org.eclipselabs.mybatiseditor.ui_1.1.0.201207062137.jar 버전을 다운로드해 설치한다.

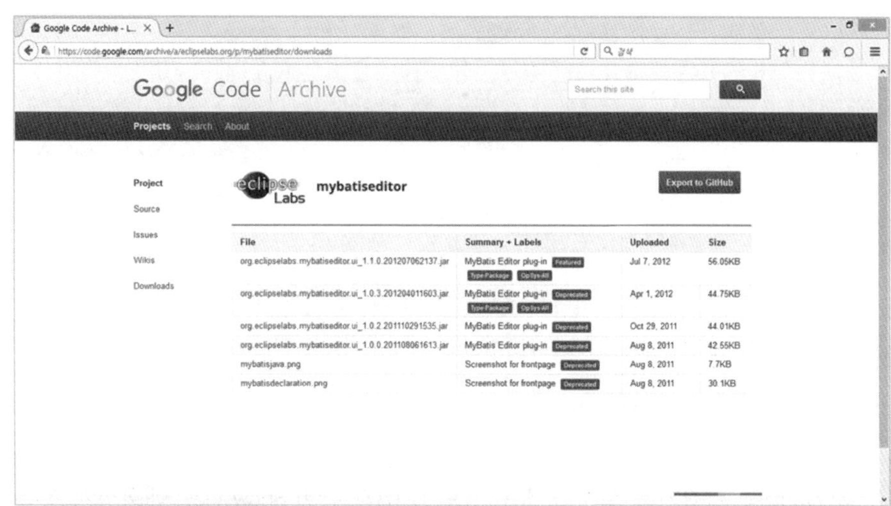

그림 B.15 mybatiseditor 편집기 배포 파일 다운로드 웹 사이트

그림 B.16과 같이 다운로드한 org.eclipselabs.mybatiseditor.ui_1.1.0.201207062137.jar 배포 파일을 /eclipse/plugins 디렉토리에 복사한 다음 이클립스를 다시 실행한다.

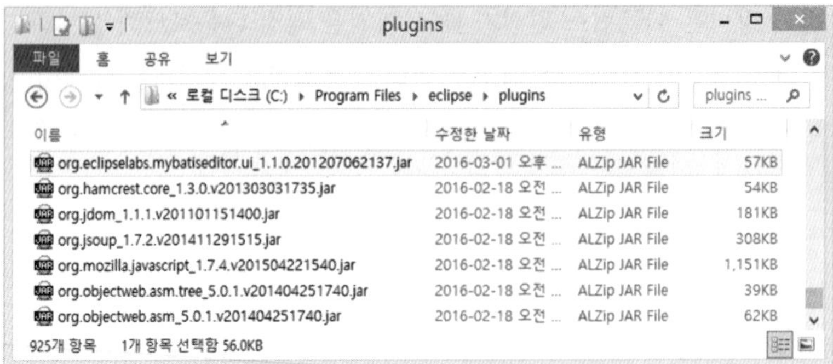

그림 B.16 mybatiseditor 편집기 배포 파일을 복사한 plugins 디렉토리

이클립스를 다시 실행한 다음 상단 메뉴바에서 메뉴바에서 Window ➤ Show View ➤ Other... 메뉴를 선택한다. 그림 B.17과 같이 Show View 대화상자 목록에 MyBatis Declaration 뷰가 등록된 것을 확인할 수 있다.

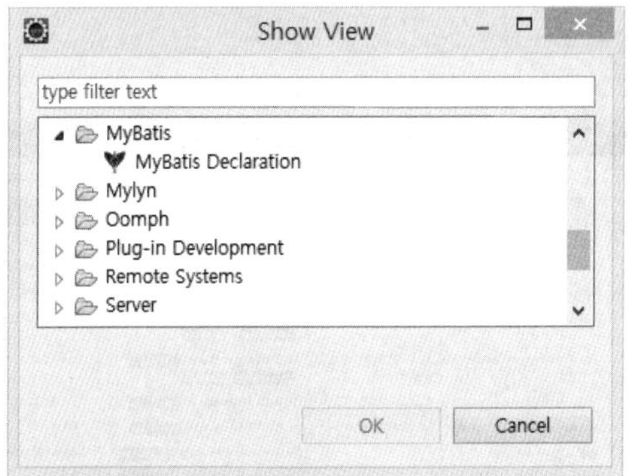

그림 B.17 Show View 대화상자

MyBatipse 편집기를 설치한 경우 그림 B.18과 같이 Show View 대화상자 목록에 MyBatis Declaration 뷰가 등록된 것을 확인할 수 있다.

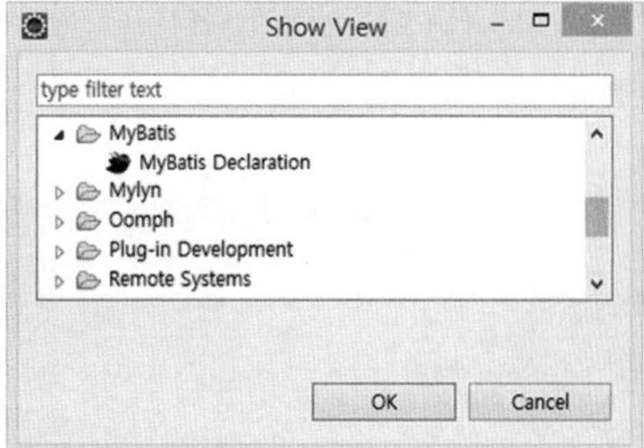

그림 B.18 Show View 대화상자(MyBatipse 편집기 설치)

B.2 mybatiseditor 편집기 사용

이클립스에 mybatiseditor 편집기를 설치하면, 이클립스 XML 카탈로그에 마이바티스 DTD 파일이 등록된다. 이클립스 XML 카탈로그 목록에서 마이바티스 설정 XML 파일이나 마이바티스 매퍼 XML 파일을 선택하면, 자동으로 마이바티스 DTD 파일이 선언된다. 예를 들어 상단 메뉴바에서 File ➤ New ➤ Other... 메뉴를 선택하면, New 대화상자가 나타난다. 그림 B.19와 같이 New 대화상자에서 XML File 목록을 선택한 다음 Next 버튼을 누른다.

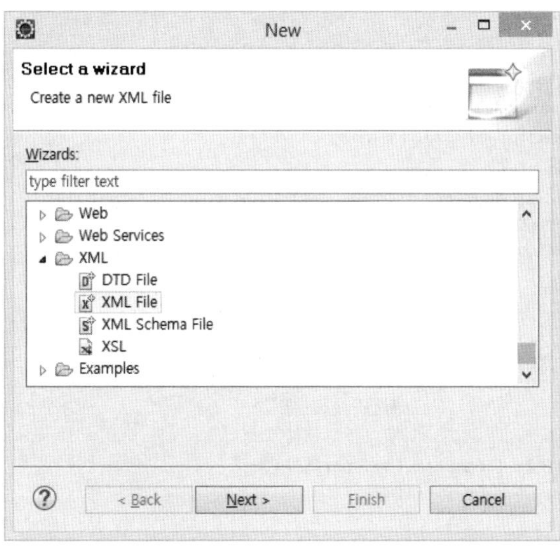

그림 B.19 New 대화상자

그림 B.20과 같이 New XML File 대화상자가 나타나면, 원하는 파일명을 입력한 다음 Next 버튼을 누른다.

그림 B.20 New XML File 대화상자

그림 B.21과 같이 Create XML File From 대화상자 나타나면, Create XML File from a DTD file 항목을 선택한 다음 Next 버튼을 누른다.

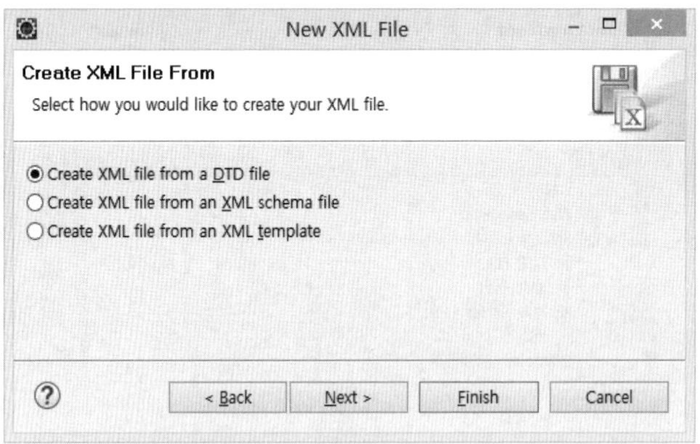

그림 B.21 Create XML File From 대화상자

그림 B.22와 같이 Select DTD File 대화상자가 나타나면, Select XML Catalog entry 항목을 선택한다. XML Catalog 목록 중 마이바티스 설정 DTD 파일을 선택한 다음 Next 버튼을 누른다.

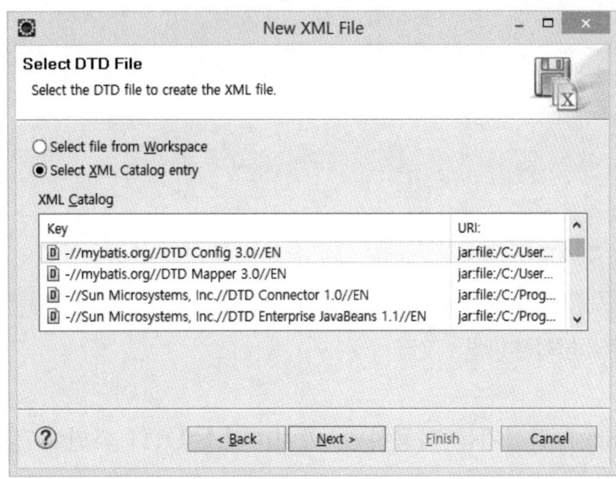

그림 B.22 Select DTD File 대화상자

그림 B.23과 같이 Select Root Element 대화상자가 나타나면, Finish 버튼을 누른다.

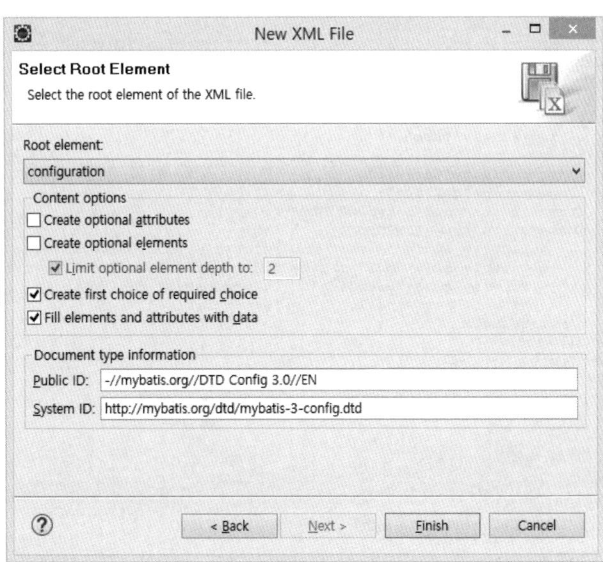

그림 B.23 Select Root Element 대화상자

그림 B.24와 같이 마이바티스 설정 DTD 파일이 선언된 마이바티스 설정 XML 파일이 생성된 것을 확인할 수 있다.

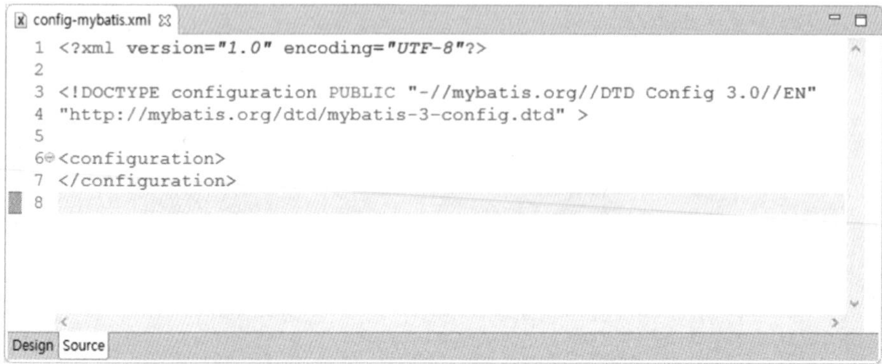

그림 B.24 마이바티스 설정 XML 파일

mybatiseditor 편집기를 사용하면, 마이바티스 DTD 파일에 정의되어 있지 않은 구성 요소나 속성을 빠르게 확인할 수 있다. 예를 들어 `<typeAlias>` 구성 요소에 필수 속성인 `type` 속성을 지정하지 않으면, 그림 B.25와 같이 `<typeAlias>` 구성 요소에 붉은색 밑줄이 표시된 것을 볼 수 있다.

config-mybatis.xml

```
<?xml version="1.0" encoding="UTF-8"?>

<!DOCTYPE configuration PUBLIC "-//mybatis.org//DTD Config 3.0//EN"
"http://mybatis.org/dtd/mybatis-3-config.dtd" >

<configuration>
    <typeAliases>
        <typeAlias alias="shop" />
    </typeAliases>
    <environments default="default">
        <environment id="default">
            <transactionManager type="JDBC" />
            <dataSource type="UNPOOLED">
                <property name="driver" value="oracle.jdbc.driver.OracleDriver" />
                <property name="url" value="jdbc:oracle:thin:@localhost:1521:XE" />
                <property name="username" value="mybatis" />
                <property name="password" value="mybatis$" />
            </dataSource>
        </environment>
    </environments>
    <mappers >
        <mapper resource="resources/mybatis/ShopMapper.xml" />
    </mappers>
</configuration>
```

Design Source

그림 B.25 마이바티스 설정 XML 파일 에러 화면 마이바티스 설정 XML 파일이나 마이바티스 매퍼 XML 파일에 지정한 구성 요소나 속성을 쉽게 찾을 수 있다. 예를 들어 F3이나 Ctrl 키를 누른 상태에서 <include> 구성 요소의 refid 속성 값에 지정한 문자열을 마우스로 선택하면, 그림 B.26과 같이 연관된 <sql> 구성 요소로 빠르게 이동하는 것을 볼 수 있다.

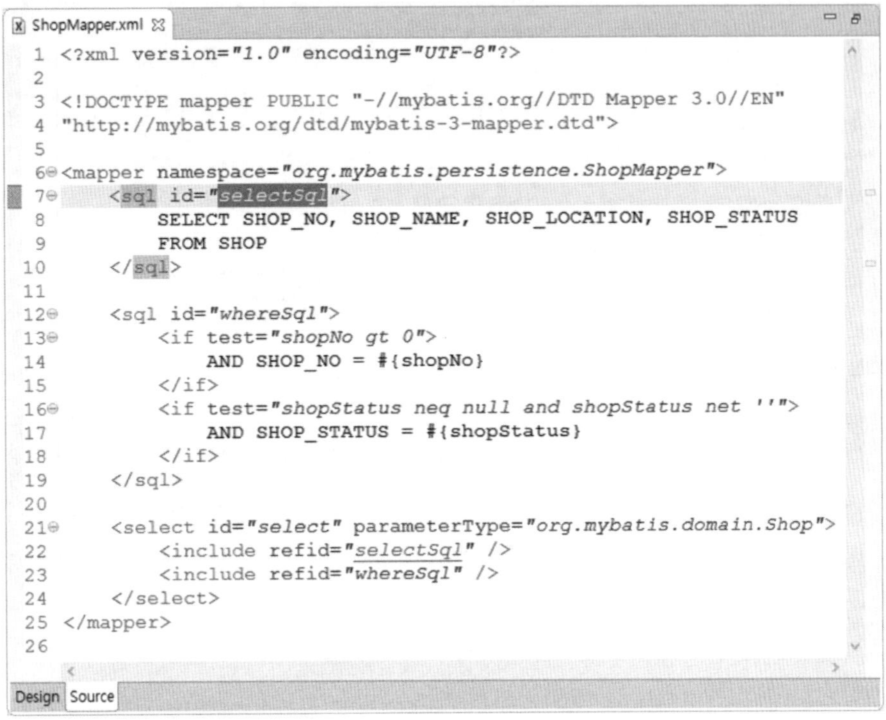

ShopMapper.xml

```
<?xml version="1.0" encoding="UTF-8"?>

<!DOCTYPE mapper PUBLIC "-//mybatis.org//DTD Mapper 3.0//EN"
"http://mybatis.org/dtd/mybatis-3-mapper.dtd">

<mapper namespace="org.mybatis.persistence.ShopMapper">
    <sql id="selectSql">
        SELECT SHOP_NO, SHOP_NAME, SHOP_LOCATION, SHOP_STATUS
        FROM SHOP
    </sql>

    <sql id="whereSql">
        <if test="shopNo gt 0">
            AND SHOP_NO = #{shopNo}
        </if>
        <if test="shopStatus neq null and shopStatus net ''">
            AND SHOP_STATUS = #{shopStatus}
        </if>
    </sql>

    <select id="select" parameterType="org.mybatis.domain.Shop">
        <include refid="selectSql" />
        <include refid="whereSql" />
    </select>
</mapper>

```

Design Source

그림 B.26 마이바티스 매퍼 XML 파일에 사용한 구성 요소 및 속성 탐색

그림 B.27과 같이 마이바티스 매퍼 XML 파일에 지정한 매핑 구문 아이디를 마우스로 선택하면, 마이바티스 선언 뷰를 통해서 정의된 매핑 구문을 볼 수 있다.

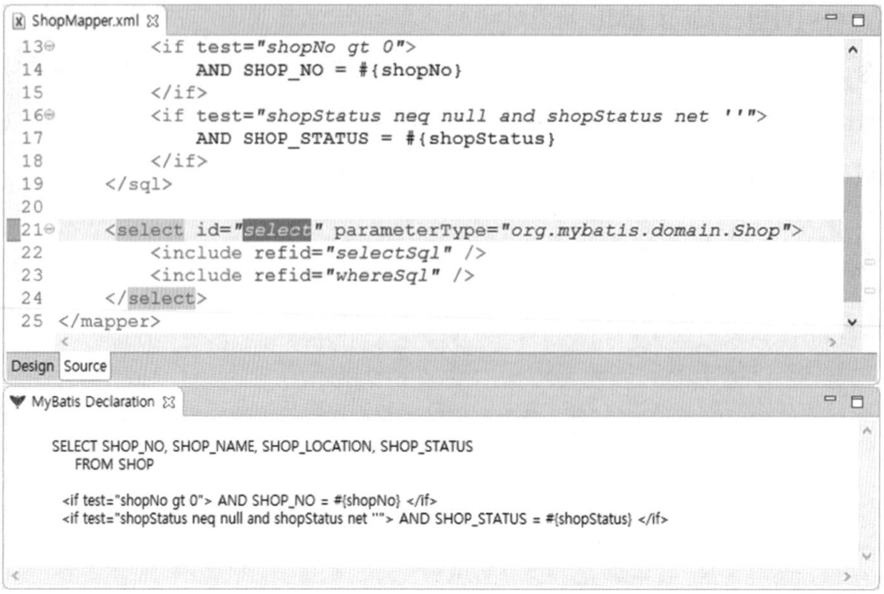

ShopMapper.xml

```
        <if test="shopNo gt 0">
            AND SHOP_NO = #{shopNo}
        </if>
        <if test="shopStatus neq null and shopStatus net ''">
            AND SHOP_STATUS = #{shopStatus}
        </if>
    </sql>

    <select id="select" parameterType="org.mybatis.domain.Shop">
        <include refid="selectSql" />
        <include refid="whereSql" />
    </select>
</mapper>
```

Design Source

MyBatis Declaration

```
SELECT SHOP_NO, SHOP_NAME, SHOP_LOCATION, SHOP_STATUS
  FROM SHOP

<if test="shopNo gt 0"> AND SHOP_NO = #{shopNo} </if>
<if test="shopStatus neq null and shopStatus net ''"> AND SHOP_STATUS = #{shopStatus} </if>
```

그림 B.27 마이바티스 선언 뷰

그림 B.28과 같이 Ctrl 키를 누른 상태에서 마이바티스 매퍼 인터페이스에 선언한 메소드를 선택하면, 연관된 마이바티스 매퍼 XML 파일의 매핑 구문으로 쉽게 이동할 수 있다. 매우 유용한 기능이지만, 이클립스 다이나믹 웹 프로젝트에서만 사용 가능하다.

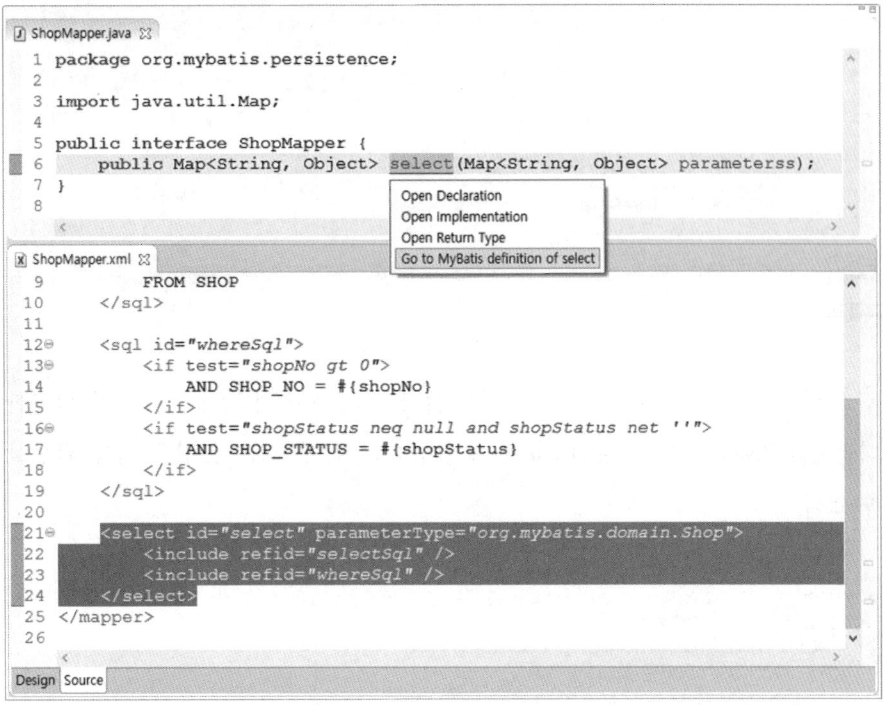

ShopMapper.java

```
package org.mybatis.persistence;

import java.util.Map;

public interface ShopMapper {
    public Map<String, Object> select(Map<String, Object> parameterss);
}
```

Open Declaration
Open Implementation
Open Return Type
Go to MyBatis definition of select

ShopMapper.xml

```
        FROM SHOP
    </sql>

    <sql id="whereSql">
        <if test="shopNo gt 0">
            AND SHOP_NO = #{shopNo}
        </if>
        <if test="shopStatus neq null and shopStatus net ''">
            AND SHOP_STATUS = #{shopStatus}
        </if>
    </sql>

    <select id="select" parameterType="org.mybatis.domain.Shop">
        <include refid="selectSql" />
        <include refid="whereSql" />
    </select>
</mapper>

```

Design Source

그림 B.28 마이바티스 매퍼 인터페이스에 정의한 메소드 선택 시 연관된 매핑 구문 이동 화면

B.3 MyBatipse 편집기 사용

MyBatipse 편집기를 사용하면, 마이바티스 설정 XML 파일, 마이바티스 매퍼 XML 파일, 매퍼 인터페이스를 작성할 때 편리한 자동 완성 기능을 사용할 수 있다. 그림 B.29와 같이 <mapper> 구성 요소의 namespace 속성 값에 마우스를 위치한 다음 Ctrl+Space 키를 누르면, 마이바티스 매퍼 XML 파일이 생성한 경로를 계산해서 네임스페이스명을 자동 완성할 수 있다.

ShopMapper.xml

```
<?xml version="1.0" encoding="UTF-8"?>

<!DOCTYPE mapper PUBLIC "-//mybatis.org//DTD Mapper 3.0//EN"
"http://mybatis.org/dtd/mybatis-3-mapper.dtd">

<mapper namespace="org.mybatis.persistence.ShopMapper">
    <!-- 목록 조회 매핑 구문 -->
    <select id="select" parameterType="org.mybatis.domain.Shop" resultType="org.mybatis.domain.Shop">
        SELECT SHOP_NO, SHOP_NAME, SHOP_LOCATION, SHOP_STATUS
        FROM SHOP
        WHERE SHOP_NO = #{shopNo}
    </select>
</mapper>
```

Design Source

그림 B.29 네임스페이스 자동 완성

그림 B.30과 같이 <resultMap> 구성 요소의 type 속성 값에 마우스를 위치한 다음 Ctrl+Space 키를 누르면, 자바 타입이나 타입 에일리어스명을 자동 완성할 수 있다.

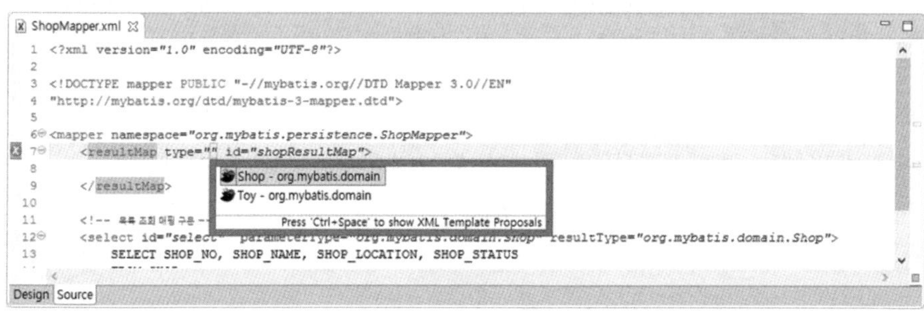
ShopMapper.xml
<?xml version="1.0" encoding="UTF-8"?>
<!DOCTYPE mapper PUBLIC "-//mybatis.org//DTD Mapper 3.0//EN"
"http://mybatis.org/dtd/mybatis-3-mapper.dtd">
<mapper namespace="org.mybatis.persistence.ShopMapper">
<resultMap type="" id="shopResultMap">
</resultMap>
Shop - org.mybatis.domain
Toy - org.mybatis.domain
Press 'Ctrl+Space' to show XML Template Proposals
resultType="org.mybatis.domain.Shop">
SELECT SHOP_NO, SHOP_NAME, SHOP_LOCATION, SHOP_STATUS
Design
Source

그림 B.30 자바 타입 자동 완성

그림 B.31과 같이 <result> 구성 요소의 property 속성 값에 마우스를 위치한 다음 Ctrl+Space 키를 누르면, 자바 타입에 포함된 프로퍼티명을 자동 완성할 수 있다.

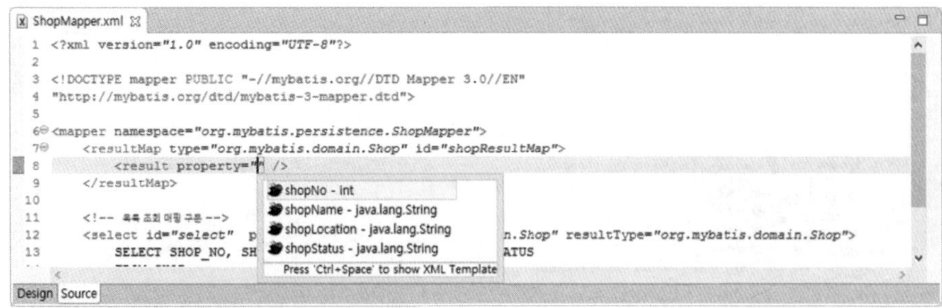

그림 B.31 자바 프로퍼티 자동 완성

위와 같이 <resultMap> 구성 요소의 type 속성에 자바 타입을 지정한 다음 <result> 구성 요소를 하나씩 지정하면 번거롭다. 그림 B.32와 같이 <resultMap> 구성 요소 사이에 마우스를 위치한 다음 Ctrl+Space 키를 누르면, 자바 타입에 포함된 모든 프로퍼티를 <result> 구성 요소로 자동 완성할 수 있다.

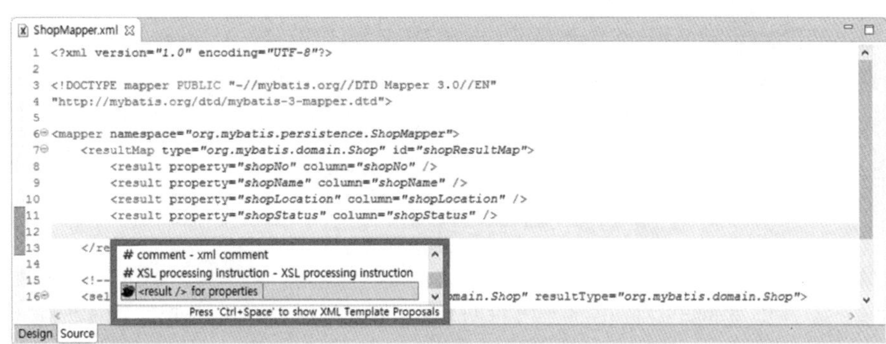

그림 B.32 〈result〉 구성 요소 자동 완성

마이바티스 매퍼 XML 파일과 매핑되는 매퍼 인터페이스를 함께 사용할 때 마이바티스 매퍼 XML 파일의 매핑 구문에 매핑 구문 아이디를 자동 완성할 수 있다. 그림 B.33과 같이 <select> 구성 요소의 id 속성 값에 마우스를 위치한 다음 Ctrl+Space 키를 누르면, 매퍼 인터페이스에 정의한 메소드명이 매핑 구문 아이디로 자동 완성된다.

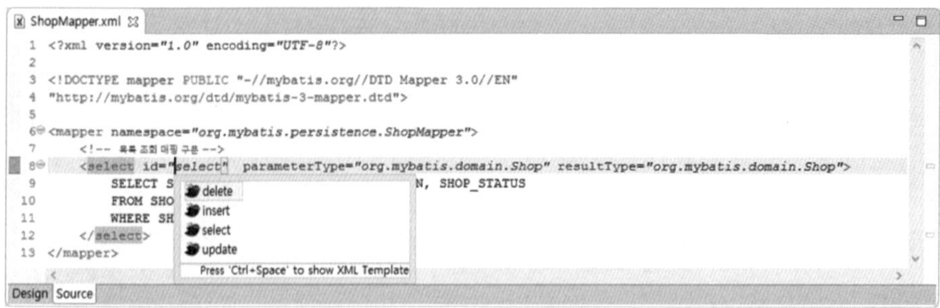

그림 B.33 매핑 구문 아이디 자동 완성(매핑되는 매퍼 인터페이스 존재 시)

매핑 구문에 인라인 파라미터를 표기할 때 파라미터명을 자동 완성할 수 있다. 그림 B.34와 같이 조회 매핑 구문에 #{} 표기나 ${} 표기를 작성한 다음 Ctrl+Space 키를 누르면, 프로퍼티명이 자동 완성된다.

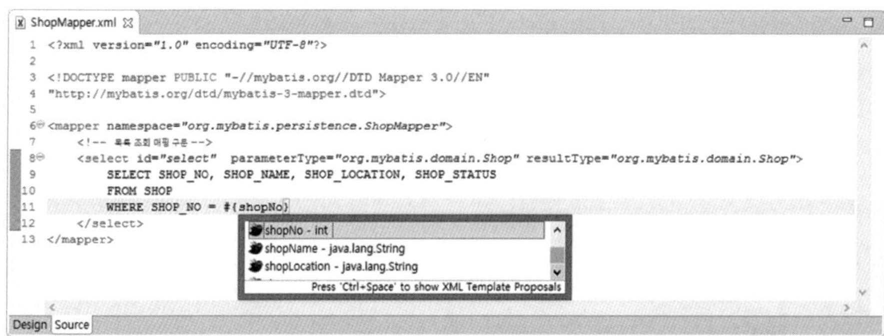

그림 B.34 인라인 파라미터 표기에 사용하는 프로퍼티명 자동 완성(마이바티스 매퍼 XML 파일)

위와 같이 마이바티스 매퍼 XML 파일뿐만 아니라 매퍼 인터페이스에 인라인 파라미터를 표기할 때 파라미터명을 자동 완성할 수 있다. 그림 B.35와 같이 조회 매핑 구문에 #{} 표기나 ${} 표기를 작성한 다음 Ctrl+Space 키를 누르면, 프로퍼티명이 자동 완성된다.

```java
package org.mybatis.persistence;

import java.util.Map;
import org.apache.ibatis.annotations.Select;
import org.mybatis.domain.Shop;

public interface ShopMapper {
    @Select( value = {
        "SELECT SHOP_NO, SHOP_NAME, SHOP_LOCATION, SHOP_STATUS ",
        "FROM SHOP ",
        "WHERE SHOP_NO = #{shopNo}" })
    public Map<String, Obje
}
```

```
shopNo - int
shopName - java.lang.String
shopLocation - java.lang.String
shopStatus - java.lang.String
Press 'Ctrl+Space' to show JAX-WS
```

그림 B.35 인라인 파라미터 표기에 사용하는 프로퍼티명 자동 완성(매퍼 인터페이스)

마이바티스 설정 XML 파일, 마이바티스 매퍼 XML 파일, 매퍼 인터페이스에 지정한 구성 요소나 속성에 문제가 없는지 검증할 수 있다. 예를 들어 지정하지 않은 타입 에일리어스를 사용하거나 선언하지 않은 프로퍼티명을 사용하면, 그림 3.36과 같이 Problems 뷰에서 에러를 볼 수 있다. 그밖에 리절트 맵 아이디, 매핑 구문 아이디, 콤포넌트 아이디 지정이 잘못된 경우도 확인할 수 있다.

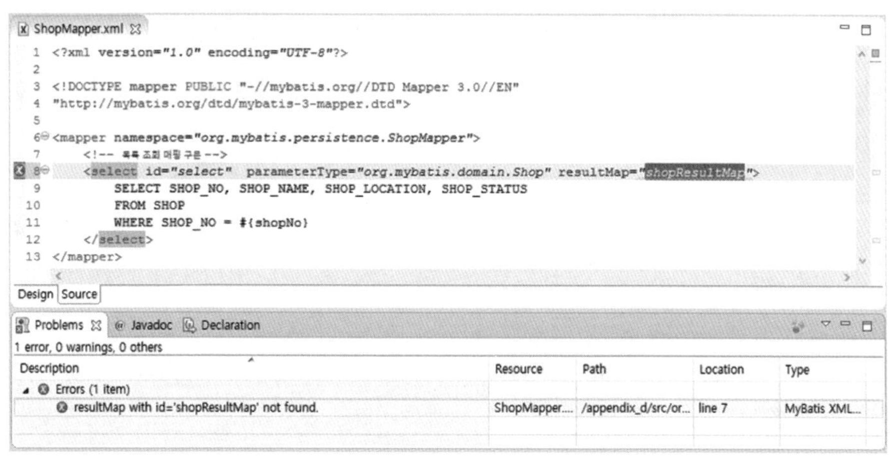

그림 B.36 구성 요소나 속성 검증

마이바티스 설정 XML 파일, 마이바티스 매퍼 XML 파일, 매퍼 인터페이스에 지정한 구성 요소나 속성을 쉽게 찾을 수 있다. 예를 들어 Ctrl 키를 누른 상태에서 오른쪽 버튼을 눌러 Open ⟨select/⟩ in XML Mapper. 항목을 마우스로 선택하면, 그림 B.37과 같이 연관된 조회 매핑 구문으로 이동하는 것을 볼 수 있다.

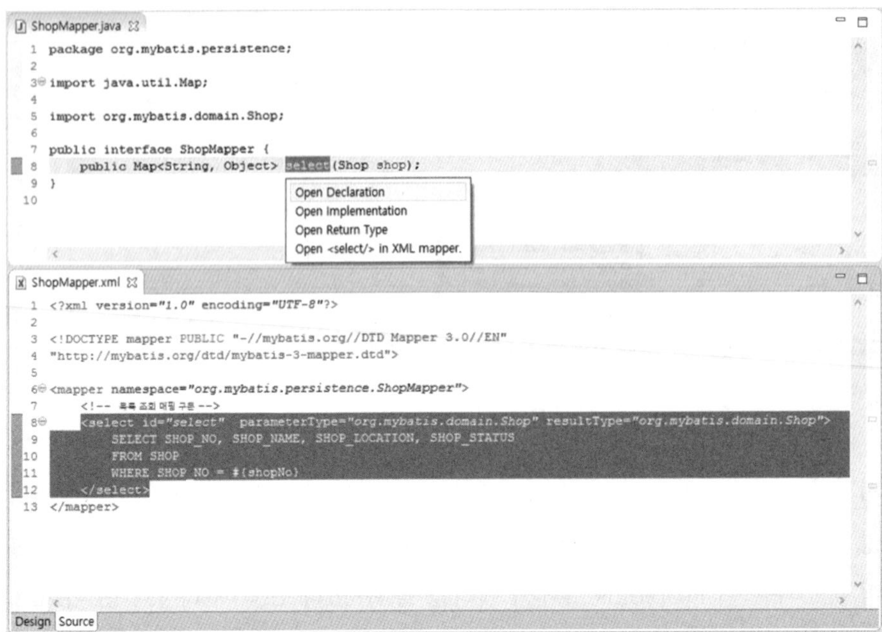

그림 B.37 마이바티스 매퍼 XML 파일에 사용한 구성 요소 및 속성 탐색

그림 B.38과 같이 마이바티스 매퍼 XML 파일에 지정한 매핑 구문 아이디를 마우스로 선택하면, 마이바티스 선언 뷰를 통해서 정의된 매핑 구문을 볼 수 있다.

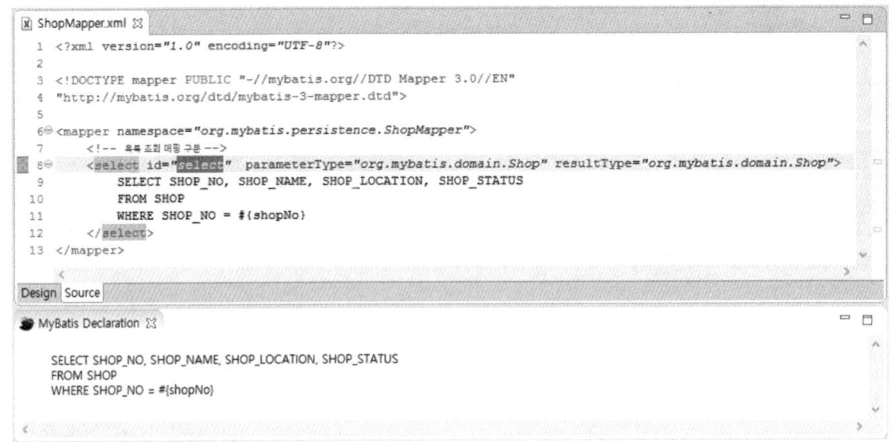

그림 B.38 마이바티스 선언 뷰

부록 C

마이바티스 로깅

마이바티스 프로그래밍이 정상적으로 실행되는지 출력된 결과를 통해서 확인할 수 있다. 하지만 에러가 발생했을 때 문제점을 찾기란 쉽지 않다. 마이바티스 프로그래밍이 정해진 작업을 올바르게 처리하는지 각종 정보를 육안으로 확인할 필요가 있다. 이때 기록된 정보를 로그라고 한다. 그리고 시간에 따라 로그를 남기는 과정을 로깅이라고 한다. 부록 C에서는 마이바티스 로그 팩토리 역할을 살펴본 다음 마이바티스 로깅 구현체 중 하나인 아파치 Log4j2를 설치하고 간단한 설정을 알아보자.

C.1 마이바티스 로그 팩토리

마이바티스는 마이바티스 로그 팩토리를 통해서 로깅을 처리한다. 그림 C.1과 같이 마이바티스 프로그래밍 실행 시점에 발생한 메시지는 마이바티스 로그 팩토리와 결합된 로깅 구현체로 전달된다. 메시지를 전달받은 로깅 구현체는 내부 설정에 따라 로그를 출력한다.

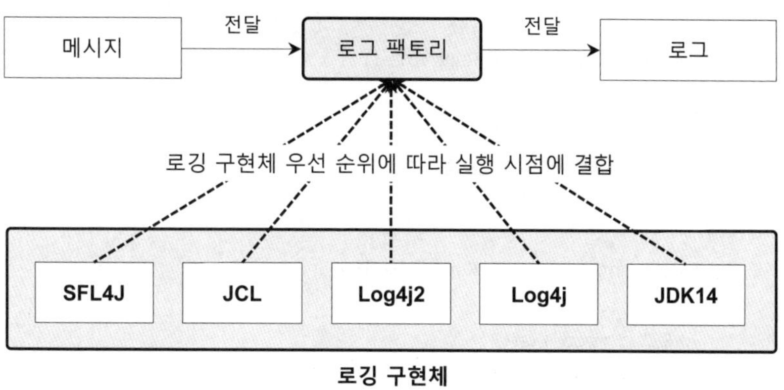

그림 C.1 마이바티스 로그 팩토리

다음과 같이 마이바티스는 다양한 로깅 구현체를 사용할 수 있다. 어떤 로깅 구현체를 사용할지 여부는 마이바티스 로그 팩토리를 통해서 결정된다.

- SL4J Simple Logging Facade for Java
- JCL Jakarta Commons Logging
- Log4j2
- Log4j
- JDK14(java.util.logging)

마이바티스 로그 팩토리는 실행 시점에 로깅 구현체 결합 우선 순위에 따라 하나의 로깅 구현체와 결합된다. 다음과 같이 마이바티스 라이브러리에 포함된 소스 코드 중 `org.apache.ibatis.logging.LogFactory` 클래스를 살펴보면, 로깅 구현체 결합 우선 순위를 알 수 있다.

```
public final class LogFactory {
    ...중략...

    static {
        tryImplementation(new Runnable() {
            @Override
            public void run() {
                useSlf4jLogging();
            }
        });
        tryImplementation(new Runnable() {
            @Override
            public void run() {
                useCommonsLogging();
            }
        });
        tryImplementation(new Runnable() {
            @Override
            public void run() {
                useLog4J2Logging();
            }
        });
        tryImplementation(new Runnable() {
            @Override
            public void run() {
                useLog4JLogging();
            }
        });
        tryImplementation(new Runnable() {
            @Override
            public void run() {
                useJdkLogging();
            }
        });
        tryImplementation(new Runnable() {
            @Override
            public void run() {
                useNoLogging();
            }
        });
    }
```

```
    ...중략...
}
```

예를 들어 빌드 경로에 SLF4J 라이브러리와 Log4j 라이브러리가 등록된 경우 결합 우선 순위가 높은 SLF4J 라이브러리가 마이바티스 로깅 구현체로 결합된다. 로깅 구현체 우선 순위는 표 C.1과 같다.

표 C.1 마이바티스 로그 팩토리에 정의된 로깅 구현체 결합 우선 순위

우선 순위	로깅 구현체	구현 클래스
1 순위	SLF4J	org.apache.ibatis.logging.slf4j.Slf4jImpl
2 순위	JCL	org.apache.ibatis.logging.commons.JakartaCommonsLoggingImpl.class
3 순위	Log4j2	org.apache.ibatis.logging.log4j2.Log4j2Impl.class
4 순위	Log4j	org.apache.ibatis.logging.log4j.Log4jImpl.class
5 순위	JDK14	org.apache.ibatis.logging.jdk14.Jdk14LoggingImpl.class
6 순위	–	org.apache.ibatis.logging.nologging.NoLoggingImpl.class

마이바티스 로그 팩토리를 사용하면, 널리 사용하는 다양한 로깅 구현체 가운데 사용자가 선택한 로깅 구현체를 쉽게 적용할 수 있다. 마이바티스 로깅 구현체 중 하나인 아파치 Log4j2를 설치한 다음 간단한 설정을 지정해 보자.

C.2 아파치 Log4j2 설치 및 설정

아파치 Log4j2는 이전 버전인 아파치 Log4j에 비해 좀 더 향상된 기능을 제공한다. 아파치 Log4j2의 향상된 기능을 정리하면 다음과 같다.

- **API 분리**
- **성능 향상**(비동기 로거)
- **다양한 API 지원**(SLF4J, JCL)
- **설정 동적 로딩**
- **향상된 필터**

- **플러그인 구조**
- **다양한 속성 지원**
- **풍부한 사용자 문서 제공**

아파치 Log4j2에 대한 자세한 내용은 다음 URL 주소를 참고한다.

https://logging.apache.org/log4j/2.x

아파치 Log4j2 공식 홈페이지에서 아파치 Log4j2 라이브러리를 다운로드할 수 있다. 이 책에서는 아파치 Log4j2 2.6.2 버전을 사용한다.

https://logging.apache.org/log4j/2.x/download.html

다운로드한 apache-log4j-2.6.2-bin.zip 압축 파일을 해제하면, 여러 개의 라이브러리를 볼 수 있다. 이 가운데 사용하는 라이브러리는 다음과 같다.

- log4j-api-2.6.2.jar
- log4j-core-2.6.2.jar
- log4j-slf4j-impl-2.6.2.jar

자바 프로젝트를 appendix_c 명칭으로 생성한 다음 표 C.2와 같이 디렉토리를 생성한다. 준비한 라이브러리를 /appendix_c/lib 디렉토리에 복사한 다음 빌드 경로에 등록한다. 자바 프로젝트 생성에 어려움이 있을 경우 '부록 A. 마이바티스 프로그래밍 개발 환경 구축'을 참고한다. 이 장의 모든 예제는 /appendix_c 디렉토리에 있다.

표 C.2 appendix_c 자바 프로젝트의 디렉토리 구성

디렉토리 경로 및 파일명	설명
/src	아파치 Log4j2 설정 XML 파일이 위치한 디렉토리
/lib	아파치 Log4j2 관련 라이브러리가 위치한 디렉토리

디렉토리 생성 및 파일 작성을 완료하면, 그림 C.2와 같이 완성된 자바 프로젝트를 볼 수 있다.

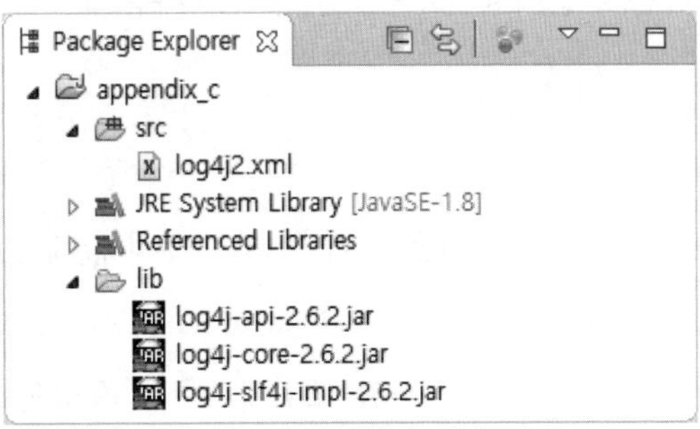

그림 C.2 appendix_c 자바 프로젝트

아파치 Log4j2를 사용하기 위해서는 설정 파일을 작성해야 한다. 아파치 Log4j2 설정 파일은 프로퍼티 파일이나 XML 파일과 같이 다양한 형식으로 작성할 수 있다. 이 책에서는 아파치 Log4j2 설정 파일을 XML 파일 형식으로 작성한다. 다음 경로에서 아파치 Log4j2 설정 XML 파일을 생성한다.

/appendix_c/src/**log4j2.xml**

아파치 Log4j2 설정은 로거, 어펜더, 레이아웃으로 구성된다. 로거[Logger]는 로그 단계를 지정할 때 사용하고, 어펜더[Appender]는 로그 출력 형태를 지정할 때 사용한다. 레이아웃[Layout]은 로그 출력 형식을 지정할 수 있다. 자바 애플리케이션에서 발생한 메시지는 맨 처음 로거에 전달된다. 로거는 전달된 메시지 가운데 로그 단계에 맞는 메시지만 선별해서 어펜더에 전달한다. 메시지를 전달받은 어펜더는 지정한 레이아웃에 맞추어 로그를 콘솔이나 파일로 출력한다. 아파치 Log4j2 로깅 과정을 도식화하면, 그림 C.3과 같다.

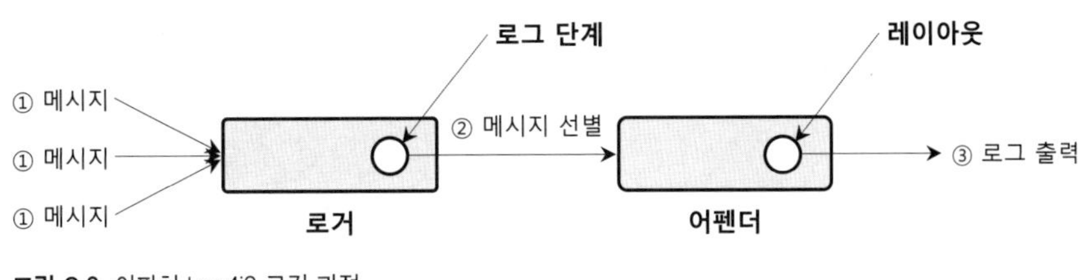

그림 C.3 아파치 Log4j2 로깅 과정

아파치 Log4j2 설정 XML 파일에 로거를 별도로 지정하지 않으면 최상위 카테고리에 지정한 루트 로거를 기본적으로 사용한다. 최상위 카테고리에 루트 로거를 지정하려면, 다음과 같이 <Root> 구성 요소를 사용해서 지정한다.

```
<Root />
```

<Root> 구성 요소에 level 속성을 추가한 다음 속성 값에 로그 단계를 지정한다. 로그 단계는 ALL, TRACE, DEBUG, INFO, WARN, ERROR, FATAL, OFF 단계 중 하나를 선택할 수 있다. 예를 들어 <Root> 구성 요소에 level 속성을 추가한 다음 속성 값에 DEBUG 단계를 지정하면 다음과 같다.

```
<Root level="debug" />
```

로거는 여러 번 지정할 수 있다. 다수의 로거는 로거 스택 구성 요소를 사용해서 감싸준다. 다음과 같이 로거 스택 구성 요소는 <Loggers> 구성 요소를 사용해서 지정한다.

```
<Loggers>
    <Root level="debug" />
</Loggers>
```

위와 같이 <Loggers> 구성 요소를 지정한 다음 어떤 형태로 로그를 출력할지 어펜더를 지정해 보자. 어펜더 종류는 매우 다양하다. 주로 콘솔 어펜더와 파일 어펜더를 사용한다. 예를 들어 콘솔 어펜더는 <Console> 구성 요소를 사용해서 지정한다.

```
<Console />
<Loggers>
    <Root level="debug" />
</Loggers>
```

<Console> 구성 요소에 name 속성과 target 속성을 추가한 다음 속성 값에 어펜더명과 어펜더 대상을 지정한다. 예를 들어 name 속성 값에 console 문자열을 지정한 다음 target 속성 값에 SYSTEM_OUT 문자열을 지정하면 다음과 같다.

```
<Console name="console" target="SYSTEM_OUT" />
<Loggers>
    <Root level="debug" />
</Loggers>
```

어펜더는 여러 번 지정할 수 있다. 다수의 어펜더는 어펜더 스택 구성 요소를 사용해서 감싸준다. 다음과 같이 어펜터 스택 구성 요소는 <Appenders> 구성 요소를 사용해서 지정한다.

```
<Appenders>
    <Console name="console" target="SYSTEM_OUT" />
</Appenders>
<Loggers>
    <Root level="debug" />
</Loggers>
```

위와 같이 작성한 어펜더는 <AppenderRef> 구성 요소를 사용해서 참조할 수 있다.

```
<Appenders>
    <Console name="console" target="SYSTEM_OUT" />
</Appenders>
<Loggers>
    <Root level="debug">
        <AppenderRef />
    </Root>
</Loggers>
```

예를 들어 작성한 콘솔 어펜더를 루트 로거에서 참조하려면, 다음과 같이 <AppenderRef> 구성 요소에 ref 속성을 추가한 다음 속성 값에 콘솔 어펜더명인 console 문자열을 지정한다.

```
<Appenders>
    <Console name="console" target="SYSTEM_OUT" />
</Appenders>
<Loggers>
    <Root level="debug">
        <AppenderRef ref="console" />
    </Root>
</Loggers>
```

지금까지 작성한 모든 구성 요소는 <Configuration> 구성 요소를 사용해서 감싸준다.

```
<Configuration>
    <Appenders>
        <Console name="console" target="SYSTEM_OUT" />
    </Appenders>
    <Loggers>
        <Root level="debug">
            <AppenderRef ref="console" />
        </Root>
    </Loggers>
</Configuration>
```

어펜더를 지정한 다음 레이아웃을 사용해서 로그 출력 형식을 지정해 보자. 레이아웃은 PatternLayout, SimpleLayout, XMLLayout과 같이 다양한 레이아웃 중 하나를 선택할 수 있다. 예를 들어 콘솔 어펜더에 정형화된 패턴을 지정할 수 있도록 PatternLayout을 지정하면 다음과 같다.

```
<Configuration>
    <Appenders>
        <Console name="console" target="SYSTEM_OUT">
```

```
            <PatternLayout />
        </Console>
    </Appenders>
    <Loggers>
        <Root level="debug">
            <AppenderRef ref="console" />
        </Root>
    </Loggers>
</Configuration>
```

다음과 같이 문서 버전과 문자 인코딩을 선언한다.

```
<?xml version="1.0" encoding="UTF-8"?>

<Configuration>
    ...중략...
</Configuration>
```

아파치 Log4j2 설정 XML 파일 작성을 완료하면, 예제 C.1과 같다.

예제 C.1 아파치 Log4j2 설정 XML 파일

```
/* /appendix_c/src/log4j2.xml */

<?xml version="1.0" encoding="UTF-8"?>

<Configuration>
    <!-- 어펜서 스택 -->
    <Appenders>
        <!-- 콘솔 어펜더 -->
        <Console name="Console" target="SYSTEM_OUT">
            <PatternLayout />
        </Console>
    </Appenders>
    <!-- 로거 스택 -->
    <Loggers>
        <!-- 루트 로거 -->
        <Root level="debug">
            <AppenderRef ref="Console" />
        </Root>
```

```
    </Loggers>
</Configuration>
```

위와 같이 아파치 Log4j2 설정 XML 파일을 작성한 다음 자바 애플리케이션을 실행하면, 다음과 같이 PatternLayout 기본 형식에 맞추어 로그가 출력된다.

```
Logging initialized using 'class org.apache.ibatis.logging.log4j2.
Log4j2Impl' adapter.
Opening JDBC Connection
Setting autocommit to false on JDBC Connection [oracle.jdbc.driver.
T4CConnection@240237d2]
==>  Preparing: SELECT SHOP_NO, SHOP_NAME, SHOP_LOCATION, SHOP_STATUS FROM SHOP
==> Parameters:
<== Total: 3
Resetting autocommit to true on JDBC Connection [oracle.jdbc.driver.
T4CConnection@240237d2]
Closing JDBC Connection [oracle.jdbc.driver.T4CConnection@240237d2]
```

PatternLayout 기본 형식에 맞추어 출력된 로그는 식별이 용이한 출력 형식이 아니다. 아파치 Log4j2는 원하는 출력 형식을 지정할 수 있도록 패턴 문자열을 제공한다. 패턴 문자열은 <PaternLayout> 구성 요소에 pattern 속성을 추가한 다음 속성 값에 패턴 문자열을 지정한다. 예를 들어 pattern 속성 값에 %5p [%t] - %m%n 패턴 문자열을 지정하면 다음과 같다. %5p 문자열은 로그 단계를 다섯 글자로 지정하고, %t 문자열은 로그 발생 스레드명을 지정한다. %m 문자열은 로그를 지정하고, %n 문자열은 개행 문자를 지정한다.

```
<PatternLayout pattern="%5p [%t] - %m%n" />
```

아파치 Log4j2 설정 XML 파일을 수정하면, 예제 C.2와 같다.

예제 C.2 아파치 Log4j2 설정 XML 파일 수정(패턴 문자열 지정)

```
/* /appendix_c/src/log4j2.xml */

<?xml version="1.0" encoding="UTF-8"?>

<Configuration>
    <!-- 어펜더 스택 -->
    <Appenders>
        <!-- 콘솔 어펜터 -->
        <Console name="Console" target="SYSTEM_OUT">
            <!-- 패턴 문자열 지정 -->
            <PatternLayout pattern="%5p [%t] - %m%n" />
        </Console>
    </Appenders>
    <!-- 루트 로거 -->
    <Loggers>
        <!-- 루트 로거 -->
        <Root level="debug">
            <AppenderRef ref="Console" />
        </Root>
    </Loggers>
</Configuration>
```

위와 같이 아파치 Log4j2 설정 XML 파일을 수정한 다음 자바 애플리케이션을 다시 실행하면, 앞서 출력된 로그보다 식별이 용이한 로그가 출력된다.

```
DEBUG [main] - Logging initialized using 'class org.apache.ibatis.logging.
             log4j2.Log4j2Impl' adapter.
DEBUG [main] - Opening JDBC Connection
DEBUG [main] - Setting autocommit to false on JDBC Connection
             [oracle.jdbc.driver.T4CConnection@240237d2]
DEBUG [main] - ==>  Preparing: SELECT SHOP_NO, SHOP_NAME, SHOP_LOCATION,
             SHOP_STATUS FROM SHOP
DEBUG [main] - ==> Parameters:
DEBUG [main] - <== Total: 3
DEBUG [main] - Resetting autocommit to true on JDBC Connection
             [oracle.jdbc.driver.T4CConnection@240237d2]
DEBUG [main] - Closing JDBC Connection
             [oracle.jdbc.driver.T4CConnection@240237d2]
```

이와 같이 출력된 로그를 자세히 살펴보면, 조회 결과가 출력되지 않는 것을 볼 수 있다. 조회 결과는 로그 단계가 TRACE 단계 이상일 때만 출력된다. 최상위 카테고리의 로그 단계를 TRACE 로그 단계로 변경하면, 조회 결과를 확인할 수 있다. 반면에 필요 없는 로그까지 모두 출력된다. 아파치 Log4j2는 루트 로거의 로그 단계를 변경하지 않고 특정 파일이나 패키지만 로그 단계를 다시 지정할 수 있다. 즉 루트 로거를 변경하지 않고 로거를 추가로 지정한 다음 로그 단계를 재지정한다. 로거는 <Logger> 구성 요소를 사용해서 지정한다. <Logger> 구성 요소에 name 속성과 level 속성을 추가한 다음 속성 값에 로그 대상과 로그 단계를 지정한다. 예를 들어 마이바티스 매퍼 XML 파일만 TRACE 로그 단계로 재지정하면 다음과 같다.

```
<Loggers>
    <Logger name="org.mybatis.persistence.ShopMapper"
            level="trace" additivity="false">
        <AppenderRef ref="console" />
    </Logger>
    <!-- 루트 로거 -->
    <Root level="debug">
        <AppenderRef ref="console" />
    </Root>
</Loggers>
```

아파치 Log4j 설정 XML 파일 수정을 완료하면, 예제 C.3과 같다.

예제 C.3 아파치 Log4j2 설정 XML 파일 수정(로거 추가 및 로그 단계 재지정)

```
/* /appendix_c/src/log4j2.xml */

<?xml version="1.0" encoding="UTF-8"?>

<Configuration>
    <!-- 어펜더 스택 -->
    <Appenders>
        <!-- 콘솔 어펜더 -->
        <Console name="Console" target="SYSTEM_OUT">
            <!-- 패턴 문자열 지정 -->
```

```
            <PatternLayout pattern="%5p [%t] - %m%n" />
        </Console>
    </Appenders>
    <!-- 로거 스택 -->
    <Loggers>
        <!-- 로거 -->
        <Logger name="org.mybatis.persistence.ShopMapper"
                level="trace" additivity="false">
            <AppenderRef ref="Console" />
        </Logger>
        <!-- 루트 로거 -->
        <Root level="debug">
            <AppenderRef ref="Console" />
        </Root>
    </Loggers>
</Configuration>
```

위와 같이 마이바티스 매퍼 XML 파일만 TRACE 로그 단계로 재지정한 다음 자바 애플리케이션을 다시 실행하면, 다음과 같이 조회 결과가 출력되는 것을 확인할 수 있다.

```
DEBUG [main] - Logging initialized using 'class org.apache.ibatis.logging.
             log4j2.Log4j2Impl' adapter.
DEBUG [main] - Opening JDBC Connection
DEBUG [main] - Setting autocommit to false on JDBC Connection
             [oracle.jdbc.driver.T4CConnection@2ed0fbae]
DEBUG [main] - ==> Preparing: SELECT SHOP_NO, SHOP_NAME, SHOP_LOCATION,
             SHOP_STATUS FROM SHOP
DEBUG [main] - ==> Parameters:
TRACE [main] - <== Columns: SHOP_NO, SHOP_NAME, SHOP_LOCATION, SHOP_STATUS
TRACE [main] - <== Row: 1, Toy Store, <<CLOB>>, Y
TRACE [main] - <== Row: 2, Play Store, <<CLOB>>, Y
TRACE [main] - <== Row: 3, Mom Store, <<CLOB>>, Y
DEBUG [main] - <== Total: 3
DEBUG [main] - Resetting autocommit to true on JDBC Connection
             [oracle.jdbc.driver.T4CConnection@2ed0fbae]
DEBUG [main] - Closing JDBC Connection
             [oracle.jdbc.driver.T4CConnection@2ed0fbae]
```

아파치 Log4j2 설정 XML 파일에 사용 가능한 설정은 다음 URL 주소를 참고한다.

https://logging.apache.org/log4j/2.x/manual/configuration.html

부록 D

마이바티스 서드파티 캐시

부록 D에서는 마이바티스 서드파티 캐시 연동 라이브러리를 다운로드하는 방법과 기본적인 설정을 알아보자. 또한 마이바티스 서드파티 캐시를 사용했을 때 어느 정도 성능 향상을 이끌어낼 수 있는지 실습해 보자.

D.1 마이바티스 서드파티 캐시 개요

마이바티스는 널리 사용되는 서드파티 캐시 제품을 쉽게 연동할 수 있도록 서드파티 캐시 연동 라이브러리를 제공한다. 마이바티스에서 제공하는 서드파티 캐시 연동 라이브러리는 표 D.1과 같다.

표 D.1 마이바티스 서드파티 캐시 연동 라이브러리

캐시명	마이바티스 서드파티 캐시 연동 라이브러리
Ehcache	mybatis-ehcache-1.0.3.jar
Hazelcast	mybatis-hazelcast-1.1.0.jar
Ignite	mybatis-ignite-1.0.1.jar
Memcached	mybatis-memcached-1.0.0.jar
OSCache	mybatis-oscache-1.0.1.jar
Redis	mybatis-redis-1.0.0-beta2.jar

1. 2016년 8월 현재 Redis 캐시 연동 라이브러리는 베타 버전이고, Ignite 캐시 연동 라이브러리는 스프링과 연동되는 부분이 많기 때문에 다루지 않는다.

D.2 Ehcache 캐시 연동

Ehcache 캐시는 자바에서 널리 사용하는 오픈소스 기반의 캐시다. 뛰어난 성능, 확장성, 분산 캐시 기능을 제공한다. 또한 사용자가 좀 더 쉽게 사용할 수 있도록 다양하고 편리한 자바 API를 제공한다. Ehcache 캐시는 라이선스 정책에 따라 오픈소스 버전과 유료 버전으로 나뉘며, 오픈소스 버전은 아파치 2.0 라이선스를 따른다. 더 자세한 내용은 Ehcache 공식 홈페이지를 참고한다.

http://www.ehcache.org

Ehcache 캐시를 사용하려면, 그림 D.1과 같이 마이바티스 라이브러리 외에 추가로 Ehcache 캐시 라이브러리와 Ehcache 캐시 연동 라이브러리가 필요하다.

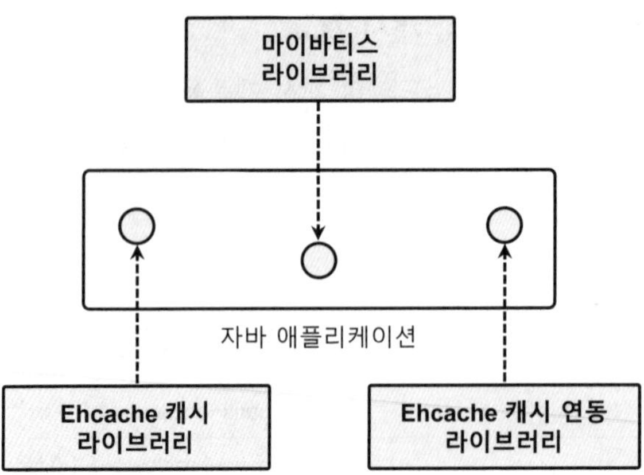

그림 D.1 Ehcache 캐시 연동에 필요한 라이브러리 구성

다음 URL 주소에서 Ehcache 캐시 연동 라이브러리를 다운로드할 수 있다. 이 책에서는 mybatis-ehcache-1.0.3 버전을 사용한다.

https://github.com/mybatis/ehcache-cache/releases

다운로드한 mybatis-ehcache-1.0.3.zip 압축 파일을 해제하면, 표 D.2와 같은 구성을 볼 수 있다.

표 D.2 mybatis-ehcache-1.0.3.zip 압축 파일 구성

디렉토리 및 파일명	설명
*mybatis-ehcache-1.0.3.jar	마이바티스와 Encache 캐시 연동 라이브러리
/lib	*ehcache-core-2.6.8.jar *slf4j-api-1.6.1.jar
LICENSE.txt	라이선스 문서
NOTICE.txt	공지사항

1. 애스터리스크(*)를 표기한 라이브러리는 자바 프로젝트에서 사용하는 라이브러리다.

다음 URL 주소에서 Ehcache 캐시 라이브러리를 다운로드할 수 있다. 이 책에서는 Ehcache 캐시 라이브러리를 별도로 다운로드하지 않고 mybatis-ehcache-1.0.3.zip 압축 파일에 포함된 ehcache-core-2.6.8.jar 파일을 사용한다.

http://www.ehcache.org/downloads

Ehcache 캐시 라이브러리는 SLF4J 라이브러리를 내부적으로 사용한다. 빌드 경로에 SLF4J 라이브러리가 등록되어 있지 않으면, 다음과 같이 에러 로그가 출력된다.

```
Caused by: java.lang.ClassNotFoundException: org.slf4j.LoggerFactory
```

다음 URL 주소에서 SLF4J 라이브러리를 다운로드할 수 있다. 이 책에서는 SLF4J 라이브러리를 별도로 다운로드하지 않고 mybatis-ehcache-1.0.3.zip 압축 파일에 포함된 slf4j-api-1.6.1.jar 라이브러리를 사용한다.

http://www.slf4j.org/download.html

Ehcache 캐시 예제를 실습하기 위해서 준비한 라이브러리는 다음과 같다.

- ehcache-core-2.6.8.jar
- mybatis-ehcache-1.0.3.jar
- mybatis-3.4.1.jar
- slf4j-api-1.6.1.jar
- ojdbc6.jar

Ehcache 캐시를 사용하면, 애플리케이션 성능을 어느 정도 향상시킬 수 있는지 실습해 보자. 자바 프로젝트를 appendix_d 명칭으로 생성한 표 D.3과 같이 디렉토리를 생성한다. 준비한 라이브러리를 /appendix_d/lib 디렉토리와 /appendix_d/ehcache 디렉토리에 복사한 다음 빌드 경로에 등록한다. 자바 프로젝트 생성에 어려움이 있을 경우 '부록 A. 마이바티스 프로그래밍 개발 환경 구축'을 참고한다. 이 장의 모든 예제는 /appendix_d 디렉토리에 존재한다.

표 D.3 appendix_d 자바 프로젝트의 디렉토리 구성

디렉토리 경로 및 파일명	설명
/src	실행 클래스, Ehcache 설정 XML 파일이 위치한 디렉토리
/src/org/mybatis/domain	도메인 클래스가 위치한 디렉토리
/src/resources/mybatis	마이바티스 설정 XML 파일, 마이바티스 매퍼 XML 파일이 위치한 디렉토리
/lib	마이바티스 라이브러리, JDBC 라이브러리가 위치한 디렉토리
/lib/ehcache	Ehcache 캐시 관련 라이브러리가 위치한 디렉토리

디렉토리 생성 및 파일 작성을 완료하면, 그림 D.2와 같이 완성된 자바 프로젝트를 볼 수 있다.

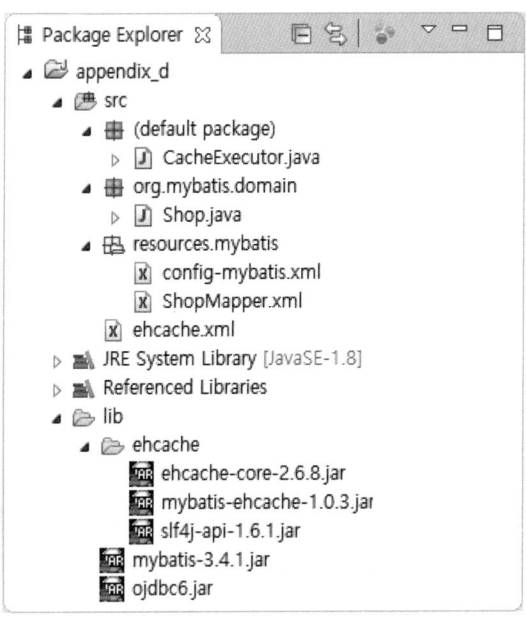

그림 D.2 appendix_d 자바 프로젝트(Ehcache 캐시)

다음 순서에 맞추어 자바 애플리케이션을 작성해 보자.

1. 도메인 클래스 작성
2. 마이바티스 매퍼 XML 파일 작성

3. 마이바티스 설정 XML 파일 작성

4. 실행 클래스 작성(CacheExecutor 클래스)

5. Ehcache 설정 XML 파일 작성(ehcache.xml 파일)

도메인 클래스를 작성하면, 예제 D.1과 같다. 캐시를 사용하기 때문에 반드시 Serializable 인터페이스를 구현한다.

예제 D.1 도메인 클래스

```
/* /appendix_d/src/org/mybatis/domain/Shop.java */

package org.mybatis.domain;

import java.io.Serializable;

public class Shop implements Serializable {
    private int shopNo;
    private String shopName;
    private String shopLocation;
    private String shopStatus;

    /* 기본 생성자 */
    public Shop() {
    }

    /* 생성자 */
    public Shop(int shopNo, String shopName, String shopLocation,
            String shopStatus) {
        this.shopNo = shopNo;
        this.shopName = shopName;
        this.shopLocation = shopLocation;
        this.shopStatus = shopStatus;
    }

    /* 셋터 메소드 */
    public void setShopNo(int shopNo) {
        this.shopNo = shopNo;
    }
```

```
    public void setShopName(String shopName) {
        this.shopName = shopName;
    }

    public void setShopLocation(String shopLocation) {
        this.shopLocation = shopLocation;
    }


    public void setShopStatus(String shopStatus) {
        this.shopStatus = shopStatus;
    }

    /* 겟터 메소드 */
    public int getShopNo() {
        return shopNo;
    }

    public String getShopName() {
        return shopName;
    }

    public String getShopLocation() {
        return shopLocation;
    }

    public String getShopStatus() {
        return shopStatus;
    }
}
```

마이바티스 매퍼 XML 파일을 작성하면, 예제 D.2와 같다.

예제 D.2 마이바티스 매퍼 XML 파일

```
/* /appendix_d/src/resources/mybatis/ShopMapper.xml */

<?xml version="1.0" encoding="UTF-8"?>

<!DOCTYPE mapper PUBLIC "-//mybatis.org//DTD Mapper 3.0//EN"
```

```
"http://mybatis.org/dtd/mybatis-3-mapper.dtd">

<mapper namespace="org.mybatis.persistence.ShopMapper">
    <!-- 목록 조회 매핑 구문 -->
    <select id="list" resultType="org.mybatis.domain.Shop">
        SELECT SHOP_NO, SHOP_NAME, SHOP_LOCATION, SHOP_STATUS
        FROM SHOP
    </select>
</mapper>
```

서드파티 캐시는 <cache> 구성 요소를 사용해서 지정한다. 다음과 같이 <cache> 구성 요소에 type 속성을 추가한 다음 속성 값에 Ehcache 캐시를 지정한다. Ehcache 캐시 로깅을 위해서 LoggingEhcache 클래스를 함께 지정한다. 애플리케이션 성능에 영향을 주지 않도록 개발을 완료한 다음 LoggingEhcache 클래스를 반드시 삭제한다.

```
<!-- Ehcache 캐시 설정 -->
<cache type="org.mybatis.caches.ehcache.EhcacheCache" />

<!-- Ehcache 캐시 로깅 설정 -->
<cache type="org.mybatis.caches.ehcache.LoggingEhcache" />
```

마이바티스 매퍼 XML 파일 수정을 완료하면, 예제 D.3과 같다.

예제 D.3 마이바티스 매퍼 XML 파일(Ehcache 캐시 지정)

```
/* /appendix_d/src/resources/mybatis/ShopMapper.xml */

<?xml version="1.0" encoding="UTF-8"?>

<!DOCTYPE mapper PUBLIC "-//mybatis.org//DTD Mapper 3.0//EN"
"http://mybatis.org/dtd/mybatis-3-mapper.dtd">

<mapper namespace="org.mybatis.persistence.ShopMapper">
    <!-- Ehcache 캐시 설정 -->
    <cache type="org.mybatis.caches.ehcache.EhcacheCache" />
```

```
    <!-- Ehcache 캐시 로깅 설정 -->
    <cache type="org.mybatis.caches.ehcache.LoggingEhcache" />

    <!-- 목록 조회 매핑 구문 -->
    <select id="list" resultType="org.mybatis.domain.Shop">
        SELECT SHOP_NO, SHOP_NAME, SHOP_LOCATION, SHOP_STATUS
        FROM SHOP
    </select>
</mapper>
```

마이바티스 설정 XML 파일을 작성하면, 예제 D.4와 같다.

예제 D.4 마이바티스 설정 XML 파일

```
/* /appendix_d/src/resources/mybatis/config-mybatis.xml */

<?xml version="1.0" encoding="UTF-8"?>

<!DOCTYPE configuration PUBLIC "-//mybatis.org//DTD Config 3.0//EN"
"http://mybatis.org/dtd/mybatis-3-config.dtd">

<configuration>
    <!-- 셋팅 스택 -->
    <settings>
        <!-- 셋팅 -->
        <setting name="mapUnderscoreToCamelCase" value="true"/>
    </settings>

    <!-- 환경 스택 -->
    <environments default="default">
        <!-- 환경 -->
        <environment id="default">
            <!-- 트랜잭션 관리자 -->
            <transactionManager type="JDBC" />
            <!-- 데이터 소스 -->
            <dataSource type="UNPOOLED">
                <property name="driver"
                    value="oracle.jdbc.driver.OracleDriver" />
                <property name="url"
                    value="jdbc:oracle:thin:@localhost:1521:XE" />
```

```
                <property name="username" value="mybatis" />
                <property name="password" value="mybatis$" />
            </dataSource>
        </environment>
    </environments>

    <!-- 매퍼 스택 -->
    <mappers>
        <!-- 매퍼 -->
        <mapper resource="resources/mybatis/ShopMapper.xml" />
    </mappers>
</configuration>
```

실행 클래스는 목록 조회 매핑 구문을 100,000번 실행했을 때 걸리는 시간을 출력한다. 실행 클래스를 작성하면, 예제 D.5와 같다.

예제 D.5 실행 클래스

```
/* /appendix_d/src/CacheExecutor.java */

import java.io.Reader;
import java.util.Calendar;
import java.util.logging.Logger;
import org.apache.ibatis.io.Resources;
import org.apache.ibatis.session.SqlSession;
import org.apache.ibatis.session.SqlSessionFactory;
import org.apache.ibatis.session.SqlSessionFactoryBuilder;

public class CacheExecutor {
    private static final Logger logger =
        Logger.getLogger("CacheExecutor.class");

    private static SqlSessionFactory sqlSessionFactory;

    static {
        try {
            // 마이바티스 설정 XML 파일 경로
            String resource = "resources/mybatis/config-mybatis.xml";
            Reader reader = Resources.getResourceAsReader(resource);
```

```
            sqlSessionFactory =
                new SqlSessionFactoryBuilder().build(reader);
        } catch (Exception e) {
            e.printStackTrace();
        }
    }

    public static void main(String args[]) {
        SqlSession sqlSession = null;

        try {
            // 세션 및 트랜잭션 시작
            sqlSession = sqlSessionFactory.openSession();

            long startTime = Calendar.getInstance().getTimeInMillis();

            // 목록 조회 매핑 구문 100,000번 실행
            for (int count = 0; count < 100000; count++) {
                sqlSession.selectList(
                    "org.mybatis.persistence.ShopMapper.list");
            }

            long endTime = Calendar.getInstance().getTimeInMillis();

            logger.info((endTime - startTime) + "ms");
        } catch (Exception e) {
            e.printStackTrace();
        } finally {
            // 세션 및 트랜잭션 종료
            sqlSession.close();
        }
    }
}
```

위와 같이 작성한 실행 클래스를 실행하면, 다음과 같이 출력된 로그를 통해서 실행 시간을 확인할 수 있다.

```
SLF4J: Failed to load class "org.slf4j.impl.StaticLoggerBinder".
SLF4J: Defaulting to no-operation (NOP) logger implementation
```

```
SLF4J: See http://www.slf4j.org/codes.html#StaticLoggerBinder for further
details.
5월 10, 2016 1:37:51 오후 CacheExecutor main
정보: 863ms
```

Ehcache 캐시를 사용할 때 Ehcache 캐시 설정 XML 파일을 지정하지 않으면, ehcache-core-2.6.8.jar 라이브러리에 포함된 ehcache-failsafe.xml 파일을 사용한다. Ehcahce 캐시 설정 XML 파일을 별도로 작성하지 않아도 Ehcache 캐시를 실행하는 데 아무런 문제가 되지 않는다. Ehcache 캐시 설정을 변경하거나 추가할 필요가 있다면, 예제 D.6과 같이 Ehcache 캐시 설정 XML 파일을 작성한다.

예제 D.6 Ehcache 캐시 설정 XML 파일

```
/* /appendix_d/src/ehcache.xml */

<?xml version="1.0" encoding="UTF-8"?>

<ehcache xmlns:xsi="http://www.w3.org/2001/XMLSchema-instance"
        xsi:noNamespaceSchemaLocation="ehcache.xsd" updateCheck="false"
        monitoring="autodetect" dynamicConfig="true">
    <defaultCache
        timeToIdleSeconds="3600"
        timeToLiveSeconds="3600"
        maxEntriesLocalHeap="1000"
        maxEntriesLocalDisk="10000000"
        memoryStoreEvictionPolicy="LRU" />
</ehcache>
```

Ehcache 캐시 설정 XML 파일에 사용 가능한 설정은 다음 URL 주소를 참고한다.

http://www.ehcache.org/documentation

Ehcache 캐시 설정 XML 파일에서 자주 사용하는 설정을 정리하면, 표 D.4와 같다.

표 D.4 Ehcache 캐시 설정 XML 파일에 자주 사용하는 설정

속성	초기 값	설명
maxEntriesLocalDisk	0	로컬 디스크 영역에서 사용하는 캐싱 객체의 최대 개수를 지정할 때 사용한다.
maxEntriesLocalHeap	0	로컬 힙 메모리 영역에서 사용하는 캐싱 객체의 최대 개수를 지정할 때 사용한다.
memoryStoreEvictionPolicy	LRU	캐싱에 사용되는 알고리즘을 지정할 때 사용한다. 속성 값에 LRU, LFU, FIFO를 지정할 수 있다. **참고)** ※ LRU(Least Recently Used): 오랜 시간 동안 사용되지 않는 캐싱 객체를 제거한다. ※ LFU(Least Frequently Used): 사용 빈도가 적은 캐싱 객체를 제거한다. ※ FIFO(First In First Out): 먼저 생성된 캐싱 객체를 제거한다.
timeToIdleSeconds	0	사용하지 않는 캐싱 객체의 삭제 시간을 지정할 때 사용한다. 속성 값에 지정하는 단위는 초(s)를 사용한다.
timeToLiveSeconds	0	사용 유무와 관계없이 캐싱 객체의 유지 시간을 지정할 때 사용한다. 속성 값에 지정하는 단위는 초(s)를 사용한다.

위와 같이 Ehcache 캐시 설정 XML 파일을 별도로 작성하지 않고, 마이바티스 설정 XML 파일 내부에 <property> 구성 요소를 사용해서 Ehcache 캐시 설정을 지정할 수 있다. 다음과 같이 <property> 구성 요소에 name 속성과 value 속성을 추가한 다음 속성 값에 변경하거나 추가하려는 속성명과 속성 값을 지정한다.

```
<cache type="org.mybatis.caches.ehcache.EhcacheCache">
    <property name="timeToIdleSeconds" value="3600" />
    <property name="timeToLiveSeconds" value="3600" />
    <property name="maxEntriesLocalHeap" value="1000" />
    <property name="maxEntriesLocalDisk" value="10000000" />
    <property name="memoryStoreEvictionPolicy" value="LRU" />
</cache>
```

Ehcache 캐시 설정 XML 파일을 작성한 다음 실행 클래스를 다시 실행한다. Ehcache 캐시 연동이 정상적으로 이루어지면, 그림 D.3과 같이 로그가 출력된다.

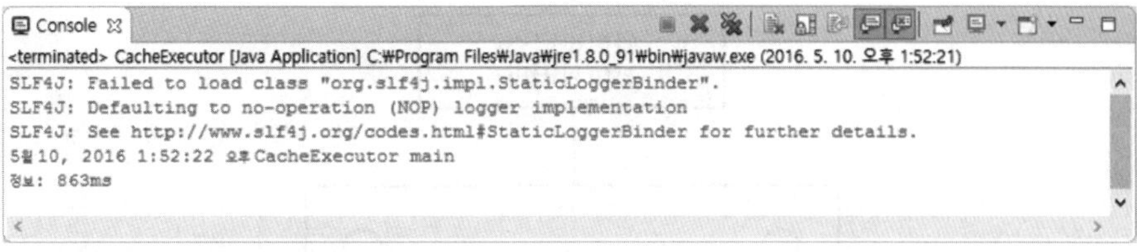

그림 D.3 Ehcache 캐시 실행 결과

자바 애플리케이션 실행 환경이나 Ehcache 설정에 따라 실행 결과는 다르게 출력될 수 있다.

D.3 Hazelcast 캐시 연동

Hazelcast 캐시는 경량이면서 높은 성능을 보장하는 오픈소스 기반의 캐시다. 확장성 높은 클러스터링과 분산 캐시 기능을 제공한다. 또한 데이터 충돌이 발생했을 때 데이터 손실을 방지할 수 있다. 신속한 개발이 가능하도록 상세한 설명 및 다양한 예제를 제공한다. Hazelcast 캐시는 라이선스 정책에 따라 오픈소스 버전과 유료 버전으로 나뉘며, 오픈소스 버전은 아파치 2.0 라이선스를 따른다. 보다 자세한 내용은 Hazelcast 공식 홈페이지를 참고한다.

http://hazelcast.org

Hazelcast 캐시를 사용하려면, 그림 D.4와 같이 마이바티스 라이브러리 외에 추가로 Hazelcast 캐시 라이브러리와 Hazelcast 캐시 연동 라이브러리가 필요하다.

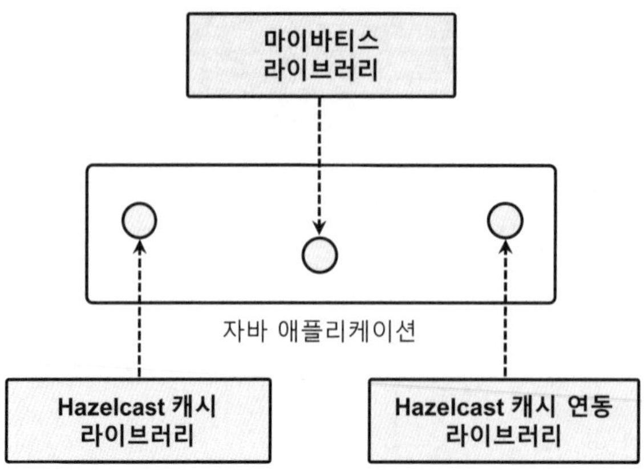

그림 D.4 Hazelcast 캐시 연동에 필요한 라이브러리 구성

다음 URL 주소에서 `Hazelcast` 캐시 연동 라이브러리를 다운로드할 수 있다. 이 책에서는 mybatis-hazelcast-1.1.0 버전을 사용한다.

https://github.com/mybatis/hazelcast-cache/releases

다운로드한 mybatis-hazelcast-1.1.0.zip 압축 파일을 해제하면, 표 D.5와 같은 구성을 볼 수 있다.

표 D.5 mybatis-hazelcast-1.1.0.zip 압축 파일 구성

디렉토리 및 파일명	설명
*mybatis-hazelcast-1.1.0.jar	마이바티스와 Hazelcast 캐시 연동 라이브러리
/lib	*hazelcast-3.1.6.jar *hazelcast-client-3.1.6.jar
LICENSE.txt	라이선스 문서
NOTICE.txt	공지사항

1. 애스터리스크(*)를 표기한 라이브러리는 자바 프로젝트에서 사용하는 라이브러리다.

다음 URL 주소에서 `Hazelcast` 캐시 라이브러리를 다운로드할 수 있다. 이 책에서는 `Hazelcast` 라이브러리를 별도로 다운로드하지 않고 mybatis-hazelcast-1.1.0.zip 압축 파일에 포함된 hazelcast-3.1.6.jar 파일을 사용한다.

http://hazelcast.org/download

Hazelcast 캐시 라이브러리는 JDK14 라이브러리를 내부적으로 사용한다. 로깅 라이브러리를 별도로 추가할 필요가 없다. Hazelcast 캐시 예제를 실습하기 위해서 준비한 라이브러리는 다음과 같다.

- hazelcast-3.1.6.jar
- mybatis-hazelcast-1.1.0.jar
- mybatis-3.4.1.jar
- ojdbc6.jar

Hazelcast 캐시를 사용하면, 애플리케이션 성능을 어느 정도 향상시킬 수 있는지 실습해 보자. 자바 프로젝트를 추가하지 말고, Ehcache 캐시 실습에 사용한 자바 프로젝트를 수정하거나 추가한다. 준비한 라이브러리를 /appendix_d/haselcast 디렉토리에 복사한 다음 빌드 경로에 등록한다. 디렉토리 생성 및 파일 작성을 완료하면, 그림 D.5와 같이 완성된 자바 프로젝트를 볼 수 있다.

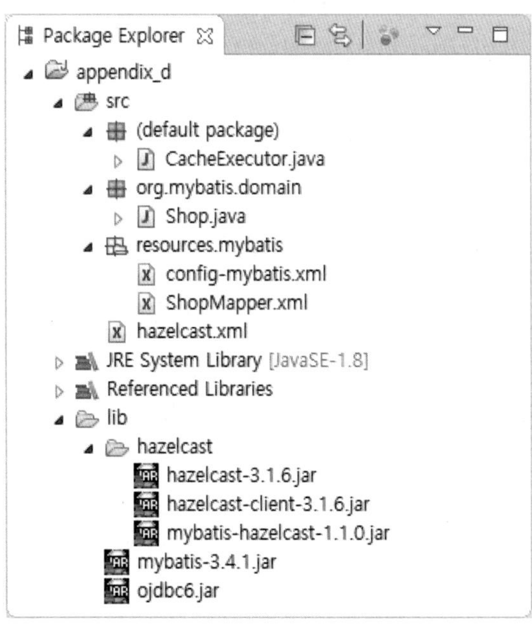

그림 D.5 appendix_d 자바 프로젝트(Hazelcast 캐시)

다음 순서에 맞추어 자바 애플리케이션을 작성해 보자.

1. **마이바티스 매퍼 XML 파일 수정**
2. **Hazelcast 설정 XML 파일 작성**(hazelcast.xml 파일)

먼저 마이바티스 매퍼 XML 파일을 수정해 보자. 다음과 같이 <cache> 구성 요소에 type 속성을 추가한 다음 속성 값에 Hazelcast 캐시를 지정한다. Hazelcast 캐시 로깅을 위해서 LoggingHazelcastCache 클래스를 함께 지정한다. 애플리케이션 성능에 영향을 주지 않도록 개발을 완료한 다음 LoggingHazelcastCache 클래스를 반드시 삭제한다.

```
<cache type="org.mybatis.caches.hazelcast.HazelcastCache" />
<cache type="org.mybatis.caches.hazelcast.LoggingHazelcastCache" />
```

마이바티스 매퍼 XML 파일 수정을 완료하면, 예제 D.7과 같다.

예제 D.7 마이바티스 매퍼 XML 파일(Hazelcast 캐시 지정)

```
/* /appendix_d/src/resources/mybatis/ShopMapper.xml */

<?xml version="1.0" encoding="UTF-8"?>

<!DOCTYPE mapper PUBLIC "-//mybatis.org//DTD Mapper 3.0//EN"
"http://mybatis.org/dtd/mybatis-3-mapper.dtd">

<mapper namespace="org.mybatis.persistence.ShopMapper">
    <!-- Hazelcast 캐시 설정 -->
    <cache type="org.mybatis.caches.hazelcast.HazelcastCache" />

    <!-- Hazelcast 캐시 로깅 설정 -->
    <cache type="org.mybatis.caches.hazelcast.LoggingHazelcastCache" />

    <!-- 목록 조회 매핑 구문 -->
    <select id="list" resultType="org.mybatis.domain.Shop">
        SELECT SHOP_NO, SHOP_NAME, SHOP_LOCATION, SHOP_STATUS
        FROM SHOP
    </select>
</mapper>
```

이와 같이 마이바티스 매퍼 XML 파일을 수정한 다음 실행 클래스를 실행하면, 다음과 같이 출력된 로그를 통해서 실행 시간을 확인할 수 있다.

```
경고: Could not find hazelcast.xml in classpath.
Hazelcast will use hazelcast-default.xml config file in jar.
5월 10, 2016 2:34:08 오후 com.hazelcast.config.XmlConfigBuilder
정보: Using configuration file file:/C:/workspace/appendix_d/lib/hazelcast/
hazelcast-3.1.6.jar!/hazelcast-default.xml in the classpath.

...중략...

5월 10, 2016 2:34:19 오후 CacheExecutor main
정보: 4996ms
```

Hazelcast 캐시를 사용할 때 Hazelcast 캐시 설정 XML 파일을 지정하지 않으면, hazelcast-3.1.6.jar 라이브러리에 포함된 hazelcast-default.xml 파일을 사용한다. Hazelcast 캐시 설정 XML 파일을 별도로 작성하지 않아도 Hazelcast 캐시를 실행하는 데 아무런 문제가 되지 않는다. Hazelcast 캐시 설정을 변경하거나 추가할 필요가 있다면, 예제 D.8과 같이 Hazelcast 캐시 설정 XML 파일을 작성한다.

예제 D.8 Hazelcast 캐시 설정 XML 파일

```
/* /appendix_d/src/hazelcast.xml */

<?xml version="1.0" encoding="UTF-8"?>

<hazelcast
    xsi:schemaLocation="http://www.hazelcast.com/schema/config
    hazelcast-config-3.1.xsd"
    xmlns="http://www.hazelcast.com/schema/config"
    xmlns:xsi="http://www.w3.org/2001/XMLSchema-instance">
        <!-- Hazelcast Configurations -->
</hazelcast>
```

Hazelcast 캐시 설정 XML 파일에 사용 가능한 설정은 다음 URL 주소를 참고한다.

http://docs.hazelcast.org/docs/3.3/manual/html/configuringhazelcast.html

Hazelcast 설정 XML 파일을 작성한 다음 실행 클래스를 다시 실행한다. Hazelcast 캐시 연동이 정상적으로 이루어지면, 그림 D.6과 같이 로그가 출력된다.

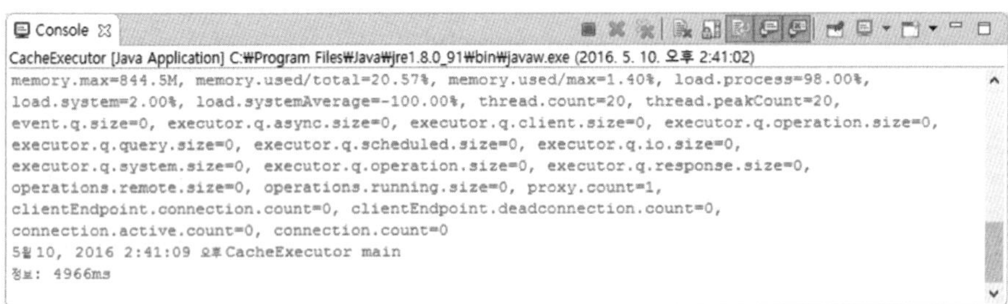

그림 D.6 Hazelcast 캐시 실행 결과

자바 애플리케이션 실행 환경이나 Hazelcast 설정에 따라 실행 결과는 다르게 출력될 수 있다.

D.4 Memcached 캐시 연동

Memcached 캐시는 단순하지만 높은 성능을 발휘하는 오픈소스다. Memcached 캐시는 데이터베이스 결과를 키-값 형태로 캐싱하는 분산 메모리 캐시다. 데이터베이스 부하를 줄여 웹 애플리케이션 성능을 최대한 이끌어낸다. Memcached 캐시는 무료로 배포되며, 더 자세한 내용은 Memcached 공식 홈페이지를 참고한다.

http://memcached.org

Memcached 캐시를 사용하려면, 그림 D.7과 같이 마이바티스 라이브러리 외에 추가로 Memcached 캐시 라이브러리와 Memcached 캐시 연동 라이브러리가 필요하다.

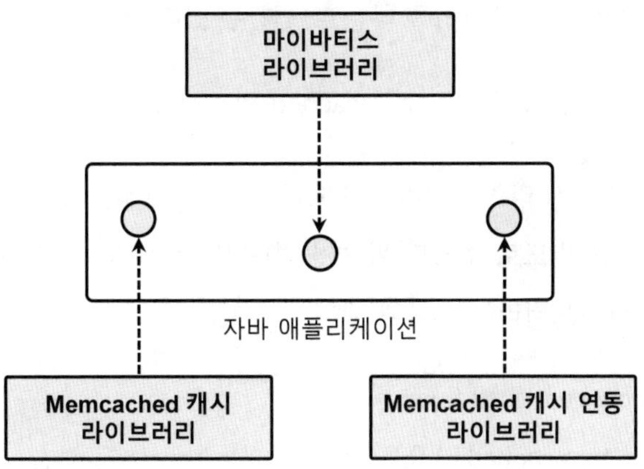

그림 D.7 Memcached 캐시 연동에 필요한 라이브러리 구성

다음 URL 주소에서 Memcached 캐시 연동 라이브러리를 다운로드할 수 있다. 이 책에서는 mybatis-memcached-1.0.0 버전을 사용한다.

https://github.com/mybatis/memcached-cache/releases

다운로드한 mybatis-memcached-1.0.0.zip 압축 파일을 해제하면, 표 D.6과 같은 구성을 볼 수 있다.

표 D.6 mybatis-memcached-1.0.0.zip 압축 파일 구성

디렉토리 및 파일명	설명
*mybatis-memcached-1.0.0.jar	마이바티스와 Memcached 캐시 연동 라이브러리
/lib	*spymemcached-2.10.6.jar
LICENSE.txt	라이선스 문서
NOTICE.txt	공지사항

1. 애스터리스크(*)를 표기한 라이브러리는 자바 프로젝트에서 사용하는 라이브러리다.

이 책에서는 Memcached 캐시 라이브러리를 별도로 다운로드하지 않고 mybatis-memcached-1.0.0.zip 압축 파일에 포함된 spymemcached-2.10.6.jar 파일을 사용한다. spymemcached-2.10.6.jar 파일은 Memcached 캐시 서버에 연결할 때 필요한 클라이언트용 라이브러리다. 다음 URL 주소에서

spymemcached 캐시 라이브러리를 다운로드할 수 있다.

https://code.google.com/p/spymemcached/downloads/list

spymemcached 캐시 라이브러리는 JDK14 라이브러리를 내부적으로 사용한다. 로깅 라이브러리를 별도로 추가할 필요가 없다. Memcached 캐시 예제를 실습하기 위해서 준비한 라이브러리는 다음과 같다.

- spymemcached-2.10.6.jar
- mybatis-memcached-1.0.0.jar
- mybatis-3.4.1.jar
- ojdbc6.jar

Memcached 캐시를 사용하면, 애플리케이션 성능을 어느 정도 향상시킬 수 있는지 실습해 보자. 자바 프로젝트를 추가하지 말고, Ehcache 캐시 실습에 사용한 자바 프로젝트를 수정하거나 추가한다. 준비한 라이브러리를 /appendix_d/memcached 디렉토리에 복사한 다음 빌드 경로에 등록한다. 디렉토리 생성 및 파일 작성을 완료하면, 그림 D.8과 같이 완성된 자바 프로젝트를 볼 수 있다.

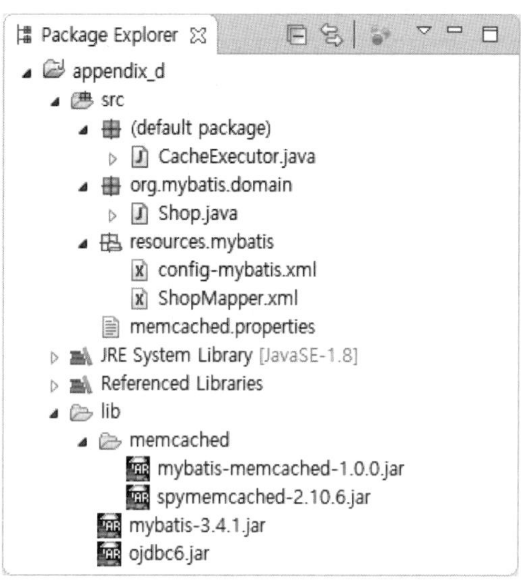

그림 D.8 appendix_d 자바 프로젝트(Memcached 캐시)

다음 순서에 맞추어 자바 애플리케이션을 작성해 보자.

1. **마이바티스 매퍼 XML 파일 수정**
2. **Memcached 설정 프로퍼티 파일 작성**(memcached.properties 파일)

먼저 마이바티스 매퍼 XML 파일을 수정해 보자. 다음과 같이 <cache> 구성 요소에 type 속성을 추가한 다음 속성 값에 Memcached 캐시를 지정한다. Memcached 캐시 로깅을 위해서 LoggingMemcachedCache 클래스를 함께 지정한다. 애플리케이션 성능에 영향을 주지 않도록 개발을 완료한 다음 LoggingMemcachedCache 캐시 로깅을 반드시 삭제한다.

```
<!-- Memcache 캐시 설정 -->
<cache type="org.mybatis.caches.memcached.MemcachedCache" />

<!-- Memcache 캐시 로깅 설정 -->
<cache type="org.mybatis.caches.memcached.LoggingMemcachedCache" />
```

마이바티스 매퍼 XML 파일 수정을 완료하면, 예제 D.9와 같다.

예제 D.9 마이바티스 매퍼 XML 파일(Memcached 캐시 지정)

```
/* /appendix_d/src/resources/mybatis/ShopMapper.xml */

<?xml version="1.0" encoding="UTF-8"?>

<!DOCTYPE mapper PUBLIC "-//mybatis.org//DTD Mapper 3.0//EN"
"http://mybatis.org/dtd/mybatis-3-mapper.dtd">

<mapper namespace="org.mybatis.persistence.ShopMapper">
    <!-- Memcache 캐시 설정 -->
    <cache type="org.mybatis.caches.memcached.MemcachedCache" />

    <!-- Memcache 캐시 로깅 설정 -->
    <cache type="org.mybatis.caches.memcached.LoggingMemcachedCache" />

    <!-- 목록 조회 매핑 구문 -->
    <select id="list" resultType="org.mybatis.domain.Shop">
```

```
        SELECT SHOP_NO, SHOP_NAME, SHOP_LOCATION, SHOP_STATUS
        FROM SHOP
    </select>
</mapper>
```

위와 같이 마이바티스 매퍼 XML 파일을 수정한 다음 실행 클래스를 실행하면, 다음과 같이 에러 로그가 출력된다.

```
org.apache.ibatis.exceptions.PersistenceException:
### Error querying database.
Cause: net.spy.memcached.OperationTimeoutException: Timeout waiting for
value: waited 2,500 ms.
Node status: Connection Status { localhost/127.0.0.1:11211 active: false,
authed: true, last read: 2,605 ms ago }

...중략...
```

위에 에러 로그는 접속 가능한 Memcached 캐시 서버가 존재하지 않을 때 출력된다. 앞서 빌드 경로에 추가한 spymemcached-2.10.6.jar 파일은 클라이언트용 라이브러리다. Memcached 캐시 실습을 위해서는 Memcached 캐시 서버가 필요하다. 다음 URL 주소에서 Memcached 캐시 서버를 다운로드할 수 있다. 이 책에서는 memcached-win64-1.4.4-14 버전을 사용한다.

http://blog-stage.cbauthx.com/memcached-windows-64-bit-pre-release-available

다운로드한 memcached-win64-1.4.4-14.zip 압축 파일을 다음 경로에 해제한다.

C:**memcached**

관리자 권한으로 커맨드 창을 실행한 다음 명령어를 실행하면, 라이선스에 대한 전문을 확인할 수 있다.

C:\memcached**memcached.exe -i**

Memecached 캐시 서버를 설치 및 기동하려면, 다음과 같이 명령어를 실행한다.

C:\memcached**memcached.exe -d install**

C:\memcached**memcached.exe -d start**

알/아/두/기

Memecached 캐시 서버를 정지하거나 제거할 때 사용하는 명령어는 다음과 같다.

```
C:\memcached\memcached.exe -d stop
C:\memcached\memcached.exe -d uninstall
```

Memcached 캐시 서버에서 사용 가능한 명령어는 다음과 같이 확인할 수 있다.

```
C:\memcached\memcached.exe -h
```

그림 D.9와 같이 Memcached 캐시 서버의 기동 여부는 윈도우 서비스 대화상자에서 확인할 수 있다. Memcached 캐시 서버가 정상적으로 기동되면, 서비스 상태는 중지 상태로 표시된다. 서비스 상태가 시작 상태라면, Memcached 캐시 서버가 기동되지 않은 것이다. 이와 같은 경우 서비스 목록 좌측 상단에 위치한 서비스 시작을 눌러 Memcached 캐시 서버를 기동한다. 서비스가 정상적으로 실행되면, 서비스 상태가 중지 상태로 변경된다.

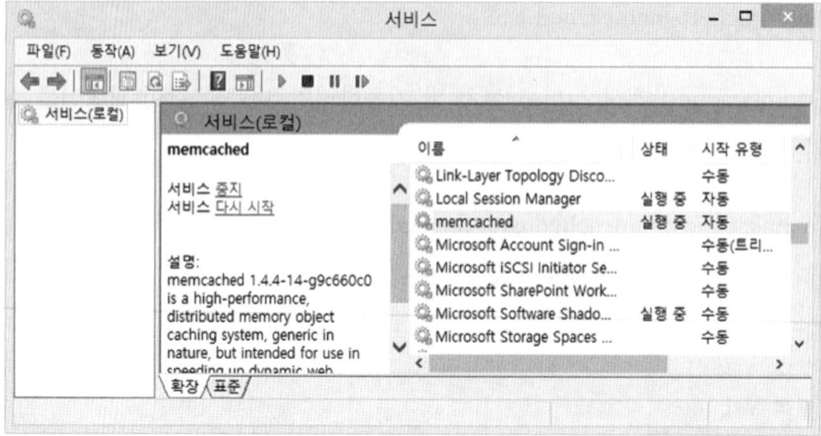

그림 D.9 Memcached 캐시 서비스 실행 화면

위와 같이 Memcached 캐시 서버를 기동한 다음 실행 클래스를 실행하면, 다음과 같이 로그가 출력된다.

```
2016-05-10 15:36:21.908 INFO net.spy.memcached.MemcachedConnection:  Added
{QA sa=localhost/127.0.0.1:11211, #Rops=0, #Wops=0, #iq=0, topRop=null,
topWop=null, toWrite=0, interested=0} to connect queue
2016-05-10 15:36:21.913 INFO net.spy.memcached.MemcachedConnection:
Connection state changed for sun.nio.ch.SelectionKeyImpl@6d8a00e3
```

Memcached 캐시를 사용할 때 Memcached 캐시 설정 프로퍼티 파일을 지정하지 않으면, spymemcached-2.10.6.jar 라이브러리에 포함된 설정 프로퍼티 파일을 기본적으로 사용한다. Memcached 캐시 설정 프로퍼티 파일을 별도로 작성하지 않아도 Memcached 캐시를 실행하는 데 아무런 문제가 되지 않는다. Memcached 캐시 설정을 변경하거나 추가할 필요가 있다면, 예제 D.10과 같이 Memcached 캐시 설정 프로퍼티 파일을 작성한다.

예제 D.10 Memcached 캐시 설정 프로퍼티 파일

```
# /appendix_d/src/memcached.properties

org.mybatis.caches.memcached.servers=127.0.0.1:11211
```

Memcached 캐시 설정 프로퍼티 파일에 사용 가능한 설정은 다음 URL 주소를 참고한다.

http://mybatis.github.io/memcached-cache

Memcached 캐시 설정 프로퍼티 파일에 자주 사용하는 설정을 정리하면, 표 D.7과 같다.

표 D.7 Memcached 캐시 설정 프로퍼티 파일에 자주 사용하는 설정

속성	초기 값	설명
org.mybatis.caches.memcached.asyncgt	false	캐싱 객체를 가져올 때 비동기 방식 사용 여부를 지정할 때 사용한다.
org.mybatis.caches.memcached.compression	false	캐싱 객체의 GZIP 압축 여부를 지정할 때 사용한다.
org.mybatis.caches.memcached.connectionfactory	net.spy.memcached.DefaultConnectionFactory	net.spy.memcached.ConnectionFactory 구현 클래스를 지정할 때 사용한다.
org.mybatis.caches.memcached.expriration		캐싱 객체의 만료 시간을 지정할 때 사용한다. 속성 값에 지정하는 단위는 초(s)를 사용하며, 30일 이내로 지정할 수 있다.
org.mybatis.caches.memcached.keyprefix	_mybatis_	캐시 키 앞에 붙는 식별자를 지정할 때 사용한다.
org.mybatis.caches.memcached.servers	localhost:11211	Memcached 서버 호스트와 포트를 지정할 때 사용한다.
org.mybatis.caches.memcached.timeout	5	비동기 방식일 경우 대기 시간을 지정할 때 사용한다. 속성 값에 지정하는 단위는 초(s)를 사용한다.
org.mybatis.caches.memcached.timeoutunit	java.util.concurrent.TimeUnit.SECONDS	비동기 방식일 경우 대기 시간 단위를 지정할 때 사용한다.

Memcached 캐시 설정 프로퍼티 파일을 작성한 다음 실행 클래스를 다시 실행한다. Memcached 캐시 연동이 정상적으로 이루어지면, 그림 D.10과 같이 로그가 출력된다.

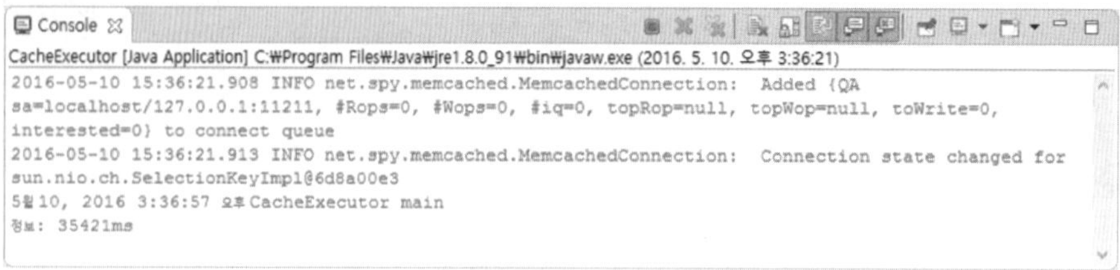

그림 D.10 Memcached 캐시 실행 결과

자바 애플리케이션 실행 환경이나 Memcached 설정에 따라 실행 결과는 다르게 출력될 수 있다.

D.5 OSCache 캐시 연동

OSCache 캐시는 오픈 심포니Open Symphony에서 개발한 고성능 캐시다. 주로 웹 애플리케이션 내용을 캐싱하는 데 사용한다. 안타깝게도 OSCache 캐시는 프로젝트가 종료되어 더 이상 업데이트를 제공하지 않는다. OSCache 캐시는 아파치 라이선스와 유사한 오픈 심포니 라이선스 정책을 따른다. 더 자세한 내용은 다음 오픈 심포니 공식 홈페이지를 참고한다.

http://www.opensymphony.com

OSCache 캐시를 사용하려면, 그림 D.11과 같이 마이바티스 라이브러리 외에 추가로 OSCache 캐시 라이브러리와 OSCache 캐시 연동 라이브러리가 필요하다.

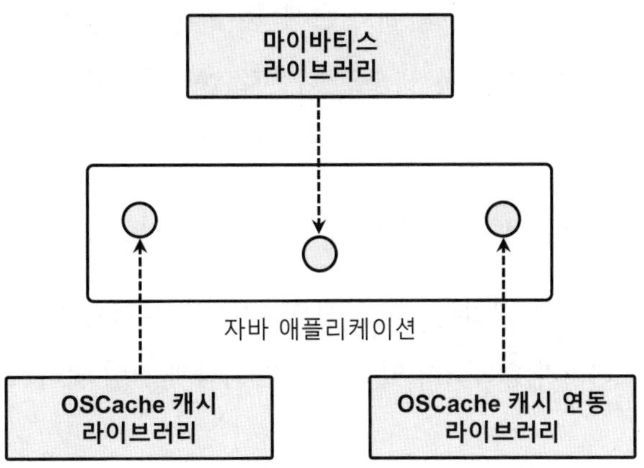

그림 D.11 OSCache 캐시 연동에 필요한 라이브러리 구성

다음 URL 주소에서 `OSCache` 캐시 연동 라이브러리를 다운로드할 수 있다. 이 책에서는 mybatis-oscache-1.0.1 버전을 사용한다.

https://github.com/mybatis/oscache-cache/releases

다운로드한 mybatis-oscache-1.0.1.zip 압축 파일을 해제하면, 표 D.8과 같은 디렉토리 구성을 볼 수 있다.

표 D.8 mybatis-oscache-1.0.1.zip 압축 파일 구성

디렉토리 및 파일명	설명
*mybatis-oscache-1.0.1.jar	마이바티스와 OSCache 캐시 연동 라이브러리
/lib	avalon-framework-4.1.3.jar *commons-logging-1.1.jar log4j-1.2.12.jar logkit-1.0.1.jar *oscache-2.4.jar
LICENSE.txt	라이선스 문서
mybatis-oscache-1.0.1-javadoc.jar	마이바티스와 OSCache 캐시 연동 자바 API
mybatis-oscache-1.0.1-sources.jar	마이바티스와 OSCache 캐시 연동 소스 코드
NOTICE.txt	공지사항

1. 애스터리스크(*)를 표기한 라이브러리는 자바 프로젝트에서 사용하는 라이브러리다.

다음 URL 주소에서 OSCache 캐시 라이브러리를 다운로드할 수 있다. 이 책에서는 OSCache 라이브러리를 별도로 다운로드하지 않고 mybatis-oscache-1.0.1-bundle.zip 압축 파일에 포함된 oscache-2.4.jar 파일을 사용한다.

https://java.net/downloads/oscache

OSCache 캐시 라이브러리는 JCL 라이브러리를 내부적으로 사용한다. 빌드 경로에 JCL 라이브러리가 등록되어 있지 않으면, 다음과 같이 에러 로그가 출력된다.

```
Caused by: java.lang.ClassNotFoundException :
org.apache.commons.logging.LogFactory
```

다음 URL 주소에서 JCL 라이브러리는 다운로드할 수 있다. 이 책에서는 JCL 라이브러리를 별도로 다운로드 하지 않고 mybatis-oscache-1.0.1-bundle.zip 압축 파일에 포함된 commons-logging-1.1.jar 파일을 사용한다.

http://commons.apache.org/proper/commons-logging/download_logging.cgi

OSCaceh 캐시 예제를 실습하기 위해서 준비한 라이브러리는 다음과 같다.

- oscache-2.4.jar
- mybatis-oscache-1.0.1.jar
- mybatis-3.4.1.jar
- commons-logging-1.1.jar
- ojdbc6.jar

OSCache 캐시를 사용하면, 애플리케이션 성능을 어느 정도 향상시킬 수 있는지 실습해 보자. 자바 프로젝트를 추가하지 말고, Ehcache 캐시 실습에 사용한 자바 프로젝트를 수정하거나 추가한다. 준비한 라이브러리를 /appendix_d/oscache 디렉토리에 복사한 다음 빌드 경로에 등록한다. 디렉토리 생성 및 파일 작성을 완료하면, 그림 D.12와 같이 완성된 자바 프로젝트를 볼 수 있다.

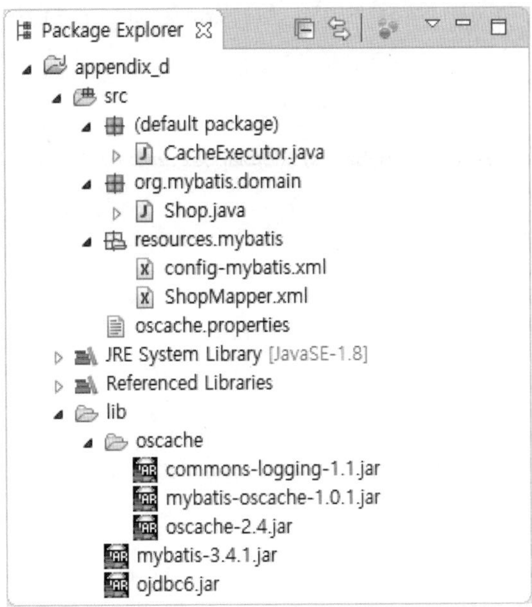

그림 D.12 appendix_d 자바 프로젝트(OSCache 캐시)

다음 순서에 맞추어 자바 애플리케이션을 작성해 보자.

1. **마이바티스 매퍼 XML 파일 수정**
2. **OSCache 설정 프로퍼티 파일 작성**(oscache.properties 파일)

먼저 마이바티스 매퍼 XML 파일을 수정해 보자. 다음과 같이 `<cache>` 구성 요소에 `type` 속성을 추가한 다음 속성 값에 `OSCache` 캐시를 지정한다. `OSCache` 캐시 로깅을 위해서 `LoggingOSCache` 클래스를 함께 지정한다. 애플리케이션 성능에 영향을 주지 않도록 개발을 완료한 다음 `LoggingOSCache` 클래스를 반드시 삭제한다.

```
<!-- OSCache 캐시 설정 -->
<cache type="org.mybatis.caches.oscache.OSCache" />

<!-- OSCache 캐시 로깅 설정 -->
<cache type="org.mybatis.caches.oscache.LoggingOSCache" />
```

마이바티스 매퍼 XML 파일 수정을 완료하면, 예제 D.11과 같다.

예제 D.11 마이바티스 매퍼 XML 파일(OSCache 캐시 지정)

```
/* /appendix/src/resources/mybatis/ShopMapper.xml */

<?xml version="1.0" encoding="UTF-8"?>

<!DOCTYPE mapper PUBLIC "-//mybatis.org//DTD Mapper 3.0//EN"
"http://mybatis.org/dtd/mybatis-3-mapper.dtd">

<mapper namespace="org.mybatis.persistence.ShopMapper">
    <!-- OSCache 캐시 설정 -->
    <cache type="org.mybatis.caches.oscache.OSCache" />

    <!-- OSCache 캐시 로깅 설정 -->
    <cache type="org.mybatis.caches.oscache.LoggingOSCache" />

    <!-- 목록 조회 매핑 구문 -->
    <select id="list" resultType="org.mybatis.domain.Shop">
        SELECT SHOP_NO, SHOP_NAME, SHOP_LOCATION, SHOP_STATUS
        FROM SHOP
    </select>
</mapper>
```

위와 같이 마이바티스 매퍼 XML 파일을 수정한 다음 실행 클래스를 실행하면, 다음과 같이 로그가 출력된다.

```
5월 10, 2016 4:05:51 오후 com.opensymphony.oscache.base.Config loadProperties
경고: OSCache: No properties file found in the classpath by filename /oscache.
properties
5월 10, 2016 4:05:51 오후 com.opensymphony.oscache.general.
GeneralCacheAdministrator <init>
정보: Constructed GeneralCacheAdministrator()
5월 10, 2016 4:05:51 오후 com.opensymphony.oscache.general.
GeneralCacheAdministrator createCache
정보: Creating new cache
5월 10, 2016 4:05:53 오후 CacheExecutor main
정보: 1593ms
```

OSCache 캐시를 사용할 때 OSCache 캐시 설정 프로퍼티 파일을 지정하지 않으면, 초기 설정을 사용한다. OSCache 캐시 설정 프로퍼티 파일을 별도로 작성하지 않아도 OSCache 캐시를 실행하는 데 아무런 문제가 되지 않는다. OSCache 캐시 설정을 변경하거나 추가할 필요가 있다면, 다음 D.12와 같이 OSCache 캐시 설정 프로퍼티 파일을 작성한다.

예제 D.12 OSCache 캐시 설정 프로퍼티 파일

```
# /appendix_d/src/oscache.properties

cache.capacity=1000
cache.memory=true
cache.algorithm=com.opensymphony.oscache.base.algorithm.LRUCache
```

OSCache 캐시 설정 프로퍼티 파일에 사용 가능한 설정은 다음 URL 주소를 참조한다.

https://bitbucket.org/opensymphony/oscache/src/0f167fd17c8cbe8bc54ff6af55a23def6a6be315/src/etc/oscache.properties

OSCache 캐시 설정 프로퍼티 파일에 자주 사용하는 설정을 정리하면, 표 D.9와 같다.

표 D.9 OSCache 캐시 설정 프로퍼티 파일에 자주 사용하는 설정

속성	초기 값	설명
cache.algorithm	com.opensymphony.oscache.base.algorithm.UnlimitedCache	캐싱에 사용되는 알고리즘을 지정할 때 사용한다. **참고** ※ com.opensymphony.oscache.base.algorithm.LRUCache: 오랜 시간 동안 사용되지 않은 캐싱 객체를 제거한다. ※ com.opensymphony.oscache.base.algorithm.FIFOCache: 먼저 생성된 캐싱 객체를 제거한다. ※ com.opensymphony.oscache.base.algorithm.UnlimitedCache: 캐싱 객체의 최대 개수가 지정되지 않아 제한이 없다.

(이어짐)

속성	초기 값	설명
cache.capacity	1000	캐싱 객체의 최대 개수를 지정할 때 사용한다.
cache.key	__oscache_cache	캐싱 키 앞에 붙는 식별자를 지정할 때 사용한다.
cache.memory	true	메모리 캐싱 사용 여부를 지정할 때 사용한다.
cache.unlimited.disk	false	디스크 캐싱 사용 여부를 지정할 때 사용한다.

OSCache 캐시 설정 프로퍼티 파일을 작성한 다음 실행 클래스를 다시 실행한다. OSCache 캐시 연동이 정상적으로 이루어지면, 그림 D.13과 같이 로그가 출력된다.

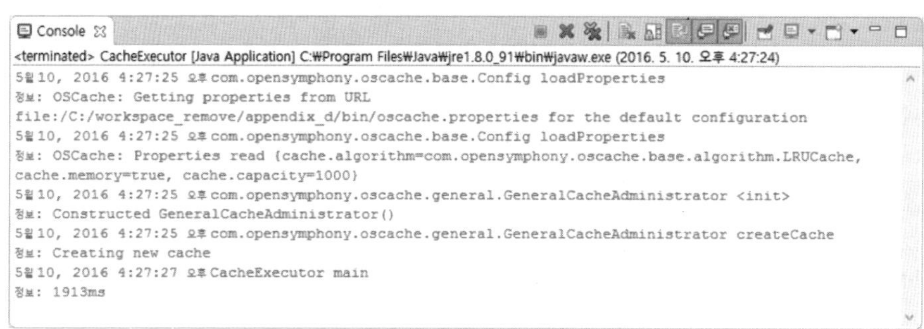

Console
<terminated> CacheExecutor [Java Application] C:₩Program Files₩Java₩jre1.8.0_91₩bin₩javaw.exe (2016. 5. 10. 오후 4:27:24)
5월 10, 2016 4:27:25 오후 com.opensymphony.oscache.base.Config loadProperties
정보: OSCache: Getting properties from URL
file:/C:/workspace_remove/appendix_d/bin/oscache.properties for the default configuration
5월 10, 2016 4:27:25 오후 com.opensymphony.oscache.base.Config loadProperties
정보: OSCache: Properties read {cache.algorithm=com.opensymphony.oscache.base.algorithm.LRUCache,
cache.memory=true, cache.capacity=1000}
5월 10, 2016 4:27:25 오후 com.opensymphony.oscache.general.GeneralCacheAdministrator <init>
정보: Constructed GeneralCacheAdministrator()
5월 10, 2016 4:27:25 오후 com.opensymphony.oscache.general.GeneralCacheAdministrator createCache
정보: Creating new cache
5월 10, 2016 4:27:27 오후 CacheExecutor main
정보: 1913ms

그림 D.13 OSCache 캐시 실행 결과

자바 애플리케이션 실행 환경이나 OScache 설정에 따라 실행 결과는 다르게 출력될 수 있다.

찾아보기

에이콘출판의 기틀을 마련하신 故 정완재 선생님 (1935-2004)

마이바티스 프로그래밍 원리와 활용

인 쇄 | 2016년 8월 23일
발 행 | 2016년 8월 30일

지은이 | 심 익 찬

펴낸이 | 권 성 준
편집장 | 황 영 주
편 집 | 오 원 영
나 수 지
디자인 | 이 승 미

에이콘출판주식회사
서울특별시 양천구 국회대로 287 (목동 802-7) 2층 (07967)
전화 02-2653-7600, 팩스 02-2653-0433
www.acornpub.co.kr / editor@acornpub.co.kr

ISBN 978-89-6077-812-2
ISBN 978-89-6077-114-7 (세트)
http://www.acornpub.co.kr/book/mybatis-programming

이 도서의 국립중앙도서관 출판시도서목록(CIP)은 서지정보유통지원시스템 홈페이지(http://seoji.nl.go.kr)와
국가자료공동목록시스템(http://www.nl.go.kr/kolisnet)에서 이용하실 수 있습니다.(CIP제어번호: CIP2016020264)

책값은 뒤표지에 있습니다.